杭州湾跨海大桥

技术创新与应用

TECHNOLOGICAL INNOVATION AND APPLICATION OF HANGZHOU BAY SEA-CROSSING BRIDGE

王仁贵　主编

浙江科学技术出版社

图书在版编目(CIP)数据

杭州湾跨海大桥技术创新与应用 / 王仁贵主编. —杭州：浙江科学技术出版社，2008. 5

ISBN 978-7-5341-3282-7

Ⅰ.杭… Ⅱ.王… Ⅲ.跨海峡桥－桥梁工程－工程技术－杭州市 Ⅳ.U448. 19

中国版本图书馆 CIP 数据核字(2008)第 029711 号

书 名	杭州湾跨海大桥技术创新与应用
主 编	王仁贵
出版发行	浙江科学技术出版社 杭州市体育场路 347 号 邮政编码：310006 联系电话：0571-85152719 E-mail：qj@zkpress.com
排 版	杭州兴邦电子印务有限公司
印 刷	浙江印刷集团有限公司
经 销	全国各地新华书店

开 本	889×1194 1/16	印张	21
字 数	640 千字	插页	4
版 次	2008 年 5 月第 1 版		2008 年 5 月第 1 次印刷
书 号	ISBN 978-7-5341-3282-7	定价	120.00 元

责任编辑 钱 珺 **封面设计** 孙 菁
责任校对 张 宁 **责任印务** 田 文

杭州湾跨海大桥建成预想图

2008 年 5 月 1 日杭州湾跨海大桥全线通车

钢管桩沉桩

安装承台

安装预制墩身

钢管桩和承台

高墩

低墩

架设 70m 箱梁

架设 50m 箱梁

箱梁预制场

前　言

杭州湾跨海大桥是目前世界上最长的跨海大桥，是我国“五纵七横”国道主干线和国家高速公路沈(阳)海(口)高速公路跨越杭州湾的特大型桥梁，通车后可缩短宁波至上海间的陆路距离约120km，对于完善国道、省道网络具有重大意义，对长江三角洲经济一体化和产业结构的升级和调整起到极大的促进作用，社会效益、经济效益显著。

杭州湾跨海大桥历经10年论证，于2003年11月14日开工。经近5年艰苦奋战，于2008年5月1日竣工通车，实现了几代宁波人的百年梦想。数以万计的宁波人赶在第一时间欣赏大桥的英姿，使大桥通车首日交通流量就超出预期，24小时通过大、小客车82816辆。

杭州湾跨海大桥气势雄伟、技术先进，建设过程中克服了潮差大、潮流急、冲刷深、风浪高、工程地质条件差、水下地形复杂、台风频袭等不利因素影响，通过设计理念创新，确立了“施工决定设计”的原则，提出了“大型化、工厂化和机械化”的设计理念，最大限度地减少海上施工作业的工作量，变海上作业为陆上作业。采用了多项新技术、新工艺、新材料、新设备，以提高工程质量、加快施工进度、降低海上施工风险、节省工程造价，创造了一项又一项工程奇迹，取得了海工耐久混凝土技术、大吨位70m预应力混凝土箱梁整体预制、海上运输吊装成套技术、大吨位50m预应力混凝土箱梁整体预制、梁上运梁架设技术、大直径超长钢管桩整体制作沉桩技术、海上墩身整体预制安装技术等代表了我国当今桥梁建造技术水平的关键技术成果。另外，杭州湾跨海大桥建设还创造了“百亿元产值零死亡”的施工安全新纪录，交通运输部和国家安监总局为此于2008年4月25日正式发文，对杭州湾大桥工程指挥部和各参建单位给予表彰。在杭州湾跨海大桥通车仪式上，交通运输部周海涛总工程师接受记者采访时兴奋地说：“杭州湾跨海大桥取得了多项自主知识产权的技术创新成果，是我国跨海桥梁建设最新技术成果的标志性工程,是我国海湾桥梁建设的里程碑。”

本书着重介绍杭州湾跨海大桥设计、施工中的关键技术的创新和应用,以期为即将规划建设的跨海桥梁或其他类似工程提供有益的借鉴,为我国由桥梁大国向世界桥梁强国跨越贡献力量。

杭州湾大桥工程指挥部总指挥 

2008 年 5 月于宁波

目　录

概 述

项目背景

杭州湾跨海大桥是我国“五纵七横”国道主干线中同江—三亚高速公路（以下简称同三高速）和国家高速公路沈阳—海口高速公路（以下简称沈海高速）跨越杭州湾的最便捷通道（图 1），向北通过沈海高速、乍嘉苏等高速公路通往浙江省的嘉兴、湖州和上海、江苏、山东、天津等东部沿海经济发达地区；向南通过甬台温高速公路（沈海高速）、上三线等高速公路通往浙江省的宁波、舟山、台州、温州和东南沿海广大经济发达地区。杭州湾跨海大桥的建成，可以更充分地发挥上海的经济辐射和聚集作用，促进上海浦东的开发与发展，进一步加强上海在长江三角洲的龙头地位，带动和促进浙江、上海、江苏经济的快速持续发展。杭州湾跨海大桥也是浙江省 2010 年规划建成的“两纵、两横、十连、一绕、一通道”公路网主骨架的重要组成部分，它的建成可以有效地将宁波、舟山等浙东南地区与上海连接起来，与沪杭、杭甬高速公路一起构成沪、杭、甬“经济金三角”和“交通金三角”。

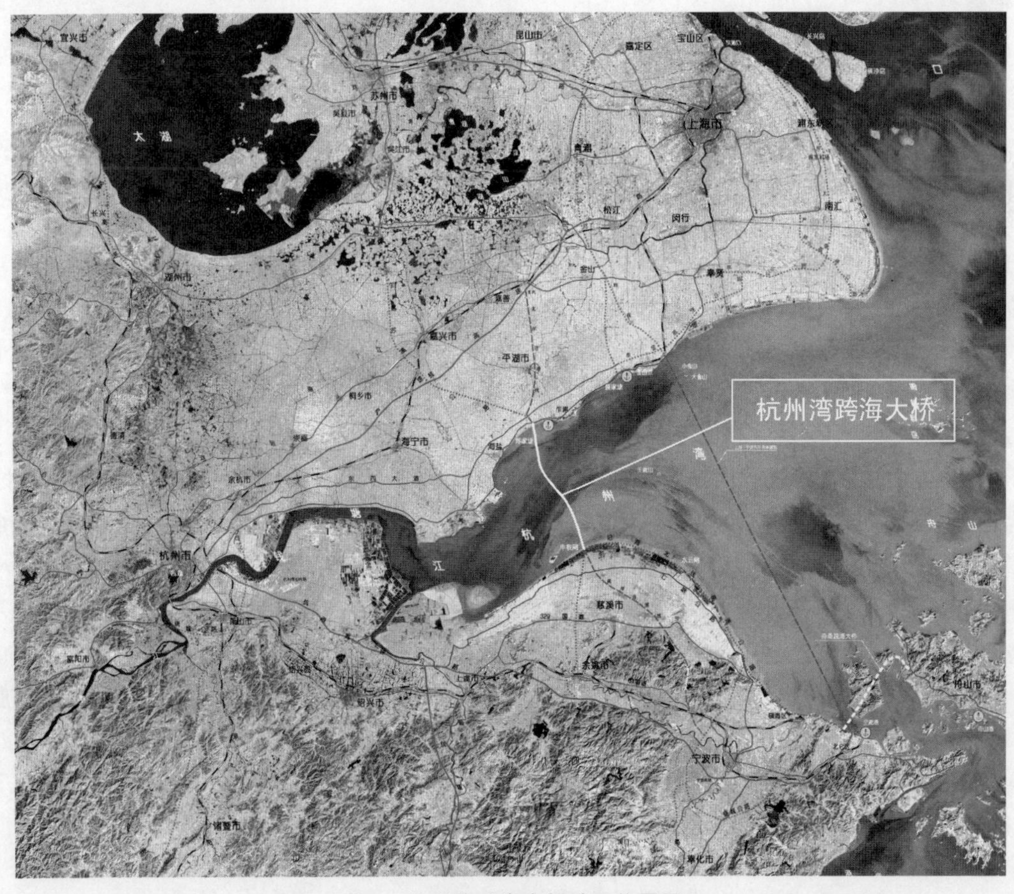

图 1 杭州湾跨海大桥地理位置图

根据2000年10月进行的环杭州湾24小时OD调查，杭州湾南北往来的自然车交通量已达23000辆/日，其中上海及苏南地区往返宁波及浙江东南沿海地区的车辆已达万辆以上，且大部分需绕行杭州。杭州湾跨海大桥的建成，将缩短上海至宁波的陆路距离约120km，大大降低运输成本和节省旅客在途时间，同时可使沪杭甬高速公路的交通量分布更趋合理，缓解其交通压力，促进浙江省经济的持续快速发展。

各特征年交通量预测结果见表1。

表1 各特征年交通量预测结果 （单位：辆/日）

年 份	趋势交通量	诱增交通量	铁路转移交通量	水运转移交通量	总 计
2008	43637	0	470	782	44889
2010	53374	4426	562	1031	59393
2015	71730	6149	712	1318	79909
2016	54403	4535	701	922	60561
2020	69896	5699	726	1089	77410
2027	87035	7044	916	1495	96490

注：交通量预测结果已考虑到2015年以后在杭州湾、钱塘江另辟一个新的通道。

建设条件

1. 气象特征

桥位处属典型的亚热带季风湿润气候区，温和、湿润、多雨，季风显著，四季分明。常年平均气温在16℃左右，7月份最高，平均约28℃；1月份最低，平均约4℃。年平均降水量为1200～1300mm，多集中在5～10月。该地区冬季主导风向为NW风，夏季主导风向为SE风，全年平均风速在3m/s左右。另外，杭州湾南北两岸灾害性天气主要有台风(2～3次/年)、龙卷风(较少出现)、雾(2h以上大雾2～4次/年)、雷暴(多发生于7～8月份)等。

2. 地形地貌

桥位处南北两岸为广阔的平原地形。岸滩为河口边滩及潮滩，其中南岸宽7.3km、北岸宽1.46km。

湾底地形由东往西逐渐抬升，海水由深变浅，一般水深10m左右，最大水深13.6m；由潮流冲刷槽和潮流脊构成，呈不对称U形，北深南浅。

3. 水文特征

杭州湾为典型的喇叭形海湾，属于非正规半日潮海区，每日两涨两落，涨潮历时略短于落潮历时，潮流运动为典型的往复流。实测最大潮流速度达5m/s，最大潮差近8m，潮流量约$1\times10^{10}m^3$。桥位处平均含沙量为$1.25kg/m^3$，平均含盐度为10.787g/kg。

杭州湾在桥位处总体上处于整体比较稳定的状态，冲淤特点为：冬冲夏淤，北冲南淤。

桥位处受波浪影响较大，常浪向为E和NW，春、夏季的常浪向为E，秋、冬两季为NW；强浪向为E和ESE。年平均波高为0.2m，年平均周期为1.2s，全年1.5m以上波高仅占0.6%。多年最大波高大于2.5m出现的方位分别在E～ESE，出现在夏季，而W～N向的浪较小。"9711"号台风过程中，实测最大波高为3.5m，对应周期为7.2s，波向为ESE，相应风速为26m/s。桥区水域的波浪基本上为风浪，涌浪比例仅占1.4%。

桥位处冲刷较大，最大冲刷线标高：北航道桥主塔处为－33.4m，南航道桥主塔处为－31.5m，引桥在南岸深槽处为－34.7m。

4. 工程地质

桥位处的地层以第四系覆盖层为主。北岸除孤山残丘外，第四系地层分布广、厚度大。南岸第四系地层沉积了较厚的松散堆积物，厚度多在130～220m，主要地层为亚粘土、亚砂土、淤泥质亚粘土、粉砂、细砂、砾砂、中细砂等，属滨海平原混合型地层。北岸基岩为熔结凝灰岩，南岸主要为泥岩。大桥工程地质纵断面见图2。

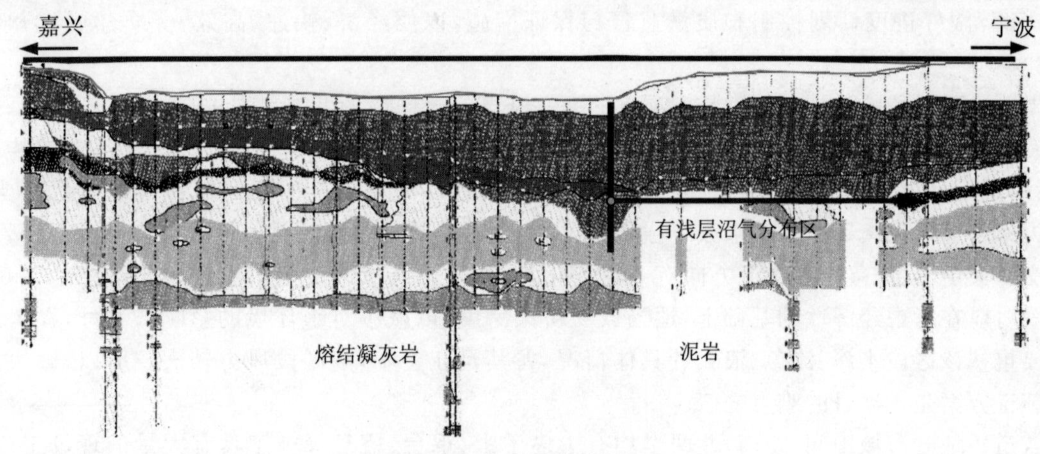

图2　大桥工程地质纵断面

桥位处的主要不良地质有软土层和浅层沼气。软土层埋深为8～45m，具有高含水量、高压缩性、易触变、抗剪强度低、承载能力低、浅部砂层易液化等特征。浅层沼气主要存在于南岸近10km的滩涂区，分布于40～60m深的砂层内，呈透镜体状分布。

5. 水文地质

桥位处地下水主要为第四系松散岩类孔隙水，分别为潜水、微承压水及承压水。潜水主要分布于海底表层亚砂土中。微承压水埋深50m左右，含水介质为亚砂土、粉细砂。承压水埋深80m左右，含水介质为中粗砂。地下水及海水对结构具有弱腐蚀性。

项目特点与建设规模

1. 项目特点

(1) 主要工程特点

①工程规模浩大。大桥工程全长36km，海上桥梁长度达35.673km，无论给大桥施工组织管理，还是给将来的运营管理都带来许多新的难题。

②自然条件较差。水文、气象条件复杂，潮大流急，有效作业时间短，年均180d左右。工程地质条件较差，软土层厚达50m，南岸浅滩区近10km范围内存在浅层沼气，对大桥基础施工有影响。

③施工条件差，制约因素多。南岸滩涂区长达9km多，施工作业条件受到限制。

④建设工期紧。大桥计划于2008年建成，由于海上18.27km长的引桥采用70m整孔预制吊装方案，受船机设备限制；南岸滩涂区10.1km引桥采用50m整孔预制梁上运梁方案，仅有一个工作面，海上作业距离长、工作量大，要按期完成大桥建设，必须重视施工方案和施工组织设计。

⑤结构耐久性和景观要求高。大桥处于海洋强烈腐蚀环境，对大桥结构耐久性影响很大。另外，大桥地处我国经济高度发达的长三角地区，对大桥景观要求很高。

(2) 项目难点

根据杭州湾跨海大桥的具体建设条件，本项目的最大难点是如何在4～5年的建设工期内，高质量、高水平、高起点、高速度、高效率地将杭州湾跨海大桥建成一座代表21世纪建桥水平的现代化海湾大桥。

长达 30km 多的引桥的施工组织管理是本项目的难点之一。要在规定工期内建成通车，控制性工程是引桥，必须根据水深条件、地质条件和水文条件将引桥分成若干标段，设计时可按照各段具体条件合理选择跨度、桥型、施工方法，并创造多标段同时开工建设的条件。在施工设备上，尽可能考虑多样化，以充分利用现有资源。建设单位宜组建一个强有力的大桥建设指挥系统，有序组织、协调、调配各标段的建设资源，做好进度计划控制和质量监督与保证措施，以便经济、快速、高效、优质建成杭州湾跨海大桥。

南岸滩涂区引桥的设计和施工是本项目的又一难点。该区段的特点是既非陆地，也非水上，同时在初勘时发现该区段普遍存在浅层沼气，而且有一定的压力，给基础施工增加了技术难度和不确定性。因此，该段引桥设计应紧扣上述特点，选择合理的结构形式和可行的施工方案，以确保大桥建设进展顺利。

因为南航道桥以南部分水域水深、流急、浪大，该区段又属于非通航孔桥，所以桥轴线应尽量与水流方向正交。又由于涨、落潮时水流方向有一定变化，因此桥轴线法线应与水流流向夹角控制在 5°以内。桥跨布置时应在考虑经济性的基础上，适当放大桥梁跨度，以减小对水环境的影响。另外，在考虑施工方案时要重视该区段水深、流急、浪大的具体情况，尤其是在冬季，该区段风力较大。所以，解决好结构设计与施工方案是本项目的难点之三。

南航道桥地处海域中间，距南、北两岸均有十多千米，承台、塔身等施工具有大量的现场工作量，需要解决好生产场地、生活场地、后勤供应等问题。否则，施工时航途时间过长，生产的有效时间过少，加上受风浪停航之阻碍，工效就更低。所以，如何采用合理的方案提高南航道桥施工工效是本项目的难点之四。

杭州湾跨海大桥地处海洋性环境，而大桥建设是百年大计，因此大面积、大范围的结构耐久性与防腐设计是本项目的难点之五。

(3) 项目重点

设计是工程建设的首要环节，是整个工程建设的灵魂。科学合理的设计，对于缩短工期、节约投资、提高效益起着关键性的作用。杭州湾跨海大桥工程设计的关键是通过桥型方案比较，选择适合本项目的经济合理的桥型方案。

桥型方案设计是杭州湾跨海大桥工程设计工作的精髓，按照"施工决定设计"的原则，选定合理可行的施工方案和相应的设计方案。同时，设计时认真贯彻国家有关方针政策，按现行的设计文件编制办法和有关标准、规范，紧扣建设条件和项目特点，通过必要的科学试验与研究，进行充分的结构分析和比较论证，使桥型方案的确定科学化。

杭州湾跨海大桥工程设计工作的重点除桥型方案设计外，还全面贯彻落实"实用、经济、安全、美观、环保"的技术方针，按"立足国内、自主建设"的经济建设原则，抓紧、抓好勘察勘测和关键技术研究工作(包括结构耐久性研究与防腐设计、大构件预制拼装工艺研究、体外预应力技术研究、航道桥抗风研究、试桩等)，积极处理好与相关行业和专业的关系，高水平、高质量、高标准、高速度地完成项目的设计工作。

2. 建设规模

根据 OD 调查和交通量发展预测，大桥按六车道高速公路设计，桥面宽 33m，设计行车速度为 100km/h，设计荷载标准为汽车－超 20 级、挂车－120。大桥起点位于杭州湾北岸的东西大道和乍嘉苏高速公路交点以南的海盐县郑家埭，跨越杭州湾宽阔海面和南岸十塘海堤，到达大桥终点慈溪市水路湾。大桥设计起点桩号为 K49＋000.000，设计终点桩号为 K85＋000.000。大桥平、纵面线形根据航道表流迹线、曲线要素、潮位、排水及地物等控制因素设计。大桥从北至南，分为北引线、北引桥、北航道桥、中引桥、南航道桥、南引桥和南引线等七部分(全桥总布置分区见图 3)，工程全长 36km，引线长(15.5＋311.5)m＝327.0m，海上桥梁长度达 35673m，其中北航道桥为跨度(70＋160＋448＋160＋70)m 的钻石形双塔双索面钢箱梁斜拉桥，南航道桥为跨度(100＋160＋318)m的A形独塔双索面钢箱梁斜拉桥。海上引桥跨度均为70m(总长18.27km)，南岸滩涂区引桥跨度为50m(总长10.1km)，50m和70m梁均为预制预应力混凝土箱梁，先简支后连续。两岸陆地和北岸滩涂采用30～80m跨现浇连续箱梁。全桥主要工程数量见表2，总工期5年，总投资117.8亿元。

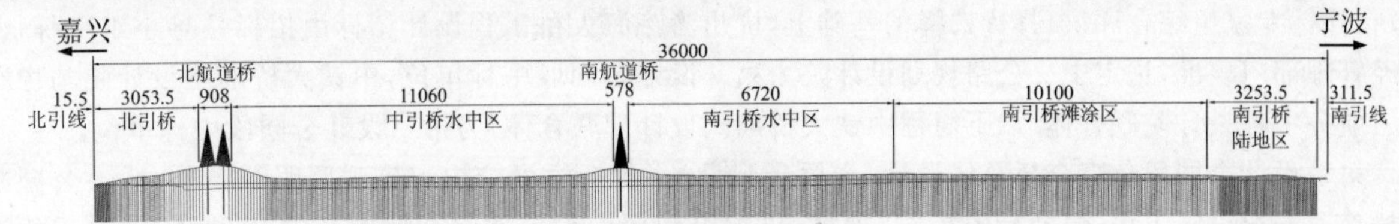

图3　全桥总布置分区图

表2　全桥主要工程数量表

名称	单位	数量
混凝土	m^3	2.5×10^6
各类钢材	t	8.2×10^5
钢管桩	根	5474
钻孔桩	根	3550
各类现浇箱梁	孔	157
50m预制预应力混凝土箱梁	片	404
70m预制预应力混凝土箱梁	片	540

重大事件

1994年4月，浙江省宁波市人民政府着手进行本项目预可行性研究，并组织了多次大型专家咨询研讨会。

1999年3月～2002年6月，中交公路规划设计院受宁波市委托进行了本项目的预可行性研究工作和工程可行性研究工作，并分别编制完成了预可行性研究报告和工程可行性研究报告。

2001年2月27日～3月2日，中国国际工程咨询公司受国家发展计划委员会(以下简称国家计委)委托在宁波主持召开了杭州湾交通通道项目建议书的评估会，并形成了专家组评估意见。

2001年5月27日～28日，杭州湾大桥工程指挥部邀请了来自国内各地及香港特别行政区和美国的30位知名专家在宁波召开了杭州湾跨海大桥工程可行性研究报告咨询座谈会。根据本次咨询座谈会的专家咨询意见，对报告初稿进行了补充、调整和完善，2001年9月编制完成了工程可行性研究报告(送审稿)。2001年10月24日～25日，浙江省计委和省交通厅在宁波联合召开本项目工程可行性研究报告预审查会，根据与会专家预审意见，按照两岸滩涂、港口规划的最新资料，对工程可行性研究报告(送审稿)的推荐方案线位进行局部调整，并进一步对推荐线位的工程方案和桥型结构进一步深化比选，于2002年6月编制完成本项目工程可行性研究报告。

2001年7月中旬～9月底，杭州湾大桥工程指挥部为了选择最佳施工组织方案和桥型方案，开展了施工组织和桥型优化方案征集活动，并形成了杭州湾跨海大桥工程施工组织和桥型优化方案评审意见，为杭州湾跨海大桥的设计奠定了良好的基础。

根据宁波市重点建设工程招标投标办公室于 2001 年 12 月 31 日核准的宁波市重点项目中标通知书，在评标专家组综合评议、择优选择的基础上，杭州湾跨海大桥工程设计招标由招标领导小组决标，并报经管理部门核准，选定中交公路规划设计院为第一设计合同段中标单位，中铁大桥勘测设计院与中交第三航务工程设计院联合体（以下简称中铁大桥勘测设计院联合体）为第二设计合同段中标单位。

第一设计合同段负责全桥总体设计、全桥景观设计（包括桥梁结构和景观照明等，不含桥头公园）、全桥交通安全设施工程（包括标志标线、护栏、供配电和照明设施等）设计、北航道桥设计、南航道桥设计、高墩区引桥设计，并负责初步设计文件汇总、汇编初步设计总概算。

第二设计合同段配合第一合同段进行全桥总体设计、景观设计、全桥交通工程设计（含收费、通信、监控系统等）、初步设计文件汇总，并负责低墩区引桥、引线工程设计，编制第二合同段工程概算，配合汇编初步设计总概算。

另外，交通工程由北京交科公路勘察设计院承担，大桥景观设计由厦门高格桥梁景观设计研究中心承担，航道工程由浙江省交通规划设计研究院承担，航标工程由镇海航标区航标设计室承担，环境保护工程由北京交科公路勘察设计院承担。

2002 年 5 月 29 日，国家计委印发《国家计委关于审批杭州湾跨海大桥工程项目建议书的请示的通知》（计基础[2002]808 号文）对本项目的项目建议书进行了批复。

2002 年 6 月 1 日，交通部邀请了来自全国各地的知名桥梁专家于北京召开了杭州湾公路大桥建设研讨会，就航道桥、引桥在杭州湾特定建设条件下的结构方案和施工方案进行了深入研讨，并提出了很好的建议，为初步设计桥型方案比选奠定了基础。

2002 年 8 月 12 日～16 日，交通部在宁波组织召开了《杭州湾跨海大桥工程可行性研究报告》评审会。同月 27 日～28 日，中国国际工程咨询公司受国家计委委托，在宁波组织召开了《杭州湾跨海大桥工程可行性研究报告》评估会。

2002 年 8 月 16 日～19 日，在宁波召开了杭州湾跨海大桥初步设计 TYLIN 公司咨询会，对总体设计、桥型方案、结构耐久性、钢桥面铺装、体外预应力技术、预制节段拼装工艺、钢管桩防腐、波浪力等进行了认真研讨，为后续初步设计方案的完善打下了较好的基础。

2003 年 3 月 5 日，国家计委印发《国家计委关于审批杭州湾跨海大桥工程可行性研究报告的请示的通知》（计基础[2003]318 号文）对本项目工程可行性研究报告进行了批复。

在本项目工程可行性研究阶段，为了将杭州湾跨海大桥建设对港口、航道、涌潮的影响研究清楚，为大桥建设顺利实施创造良好的条件，先后开展了几十个专题研究，举办了十几次由各方面专家参加的大型研讨会，提出了很多富有建设性的意见和建议。结论如下：杭州湾跨海大桥的建设对杭州湾沿线港口几乎没有影响；对钱塘江涌潮几乎没有影响。

杭州湾跨海大桥桥址下游的主要港口有乍浦港，乍浦港一期工程位于桥位下游约 6km 处；桥址上游的主要港口有上虞港和杭州港等。

目前，杭州湾内具有万吨级以上泊位 7 个。根据规划，乍浦港是地区性港口，主要为杭、嘉、湖地区服务，将新建多用途、件杂货、煤炭及第三代集装箱泊位。杭州湾沿线在2010年前有可能建设万吨级以上泊位6～7个，其中乍浦港5个、嘉兴电厂1～2个，均位于桥位的下游。上虞港、杭州港及其他中小港口，其规模无法与乍浦港相比。这些港口的内河吞吐量较大，但由于钱塘江水深很浅，只能通行千吨级以下的船舶，海运量相对很小，如上虞港能停泊3000t级船舶，2000年的货物吞吐总量才25万t。因此，杭州湾跨海大桥建设对桥位上游的上虞港、杭州港及其他中小港口几乎没有影响。

对乍浦港发展的影响一直是杭州湾跨海大桥研究工作的重要组成部分。大桥桥位位于乍浦港一期工程上游约6km处，是乍浦港远期规划的乍浦港区与海盐港区的交界处。桥址上游规划的海盐港区为千吨级泊位发展区，自东向西依次为散货作业区、拆修造船区、预留发展区、件杂货作业区，大桥桥位给乍浦港的远期发展留有足够的空间。

大桥设有北航道桥和南航道桥，通过北航道桥的有秦山核电站重件码头3000t级航道。结合海盐港区的规划，北航道将按秦山核电站重件码头远期5000t级改道设在北岸深槽范围内，并按照35000t级海轮控制通航净空。根据交通部(交水发[2001]692号文)对杭州湾跨海大桥通航净空的批复，北航道净宽为325m、净高为47m，而北航道桥设计采用的是主跨448m斜拉桥，给远期桥下通航能力的提高留有较大余地。

形成钱塘江涌潮的两大基本条件：一是杭州湾的喇叭口平面形态使外海潮波急剧变形，能量积聚，潮差增大；二是澉浦以上的沙坎堆积，水深急剧变浅。

影响涌潮强弱的因素有：a. 潮汐是形成涌潮的直接驱动力，潮汐越大，潮波变形越是剧烈，涌潮相应越强；b. 河床地形急剧缩窄，水深急剧变浅，低潮位抬高，涌潮高度减小，低潮位降低，涌潮高度抬高；c. 上游流域径流的枯丰间接影响涌潮的大小。

由定床模型试验得知，建桥前后，澉浦站高、低潮位及潮差几乎无变化，对盐官涌潮潮头高度的影响仅有0～0.02m。同时，杭州湾的平面形态、海底水下地形及纳潮量不因建桥而改变，由此推得建桥对涌潮基本没有影响，更不会影响钱江涌潮这一天下奇观。

2003年1月10日～12日，浙江省计委和省交通厅联合在宁波主持召开了“杭州湾跨海大桥工程初步设计预审会”，形成了预审意见，为初步设计文件进一步完善奠定了良好的基础。

根据杭州湾跨海大桥工程设计协作书的要求，杭州湾大桥工程指挥部、中交公路规划设计院、中铁大桥勘测设计院、中交第三航务工程设计院、厦门高格桥梁景观设计研究中心等单位，根据杭州湾跨海大桥工程设计进展情况适时召开设计协调会，以研究、协调杭州湾跨海大桥工程设计中的技术问题。初步设计阶段共召开了8次设计协调会，情况如下：

2002年1月10日～12日，在北京召开了第一次设计协调会，讨论了大桥总体设计纲要、工作大纲、设计文件编制格式、专题要求、协作书、详勘等内容。

2002年2月4日，在武汉召开了第二次设计协调会，研讨了大桥总体设计方案、交通工程及沿线设施、景观设计、专题安排等方面的内容。

2002年3月7日～8日，在宁波召开了第三次设计协调会，讨论了大桥初步设计中间成果、各设计合同段界面衔接、有关的专题开展及专项标准制定情况等内容。

2002年5月10日～11日，在北京召开了第四次设计协调会，讨论了大桥总体设计、第一设计合同段设计、第二设计合同段设计、交通工程、景观设计、引桥桩基、专题研究及需进一步协调的有关事宜等内容。

2002年8月19日，在宁波组织召开了第五次设计协调会，就钢桥面铺装、钢护栏、节段拼装、浅层气、VTS系统研究、结构耐久性等专题研究作了部署，并对桥型方案设计作了研讨。

2002年8月28日，在宁波召开了第六次设计协调会，明确在初步设计文件中落实“工可”审查意见，并设置海中平台。

2002年11月14日～16日，在宁波召开了第七次设计协调会，会议对初步设计工作中的有关问题，特别是专家咨询意见进行了讨论和研究，并形成第七次协调会会议纪要。根据会议纪要要求，对高墩区引桥补充60m跨整孔预制(梁)浮吊方案，并建议作为推荐方案。对于南航道桥，要结合海中平台，把景观设计作为选择方案的重点，主跨在228m的基础上可适当加大，桥型宜对称布置，功能和景观力求统一，经济指标可适当放宽，并要求于11月底提交南航道桥桥型方案设计。对于低墩区复合桩方案，要求在南引桥深水区与滩涂区间及其他局部区段制定钻孔桩备用方案。对于北航道桥桥塔，考虑安全和对水环境影响，宜将钻石形塔作为推荐方案。对于南岸滩涂区引桥，补充全体外预应力方案。

2002年12月6日，中交公路规划设计院和厦门高格桥梁景观设计研究中心共同提交《杭州湾跨海大桥南航道桥桥型方案设计》，并在杭州湾大桥工程指挥部会议室向指挥部主要领导详细汇报了南航道桥，包括独塔斜拉桥方案、双塔斜拉桥方案、自锚式悬索桥方案、提篮拱桥方案、桁架拱桥方案和连续刚构方案等8个桥型方案。经过认真研讨，达成以下共识：

斜拉桥方案：采用钢箱梁斜拉桥方案，板件在工厂预制，在组拼场组拼成主梁节段，海运至桥位吊装。此方案现场工作量小，受风、浪、流影响小，工期短，施工风险较小；后期斜拉索可检测、更换，钢箱梁防腐措施有保障，结构耐久性可保证，建设条件适应性较好。独塔斜拉桥具有主题突出、简洁顺畅、刚劲挺拔、雄伟壮观、震撼人心的景观效果，明显优于双塔斜拉桥。

自锚式悬索桥方案：由于结构受力需要，加劲梁需要十分强大，以抵抗其巨大的水平缆力，因而跨径受到限制。此方案施工时需要用满堂支架先将梁架设完成后才能架设缆索系统，工序繁杂，工期较长，施工受风、浪、流和冲刷影响大，且造价昂贵；后期维护工作量大，结构刚度小，对建设条件的适应能力最差。

拱桥方案：受到地质条件限制，只能采用无推力拱式结构。由于位于海域中央，施工条件受到很大限制，且在宽阔的海面上修建拱桥，桥面以上拱圈高度有限，加上桥面较宽，景观效果并不理想。另外，拱肋和基础分散，抵抗船舶撞击的能力极其有限，施工风险和运营期间的安全风险均较大，后期养护工作量也很大，因此其建设条件的适应性很差。

连续刚构方案：由于跨径大，只能采用变截面箱梁，与全桥风格不甚和谐，景观协调性差。采用悬臂浇筑施工，难以避开台风期，施工隐患较大，结构耐久性隐患也较大，且无桥上建筑，不能为行船提供醒目标志，景观效果平淡。但其具有造价最低的优势，同时若施工质量有保证，后期养护费用也最少。

最后，按南航道桥安全性、景观性第一、整体性协调的原则，斜拉桥优于其他桥型，且斜拉桥中独塔斜拉桥可达到景观与结构统一的最佳效果。从海中平台上看，对称与否差别不大，A形塔与钻石形塔区别不明显，建议南航道桥仍维持送审稿独塔钢箱梁斜拉桥方案，取消3号主墩，并推荐采用钻石形塔。

2003年1月12日，在宁波召开了第八次设计协调会，会议对初步设计预审会专家意见及有关问题进行了讨论和研究，明确了南航道桥宜采用A形塔，北航道桥宜采用钻石形塔，海中平台不设加油站，功能以救援、观光为主，并取消主线收费站。

2003年4月8日～12日，由交通部主持的杭州湾跨海大桥工程初步设计审查会在东钱湖畔的启新高尔夫俱乐部举行。

2003年6月8日下午2:16分，杭州湾跨海大桥建设工程奠基仪式在慈溪庵东的杭州湾大桥工程指挥部专用气垫船码头举行。

2003年6月25日，浙江省人民政府和交通部联合下发《关于组建杭州湾跨海大桥技术专家组的通知》(浙政函[2003]91号)。通知指出：杭州湾跨海大桥技术专家组接受浙江省人民政府和交通部的领导;由胡希捷任组长,冯正霖、曹右安等任副组长,具体工作事宜由交通部公路司和浙江省交通厅负责;按照项目法人责任制的原则,大桥建设的日常技术和质量管理由杭州湾大桥工程指挥部负责,重大技术问题由大桥工程指挥部提请杭州湾跨海大桥技术专家组咨询研究;大桥建设有关各方要本着“精心组织,精心实施,科学管理”的精神,周密安排好科研、设计、施工、监理各项工作,加强全过程、全方位的质量监督,保证优质、高效、安全地完成建设任务;大桥咨询活动费用在预备费中列支。

2003年12月9日~10日,杭州湾跨海大桥技术专家组第一次工作会议在杭州召开,技术专家组对杭州湾跨海大桥施工总体实施计划、工期安排、气象和水文观测、工程质量和安全、科研计划等进行了研讨并给予明确的建议和意见。

2005年2月21日~22日,杭州湾跨海大桥技术专家组第二次工作会议在宁波慈溪召开,技术专家组对杭州湾跨海大桥70m箱梁预制工艺、50m箱梁的制作与运架施工方案、海上预制墩身安装工艺等进行了研讨并给予明确的建议和意见。

2006年2月24日~26日,杭州湾跨海大桥技术专家组第三次工作会议在宁波召开,技术专家组对杭州湾跨海大桥桥面铺装、运行管理、收费、超重检测系统、灾害天气对行车安全的影响和对策等进行了研讨并给予明确的建议和意见。

2007年3月13日~14日,杭州湾跨海大桥技术专家组第四次工作会议在宁波慈溪召开,技术专家组对杭州湾跨海大桥申报国家科技进步奖等进行了研讨并给予明确的建议和意见。

受交通部委托,浙江省交通厅分别于2004年10月4日~10日、2006年8月27日~29日、2006年10月23日~25日在杭州花家山庄主持召开杭州湾跨海大桥工程施工图主体工程、附属工程审查会。

2007年6月26日,杭州湾跨海大桥全桥贯通。

2008年5月1日,杭州湾跨海大桥通车。

第一章 总体设计与设计理念创新

第一节 总体设计原则

杭州湾跨海大桥是21世纪初建设的一项宏伟工程，将成为我国沿海五大控制性通道中率先实施的跨海大桥，建成后将是我国最长的桥梁，也会因此而成为长江三角洲地区一道亮丽的人文景观。杭州湾跨海大桥建设条件复杂，工程规模浩大，技术含量高，难点较多，因此在桥梁总体设计，尤其是在桥型方案选择时，充分考虑本工程特定的建设条件和工程特点，并结合国内外桥梁建设的实践经验，提出以下总体设计原则：

全面贯彻“安全、实用、经济、美观、环保”的技术方针，选用技术可靠、经济合理、施工可行的工程方案，确保工程实施的可行性、安全性和大桥使用的可靠性、耐久性。

充分发挥我国桥梁建设的先进技术和成功经验，充分体现“立足国内、自主建设”的经济建设原则，并重视世界范围内建桥的先进经验和新理论、新材料、新工艺的吸收、引进和应用。

针对杭州湾特定的建设条件，做好总体设计。遵循平面线形优美平和、纵线形组合最优的原则，同时最大限度地调整大桥桥轴线，使之与杭州湾内水流流向、航道中心线正交，以减小对杭州湾水环境、航运的影响。根据杭州湾南、北两岸岸线规划和现状，利用好现有岸线设施和资源，做好大桥工程的整体规划；根据不同水深条件、不同地质条件、不同通航条件，合理选择桥型、上部结构形式、下部结构形式及基础形式，并将大桥建设与日后的运营管理设施有机地结合起来，力求资源优化配置。

针对杭州湾水域宽阔、工程规模浩大的特点，工程方案设计需要特别重视施工方案的研究，采取多标段、多工法和专业化的建设思想，充分应用大型施工设备，体现大型化、工厂化和装配化的要求，尽量减少混凝土现浇和水下施工的难度，以加快施工进度，保证工程质量，同时尽可能减少对生态环境的影响。

由于大桥工程地处杭州湾台风影响区，抗风要求高，因此设计时除积极采取新技术、新结构外，还要充分重视抗风研究。

注重桥梁景观的设计。在工程方案设计全过程中，结构设计师与建筑师密切配合，做到桥跨布置均衡、结构造型美观、与周围的环境协调。

重视海洋环境中桥梁防腐设计和防撞设计，确保结构安全性和耐久性。

力求运营期间行车舒适顺畅，易于养护管理。

杭州湾跨海大桥工程设计严格贯彻上述设计原则，将大桥建设成为具有国内领先、国际先进水平的精品工程。

第二节　平、纵线形设计

一、桥轴线选定

1. 两岸控制点

杭州湾跨海大桥起点位于嘉兴市的东西大道和乍嘉苏高速公路交点以南约 1.5km 处(桩号：K49+000.000)，北岸控制点主要有起点、嘉兴地区乍浦工业园区、北岸海堤；终点位于慈溪市的水路湾(桩号：K85+000.000)，南岸控制点主要有十塘和九塘海堤、终点。两岸海堤之间的距离约为 32km，工程全长 36km，其中桥长 35.673km。

桥轴线控制点坐标：北岸起点坐标为：$X=3386248.036$m，$Y=40598599.553$m；南岸终点坐标为：$X=3354594.235$m，$Y=40614140.259$m。桥位北岸分布有港口、码头、嘉兴污水处理厂，登陆点选择控制因素较多。桥位南岸无港口、码头分布，登陆点的选择余地较大。

2. 桥轴线选定

本工程地处杭州湾水域，跨越两个出海航道，即北航道和南航道，尤其是南岸浅水区水文条件极为复杂。根据规范要求，桥轴线的法线与水流的夹角不宜大于 5°，因此南、北航道的航迹线和南岸浅水区水流流向是决定桥轴线的关键因素。通过对初选桥位实测漂流迹线和模拟涨、落潮平面流场分析，其结果见表 1－1、图 1－1。

表 1－1　建桥前后南、北航道处流向变化表(°)

测　点		A	B	C	D	E	F
潮　型		变化	变化	变化	变化	变化	变化
小潮	涨急	−2	0	−1	0	−2	−1
	落急	−1	1	−1	1	−1	−1
中潮	涨急	−1	−1	−3	2	−1	−1
	落急	−2	0	−2	4	−2	−1
大潮	涨急	−3	0	−2	2	−2	−2
	落急	−1	1	−4	3	−1	−1
20 年一遇	涨急	−1	1	−3	3	−2	−1
	落急	−3	1	−4	4	−1	−2
50 年一遇	涨急	−3	0	−3	3	−2	−2
	落急	−3	1	−2	2	−1	−3
100 年一遇	涨急	−3	1	−2	3	−2	−2
	落急	−3	1	−4	2	−1	−3
300 年一遇	涨急	−4	1	−4	3	−3	−3
	落急	−2	1	−4	3	−2	−4

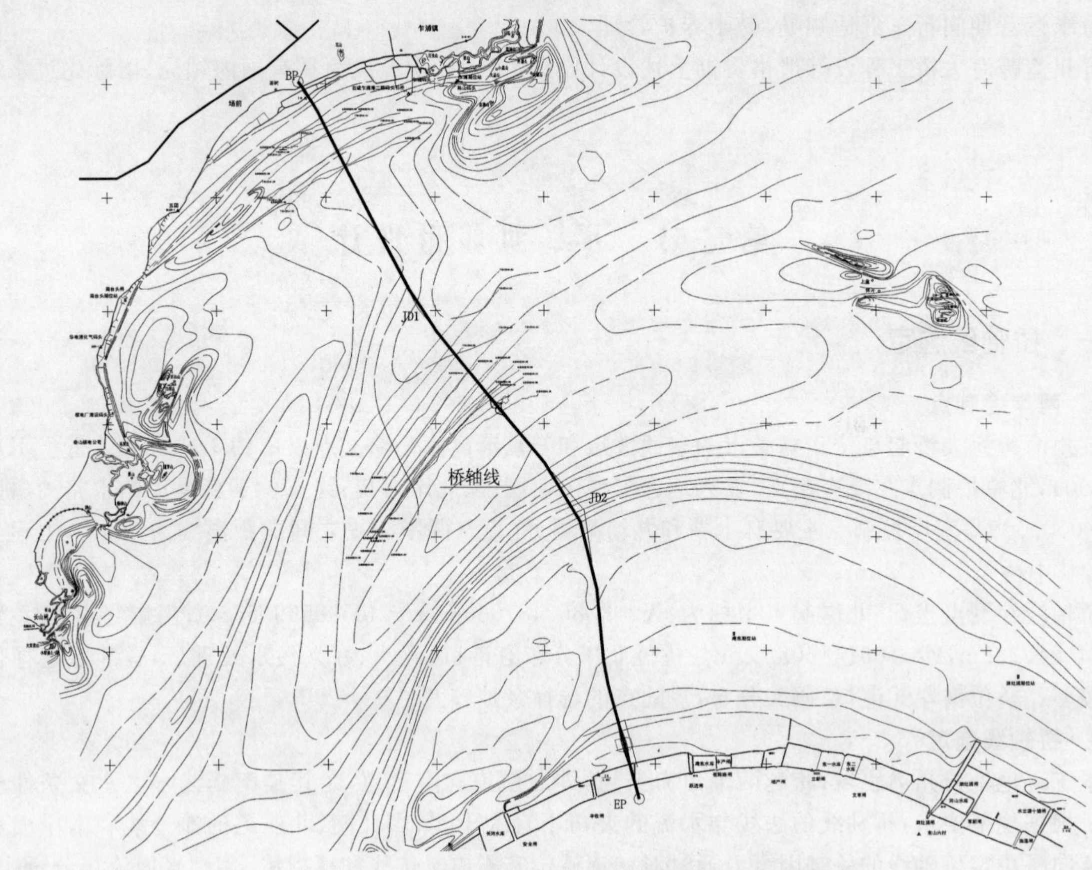

图 1－1 南、北航道处涨、落急实测漂流迹线

由表 1－1 可以看出，南、北航道桥处桥轴线的法线与水流的夹角均在 5°以内。至于南岸滩涂区，虽然桥轴线的法线与水流的夹角稍大，但因只有大潮时有短暂过水，过水时间短，水位浅，因此对水流影响不大。

3. 桥轴平曲线及要素

根据路线走向，考虑海上行车的安全性和舒适性，综合桥位轴线登陆点位置、各控制要素以及大桥整体景观线形等因素，最终确定大桥桥轴平曲线要素，见表 1－2；大桥平面线形将设计成美观流畅的 S 形曲线，路线平面图见图 1－2。

表 1－2 大桥桥轴平曲线要素表

项目 点位	坐标（m） X	 Y	交点桩号	转角值	平曲线半径（m）	直线、平曲线长度（m）
起点 BP	3386248.036	40598599.553	K49＋000.000			390.6883
JD1	3385457.301	40599216.780	K50＋001.560	右 10°00′00″	7000	1221.7340 8888.8199
JD2	3376091.202	40604191.506	K60＋600.810	左 12°36′01″	10000	2199.1453 7671.4558
JD3	3367017.625	40611961.585	K72＋441.990	右 35°10′53″	10000	6140.2999 3208.6648
JD4	3360143.260	40612610.615	K79＋254.340	左 10°01′04″	6000	1049.0737 5230.1187
终点 EP	3354594.235	40614140.259	K85＋000.000			合计：36000

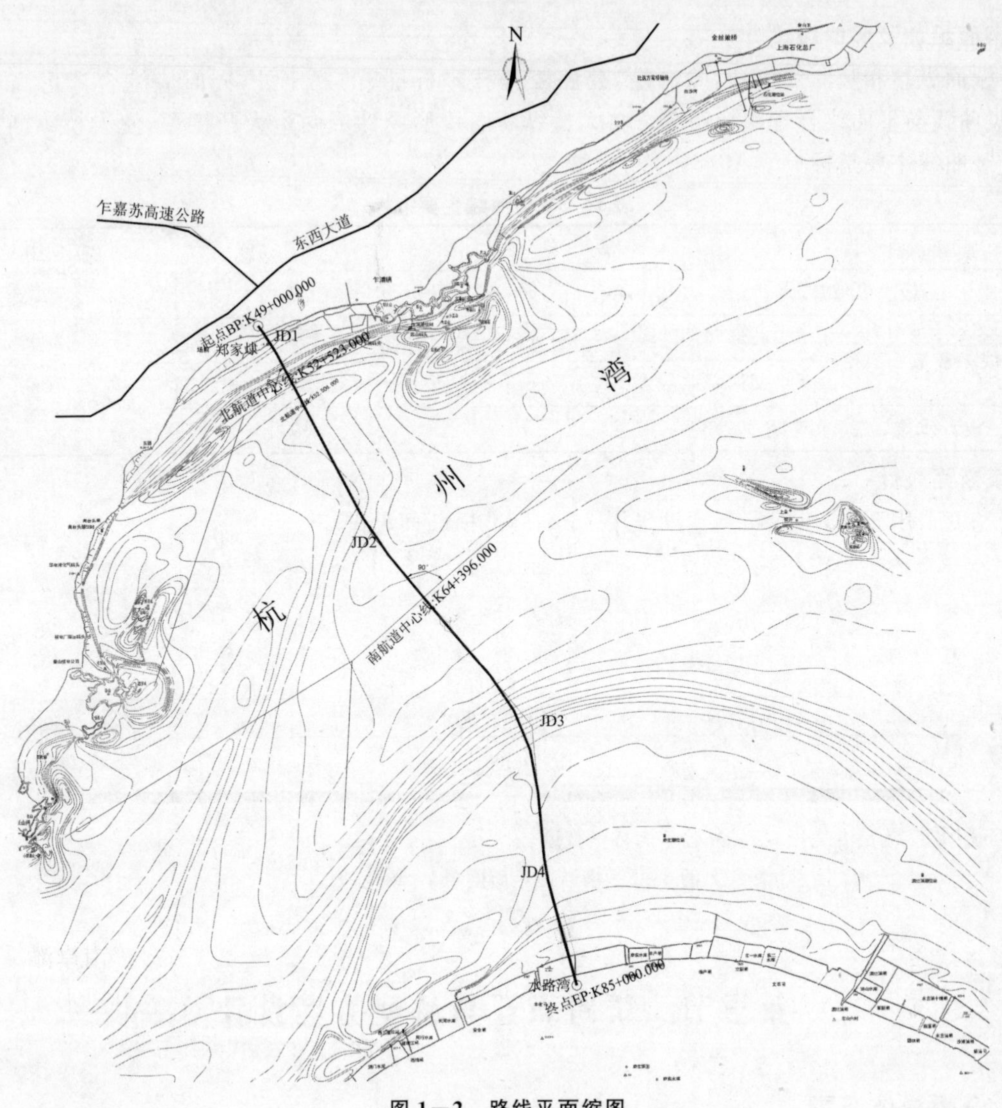

图 1－2　路线平面缩图

二、纵、横断面设计

1. 高程控制因素

本工程的主要高程控制因素有以下方面：

第一，起点应适应与东西大道和乍嘉苏高速公路的顺畅衔接。

第二，由于南、北引线均为软土地基，为此应严格控制引线路基填土高度。

第三，北岸海堤交通较为繁忙，同时具有防洪功能，因此大桥应上跨海堤并保证其行车净空。

第四，经通航标准论证分析，北航道桥主通航孔通航净空为 325m×47m，边通航孔通航净空为 110m×28m；南航道桥主通航孔通航净空为 125m×31m，边通航孔通航净空为 50m×20m。应根据通航要求、水文资料和构造物的结构高度，计算出各航道桥桥梁的最低点和最高点标高，确定合理的纵坡变坡点高程，以满足其通航净空要求。

第五，大桥经十塘海堤时，采取上跨方式并留有适当的行车净空。

第六，为了减小南岸引线软土路基的填土高度，大桥工程与南岸九塘海堤应采取平交设计方案，桥轴线附近防洪道路局部进行改线。

第七，终点应符合慈溪市城镇整体规划，并与南岸干线公路顺畅衔接。

2. 桥面纵坡及竖曲线设计

大桥桥面纵坡和竖曲线设计，除满足《公路工程技术标准》的规定外，同时应综合考虑高程控制因素，并使竖曲线与平曲线合理顺畅组合。将大桥纵断面线形设计成两个大凸拱形，使大桥纵断面线形生动活泼。竖曲线主要指标见表1—3。

表1—3 竖曲线主要指标

项目		单位	规定值	取用值
最大纵坡		%	3	2.8
竖曲线一般最小半径	凸形竖曲线	m	10000	20000
	凹形竖曲线	m	4500	10800
设计水位、波高重现期		300年一遇		

3. 横断面设计

桥梁宽度采用33m，引线路基宽度采用35m，标准横断面见图1—3。

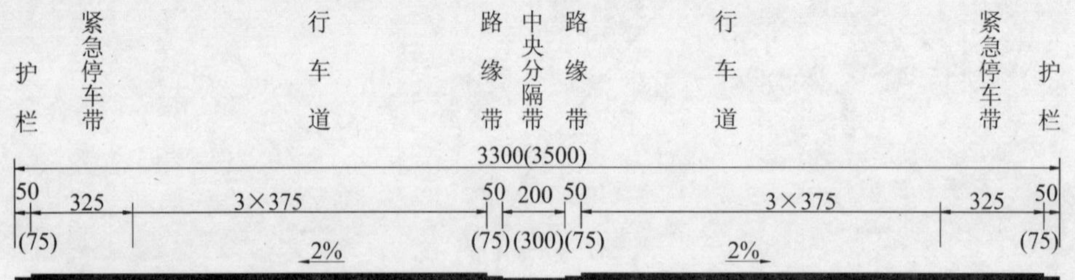

注：括号内数字为路基宽度，括号外数字为桥梁宽度。

图1—3 横断面平面图(尺寸单位：cm)

第三节 桥跨布置与桥型方案设计

一、全桥总体布置

根据沿线主要控制地物和功能要求，确定桥跨布置见表1—4，示意图如图1—4所示。

表1—4 桥跨布置一览表

区域位置	起讫桩号	工程长度(m)	桥跨布置	结构形式	施工方案	
					下部结构	上部结构
北引线	K49+000.000 ～ K49+015.500	15.5	15.5m	软土路基	道路工程	
北岸陆地、滩涂区引桥	K49+015.500 ～ K51+579.000	2563.5	3.5m+15×30m+10×50m+3×60m+50m+50m+80m+50m+24×50m	预应力混凝土连续箱梁	直径为1.0m、1.5m、2.0m钻孔桩，旋转钻机成孔，承台、墩身现浇	30m梁满布支架现浇施工，50m梁移动模架现浇施工，其余各跨挂篮悬臂施工
北航道桥北侧高墩区引桥	K51+579.000 ～ K52+069.000	490	7×70m	预应力混凝土连续箱梁	直径为2.5m钻孔桩，旋转钻机成孔，承台、墩身现浇	整孔预制，浮吊整孔吊装施工

续表

区域位置	起讫桩号	工程长度(m)	桥跨布置	结构形式	施工方案	
					下部结构	上部结构
北航道桥	K52＋069.000～K52＋977.000	908	70m＋160m＋448m＋160m＋70m	五跨连续半漂浮体系钢箱梁斜拉桥	直径为2.5m、2.8m钻孔桩,旋转钻机成孔,承台、墩身现浇	桥面吊机架设
北航道桥南侧高墩区引桥	K52＋977.000～K53＋957.000	980	14×70m	预应力混凝土连续箱梁	直径为1.6m钢管桩,打桩船插打,承台、墩身现浇	整孔预制,浮吊整孔吊装施工
中引桥	K53＋957.000～K63＋337.000	9380	134×70m	预应力混凝土连续箱梁	直径为1.5m、1.6m钢管桩,打桩船插打,承台现浇,墩身预制安装	整孔预制,浮吊整孔吊装施工
南航道桥北侧高墩区引桥	K63＋337.000～K64＋037.000	700	10×70m	预应力混凝土连续箱梁	直径为1.6m钢管桩,打桩船插打,承台、墩身现浇	整孔预制,浮吊整孔吊装施工
南航道桥	K64＋037.000～K64＋615.000	578	100m＋160m＋318m	三跨连续半漂浮体系钢箱梁斜拉桥	直径为2.5m、2.8m钻孔桩,旋转钻机成孔,承台、墩身现浇	桥面吊机架设
南航道桥南侧高墩区引桥	K64＋615.000～K65＋315.000	700	10×70m	预应力混凝土连续箱梁	直径为1.6m钢管桩,打桩船插打,承台、墩身现浇	整孔预制,浮吊整孔吊装施工
南引桥水中低墩区	K65＋315.000～K71＋335.000	6020	86×70m	预应力混凝土连续箱梁	直径为1.5m、1.6m钢管桩,打桩船插打,承台现浇,墩身预制安装	整孔预制,浮吊整孔吊装施工
南岸滩涂区引桥	K71＋335.000～K81＋435.000	10100	202×50m	预应力混凝土连续箱梁	直径为1.5m钻孔桩,旋转钻机成孔,承台、墩身现浇	整孔预制,梁上运梁架设
南岸陆地区引桥	K81＋435.000～K84＋688.500	3253.5	50m＋80m＋50m＋4×50m＋60×30m＋50m＋34×30m＋3.5m	预应力混凝土连续箱梁	直径为1.0m、1.5m钻孔桩,旋转钻机成孔,承台、墩身现浇	满布膺架现浇施工
南引线	K84＋688.500～K85＋000.000	311.5	311.5m	软土路基	道路工程	

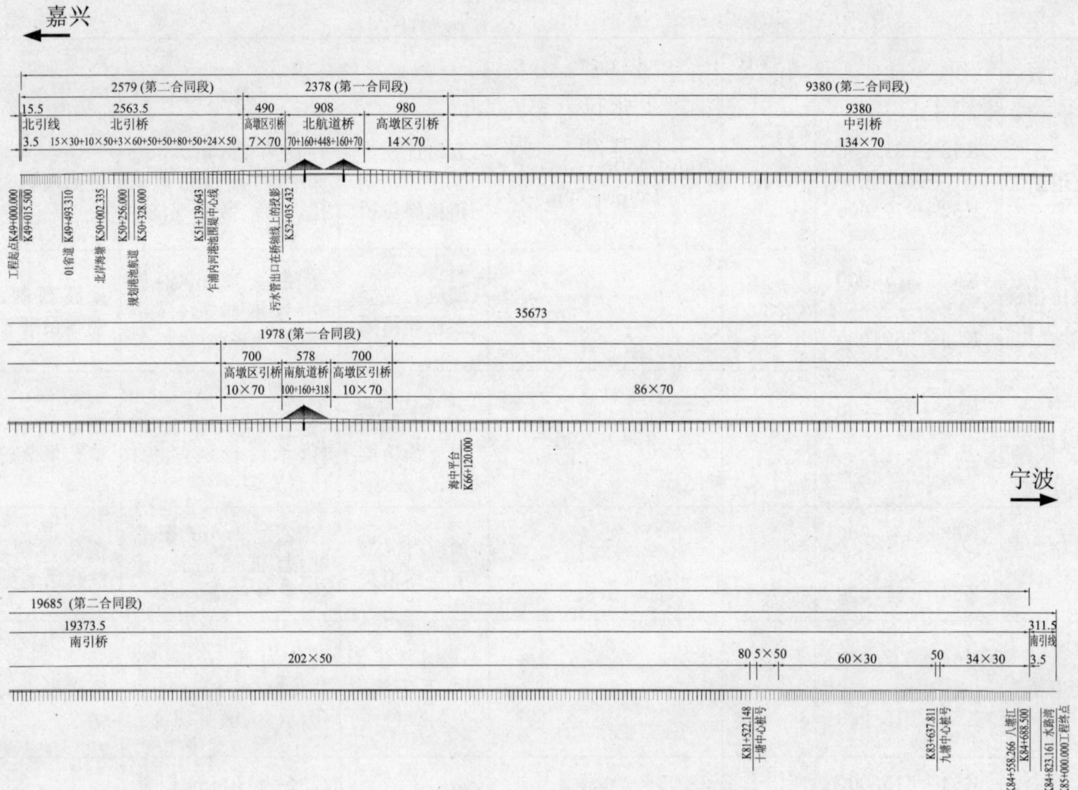

图 1－4　桥跨布置示意图(尺寸单位:m)

二、桥型方案设计

1. 北航道桥

北航道桥采用布跨为 70＋160＋448＋160＋70＝908m 的钻石形双塔双索面钢箱梁斜拉桥，半漂浮体系，五跨连续结构，见图 1－5。

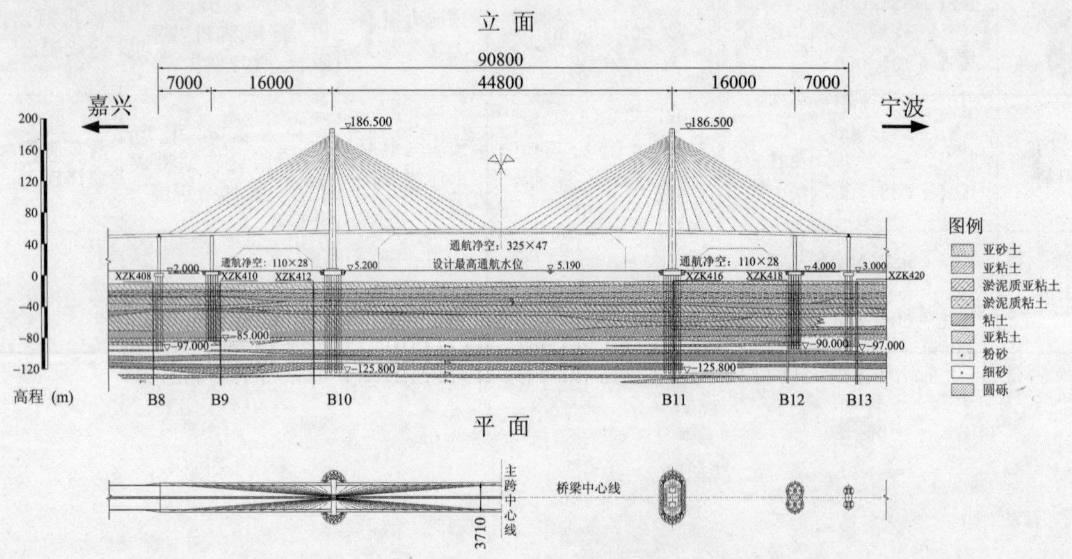

图 1－5　北航道桥桥型布置图(尺寸单位:cm)

索塔采用钻石形塔，桥面以上为三角形结构，以利于提高结构刚度和抗风稳定性；桥面以下两塔柱收腿，使整个塔呈钻石形。基础采用直径为 2.8m 的钻孔桩＋承台基础，承台外周设防撞消能设施。斜拉索在索塔上通过整体钢锚箱进行锚固。

主梁采用扁平钢箱梁，梁高 3.5m，梁宽 37.1m。钢箱梁采用工厂预制成组件，组拼场组拼成节段，标准节段长 15m。斜拉索与钢箱梁采用耳板锚固。

斜拉索采用平行钢丝成品斜拉索、塔上张拉方式。

辅助墩和过渡墩采用矩形倒圆角断面，基础采用直径为 2.5m 或 2.8m 的钻孔桩＋承台基础。

2. 南航道桥

南航道桥采用布跨为 100＋160＋318＝578m 的 A 形独塔双索面钢箱梁斜拉桥，三跨连续结构，见图 1－6 所示。

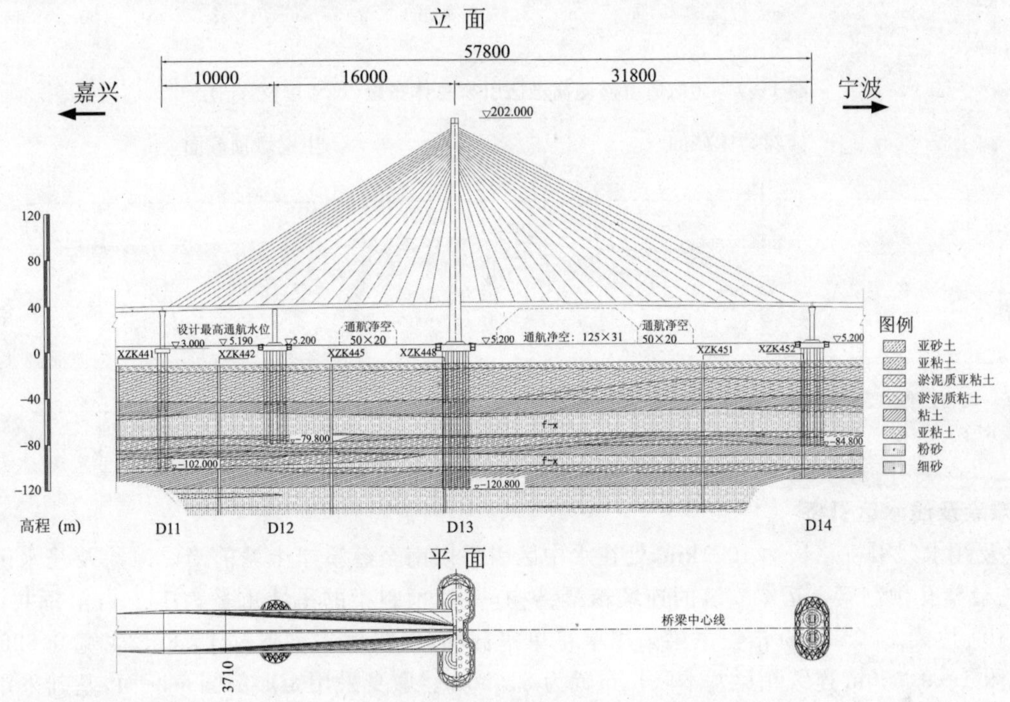

图 1－6　南航道桥桥型布置图(尺寸单位：cm)

索塔采用 A 形塔，以利于提高受力性能、结构刚度及抗风稳定性。结构舒展和谐，风格独特，造型优美，景观效果良好。基础采用直径为 2.8m 的钻孔桩＋承台基础，承台外周设防撞消能设施。斜拉索在索塔上通过整体钢锚箱进行锚固。

主梁采用扁平钢箱梁，梁高 3.5m，梁宽 37.1m。钢箱梁采用工厂预制成组件，组拼场组拼成节段，标准节段长 15m。斜拉索与钢箱梁采用耳板锚固。

斜拉索采用平行钢丝成品斜拉索、塔上张拉方式。

辅助墩和过渡墩采用矩形倒圆角断面，基础采用直径为 2.5m 或 2.8m 的钻孔桩＋承台基础。

3. 水中区引桥

水中区引桥总长 18.27km，占全桥比重较大。根据位置不同，划分为北航道桥北侧高墩区引桥、北航道桥南侧高墩区引桥、中引桥、南航道桥北侧高墩区引桥和南引桥水中区。其中，北航道桥北侧高墩区引桥处在北航道桥北侧，总长 490m；中引桥处在南、北航道之间，具体范围为北航道桥南过渡墩至南航道桥北过渡墩，全长 9380m；南引桥水中区处在南航道桥以南至慈溪庵东三北浅滩前沿，全长 6720m。

水中区引桥总体布置(以北航道桥南侧高墩区为例)见图 1－7 所示。水中区引桥采用 70m 跨径整孔预制吊装的连续箱梁结构，一片预制梁的吊装重量为 2160t，全桥共计 540 片(包括海中平台匝道桥加宽段小箱梁)。70m 梁标准段主梁采用单箱单室截面，单幅桥主梁顶宽 15.8m、底宽 6.25m、梁高 4.0m，见图 1－8。70m 连续箱梁基本联长布置为 5×70m。墩身采用矩形倒圆角断面，基础采用钢管桩＋承台基础。

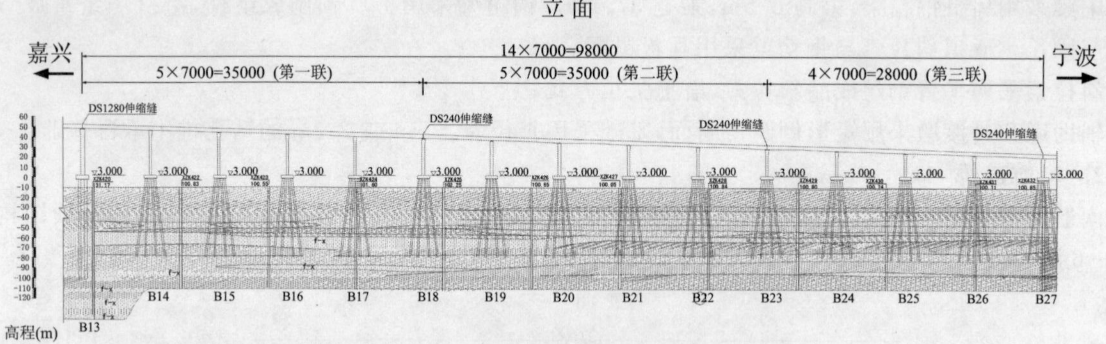

图 1－7　北航道桥南侧高墩区引桥总体布置(尺寸单位:cm)

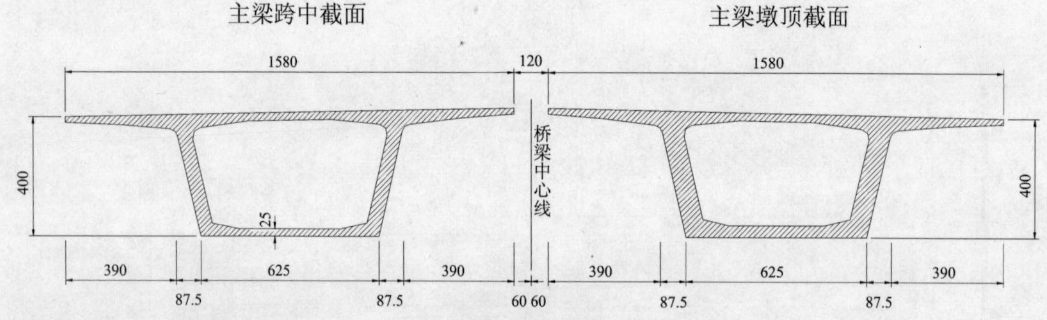

图 1－8　70m 箱梁标准断面图(尺寸单位:cm)

4. 滩涂及浅水区引桥

滩涂及浅水区引桥总长达 10.1km,处在水中区引桥以南至慈溪岸十塘前沿。滩涂及浅水区引桥采用 50m 跨径整孔预制梁上运梁安装的连续箱梁结构,一片预制梁的吊装重量为 1430t,全桥共计有 202 孔,共计 404 片梁。50m 梁标准段主梁采用单箱单室截面,单幅桥主梁顶宽 15.8m、底宽 6.625m、梁高 3.2m,见图 1－9。50m 连续箱梁基本联长布置为 8×50m。墩身采用矩形倒圆角断面,基础采用钻孔桩＋承台基础。

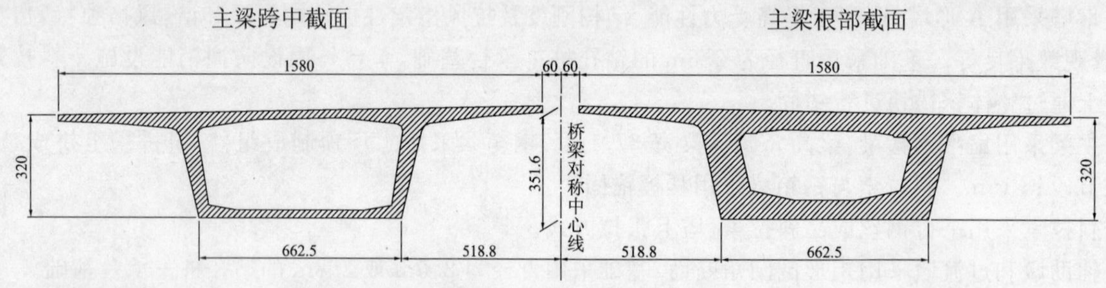

图 1－9　50m 箱梁标准断面图(尺寸单位:cm)

5. 陆地区引桥

陆地区引桥受控因素较多,根据控制地物跨越要求和经济性要求,分别选择 80m、60m、50m、30m 跨径连续箱梁结构,墩身采用矩形倒圆角断面,基础采用钻孔桩＋承台基础。30m 箱梁标准断面见图 1－10。

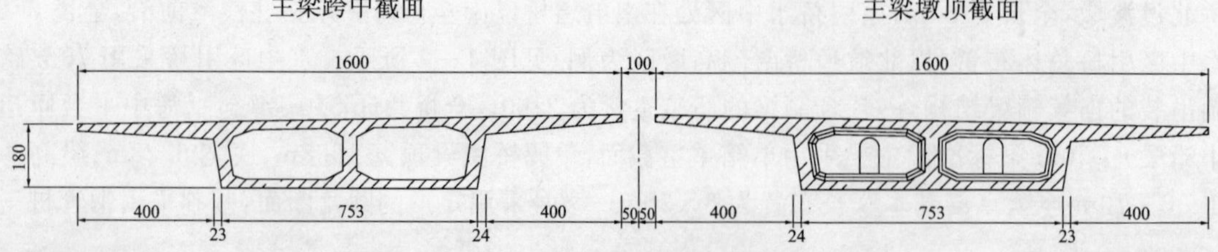

图 1－10　30m 箱梁标准断面图(尺寸单位:cm)

6. 海中平台匝道桥

海中平台匝道桥分 A、B、C、D、E 5 部分，见图 1－11。

A 匝道桥布跨为：4×35.50m＋36.00m，共 1 联，桥长 178.00m，桥宽 15.00～18.00m。

B、C 匝道桥布跨为：3×(6×20m)＋4×21.00m＋20.367m，共 4 联，桥宽 8.50m，桥长 464.367m。

D、E 匝道桥布跨为：3×(6×20m)＋4×21.00m＋19.853m，共 4 联，桥宽 8.50m，桥长 463.853m。

A 匝道桥梁高 1.8025m(内轮廓中心线)，B、C、D、E 匝道桥梁高均为 1.65m(内轮廓中心线)。顶板厚为 16mm，底板厚为 12mm，斜腹板厚为 16mm。钢箱梁横隔板标准间距为 2.00m(开口横隔板)，在支座处、吊点处及梁段的两端设封闭横隔板。

下部构造均采用桩、柱一体结构，桩基础采用直径为 2.0m 的钻孔桩，上接直径为 1.8m 的圆柱墩身。A 匝道桥横向为两个分离式单桩、单柱结构，B、C、D 和 E 匝道桥均为单桩、单柱结构。

部分墩柱与上部钢箱梁固结。

图 1－11　海中平台一层及匝道桥实景

第四节　桥梁景观设计

一、大桥的线形景观

1. 大桥平、纵线形的景观论证

杭州湾跨海大桥特定的工程环境和工程结构特点，决定了其景观方面的独到之处，主要反映在其线形的平、纵变化上。大桥主体设计单位结合大桥桥位的地质情况，通过大桥景观工程的研究分析以及初步设计前期大量的景观论证工作，在原设计方案平面为两弧线的线形(图 1－12)的基础上，为使大桥平面线形更加优美，并根据景观的要求，对大桥的平、纵线形作了新的调整(图 1－13)，总计有 4 个平面的弯曲和 7 个纵向的起伏。

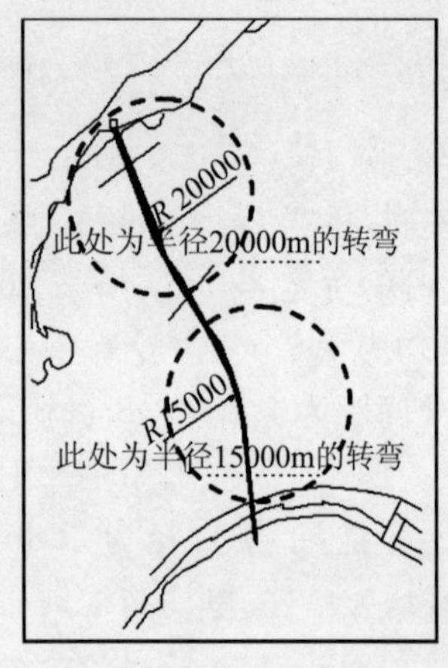

图 1－12　原大桥平面线形

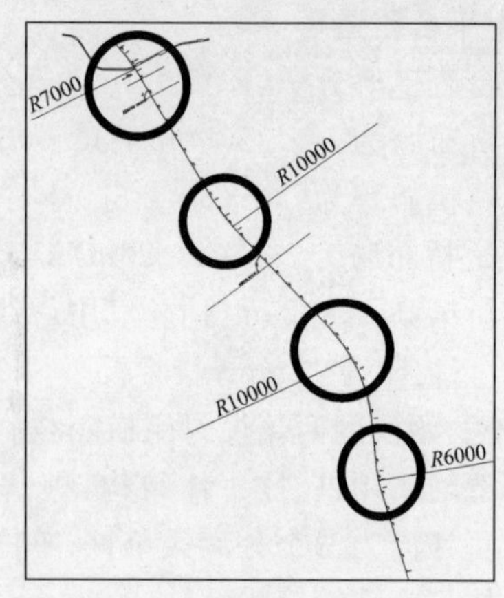

图 1－13　现大桥平面线形

杭州湾跨海大桥在纵断面线形上有 7 个较高的控制点，形成 7 个纵向的起伏变化，见表 1－5。

表 1－5　7 个纵向的起伏变化

	北引桥	北通航孔	中引桥	南通航孔	南引桥		
里程桩号	K50＋100.000	K52＋500.000	K57＋907.000	K64＋287.000	K72＋435.000	K79＋185.000	K83＋665.000
设计高度(m)	23.178	57.547	19.488	42.478	20.352	17.849	14.575
坡度(°)	2.05	2.8	0.221	2.5	0.105	0.149	0.638

2. 大桥线形的视觉分析

根据视觉范围的限定，杭州湾跨海大桥全长 36km，全线可视范围大致可分为 8 个阶段，即必须处于大桥的这 8 个段上，才能了解全桥的景观全貌。事实上，对于桥面行车的动视点来说，这种情况是连续的、线性的，所以必须对其进行分段论证。

根据常理，人眼在一般情况下的视觉范围如图 1－14 所示。

从水面行船视点来说，因为只有南、北通航孔经常有大的船只往来，因此行船视点主要集中在南、北航道桥附近。又因为单一的行船视点无法对整座大桥尽收眼底，所以水面一般只进行南、北航道桥的视点分段论证。如图 1－15 所示。

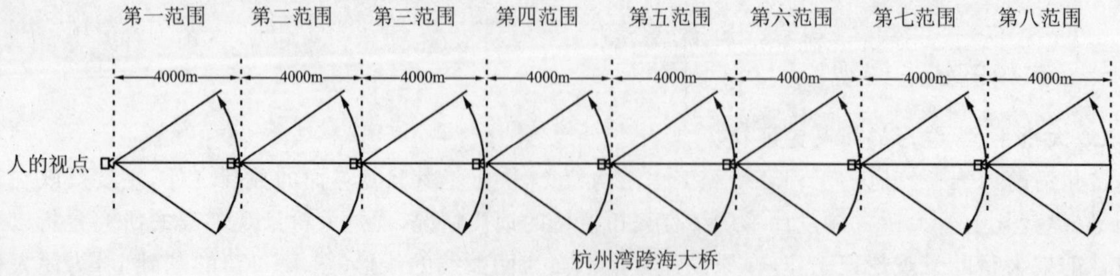

图 1－14　人眼的视觉范围

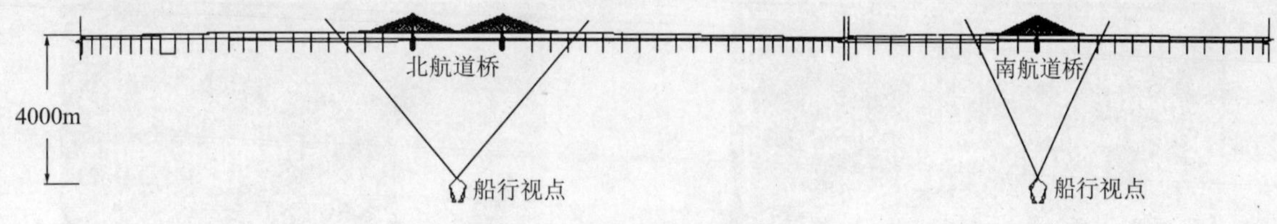

图 1－15　通航孔船行视点分析

3. 多视点选定及分析说明

因为杭州湾跨海大桥桥线超长，一气呵成，所以不可能仅从单个视点上进行分析，必须根据大桥线性的结构特点及超长的特性，选择多个具有代表性的视点分别进行分析阐述。

杭州湾跨海大桥平面线形的视点定位如图 1－16。

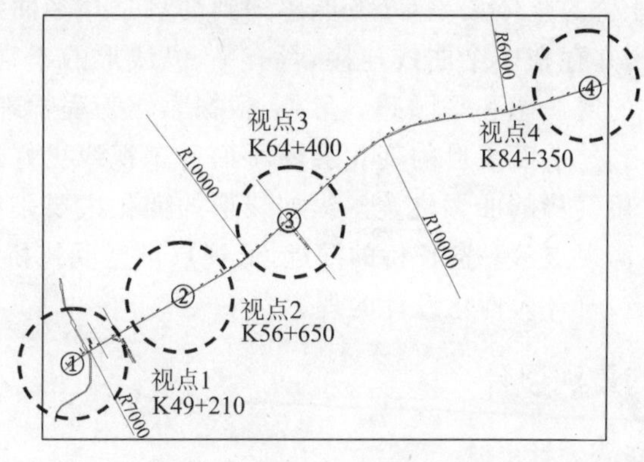

图 1－16　平面视点定位示意

视点 1(图 1－17)：此视点位于大桥 K49＋210 处，同时位于大桥平面线形半径为 7000m 的转角上。此处在纵向线形上略微有起伏，在桥面和水面观察，都可以比较清晰地看到大桥北航道桥桥塔的形象，令人印象深刻。

视点 2(图 1－18)：此视点位于大桥 K56＋650 处，同时也位于大桥平面线形半径为 10000m 的转弯上。此处在纵向线形上没有太大起伏，因此可以较为通顺地看到大转弯的优美曲折。如果天气晴朗，还可以隐约看见南航道桥的桥塔。

图 1－17　视点 1

图 1－18　视点 2

视点 3(图 1－19)：此视点位于大桥 K64＋400 处，同时也是南航道桥所在的位置。此处在平面线形上比较平直，但在纵向线形上可以看到较大起伏，从高点到低点的快速位移，能够使人产生一种在海面上飞翔的奇妙感觉。同时，路灯高低错落，具有动人的韵律美。

视点 4(图 1－20)：此视点位于大桥 K84＋350 处。此处所处的位置和能看到的平、纵线形变化都较为平淡，在天气晴朗、能见度高的情况下，或许可以看到大桥 6000m 的半径弯曲。从景观角度分析，此段虽在线形变化上未过多地做文章，但正如一首优美的交响乐章的序曲，引导观赏者逐步进入精彩激越的高潮境地。对于大桥对侧的行车视点来说，此段又是乐章的终篇，使观赏者即使已从高潮中走出，却仍沉浸在余音绕梁的回荡中，难以忘怀。

图 1－19 视点 3

图 1－20 视点 4

运动中的人在自身条件及自然条件的限定下，无法在同一时间、同一地点，对长达 36km 的桥型作出非常清晰完整的视觉映像，因此对整个大桥的观赏必须是线性的、连续的，随时间、地点的不同，形成不同的景观效果。也就是说，对于桥的整体形象，人所能感知到的只是众多曲线变化中有限的部分组合。杭州湾跨海大桥工程线形很长，并存在多个曲线连接，具有平、纵线形的丰富变化，从图面效果来看，大桥线形的曲线变化给人以整体的通畅感和平顺感。另外，根据人体工程学理论的概括分析及对当地环境条件分析表明，在有效视距之内，平面线形的变化会使桥面行车视线更好地展示桥梁的形态与特征，有限的曲线变化反而会增添大桥气势的曲柔之美。纵向线形的变化主要是结合航道要求，以全桥的纵向起伏丰富桥面的视点节奏。高视点可一览长桥的深远，低视点可感受长桥的韵律，避免长桥单调枯燥的行车感觉，提高行车的兴奋点，符合人性化设计的理念。

二、大桥各组成部件的景观设计

1. 航道桥桥型与桥塔的景观设计

南、北航道桥是杭州湾跨海大桥的两个设计重点，为使杭州湾跨海大桥具有较强的景观性，特从符号关系、构成关系、体量关系及综合类比 4 个方面进行深入比较，从而得出最终结果：北航道桥采用钻石形双塔的组合方式；南航道桥采用 A 形独塔的组合方式。

航道桥的设计主题为“金三角”。杭州湾跨海大桥的建成，将使上海、杭州、宁波三地成为长江三角洲的经济中心，而杭州湾跨海大桥本身也将成为杭州湾三角洲网络的“金边”，形成具有本土特色的“金三角”文化区。南、北航道桥的组合方式较理想地结合了“金三角”的文化含义，达到了桥型与桥位区地理环境的协调、与当地历史文化的吻合，并满足了工程经济技术指标的具体要求。

（1）北航道桥

北航道桥位于大桥的北岸，是景观的重点。本次设计选用钻石形双塔斜拉桥，不仅满足通航的要求，而且形象十分突出。钻石形双塔斜拉桥基础小，结构合理，整体造型秀美，气势昂然，与大桥的整体风格吻合，与环境协调。大桥简洁的塔形配以主塔的塔冠处个性化的处理，增加了塔的特色，同时也突出了大桥的文化内容。

（2）南航道桥

为求功能与景观统一，就南航道桥的桥型设计进行了广泛探讨和认真研究。通过对 8 个桥型的综合比较，选择出了最佳桥型：A 形独塔。南航道桥的 A 形独塔使得大桥视觉集中，形象完整，与斜拉索相互依托，稳定感很强，这一点从桥面视点可以得到更好的证实。同时，A 形独塔与双塔的组合，在总体风格上一致，产生一种遥相呼应的视觉感受。

此外，A 形塔的塔冠造型类似于先秦古钱，形态较为修长，上窄下宽，似 A 字形，这与桥塔有着异曲同工之妙。A 形塔塔冠部分的锚固箱，其上部外突部分与下部的弧度，均起到装饰桥塔的效果。此塔形造型融入了符号学概念，诠释其设计灵感，使观赏者能直观地领悟到设计者的设计思想。此 A 形塔能体现出一定的人文气息，凸显现代城市气息。

2. 引桥的景观分析及造型设计

杭州湾跨海大桥引桥占全桥长度比例非常大，是大桥的重要组成部分，起着连接两岸及航道桥的作用。同时，也是全桥景观设计的主体，其造型设计应与主桥和谐一致。

桥墩为矩形变截面造型，简洁明朗，边线刚直，具有良好的视觉形象，且与斜腹板箱梁形成较佳的契合；同时，引桥箱梁的造型经分析比较，采用了斜腹板箱梁，在视觉上使不同箱梁之间的衔接消除了过渡痕迹，达到高、低箱梁默契结合、平滑流畅、过渡自然的理想景观效果。

设计注重箱梁与桥墩的整体效果，保证它们造型统一，和谐流畅，不同梁高的衔接、不同跨径的箱梁也保持了较高的统一性。综合的考虑使整个桥梁韵律变而不乱，丰富而不繁杂，构成一篇雄壮优美的抒情乐章。

3. 海中平台的景观设计

海中平台在大桥施工期间，作为施工、补给、救灾、修整、回转等多功能平台，是海上施工据点，可提高海上施工的工效和降低海上施工的风险。大桥建成后，海中平台可作为大桥运营期间的紧急救援、养护管理平台，同时，通过设置上、下海中平台的匝道桥，可成为海上欣赏大桥雄姿和波澜壮阔海景的绝佳场所，再辅以休闲、娱乐设施，定会令游人流连忘返。海中平台的景观设计，是结合杭州湾跨海大桥所处地形、地貌和社会文化背景与环境等条件，在大桥工程总体平、纵线形设计的基础上，紧扣大桥功能与桥梁景观完美结合的主题，在海域中央设置一个风格独特的交通服务平台、大桥监控与海事监控平台以及桥之魂、岛之园的梦幻旅游观光平台。

4. 桥面系的景观设计

杭州湾跨海大桥桥面系主要是由桥面路灯和防撞护栏及其他附属设施组成，对桥面行车起到安全保护和引导作用，是大桥的重要组成部分，也是人们融入大桥时所接触的重要围合空间。针对杭州湾跨海大桥线形很长、行车视线单一的特点，就路灯造型及分布、防撞护栏的造型及色彩都作了深入的景观设计。

路灯造型简练，布设于桥面系两侧，使桥面空间完整、明朗，与桥面系形成统一的整体效果。防撞护栏采用钢制结构，造型大方、稳定；结合大桥其他结构的色彩方案，防撞护栏也作了相应的色彩设计，使大桥的色彩统一和谐。通过不同的造型、色彩的组合，将桥上行程的单调感受降到最低，确保桥上行车时的愉悦心情和美妙感觉，同时保证了行车的安全性。

三、大桥色彩景观设计

桥梁是由多种材料、多个构件、多种形式组成的，大桥的色彩设计针对其规模、形象、结构、功能，选择相应的色彩，在满足功能的基础上，以展示大桥的形态美、结构美、功能美。

根据杭州湾跨海大桥的实际情况，为使大桥形象更加完美，选定如图 1—21 所示的 5 个结构部位进行色彩设计。

图 1—21 大桥色彩设计的 5 个结构部位

1. 桥塔的色彩涂装

桥塔作为斜拉桥主体构造要素,不仅在力学上起着主要作用,而且其高耸的形象引人注目,起着象征、标志的作用,是景观中最重要的因素。近年来,混凝土结构防腐已成为社会关注的问题,结合防腐功能为塔进行色彩防腐涂装,可以使桥塔形象雄伟壮观、典雅大方,达到内优外美的工程要求,构成新的人文景观。

2. 斜拉索的色彩涂装

斜拉索作为大桥的重要承力结构,对其防腐有着很高的要求。目前,拉索防腐一般采用聚乙烯套管,所以色彩的选择要有防紫外线、减缓老化的作用,且要与总体色彩和谐统一,突出伞形的索面结构,并与塔形成和谐、稳定的均衡美。

3. 钢箱梁的色彩涂装

钢箱梁作为大桥的主要承载结构,也是构成大桥均衡稳定的形态美的重要因素。钢箱梁的防腐采用涂装防腐的形式,面漆采用氟碳树脂材料,色彩选择在满足防腐的功能的基础上,与塔和斜拉索形成统一的整体,体现出钢箱梁简洁、明快、轻巧、舒展、连续、流畅的美感。

4. 引桥的色彩涂装

引桥连接航道桥与两岸,是主桥的延伸与过渡,是组成大桥完整形象的重要组成部分。其建筑材料以混凝土结构为主,面积较大,墩柱众多,质地粗糙,色彩单一。结合混凝土结构防腐为引桥进行色彩涂装,会使大桥形象更加完整统一。

5. 防护栏的色彩涂装

防护栏是桥面系的重要组成部分,与灯杆、斜拉索等构成特定的桥面空间。其防腐一般与钢箱梁相同,采用涂装防护。防护栏的色彩不但对行车起着指导、警示的作用,而且不同的色彩也对减轻行车疲劳、保证行车安全起着重要的作用。

由于杭州湾跨海大桥全程36km,是目前世界上最长的跨海大桥,车在桥面上行驶,需要25～40min,海面单调、枯燥、乏味,容易产生疲劳。同时,海面上光线强烈,也容易让人感觉困倦。另外,人们的视线又无法看到大桥的尽头。根据这一实际情况,在桥面上应设置让人们观赏刺激的造型和色彩,以提高人的兴奋度,提升人的观赏兴趣和文化内容。设计运用"彩虹七色光"的主题来表现长桥的色彩涂装理念——跨海彩虹。

根据分析,36km的长度以赤、橙、黄、绿、青、蓝、紫七色划分为7个区域,以桥面5km为一个区段,共分红色段(K0～K5)、橙色段(K6～K10)、黄色段(K11～K15)、绿色段(K16～K20)、青色段(K21～K25)、蓝色段(K26～K30)和紫色段(K31～K35),共计35km左右,相邻区段设色彩过渡段,如图1－22所示。

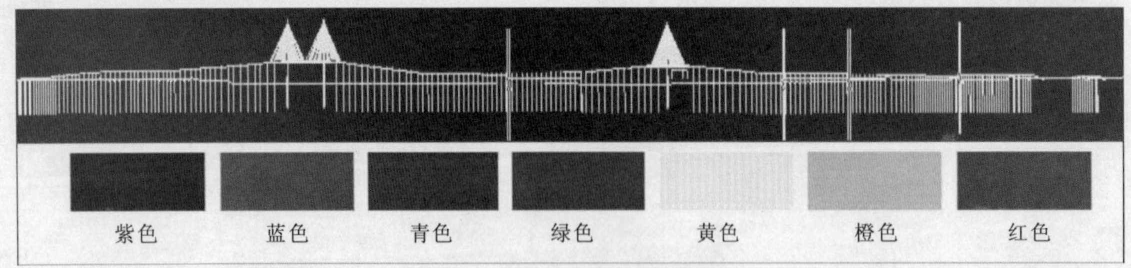

图1－22 跨海彩虹示意

根据人体视觉功能的分析,人在观赏大桥时有效的色彩视距为4～5km,超过这一距离,色彩就会受到空气中的水汽的影响逐渐衰减,影响色彩的效果。因此,设计色彩涂装在5km区段内是可行、合理的。人们在行车的视线上只能看到5～10km区段内的色彩效果,因此全桥的效果是通过不断行车在不同路段达到不同效果。通过不同色彩段的效果来表达不同距离路段的距离特点,成为长桥行车的距离的标准色,从而使色彩的涂装达到里程标注的作用。不同色彩的变化,告诉人们车行在不同的桥面地段和距离,也给人们一个提示和标识。最主要的是,不同的色彩变化可以提高人行车的兴奋度,丰富桥面的内容，增强桥面的变化。

四、大桥夜景照明系统的设计

大桥的夜景照明具有美化环境的作用，大型桥梁设置合理的夜景照明，不仅能充分表现出大型工程的宏伟壮观，还能增加桥上行车、桥下行船的安全性，减少交通事故。

大桥景观工程凸显世界最长跨海大桥的气势和雄姿，以跨海银龙为主题，分3部分表现：银龙探海（南、北引桥）、金三角之门（主航道桥）和海上明珠（海中平台），营造出有层次感和立体感的桥梁夜景效果，创造出独具特色的人文景观，成为新世纪一项宏伟的标志工程。

1. 银龙探海

夜景照明的第一乐章：银龙探海。通过引桥箱梁外侧的照明表现箱梁舒展的曲线，从岸上淡入海中，就如同银龙探海，如图1－23所示。

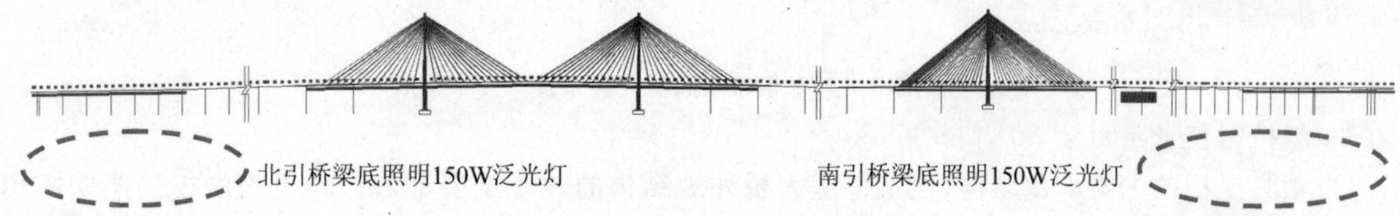

图1－23　引桥照明

本乐章的主题是通过对引桥梁底的照明来表现的。考虑两岸桥头的视点，照明范围为两岸引桥各2km。本方案采用1000套150W泛光灯安装在梁外侧，对梁底进行照射，如图1－24所示。

从视觉效果来看，梁底的照射灯光使箱梁成为桥头视点的视觉重点，通透且线条流畅，展现出大桥的曲线美及气势感，宛如银龙探海。路灯的灯光其视觉构成元素为点，并由岸上流入海中，与箱梁“线”的构成元素形成强烈的对比，达到了理想的协调统一效果。

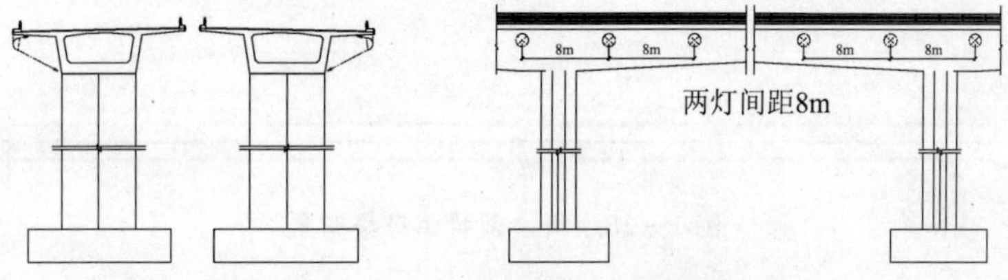

图1－24　引桥梁底照明示意

2. 金三角之门

夜景照明的第二乐章：金三角之门。通过对航道桥主塔、斜拉索及梁底的照明来表现，两个航道桥的照明是整个长桥上的两个亮点，使其整个长线照明有了两个跳跃变化，是夜景照明的重点。

（1）主塔夜景照明

桥塔的照明是大桥夜景非常重要的组成部分，因为人们的视线有很大一部分集中在高耸的主塔上。在桥面两侧和检修平台上设置泛光灯具，照亮主塔的正立面、内侧面及外侧面，营造出良好的照明氛围和艺术气息，以凸显主塔的雄伟、壮丽。另外，可根据大桥防腐涂装的颜色及周边环境特点，选用不同的滤光片，使整座主塔的照明富有色彩变换，更具魅力。主塔照明采用泛光照明方式，平均照度为150lx左右，使主塔的视觉效果均匀而舒适。

在主塔照明灯具布置中，塔外侧灯具、桥下部立面灯具等不能直接安装在塔外侧壁上。若直接安装，一是造成检修上的困难，二是灯具离塔太近，照明效果不好，因此这些灯具需要一个平台来作为依托。我们称这个平台为灯具检修平台。

（2）钢箱梁夜景照明

梁是通行的载体，用灯光照亮，表现梁的延伸感和舒展的曲线美，通过水面的映像，更加烘托了照明的效果。整个箱梁采用相同的照度指标，保证照明的均匀性，选用相同功率的灯具均布，以体现箱梁的整体感。钢箱梁照明灯具布置如图 1－25 所示。

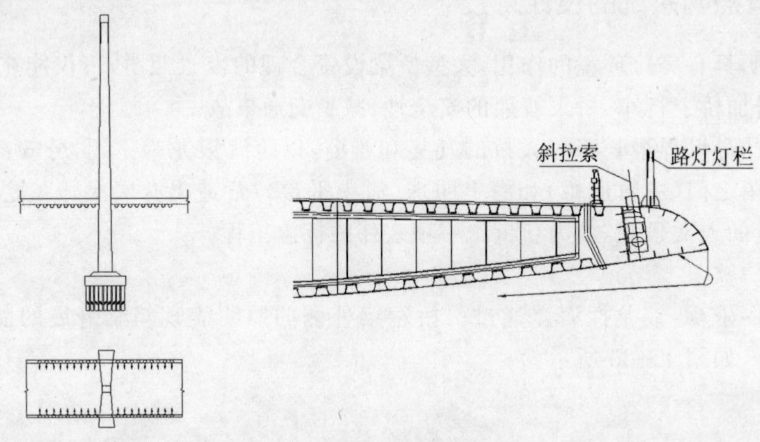

图 1－25 钢箱梁照明灯具布置

（3）斜拉索夜景照明

斜拉索为全桥的主要承重结构，也是整座大桥外观结构的一个主要部分。斜拉索的夜景照明采用窄光束投光灯聚光追踪照明，通过斜拉索对光的反射，把整个斜拉索的外形勾勒出来，从而表现出斜拉索的力度与韵律。斜拉索照明灯具布置如图 1－26 所示。

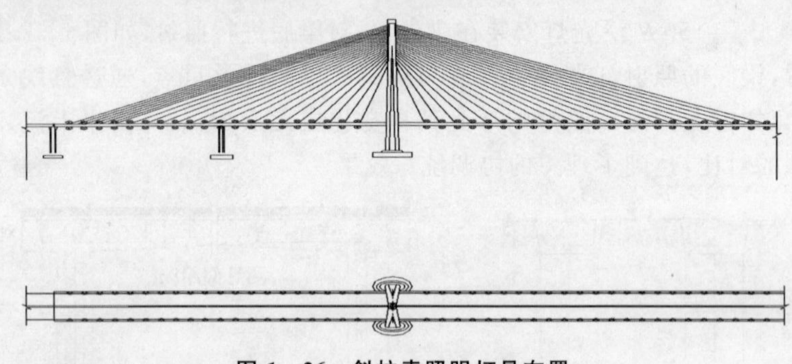

图 1－26 斜拉索照明灯具布置

3. 海上明珠

夜景照明的第三乐章：海上明珠。主要采用衬景的营造手法，把建筑的主要特征表达出来。夜晚，海中平台华灯齐放，绚烂似东海上的明珠，给行车者惊喜，让行车者感叹。

海中平台艺术灯光景观采用个性化、人性化和艺术化的设计理念，追求让观赏者在视觉上得到享受，情绪上受到感染，追求海中平台独特的视觉印象和文化主题。海中平台艺术灯光景观采用"设计灯光就是设计阴影"的设计原则，达到光影相谐的艺术境地；采用少即时是多的原则，力求简约明快；采用动静相宜的原则，更好、更丰富地表达主题。同时遵循易维护、低运行费用，高可靠、绿色环保的设计原则。

大桥景观设计是工程学与美学的结合，在跨海长桥中开展景观设计还是一项新的尝试。本次设计引进了建筑景观新的设计理念，开展全面、深入、细致、科学的景观设计，为我国长桥设计积累了经验，取得了较好效果。同时，大桥本身也具有巨大的旅游价值和潜力，大桥本身的特点和气势也构成了杭州湾上一个新的旅游景点。大桥建设将构成新的城市地域格局，形成新的城市景观，一个以杭州湾跨海大桥为依托的两岸新的城区和现代化的城市景观将逐步形成。

第五节　设计理念创新

在杭州湾海域建设大桥是几代宁波人的梦想，经济和技术发展到今天，才有了将梦想变成现实的可能。面对大桥的工程特点，需要回答和解决的问题很多，有些在可行性研究阶段就已经意识到，并有针对性地开展了相关的专题研究，揭示了规律，制定了相应的技术措施；有些属于在这样特定的自然条件下建桥，需要将全国乃至世界范围内的桥梁建造技术和机具设备与环境条件充分结合，并用发展的眼光加以对待才有可能得以解决。针对这一举世瞩目的宏伟工程的设计，一开始就提出了设计理念的创新，要在传统设计经验的基础上，将大桥总体设计与桥梁景观和日后运营管理结合起来，将桥型方案设计与建设环境和施工工艺结合起来，将主体结构设计与结构耐久性设计结合起来，并将这全新的设计理念贯穿于大桥设计的全过程。

一、总体设计与桥梁景观和运营管理有机结合

大桥总体设计在考虑平、纵线形设计、桥跨总体布置的同时，注重桥梁景观设计和日后运营养护管理。

大桥平、纵线形力求平面顺畅、纵坡均衡，在视觉上保持线形的连续性，尽量避免长直线和小偏角，使驾乘者在心理和生理上有安全感和舒适感，并与沿线环境相协调。

影响大桥平面线形的因素较多，在总体设计时不仅要考虑总体线形指标要求，更重要的是要适应海域流态分布和航迹线分布。经过对几十个桥轴方案的反复比选，最后确定线形优美，并且能充分与海域流态和航迹线吻合的美观流畅的大S形平面线形，见图1－27。

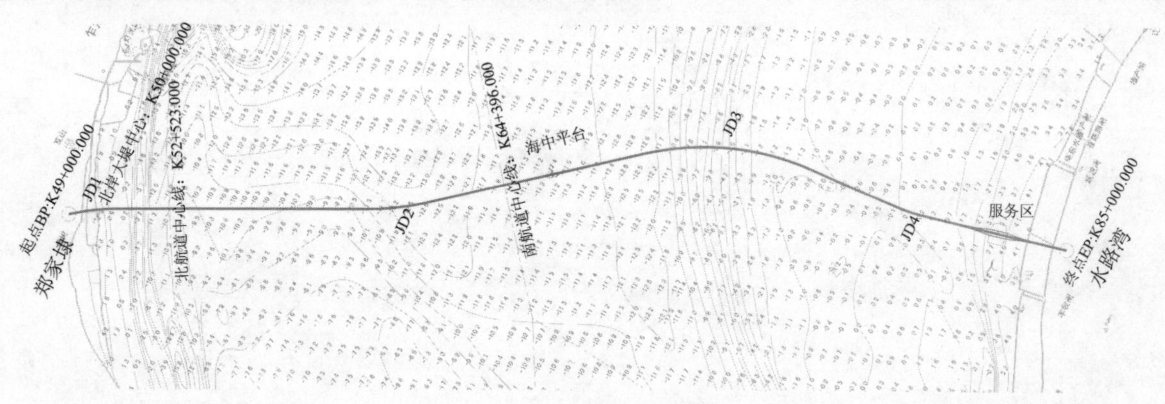

图1－27　大桥平面线形

影响大桥纵断面线形的因素很多，它不仅受到最大纵坡、最小坡长、最大坡长等路线设计指标控制，还受桥下通航、通车、通人的净空高度及桥头软土路基段的填土高度限制。将大桥纵断面线形设计成两个大凸拱形（图1－28），使大桥纵断面线形生动活泼。

图1－28　大桥纵断面线形（尺寸单位：m）

大桥景观设计是对全桥结构造型、色彩、各部分结构的美学元素构成、不同结构间的过渡、桥面系，以及景观照明等进行系统的设计，使大桥不仅雄伟、美观，而且与周围环境相协调。

由于大桥长达36km，对大桥的运营养护、交通组织、抢险救灾、紧急救援、桥梁监控等都提出新的要求。经过认真研究，确定在全桥均匀设置8处调头区和具有互通立交功能的综合性海中平台，为日后运

营管理创造了良好的条件。

二、桥型方案设计与建设环境和施工工艺有机结合

杭州湾跨海大桥自然条件复杂,受海域潮大、流急、风浪大等特殊的水文、气象条件制约,年有效作业时间不到180d,海况给大桥建设带来严峻挑战。为了最大限度地减少海上作业的工作量、提高工效和工程质量,降低工程实施的风险和工程造价,有针对性地提出了大型化、工厂化、机械化、标准化的总体设计理念。对南岸近10km的浅滩区,似水非水,似岸非岸,大型船机设备无法有效地为该区域桥梁建设服务的情况,采取了借助栈桥施工基础和下部结构,借助大型架桥机和大型梁上运梁设备梁上运梁的技术措施,有效地解决了控制大桥建设的难题;对于海上18.27km的70m跨径引桥,提出了钢管打入桩基础、预制墩身和70m整孔预制吊装箱梁方案,最大限度地减少海上现场工作量,化海上施工为陆上施工,以加快施工进度、提高工程质量、降低施工风险和工程造价。总体贯彻“施工决定设计”的理念,将恶劣环境下结构的可实施性放到了结构设计之上,确保大桥建设得以安全顺利开展。大桥建设实践也有力地说明这一理念是非常正确的。

三、结构设计与结构耐久性设计有机结合

杭州湾海洋环境属于桥梁结构所处的腐蚀最严重的环境条件之一。不管是钢结构还是钢筋混凝土结构,在海洋环境中都极易遭受风浪、水质等多种天然因素的作用,造成结构损伤,缩短其有效使用寿命。结构耐久性设计是杭州湾跨海大桥的重要设计内容之一。杭州湾跨海大桥混凝土结构耐久性设计是从材质本身的性能出发,以提高混凝土材料抗氯离子渗透为根本,并辅以外加涂层等辅助措施。设计中,还提出“结构设计是结构耐久性的灵魂”,结构设计要做到“可检、可换、可强、可补、可控”,同时提出“结构施工是结构耐久性的基础,运营养护是结构耐久性的保障”的理念。

第二章 设计理论突破

第一节 往复流下的冲刷计算理论

一、概述

当海洋环境中设置结构物(如桥墩)时，就会改变其周围的水流条件，并产生一种或多种水力现象(见图 2—1)：收缩流、结构物前马蹄形涡流、表面涡流、下降流动、尾流旋涡、波的反射和衍射、波浪破碎、土壤中压力差。这些水力现象通常引起结构物周围泥沙输移能力的增加，导致局部冲刷，进而影响结构物的安全。

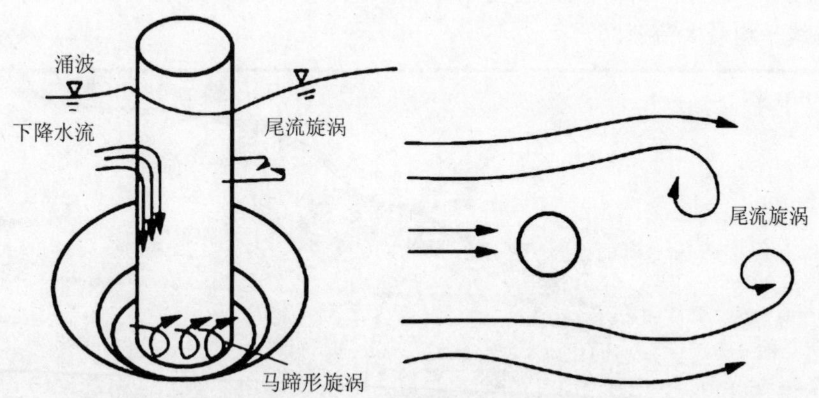

图 2—1 桥墩周围水流结构

杭州湾为我国著名的强潮河口湾，水流流速大，河床底质颗粒较细，冲刷问题是大桥基础设计中需重点考虑的问题之一。

杭州湾跨海大桥建设时，国内对复杂桥墩非恒定双向潮流作用下的冲刷研究成果较少。本工程开展的研究为强潮河口湾和海湾地区跨海大桥基础局部冲刷研究进行了有益尝试，同时也积累了一定的经验。

二、水流、地质条件

1. 潮汐和水流

杭州湾为典型的强潮河口湾，外海潮汐传入杭州湾后，潮波逐渐由前进波向驻波转变，高潮位向内沿程递增，北岸略高于南岸；低潮位则相反，向内沿程递减且北岸略低于南岸；潮差向内沿程递增且北岸潮差略大于南岸。表 2－1 为沿岸各主要站的潮位特征。

表 2－1 杭州湾常设潮位站潮汐特征值

项目 \ 站名	北岸				南岸	
	澉浦	乍浦	金山嘴	芦潮港	海王山	镇海
最高潮位及发生日期	6.56m	5.54m	4.98m	4.09m	3.72m	3.38m
	1997.8.19	1997.8.19	1997.8.19	1997.8.19	1997.8.19	1997.8.19
最低潮位及发生日期	－4.36m	－4.01m	－3.37m	－2.84m	－2.39m	－2.04m
	1951.8.22	1930.9.24	1969.4.5	1980.10.25	1980.10.25	1952.1.26
最大潮差及发生日期	8.93m	7.57m	6.34m	5.10m	4.26m	3.67m
	1951.8.20	1962.8.2	1989.10.16	1987.8.11	1974.8.20	1981.10.16
平均高潮位(m)	3.05	2.52	2.16	1.89	1.45	1.11
平均低潮位(m)	－2.56	－2.12	－1.80	－1.38	－1.08	－0.66
平均潮差(m)	5.61	4.65	3.93	3.19	2.53	1.76
平均涨潮历时	5:28	5:27	5:27	5:29	5:56	6:18
平均落潮历时	6:57	6:59	7:01	6:57	6:29	6:07
统计年限	1951～1999	1930～1999	1952～1999	1978～1998	1972～1981	1951～1997

杭州湾湾内海底地势平坦，水深相对较浅，但受地形的集能作用，湾内潮流流速向湾顶递增，属强潮流区。桥区水域全潮水文测验资料显示：桥区潮流属半日潮流，涨、落潮主流交角不大，呈往复流性质，涨、落潮流向与岸线走向基本一致。潮流流速在桥区平面分布上呈现南强北弱之态，各测点垂向分布由表层向下呈逐渐减小的趋势。一般来说，各测站涨潮、落潮流速均按大、中、小潮汛次序排列，大潮大于中潮，小潮最小。图 2－2 为杭州湾水文观测站分布示意图。表 2－2 和表 2－3 为桥区各测点涨潮(V_f)、落潮(V_e)垂线平均最大流速。

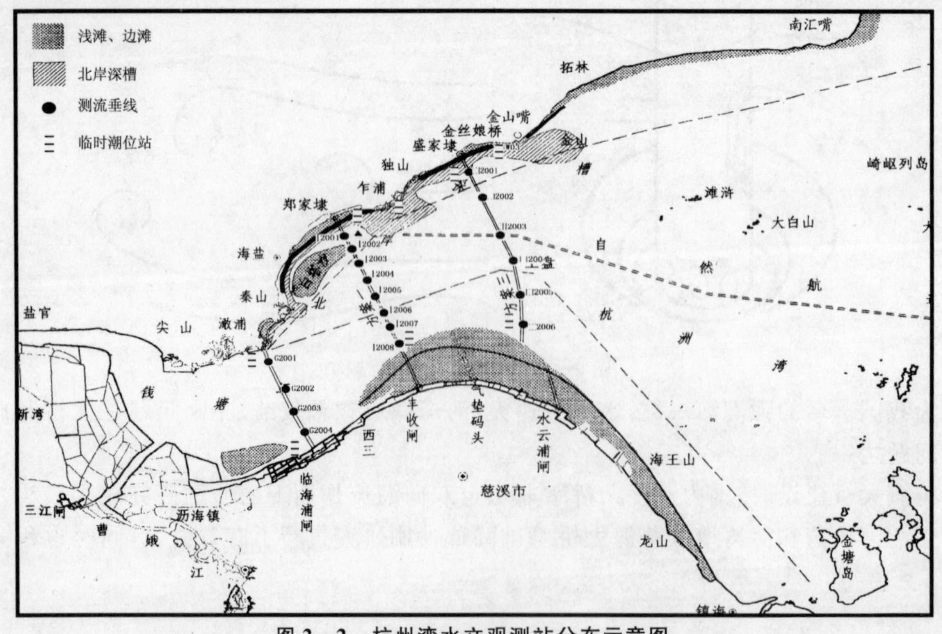

图 2－2 杭州湾水文观测站分布示意图

表 2－2　桥位Ⅰ断面水文测点涨、落潮垂线平均最大流速及其比值

潮型		项目＼测点号	Ⅰ2001	Ⅰ2002	Ⅰ2003	Ⅰ2004	Ⅰ2005	Ⅰ2006	Ⅰ2007	Ⅰ2008
大潮	第1次	V_f(m/s)	1.58	2.18	2.4	2.17	2.05	2.68	2.62	3.77
		V_e(m/s)	2.01	1.60	2.15	1.94	2.29	2.30	2.70	3.41
		V_f/V_e	0.79	1.36	1.12	1.12	0.90	1.17	0.97	1.11
	第2次	V_f(m/s)	1.50	1.97	2.27	2.20	2.49	2.65	2.45	3.63
		V_e(m/s)	2.15	1.57	2.00	2.00	2.32	1.98	2.25	3.04
		V_f/V_e	0.70	1.25	1.14	1.10	1.07	1.34	1.09	1.19
中潮	第1次	V_f(m/s)	1.42	1.85	2.05	1.65	2.04	1.85	1.78	3.32
		V_e(m/s)	1.47	1.14	1.35	1.47	1.36	1.94	1.36	2.00
		V_f/V_e	0.97	1.62	1.52	1.12	1.50	0.95	1.31	1.66
	第2次	V_f(m/s)	1.13	1.32	1.72	1.43	1.37	1.33	1.52	3.01
		V_e(m/s)	1.21	1.06	1.38	1.14	1.37	1.61	1.29	1.48
		V_f/V_e	0.93	1.25	1.25	1.25	1.00	0.83	1.18	2.03
小潮	第1次	V_f(m/s)	0.88	1.16	1.25	1.20	1.20	1.15	1.18	1.65
		V_e(m/s)	1.12	1.02	1.07	0.97	1.22	1.55	1.15	1.28
		V_f/V_e	0.79	1.14	1.17	1.24	0.98	0.74	1.03	1.29
	第2次	V_f(m/s)	0.89	1.22	1.35	1.41	1.40	1.31	1.04	2.03
		V_e(m/s)	1.06	0.96	1.02	0.92	1.13	1.42	1.09	1.27
		V_f/V_e	0.84	1.27	1.32	1.53	1.24	0.92	0.95	1.60

表 2－3　桥位Ⅲ断面水文测点涨、落潮垂线平均最大流速及其比值

潮型		项目＼测点号	Ⅲ2001	Ⅲ2002	Ⅲ2003	Ⅲ2004	Ⅲ2005	Ⅲ2006
大潮	第1次	V_f(m/s)	2.09	2.10	2.28	1.85	2.91	3.39
		V_e(m/s)	2.18	1.86	1.99	1.92	2.90	3.15
		V_f/V_e	0.96	1.13	1.15	0.96	1.01	1.07
	第2次	V_f(m/s)	2.27	2.24	2.16	2.14	2.37	3.44
		V_e(m/s)	2.00	1.76	1.94	2.06	2.69	2.74
		V_f/V_e	1.14	1.27	1.11	1.04	0.88	1.26
中潮	第1次	V_f(m/s)	1.09	1.13	1.13	1.23	1.24	1.66
		V_e(m/s)	1.39	1.20	1.10	0.97	1.08	1.82
		V_f/V_e	0.78	0.94	1.03	1.27	1.14	0.91
	第2次	V_f(m/s)	1.11	1.00	1.12	1.35	1.37	1.84
		V_e(m/s)	1.32	1.02	1.07	1.24	1.43	1.56
		V_f/V_e	0.84	0.99	1.04	1.09	0.95	1.18
小潮	第1次	V_f(m/s)	1.72	1.56	1.66	1.82	2.09	1.91
		V_e(m/s)	1.54	1.35	1.36	1.51	1.77	2.08
		V_f/V_e	1.12	1.15	1.22	1.21	1.18	0.92
	第2次	V_f(m/s)	1.22	1.10	1.27	1.66	1.60	1.77
		V_e(m/s)	1.48	1.09	1.25	1.36	1.86	1.88
		V_f/V_e	0.82	1.01	1.02	1.22	0.86	0.94

钱塘江于澉浦注入杭州湾，流域面积为 49876km^2，芦茨埠站多年平均流量为 952m^3/s。钱塘江流域每年 3～7 月为丰水期(梅雨)，8 月至翌年 3 月为枯水期，实测最大洪峰流量为 29000m^3/s。考虑新安江水库的调蓄作用，杭州闸口站百年一遇的洪峰流量为 26400m^3/s。

2. 地质资料

杭州湾跨海大桥北航道桥附近河段覆盖层厚，其北、南两侧上层局部有亚砂土层；中部上层及南、北两侧第二层为淤泥质亚粘土，层底标高在－23.39～－26.53m之间；其下层为淤泥质粉土层，层底标高在－27.24～－32.73m之间；淤泥质粉土层下为粉砂层，层底标高在－40.79～－41.73m之间。南航道桥附近河段覆盖层上层为亚砂土，层底标高在－16.46～－17.19m之间；下层为淤泥质亚粘土，层底标高在－43.59～－44.06m之间。桥区土层的特性详见表2－4、表2－5和图2－3。

表2－4 桥区土层指标一览表

桥区	土层名称	层底标高(m)	层厚(m)	液性指数IL
北航道桥	③$_1$层——亚砂土	－19.19	0～6.6	1.32
	③$_2$层——淤泥质亚粘土	－23.39～－26.53	4.2～15.0	1.27
	④$_1$层——淤泥质粉土	－27.24～－32.73	3.85～6.2	1.15
	④$_2$层——粉砂	－40.79～－41.73	9.0～13.55	0.53
南航道桥	②$_2$——亚砂土	－16.46～－17.19	5.0～5.1	1.74
	③$_2$层——淤泥质亚粘土	－43.59～－44.06	25.4～27.6	1.27

表2－5 桥区桥墩土层颗粒分析结果

标段	河床土层名称	粒径组成百分数(%)				
		＞0.25	0.25～0.1	0.1～0.05	0.05～0.005	＜0.005
一	亚砂土		18	43	32	7
二	亚砂土	0.6	11.4	44.3	40	3.7
	淤泥质亚粘土	0	1.3	46.2	42	10.5

标段	河床土层名称	粒径组成百分数(%)			
		＞0.25	0.25～0.074	0.074～0.002	＜0.002
三	亚砂土	0.6	21.7	75.7	2
四	亚砂土	0.2	20.4	76	3.4
	淤泥质亚粘土		16.8	73.1	10.1

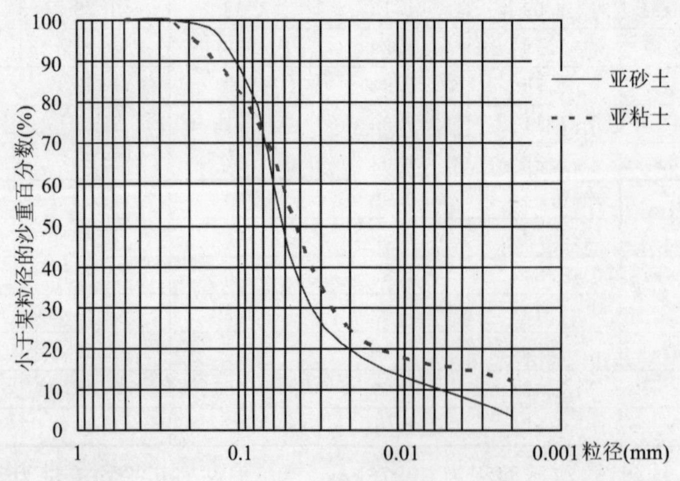

图2－3 杭州湾跨海大桥轴线附近床沙级配曲线图

三、潮流数学模型

1. 大范围数学模型

大范围数学模型主要为局部潮流数学模型及正态水槽断面模型提供设计条件下的潮流参数，并计算建桥前、后水流特性的变化。

杭州湾是一个宽浅、潮流混合强烈的海湾，在潮汐、径流的作用下，具有非恒定往复流动特征。水流运动采用非恒定沿垂线积分的平面二维浅水潮波方程来描述，水流运动的连续方程和动量守恒方程为：

$$\frac{\partial z}{\partial t}+\frac{\partial(Hu)}{\partial x}+\frac{\partial(Hv)}{\partial y}=0$$

$$\frac{\partial u}{\partial t}+u\frac{\partial u}{\partial x}+v\frac{\partial u}{\partial y}+g\frac{\partial z}{\partial x}-fv-\frac{W_x}{H}+gu\frac{\sqrt{u^2+v^2}}{C_z^2H}=\frac{\partial}{\partial x}\left(\varepsilon_x\frac{\partial u}{\partial x}\right)+\frac{\partial}{\partial y}\left(\varepsilon_y\frac{\partial u}{\partial y}\right)$$

$$\frac{\partial v}{\partial t}+u\frac{\partial v}{\partial x}+v\frac{\partial v}{\partial y}+g\frac{\partial z}{\partial y}+fu-\frac{W_y}{H}+gv\frac{\sqrt{u^2+v^2}}{C_z^2H}=\frac{\partial}{\partial x}\left(\varepsilon_x\frac{\partial v}{\partial x}\right)+\frac{\partial}{\partial y}\left(\varepsilon_y\frac{\partial v}{\partial y}\right)$$

式中，z——潮位(m)，即水面到某一基准面的距离；

u,v——分别为 x,y 方向上的垂线平均流速分量(m/s)；

H——某一基准面下的水深(m)；

g——重力加速度，$g=9.81(\text{m/s}^2)$；

f——柯氏力参数，$f=2\omega\sin\varphi$，φ 为纬度，ω 为地球自转速度；

C_z——舍齐系数，取 $C_z=\frac{1}{n}H^{\frac{1}{6}}$，$n$ 为糙率系数；

$\varepsilon_x,\varepsilon_y$——分别为 x,y 方向的涡动扩散系数；

x,y——直角坐标；

t——时间。

上述方程组的初始条件：

$z(x,y)|_{t=0}=z_0(x,y)$；

$u(x,y)|_{t=0}=u_0(x,y)$；

$v(x,y)|_{t=0}=v_0(x,y)$。

边界条件：

水边界：$z(x,y,t)=z^*(x,y,t)$，“*”表示已知值；

陆边界：$\vec{v_n}=0$，法线方向流速为零。

本研究采用显式迎流有限元模式求出方程的解，计算网格布设采用无结构三角形网格。水流运动的连续方程和动量守恒方程应用加权余量法伽辽金逼近，其中二阶项运用分部积分、对流项采用迎流格式、时间导数采用前差公式。采用三节点三角形单元面积坐标，利用阶梯函数特性和集中质量概念，可得局部有限元方程的计算公式：

$$z_j^{n+1}=z_j^n-\Delta t[(\overline{\beta Hu}^n+\overline{\gamma Hv}^n)/2\lambda]$$

$$u_j^{n+1}=u_j^n-\Delta t\Big[u_j^n\left(\frac{\overline{\beta u}}{2\lambda}\right)_j^n\Big|_{T_x^j}+v_j^n\left(\frac{\overline{\gamma u}}{2\lambda}\right)_j^n\Big|_{T_y^j}+g\frac{\overline{\beta z}^{n+1}}{2\lambda}-fv_j^n$$

$$+\frac{g}{C_z^2}\left(\frac{u^n\ \overline{\sqrt{u^2+v^2}}^n}{H^{n+1}}\right)_j-\left(\frac{W_x}{H^{n+1}}\right)_j+(\varepsilon_x\beta\,\overline{\beta u}^n+\varepsilon_y\gamma\,\overline{\gamma u}^n)_j/4\lambda^2\Big]$$

$$v_j^{n+1}=v_j^n-\Delta t\Big[u_j^n\left(\frac{\overline{\beta v}}{2\lambda}\right)_j^n\Big|_{T_x^j}+v_j^n\left(\frac{\overline{\gamma v}}{2\lambda}\right)_j^n\Big|_{T_y^j}+g\frac{\overline{\gamma z}^{n+1}}{2\lambda}+fu_j^n$$

$$+\frac{g}{C_z^2}\left(\frac{v^n\ \overline{\sqrt{u^2+v^2}}^n}{H^{n+1}}\right)_j-\left(\frac{W_y}{H^{n+1}}\right)_j+(\varepsilon_x\beta\,\overline{\beta v}^n+\varepsilon_y\gamma\,\overline{\gamma v}^n)_j/4\lambda^2\Big]$$

大范围水流数学模型的计算范围以南汇嘴—镇海为下边界、钱塘江海宁(盐官)和曹娥江三江闸为上边界,包含了整个杭州湾,总面积达 6750km^2。计算域内共布设了 2015 个三角形单元和 1100 个有效节点。在杭州湾北岸深槽等水流、地形变化大的水域及桥位断面附近的网格适当加密,计算网格的最小空间步长仅为 500m,详见图 2—4。

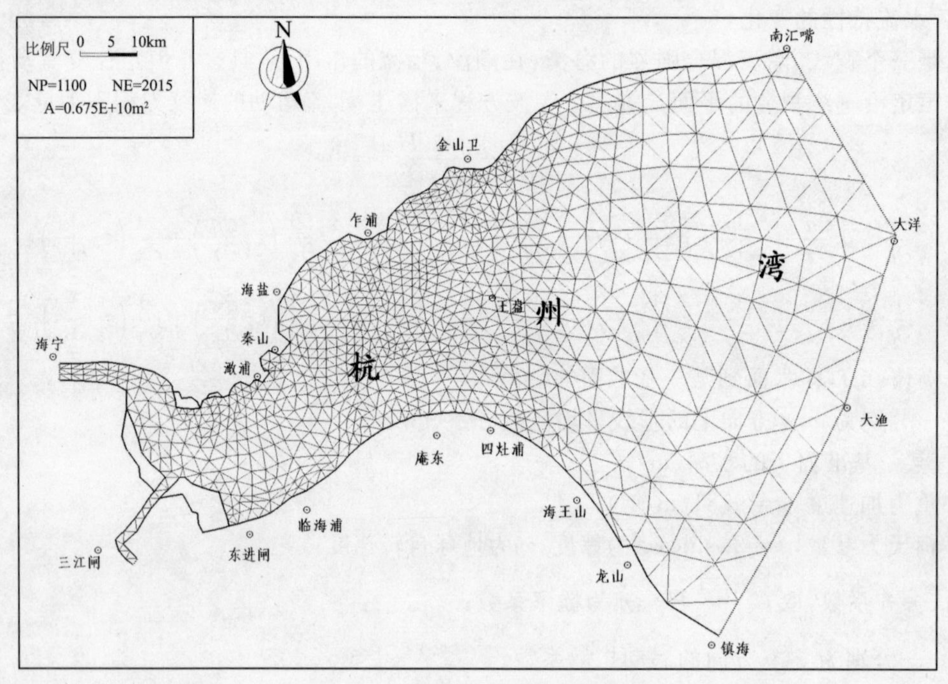

图 2—4　大范围计算网格示意图

2. 局部潮流数学模型

局部潮流数学模型采用显式迎流有限元模式,水流运动的控制方程及离散格式同大范围数学模型。

(1) 计算域及边界条件

计算域为长方形水槽,上下游为水边界,左右两边为固壁。两水边界间距离为 10km,两固壁间距离为 800～1918m,视不同计算桥段而异,详见表 2—6。计算域内布设的节点数、单元数以及最小空间步长,在计算不同桥段时也有所不同,其各项参数同列于表 2—6 中。计算地形采用平底,高程由桥位断面历年河底高程的外包络线确定。

表 2—6　不同桥段的计算域参数

计算桥段 / 计算域参数	北通航孔	南通航孔
水槽宽度(m)	1918	1418
节点数(个)	6233	4445
单元数(个)	12054	8534
最小空间步长(m)	7	12
地形底高程(m)	−20	−16

水边界上游取水位边界条件,下游取流速边界条件,边界水流参数由大范围数学模型提供,固壁采用滑移边界条件。图 2—5 为北通航孔的局部计算网格。

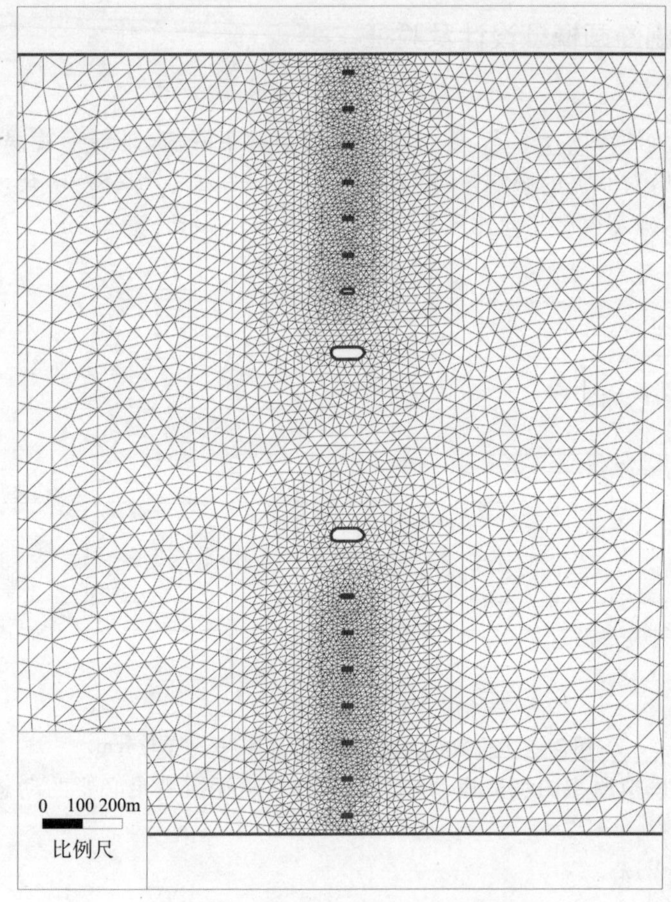

图 2－5　北通航孔的局部计算网格图

(2) 模式验证和成果

验证计算点位于水槽正中，通过调整糙率和微调大范围数学模型提供的边界条件，使验证点的水位、流速符合大范围数学模型桥位处计算值。验证结果：无论水位、流速均拟合良好，高、低潮位误差一般在 10cm 以内，涨、落急流速误差一般在 5%以内，见图 2－6。因此，水流计算成果可用于计算分析桥墩对局部流场的影响。

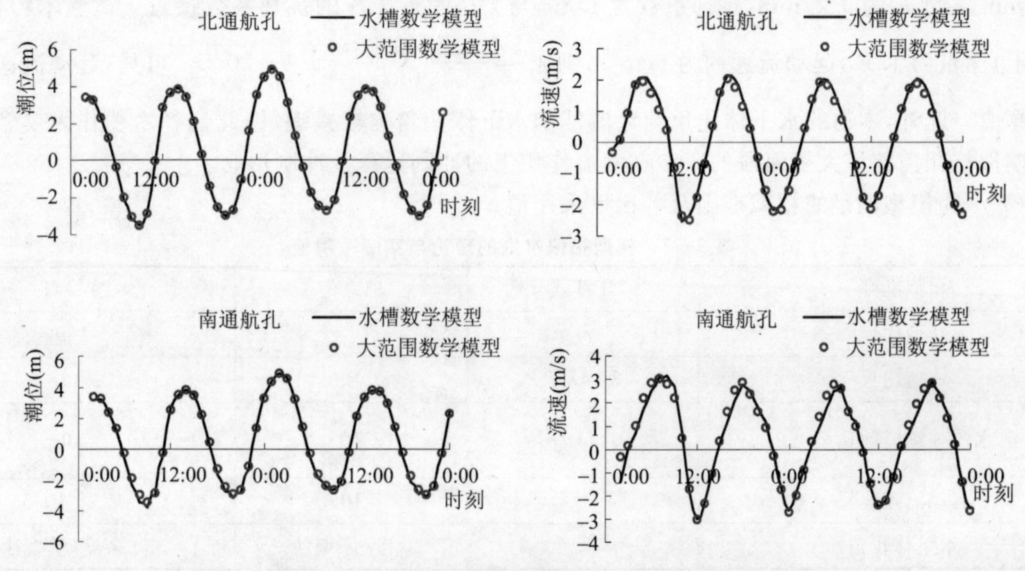

图 2－6　300 年一遇特大潮水槽数学模型与大范围数学模型结果比较

四、桥墩局部冲刷断面模型设计及验证

1. 模型设计

为了研究桥墩冲刷坑的深度及形态，模拟由桥墩引起的下降流、马蹄形旋涡等，模型按正态模型设计。为了较好地反映桥墩对水流的影响，模型几何比尺 $\lambda_l=l_p/l_m$。综合桥墩尺寸、模型沙的选择、表面张力与紊流限制条件等，确定模型几何比尺为 $\lambda_l=100$，模型长 28m、宽 3.5m，其中动床段长 16m。模型平面布置见图 2－7。

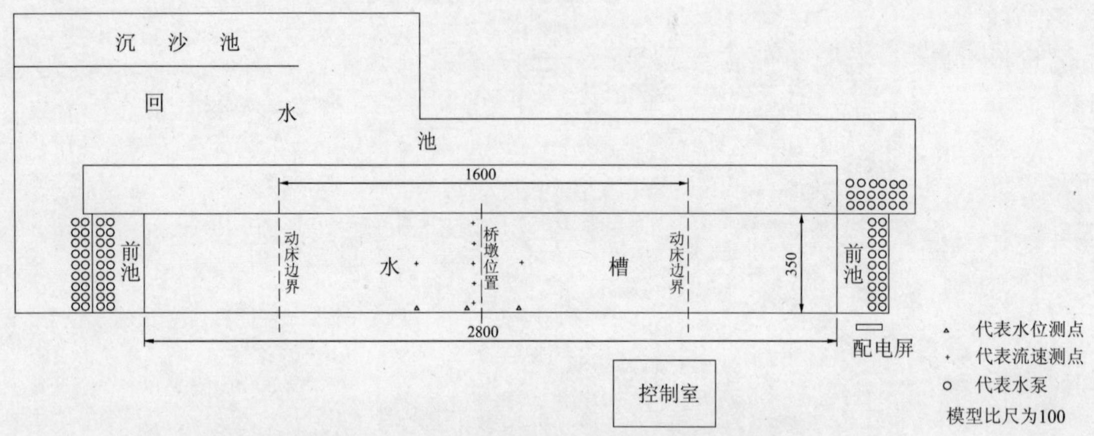

图 2－7 桥墩冲刷模型平面布置图(尺寸单位:cm)

为使模型能较好地模拟原型的水流运动，除几何相似外，还需满足必要的动态与动力相似条件：

惯性力重力比相似：$\lambda_u=\lambda_l^{1/2}$。

水流连续相似：$\lambda_t=\lambda_l/\lambda_u$。

杭州湾乍浦河段主要受潮流控制，为此，模型按非恒定流设计。

模型沙选择主要考虑模型沙的起动相似 $\lambda_{u_c}=\lambda_u$，以及水下休止角的相似。

从地质资料分析可知，杭州湾跨海大桥轴线附近河床可能冲刷部分组成较为一致，中值粒径约 0.049mm，拣选系数为 1.75，比重为 2.71，水下休止角约为 30°。根据沙玉清公式计算，其起动流速为 0.55～0.63m/s。

经过对多种模型沙的比选，选取经 CCA 防腐剂处理过的木粉作为本次试验的模型沙，其中值粒径为 0.12mm，浸水后为 0.27mm，拣选系数为 1.80，与大桥附近床沙的拣选系数接近。试验木粉(充分浸水后沥干)比重为 1.12，起动流速约为 6cm/s，则 $\lambda_{u_c}=\dfrac{0.55\sim0.63}{0.06}=9.1\sim10.5$。可见，起动流速比尺接近于计算值。此外，木粉的水下休止角与天然沙的水下休止角也较接近，因此选择木粉作为模型沙可以较好地模拟杭州湾跨海大桥河段的床沙在潮流作用下的冲刷过程及冲刷形态。

表 2－7 为模型满足的相似准则及各比尺采用值。

表 2－7 模型相似准则的理论与实际采用值

相似准则	计算式	理论值	实 际
几何比尺	λ_l		100
流速比尺	$\lambda_u=\lambda_l^{1/2}$	10	10
水流连续时间比尺	$\lambda_t=\lambda_l/\lambda_u$	10	10
起动流速比尺	$\lambda_{u_c}=\lambda_u$	10	9.1～10.5
水下休止角		30 度(原型沙)	30 余度(模型沙)

2. 模型控制系统及测试仪器

模型上、下游水边界由多级水泵双向流量控制，边界涨、落潮流量和潮位过程由二维数学模型提供。

模型上、下游水边界流量由计算机根据给定的流量过程线，针对某一时刻的流量变化梯度，控制若干组出水流量各异的小型水泵(共 76 台)从模型抽进(抽出)水量，使潮位过程、流速过程与原型相似。

模型水位采用自动跟踪式 JS－B 型精密数字水位仪测量，能在测量过程中自动采集和显示瞬时水位，其分辨率、重复性均为 0.01mm，综合精度为 0.1mm。流速采用光电式微型旋浆智能流速仪测量。

模型水下地形采用简易光电式人工地形测量仪进行测量。

3. 模型水流验证

运行期桥墩的最不利冲刷采用对桥墩最不利的设计潮流(潮差频率为 0.33%的特大潮)进行试验。上述设计潮流未曾发生过或发生时桥位断面无相应的水文测验资料，然而本项研究的大范围数学模型计算范围大，参与验证的潮位、流速资料多，验证精度较高，计算所得流场基本可信。因此，由大范围数学模型给前述局部数学模型提供上、下游水边界条件，再由局部数学模型得到不同类型桥墩处设计潮流的潮位和流速过程，经过调试，不同方案下水槽模型的潮流过程、流速过程均与数学模型提供的数据吻合良好，如图 2－8 所示，且水槽内水流受边壁影响较小。

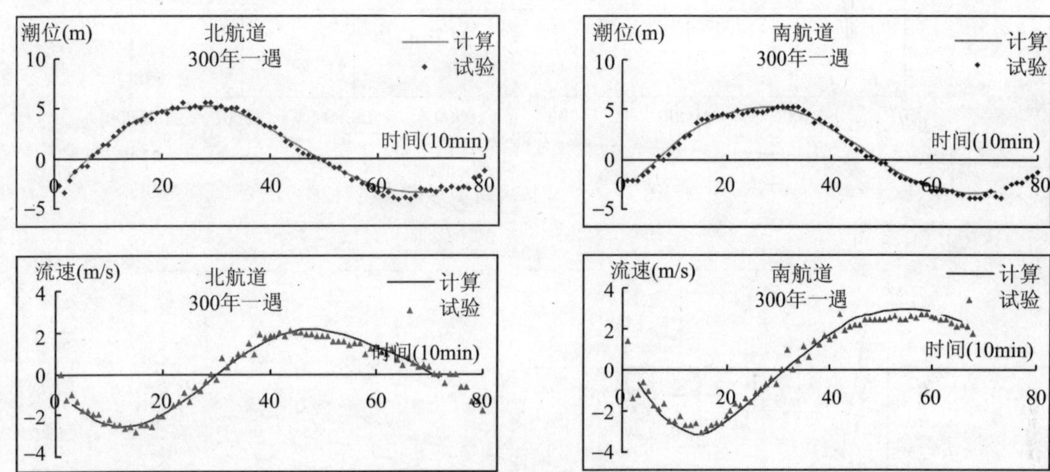

图 2－8　航道水流率定曲线

五、桥墩局部冲刷模型试验

1. 试验条件

(1) 水流条件

运行期桥墩的最不利冲刷采用对桥墩最不利的设计潮流(潮差频率为 0.33%的特大潮)进行试验，南、北航道桥各处不同设计条件下的潮流速特征值见表 2－8。

表 2－8　南、北航道桥处流速特征值　(单位：m/s)

位　置	潮差频率	涨急流速	涨潮平均流速	落急流速	落潮平均流速
南通航孔	300 年一遇	－3.09	－1.88	3.04	2.21
北通航孔	300 年一遇	－2.48	－1.53	2.17	1.46

(2) 冲刷起始高程

桥位所处的乍浦河段紧邻上游大冲大淤的尖山河湾，尽管河势较尖山河湾稳定得多，河床冲淤变幅也小一些，但当遭遇连续枯水年时，该河段将出现较强烈的冲刷。加上桥位处仍宽达 30km，主槽难免有所摆动，致断面各点历年冲淤变幅仍达 4.7～7.3m，而且出现几率也并不小。如庵东滩地以北深槽(南航道以南)，2001 年 9 月实测床面高程为－12.7m，2000 年 4 月却深达－19.2m，如图 2－9 所示。图

2－10为近44年来每年2～3次实测水下地形图分析得到的杭州湾跨海大桥轴线最低冲刷高程包络线。为了考虑桥墩冲刷的最不利情况，试验采用近44年来最低冲刷高程包络线作为桥墩最不利冲刷的起始高程。

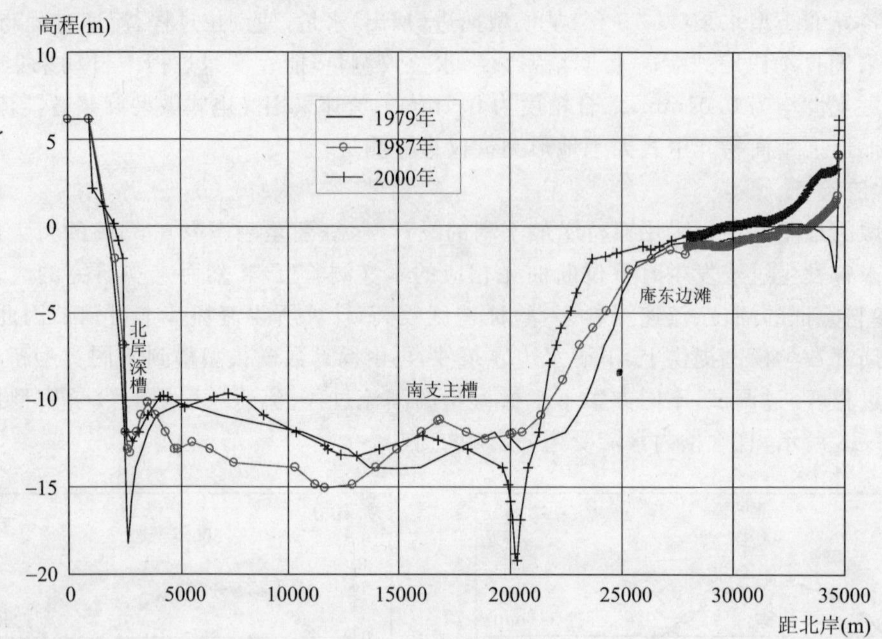

图2－9 桥轴线断面形态

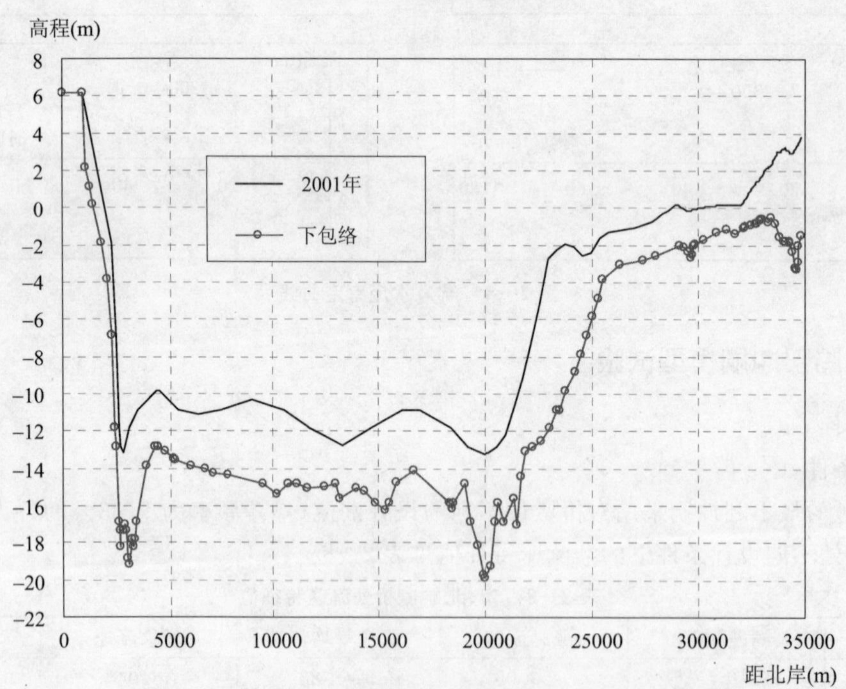

图2－10 近44年来桥位断面下包络线及2001年7月实测地形图断面形态

2. 试验成果分析

(1) 潮汐冲刷过程

建桥后，桥墩前方水流一般在垂线最大流速相应高度稍下位置形成分界面。分界面以上水流受阻转向水面，引起水面壅高。分界面以下水流受阻转向河底，形成下降水流，在近床底造就一横轴反向旋流，与纵向水流结合为绕墩柱两侧流向背流侧的马蹄形旋涡，于是桥墩周围的床沙被冲起带向下游，冲刷坑即由此形成；被冲起的泥沙，随旋涡运行至桥墩尾部，在旋涡转而向上时，泥沙下沉落淤，成为纵向长条形小丘。

图 2－11(a)为北通航孔主墩试验时的情况，照片中水面的粒子为来流侧同一断面同时施放的。可以看出，经过桥墩所在断面后，桥墩两侧粒子明显快于其他部位，主要是由于桥墩两侧发生水流集中现象，引起动能增加。图 2－11(b)和图 2－11(c)分别为南通航孔主墩、南通航孔边墩冲刷试验后床面形态，桥墩上、下游侧紧邻桥桩处河床均有明显冲刷深坑，而略远处则为条带形淤积体。

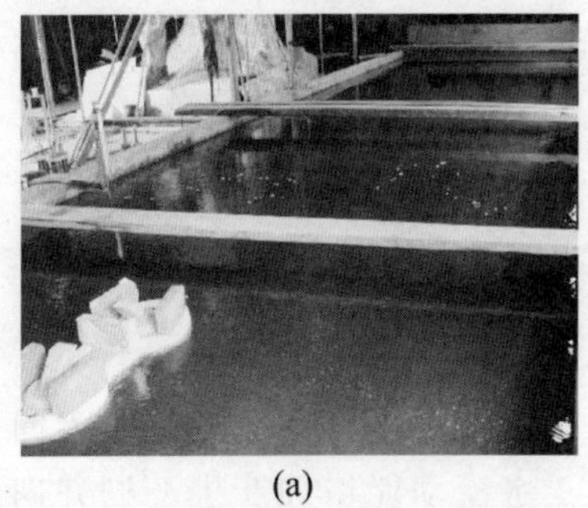
(a)

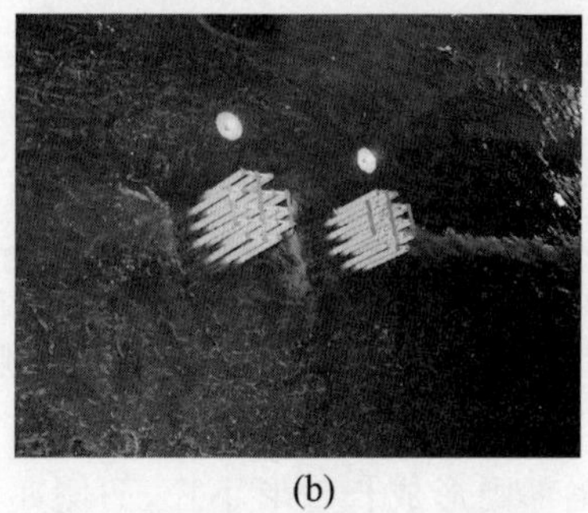
(b)

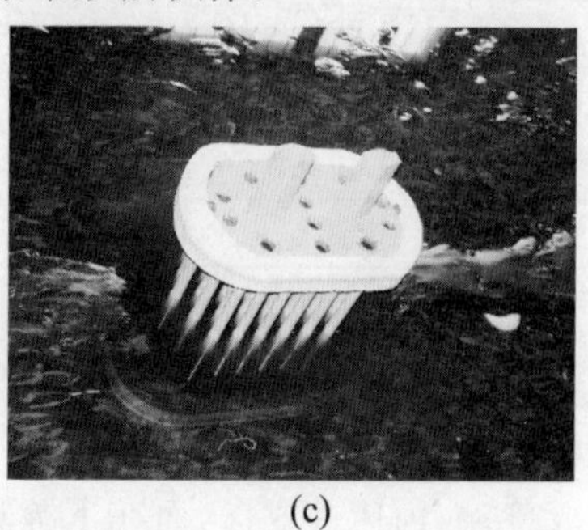
(c)

图 2－11 南、北通航孔桥墩试验照片

图 2－12 为北通航孔主墩与南深槽桥墩冲刷坑高程随时间变化图。从图中可以看出，初期桥墩附近河床快速下切形成冲刷坑，随后冲刷迅速减小并渐趋稳定。

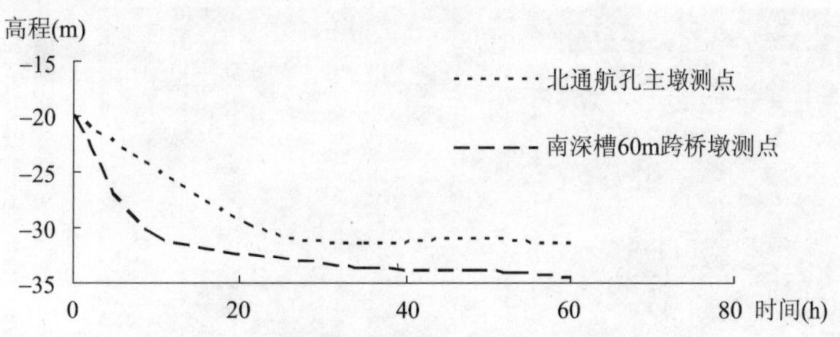

图 2－12 冲刷坑高程随时间变化图(模型试验)

此外，从模型试验中还可以看出桥墩冲刷坑在同一潮周期内的演变情况。图 2－13 为南通航孔主墩冲刷坑逐时高程变化过程，从图中可以看出，在涨急过后，测点高程出现相对低点，然后由于流速的减小略有回淤，至高平潮后期，测点高程相对较高；随着落潮，流速不断加大，测点高程再次出现相对低点，至低平时又略有回淤。

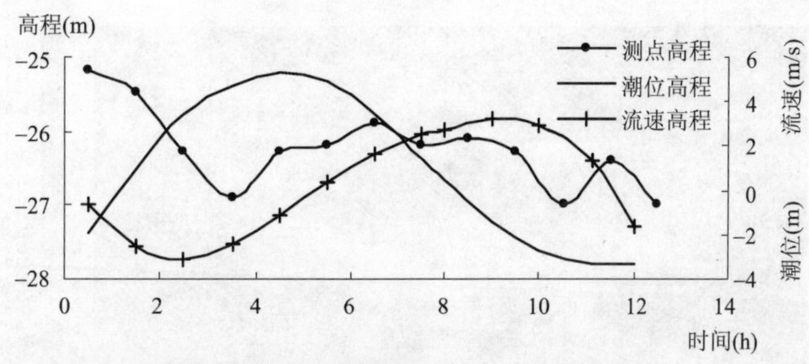

图 2－13 南通航孔主墩测点高程变化过程

(2) 冲刷坑深度

运行期，北通航孔主墩最大冲刷深度为 14.8m，冲刷坑最深点高程为－33.4m；边墩最大冲刷深度为 12.0m，冲刷坑最深点高程为－30.6m。南通航孔主墩最大冲刷深度为 16.6m，冲刷坑最深点高程为－31.5m；边墩最大冲刷深度为 14.5m，冲刷坑最深点高程为－29.4m，详见表 2－9。

表 2－9　桥墩冲刷坑深度

桥墩类型	冲刷前高程（m）	冲刷深度（m）	冲刷后高程	
			试验值(m)	修正值(m)
北通航孔主 1(6)墩	－19.3	10.3	－29.6	－28.9
北通航孔主 2(5)墩	－19.3	12.0	－31.3	－30.6
北通航孔主 3(4)墩(钻石形双塔主墩)	－19.3	14.8	－34.1	－33.4
南通航孔主 2(1)墩	－16.4	13.1	－29.5	－28.0
南通航孔主 3 墩(A 形独塔主墩)	－16.4	16.6	－33.0	－31.5
南通航孔主 4 墩	－16.4	14.5	－30.9	－29.4

(3) 冲刷坑形态

大桥桩基承台型基础在双向非恒定潮水作用下，涨潮时，下游侧水流向下形成旋流，河床冲刷深，在上游侧尾部形成长条形小丘，两侧由于水流动能增加产生冲刷并向上游延伸；落潮时，上游侧水流向下形成旋流，河床冲刷深，而在下游侧尾部则形成长条形小丘，两侧亦由于水流动能增加产生冲刷并向下游延伸。随着冲刷坑深度加大，水流挟带泥沙的能力逐渐减弱，直至达到冲淤相对平衡。各桩间由于桩的挤压，水流更趋集中，水流紊动强度亦有所增强。一般情况下，冲淤基本平衡时，桩群间冲刷最深，桥墩两侧形成两条冲刷槽，上、下游头部则形成长条形小丘，共同构成了桥墩的冲刷坑，见图 2－14、图2－15。

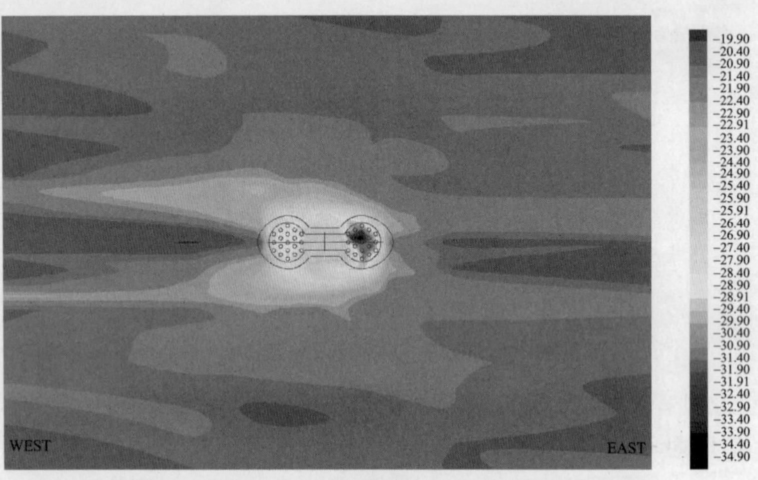

图 2－14　北航道主墩冲刷坑形态

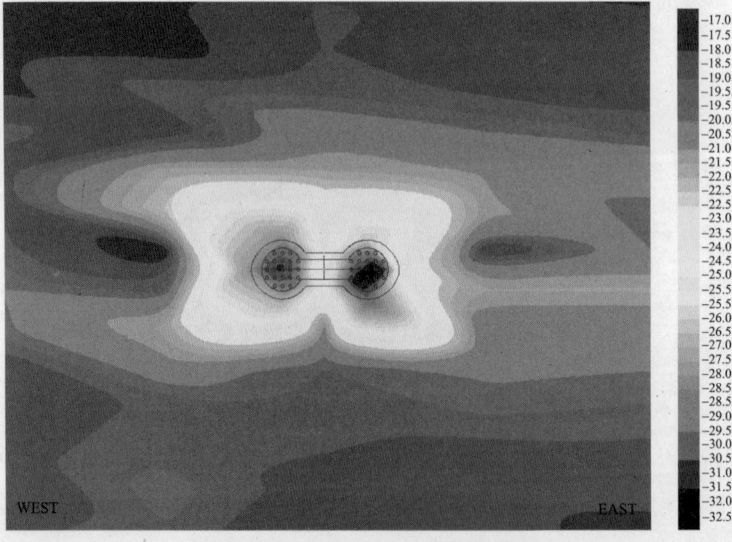

图 2－15　南航道主墩冲刷坑形态

六、局部冲刷计算

国内在三维水沙模型上已开展了研究，但对于桥梁局部冲刷的三维数值计算目前仍局限于局部三维流场的计算，尚未耦合泥沙运动方程和床面变形方程。国外已经进行了简单桥墩（桥台）在恒定流、均匀沙中的计算，并与水槽试验值进行了对比。对于复杂桥墩，目前常采用经验方法和半经验半理论方法的桥墩冲刷公式计算。

据不完全统计，桥墩局部冲刷的预测公式超过 50 个，这表明了桥墩冲刷问题的复杂性，同时也表明了其重要性。因此，挑选合适的公式进行局部冲刷计算也是十分重要的。

本工程采用 Richarson 和 Davis 给出的 HEC－18 公式，计算不同类型桥墩在 300 年一遇潮汐条件下的最大可能冲刷深度，对设计桥型在运行期可能导致的最大可能冲刷深度进行了计算和预测。

1．简单桥墩形状下的局部冲刷公式

$$\frac{y_s}{y_1}=2.0K_1K_2K_3K_4\left(\frac{a}{y_1}\right)^{0.65}Fr_1^{0.43} \tag{2-1}$$

公式(2－1)也可写作：

$$\frac{y_s}{a}=2.0K_1K_2K_3K_4\left(\frac{y_1}{a}\right)^{0.35}Fr_1^{0.43} \tag{2-2}$$

式中，y_s 为冲刷深度(m)；y_1 为桥墩上游附近水流深度(m)；K_1 为桥墩形状校正系数，圆形桥墩情况取 $K_1=1.0$，方形桥墩情况取 $K_1=1.1$；K_2 为水流与桥位线夹角校正系数，$K_2=[\cos\theta+(L/a)\sin\theta]^{0.65}$；$K_3$ 为冲刷条件校正系数，一般取 $K_3=1.1$；K_4 为河床底质校正系数，一般取 $K_4=1.0$；a 为桥墩宽度(m)；L 为桥墩长度(m)；Fr_1 为水流的弗劳德数。

上述公式只适用于简单桥墩形状。在实际工程问题中，几乎所有桥墩均为复杂桥墩，由墩身、承台和群桩三部分组成，如图 2－16 所示。

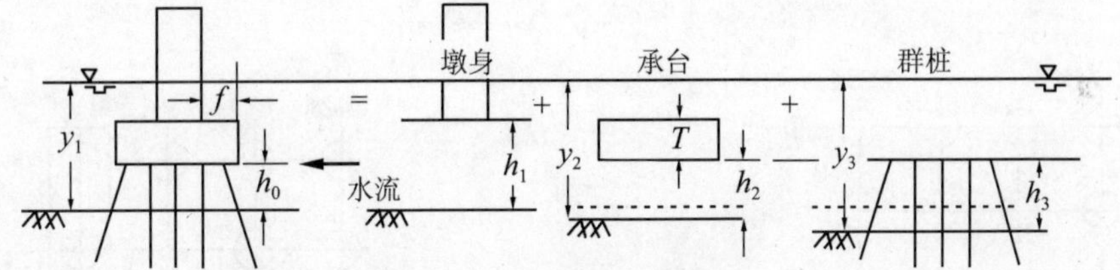

图 2－16　复杂桥墩的冲刷

图中，T 为承台厚度(m)；f 为桥墩前端边界与墩身之间的距离(m)；h_0 为计算开始时承台与河床底部之间的距离(m)；$h_1=h_0+T$，为墩身底部与河床底部之间的距离(m)；$h_2=h_0+\frac{1}{2}y_{\text{spier}}$，为桥墩冲刷计算后承台的高度(m)；$h_3=h_0+\frac{1}{2}y_{\text{spier}}+\frac{1}{2}y_{\text{spc}}$，为桥墩与承台冲刷计算后群桩的高度(m)；$y_1$ 为墩身冲刷部分计算初始时刻的水深(m)；$y_2=y_1+\frac{1}{2}y_{\text{spier}}+\frac{1}{2}y_{\text{spc}}$，为群桩冲刷部分计算初始时刻的水深(m)。

复杂桥墩的冲刷深度可以表示为：

$$y_s=y_{\text{spier}}+y_{\text{spc}}+y_{\text{spg}} \tag{2-3}$$

式中，y_s 为冲刷总深度；y_{spier} 为墩身冲刷深度；y_{spc} 为承台冲刷深度；y_{spg} 为群桩冲刷深度。

2．墩身冲刷

墩身冲刷深度可以根据如下经验公式计算：

$$\frac{y_{\text{spier}}}{y_1}=K_{\text{hpier}}\left[2.0K_1K_2K_3K_4\left(\frac{a_{\text{pier}}}{y_1}\right)^{0.65}\left(\frac{V_1}{\sqrt{gy_1}}\right)^{0.43}\right] \tag{2-4}$$

式中，a_{pier} 为等价桥墩宽度；V_1 为桥墩冲刷计算初始时刻桥墩附近的水流速度(m/s)；K_{hpier} 为桥墩影响参数。

$$K_{\text{hpier}}=(0.4075-0.0669f/a)-(0.4271-0.0778f/a)h_1/a \\ +(0.1615-0.0455f/a)(h_1/a)^2-(0.0269-0.012f/a)(h_1/a)^3 \qquad (2-5)$$

3. 承台冲刷

当承台位于水中时，需要计算承台引起的冲刷。承台位置不同，采用的计算公式也不同。实际问题中，大部分桥墩的承台都在水面以下、底床之上，此时冲刷深度可采用如下公式进行计算：

$$\frac{y_{\text{spc}}}{y_2}=2.0K_1K_2K_3K_4K_w\left(\frac{a_{\text{pc}}^*}{y_2}\right)^{0.65}\left(\frac{V_2}{\sqrt{gy_2}}\right)^{0.43} \qquad (2-6)$$

式中，K_w 为承台校正系数；a_{pc}^* 为承台计算宽度；V_2 为承台冲刷部分计算初始时刻桥墩附近的水流速度(m/s)，$V_2=V_1(y_1/y_2)$。

K_w 的计算公式为：

$$K_w=\begin{cases}2.58\left(\dfrac{y_2}{a_{\text{pc}}}\right)^{0.34}F_r^{0.65}, & \text{当 } V/V_c<1 \\ 1.0\left(\dfrac{y_2}{a_{\text{pc}}}\right)^{0.13}F_r^{0.25}, & \text{当 } V/V_c\geqslant 1\end{cases} \qquad (2-7)$$

式中，a_{pc} 为承台宽度；V_c 为泥沙临界流速。

需要说明的是，此种情况下无需再计算群桩对于冲刷的影响。

4. 群桩冲刷

群桩的构造形式多样，因此确定群桩的等价宽度相对比较复杂。当水流方向垂直桥位线时，等价宽度如图 2－17 所示，图中，s 为群桩中相邻桩中心间的距离(m)。当入射水流与桥位线呈一定角度时，则需要考虑用图 2－18 所示的方式确定群桩等价宽度。在得到群桩等价宽度 a_{proj} 之后，用以下公式得到群桩计算的有效宽度 a_{pg}^*：

$$a_{\text{pg}}^*=a_{\text{proj}}\cdot K_{\text{sp}}\cdot K_m \qquad (2-8)$$

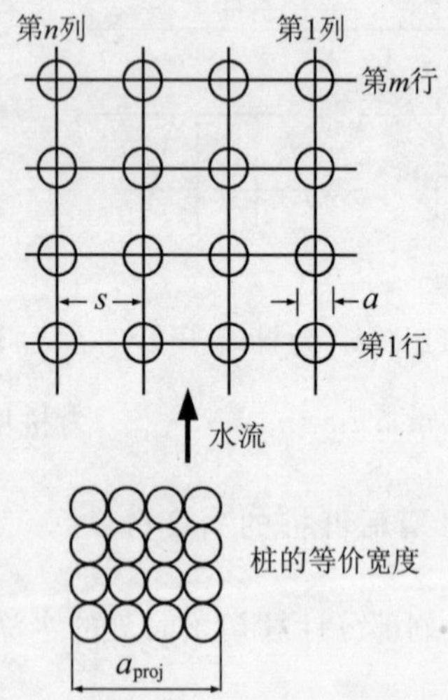

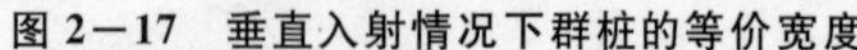

图 2－17 垂直入射情况下群桩的等价宽度

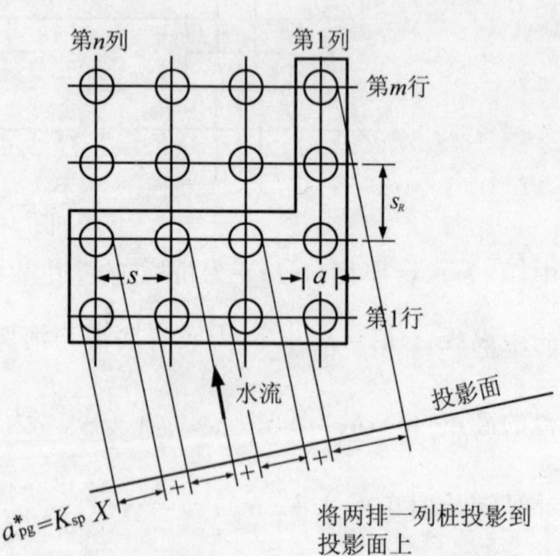

图 2－18 水流斜射情况下群桩的计算宽度

式 2－8 中，K_{sp} 为群桩宽度方向上间距校正系数，见图 2－19；K_m 为长度方向上桥墩个数影响因子，当 $m\geqslant 6$ 时，K_m 为常数，如图 2－20 所示。此时，群桩冲刷可按下式计算：

$$\frac{y_{\text{spg}}}{y_3}=K_{\text{hpg}}\left[2.0K_1K_3K_4\left(\frac{a_{\text{pg}}^*}{y_3}\right)^{0.65}\left(\frac{V_3}{\sqrt{gy_3}}\right)^{0.43}\right] \qquad (2-9)$$

式中，V_3 为群桩冲刷部分计算初始时刻桥墩附近的水流速度(m/s)，$V_3=V_1(y_1/y_3)$；K_{hpg} 为群桩高度调节因子。

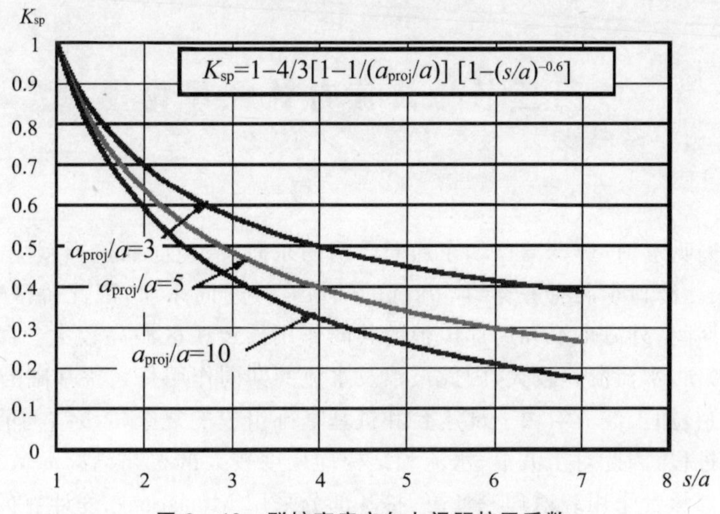

图 2—19 群桩宽度方向上间距校正系数

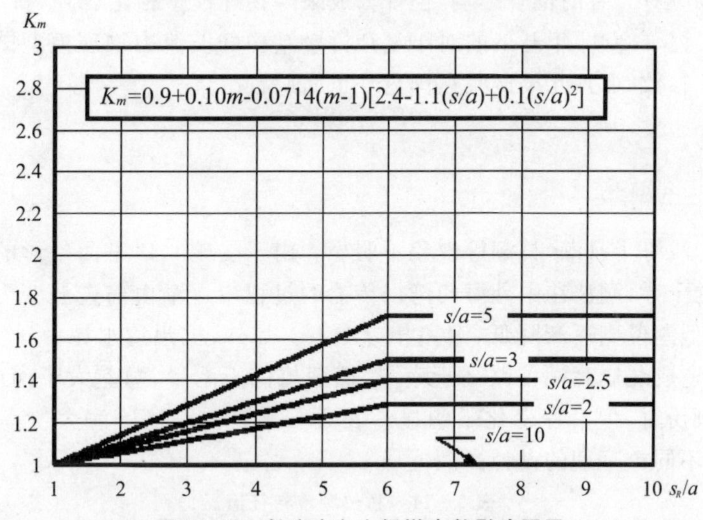

图 2—20 长度方向上桥墩个数影响因子

5. 计算成果

南、北航道桥冲刷计算成果如表 2—10 所示。

表 2—10 南、北航道桥冲刷计算成果

桥墩类型	计算条件	冲刷前高程(m)	冲刷深度(m)	冲刷后高程(m)
北通航孔主墩 1(6)	300 年一遇	−19.3	9.3	−28.6
北通航孔主墩 2(5)	300 年一遇	−19.3	10.5	−29.8
北通航孔主墩 3(4)	300 年一遇	−19.3	15.8	−35.1
南通航孔主墩 1	300 年一遇	−16.4	10.8	−27.2
南通航孔主墩 2(4)	300 年一遇	−16.4	14.8	−31.2
南通航孔主墩 3	300 年一遇	−16.4	17.8	−34.2

第二节 波流力计算理论

一、概述

杭州湾为典型的喇叭形河口湾，湾口朝东通向广阔的东海，湾顶向西连通钱塘江河口。杭州湾水域开阔，湾内风成浪较大。湾口东北有一宽约 50km 的开口直接通向东海，因此桥区还受到外海波浪的直接影响。在台风过境期间，外海来浪和局部风浪的共同作用导致桥区波高较大。此外，杭州湾为强潮流河口区，且桥位靠近湾顶，水流流速较大，因此波浪及水流的共同作用是大桥基础的重要荷载之一。

由于桥墩结构复杂，加上波流对由上部承台和桩基基础组成的复杂桥墩结构的整体作用非常复杂，是一个非线性的变化过程，因此对于波浪、水流和结构均尺度较大的杭州湾跨海大桥进行物理模型是十分必要的。我们对上部承台采用绕射理论计算，桩基部分采用 Morison 方程计算的数值计算方法，尽管没有考虑结构的整体效应对二者的耦合影响，但计算成果与物理模型相比，仍能满足有关要求。

杭州湾跨海大桥工程于 2002 年开展的对于复杂桥墩结构的波流力物理模型试验，不仅及时地解决了工程设计所需的设计参数，而且此类试验在国内外也尚属首次。

二、水动力条件

1. 水位

杭州湾潮汐类型为浅海半日潮，日潮等现象不明显。由于受喇叭口平面外形的压缩、水深变浅的底摩擦效应以及反射波的干涉，潮波在由外海向湾内传播的过程中逐渐由前进波变为驻波，湾内高潮位从湾口至湾顶逐渐增高，低潮位则逐渐降低，潮差相应增大。另外，杭州湾水域由于受水动力轴线分歧和柯氏力等因素的影响，造成北岸高潮位略高于南岸、低潮位低于南岸、潮差大于南岸的现象。杭州湾内落潮历时一般大于涨潮历时，但沿程变化不明显。表 2－11 是杭州湾跨海大桥南、北两岸的潮汐特征值，表 2－12 为工程区不同重现期的设计高潮位。

表 2－11 桥位潮汐特征值

项目	北岸				南岸
	乍浦			郑家埭	庵东西二
实测最高潮位(m)	5.54	4.90	4.10	4.94	4.31
最高潮位发生日期	1997.8.19				
实测最低潮位(m)	－4.01	－2.97	－2.96	－3.0	－2.78
最低潮位发生日期	1930.9.24				
平均高潮位(m)	2.52	3.31	2.95	3.33	3.03
平均低潮位(m)	－2.12	－2.00	－2.19	－2.02	－2.11
最大潮差(m)	7.57	7.44	6.98	7.4	6.54
最大潮差发生日期	1962.8.2				
最小潮差(m)		2.39	3.5	2.39	3.55
最小潮差发生日期	1980.10.25				
平均潮差(m)	4.65	5.30	5.13	5.32	5.13
平均涨潮历时	5:27	5:22	5:19	5:23	5:28
平均落潮历时	6:59	7:01	7:06	6:59	6:57
统计年限	1930～1999	2000.09	1999.05	2000.09	1999.05

注：潮位基准面采用 1985 年国家高程基准。

表 2—12　工程区各重现期的设计高潮位

重现期	20 年	50 年	100 年	300 年
设计高潮位(m)	5.30	5.55	5.80	6.15

本工程波流力计算水位按照本工程建设标准，参照国外相关工程经验，采用 100 年一遇高潮位，取 +5.80m。

2. 波要素

杭州湾为一半封闭海域，南、北被大陆所围，湾口 E～ESE 向有舟山群岛作屏障，NE～ENE 向开口与东海直接相连(见图 2—21)。湾内除北岸金山、乍浦附近水域有一深槽、水深较大和南岸庵东附近为一大浅滩、水深较小外，湾内其他水域的海涂水深约为 9m 左右，而且变化较小，海底相对平坦。对于桥位线水域而言，E～ESE 向水域由于舟山群岛的屏障作用，该向外海波浪不易传入本水域，因此影响桥位线水域的 E～ESE 向波浪可以认为是有限风区产生的风浪。NNE 和 SE 向水域被大陆所围，形成的波浪也为有限风区产生的风浪。NE 向水域与外海相连，虽然该向外海波浪能影响桥位线南岸水域，但由于南汇嘴外侧浅滩的阻拦作用，对本水域的影响程度很小，因此影响桥位线水域的 NE 向波浪也可认为是有限风区产生的风浪。ENE 向水域与外海直接相连，该向外海波浪能对桥位线水域造成一定影响。因此，采用风推浪的计算方法确定桥位线各区域 NNE～SE 方位上的重现期设计波要素，采用风推浪和外域波浪向桥位线水域传播计算相结合的方法确定桥位线各区域 ENE 方位上的重现期设计波要素。图 2—22 为大桥沿线不同方向 100 年一遇设计波高分布。表 2—13 和表 2—14 为北、南航道桥水域设计波要素。

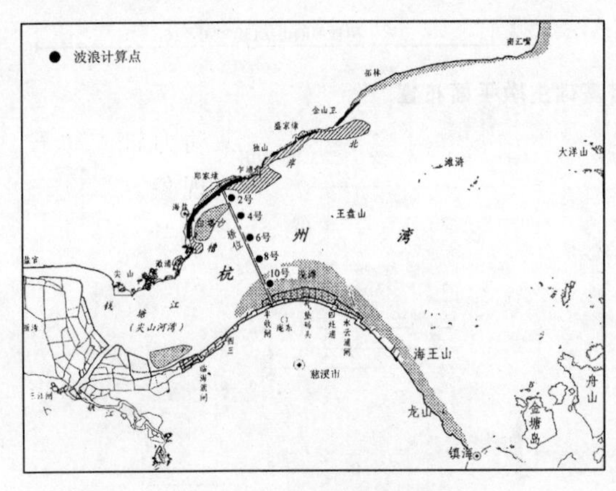

图 2—21　桥位区地理环境示意图

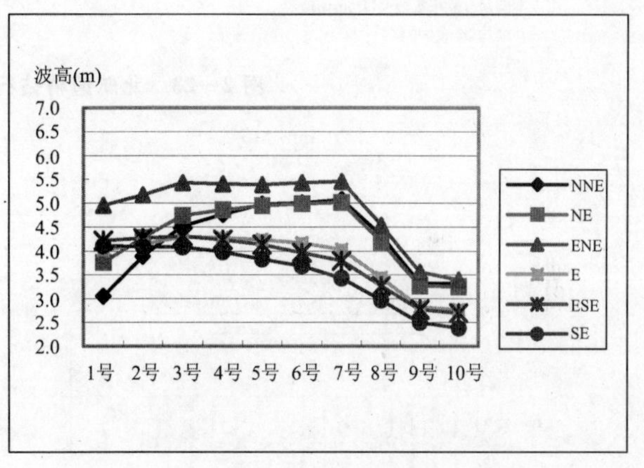

图 2—22　大桥各向 100 年一遇设计波高($H_{4\%}$)分布

表 2—13　北航道桥设计波要素

项目：重现期	项目：波向	$H_{1\%}$(m)	$H_{4\%}$(m)	$H_{13\%}$(m)	T_m(s)
100 年	NE～ENE	5.98	5.17	4.30	7.85
	ESE～SE	4.97	4.27	3.49	7.04

表 2—14　南航道桥设计波要素

项目：重现期	项目：波向	$H_{1\%}$(m)	$H_{4\%}$(m)	$H_{13\%}$(m)	T_m(s)
100 年	NE～ENE	6.23	5.38	4.46	8.04
	ESE～SE	4.83	4.13	3.36	6.94

3. 水流

北、南航道桥处涨潮、落潮流速如表 2－15。

表 2－15 桥区设计水流要素

重现期	垂线最大平均流速	北航道桥	南航道桥
100 年	涨潮 V_f(m/s)	1.93	3.44
	落潮 V_e(m/s)	2.70	2.60

三、大桥主墩基础结构简介

北航道桥钻石形塔基础主墩平面、立面及防撞设施布置如图 2－23、图 2－24 所示。

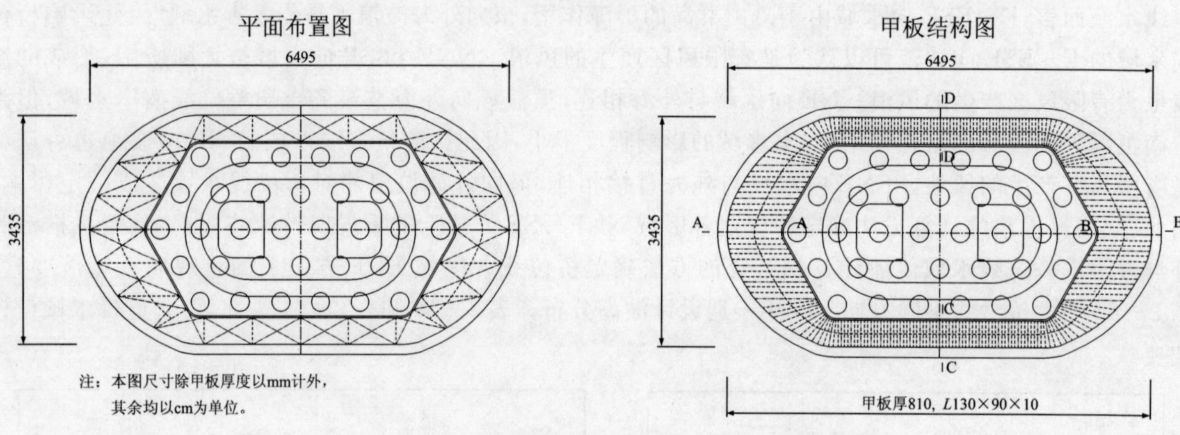

图 2－23 北航道桥钻石形塔基础主墩平面布置

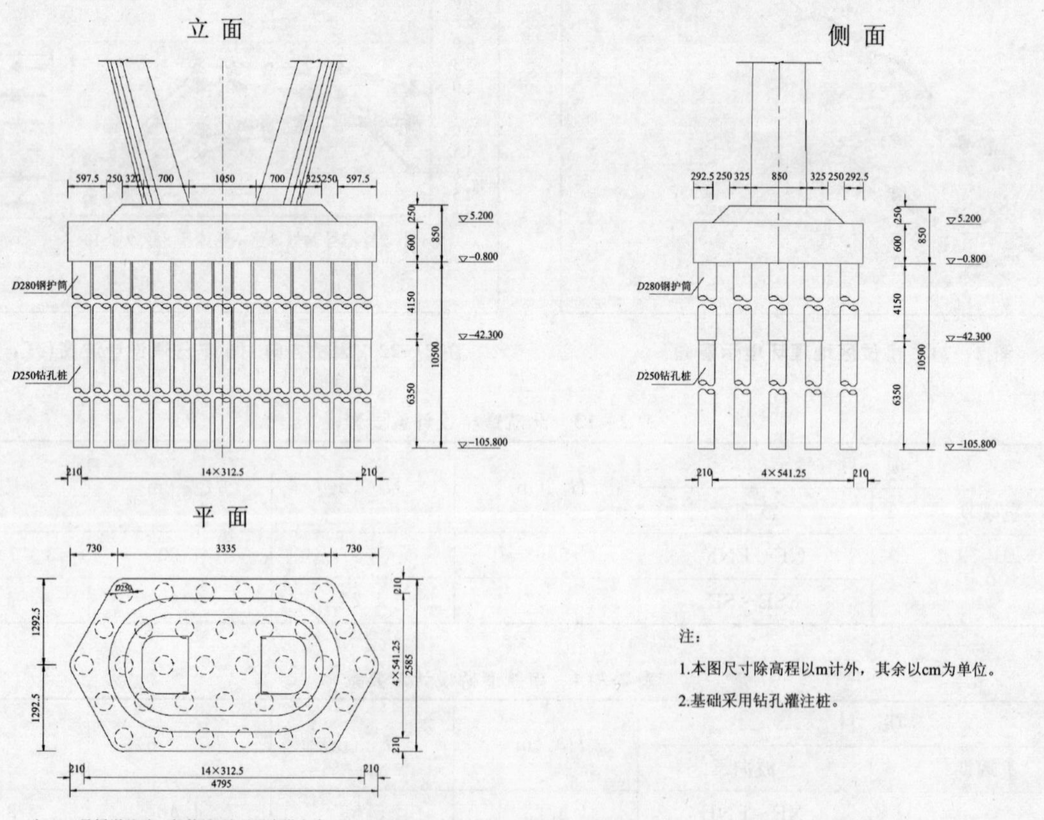

图 2－24 北航道桥钻石形塔基础主墩立面布置

南航道桥 A 形塔基础主墩平面、立面及防撞设施布置如图 2—25、图 2—26 所示。

平面布置图

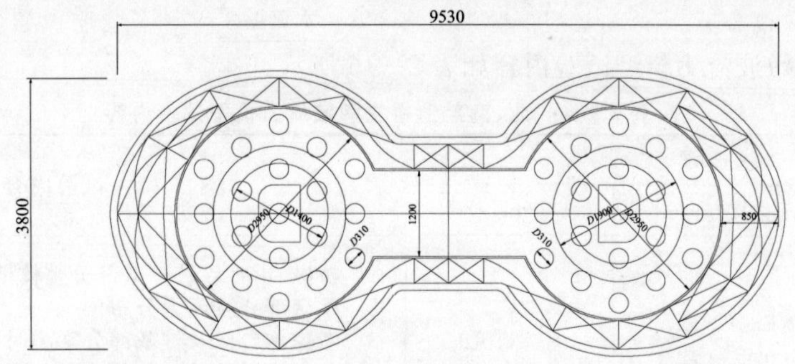

注：本图尺寸除甲板厚度以mm计外，其余均以cm为单位。

甲板结构图

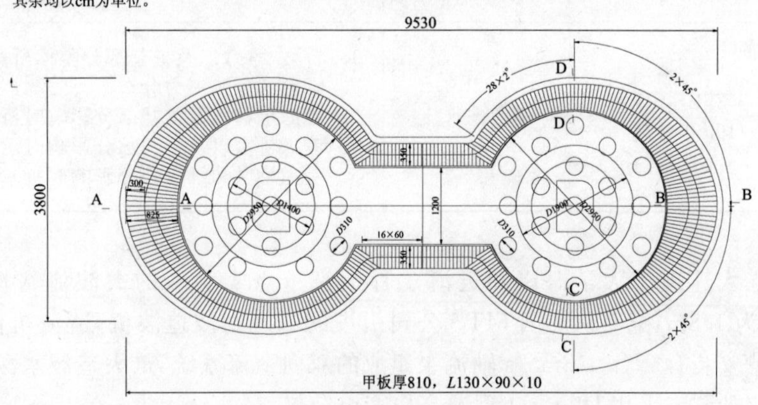

图 2—25　南航道桥 A 形塔基础主墩平面布置

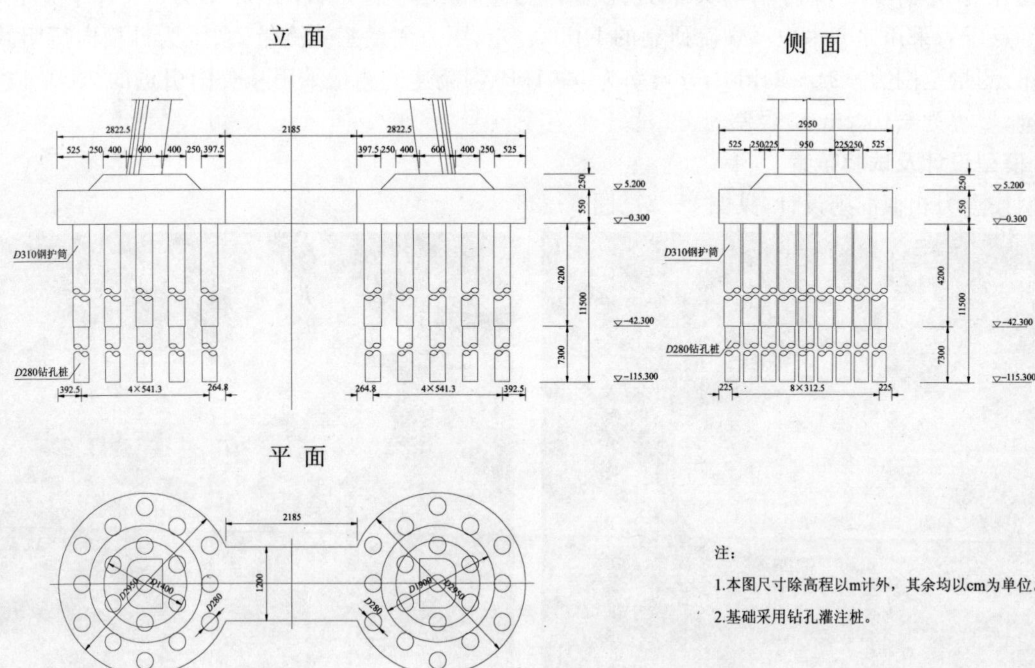

图 2—26　南航道桥 A 形塔基础主墩立面布置

四、波流力模型试验

1. 试验内容

北、南航道桥主墩波流力模型试验内容如表 2－16 所示。

表 2－16　北、南航道桥主墩波流力模型试验内容

水文要素			试验内容
桥浪组合	波浪及方向	V(m/s)	
横桥向	NE～ENE 100 年一遇	V_f（顺流）	1. 桥墩、承台以及桩基部分整体所受波流力 2. 承台部分波流力分布 3. 考虑承台以及桩基部分影响时桥墩所受波流力 4. 考虑桥墩以及桩基部分影响时承台所受波流力 5. 考虑桥墩和承台部分影响时桩基所受波流力
顺桥向	ESE～SE 100 年一遇	不考虑水流	1. 桥墩、承台以及桩基部分整体所受波浪力 2. 承台部分波浪力分布 3. 考虑承台以及桩基部分影响时桥墩所受波浪力 4. 考虑桥墩以及桩基部分影响时承台所受波浪力 5. 考虑桥墩和承台部分影响时桩基所受波浪力

2. 试验设施

波流力试验在大连理工大学海岸和近海工程国家重点实验室的大波流水槽中进行。水槽长为69m，宽为 2m，深为 1.8m，配有从美国 MTS 公司引进的不规则波造波机，造波机由微机控制并配备数据采集系统。水槽安装有 2 台 0.8m^3/s 轴流泵组成的双向造流系统，最大造波水深为 1.5m。

试验中波要素的测定采用DLY－1 型浪高应变组合仪，最大量程为±0.15m，误差为 0.002m。结构的波浪力采用无锡 702 所研制的天平式测力计测量，量程为 150N，分辨率为 0.01N，桥压精度为 0.05%。点压力采用北京水电科学院研制的 DJ800 多点压力测量系统测量，系统为硅横向压阻式，可在水下操作，测量范围为－24～24kPa，分辨率为 0.01kPa。流速的测量采用从美国引进的 ADV 流速测量系统测量，量程为±100cm/s，误差为±1%。

3. 模型设计及试验布置

模型按重力相似准则设计，见图 2－27、图 2－28。

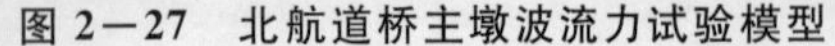

图 2－27　北航道桥主墩波流力试验模型

图 2－28　南航道桥主墩波流力试验模型

在模型设计中，综合考虑试验水槽及试验内容情况，采用正态模型，模型试验的长度比尺采用 1∶56。模型按重力相似准则设计，试验中所涉及各物理量的模型值与原型值之间的关系如下：

$$H_{模型}=H_{原型}/\lambda;T_{模型}=T_{原型}/\sqrt{\lambda};V_{模型}=V_{原型}/\sqrt{\lambda};P_{模型}=P_{原型}/\lambda;F_{模型}=F_{原型}/\lambda^3 \quad (2-10)$$

式中，H 和 T 表示波浪的波高和周期；V 表示流速；P 表示压强；F 表示力；下标"模型"和"原型"分别表示物理量的模型值和原型值。

4. 试验波要素

依据试验内容和原始波要素，根据选定的模型比尺，可以确定试验波要素。按照《海港水文规范》，将给定波浪的波高、周期换算成有效波高 $H_{1/3}$ 和有效波的周期 $T_{H1/3}$ 进行波浪的模拟，其中 $H_{1/3}\approx H_{13\%}$，并且取 $T_{H1/3}=1.15T_m$（T_m 为波浪的平均周期）。试验时的波要素分别如表 2－17 和表 2－18。

表 2－17　北航道桥试验波要素和水流要素

水位(m)	原　型			模型(理论)			模型(实测)			备注
	$H_{1/3}$(m)	$T_{H1/3}$(s)	流速(m/s)	$H_{1/3}$(m)	$T_{H1/3}$(s)	流速(m/s)	$H_{1/3}$(m)	$T_{H1/3}$(s)	流速(m/s)	
+5.80	4.30	9.03	1.93(顺流)	0.077	1.21	0.26	0.078	1.22	0.26±0.02	横桥向
	3.49	8.10	0.0(无流)	0.062	1.08	—	0.062	1.07	—	顺桥向

表 2－18　南航道桥和南高墩区引桥试验波要素和水流要素

水位(m)	原　型			模型(理论)			模型(实测)			备注
	$H_{1/3}$(m)	$T_{H1/3}$(s)	流速(m/s)	$H_{1/3}$(m)	$T_{H1/3}$(s)	流速(m/s)	$H_{1/3}$(m)	$T_{H1/3}$(s)	流速(m/s)	
+5.80	4.46	9.25	3.44(顺流)	0.080	1.24	0.46	0.081	1.25	0.46±0.02	横桥向
	3.36	7.98	0.0(无流)	0.060	1.07	—	0.061	1.07	—	顺桥向

不规则波的频谱采用合田改进的 JONSWAP 谱，即

$$S(f)=\beta_J H_{1/3}^2 T_{1/3}^{-4} f^{-5}\exp[-1.25(T_P f)^{-4}]\cdot\gamma^{\exp[-(T_P f-1)^2/2\sigma^2]} \quad (2-11)$$

$$\beta_J\approx\frac{0.06238}{0.230+0.0336\gamma-0.185(1.9+\gamma)^{-1}}\times[1.094-0.01915\ln\gamma] \quad (2-12)$$

$$T_P\approx\frac{T_{H1/3}}{1.0-0.132(\gamma+0.2)^{-0.559}} \quad (2-13)$$

$$\sigma=\begin{cases}0.07, & f\leqslant f_P\\0.09, & f>f_P\end{cases} \quad (2-14)$$

式中，$H_{1/3}$ 为有效波高；T_P 为谱峰值周期；f_P 为谱峰值频率；谱峰值参数 γ 取平均值 3.3。

5. 试验方法

①制作海底原始地形。

②对应不同试验水深，在水槽中率定所需水流，使得水流满足模型水流速度，确定造流参数。

③在无流状态下，对应不同试验水深，在水槽中率定所需波要素，使得波浪频谱满足式(2－11)所描述的 JONSWAP 谱。同时，波浪的波高和周期满足表 2－17 和表 2－18 中给定的波要素值，从而确定产生所需波浪的造波机控制信号。试验中模拟所得波浪实测值亦列于表 2－17 和表 2－18 中，试验所得波浪参数与所要求的基本一致。模拟所得频谱与理论谱的比较示例如图 2－29，可以看出模拟波浪的频谱与理论谱基本一致。

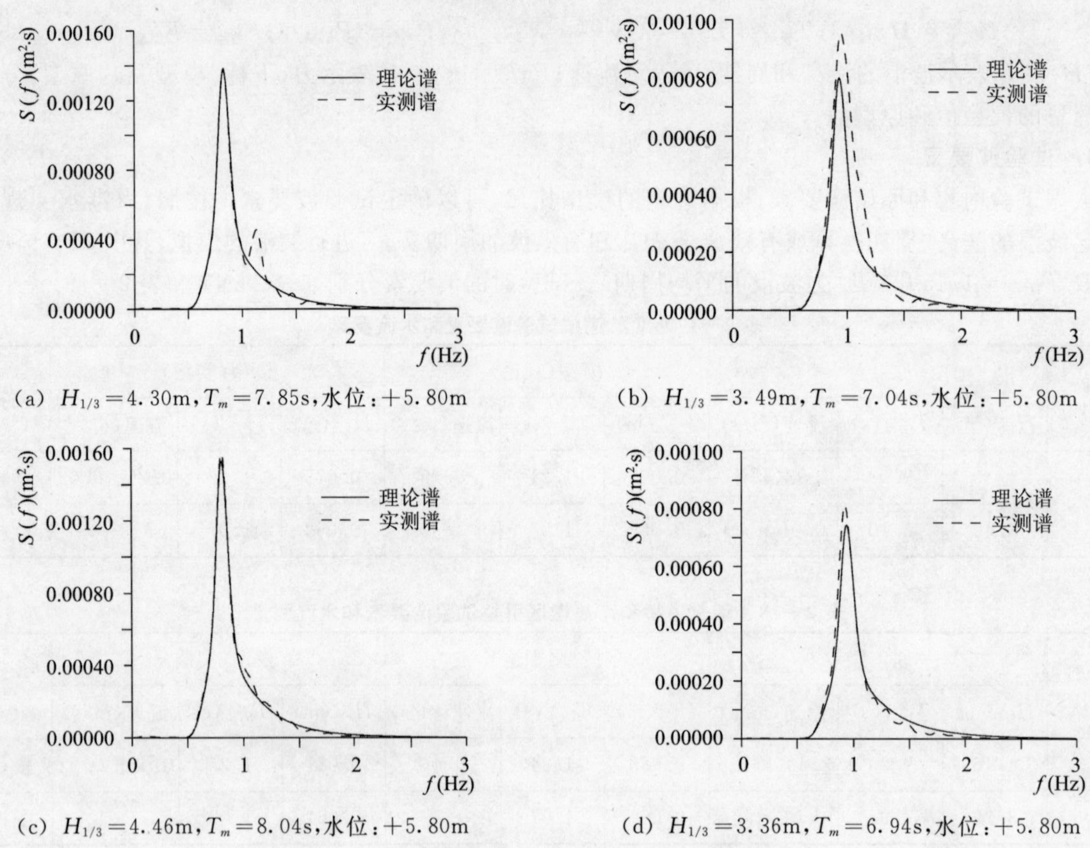

(a) $H_{1/3}=4.30\text{m}, T_m=7.85\text{s}$,水位:+5.80m　(b) $H_{1/3}=3.49\text{m}, T_m=7.04\text{s}$,水位:+5.80m

(c) $H_{1/3}=4.46\text{m}, T_m=8.04\text{s}$,水位:+5.80m　(d) $H_{1/3}=3.36\text{m}, T_m=6.94\text{s}$,水位:+5.80m

图 2-29　模拟所得频谱与理论谱的比较示例

④安放不同工况的试验模型及各种测量仪器。模型在试验水槽中的布置示意图如图 2-30 所示,测力模型如图 2-31 所示。

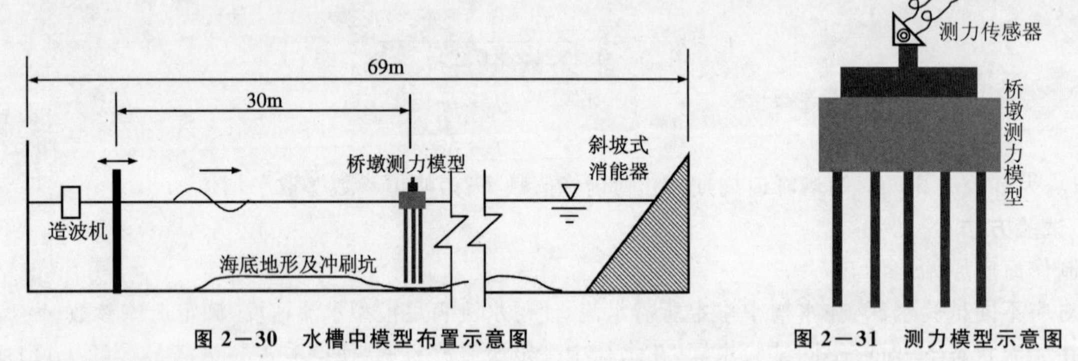

图 2-30　水槽中模型布置示意图　**图 2-31　测力模型示意图**

同时,按造流参数和造波机信号产生水流和波浪,进行波浪和水流或波浪对建筑物的作用试验。

⑤通过测量仪器采集所要求的数据,并进行数据分析,给出试验结果。

⑥试验中采样时间间隔为 0.025s,采样长度为 8192mm(周期较大波),不规则波的平均波数约为 180 个左右,满足规范要求。波浪统计分析采用上跨零点法,频谱分析采用 FFT 法。

每次试验给出结构物受力的最大值,由于试验中波浪个数少于 200 个,所以所得最大力相当于统计意义上的 1/100 值 $F_{1/100}$。需要指出的是,最大值或 $F_{1/100}$ 值一般大于累积概率为 1%的波流力值 $F_{1\%}$。对于结构物的控制情况,同时分析统计概率为 1%和 13%的力 $F_{1\%}$ 和 $F_{13\%}$。如果假定 $F_{1\%}$ 对应累积概率为 1%的波高为 $H_{1\%}$,考虑波浪速度力正比于波高的平方,惯性力与波高成正比,可认为 $F_{1/100}$ 一般比 $F_{1\%}$ 大 10%～20%。

6. 试验成果

(1) 北航道桥钻石形塔桥基础波浪力模型试验结果

桥墩、承台以及桩基整体顺流时的基础正向力最大($+FX_{max}$)为 1978t，合成力最大为 1982t。顺桥向情况时虽然不考虑水流，但桥基础所受波浪力大于横桥向时的波流力，正向力最大为 1922t，合成力最大为 2197t。试验结果如表 2—19 所示。

表 2—19　北航道桥钻石形塔桥墩、承台以及桩基整体所受波流力试验结果

序号	水位(m)	$H_{1/3}$(m)	T_m(s)	V(m/s)	$+FX_{max}$(t)	$+FY_{max}$(t)	合成力 F_{max}(t)	备注
1	5.80	4.30	7.85	$V_f=1.93$(顺流)	1978	288	1982	横桥向
2	5.80	3.49	7.04	0.0	1922	480	2197	顺桥向
顺桥向试验累积概率 1%统计结果					$+FX_{1\%}$	$+FY_{1\%}$	—	顺桥向
3	5.80	3.49	7.04	0.0	1751	404	—	

为了得到桥墩承台以上结构部分所受波流力情况，考虑桩基的影响，对桥墩承台以上结构部分单独进行波流力试验。从表 2—20 中可以看出，承台以上结构部分横桥向时最大为 1137t，合成力最大为 1146t；顺桥向时最大为 1362t，合成力最大为 1405t。

表 2—20　北航道桥钻石形塔桥墩考虑桩基的影响时承台以上结构部分所受波流力试验结果

序号	水位(m)	$H_{1/3}$(m)	T_m(s)	V(m/s)	$+FX_{max}$(t)	$+FY_{max}$(t)	合成力 F_{max}(t)	备注
1	5.80	4.30	7.85	$V_f=1.93$(顺流)	1137	207	1146	横桥向
2	5.80	3.49	7.04	0.0	1362	422	1405	顺桥向
顺桥向试验累积概率 1%统计结果					$+FX_{1\%}$	$+FY_{1\%}$	—	顺桥向
3	5.80	3.49	7.04	0.0	1243	365	—	

如表 2—21，可以看出，群桩波流力正向力最大为 841t，顺桥向时＋5.80m 水位时正向力最大为 560t。这里需要说明的是，群桩桩基所受波流力是由表 2—19 和表 2—20 结果得到，而合成力的求得需要同步测量各分量值，而表 2—19 和表 2—20 所列试验值非同步测得，因此表 2—21 中未给出群桩的合成力。但由于整个结构对称，横向力相对于正向力很小，因此合力基本与正向力相当。

表 2—21　北航道桥钻石形塔考虑桥墩和承台部分影响时桩基部分波流力试验结果

序号	水位(m)	$H_{1/3}$(m)	T_m(s)	V(m/s)	$+FX_{max}$(t)	$+FY_{max}$(t)	合成力 F_{max}(t)	备注
1	5.80	4.30	7.85	$V_f=1.93$(顺流)	841	81	—	横桥向
2	5.80	3.49	7.04	0.0	560	58	—	顺桥向

由于承台顶标高为＋5.2m，因此对于桥墩部分只进行＋5.8m 水位时的试验，试验结果如表 2—22。可以看出，桥墩部分由于尺度相对于承台较小，所受波流力较小，横桥向时最大为 249t，顺桥向时断面面积较大，波浪力较大，正向力最大为 551t，合成力最大为 585t。

表 2—22　北航道桥钻石形塔考虑桩基和承台部分影响时桥墩部分波流力试验结果

序号	水位(m)	$H_{1/3}$(m)	T_m(s)	V(m/s)	$+FX_{max}$(t)	$+FY_{max}$(t)	合成力 F_{max}(t)	备注
1	5.80	4.30	7.85	$V_f=1.93$(顺流)	248	169	249	横桥向
2	5.80	3.49	7.04	0.0	551	278	585	顺桥向

由表 2—20 和表 2—22 可得到单独承台部分的波流力如表 2—23。

表 2—23　北航道桥钻石形塔考虑桩基和桥墩影响时承台结构部分所受波流力试验结果

序号	水位(m)	$H_{1/3}$(m)	T_m(s)	V(m/s)	$+FX_{max}$(t)	$+FY_{max}$(t)	合成力 F_{max}(t)	备注
1	5.80	4.30	7.85	$V_f=1.93$(顺流)	889	38	—	横桥向
2	5.80	3.49	7.04	0.0	811	144	—	顺桥向

(2) 南航道桥 A 形塔桥基础波浪力模型试验结果

从表 2－24 中可以看出，基础整体波流力横桥向时正向力最大为 1640t，合成力最大为 1677t；顺桥向时正向力最大为 2896t。

表 2－24 南航道桥 A 形塔桥墩、承台以及桩基整体所受波流力试验结果

序号	水位(m)	$H_{1/3}$(m)	T_m(s)	V(m/s)	$+FX_{max}$(t)	$+FY_{max}$(t)	合成力 F_{max}(t)	备注
1	5.80	4.30	7.85	V_f=1.93(顺流)	1640	804	1677	横桥向
2	5.80	3.49	7.04	0.0	2896	334	3335	顺桥向
顺桥向试验累积概率 1%统计结果					$+FX_{1\%}$	$+FY_{1\%}$	—	顺桥向
3	5.80	3.49	7.04	0.0	2502	268	—	

表 2－25 中所列承台以上结构部分所受波流力，横桥向时正向力最大为 1147t，合成力最大为 1151t；顺桥向时正向力最大为 2180t，合成力最大为 2182t。

表 2－25 南航道桥 A 形塔桥墩考虑桩基的影响时承台以上结构部分所受波流力试验结果

序号	水位(m)	$H_{1/3}$(m)	T_m(s)	V(m/s)	$+FX_{max}$(t)	$+FY_{max}$(t)	合成力 F_{max}(t)	备注
1	5.80	4.30	7.85	V_f=1.93(顺流)	1147	544	1151	横桥向
2	5.80	3.49	7.04	0.0	2180	166	2182	顺桥向
顺桥向试验累积概率 1%统计结果					$+FX_{1\%}$	$+FY_{1\%}$	—	顺桥向
3	5.80	3.49	7.04	0.0	1783	137	—	

由表 2－24 和表 2－25 可以得到群桩所受波流力如表 2－26，顺桥向时群桩波浪力大于横桥向时波浪作用时的波流力，最大为 716t。

表 2－26 南航道桥 A 形塔考虑桥墩和承台部分影响时桩基部分波流力试验结果

序号	水位(m)	$H_{1/3}$(m)	T_m(s)	V(m/s)	$+FX_{max}$(t)	$+FY_{max}$(t)	合成力 F_{max}(t)	备注
1	5.80	4.46	8.04	V_f=3.44(顺流)	493	260	—	横桥向
2	5.80	3.36	6.94	0.0	716	168	—	顺桥向

由于桥墩部分的尺度相对于承台较小，所受波流力较小，横桥向时最大为 160t，顺桥向时受力面积较大，波浪力较大，正向力最大为 505t，见表 2－27。

表 2－27 南航道桥 A 形塔考虑桩基和承台部分影响时桥墩部分波流力试验结果

序号	水位(m)	$H_{1/3}$(m)	T_m(s)	V(m/s)	$+FX_{max}$(t)	$+FY_{max}$(t)	合成力 F_{max}(t)	备注
1	5.80	4.46	8.04	V_f=3.44(顺流)	160	129	230	横桥向
2	5.80	3.36	6.94	0.0	505	76	508	顺桥向

由表 2－25 和表 2－27 所得到的考虑桩基基础影响时单独承台部分的波流力如表 2－28。

表 2－28 南航道桥 A 形塔考虑桩基和桥墩影响时承台结构部分所受波流力试验结果

序号	水位(m)	$H_{1/3}$(m)	T_m(s)	V(m/s)	$+FX_{max}$(t)	$+FY_{max}$(t)	合成力 F_{max}(t)	备注
1	5.80	4.46	8.04	V_f=3.44(顺流)	987	415	—	横桥向
2	5.80	3.36	6.94	0.0	1675	90	—	顺桥向

五、波流力数值计算

鉴于桥墩结构的复杂性，目前还没有成熟的计算方法对整体结构的波流力进行计算。为了得到结构的波流力，可将承台和群桩波流力分别计算，即将承台按绕射理论进行计算，桩基按莫里森(Morison equation)公式进行计算。

桥墩基础上的波流力示意图如图 2－32 所示。

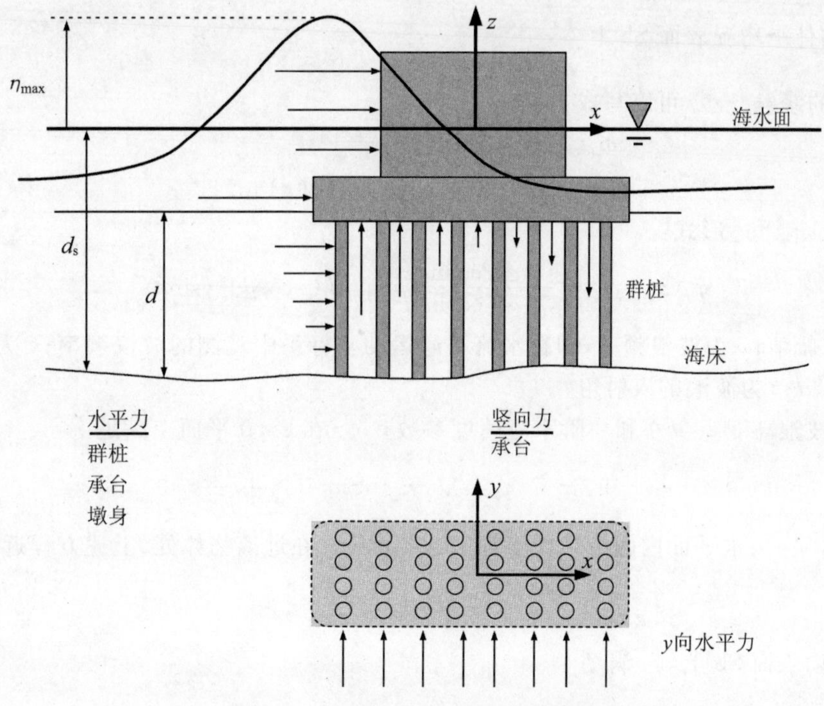

图 2—32　桥墩基础上的波流力示意图

1. 承台波流力计算模型

(1) 控制方程和边界条件

在水深为 d 的流体中假设一右手坐标系 $oxyz$，$z=0$ 放置在海底，垂直向上为正，均匀水流流向 x 轴的正方向。假定流体为无旋和不可压缩的，这样有一速度势满足 Laplace 方程：

$$\nabla^2\Phi=0 \tag{2-15}$$

自由水面条件：

$$\Phi_{tt}+2\nabla\Phi\cdot\nabla\Phi+\frac{1}{2}\nabla\Phi\cdot\nabla(\nabla\Phi\cdot\nabla\Phi)+g\Phi_z=0,\text{在 } z=\eta \text{ 上} \tag{2-16}$$

海底条件：

$$\frac{\partial\Phi}{\partial n}=0,\text{在海底 SD 上} \tag{2-17}$$

物面条件：

$$\frac{\partial\Phi}{\partial n}=0,\text{在物体的瞬时湿表面 SB 上} \tag{2-18}$$

和适当的远场条件，这里 η 为瞬间波面，$\bar{n}$为物面的单位法向导数，指出流体为正。由于自由面的非线性，上述方程的求解是非常困难的。为了进行计算，实际计算中常常引入某些假设。在小波高的假设下，速度势可以分解为时间无关的稳定势和随时间振荡的绕射势：

$$\Phi(x,t)=\varphi_s+\Phi_d(x,t) \tag{2-19}$$

稳定势可以表达为均匀势和绕流势之和的形式：

$$\varphi_s=U\chi_s+U(\chi-x) \tag{2-20}$$

在时域内对式(2—16)取平均值，并近似到水流参数 $\tau=\sigma U/g$ 的一阶项，我们可以得到 χ 的"刚性"水面条件：

$$\frac{\partial\chi}{\partial z}=0,\text{在 } z=0 \text{ 上} \tag{2-21}$$

这里，σ 为波浪的遭遇频率，即在静止坐标系中看到的波浪频率。稳定势的物面条件为：

$$\frac{\partial \chi}{\partial n}=n_x \text{，在物体平均湿表面 Sb 上} \tag{2-22}$$

随时间变动的绕射势 Φ_d 可以写成：

$$\begin{aligned}\Phi_d(x,t)&=\mathrm{Re}[\varphi_d(x)\mathrm{e}^{i\sigma t}]\\&=\mathrm{Re}\{[\varphi_0(x)+\varphi_d(x)]\mathrm{e}^{i\sigma t}\}\end{aligned} \tag{2-23}$$

式中，入射势 φ_0 具有下述形式：

$$\varphi_0(x,y,z)=-\frac{\mathrm{i}gA}{\omega}\frac{\cosh kz}{\cosh kd}\exp[ik(x\cos\beta+y\sin\beta)] \tag{2-24}$$

式中，A 为入射波幅值；ω 为波浪频率，即在水流一起运动坐标系中观测的波浪频率；k 为波数，满足色散关系 $\omega^2=gk\tanh kd$；β 为波浪的入射角。

近似到一阶波浪高度 $\varepsilon=kA$ 和一阶水流速度参数 τ，φ_d 在 $z=0$ 平面上满足

$$-\nu\varphi_d+2\mathrm{i}\tau\,\nabla_2\varphi_d\cdot\nabla_2\chi_s+\mathrm{i}\tau\varphi_d\,\nabla_2^2\chi+\frac{\partial\varphi_d}{\partial z}=0 \tag{2-25a}$$

的自由水面条件，∇_2 为水平面内的二维梯度算子，$\nu=\sigma^2/g$。在远离物体处，上述方程近似为：

$$-\nu\varphi_d=2\mathrm{i}\tau\frac{\partial\varphi_d}{\partial x}+\frac{\partial\varphi_d}{\partial z} \tag{2-25b}$$

在物体的平均表面 Sb 上，φ_d 满足

$$\frac{\partial\varphi_d}{\partial n}=0 \tag{2-26}$$

的物面条件。

对振荡的自由表面条件(2－25b)和波浪向外传播的无穷远条件，我们可以求得基本解为：

$$4\pi G(\vec{x},\vec{x}_0)=-\frac{1}{r}-\frac{1}{r_1}-\int_0^{\infty}\int_0^{2\pi}\frac{[\lambda f(\tau)+\nu]\cosh\lambda(d+z)\cosh\lambda(d+z_0)}{\pi[\lambda F(\lambda,\tau)-\nu\cosh\lambda d]}\mathrm{e}^{\lambda W}\mathrm{d}\lambda\mathrm{d}\theta \tag{2-27}$$

式中，$W=-d+\mathrm{i}[(x-x_0)\cos\theta+(y-y_0)\sin\theta]$；

$f(\tau)=1-2\tau\cos\theta$；

$F(\tau,\lambda)=\sinh\lambda d+2\tau\cos\theta\cosh\lambda d$；

$\vec{x}$，$\vec{x}_0$ 分别为场点和源点坐标，r 和 r_1 的定义见式(2－28)。

(2) 积分方程

在计算域 Ω 上，对稳定绕流势应用一满足“刚性”水面条件和海底的格林函数：

$$4\pi G_0(\vec{x},\vec{x}_0)=-\frac{1}{r}-\frac{1}{r_1}-\sum_{n=1}^{\infty}\left(\frac{1}{r_{2n}}+\frac{1}{r_{3n}}+\frac{1}{r_{4n}}+\frac{1}{r_{5n}}\right) \tag{2-28}$$

式中，$r=[R^2+(z-z_0)^2]^{1/2}$；　$r_1=[R^2+(z+z_0)^2]^{1/2}$；

$r_{2n}=[R^2+(z-z_0-2nd)^2]^{1/2}$；　$r_{3n}=[R^2+(z+z_0+2nd)^2]^{1/2}$；

$r_{4n}=[R^2+(z-z_0+2nd)^2]^{1/2}$；　$r_{5n}=[R^2+(z+z_0-2nd)^2]^{1/2}$；

$R=[(x-x_0)^2+(y-y_0)^2]^{1/2}$。

可以得到其积分方程：

$$\alpha\chi(\vec{x}_0)-\int_{S_b}\frac{\partial G_0(\vec{x},\vec{x}_0)}{\partial n}\chi(\vec{x})\mathrm{d}S=-\int_{S_b}n_1G_0(\vec{x},\vec{x}_0)\mathrm{d}S \tag{2-29}$$

为了适于高阶边界元的计算，我们采用 Teng and Eatock Taylor 的方法，上述方程可改写为一个无自由项 α、无柯西主值积分的积分方程：

$$\chi(\vec{x}_0)+\int_{S_b}\frac{\partial G_0(\vec{x},\vec{x}_0)}{\partial n}[\chi(\vec{x}_0)-\chi(\vec{x})]\mathrm{d}S=-\int_{S_b}n_1G_0(\vec{x},\vec{x}_0)\mathrm{d}S \tag{2-30}$$

对随时间变动的绕射势，在流域 Ω 中应用第二格林定理，我们可以得到下述积分方程：

$$\alpha\chi(\vec{x}_0)=\iint_{S_f+S_b+S_\infty}\left[\frac{\partial G(\vec{x},\vec{x}_0)}{\partial n}\varphi_j(\vec{x})-\frac{\partial\varphi(\vec{x})}{\partial n}G(\vec{x},\vec{x}_0)\right]\mathrm{d}S \quad (2-31)$$

应用一逆流等强度的移动脉动源，上述方程可简化为：

$$\alpha\varphi_d(\vec{x}_0)-\iint_{S_b}\varphi_d(\vec{x})\frac{\partial G(\vec{x},\vec{x}_0)}{\partial n}\mathrm{d}S+2\mathrm{i}\tau\iint_{S_f}\varphi_d(\vec{x})\left(\nabla_2 G\cdot\nabla_2\chi+\frac{1}{2}G\,\nabla_2^2\chi\right)\mathrm{d}S=\varphi_0(\vec{x}_0) \quad (2-32)$$

上述方程包含一自由水面积分，由于远离物体时稳定绕流势 χ 衰减为零，其积分只需在物体周围有限的范围内进行。滕斌的研究表明，对一半球积分到 3 倍球的半径的距离，足以得到收敛结果。

采用上述消除自由项 α 的方法，我们可以得到一个新的积分方程：

$$\begin{aligned}&\varphi_d(\vec{x}_0)+\iint_{S_b}\left[\frac{\partial G_0(\vec{x},\vec{x}_0)}{\partial n}\varphi_d(\vec{x}_0)-\frac{\partial G(\vec{x},\vec{x}_0)}{\partial n}\varphi_d(\vec{x})\right]\mathrm{d}S\\&=-2\mathrm{i}\tau\iint_{S_f}\varphi_d(\vec{x})\left[\nabla_2 G(\vec{x},\vec{x}_0)\cdot\nabla_2\chi+\frac{1}{2}G(\vec{x},\vec{x}_0)\,\nabla_2^2\chi\right]\mathrm{d}S+\varphi_0(\vec{x}_0)\end{aligned} \quad (2-33)$$

在上述方程中，未知量既在物面上，又在自由水面上，求解时需要建立很大的方程组。另外，由于移动脉动源的表达非常复杂，计算非常耗费机时，直接利用上述方程求解是十分不经济的。目前普遍应用的是摄动展开的方法，将格林函数和速度势分别展开成流速参数 τ 的函数：

$$\left.\begin{aligned}\varphi_d&=\varphi_d{}^{(0)}+\tau\varphi_d{}^{(1)}+o(\tau^2)\\G&=G^{(0)}+\tau G^{(1)}+o(\tau^2)\end{aligned}\right\} \quad (2-34)$$

$G^{(0)}$ 为静水中的脉动源，人们已作过大量的研究，并提出了许多有效的计算方法。$G^{(1)}$ 可以表达为 $G^{(0)}$ 的形式：$G^{(1)}=-2\mathrm{i}\dfrac{\partial^2 G^{(0)}}{\partial\nu\partial x}$，不需要单独计算。

将式(2－34)代入积分方程(2－33)，并按 τ 的量级重新整理，可以得到 τ 的零阶项的积分方程：

$$\varphi_d{}^{(0)}(\vec{x}_0)+\iint_{S_b}\left[\frac{\partial G_0(\vec{x},\vec{x}_0)}{\partial n}\varphi_d{}^{(0)}(\vec{x}_0)-\frac{\partial G^{(0)}(\vec{x},\vec{x}_0)}{\partial n}\varphi_d{}^{(0)}(\vec{x})\right]\mathrm{d}S=\varphi_0 \quad (2-35)$$

和 τ 的一阶项的积分方程：

$$\begin{aligned}&\varphi_d{}^{(1)}(\vec{x}_0)+\iint_{S_b}\left[\frac{\partial G_0(\vec{x},\vec{x}_0)}{\partial n}\varphi_d{}^{(1)}(\vec{x}_0)-\frac{\partial G^{(0)}(\vec{x},\vec{x}_0)}{\partial n}\varphi_d{}^{(1)}(\vec{x})\right]\mathrm{d}S\\&=\iint_{S_b}\left[\frac{\partial G^{(1)}(\vec{x},\vec{x}_0)}{\partial n}\varphi_d{}^{(0)}(\vec{x})\mathrm{d}S-2\mathrm{i}\iint_{S_f}\varphi_d{}^{(0)}\left[\nabla_2 G^{(0)}(\vec{x},\vec{x}_0)\cdot\nabla_2\chi+\frac{1}{2}G^{(0)}(\vec{x},\vec{x}_0)\,\nabla_2^2\chi\right]\mathrm{d}S\right.\end{aligned} \quad (2-36)$$

虽然经过上述处理，自由项 α 被消除了，部分奇异积分被抵消了，但上述积分方程的右端项中仍存在着 $G^{(0)}$ 的一阶空间导数，其中包含着 $\dfrac{1}{r_2}$ 量级的奇异核。对于这些积分，我们利用 Guiggiani 和 Gigante 的直接数值方法，分离出奇异核，只计算剩余的非奇异部分。由于奇异核在源点周围各单元的积分之和为零，奇异核在各单元的柯西主值积分可以避而不算。

求得了绕射势后，波浪结构上第 j 个方向上产生广义波浪力($j=1,2,3$ 为波浪力；$j=4,5,6$ 为波浪力矩)，可以表达为：

$$F_j=\mathrm{Re}[f_j e^{\mathrm{i}\sigma t}] \quad (2-37)$$

式中，$f_j=-\mathrm{i}A\sigma\rho\iint_{S_b}\left(\varphi_d+\dfrac{u}{\mathrm{i}\sigma}\,\nabla\chi_s\cdot\nabla\varphi_d\right)n_j\,\mathrm{d}S$。

2. 群桩波流力计算模型

对于 $D/L<0.2$(D 为桩柱的直径，L 为波长)的桩柱，由 Morison 方程，作用于水底面以上高度 z 处单位长度上的正向力由惯性力和速度力组成，可按下式计算：

$$f(z,t)=f_i(z,t)+f_d(z,t)=\frac{1}{4}C_M\left(\frac{\gamma}{g}\right)\pi D^2\dot{u}(z,t)+\frac{1}{2}C_D\left(\frac{\gamma}{g}\right)Du(z,t)\left|u(z,t)\right| \tag{2-38}$$

式中，f_i 和 f_d 分别为柱体所受惯性力和速度力；γ 为水的重度；C_D 和 C_M 分别为速度力系数和惯性力系数；u 和 $\dot{u}$ 分别为水质点运动的速度和加速度。采用线性波浪理论，有

$$u(z,t)=\frac{\omega}{2}\frac{\cosh kz}{\sinh kd}\cos\omega t \tag{2-39a}$$

$$\dot{u}(z,t)=-\frac{\omega^2 H}{2}\frac{\cosh kz}{\sinh kd}\sin\omega t \tag{2-39b}$$

式中，H 为波浪的波高；k 为波数；ω 为波浪的频率；d 为水深。很显然，发生速度力和惯性力最大值的相位相差 90°。对于群桩整体波浪力，应考虑各桩柱由于位置不同所受波浪力的相位差。由此，作用于水底面以上高度 z 处单位长度上的群桩整体正向力，由同一时刻各桩所受波浪力叠加求得，即

$$\begin{aligned}f(z,t)&=\sum_{l=1}^{N}\left[f_i(t)+f_d(t)\right]_l\\&=\sum_{l=1}^{N}\left[\frac{1}{4}C_M\left(\frac{\gamma}{g}\right)\pi D^2\dot{u}_l(z,t)+\frac{1}{2}C_D\left(\frac{\gamma}{g}\right)Du_l(z,t)\left|u_l(z,t)\right|\right]\end{aligned} \tag{2-40}$$

其中，N 为群桩中桩柱的根数。在同一时刻，不同桩柱处水质点的速度和加速度为

$$u_l(z,t)=\frac{\pi H}{T}\frac{\cosh kz}{\sinh kd}\cos(kx_l\cos\theta+ky_l\sin\theta-\omega t) \tag{2-41a}$$

$$\dot{u}_l(z,t)=-\frac{2\pi^2 H}{T^2}\frac{\cosh kz}{\sinh kd}\sin(kx_l\cos\theta+ky_l\sin\theta-\omega t) \tag{2-41b}$$

式中，T 为波浪的周期；(x_l,y_l)对应第 l 个桩的坐标；θ 为波浪作用的方向，定义为与坐标 x 的夹角。

当波流共同存在时，考虑波流同向(包括顺向和逆向)，波浪在水流作用下将变形。考虑水流影响时的波要素可按下式计算：

$$\frac{H}{H_j}=\frac{\sqrt{\left(1-\frac{U}{C}\right)\frac{L_j}{L}\frac{A_j}{A}}}{\sqrt{\left(1+\frac{U}{C}\right)\frac{2-A_j}{A}}} \tag{2-42}$$

其中，H 和 H_j 分别为水流中和静水中的波高；U 为水流流速；C 为水流中的波速；A 和 A_j 分别为水流中和静水中的波能传递率；L 和 L_j 分别为水流中和静水中的波长，可按下列公式计算：

$$\frac{L}{L_j}=\frac{C}{C_j}=\frac{\tanh kd}{\left(1-\frac{U}{C}\right)^2\tanh k_j d} \tag{2-43}$$

式中，$k=2\pi/L$ 和 $k_j=2\pi/L_j$ 分别为水流中和静水中的波数。A 和 A_j 可分别按下式计算：

$$A=1+\frac{2kd}{\sinh 2kd} \tag{2-44a}$$

$$A_j=1+\frac{2k_j d}{\sinh 2k_j d} \tag{2-44b}$$

考虑波流相互作用，作用于水底面以上高度 z 处单位长度上的群桩整体正向力可由下式求得：

$$\begin{aligned}f(z,t)&=\sum_{l=1}^{N}\left[f_i(t)+f_d(t)\right]_l\\&=\sum_{l=1}^{N}\left\{\frac{1}{4}C_M\left(\frac{\gamma}{g}\right)\pi D^2\dot{u}_l(z,t)+\frac{1}{2}C_D\left(\frac{\gamma}{g}\right)D\left[u_l(z,t)+U\right]\left|u_l(z,t)+U\right|\right\}\end{aligned} \tag{2-45}$$

式中，水流中的水质点的速度和加速度可按下式求得：

$$u_l(z,t)=\frac{\omega_r H}{2}\frac{\cosh kz}{\sinh kd}\cos(kx_l\cos\theta+ky_l\sin\theta-\omega t) \tag{2-46a}$$

$$\dot{u}_l(z,t)=-\frac{\omega_r^2 H}{2}\frac{\cosh kz}{\sinh kd}\sin(kx_l\cos\theta+ky_l\sin\theta-\omega t) \quad (2-46b)$$

其中，ω_r 为水流中的波浪的频率，有

$$\omega_r=\omega-kU \quad (2-47)$$

波流共同作用下的速度力和惯性力系数取决于 KC 数，KC 数可按下式计算：

$$KC=\frac{u_m T}{D}[\sin\phi+(\pi-\phi)\cos\phi], |U|<u_m \quad (2-48a)$$

$$KC=\frac{\pi|U|T}{D}, |U|\geqslant u_m \quad (2-48b)$$

式中，

$$\phi=\arccos\left(\frac{|U|}{u_m}\right) \quad (2-49)$$

$$u_m=\frac{\pi H}{T\tanh kd} \quad (2-50)$$

计算时，C_D 和 C_M 可根据求得的 KC 数按《海港水文规范》的规定取值。

求得不同位置单位群桩长度上所受波流力后，对桩的长度积分，即可得到作用于群桩上的总的水平力和对水底的弯矩，即

$$F(t)=\int_0^{Z_T} f(z,t)dz \quad (2-51)$$

$$M(t)=\int_0^{Z_T} f(z,t)zdz \quad (2-52)$$

其中，Z_T 为桩顶距水底的高度。如果桩顶高于静水面，则 $Z_T=d$。

3. 计算成果

北、南航道桥桥墩、承台以及桩基计算结果见表 2－29、表 2－30。

表 2－29　北航道桥钻石形塔桥墩、承台以及桩基计算结果

水　位(m)	方　向	水平力(t)		
		桩　基	承　台	桥　墩
5.8	横桥向	816	1006	288
5.8	顺桥向	618	1106	334

表 2－30　南航道桥 A 形塔桥墩、承台以及桩基计算结果

水　位(m)	方　向	水平力(t)		
		桩　基	承　台	桥　墩
5.8	横桥向	520	1068	130
5.8	顺桥向	811	1509	322

第三节　通电流的阴极保护计算理论

对被保护金属施加负电流，通过阴极极化使其电极电位负移至金属氧化还原的平衡电位，从而抑阻金属腐蚀的保护方法称为阴极保护。阴极保护是一种防止金属腐蚀的电化学保护方法。在阴极保护系统所构成的电池中，氧化反应集中发生在阳极上，从而抑阻了作为阴极的被保护金属上的腐蚀。

一、阴极保护的原理

阴极保护是一种用于防止金属在电解质(海水、淡水及土壤等介质)中腐蚀的电化学保护技术,该技术的基本原理是对被保护的金属表面施加一定的直流电流,使其产生阴极极化,当金属的电位负于某一电位值时,腐蚀的阳极溶解过程就会得到有效抑制。根据提供阴极电流的方式不同,阴极保护大致分为牺牲阳极法(见图 2—33)和外加电流法(见图 2—34)两种。牺牲阳极法是以电位比被保护金属结构低的金属或合金(如镁合金、锌合金、铝合金等)作为阳极,构成一个腐蚀电池。在阴极(被保护结构)得到保护的同时,阳极不断地被消耗,故称为牺牲阳极。外加电流法则是给被保护结构加一阴极电流,而给辅助阳极(一般为高硅铸铁或废钢)加一阳极电流,构成一个腐蚀电池,以同样的原理使金属结构得到保护。

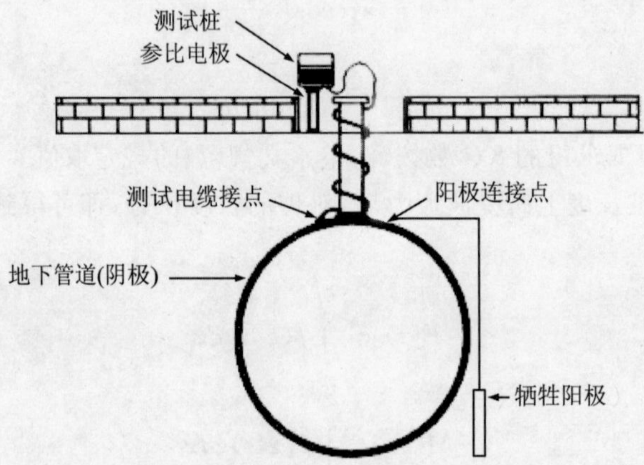

图 2—33 牺牲阳极法阴极保护示意图

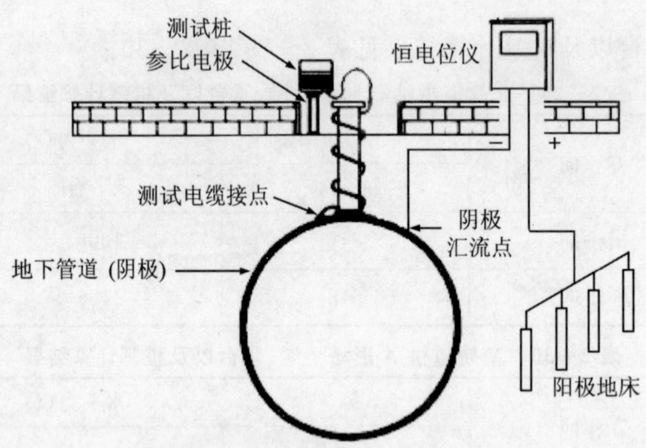

图 2—34 外加电流法阴极保护示意图

二、两种阴极保护技术的优缺点

1. 牺牲阳极法阴极保护技术

选择一种其电极电位比被保护金属更负的活泼金属(合金),把它与共同置于电解质环境中的被保护金属从外部实现电连接,这种负电位的活泼金属(合金)在所构成的电化学电池中作为阳极而优先腐蚀,释放出的电子使被保护金属阴极极化到所需电位范围,从而抑阻了被保护金属的腐蚀,实现保护,这就是牺牲阳极法阴极保护技术。

牺牲阳极法阴极保护技术有其独特的优点:

①它不需要任何外部电源,增强了其应用的广泛性;

②作为用电系统，对邻近结构物可能产生的杂散电流干扰很小，甚至无干扰；

③对小型工程而言，这种阴极保护成本很低；

④牺牲阳极的输出电流具有一定的自调节能力，保护电流分布均匀，利用率高；

⑤施工安装简单；阴极保护系统运行期间的维护管理强度很低，甚至无需维护；

⑥在低电阻率环境中运行工作良好。

牺牲阳极法阴极保护技术也有其自身的局限性：

①由于输出功率小，牺牲阳极系统在高电阻率环境中应慎用，在过高电阻率环境中则不宜使用；

②系统可供应的保护电流小，可调节的范围也很小；

③为了获得好的保护效果，要求被保护结构物表面应涂敷优质防腐层；

④消耗有色金属，重量大，且工作寿命较短，但若干年后可更换。

2. 外加电流法阴极保护技术

利用外部电源对被保护金属（结构物）施加一定的负电流，使被保护金属的电极电位通过阴极极化达到规定的保护电位范围，从而抑阻腐蚀，实现保护，这就是外加电流法阴极保护技术。

外加电流法阴极保护技术的独特优点是：

①与牺牲阳极系统不同，外加电流法阴极保护系统可以施加很大的槽压（输出功率大），从而可进行远距离阳极配置，由此可在被保护体上实现更大范围的保护电流供给；

②辅助阳极的有效保护半径大，可显著增大保护范围；

③由于槽压大，可使外加电流法阴极保护应用在各种环境介质中，包括在高电阻率环境介质中的成功应用（如淡水、混凝土环境）；

④输出电流和电压可连续调节；

⑤这种保护装置的服役寿命长；

⑥这种阴极保护方法用于大型工程时的成本很低。

外加电流法阴极保护技术的局限性在于：

①由于工作槽压很大，将可能对邻近金属结构物产生严重的杂散电流干扰；

②很大的工作槽压易使高强钢过保护，从而导致氢脆；

③工作槽压过大也可能使被保护结构物上的防腐层产生阴极剥离；当水汽侵入防腐层并在防腐层下产生析氢反应，氢气压积累升高而使防腐层鼓泡或开裂，从而导致防腐层剥离；

④防腐层损伤和剥离将使所需保护电流增大，并可能超过阴极保护系统的承受能力；

⑤这种保护系统结构较复杂，必须要有外部电源，其管理和维护的工作量大；

⑥由于其有效保护半径大和工作槽压大，使被保护结构物上的电流分布不易均匀；

⑦外加电流法阴极保护系统的初次投资较大，对被保护结构物供应直流电所必需的投资成本要比牺牲阳极法阴极保护高很多。

三、外加电流法阴极保护设计计算

1. 外加电流法阴极保护设计的原则要求

为实施阴极保护并能获得良好的保护效果，被保护体系必须满足一些重要的基本条件：

①环境介质必须是电解质体系。被保护金属结构物所处的环境介质必须是电解质体系，一是通过电解导电，保证辅助阳极能把电流输送到被保护结构物表面；二是保证在阴极/电解质截面和阳极/电解质截面能发生必要的电化学反应，通过氧化还原反应的平衡以实现有效的阴极保护。

②被保护金属结构物的电连续性。对于任何阴极保护体系，必须保证被保护金属结构物具有良好的电连续性，这是一个必要条件。对于不具有良好电连续性或导电性不良的结构物，阴极保护电流流动的电阻大，将会产生较大的电压降，从而增大保护电流需用量，显然是不经济的。

③被保护金属结构物表面应具有优质防腐层。与裸露金属结构物相比，具有防腐层的结构物所需保护电流密度呈数以千倍计下降。国内外的阴极保护实践已经证明，并已在各种标准中明确规定了腐蚀控制的最佳方案，即应采用防腐层和阴极保护相结合的联合保护方案。

④被保护金属结构物必须与非保护结构物实施良好的电绝缘。阴极保护是一种电保护，必须将所施加的保护电流限定在被保护结构物上。如由于任何非故意原因导致被保护结构物与邻近非保护结构件发生短接，将使阴极保护电流严重流失而影响阴极保护效果，甚至使其完全失效。

2. 保护参数的选择与判据

(1) 保护电流密度

在外加电流法阴极保护设计中，必须科学合理地选择保护参数，主要选择的参数就是保护电流密度和电位，这对于保护电位是否能达到预期效果是至关重要的。设计参数选择偏低，将使结构物不能获得完全保护；而参数选择过高，往往会发生过保护现象，通过氢致剥离损坏防腐层的完整性，产生严重的腐蚀破坏，并进一步影响阴极保护系统的正常运行。过保护问题对外加电流法阴极保护设计是尤其要注意避免的。

保护电流密度的大小与金属材料的种类、表面状态（主要是有无防腐层，其种类和直流如何，是否存在焊缝及其状况等）以及环境条件（海水、淡水、土壤、化学品，静止的还是流动的，温度，充气条件，微生物活性等）有关，有的也与工况条件有关。

作为设计参数选择保护电流密度时，应根据相关的标准规范和文献资料选取，还要参考有关的经验和以往成功的实例，有时还需要通过试验来确定。表 2－31 给出了钢在某些环境下的保护电流密度。

表 2－31　钢在某些环境下所需的保护电流密度

环　境	所需的保护电流密度 (mA/m^2)	环　境	所需的保护电流密度 (mA/m^2)
1. 无菌的中性土壤	4.3～16.1	10. 静止的淡水	53.8
2. 充气良好的中性土壤	21.5～43	11. 流动的淡水	53.8～64.6
3. 充气良好的干燥土壤	5.4～16.1	12. 扰动及含溶解氧的淡水	53.8～161.4
4. 条件中等及恶劣的湿土壤	26.9～64.6	13. 热水	53.8～161.4
5. 酸性强的土壤	53.8～161.4	14. 污染的河口水	538～1614
6. 有硫酸盐还原菌的土壤	高达 451.9	15. 海水	53.8～269
7. 有热水排放管线的土壤	53.8～269	16. 槽中的化学品，酸或碱溶液防腐层良好的钢	53.8～269
8. 干混凝土	5.4～16.1	17. 土壤经高压检验防腐层优良的钢	0.1～0.2
9. 湿混凝土	53.8～269	18. 土壤	0.01

(2) 保护电位和保护电位范围

在同一个腐蚀体系中，保护电位和保护电流密度是相互依存的。保护电位的选择和确定，一是为恒电位仪设定一个给定电位，通过恒电位仪内部比较电路来控制结构物在指定参比电极位置的电极电位；二是可供检验判别阴极保护的效果，通过测量电位来了解结构物表面电位是否达到了所需的或判据规定的保护电位值。结构物最小保护电位值的选择应按照相关的标准或规定来确定，在特殊条件下可参考以往的实例和经验规定之。最大保护电位值的选定则与结构物表面防腐层有关，一般是控制在无氢致剥离危害的电位水平。表 2－32 给出了有关保护电位的一些具体规定。

表 2-32 碳钢和低合金钢结构物在海洋条件下的保护电位范围(屈服强度≤800N/mm²)

海洋结构物		相对参比电极		
		E(V)(CSE)	*E*(V)(Ag/AgCl,海水)	*E*(V)(Zn)
海水	最小保护电位	−0.85	−0.80	+0.25
	最大保护电位	−1.10	−1.05	0
厌氧条件	最小保护电位	−0.95	−0.90	+0.15
	最大保护电位	−1.10	−1.05	0

阴极保护设计时,为保证阴极保护的有效性,必须根据被保护结构物及其环境条件首先确定保护电位范围,然后才能进行各项工艺计算。

(3) 保护电位分布的均匀性

在实施阴极保护的结构物上,各部位保护电位的分布一般是不均匀的。只要最低保护电位和最高保护电位都落在有效保护范围内,在阴极保护技术上就是可以接受的。与牺牲阳极法阴极保护相比,外加电流法阴极保护在结构物上所产生的电位分布不均匀性更为严重。

在环境介质中或结构物上产生明显的电压降时,在结构物表面所产生的阴极保护电位分布就是不均匀的。下列一些因素倾向于加大保护电位分布的不均匀性:

①辅助阳极与结构物之间的距离过小;

②土壤或水(环境电解质)的电阻率很高;

③被保护结构物需用保护电流密度很大;

④被保护结构物各组成部分之间存在高电阻,即电连续性较差;

⑤结构物表面防腐层的质量不均匀。

对大型结构物使用外加电流法阴极保护时,可考虑增加外部电源(阴极保护站)的办法,以改善电位分布均匀性。

3. 工艺计算

对不同环境介质中的不同结构物进行外加电流法阴极保护设计和工艺计算时,它们的设计原则、计算步骤和工艺计算要求等都是相同的。但由于环境介质性能差别、结构物的金属种类和表面状态不同、工况条件不同,以及结构物的构型、尺寸不同等,在设计要求和工艺计算方面,有些明显的具体差异。例如,海洋中行驶的船舶对船体进行阴极保护和对埋地管线进行阴极保护,在阳极地床设计方面是很不相同的,它们的电位分布均匀性差别很大。此处介绍在土壤环境介质中,埋地管道外加电流法阴极保护工艺的计算方法。

(1) 确定系统设计参数

在外加电流法阴极保护设计之初,应先确定系统的一些设计参数。对于新建埋地管道,可按下列常规参数选取:

①管道自腐蚀电位:−0.55V(CSE)。

②最小保护电位:−0.85V(CSE)。

③最大保护电位:−1.25V(CSE)。

④防腐层面电阻率:

环氧复合涂层:100000Ω·m²;

三层 PE 结构:100000Ω·m²;

塑料防腐层:50000Ω·m²;

环氧煤沥青:5000Ω·m²。

⑤钢管电阻率:

低碳钢(20 号):0.135Ω·mm²/m;

Q345 钢：0.224Ω·mm²/m；

高强度钢：0.166Ω·mm²/m。

⑥保护电流密度应根据防腐层面电阻率选取：

电阻率在 5000～10000Ω·m²，保护电流密度取 100～50μA/m²；

电阻率在 10000～50000Ω·m²，保护电流密度取 50～10μA/m²；

电阻率＞50000Ω·m²，保护电流密度取＜10μA/m²。

对于已建(在役)结构，上述一些参数应以实际测量值为依据。

土壤电阻率参数是设计计算中必不可少的重要参数，不能人为假设，应取现场实测数据。

(2) 外加电流法阴极保护的管道保护范围

在阴极保护电流回路中，电流由辅助阳极流入土壤，经管道防腐层破损处进入管道，从管道各处回流至汇流点(通电点)，经电缆返回到电源负极。从管道保护范围的边界处到汇流点，沿管道产生一个电压降 ΔU，此值决定了阴极保护的保护范围的极限长度。

对于实施阴极保护的埋地管道而言，为达到良好的保护效果，管道纵向电阻越小越有利，防腐层管道对地电阻越大越有利，这两个参数决定了管道阴极保护范围和所需电流大小。它们之间的关系如下式所示，α 通常称之为管道衰减系数：

$$\alpha = \sqrt{\frac{R}{G}} \quad (2-53)$$

式中，R 为单位长度管道纵向电阻(Ω/m)；G 为单位长度防腐层管道对地电阻(Ω/m)。

外加电流法阴极保护的保护长度可按下式计算：

$$2L = \sqrt{\frac{8\Delta U}{\pi D J_s R}} \quad (2-54)$$

$$R = \frac{\rho_s}{\pi D' \delta} \quad (2-55)$$

式中，L 为保护站单侧保护长度(m)；ΔU 为管道上允许的最大保护电位与最小保护电位之差(V)；D 为管道外径(m)；J_s 为保护电流密度(A/m²)；R 为单位长度管道纵向电阻(Ω/m)；ρ_s 为钢管电阻率(Ω·mm²)；D'为管道外径和内径的平均值，且 $D'=D-\delta$(mm)；δ 为管道壁厚(mm)。

当取管道纵向电压降 $\Delta U=0.3$V 时，式(2－54)可简化为：

$$2L = \sqrt{\frac{2.4}{\pi D J_s R}} \quad (2-56)$$

(3) 保护电位需用量

外加电流法阴极保护的保护电流需用量可按下式计算：

$$2I_o = \pi D J_s \times 2L = \sqrt{\frac{8\Delta U \pi D J_s}{R}} \quad (2-57)$$

式中，I_o 为管道的单侧保护电流(A)。

此处所计算的保护电流需用量只是正常条件下的需用值，而在实际应用条件下，还应考虑结构物的埋设状态、土壤电阻率、阳极与管道的距离、管径差异的影响。因此，还应针对特定的管道/环境介质条件，具体地选择校正系数，以使设计更符合实际情况。

(4) 辅助阳极总质量

辅助阳极质量应能满足阳极设计寿命期内阴极保护工作的需要。辅助阳极的工作寿命是指因阳极随服役时间而消耗，导致阳极接地电阻显著上升，且使电源设备输出不匹配而不能再继续正常工作的服役寿命期。

根据规划、设计确定的阳极寿命，可按下式计算辅助阳极的总质量 G_t(kg)：

$$G_t = \frac{TgI}{K} \tag{2-58}$$

式中，T 为阳极设计寿命(a)；g 为阳极消耗率(kg/A·a)；I 为阳极工作电流(A)；K 为阳极利用系数，常取 0.7～0.85。

阳极消耗率 g 的取值要尽可能准确，要有依据，以免造成很大的误差。g 值取决于阳极的性能质量。阳极的工作参数是非常重要的，如果超过阳极本身的允许工作电流密度，阳极的消耗率也会崩溃式地急剧加大。因此，选择优良的阳极产品和规定合理的工作参数十分重要。

(5) 阴极保护系统的电源功率

外加电流法阴极保护系统的电源功率 P(W)可按下式计算：

$$P = \frac{IV}{\eta} \tag{2-59}$$

$$V = I(R_a + R_L + R_c) + V_r$$

$$R_c = \frac{\sqrt{R_T r_T}}{2\mathrm{th}(\alpha L)}$$

$$\alpha = \sqrt{\frac{r_T}{R_T}}$$

$$I = 2I_o$$

式中，V 为电源设备的输出电压(V)；R_a 为阳极地床接地电阻(Ω)；R_L 为导线电阻(Ω)；R_c 为阴极/土壤界面过渡电阻(Ω)；α 为管道衰减系数(m^{-1})；r_T 为单位长度管道电阻(Ω/m)；R_T 为防腐层过渡电阻(Ω·m)；L 为被保护管道长度(m)；V_r 为地床的反电动势(V)；I 为电源设备的输出电流(A)；I_o 为单侧方向的保护电流(A)；η 为电源设备效率，一般取 0.7。

第四节　结构耐久性设计理论初探

一、结构耐久性设计的必要性

杭州湾跨海大桥处于杭州湾海洋环境，属于桥梁结构所处的最严峻的环境条件之一。不管是钢结构还是钢筋混凝土结构，在海洋环境中都极易遭受风浪、水质等多种天然因素的作用，造成结构损伤而缩短其使用寿命。

海洋环境中的桥梁结构遭受破坏的主要原因是氯盐侵蚀导致的钢材锈蚀或钢筋锈蚀，对钢结构而言，将直接导致材料失效；对钢筋混凝土结构来说，钢筋锈蚀带来体积膨胀，最终导致混凝土剥落，从而使结构破坏。20 世纪八九十年代，在海洋环境中修建的钢筋混凝土结构，目前有许多出现大面积混凝土开裂、钢筋严重锈蚀而急需修补。更有甚者，在不到 10 年的使用期后不得不报废拆毁。

宁波港 10 万吨级矿石中转码头，建成时是全优工程，仅使用了 11 年后，桩帽、水平撑、梁板等钢筋就已经胀裂(图 2－35、图 2－36)，约 5cm 的混凝土保护层内，水溶性氯离子含量已达 0.8%左右，钢筋部位的浓度大大超过引发锈蚀的临界浓度(约相当于水泥质量的 0.4%)。因此，制定科学、合理、经济适用的结构耐久性方案，对处于海洋环境下近 36km 长的杭州湾跨海大桥在 100 年设计使用寿命内正常使用具有十分重要的意义。

图 2—35 宁波港码头腐蚀现状之一

图 2—36 宁波港码头腐蚀现状之二

二、结构耐久性设计的总体流程

欧洲 BILEM 的 TC1302CSL 委员会于 1996 年提出了关于混凝土结构服务寿命设计计算方法的报告，认为混凝土结构耐久性设计的概念是基于破坏概率的统计理论发展的，将时间作为性能和承载功能的一个参数考虑；总荷载包括环境对结构的作用，如机械荷载与气候作用，包括阳光、温度变化、水分、污染物、氧气等；总性能包括如承载力、密实性、裂缝、表面平整度等。首次将统计理论引入实际耐久性设计，增加了寿命安全系数。将静态与动态性能参数和耐久性参数在设计结果中有机地结合在一起，提出了基于使用寿命的耐久性设计方法。

1. 确定目标使用寿命和设计使用寿命

(1) 目标使用寿命和设计使用寿命

设计使用寿命：

$$t_d = \gamma_t t_g$$

式中，t_d、γ_t、t_g 分别为设计使用寿命、使用寿命安全系数和目标使用年限；t_d、t_g 的关系见图 2—37。

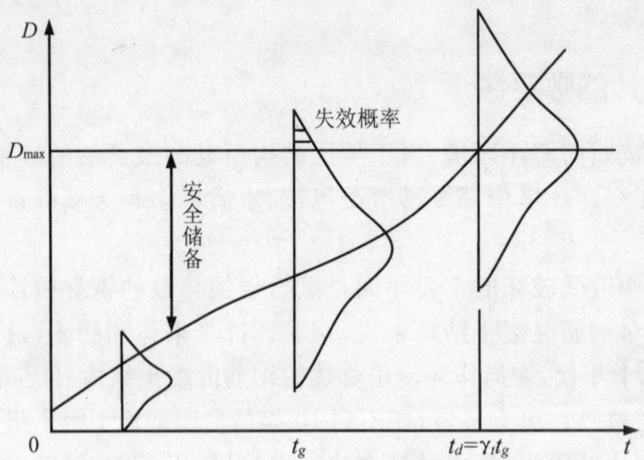

图 2—37 耐久性退化中寿命安全系数的含义

在图 2—37 中，D_{max} 为构件最大允许退化值，D_g 为 t_g 时刻的退化均值，则标准正态分布的可靠度指标为：

$$\beta = \frac{D_{max} - D_g}{\nu_D D_g} = \frac{1}{\nu_D} \cdot \frac{D_{max}}{D_g} - \frac{1}{\nu_D} \tag{2-60}$$

式中，ν_D 为退化的变异系数，设为常量。

从图 2—37 中可得到

$$\frac{D_{max}}{D_g} = \frac{(\gamma_t t_g)^n}{t_g{}^n} = \gamma_t{}^n \tag{2-61}$$

将式(2－61)代入式(2－60),得使用寿命安全系数

$$\gamma_t=(\beta\nu_D+1) \tag{2-62}$$

由式(2－62)可见,使用寿命安全系数取决于 t_g 时刻的最大允许失效概率相对应的可靠度指标 β、退化变异系数 ν_D 及分布的阶数 n。因此,寿命安全系数并不直接依赖于 t_g。

(2) 桥梁结构耐久性极限的确定

进行桥梁耐久性设计的前提之一是确定桥梁的目标使用寿命。中国一直没有明确提出桥梁的使用寿命,而是使用基于强度的极限状态设计方法,在本质上是静态的,即保证了桥梁在建成时刻的性能,对于桥梁在运营期间由于外荷载作用和环境等有害物质的侵袭而导致的使用性能下降则缺乏明确的考虑。确定桥梁使用寿命的一个重要问题是确定桥梁的耐久性极限,包括适用耐久性极限、安全耐久性极限和经济耐久性极限。适用耐久性极限以钢筋锈蚀程度、混凝土保护层剥落程度或构件承载力丧失的情况或者一个综合的指标作为结构适用耐久性极限值,桥梁达到适用耐久性极限往往意味着必须对桥梁进行维修或加固,以恢复桥梁正常的使用性能。安全耐久性极限以结构可靠度指标降低到人们不能接受的临界状态,结构对受到的各种可能危害缺乏足够抵抗能力作为桥梁结构的安全耐久性极限。经济耐久性极限以结构性能退化到一定程度,导致对结构的修复行为已不具备经济性作为结构的经济耐久性指标。

在基于可靠度的设计理论框架下,一般均采用安全耐久性极限状态(承载能力极限状态)对应的可靠度指标作为使用寿命的标志。但我们以为安全耐久性极限状态只是理论上对桥梁所处状态的一种界定,实际应用中不可能要求结构服役至这一时刻。实际上,当桥梁的耐久性达到适用极限时就必须对其进行加固,而当耐久性退化到经济耐久性极限时,结构一方面不能正常履行其服务功能,一方面又失去了进行加固维护的必要,这时就应视为桥梁寿命的终结。

2. 环境效应分析

环境效应分析包括确定气候条件(温度、湿度的变化,空气污染,冰冻,太阳辐射)和地质条件(水的组成,氯离子的分布、集中情况等)及人为因素(桥面撒盐、车辆磨损等)。

杭州湾跨海大桥处于杭州湾海洋环境,海水盐度明显受长江江水冲淡影响,矿化度一般在10g/L左右,涨潮时略偏高,落潮时小于10g/L,均为pH≥8的弱碱性Cl－Na型咸水。表底层盐度差不大,一般仅0.05%,不大于0.1%。该地区冬季月平均气温较高,基本不存在冻融破坏。因此,影响杭州湾地区结构耐久性的主导因素是结构的抗氯离子或者氯盐腐蚀性能。杭州湾跨海大桥环境中的钢材单面腐蚀速率为:

大气区(10.21m以上):0.05～0.10mm/年;

浪溅区(1.88～10.21m):0.20～0.50mm/年;

水位变动区及水下区(－11～1.88m):0.10mm/年;

泥下区(－11m以下):0.05mm/年。

3. 劣化因素和机理的确定

在环境效应分析的基础上,设计者首先要确定对特定桥梁有主要影响的几个劣化因素,研究桥梁结构在这些因素作用下的退化机理。

杭州湾跨海大桥桥址区现有混凝土结构腐蚀状况的调查结果显示,环境条件恶劣、保护层不足、氯离子渗透导致的钢筋锈蚀是混凝土结构破坏的最主要原因,而碳化、硫酸盐、镁盐等并不是混凝土劣化的主要原因。

(1) 氯离子渗入引发钢筋腐蚀破坏

氯离子的主要来源有海水、原材料、海洋盐雾、化冰盐。图2－38为氯离子在混凝土中扩散的特点,图2－39为混凝土中钢筋在氯盐环境中的锈蚀过程。

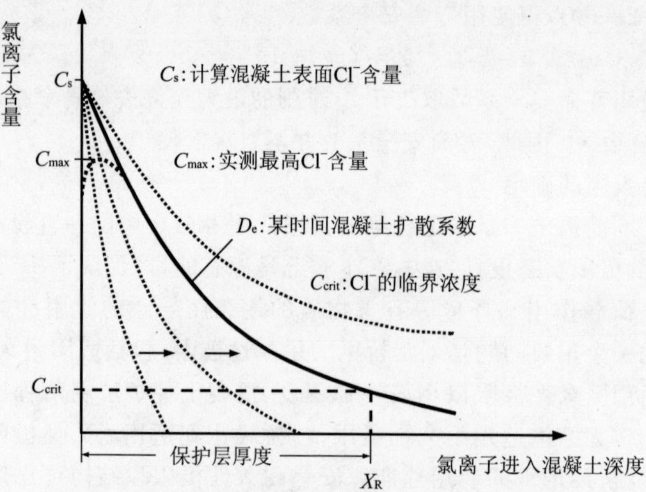

图 2—38 氯离子在混凝土中扩散的特点

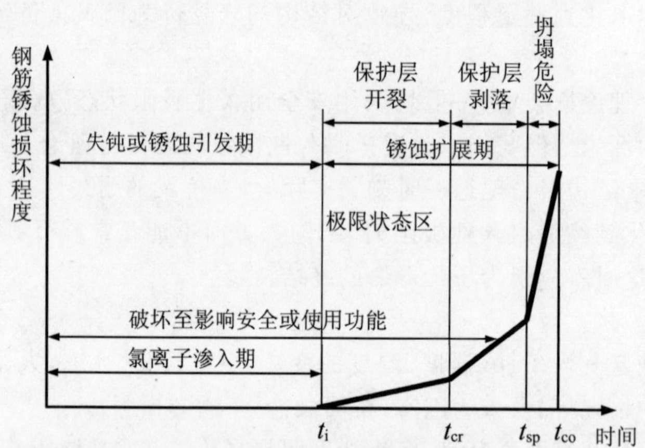

图 2—39 混凝土中钢筋在氯盐环境中的锈蚀过程

$$C(x,t)=C_i+(C_s-C_i)\mathrm{erfc}\left(\frac{x}{\sqrt{4tD}}\right)$$

保护层厚度 x 与钢筋失钝所需时间 t 之间关系：$t=kx^2$，即保护层厚度增加 1 倍，失钝时间推迟约 4 倍。保护层混凝土扩散系数 D 与钢筋失钝所需时间成反比：$t=k/D$，即扩散系数减小 10 倍，失钝时间推迟约 10 倍。

钢筋失钝的氯离子临界浓度 C_{crit} 一般认为是水泥重量的 0.4%～1.0% 或混凝土重量的 0.06%～0.18%，决定于环境温度、供氧量、混凝土与钢筋界面显微结构等因素影响。

美国佛罗里达州通过对跨海桥梁调查分析，得到混凝土 11 年时的 Cl^- 扩散系数：

$$D_{\mathrm{estimated}}=2.046\cdot 10^{-13}\cdot\left(1+\frac{w/c-0.32}{0.41-0.32}\right)\cdot\left(1+\frac{446-CF}{446-390}\right)\cdot F_1\,(\mathrm{m^2/s})$$

其中，CF 为胶凝材料用量（kg/m^3），w/c 为水灰比。

$0.32\leqslant w/c\leqslant 0.41$。如果 $w/c<0.32$，则用 0.32；

$390\leqslant CF\leqslant 446$。如果 $CF>446$，则用 446。

如用粉煤灰或微硅粉或矿渣取代水泥量分别达到 18%～30%、8%～10% 或 70%，$F_1=1$；

如没有用粉煤灰、微硅粉或矿渣取代水泥，$F_1=3$。

如混凝土龄期超过 11 年，上式 $D_{\mathrm{estimated}}$ 还要乘以折减因数 F_2，$F_2=(\text{龄期}/11\text{年})^{-0.7}$（即 $\alpha\approx 0.7$）。

腐蚀破坏机理如下：

①阳极与阴极反应：$Fe \longrightarrow Fe^{2+}+2e^-$；$O_2+2H_2O+4e^- \longrightarrow 4OH^-$

②钝化状态：铁的阳极氧化反应产生不溶性氧化铁，有助于建立和保持钝化层。但混凝土中钢筋钝化层不仅仅是 Fe_2O_3，而是 Fe_2O_3、Fe_3O_4 以及水泥水化产物的混合物。Fe_3O_4 不是惰性氧化物，其孔隙率比 Fe_2O_3 高很多。

$$4Fe^{2+} \longrightarrow 4Fe^{3+} + 4e^-;3O_2 + 12e^- \longrightarrow 6O^{2-};4Fe^{3+} + 6O^{2-} \longrightarrow 2Fe_2O_3;$$

$$2O_2 + 8e^- \longrightarrow 4O^{2-};2Fe^{3+} + Fe^{2+} + 4O^{2-} \longrightarrow Fe_3O_4$$

③活化状态：锈蚀一旦引发，Fe_3O_4 和其他高孔隙率产物的产生加速，生成比 Fe_3O_4 膨胀性更大的铁锈，包括 $Fe(OH)_2$、$Fe(OH)_3$ 和 $Fe_2O_3 \cdot H_2O$，导致混凝土保护层开裂和剥落。

$$Fe^{2+} + 2(OH)^- \longrightarrow Fe(OH)_2;$$

$$4Fe(OH)_2 + 2H_2O + O_2 \longrightarrow 4Fe(OH)_3;$$

$$2Fe(OH)_3 \longrightarrow Fe_2O_3 \cdot H_2O + 2H_2O$$

④氯离子的催化作用：Cl^- 引发和加速钝化氧化铁层的分解。

$$Fe^{2+} + H_2O \longrightarrow FeOH^+ + H^+\text{（锈蚀点内部酸性化）};$$

$$4FeCl_2(aq) + O_2 + 6H_2O \longrightarrow 4FeOOH + 8HCl(aq)\text{（}Cl^-\text{络合物分解和锈蚀点酸性化）}$$

(2) 碳化

空气中的 CO_2 渗入混凝土与 $Ca(OH)_2$ 反应，产生碳酸盐和水，使混凝土碱度降低到 pH 值 8.5～9，低于保持钝化膜所需要的碱度环境，暴露于大气的混凝土结构物会受碳化影响，但较缓慢。

(3) 硫酸盐侵蚀

硫酸盐侵蚀主要是地下混凝土受水中或土中硫酸盐的化学和物理腐蚀。荷载和高浓度硫酸盐联合作用时，会加速混凝土的硫酸盐侵蚀破坏。

(4) 碱骨料反应

当使用的骨料具有碱活性，单位体积混凝土含碱量（K_2O 与 Na_2O）又较高时，可能发生膨胀性碱骨料反应。

英国通过文献调查，统计了 271 个结构劣化破坏实例。按环境因素分析：钢筋混凝土结构由于磨蚀破坏的占 10%，碱骨料反应破坏的占 9%，化学腐蚀破坏的占 17%，环境氯引起锈蚀破坏的占 33%，内部氯引起锈蚀破坏的占 5%，冻融循环破坏的占 10%，收缩和沉降引起破坏的占 5%，其他原因引起破坏的占 7%，见图 2－40。按结构本身因素分析：钢筋混凝土结构因保护层厚度偏小导致破坏的占 19%，混凝土质量差导致破坏的占 26%，细部设计不妥导致破坏的占 12%，施工质量差导致破坏的占 7%，标准规范使用错误引起破坏的占 2%，接缝或防水失效引起破坏的占 13%，材料选择错误导致破坏的占 21%，见图 2－41。

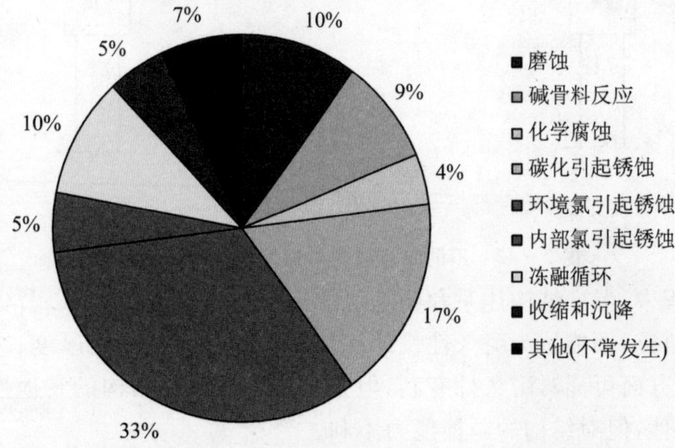

图 2－40　英国文献调查统计 271 个结构劣化破坏实例结果（外因）

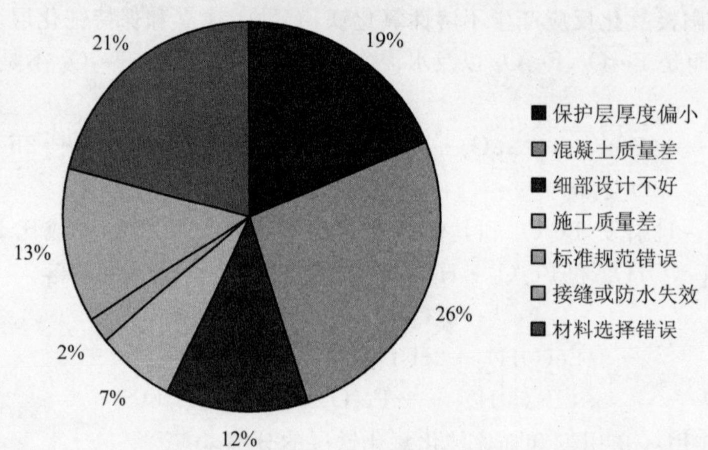

图 2—41 英国文献调查统计 271 个结构劣化破坏实例结果(内因)

4. 选择耐久性模型

设计者要确定哪些劣化因素是决定性的,尤其是在目前对多因素共同作用规律研究非常不充分的情况下,分清主要因素就更加必要,这样可以避免设计者过多地被众多次要因素所影响。从结构安全的角度看,构件在外界环境作用下性能退化的结果可归结为两方面:一方面,钢筋的锈蚀导致钢筋截面积减少;另一方面,冰冻和表面腐蚀等导致混凝土截面积减少。

在耐久性模型中,应计入构件受力特性的影响。材料和施工质量相同时,构件受力特性如受压还是受弯,以及构件不同的应力水平和安全储备对耐久性退化的速度及最终结果是有影响的,而目前的研究均未考虑。一个简单的例子是当钢筋的腐蚀率达到一定程度时,对于有不同安全储备的构件,有的可能引起承载力的不足,而有的则仍然能够满足要求。另外,构件构造影响也应该考虑。图 2—42 是简支梁桥和连续梁桥的布置简图,假定二者处于同一环境中,且盖梁的配筋和截面等完全相同,按照传统的耐久性退化模式,两个盖梁的耐久性完全一样。实际上,由于两种桥梁体系的不同,简支梁的盖梁由于经常受到桥面渗下的雨水及其他有害物质的侵袭,其耐久性将比连续梁的盖梁差。在构件耐久性计算中,可以采取在耐久性退化模型前乘以体系构造修正系数和受力状态修正系数,前者主要依靠专家的意见来确定,后者还需要进行试验研究和理论分析。

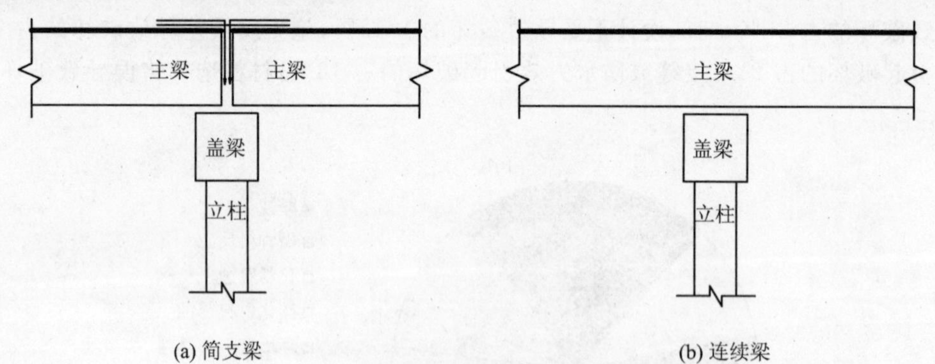

图 2—42 不同结构形式对构件耐久性的影响

在耐久性计算的过程中,考虑结构体系和构造对结构耐久性的影响,可以督促设计人员在结构体系选择和结构构造上多做研究,不能认为耐久性设计就是简单的加大保护层厚度、减小混凝土水灰比等措施。实际上,这些措施一方面可能对耐久性有利,但另一方面可能对结构的其他性能有影响。如增大保护层厚度,可以增大耐久性,但对结构的防撞能力不利。

5. 耐久性参数的计算

通过计算模型得到耐久性参数,以设计使用寿命 t_d 作为时间,代入耐久性计算模型中,得到结构性

能的退化值 $D(t_d)$。

6. 对常规力学方法的计算进行修正

一些耐久性参数可能影响力学设计，如应用耐久性设计后，截面尺寸的增大导致恒载效应的增大，需要对常规计算模型进行更新验算。此外，由于公路桥梁结构汽车荷载在其服役期一般都是增加的，在中国，即使投入运营的桥梁往往也会有超载情况存在，因此在常规设计中应考虑到外荷载的变化，荷载效应为 $S(t)$。

7. 耐久性参数应用到最终设计

根据常规设计方法修正和考虑耐久性设计修正后，形成整体结构的设计。除此之外，还应通过寿命期成本分析来进行其他耐久性防护措施的优化，最终完成结构的耐久性设计。

三、提高钢筋混凝土结构耐久性的主要途径

从结构耐久性设计角度出发，桥梁结构设计除合理选择材料外，还应遵循以下原则：

①在最不利荷载组合下，结构的应力和裂缝应控制在规范允许范围内。

②海洋环境下，桥梁梁底标高应控制在设计使用寿命内考虑海面上升、梁体下挠及安全富裕度等因素后不受潮水、波浪等袭击。

③钢箱梁区段桥面防撞护栏设计时，在确保钢箱梁不被损坏的前提下保证行车安全。

④禁止超重车辆和载有危险品车辆通过大桥，以确保大桥正常使用。

⑤加强养护措施。大桥运营期间应对各重要部位的结构建立健康检测系统，定期检查，发现问题及时修复，确保大桥正常使用和安全。

⑥航道桥除考虑防撞消能设施外，结构自身要能够抵抗船撞荷载作用。

⑦要满足可检性、可换性、可修性、可强性、可控性等要求。

因此，钢筋混凝土结构耐久性的主要影响因素有结构设计、材料性能、施工质量、构件养护和运营维护等。

结构设计是结构耐久性的灵魂，结构设计要求正确使用规范、确定设计条件和选择设计参数，从结构构造设计和结构受力分析两方面做到结构可检查、可更换、可维修、可补强、可控制；材料性能要求选择符合要求的混凝土和钢筋材料，包括混凝土外掺剂、涂层钢筋、表面涂层；结构施工是结构耐久性的基础，施工质量要求按施工技术规范和正确的操作规程考虑不同的施工环境，选择适宜的施工工艺，以确保结构的施工质量满足设计要求；混凝土构件的养护要在规范要求的时间内控制好构件的湿度和温度，严防混凝土出现早期开裂；运营维护是结构耐久性的保障，运营养护阶段要控制超载车辆通过大桥，加强日常检测，发现问题及时维修加固。对于钢筋混凝土结构，始终要关注孔隙的分布和种类情况，并严防外部腐蚀介质通过孔隙渗透，不然将导致钢筋和混凝土发生物理或化学的劣化，进而使结构的抗力、刚度等性能降低。

提高钢筋混凝土结构的耐久性要从上述主要影响因素着手。现仅从设计方面考虑采取下列措施提高钢筋混凝土结构的耐久性：

①适当增加钢筋的混凝土保护层厚度，推延氯离子渗透到钢筋表面的时间；

②采用钢筋混凝土构件外涂涂层，阻止氯离子向混凝土内部渗透，一般可以增加 10～20 年的使用寿命，并可间隔 10 多年时间复涂；

③钢筋表面使用致密材料涂覆，如环氧涂层钢筋、镀锌环氧涂层钢筋等，尽管成本较高，质量控制较难，但良好的质量却能够推迟钢筋锈蚀开始的时间；

④混凝土中掺加钢筋阻锈剂，能够阻止或延缓氯离子对钢筋钝化膜的破坏，与低渗透性混凝土一起使用效果则较好；

⑤混凝土中钢筋预留阴极保护措施，可降低钢筋锈蚀开始以后的锈蚀速率；

⑥使用高性能混凝土，成本低，能综合提高混凝土多方面的物理力学性能，这是目前在欧美正大力推广的应用技术，预计可使混凝土在恶劣环境中达到 75～120 年的使用寿命。

四、杭州湾跨海大桥采用的结构耐久性方案

针对杭州湾跨海大桥所处的环境特点，就提高混凝土结构耐久性的基本措施和特殊要求进行分析，提出以下结构耐久性方案：

杭州湾跨海大桥钢筋混凝土结构耐久性的基本措施是采用高性能混凝土，并根据混凝土构件所处部位和使用环境条件，采取必要的补充防腐措施，如内掺钢筋阻锈剂、混凝土外保护涂层、使用环氧涂层钢筋等。在施工质量和原材料品质有保证的前提下，混凝土结构的耐久性可以达到预计使用寿命。

该方案具有 3 个特点：首先，是一套弹性可调节体系，具有一定的适应性。方案可根据设计使用寿命要求以及具体的设计施工而变化，如在构件保护层厚度不能达到耐久性要求时，采用构件外涂层，提高构件的耐渗透性能，从而保证其寿命；其次，该方案具有一定的经济性，较阴极保护等方案投资更节省；再次，国内外已有一定的工程实例采用与该方案相近的保护体系，如丹麦大贝尔特大桥、香港青马大桥等，均取得较好的效果。

总体而言，杭州湾跨海大桥混凝土结构耐久性设计采取以高性能混凝土为基本措施，针对特殊要求或特殊部位的混凝土构件采取一些必要的补充防护措施。同时，结构设计、施工时都充分考虑混凝土结构的防腐要求，以减少混凝土出现裂缝等宏观缺陷的可能性，从而以最经济的方式获得最佳的整体耐久性能。

第三章 70m 箱梁的设计与施工成套技术

杭州湾跨海大桥除南、北航道桥外，海上引桥上部结构全部采用跨度 70m 先简支后连续的预应力混凝土箱梁。全桥 70m 箱梁共计 540 片，海上分布长度达 18.27km，单片箱梁吊装重达 2160t，采用整孔预制吊装方案。预制梁共计 44.8 万 m^3 混凝土，湿接头等现浇混凝土约 1 万 m^3。要保证宽为 15.8m、长为 70m、高为 4m 的大型混凝土箱梁从预制、移梁、运梁、架梁、由简支到连续和日后运营使用等各阶段均不出现裂缝，是一项不易解决的技术难题。70m 箱梁设计过程中，经历了几十次的修改完善，实现了预制阶段无短束、各阶段上下缘应力均匀适度、避免设置预拱度等最优目标，并配合施工单位确定了旨在防止箱梁早期开裂的二次张拉工艺。

表 3－1 为 70m 预应力混凝土箱梁概况。

表 3－1　70m 预应力混凝土箱梁概况

预制区域	数量	结构形式	预应力钢束及布置
北航道桥北侧高墩区引桥	14 片	主梁顶宽:15.8m，主梁底宽:6.25m，主梁梁高:4.0m，梁侧悬臂:3.9m，悬臂端厚:20cm，悬臂根厚:50cm，顶板在箱室内跨度:6.97m，顶板厚度:27～55cm，桥面横坡:2.0%，底板厚度:25～40～65～95cm，腹板坡度:1:4.09，腹板厚度:50～70～110cm，自重:2140t(跨中)，2160t(边跨)	腹板预应力束(15－22)，底板预应力束(15－19)，腹板合龙束(15－12)，边跨底板合龙束(15－19)，中跨底板合龙束(15－12)，顶板合龙束(15－19)，顶板预应力束(15－4)，按 0.6m 间距布置
北航道桥南侧高墩区引桥	28 片		
低墩区引桥中引桥	268 片		
南航道桥北侧高墩区引桥	20 片		
南航道桥南侧高墩区引桥	23 片		
低墩区引桥南引桥水中区	169 片		
低墩区引桥南引桥水中区加宽段	18 片	主梁顶宽:10.85m，主梁底宽 4.4m，主梁梁高:3.785m	

70m 箱梁为斜腹板箱形截面，顶板宽为 15.8m，底板宽为 6.25m，梁高为 4m，按全预应力混凝土结构设计。除一般原则外，箱梁设计特别考虑了以下两个方面的问题：

一是设计密切配合工厂化制梁要求，端隔板开口净空必须满足整体式钢内模退出的要求，钢筋设计必须满足钢筋网整体吊装的要求。二是鉴于箱梁长期处于海洋盐雾环境，箱梁采用 C50 海工耐久混凝土，并增大保护层厚度。采用塑料波纹管和真空压浆技术，以保护预应力钢束。

预制场设于海盐县南抬头闸，距桥位约 10km，占地约 16 万 m^2。场内设生产能力 180m^3/h 混凝土的工厂 1 座，制梁台座 8 个，存梁台座 24 个，出海码头 1 座，以及配套的龙门吊机、搅拌运输车、输送泵和布料机等。每个台座位生产周期 10d，月制梁 24 片。

为提高生产效率和保证工程质量，主要采取了以下技术措施：

①采用整体钢模板。内模采用技术先进的液压系统，在台座上修整和拼装，整体吊装入模；拆模时，通过折臂伸缩油缸，用卷扬机分节整体退出。钢模刚度大，整体化程度高，对保证箱梁结构尺寸准确，缩短制梁周期，发挥了重要作用。

②采用钢筋整体吊装。在台座上将底、腹板和桥面板钢筋分成两个单元，再绑扎成整体，然后通过特制吊具整体吊装入模。

③梁体混凝土采用一次连续灌注成型工艺，每片箱梁混凝土为830m^3，在8～10h内完成灌注工作。大型箱梁整孔一次连续灌注是一个十分复杂的过程，合理的施工工艺和严密的施工组织是保证质量的关键。

④采用性能优异的混凝土配合比。由于箱梁形体大，水胶比低，极易出现早期收缩裂纹。经过大量的试验研究确定的配合比，掺粉煤灰和矿粉，水胶比为0.32，混凝土出机时坍落度为18±2cm，2h后大于12cm，压力泌水率为26%，泵送性能好，不离析，混凝土力学性能指标满足要求，84d龄期的氯离子扩散系数为$0.56\times10^{-12}m^2/s$。上述指标说明，混凝土力学、防腐蚀和工作性能优异，制梁使用该配合比取得了非常好的裂缝控制效果。为了进一步控制箱梁早期裂纹，在混凝土强度较低时即初张拉部分束，使梁体处于低水平压应力状态。

由于采取了以上措施，杭州湾跨海大桥70m箱梁至今未出现其他类似工程中常见的裂缝。

对已生产的箱梁外观质量、混凝土各项指标、结构尺寸、裂纹情况和钢筋保护层厚度等进行了全面检查。检查结果表明，预制箱梁质量良好，特别是早期裂纹得到了有效控制。

重型箱梁场内搬移试验了辊轮、滑板和轮轨等3种方案。根据试验结果，轮轨方案效果最好，辊轮方案尚待改进。目前，场内箱梁横移采用MEB滑板方案，纵移采用2400t液压平车轮轨方案。

第一节　70m箱梁结构设计

一、工程范围及概况

杭州湾跨海大桥桥位处于南、北海堤之间，距离约32km，其中可满足船舶航行的水中区全长约20km，在此区段内规划有北航道和南航道。水中非通航区引桥被南、北航道桥分为北航道桥北侧高墩区引桥、中引桥水中区和南引桥水中区3个部分。其中，南、北航道桥之间为中引桥，其里程范围为K52+977.000～K64+037.000；南航道桥以南至三北浅滩为水中区南引桥，其里程范围为K64+615.000～K71+335.000。两区段引桥总计17.78km，约占整个桥长的49.4%。区段范围见图3－1。

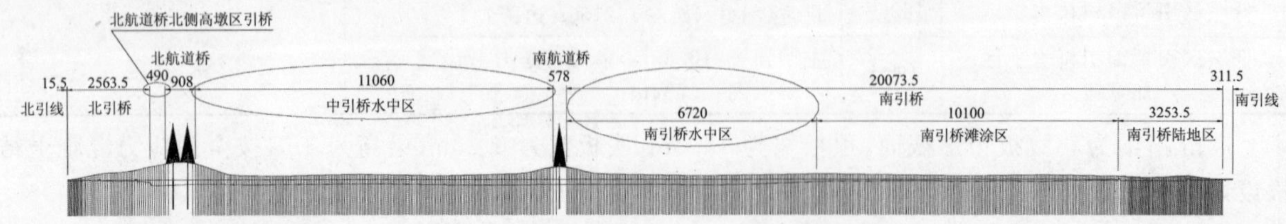

图3－1　缩略布置图(尺寸单位：m)

该区段桥梁位于海洋环境，海床面平坦，大部分高程为－10.00～－11.00m，水深条件较好，适合于水上大型船舶作业。

二、桥型方案比选

1. 方案构思

(1) 桥梁跨径选择

本区段桥梁占全桥比重大，应尽可能采用经济合理、耐腐蚀性好的中等跨径预应力混凝土结构。过小的跨径布置将增加水中基础数量，一方面将增加基础施工的工作量，另一方面会减小水流过水断面。根据有关水工模型试验的试验结果，水中区段应选择50m以上的跨度。

(2) 施工方案

本区段桥梁长度很长，位于腐蚀性较强的海水中，上部结构宜采用混凝土连续箱梁结构，采用悬臂浇筑或移动模架现浇施工混凝土连续箱梁均因速度慢、工期长而不适宜。为减少海上作业工序及作业量，确保混凝土施工质量，保证工期，施工宜采用预制方案。预制节段拼装和整孔预制架设均是可行的技术方案。

2. 水中区引桥方案

通过以上论述，本区段桥梁宜采用跨度不小于50m的预应力混凝土连续箱梁方案。考虑到施工及技术性、经济性，对50～80m跨度的预应力混凝土连续箱梁方案进行重点比选。同时，为减少在恶劣海洋环境下的施工作业量，尽量降低大桥的施工风险，对150m钢箱连续梁方案也进行了研究比较。设计中，对以下5个桥型方案进行了重点比较：

方案一：50m预应力混凝土连续箱梁方案；

方案二：60m预应力混凝土连续箱梁方案；

方案三：70m预应力混凝土连续箱梁方案；

方案四：80m预应力混凝土连续箱梁方案；

方案五：150m钢箱连续梁方案。

各方案联长布置及桥式方案略图见图3－2～图3－6。

各方案上部结构主要技术参数见表3－2。

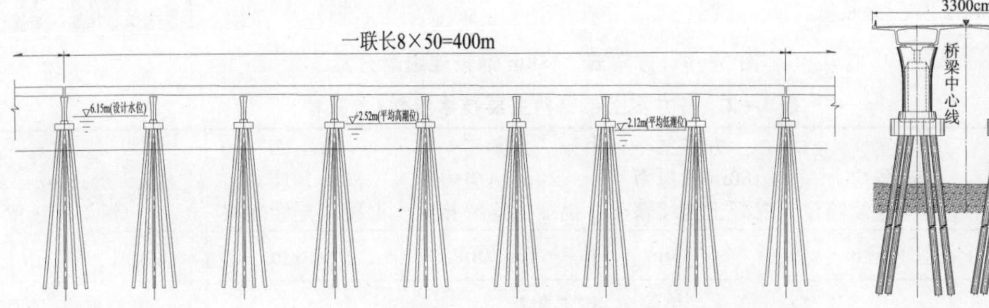

图3－2 方案一 50m预应力混凝土连续箱梁方案

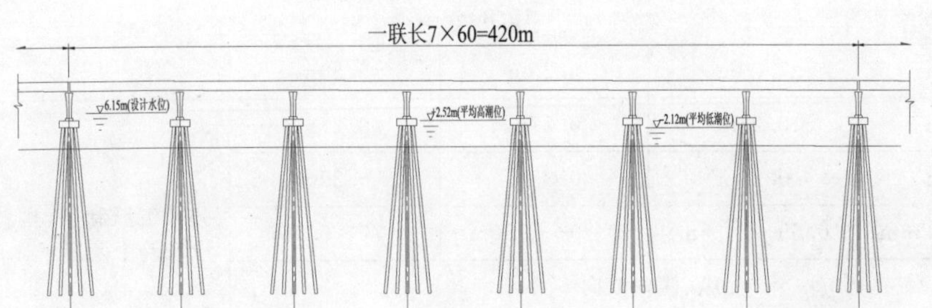

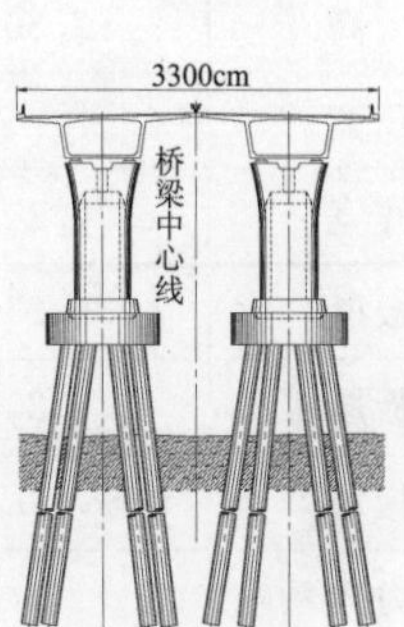

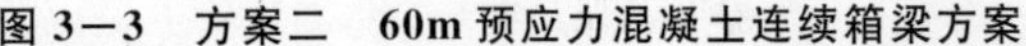

图3－3 方案二 60m预应力混凝土连续箱梁方案

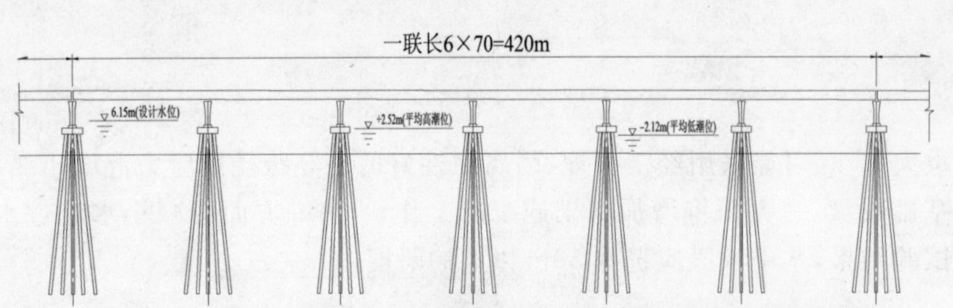

图 3－4 方案三 70m 预应力混凝土连续箱梁方案

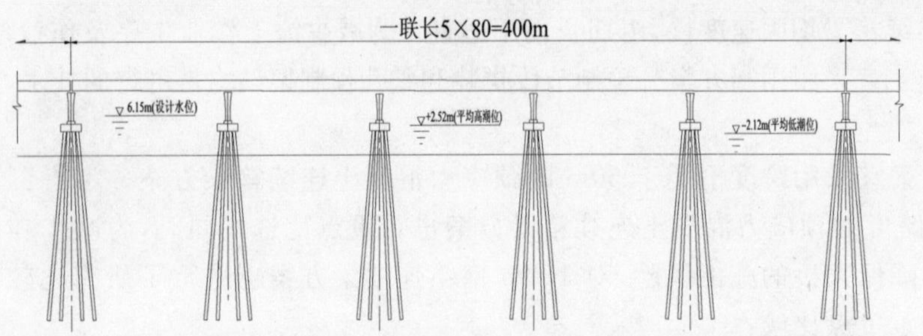

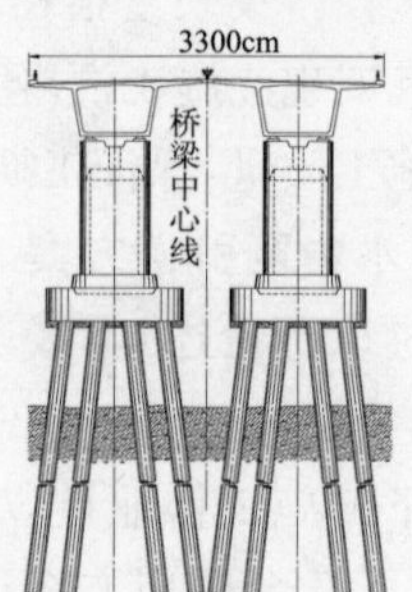

图 3－5 方案四 80m 预应力混凝土连续箱梁方案

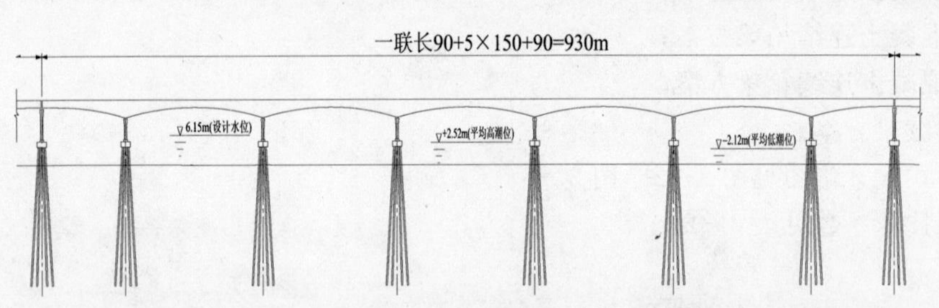

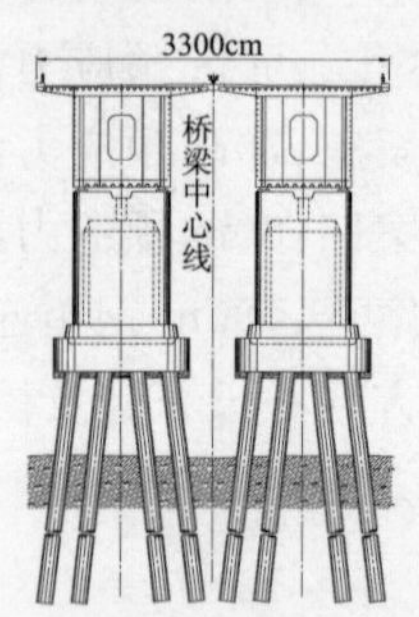

图 3－6 方案五 150m 钢箱连续梁方案

表 3－2 各方案上部结构主要技术参数(单幅桥)

	方案一 50m 预应力 混凝土连续箱梁	方案二 60m 预应力 混凝土连续箱梁	方案三 70m 预应力 混凝土连续箱梁	方案四 80m 预应力 混凝土连续箱梁	方案五 150m 钢箱连续梁
每联桥式布置	8×50m	7×60m	6×70m	5×80m	90m＋5×15m＋90m
截面形式	单箱单室,斜腹板				单箱单室,直腹板
梁 高	2.80m	3.40m	4.00m	4.60m	9.00～4.00m
梁顶宽	15.80m				
梁底宽	7.20m	7.00m	6.25m	6.50m	9.00m
顶板厚	0.25m	0.25m	0.27m	0.27m	分段工厂制造,拼装为支点和跨中两段整体吊装
底板厚	0.25m	0.25m	0.25m	0.25m	
腹板厚	0.55～0.356m	0.65～0.35m	0.70～0.50m	0.70～0.50m	
预应力体系	纵、横向双向				
施工方案	整孔预制吊装				
预制段吊重	1330t	1770t	2160t	3000t	

3. 方案比选

(1) 跨径的选择及比较

本区段桥梁宜采用跨度不小于 50m 的桥型方案。考虑到国内现有及可能的最大船舶起吊能力，对 50m、60m、70m、80m 跨度的预应力混凝土连续箱梁方案以及跨度 150m 钢箱连续梁方案进行综合比较，比较情况见表3－3。

表 3－3　各方案综合比选表

	方案一 50m 预应力 混凝土连续箱梁	方案二 60m 预应力 混凝土连续箱梁	方案三 70m 预应力 混凝土连续箱梁	方案四 80m 预应力 混凝土连续箱梁	方案五 150m 钢箱连续梁
结构耐久性	混凝土结构，耐久性较好	混凝土结构，耐久性较好	混凝土结构，耐久性较好	混凝土结构，耐久性较好	钢箱梁较混凝土箱梁耐久性稍差
对水流的影响	水中基础数量多，阻水面积及对水流影响相对较大，但能满足要求	水中基础数量较多，阻水面积及对水流影响相对好于 50m 梁	水中基础数量较少，阻水面积及对水流影响相对好于 60m 梁	水中基础数量少，阻水面积及对水流影响相对好于 70m 梁	水中基础数量大为减少，阻水面积及对水流影响最小
施工方案	主梁整孔预制架设，吊重 1330t	主梁整孔预制架设，吊重 1770t	主梁整孔预制架设，吊重 2160t	主梁整孔预制架设，吊重 3000t	大节段拼装
施工难易性	预制节段最短，吊重最小，相对难度较小	预制节段较短，吊重较小，主梁预制、架设难度略大，孔数少，工作量较小	预制节段较长，吊重较大，主梁预制、架设难度较大，孔数少，工作量较小	预制节段长，吊重大，主梁预制、架设难度最大，孔数少，工作量较小	吊装重量较大，孔数最少，工作量最小，大大降低了基础海上作业量和施工风险
景　观	等高混凝土箱梁，景观性较好，但基础数量多，在一定程度上影响了视觉效果	等高混凝土箱梁，景观性较好，基础数量较多，视觉效果好于 50m 梁	等高混凝土箱梁，景观性较好，基础数量较少，视觉效果好于 60m 梁	等高混凝土箱梁，景观性较好，基础数量较少，视觉效果好于 70m 梁	变高钢箱梁，跨度大，气势宏伟。但两联间夹带 90m 跨径，整体景观效果略显不足
后期养护	混凝土箱梁，后期养护工作量小，费用低	混凝土箱梁，后期养护工作量小，费用低	混凝土箱梁，后期养护工作量小，费用低	混凝土箱梁，后期养护工作量小，费用低	钢箱梁，后期养护工作量大，费用高
工　期	按每天一单幅孔计，需有效工作日 634d	需有效工作日 528d，架梁工期略短	需有效工作日 452d，架梁工期较短	需有效工作日 396d，架梁工期最短	需有效工作日 408d，架梁工期较短
经济比	1.042	1	1.023	1.146	1.588

跨径较小的 50m 预应力混凝土连续箱梁方案，水中基础数量多，基础规模受波浪力、船撞力控制，经济上无优势，而且对水文环境影响较大。

跨径较大的 80m 预应力混凝土连续箱梁方案，上部结构经济性较差，其综合经济指标较高，且该方案对施工设备要求较高，施工难度大。

跨径 150m 钢箱连续梁方案，用钢量大，经济性差，后期养护工作量大，费用高。

跨径 60m、70m 预应力混凝土连续箱梁方案，经济性较好。采用整孔预制架设方案，上部结构施工难度较小，主梁架设施工所需的 2500t 以上的大型吊船国内已有多艘，技术风险小。

由于 70m 预应力混凝土连续箱梁方案与 60m 梁的经济性相差不大，但是下部结构作业点同 60m 梁方案相比减少 15%，降低了海上施工作业量和施工风险，因此海中低墩区采用 70m 跨径桥梁方案。

(2) 上部结构施工法比较

本区段桥梁规模宏大，水文、气象条件恶劣，作业条件差，现浇或对称逐段拼装等常规施工方法均不适合，能满足要求的施工方法主要是节段预制逐孔拼装架设方案和整孔预制浮吊架设方案。两种方案差异显著，前者在结构、制运架设备方面具有分散、小型化、数量多的特点，后者反之。两种方案具体特点如下：

①节段预制逐孔拼装：不需要大型起吊、运输设备，也不需要大吨位下河码头，但节段预制逐孔拼装架设施工速度相对较慢，为满足工期要求，需数量较多的架桥机及相应的运输驳船，海上作业繁忙。施工组织困难，架桥机需逐孔施工，遇有施工问题，影响总进度，工期保证可靠性差。海上从起吊到完成拼装，周期较长，恶劣气候条件下施工安全性难以保障。

②整孔预制浮吊：需要大型起吊、运输设备以及大吨位下河码头，对机具设备能力要求高。其优点是作业效率高，施工速度快，架运设备数量需求相对较少，施工组织容易；吊装顺序可根据下部结构施工进展自由安排，起吊安装周期较短，可靠性高。

经综合比较：整孔预制浮吊架设方案相对于节段预制逐孔拼装架设方案具有明显的优越性，本区段桥梁上部结构施工采用整孔预制浮吊、先简支后连续的施工方案。

(3) 小结

经过对水中区引桥的上述桥型方案进行技术性、经济性综合比选，确定水中区引桥上部结构方案为70m预应力混凝土连续梁，施工采用整孔预制浮吊架设方案，墩顶处设湿接头，后期连续成整体。

三、上部结构设计指导思想

水中区引桥上部施工方案对结构设计具有决定性的影响，从某种意义上可以说是“施工决定设计”，因此整个上部结构设计指导思想为：桥型方案确定后，结构设计围绕着施工方案进行，尽可能方便施工，提高工厂预制的生产效率，同时保证施工质量和安全。具体主要有以下几点：

①主梁形式应适应整孔预制、整孔架设施工的要求。

②主梁结构应尽可能标准化，减少种类，方便工厂化、规模化预制作业。

③主梁内外轮廓应能方便整体内外模的进入与脱出。

④主梁预应力的建立及局部结构尺寸应满足各种施工工况的受力要求。

⑤主梁钢筋的布置应适应钢筋分片整体绑扎和整体吊装施工。

⑥海上现浇湿接头应尽量简化和方便施工。

四、上部结构总体布置

水中区引桥总长达18.27km，总共布置有261孔70m梁。其中，北航道桥北侧高墩区引桥为490m，布置为7×70m；中引桥水中区为11.06km，布置为158×70m；南引桥水中区为6.72km，布置为96×70m。70m预应力连续箱梁基本联长布置为6×70m。桥面为双幅布置，单幅桥宽15.8m。其平面线形有直线、半径10000m曲线、主梁接海中平台匝道桥加宽部位3种。为简化施工，预制梁类型主要有3种：边跨预制梁、中跨预制梁和海中平台匝道桥加宽部预制小梁。海中平台匝道桥加宽部预制小梁18片，水中区引桥70m预制梁总共522片。箱梁在连续梁中墩设有现浇湿接头后期连续。支座采用球形防腐支座，中墩设2个1750t支座，边墩设2个800t支座。

1. 标准段主梁结构

为配合上部整孔预制浮吊架设施工方案，同时兼顾受力和景观效果，主梁采用等高箱梁。主梁的主要尺寸除了根据常规的结构受力需要确定外，还针对70m梁特有的施工方案进行了特殊设计，诸如对整体内模的脱出、箱梁制运架过程中诸多临时支点、海上浇湿接头的施工进行了特殊的考量。

(1) 主梁截面

70m梁标准段单幅桥主梁采用单箱单室截面，单幅桥主梁顶宽15.8m，主梁底宽6.25m，主梁梁高4.0m。主梁两侧各悬臂3.9m，悬臂端部厚度20cm，悬臂根部厚度50cm。顶板在箱室内净跨6.97m，厚度为 27cm，桥面横坡为 2.0%。箱梁底板厚度为 25cm，在中墩支点两侧附近局部加厚至 0.4m，边墩支点附近局部加厚至 0.75m。腹板设计为斜腹板，斜坡为 1∶4.029，以减少下部工程数量。腹板跨中厚度为 50cm，支点 10m 范围内剪力增大，腹板厚度增加至 70cm。为方便箱梁整孔预制内模脱模需要，箱梁内未设底板齿板。主梁截面见图 3－7。

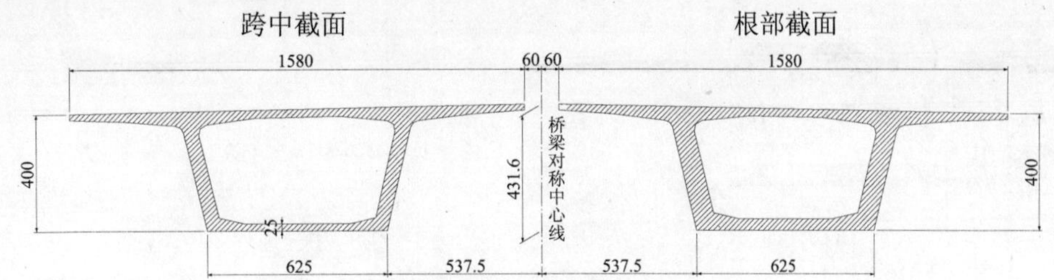

图 3－7 70m 箱梁标准断面图(尺寸单位：cm)

标准 70m 中跨预制梁段自重为 2140t，边跨预制梁段自重为 2160t。

(2) 预制梁梁端设计

为方便箱梁整孔预制内模脱模需要，梁端未设横隔墙。同时，考虑到箱梁临时简支的受力，对预制箱梁梁端进行局部加厚处理，腹板墩顶处加厚至 110cm，顶板墩顶处加厚至 55cm，底板墩顶处加厚至 95cm。截面主要尺寸见图 3－8。

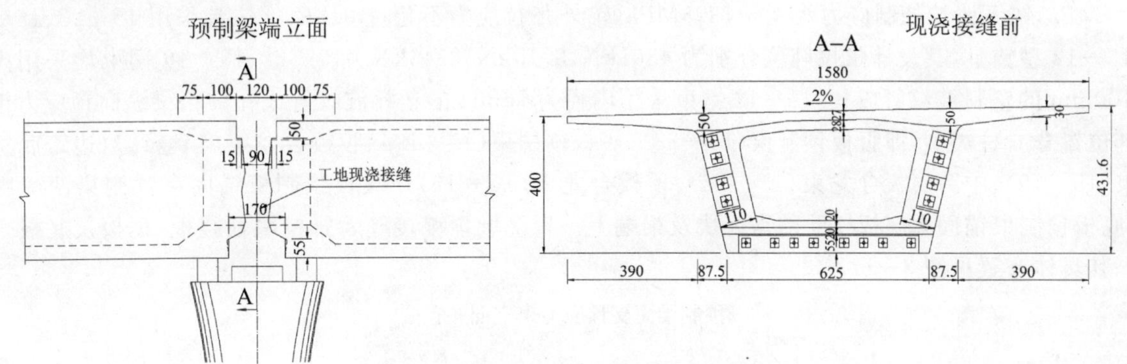

图 3－8 预制梁梁端构造图(尺寸单位：cm)

(3) 湿接头设计

预制梁通过在墩顶设湿接头进行连续。为了尽量减少和方便海上现浇施工，对墩顶湿接头进行了特殊处理。墩顶湿接头宽度为 90～170cm。湿接头横向作为一个环形加强横肋，代替常规的连续梁横隔墙，腹板处肋高为 90cm，顶底板处肋高为 50cm。一个标准湿接头现浇混凝土用量为 28.9m^3，结构尺寸见图 3－9。

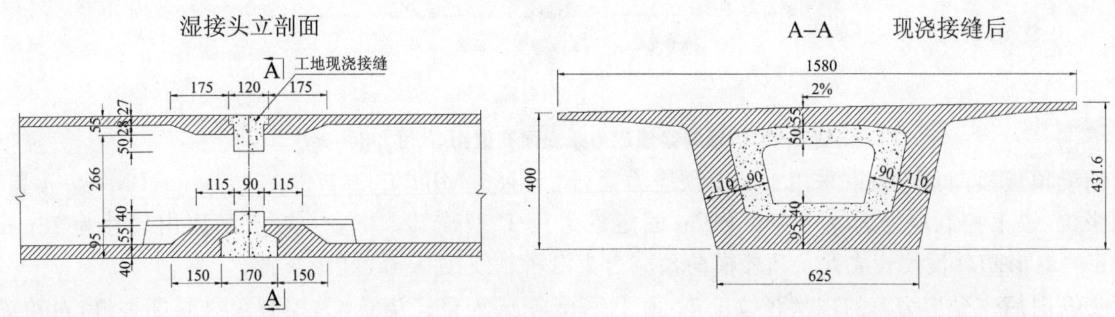

图 3－9 湿接头构造图(尺寸单位：cm)

(4) 临时支点设计

70m 箱梁在预制、临时存放、移动和架设过程中需要临时支承，其各工况临时支承位置见图 3－10。

设计时，对各种临时支点受力进行了检算，并对局部进行了加强。

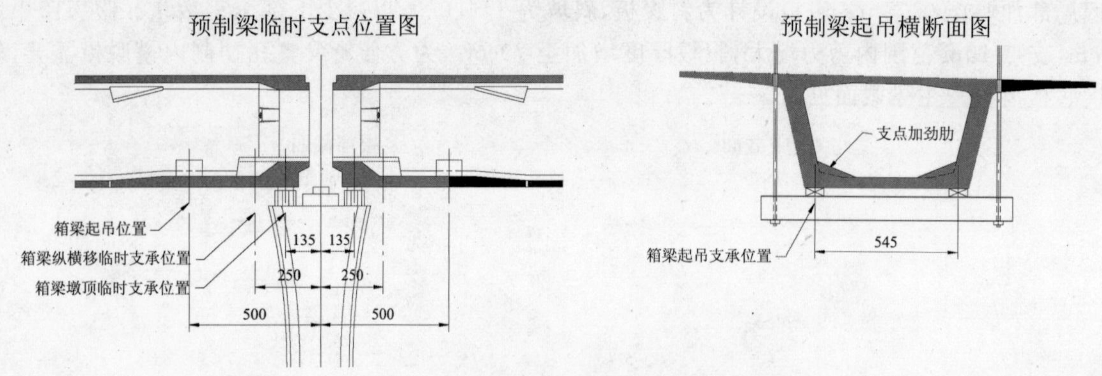

图 3—10 临时支点构造图(尺寸单位:cm)

(5) 主梁预应力布置

①预应力布置:标准 70m 箱梁主梁采用纵、横双向预应力布置。

纵向预应力布置根据施工工况和成桥受力进行，分为简支预应力束和连续预应力束，其布置思路是:简支预应力束承担主梁在预制、移运和吊装时的简支状态受力，连续预应力束承担二期恒载和后期运营荷载。箱梁纵向预应力钢束采用 15—22、15—19 及 15—12 共 3 种规格，$R_y^b=1860$MPa，$E_y=1.95\times10^5$MPa，锚下张拉控制应力为 $\sigma_k=1395$MPa，锚外张拉应力不超过 $0.8R_y^b$。锚具采用 15—22、15—19 和 15—12 型锚具，其设计张拉吨位分别为 4301kN、3715kN、2346kN。15—22、15—19 钢束均采用内径为 100mm 的塑料波纹管成孔，15—12 钢束采用内径为 76mm 的塑料波纹管成孔。箱梁纵向预应力钢束按其位置分 6 种类型，即腹板预制束(15—22)、底板预制束(15—19)、腹板合龙束(15—12)、边跨底板合龙束(15—19)、中跨底板合龙束(15—12)、顶板合龙束(15—19)。腹板预制束锚固在预制梁两端腹板上，底板预制束锚固在底板梗肋的锯齿块及梁端上。现浇墩顶湿接缝后张拉墩顶腹板、顶板及底板合龙束。其具体布置见图 3—11。

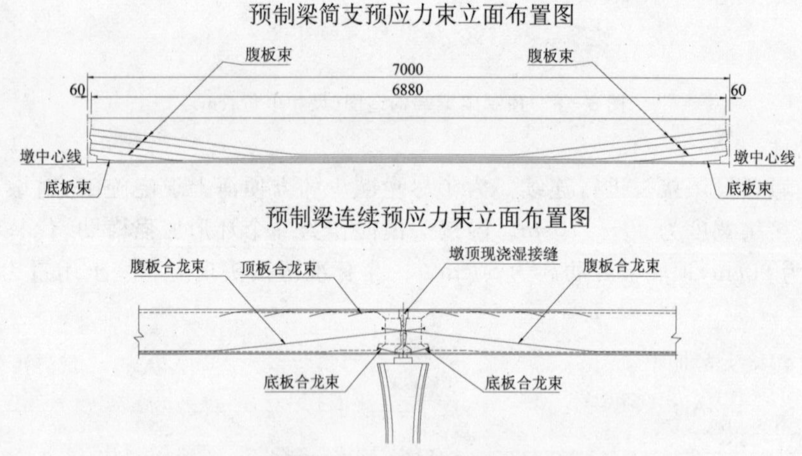

图 3—11 预制梁预应力束立面布置图(尺寸单位:cm)

箱梁顶板横向预应力束采用 15—4 预应力束，$R_y^b=1860$MPa，$E_y=1.95\times10^5$MPa，BM15—4 扁锚，一端张拉，锚下控制应力为 $\sigma_k=1395$MPa；固定端采用 P 型锚具。15—4 钢束采用内尺寸为 72mm×23mm 的扁形塑料波纹管成孔。顶板横向预应力束沿桥轴线按 0.6m 间距布置。

②纵向简支预应力束的二次张拉工艺:由于 70m 箱梁为整孔浇筑，为控制箱梁早期裂缝，对箱梁简支预应力实施二次张拉。即在混凝土达到设计强度的 50%时(C25)即张拉部分预应力，在混凝土达到设计强度以后张拉剩余部分预应力。从箱梁预制实际实施效果来看，简支预应力束的二次张拉工艺非常成功。

③预应力束的耐久性措施：所有体内预应力钢束管道全部采用塑料波纹管，而且采用高性能水泥浆灌浆，灌浆工艺采用真空辅助压浆。

（6）普通钢筋的布置

预制箱梁的钢筋绑扎工艺为顶板钢筋和腹、底板钢筋分别在胎模上整体绑扎，然后吊装于预制台座上组装成型。为配合上述施工工艺，对70m箱梁顶板和腹、底板普通钢筋的形状进行了特殊设计，同时尽量减少钢筋的号数，以方便钢筋加工的流水线作业。预制梁纵向钢筋采用直径为16mm的Ⅱ级钢筋，在箱梁断面以基本间距15cm布置；横向钢筋顶板底层及箱内倒角钢筋采用直径为20mm的Ⅱ级钢筋，腹板箍筋及底板底层采用直径为22mm的Ⅱ级钢筋，其余均采用直径为16mm的Ⅱ级钢筋，横向钢筋沿顺桥向基本间距为15cm。在预制梁端和墩顶对横向钢筋进行了加强，部分钢筋采用25mm的Ⅱ级钢筋。

湿接头纵向钢筋连接为：顶板和底板纵向钢筋采用U形接头，采用搭接连接；腹板纵向钢筋采用焊接连接。

钢筋网片之间设拉筋，拉筋直径为10mm的Ⅰ级钢筋，梅花形布置，纵向间距为30cm。

2. 加宽段主梁结构

接海中平台匝道加宽部分采用在原主线主梁两侧各增设一片小箱梁来解决。预制小箱梁顶宽10.85m、底宽4.4m，主梁梁高3.785m。小箱梁与主箱梁通过后浇纵缝横向连接为整体，后浇纵缝宽度为80cm。加宽段主梁标准横断面布置见图3－12。

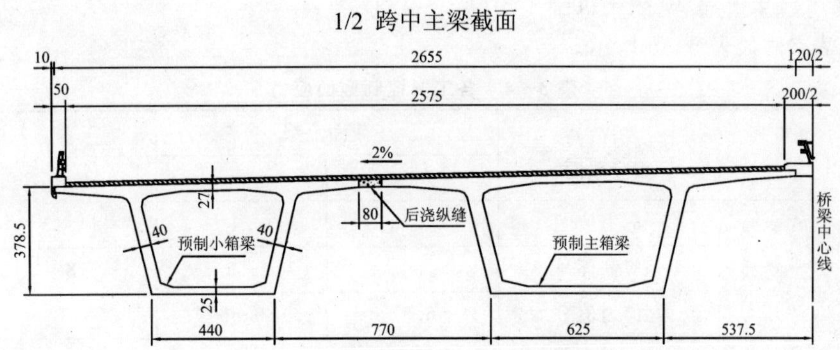

图3－12　加宽段主梁标准横断面布置图（尺寸单位：cm）

五、结构计算分析

1. 计算荷载

（1）竖向荷载

恒载、汽车—超20级、挂车—120。

（2）风荷载

与汽车荷载组合的风荷载按桥面风速30m/s控制计算，不与汽车荷载组合的风荷载按设计风速V_{10} ＝39.0m/s计算。

（3）温度荷载

允许合龙温度为15～25℃，体系升温13.3℃，体系降温21.3℃；日照温差效参考BS5400取值。

（4）地震荷载

按地震基本烈度Ⅵ度及桥位实测地震参数进行抗震验算。

上部结构的总体结构分析分施工阶段及使用阶段，分别按照规范进行计算。施工阶段按施工步骤依次形成计算图式，考虑施工阶段的荷载计算各施工阶段的内力、变形，验算混凝土及钢束应力；使用阶段考虑一、二期恒载、混凝土收缩徐变、汽车、挂车、体系温度、上下缘温差效应、支座摩阻力、基础沉降、风力、地震力的作用，按规范进行荷载组合，验算混凝土正应力、剪应力、主拉应力、预应力钢束永存应力。箱梁横向采用横框架进行分析。

总体结构分析和箱梁的横框架分析均使用中交公路规划设计院开发的桥梁静力计算综合程序(QJX)，结构设计时二期恒载是按 13cm 厚沥青混凝土桥面铺装考虑的。施工时，应控制好桥面高程，以确保设计线形的准确。

对 70m 预制箱梁的浇筑、张拉、存梁、起吊、简支、连续成桥等工况进行了三维空间有限元分析。

2. 计算结果

(1) 总体计算

总体计算离散图见图 3－13 所示。

图 3－13　总体计算离散图

节点数为 159 个，单元总数为 158 个。

荷载组合分为以下 4 种：

组合 1：恒载＋汽车－超 20 级；

组合 2：恒载＋挂车－120；

组合 3：恒载＋汽车－超 20 级＋沉降＋温升；

组合 4：恒载＋汽车－超 20 级＋沉降＋温降。

计算结果见表 3－4、表 3－5 所示。

表 3－4　各工况控制截面应力　　(单位：MPa)

工　况	应力值及相应截面	截面上缘		截面下缘	
		max	min	max	min
预制箱梁吊装	应力值	4.70	0.14	11.43	2.15
	相应截面号	80	153	8	63
墩顶简支状态	应力值	6.87	0.66	8.32	1.49
	相应截面号	16	30	132	80
边跨合龙	应力值	9.40	0.67	11.31	1.37
	相应截面号	39	98	150	128
中跨合龙	应力值	9.38	2.11	10.88	2.14
	相应截面号	121	152	133	64
上二期恒载	应力值	8.57	2.27	12.53	3.27
	相应截面号	120	3	132	64
组合 1	应力值	8.94	2.25	14.03	1.94
	相应截面号	16	3	132	16
组合 2	应力值	8.79	2.25	13.13	2.59
	相应截面号	120	3	132	48
组合 3	应力值	11.21	2.25	14.18	1.94
	相应截面号	104	3	36	16
组合 4	应力值	8.94	1.05	14.03	1.02
	相应截面号	16	64	132	80

表 3−5　控制截面主拉应力　(单位:MPa)

工　况		主拉应力	截面号
预制箱梁吊装		−0.87	154
墩顶简支状态		−0.35	30
边跨合龙		−0.78	127
中跨合龙		−0.43	64
上二期恒载		−0.62	128
使用阶段	汽车＋温度(最大剪力下)	−0.86	32
	汽车＋温度(最小剪力下)	−0.90	128
	挂车＋温度(最大剪力下)	−0.77	32
	挂车＋温度(最小剪力下)	−0.79	64

(2) 预制梁分期分批张拉应力计算

预制梁在预制台座上预应力钢束张拉时,列出3种工况下的应力状态(以中梁为例):

工况一:初张拉腹板束V1、V2、V4、V5及底板束Z2,张拉控制应力为$0.25R_y^b$;

工况二:第二次张拉腹板束V1、V2、V4、V5及底板束Z2,张拉控制应力为$0.75R_y^b$;

工况三:张拉剩余的底板束Z1、Z3、Z6,张拉控制应力为$0.75R_y^b$。

3种工况下预制梁分期分批张拉应力如表3−6所示。

表 3−6　预制梁分期分批张拉应力　(单位:MPa)

工　况	跨　中		梁　端	
	上　缘	下　缘	上　缘	下　缘
工况一	1.2	1.0	0.6	0.8
工况二	3.5	3.4	2.1	2.2
工况三	6.3	3.3	2.0	2.2

从预制梁在预制台座上预应力钢束张拉时,3种工况下的应力状态的计算结果可以得出,预制梁在预制台座上分期分批张拉预应力钢束能有效地避免箱梁早期裂缝的发生,同时确保箱梁预制的质量。

六、箱梁施工方案

采用整孔吊装方案施工,主要分两个步骤进行:第一步,预制箱梁(在大规模生产预制箱梁前,应按要求进行预制箱梁的试制和进行有关的工艺试验);第二步,架设箱梁并合龙成桥(为了减小混凝土徐变、收缩的影响,应尽可能在低温下合龙)。

1. 预制箱梁

预制箱梁分3个阶段:

第一阶段,预制场地平整,并对地基进行加固处理,使地基承载力达到$5kg/cm^2$以上。在预制场地施工强大的箱梁预制基座,并在基座预留扁担梁槽口。对基座进行养护,使其充分完成收缩和徐变。

第二阶段,在基座上架设模板(应尽量采用横向支撑模板)。在临时支座位置设底模加强段,并在加强段外端采取预防张拉预应力时荷载转移引起梁端局部压碎的措施。绑扎钢筋,埋设一期预应力钢束及二期预应力管道,浇筑箱梁混凝土。待混凝土达到设计强度的85%后,即可张拉预应力。预应力张拉先后顺序:先腹板束,后底板束;先长束,后短束;均衡对称。

为了防止预制梁出现早期裂缝,箱梁预应力的张拉分二次张拉。箱梁预应力张拉时的混凝土强度等级不小于C25,弹性模量不小于18.8GPa,张拉控制应力为$0.25R_y^b$,具体张拉顺序为W2(V2)→W4(V4)→W1(V1)→B2(Z2)→W5(B5)。预应力张拉应保证箱梁断面上左右两束对称并同步进行,同时加强箱梁应力、变形和裂缝观测，如发现问题，及时研究处理并总结经验，以期进一步改进箱梁预制工艺，避免箱梁早期裂缝的发生，确保箱梁预制质量。

第三阶段，利用扁担梁吊装或移梁车将箱梁移到存梁台座。

2. 架设箱梁并合龙成桥

架设箱梁并合龙成桥分 4 个阶段：

第一阶段，待水中基础及墩身施工完毕，在墩顶上设置临时支座(临时支座采用钢砂顶支座)，利用大型浮吊整孔吊装 70m 预制梁，吊装就位成简支梁状态。

第二阶段，待吊装完一联预制梁后，即可浇筑边跨两个墩顶湿接头；待接头达到设计强度后，即可张拉连续合龙束，进行支座转换，由永久支座支承箱梁；接着浇筑中跨两个(一个)墩顶湿接头；待接头达到设计强度后，即可张拉连续合龙束，进行支座转换，由永久支座支承箱梁，70m 梁成连续状态。

为加快合龙施工进度，一联的湿接头可以一次性浇筑完毕。合龙施工过程中，箱梁之间须采取临时连接，箱梁临时连接和湿接头浇筑均需在一天中气温最低时进行。湿接头合龙束的张拉遵循对称张拉、先边墩后中墩、先腹板、底板合龙束后顶板合龙束的原则进行，具体张拉顺序参照施工图进行。箱梁的连续合龙注意不能跨季节施工。

第三阶段，重复第二阶段，每吊装一联，即可按上述顺序浇筑墩顶湿接头；待接头达到设计强度后，即可张拉连续合龙束，进行支座转换，由永久支座支撑箱梁。预应力张拉先后顺序：先腹板束，后顶、底板束；先长束，后短束；均衡对称。

第四阶段，桥面系施工。在箱梁预制时，应注意预埋桥面系的预埋件。

第二节　70m 连续箱梁施工控制

一、70m 连续箱梁施工过程控制分析

我们针对 6×70m 跨度连续箱梁结构进行静力分析。

1. 截面形式

6×70m 跨度连续箱梁标准主梁采用单箱单室截面，单幅桥主梁标准截面图见图 3－14，具体构造尺寸见图 3－7。

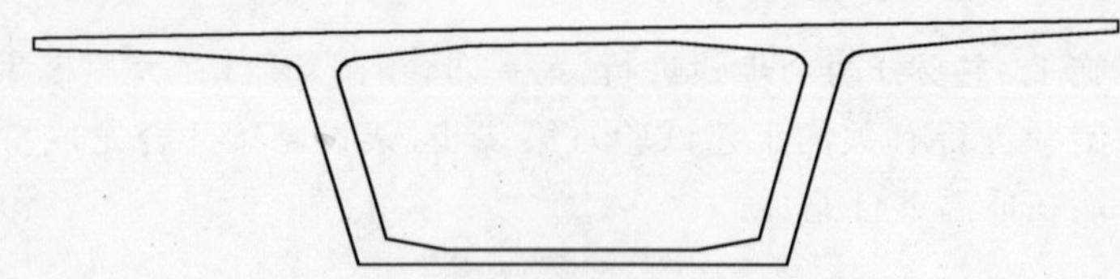

图 3－14　70m 箱梁的标准截面图

连续梁采取单孔单幅整体预制，吊装后通过墩顶湿接头进行连续。墩顶湿接头宽度为 90cm，梁底增大到 170cm，底板处增大到 120cm。湿接头横向作为一个环形加强横肋，腹板处肋高 90cm，底板处肋高 50cm。

2. 预应力筋布置

箱梁采用纵、横双向预应力体系。纵向预应力钢束采用 15－22、15－19 和 15－12 三种，$R_y^b=1860$MPa，$E_y=1.95\times10^5$MPa，锚下张拉控制应力 $\sigma_k=1395$MPa，锚下张拉应力不超过 $0.8R_y^b$，采用相应的内径塑料波纹管成孔。顶板横向预应力钢束采用 15－4，$R_y^b=1860$MPa，$E_y=1.95\times10^5$MPa，BM15－4扁锚，一端张拉，锚下控制应力为 $\sigma_k=1395$MPa；固定端采用 H 型轧花锚，采用相应的内径塑料扁形波纹管成孔。顶板横向预应力束沿桥轴线按 0.6m 间距布置。

3. 基本参数

混凝土：主桥预应力混凝土箱梁为 C50 混凝土。

预应力钢材：纵向预应力钢束：15－22、15－19、15－12，$R_y^b=1860$MPa。

横向预应力钢束：15－4，$R_y^b=1860$MPa。

4. 设计荷载

恒载：箱梁结构自重、混凝土容重取 26kN/m^3，桥面铺装、人行道、栏杆荷载取 43kN/m。

活载：汽车－超 20 级按单幅桥四车道计算。

验算荷载：挂车－120。

温度荷载：纵向计算时体系升降温，按照升温 13.3℃、降温 21.3℃来计算，箱梁顶板局部温差为±5℃。

支座沉降考虑最不利情况下不相邻的支座不均匀沉降(隔墩沉降)为 5～20mm；横向计算箱梁顶板升温 5℃。

风荷载：与活载组合时，桥面风速按照 30m/s 考虑。

5. 施工主要步骤

主桥上部结构箱梁采用整孔预制、整孔架设进行施工。即在预制场整体浇筑 70m 一孔单幅箱梁，利用大型浮吊将 70m 箱梁从水上运至待架位置，落梁就位，然后浇筑湿接头，张拉合龙预应力束进行体系转换，完成合龙施工。

6. 纵向整体分析结果

(1) 计算模型

力学计算模型采用平面杆系结构，全桥共分 25 个施工阶段，343 个节点，342 个单元，计算单位采用 kN－m 制。结构计算模型见图 3－15，通过桥梁计算专用软件 SCDS2002 对桥梁纵向进行整体结构分析计算。

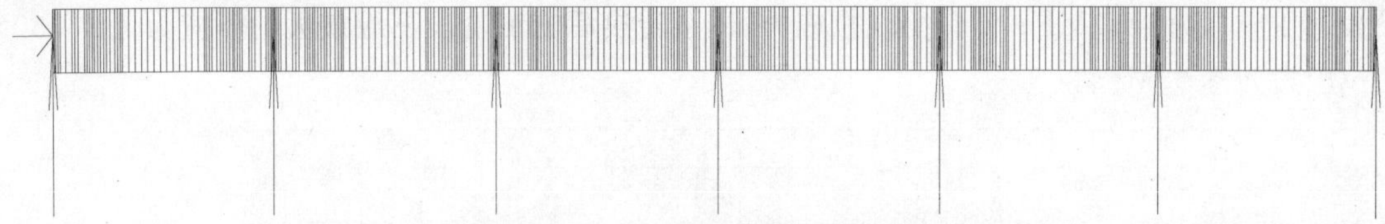

图 3－15　纵向结构计算模型图

(2) 简支状态(体系转换前)下计算结果

体系转换前(即简支状态下)，主梁应力计算结果如图 3－16。计算结果显示，主梁上缘在简支状态下最大的压应力为 7.1MPa，不出现拉应力；主梁下缘在简支状态下最大的压应力为 11.8MPa，不出现拉应力。

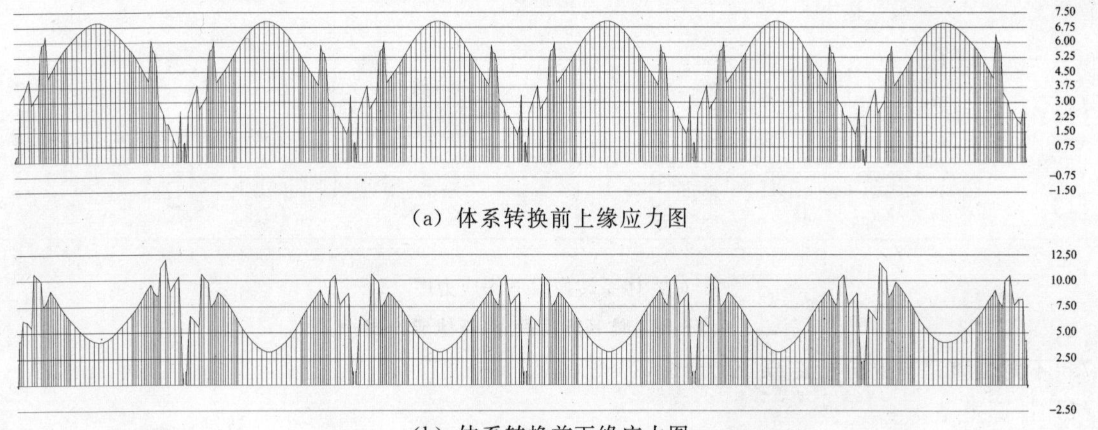

(a) 体系转换前上缘应力图

(b) 体系转换前下缘应力图

图 3－16　体系转换前上、下缘应力图

(3) 浇筑湿接头阶段计算结果

当70m一联的箱梁用浮吊从梁场运到现场,放置好以后,开始浇筑湿接头,此时主梁应力结果如图3－17。浇筑湿接头阶段上缘最大的压应力为6.8MPa,最大拉应力为0.08MPa;浇筑湿接头阶段下缘最大的压应力为10.8MPa,最大的拉应力为0.04MPa。

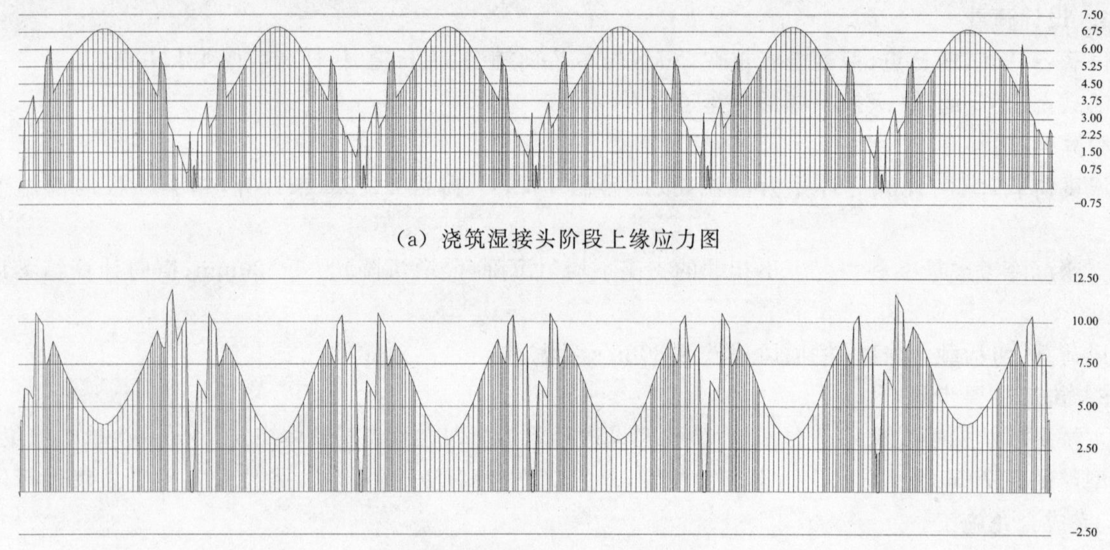

(a) 浇筑湿接头阶段上缘应力图

(b) 浇筑湿接头阶段下缘应力图

图3－17 浇筑湿接头阶段上、下缘应力图

(4) 连续状态下计算结果

70m箱梁吊装施工安装后,在墩顶块进行湿接头浇筑和合龙束张拉,使体系由简支体系转换为连续体系。假设基础沉降按照5mm来计算,则体系转换后主梁应力结果见图3－18。体系转换后施工阶段上缘最大的压应力为14.2MPa,没有出现拉应力;体系转换后施工阶段下缘最大的压应力为16.50MPa,最大的拉应力为0.02MPa。

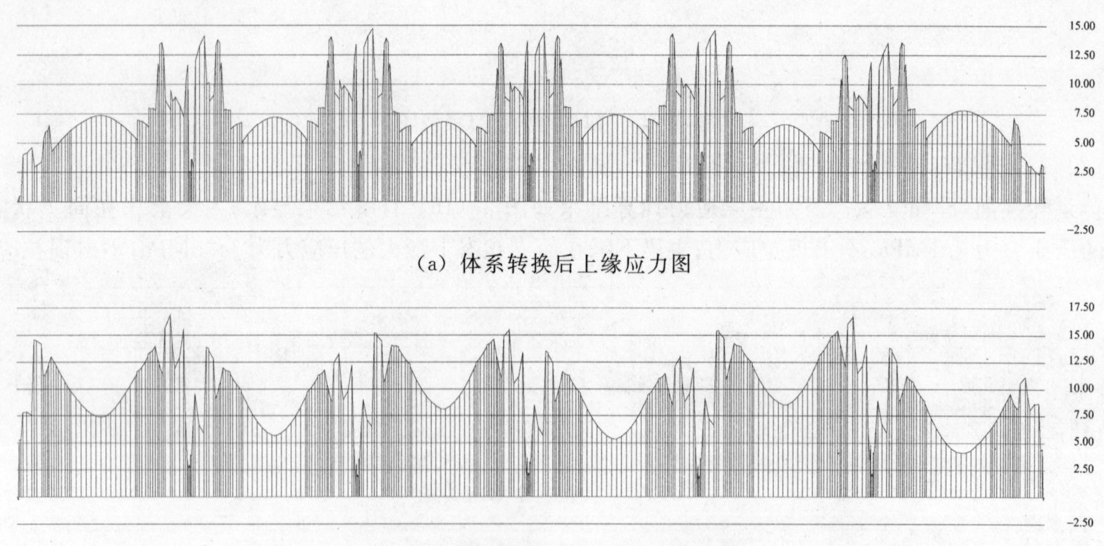

(a) 体系转换后上缘应力图

(b) 体系转换后下缘应力图

图3－18 体系转换后上、下缘应力图

7. 不同位置吊点的分析结果

(1) 计算类型

70m箱梁整体吊装施工,不同的吊点位置对主梁内力有很大的影响。为了探索主梁在吊装过程中的受力情况，现对不同的吊点，在自重(含冲击力)作用下进行分析计算。在计算过程中，两个吊点对称布置，吊点距梁端的距离分别取：0，2.35L/70(即 0.03357L)，L/6，L/4，$L/(2+\sqrt{2})$，4m，5m，6m 8 种不同的位置(L 为标准梁长)。

(2) 吊点处于两端时候的应力和刚度情况

不同吊点位置对主梁应力和竖向位移的计算结果见表 3－7。

表 3－7　不同吊点位置对主梁应力和竖向位移的计算结果

吊点位置(距梁端的距离 m)	上缘(MPa)		下缘(MPa)		跨中位移	可行性
	最大拉应力	最大压应力	最大拉应力	最大压应力	最大竖直位移(mm)	
0	0.7	6.51	0	16.1	17.0	行
2.35L/70	1.3	6.0	0	19.0	30.1	行
L/6	9.5	1.5	0	35.0	45.0	否
L/4	13.1	2.0	0	43.0	79.0	否
$L/(2+\sqrt{2})$	11	1.5	0	46.0	146	否
4.0	1.91	4.70	0	22.00	37	行
5.0	2.30	3.80	0	23.30	42	行
6.0	2.90	3.00	0	24.50	44	行

通过吊点设置的不同位置进行分析：

①当吊点设置在梁的两端的时候，主梁上缘最大压应力为 6.51MPa、最大拉应力为 0.7MPa，主梁下缘最大压应力为 16.1MPa、不出现拉应力，跨中最大竖直位移是 17.0mm，结果均满足规范要求。所以，吊点处于此位置符合要求。

②当吊点设置在距离梁端 0.03357L 处，即主梁横隔梁内端点处，主梁最大拉应力为 1.3MPa，最大压应力为 19.0MPa，跨中最大竖向位移为 30.1mm，两端最大竖直位移是 6.0mm，结果均满足相关规范要求，故设置在 0.03357L 处是可行的。

③当吊点设置在距离梁端 4m 处，主梁上缘最大压应力为 4.70MPa、最大拉应力为 1.91MPa，主梁下缘最大压应力为 22.00MPa、不出现拉应力，跨中最大竖直位移是 37.0mm，两端最大竖直位移是 14.0mm，结果均满足规范要求。所以，吊点处于此位置符合要求。

④当吊点设置在距离梁端 5m 处，主梁上缘最大压应力为 3.80MPa、最大拉应力为 2.30MPa，主梁下缘最大压应力为 23.30MPa、不出现拉应力，跨中最大竖直位移是 42.0mm，两端最大竖直位移是 17.0mm，结果均满足规范要求。所以，吊点处于此位置符合要求。

通过对①、②、③、④的结果分析，①的效果比较好。

8. 横向分析

横向计算是将箱梁横向简化为刚性支撑的框架结构，取单位长度的梁段进行模拟计算。横向应力分析的模型见图 3－19。

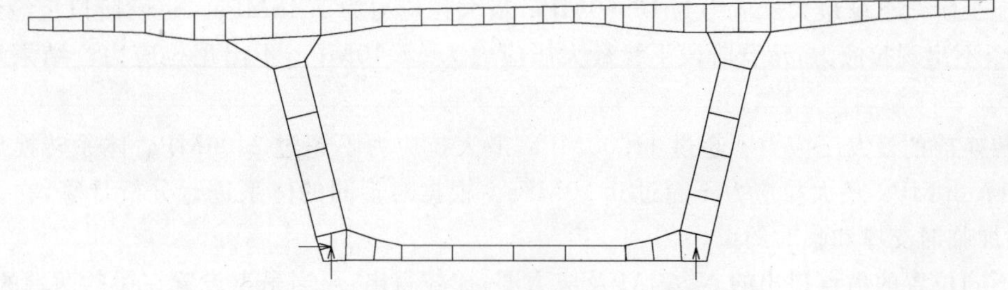

图 3－19　70m 箱梁横向应力分析模型图

(1) 横向工况分析

计算的工况为:恒载+活载(汽车-超 20 级)+温度。对于此桥轮载集度的两种分布情况,见图 3-20,计算单位采用 kN-cm 制,t 为顶板厚度。

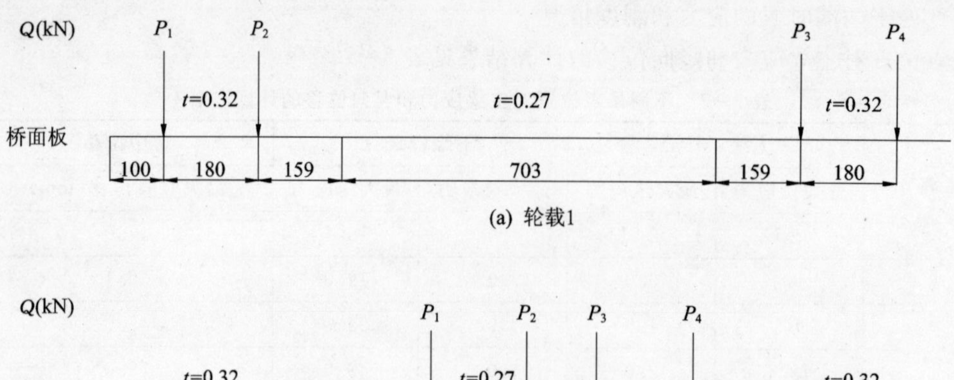

(a) 轮载1

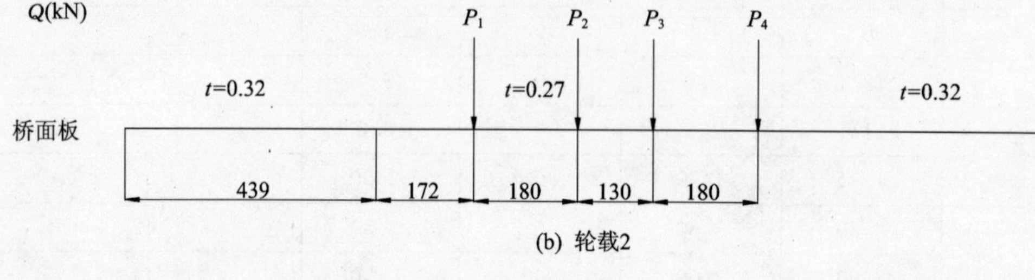

(b) 轮载2

图 3-20 轮载图

(2) 横向施工阶段计算结果

横向顶板施工阶段计算结果:上缘最大压应力为 5.99MPa,最大拉应力为 0.77MPa;下缘最大压应力为 4.78MPa,最大拉应力为 0.80MPa。

横向腹板和底板施工阶段计算结果:上缘最大压应力为 0.79MPa,最大拉应力为 0.85MPa;下缘最大压应力为 0.7MPa,最大拉应力为 0.79MPa。

(3) 运营阶段计算结果

横向计算中,顶板在运营阶段上缘最大压应力为 5.88MPa,不出现拉应力;下缘最大压应力为 5.64MPa,最大拉应力为 0.83MPa。

腹板和底板运营阶段,上缘最大压应力为 2.15MPa,最大拉应力为 1.08MPa;下缘最大压应力为 1.5MPa,最大拉应力为 2.66MPa(只存在隅角处)。

9. 结论

通过上部结构受力分析和各种验算,得到以下结论:

①当地基沉降为 5mm 时,施工阶段上缘最大压应力为 15.6MPa,最大拉应力为 1.8MPa(且出现在两端);施工阶段下缘最大压应力为 16.50MPa,最大拉应力为 1.78MPa。运营阶段上缘最大压应力为 15.50MPa,不出现拉应力;运营阶段下缘最大压应力为 18.10MPa,不出现拉应力。结果均满足规范要求。

②当地基沉降为 20mm 时,施工阶段上缘最大压应力为 15.81MPa,最大拉应力为 1.86MPa(且出现在两端);施工阶段下缘最大压应力为 16.60MPa,最大拉应力为 1.48MPa。运营阶段上缘最大压应力为 15.50MPa,不出现拉应力;运营阶段下缘最大压应力为 18.10MPa,不出现拉应力。结果均满足规范要求。

③体系转换前的最大压应力不超过 11.00MPa,最大拉应力不超过 2.00MPa;体系转换后的最大压应力不超过 17.00MPa,最大拉应力不超过 0.10MPa。根据对不同的体系进行分析计算,在体系转换过程中,无需增加临时支撑和临时约束。

④根据不同位置的吊点得出的 N、Q、M 及应力图,比较得出:a. 当吊点设置在梁的两端的时候,主梁上缘最大压应力为 6.51MPa、最大拉应力为 0.70MPa,主梁下缘最大压应力为 16.10MPa、不出现拉应

力，跨中最大竖直位移是 17.0mm，结果均满足规范要求，所以吊点处于此位置符合要求；b. 当吊点设置在距离梁端 0.03357L 处，即主梁横隔梁内端点处，主梁最大拉应力为 1.30MPa，最大压应力为 19.00MPa，跨中最大竖向位移为 30.1mm，两端最大竖直位移是 6.0mm，结果均满足相关规范要求，所以吊点处于此位置符合要求；c. 当吊点设置在距离梁端 4m 处，主梁上缘最大压应力为 4.70MPa、最大拉应力为 1.91MPa，主梁下缘最大压应力为 22.00MPa、不出现拉应力，跨中最大竖直位移是 37.0mm，两端最大竖直位移是 14.0mm，结果均满足规范要求，所以吊点处于此位置符合要求；d. 当吊点设置在距离梁端 5m 处，主梁上缘的最大压应力为 3.80MPa、最大拉应力为 2.30MPa，主梁下缘的最大压应力为 23.30MPa、不出现拉应力，跨中最大竖直位移是 42.0mm，两端最大竖直位移是 17.0mm，结果均满足规范要求，所以吊点处于此位置符合要求。通过比较，可以得出吊点处于两端的时候，效果比较好。综合考虑可以得出，当吊点处于 0～5m 之间，结果都满足规范要求。吊点的实际位置应根据现场实际情况，在此范围内适当选择最佳位置。

⑤通过对箱梁的横向分析，得出：a. 横向顶板施工阶段上缘最大压应力为 5.99MPa，最大拉应力为 0.77MPa；横向顶板施工阶段下缘最大压应力为 4.78MPa，最大拉应力为 0.80MPa。横向腹板和底板施工阶段上缘最大压应力为 0.79MPa，最大拉应力为 0.85MPa；横向腹板和底板施工阶段下缘最大压应力为 0.7MPa，最大拉应力为 0.79MPa。b. 横向顶板运营阶段上缘最大压应力为 5.88MPa，不出现拉应力；横向顶板运营阶段下缘最大压应力为 5.64MPa，最大拉应力为 0.83MPa。横向腹板和底板运营阶段上缘最大压应力为 2.15MPa，最大拉应力为 1.08MPa；横向腹板和底板运营阶段下缘最大压应力为 1.5MPa，最大拉应力为 2.66MPa（只存在隅角处）。对于横向腹板和底板运营阶段下缘最大拉应力为 2.66MPa，此情况仅仅出现在顶板和腹板的隅角处，因此处受力比较复杂，所以应采取适当的措施来加强此处的抗拉强度。其他均满足规范要求。

二、70m 箱梁线形控制研究

箱梁施工要经历在预制场地整孔预制、移梁存放于临时台座、大型浮吊吊装箱梁就位、浇筑湿接头和张拉合龙预应力、拆除临时支座等一系列的结构体系转换过程。70m 跨径等高预应力混凝土箱梁跨径大，梁体自重达 2160t，目前国内采用这种施工技术的桥梁还不多，吊装吨位在国内桥梁中也居首位，其线形控制是保证该桥顺利施工的关键。因此，对箱梁整体预制过程和整体转连续体系转换过程中的线形和应力进行理论分析和现场监测十分必要。

1. 施工控制理论分析

考虑影响桥梁施工控制的因素，如结构参数（结构材料弹性模量、材料容重、热膨胀系数、施工荷载、预应力等）、温度变化、材料收缩徐变等，采用合理的理论分析和计算方法来确定每阶段状态，对施工过程进行模拟分析，是对 70m 箱梁线形控制的关键。以 6 跨 70m 梁一联为例，将箱梁结构简化成 328 个单元，并分以下几个主要施工阶段进行分析：在台座上整孔浇筑混凝土；在台座上张拉预应力（如图 3－21 所示）；箱梁横移放置于临时台座上（如图3－22所示）；箱梁经由出海引桥由大型浮吊吊至海中放置；浇筑墩顶湿接头；张拉预应力合龙束；拆除临时支座完成体系转换；浇筑二期恒载成桥。随着施工阶段的不同，结构边界条件不断发生变化，在施工台座上为满堂状态、在存梁台座上为简支状态。从浇筑湿接头开始，结构由简支转入连续状态成桥。

根据实际的施工进程，理论计算分析各控制因素的影响，取箱梁在存梁台座上的计算值，以此可以与实际的箱梁上拱值进行对比。计算时考虑箱梁在存梁台座上放置 30d，计收缩徐变时间为 60d。理论计算参数取值见表 3－8。

图 3－21　在制梁台座上的箱梁

图 3－22　在存梁台座上的箱梁

表 3－8　理论计算参数的取值表

材料系数		收缩徐变系数		预应力系数	
混凝土	C50	徐变速度系数	0.021	摩阻系数	0.22
弹性模量	3.5×10^4 MPa	徐变终极值	2.0	偏差系数	0.0015
容重	$26kN/m^3$	收缩速度系数	0.021	松弛率	0.035
线膨胀系数	1.0×10^{-5}	收缩终极值	0.00015	回缩值	6mm

2. 主要影响参数分析

(1) 弹性模量值对变形的影响

混凝土弹性模量和结构变形有直接关系，但施工成品混凝土的弹性模量与设计采用值不完全一致。70m 箱梁施工中采用的是 C50 混凝土，一般 C50 混凝土的弹性模量值为 3.5×10^4 MPa。实际浇筑时，箱梁的弹性模量值受各种因素的影响会发生一些变化。现取不同的弹性模量值进行变形计算，以箱梁在存梁台座上时的变形值进行讨论，列出结果如图 3－23 和表 3－9 所示。

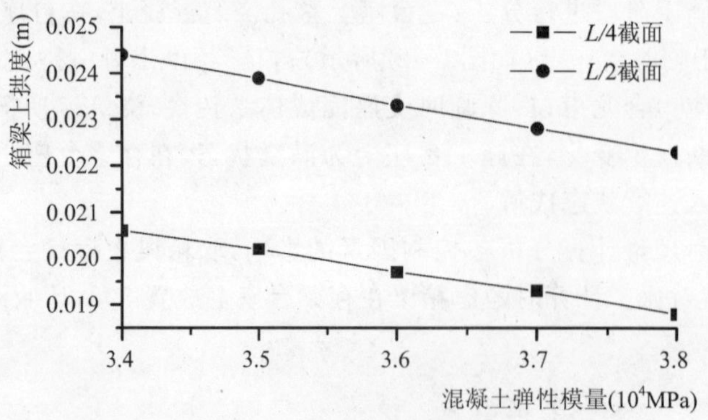

图 3－23　箱梁控制截面位移随弹性模量变化曲线

表 3—9　不同弹性模量值对应的箱梁控制截面位移值　（单位：m）

弹性模量值(MPa)	3.4×10^4	3.5×10^4	3.6×10^4	3.7×10^4	3.8×10^4
$L/4$ 截面	0.0206	0.0202	0.0197	0.0193	0.0188
$L/2$ 截面	0.0244	0.0239	0.0233	0.0228	0.0223

由表 3－9 和图 3－23 可知，箱梁控制截面位移与混凝土弹性模量呈线性关系，随着弹性模量的变大，上拱度逐渐变小。

（2）收缩徐变对变形的影响

①收缩徐变随时间变化对变形的影响

对预应力混凝土桥梁结构而言，混凝土收缩、徐变对结构内力、变形有较大的影响，这主要是施工中混凝土存在加载龄期短、各阶段龄期相差大等原因引起的。采用同一有限元模型分析收缩徐变随时间变化对变形的影响（如图 3－24 和表 3－10 所示），取值为在存梁台座上的箱梁上拱值随着时间变化值来确定收缩徐变的完成时间，亦即收缩徐变对结构产生的位移可以忽略不计的时间。

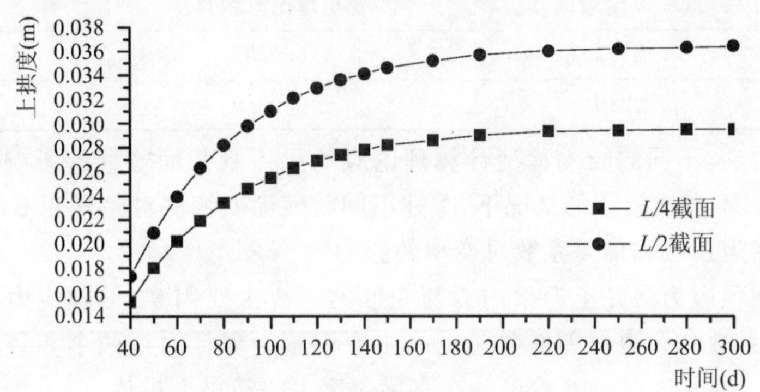

图 3—24　箱梁控制截面随时间变化曲线

表 3—10　不同计算时间值对应的箱梁控制截面位移值　（单位：m）

计算时间(d)	40	50	60	70	80	90	100	110	120
$L/4$ 截面	0.0152	0.0180	0.0202	0.0219	0.0234	0.0246	0.0255	0.0263	0.0269
$L/2$ 截面	0.0173	0.0209	0.0239	0.0263	0.0282	0.0298	0.0310	0.0321	0.0329
计算时间(d)	130	140	150	170	190	220	250	280	300
$L/4$ 截面	0.0274	0.0278	0.0282	0.0286	0.0290	0.0293	0.0294	0.0295	0.0295
$L/2$ 截面	0.0336	0.0341	0.0346	0.0352	0.0357	0.0360	0.0362	0.0363	0.0364

由图 3－24 和表 3－10 可以看出，早期收缩徐变对箱梁控制截面的线形影响较大，在 180d 以后逐渐减小。

②收缩徐变计算方法对变形的影响

为了定量地比较不同的收缩徐变计算理论对箱梁控制截面位移的影响，采用 3 种不同理论算法，即采用《公路钢筋混凝土及预应力混凝土桥涵设计规范》(JTJ023－85)附录四算法、老化理论原始算法、老化理论修正算法对 70m 箱梁的收缩徐变效应进行分析。其计算值为存梁台座上的箱梁上拱度，计存梁 30d，计收缩徐变 60d 的值。

与《公路钢筋混凝土及预应力混凝土桥涵设计规范》(JTJ023－85)规范规定的方法不同，老化理论原始算法既考虑了持久荷载的影响，又考虑了随混凝土龄期的增长而引起变形特性的变化，即老化的影响。其徐变特征系数 $\varphi(\tau,t)$ 随时间变化规律按下式计算：

$$\varphi(\tau,t)=[k+(1-k)e^{-\gamma\tau}][1-e^{-\gamma(t-\tau)}]\varphi_k$$

式中，φ_k——混凝土材料的徐变特征终极值；

k——混凝土材料的弹性继效系数；

γ——混凝土材料的徐变增长速度系数。

收缩变形计算按下式计算：

$$\varepsilon_s=\varepsilon_{sk}(e^{-p\tau}-e^{-pt})$$

式中，ε_{sk}——混凝土材料的收缩变形终极值；

p——混凝土材料的收缩变形增长速度系数。

老化理论修正算法与老化理论原始算法的区别在于徐变特征系数 $\varphi(\tau,t)$ 随时间变化规律不同，按下式计算：

$$\varphi(\tau,t)=[1+ke^{-\gamma\tau}][1-e^{-\gamma(t-\tau)}]\varphi_k$$

式中各系数含义同上。

根据相同的系数值，不同的算法得到不同的箱梁结构变形值如表 3－11 所示。

表 3－11 不同收缩徐变理论对应的箱梁控制截面位移值 （单位：m）

	JTJ023－85 附录四算法	老化理论原始算法	老化理论修正算法
$L/4$ 截面	0.0177	0.0202	0.0253
$L/2$ 截面	0.0219	0.0239	0.0300

从表 3－11 可以看到，不同的收缩徐变计算理论对箱梁控制截面位移的影响非常明显。在全部恒载作用下 70m 箱梁变形本身比较小的情况下，上述不同收缩徐变算法对箱梁变形的影响不容忽略。

（3）预应力管道摩阻系数和偏差系数对变形的影响

预应力效应是影响预应力混凝土箱梁内力与变形的一个主要因素，但预应力效应大小受很多因素的影响，其中管道摩阻系数和管道偏差系数是两个主要因素。现针对这两个参数取不同的值来计算箱梁的挠度值，如表 3－12 所示。其计算取值为在存梁台座上的箱梁上拱值。

表 3－12 不同系数对应的变形值

管道摩阻系数	0.19	0.22	0.25
管道偏差系数	0.001	0.0015	0.003
$L/4$ 截面	0.0207m	0.0202m	0.0195m
$L/2$ 截面	0.0250m	0.0239m	0.0227m

从表 3－12 可知，不同管道摩阻系数和管道偏差系数对箱梁控制截面的位移影响较大，因此在线形控制中，理论分析必须采用现场测试得到的管道摩阻系数和管道偏差系数。

3. 现场测试

（1）箱梁纵向应变的测试

70m 箱梁现场监测主要是对控制截面的纵向应变进行测试。方法为在一联简支转连续梁中各选取一片边梁和次边梁，分别在跨中及 1/4 截面埋设振弦式混凝土应变计（图 3－25，图 3－26），在预应力张拉前后、箱梁横移前后、吊梁前后、箱梁合龙过程中至成桥的各个阶段对混凝土的应变进行测试，测试结果如表 3－13 所示。

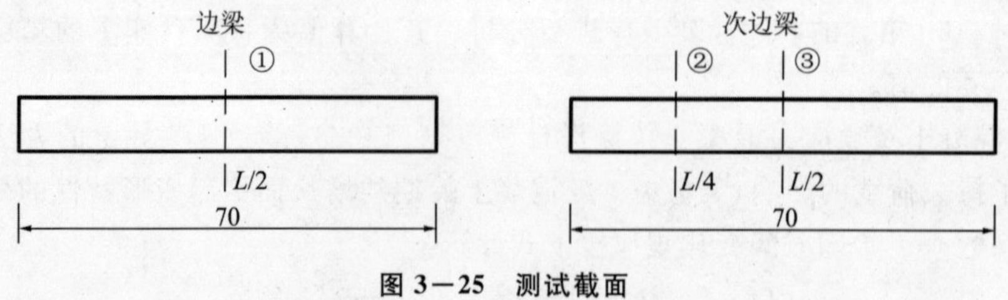

图 3－25 测试截面

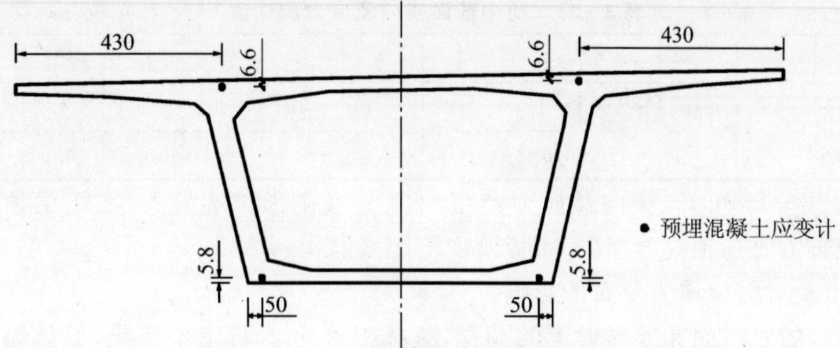

图 3—26　混凝土应变计在横截面上的埋设

表 3—13　箱梁控制截面纵向应变值

箱梁位于施工台座上				箱梁位于存梁台座上			
应变计位置		应变值(με)	应力值(MPa)	应变计位置		应变值(με)	应力值(MPa)
L/4 截面	顶板	−178	−6.14	L/4 截面	顶板	−190	−6.55
	底板	−253	−8.72		底板	−491	−16.93
L/2 截面	顶板	−255	−8.79	L/2 截面	顶板	−287	−9.90
	底板	−157	−5.41		底板	−330	−11.38

(2) 箱梁横向预应力的测试

箱梁横向预应力效应的研究，主要是测试箱梁横向预应力损失，分析横向预应力效应沿截面纵向的分布。其方法是选取一片中梁的端部截面和跨中截面，在横向预应力波纹管之间沿截面横向布置应变计(图 3—27、图 3—28)，在横向预应力张拉前后分别测试，测试结果如表 3—14 和表 3—15 所示。

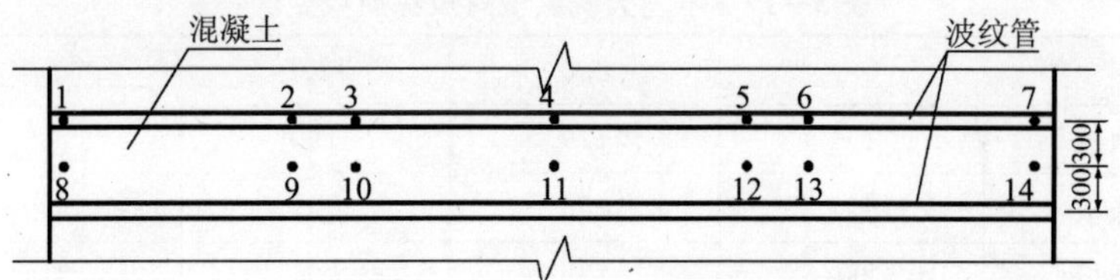

图 3—27　应变计沿纵向的分布

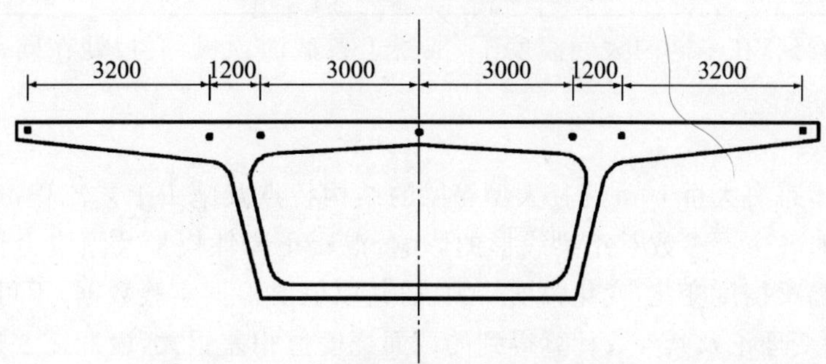

图 3—28　应变计沿横截面的分布

表 3—14　端部截面横向预应力测试值(应变值单位:με;应力值单位:MPa)

测点	1	2	3	4	5	6	7	8	9	10	11	12	13	14
应变值	−192	−180	−166	−119	−147	−165	−183	−186	−173	−162	−114	−141	−159	−177
应力值	−6.72	−6.30	−5.81	−4.16	−5.14	−5.77	−6.40	−6.51	−6.05	−5.67	−3.99	−4.93	−5.56	−6.19

表 3—15　跨中截面横向预应力测试值（应变值单位：$\mu\varepsilon$；应力值单位：MPa）

测点	1	2	3	4	5	6	7	8	9	10	11	12	13	14
应变值	−197	−175	−157	−130	−178	−192	−211	−198	−173	−158	−132	−179	−192	−204
应力值	−6.89	−6.12	−5.49	−4.55	−6.23	−6.72	−7.38	−6.93	−6.05	−5.53	−4.62	−6.26	−6.72	−7.14

从表 3—13 和表 3—14 可知，横向预应力产生的应变值在张拉端最大，在箱梁顶板中心处应力最小，横向预应力的分布主要与预应力损失、腹板刚度等因素有关。

(3) 温度变化以及对箱梁应力分布的影响

箱梁浇筑完成后，随着时间和外界温度的变化，梁体温度也不断发生变化，梁体温度变化又会引起应变变化。在经历水化热高温后，梁体温度逐步稳定，顶板、底板处温度也逐渐接近。箱梁浇筑后 60d 内大气温度与梁体温度的测试值如表 3—16 所示。

表 3—16　不同大气温度对应梁体温度　　（单位：℃）

箱梁浇筑时间(d)		5	7	9	12	15	20	25	30	40	60
大气温度(℃)		12.0	10.0	10.0	12.0	14.0	12.0	7.5	7.0	6.5	14.0
$L/4$ 截面	顶板	12.0	6.0	6.5	11.5	12.0	9.5	7.0	5.0	5.0	9.5
	底板	10.0	10.0	9.5	10.0	12.0	10.0	8.0	4.0	4.0	9.5
$L/2$ 截面	顶板	12.0	6.5	6.5	11.5	11.5	10.0	7.0	4.5	5.5	10.0
	底板	11.0	10.5	9.0	10.5	11.5	10.5	7.5	4.0	4.0	9.5

温度变化影响箱梁结构的受力和变形，在同一结构体系受力状态下，箱梁混凝土在不同大气温度下的应变值测试值如表 3—17 所示。

表 3—17　不同大气温度对应纵向应变值　　（单位：$\mu\varepsilon$）

大气温度(℃)		5.0	8.0	11.0	13.0	14.5
$L/4$ 截面	顶板	194	179	199	210	216
	底板	495	494	507	519	508
$L/2$ 截面	顶板	289	275	301	314	315
	底板	344	341	355	368	358

从表中数据可以看到，在不同的大气温度下，混凝土各截面顶板、底板处在同一位置时的应变值各不相同，最大相差为 40$\mu\varepsilon$。

4. 结论

以上介绍了杭州湾跨海大桥 70m 跨径大型箱梁的结构特点及施工工艺流程，理论计算分析箱梁在存梁台座上不同状态时各主要参数对箱梁线形的影响：混凝土弹性模量及预应力管道摩阻系数和偏差系数取值变化时引起箱梁挠度变化，变化幅度较大，故其取值要根据实验数据，不可忽略；在存梁台座上时，采用不同的收缩徐变理论及其参数计算得到的截面挠度值相差很大，因此需要进一步研究分析适用于大型箱梁的合理的收缩徐变理论。在实测预应力方面，箱梁在预制台座上实测值与理论值吻合，顶板横向预应力分布较为均匀。

三、70m 箱梁整孔预制关键施工技术

杭州湾跨海大桥 70m 箱梁为先简支后连续，梁重最大达 2160t。全桥 70m 箱梁共 540 片，其中有 18 片加宽段梁。预制场占地约 163000m^2（约 245 亩），设制梁台座 8 个，专用存梁台座 24 个（栈桥及纵移滑道也可以存梁，最多可存梁 36 片）。梁场设有 85m 长的横移滑道 16 条，688m 长的纵移滑道 2 条，出海栈桥 1 座。预制场内主要机械设备有：120t 龙门吊机 4 台，横移运梁台车 4 套，纵移液压悬架运梁台车 1

套，8m³ 混凝土搅拌运输车 8 台，混凝土布料机 4 台，混凝土输送泵 4 台，HSZ100 混凝土搅拌站 4 座。

1. 70m 箱梁预制场总体布置

70m 箱梁预制场位于海盐县南抬头闸向秦山方向的一块由子堤和大堤围成的长条形空地（见图 3－29、图 3－30）上，岸线长约 2000m，最大宽度约 210m，最小宽度约 65m。经现场实测，沿海子堤堤顶标高为＋3.5～＋4.0m，大堤堤顶标高为＋7.7m，地面标高起伏为＋3.6～＋8.9m，地面有建筑弃土。

图 3－29　海盐预制场总体布置效果图

图 3－30　海盐预制场一角

海盐预制场分为箱梁预制区、箱梁存放区、混凝土工厂、钢筋加工区、机械停放区、材料存放区、机修车间、木工车间、砂石存放区、生活及办公区，各区之间的连接通道为混凝土道路。另外，设有一座箱梁出海栈桥兼材料码头和一座砂石料码头，箱梁的运输通过纵横移滑道运至出海码头前端。

根据预制场附近海域的潮位及运架船的吃水深度，当平均高潮位时，运架船可以吊装箱梁。箱梁出海栈桥横移滑道顶面标高为＋7.232m，箱梁横移滑道顶面标高与出海栈桥横移滑道顶面标高一致，纵移滑道顶面标高为＋6.03m。为保证场地的平整，生活办公区、混凝土工厂区域场地标高为＋6.2m，生产区场地标高为＋7.2m。

场区制梁台座、存梁台座、纵横移滑道、混凝土工厂筒仓下均采用钻孔桩进行地基加固，龙门吊机走道下用粉喷桩进行地基加固，其余区域采用塘渣回填。

(1) 箱梁预制区

根据总体工期、单台座生产能力、梁体运输及架设速度的要求，预制场共设 8 个制梁台座（5 号、6 号台座后期改制成小梁台座)、8 个钢筋绑扎台座(顶板钢筋台座和底、腹板钢筋台座各 4 个)、4 个内模拼装台座,并设置 4 台 120t 龙门吊机作为钢筋、内模整体吊装的起吊设备。另外,设置机修车间、木工车间、钢筋车间、机械设备库、塑料波纹管生产厂房等辅助生产房屋约 5600m^2。

①制梁台座结构

一片 70m 预制箱梁重 2160t,考虑箱梁底宽 6.25m、钢模重量约 600t 及施工荷载的作用,在制梁台座中部设 3 条条形基础,外侧两个条形基础为 L 形梁,L 形梁高处作为箱梁底模支点,低处作为箱梁外钢模的靠梁侧支点,条形基础下用 ø0.8m 的钻孔桩进行地基加固。台座端部在箱梁张拉后作为箱梁支点,此处受力与存梁台座相同,故采用直径为 1.5m、桩长为 65m 的钻孔桩加固。

在离台座端头 2.5m 处各设一宽为 1.4m 的空隙作为箱梁横移滑道,以便箱梁横移时台车移到梁底,将箱梁顶起并移出制梁台座。

单个制梁台座占地为 18m×70m,台座两侧各设置 2 台混凝土布料机的锚固座。两台座间净距 15m,作为汽车运输道,以便混凝土搅拌车运行,同时作为内模脱模出运的通道。

②箱梁模板配置

预制场配备底模 8 套。底模采用固定式,在梁端留一活动块作为横移梁时台车进入的通道;端部底模下设四氟板,保证箱梁张拉压缩时底模可纵向移位;中部底模横向约束,纵向可自由伸缩。

根据工期安排,需配备主梁侧模 4 套、小梁侧模 1 套。先进行主梁的施工,每 2 个台座共用 1 套侧模。侧模采用整体钢模,可利用专用台车在侧模轨道上整体移动。

内模配置 4 套,因边梁和中梁的端部内模不一样,每套内模配置 2 套 9.55m 的端内模。

在制梁台座和底、腹板钢筋台座间设置内模拼装台座,内模在台座上拼装、验收合格后整体吊装到制梁台座上就位。

模板分上、下游对称配置,以保证梁体上、下游对称生产。

③钢筋台座

杭州湾跨海大桥 70m 箱梁钢筋分底、腹板钢筋一体、顶板钢筋一体,在钢筋绑扎胎具上绑扎,利用胎具准确定位钢筋,绑扎成型,然后分两次分别吊装到台座上。

利用 2 台 120t 龙门吊机,用钢筋整体吊装扁担将钢筋抬吊入箱梁模板内,使整体钢筋变形小。运用这一工艺,保证钢筋的绑扎质量,大大减少了钢筋绑扎占用制梁台座的时间,从而提高制梁台座的周转率。

底、腹板钢筋绑扎台座 4 个,每个占用面积为 9m×70m;顶板钢筋绑扎台座 4 个,每个占用面积为 16m×70m,均布置在 46m 跨龙门吊机范围内。

④龙门吊机

底、腹板钢筋、顶板钢筋及内模都由 2 台 120t 龙门吊机整体吊装。龙门吊机净跨 46m,净高 23m,桁架式结构。

龙门吊机轨道采用无渣无枕结构。根据轨道地基承载力要求和现场地质条件,若回填塘渣厚度超过 2m,则地基不作特殊处理;否则,采用双排粉喷桩加固。粉喷桩桩径 ø0.5m,桩长 8.5m,间距 1.0m,成正方形布置。钢轨下采用钢筋混凝土扩大基础。

⑤钢筋加工车间、塑料波纹管生产车间

每 2 个台座设一个钢筋加工车间。每个钢筋加工车间占地为 10m×37m,敞棚式结构,配置碰焊机 2 台、钢筋弯折机 3 台、钢筋切断机 2 台、电焊机 8 台。

塑料波纹管生产车间占地为 6m×20m,生产直径为 76mm、100mm 的塑料波纹管,可满足箱梁纵向束的波纹管需求。另设一占地为 36m×20m 的波纹管存放场。

(2) 混凝土工厂

预制场靠秦山侧设有一座由 4 台 HZS1000 搅拌站组成的混凝土工厂,生产能力约 172.8m^3/h,配备 8 台混凝土搅拌运输车、4 台装载机。混凝土通过搅拌车运至设在制梁台座端头的混凝土输送泵,在台座的两侧各设置 2 台布料机，通过布料机直接将混凝土泵入制梁模板内，进行混凝土的浇筑。

根据配合比，每两个搅拌站配有 1 个 700t 水泥筒仓、1 个 200t 粉煤灰筒仓、1 个 500t 矿粉筒仓，可存胶凝材料 2800t，满足 6 片梁的用量。筒仓均采用钻孔桩基础。

(3) 料场

砂石料场占地面积约为 $5300m^2$，可存砂石约 $12000m^3$，满足 6 片梁的用量。靠近料场的岸线加固后作为砂石码头，砂石料由海上通过皮带运输机输送至岸上，由装载机倒料。

(4) 存梁台座

存梁区设 24 个存梁台座，必要时，可在箱梁出海码头上存梁 8 片。

为防止梁体在存放时发生不均匀沉降，存梁时采用 4 点支承的方法，在其 4 个支承点处各设一根直径为 ø1.5m、桩长为 55.6m 的钻孔桩。桩顶抄平，铺设板式橡胶支座，4 个板式橡胶支座高差不得大于 5mm，存梁时箱梁落于板式橡胶支座上。在存梁台座处设横梁用作小梁存梁台座，小梁存于横梁上。

(5) 纵、横移滑道

纵、横移滑道全长 2714m。由于箱梁体积大，重量大，在预制场内纵、横移采用轨道梁上移梁的方式，轨道梁下采用钻孔桩基础。纵、横移轨道梁采用 1.4m×3m 的矩形截面，普通钢筋混凝土结构。横移滑道顶面标高为＋7.2m，上铺 32mm 厚钢板；纵移滑道顶面标高为＋5.9m，上铺 U80 钢轨。横移滑道采用单排钻孔桩进行地基加固，桩距为 8.5m，桩径为 ø1.5m，桩长为 65m，共计 224 根。纵移轨道桩距为 11m，钻孔桩桩径为 ø1.5m，桩长为 57m，96 根。

(6) 箱梁出海码头

箱梁出海栈桥布置在预制场的中间，与 5 号制梁台座相对处。栈桥采用双侧布设，每侧布设一道箱梁横移滑道、单线汽车运输道及人行道，双侧栈桥的滑道中心间距 65m。每侧栈桥横移滑道下主梁采用钢箱梁，钢箱梁第一跨(跨子堤)跨度均为 12m，其余跨均为 6m。码头栈桥总长 176.5m，岸上基础及水中第一排基础采用 2－ø1.5m 钻孔桩和 1－ø1.0m 钻孔桩及钢筋混凝土承台结构，其余跨下桩基础由 ø1.0m 预应力混凝土管桩(直桩和斜桩)组成，桩长 30～60m。桩顶设高低钢筋混凝土承台，在低承台上摆放钢箱梁，在高承台上摆纵梁及钢枕，作为汽车运输道，运输道宽 3m。钢箱梁内侧在简易牛腿上设检修道。

两栈桥前端外侧各设一个车辆调头平台(兼作材料码头)。平台采用 M 型万能杆件，桁高 2m。平台桩下部采用 ø1.0m 预应力混凝土管桩和 ø0.6m 预应力混凝土管桩，上部采用钢管桩，桩顶设分配梁及桩间连接系。在每个平台前端各设 3 个带有护舷的靠船系缆墩，方便船舶停靠。每个靠船系缆墩采用 6－ø1.0m预应力混凝土管桩(其中 4 根斜桩、2 根直桩)，每个系缆墩上设 1 个船舶系缆柱。

(7) 海岸线边坡防护

海岸线边坡防护全长约 1000m。为减少施工荷载对子堤的影响，拟在子堤侧布置生活用房。场内填筑时，按 1:2向近岸侧放坡，坡面用浆砌片石进行防护。靠近砂石存料场的子堤内侧采用粉喷桩进行地基加固，加固长度约 120m，然后浇筑防浪堤，顶高 7.4m。

(8) 场内道路布置

预制场内设环形施工便道，预制场内材料、机械设备可通过 01 省道、施工便道运送到预制场地内各指定地点。施工道路设置为 8m 宽，道路为混凝土路面，路面设 1.5％横坡。预制场道路总长 2822m。

(9) 供电

箱梁预制场设 2 座 800kVA 和 1 座 630kVA 变电站，采用分片供电，以减少线路损失。630kVA 变电站供应混凝土工厂，另 2 台变电站供应预制场混凝土泵送和其他生产、生活区用电。预制场供电输送全部采用高压地下电缆接至变电站，低压输出用地下电缆线送至各工点。另外，备用 1 台 500kW 和 4 台 250kW 发电机组，供紧急情况时使用。

(10) 给排水

预制场用水通过海盐县自来水管路就近接入。为保证施工用水，在混凝土工厂设 $400m^3$ 蓄水池 1

个。排水采用明挖排水沟,雨水和一般生产废水经沉淀处理后排放,生活废水及污水经处理后由排污管排出。预制场布置了4个沉淀池,2个污水处理池。

(11) 生活及办公区

办公区布置在梁场北面三角地带,占地面积为8400m²。办公区房屋建筑面积为2990m²,办公楼前场地占地面积为2310m²,篮球场占地面积为1000m²,职工活动中心占地面积为500m²,绿化及道路占地面积为1600m²。办公楼内卫生设施齐全。生活区住房按6m²/人建设,食堂设备按食品卫生法要求配置。建厕所5个,建筑面积为700m²,约300个蹲位。按照环保及卫生规定,所有厕所均为自动冲水式,达到无污染、无气味排放要求。

公路进场处及办公区设置大型花坛,职工住房门前栽植冬青或季节性花卉,不能利用的地方分别种植草坪,并派专人负责修剪。

房屋采用彩钢板房,墙面为乳白色,屋顶为天蓝色,檐口为红色。二层楼房层高3.2m,平房檐高3m。围墙设置按照场地地形走向顺直砌筑,靠海堤处开两个进场道路,每个进口设门卫值班室。

由于海盐预制场场地紧凑,各区相对集中,施工时可采用工厂化管理。各工点以混凝土道路相连,实现预制场花园化。

2. 70m箱梁钢筋预扎及整体吊运施工技术

钢筋的整体绑扎及吊装施工技术是近几年逐步倡导和发展起来的。随着整体预扎及整体吊装施工技术的逐步完善,杭州湾跨海大桥70m箱梁(70m×16m×4m)的钢筋预扎和整体吊装,把桥梁预制施工工艺推到了一个新的水平和新的高度。

为了满足施工工期的要求及工厂化施工,我们采取箱梁钢筋在箱梁模板外的钢筋胎具上预扎的工艺,使70m箱梁预制的几个工序——钢筋绑扎、侧模拼装、内模拼装可以平行施工。采取这种施工方法,会碰到这样几个问题:a.钢筋预扎时如何准确定位钢筋,对主梁钢筋设计有何要求;b.如此庞大的钢筋结构如何吊装,选择何种吊具,且要满足变形小的要求。这些问题在杭州湾跨海大桥70m箱梁预制中都得到了很好的解决。

(1) 70m箱梁钢筋及预扎、绑扎胎具设计

70m箱梁标准截面钢筋布置如图3—31所示。

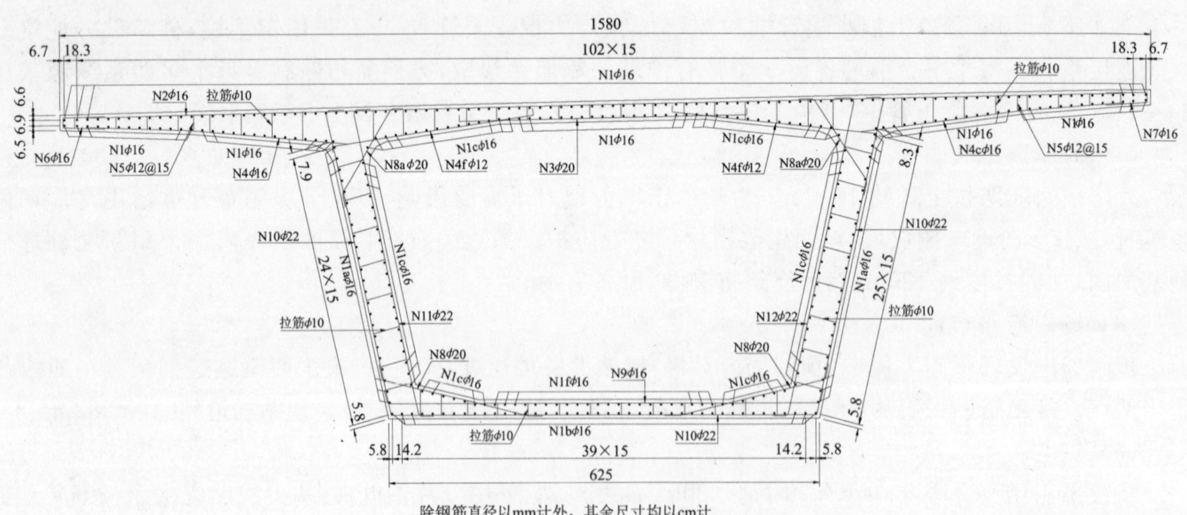

图3—31 70m箱梁标准截面钢筋布置图

70m箱梁底宽为6.25m,顶宽为15.8m,梁高为4.0m。预应力管道位置分别在底、腹板和顶板台座上标出醒目标记,以方便安放波纹管而不会出错。

70m箱梁底、腹板钢筋如图3—32所示。

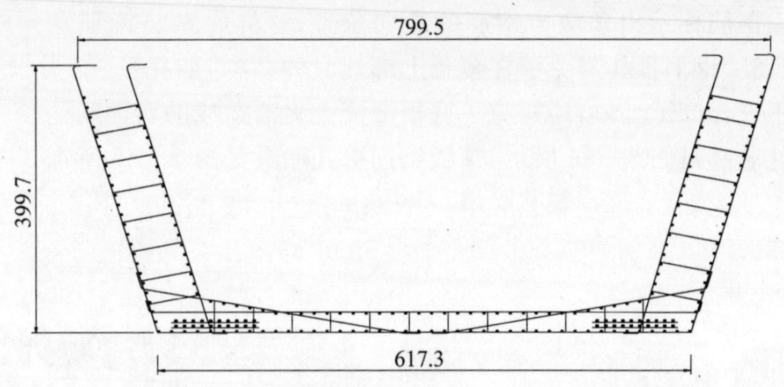

图 3—32　70m 箱梁底、腹板钢筋图(尺寸单位:cm)

底、腹板钢筋高为 3.997m,顶宽为 7.995m,底宽为 6.173m,长为 68.3m,重为 82.4t。腹板钢筋倾斜角度为 103.7°。

70m 箱梁顶板钢筋宽度为 15.702m,高度为 0.439m,重为 72.9t。顶板钢筋如图 3—33 所示。

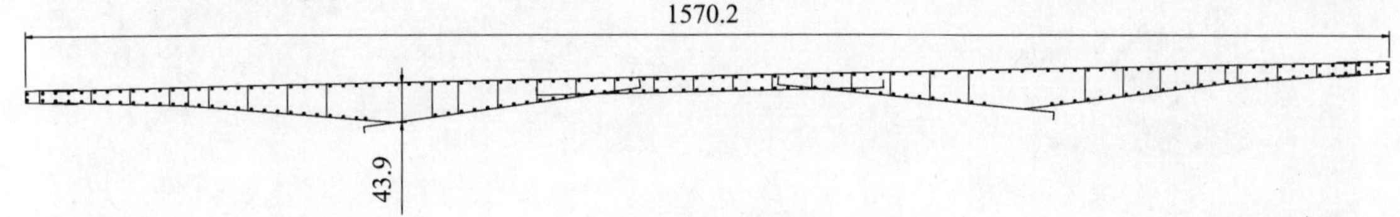

图 3—33　70m 箱梁顶板钢筋图(尺寸单位:cm)

钢筋整体吊装扁担见图 3—34 和图 3—35 所示。

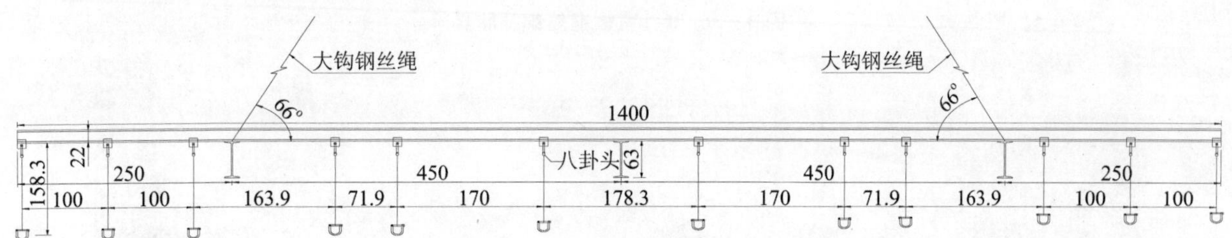

图 3—34　起吊顶板钢筋吊索布置(尺寸单位:cm)

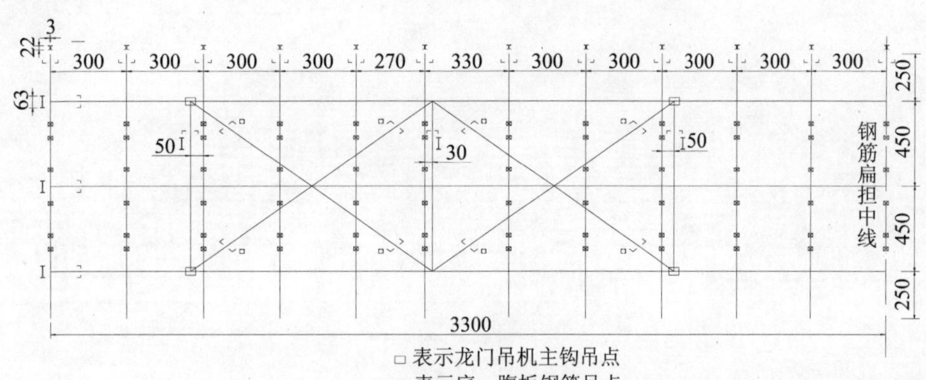

图 3—35　1/2 钢筋扁担平面布置(尺寸单位:cm)

每片 70m 箱梁的钢筋及各种预埋件、预应力体系重量达 200t。钢筋分底、腹板钢筋和顶板钢筋两大块,分别在预扎台座上预扎。用 2 台 120t 的龙门吊机和特制吊架先将约 100t 的底、腹板钢筋笼从预扎台座整体吊入已安装好的底模和侧模上(钢筋保护层垫块采用塑料垫块,是预先安装好的),再吊内模,然后按同样方法将预扎好的顶板钢筋(约 90t)整体吊装到位,并与底、腹板钢筋搭接,再局部调整搭接钢筋、绑扎吊装时少数没有固定的钢筋和预应力管道,然后进行下一道工序施工。钢筋笼所用的特制吊具自重达 60t,吊点多达 276 个,设计时考虑了钢筋笼吊装时不至于产生过大的变形。钢筋预扎台座在纵横向均设有槽口，并用钢筋标示出预应力钢筋的走向位置，这样使钢筋特别是预应力管道绑扎简单明了，位置准确，数量正确。钢筋预扎避免了在模板上绑扎时的杂物，如扎丝、焊头、焊渣等许多其他杂物，不会残留在模板内，不仅提高了工效，还避免了底板混凝土夹渣造成的腐蚀问题。

底、腹板钢筋绑扎胎具见图 3－36 所示，顶板钢筋绑扎胎具见图 3－37 所示。

图 3－36 底、腹板钢筋绑扎胎具

图 3－37 顶板钢筋绑扎胎具

2 台 120t 的龙门吊机整体吊装底、腹板钢筋见图 3－38 所示，整体吊装顶板钢筋见图 3－39 所示，吊装顶板钢筋笼如图 3－40 所示。

图 3－38　整体吊装底、腹板钢筋

图 3－39　整体吊装顶板钢筋

图 3－40 吊装顶板钢筋笼

(2) 70m 箱梁钢筋整体吊装扁担设计

①设计拟定数据

采用 2 台龙门吊机抬一套钢筋(分底、腹板钢筋和顶板钢筋各一次吊装),2 台龙门吊机配置一个吊装扁担。主桁采用 3 根 66m 长的 63 号工字钢,横向间距为 4.5m;次桁采用 23 套双根 22 号槽钢,长度为 14m,间距为 3m;次桁支撑在主桁上,通过焊接固定在主桁的上面。主桁在吊点位置设置横向连接及交叉连接,连接均采用 2 根 22 号槽钢焊接成箱形。扁担上共设 276 个吊点,所有吊点均采用活动吊板悬挂在次桁上,方便调整吊点的位置。每台龙门吊机主钩采用 4 个吊点,吊点纵向间距为 19m,横向间距为 9m。

②计算施工荷载

底、腹板钢筋自重为 82.4t,按 1.25 倍的自重设计控制吊重:1.25×82.4＝103t。

顶板钢筋自重为 72.9t,按 1.25 倍的自重设计控制吊重:1.25×72.9≈91.1t。

钢筋整体吊装扁担的自重:

63 号工字钢:(3×66×121.35＋54×121.35)/1000≈30.581t;

22 号槽钢:(2×14×23×28.44＋8×13.09×28.44)/1000≈21.331t;

连接及加劲重量:8t;

扁担自重共计 59.9t,按 1.25 倍的自重设计控制吊重:1.25×59.9≈75t。

单台龙门吊机最大施工荷载为:(103＋75)/2＝89t。

每台龙门吊机主钩设 4 个吊点,吊点到钢筋整体吊装扁担的垂直距离为 10m,钢丝绳长度为 14.51m,按照钢丝绳空间的三角形关系,每根钢丝绳的拉力为:(14.51/10)×(89/4)≈32.3t。

③设计计算

吊底、腹板钢筋时,钢筋整体吊装扁担吊点设置:横向设 6 个吊点,主要有 4 个吊点受力,2 个吊点为辅助吊点;纵向设置 23 套,即:4×23＝92,共计 92 个吊点。

钢筋整体吊装扁担设计计算荷载:

底、腹板钢筋设计计算荷载:103t。

平均每根钢丝绳承担荷载：103÷92≈1.12t。考虑钢丝绳受力不均，每根钢丝绳按 2.5t 控制设计，选择承载力为 3t、直径为 15mm 的钢丝绳。

次桁的计算图式：次桁支撑在主桁上，将主桁当成支点，按一次超静定结构计算，钢丝绳拉力均为 2.5t。计算图式见图 3－41。

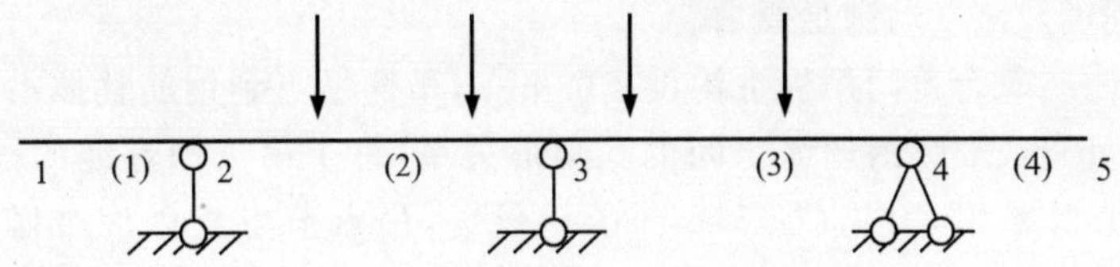

图 3－41　吊底、腹板钢筋时次桁的计算图式

次桁的计算结果：

22 号槽钢截面模量 $W=217627mm^3$；

最大弯矩 $M=49005840N \cdot mm$；

最大应力 $\sigma=M/2W\approx112.6MPa\leqslant[\sigma_w]=145MPa$；

最大挠度 $\nu=6mm$，满足箱梁钢筋的变形要求。

顶板钢筋吊装时，钢筋整体吊装扁担吊点设置：横向设 12 个吊点，12 个吊点受力；纵向设置 23 套，即：12×23＝276，共计 276 个吊点。

钢筋整体吊装扁担设计计算荷载：

顶板钢筋设计计算荷载：91.1t；

平均每根钢丝绳承担荷载：91.1÷276≈0.4t；考虑钢丝绳受力不均，每根钢丝绳按 2.5t 控制设计，选择承载力为 3t、直径 15mm 的钢丝绳。

次桁的检算图式：次桁支撑在主桁上，将主桁当成支点，按一次超静定结构计算，钢丝绳拉力均为 2.5t。检算图式见图 3－42。

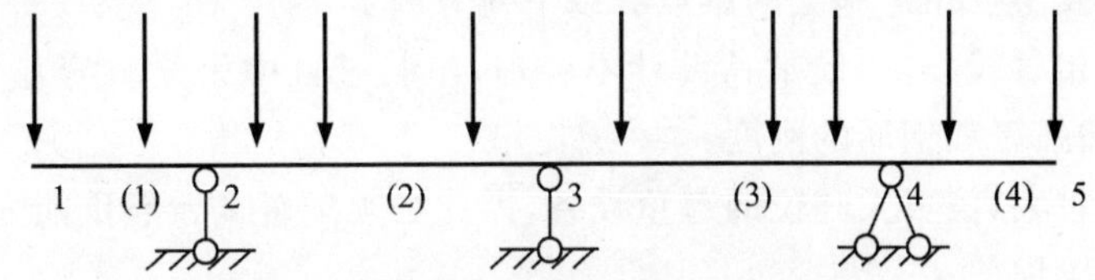

图 3－42　顶板钢筋吊装时次桁的检算图式

次桁的检算结果：

22 号槽钢截面模量 $W=217627mm^3$；

最大弯矩 $M=54000000N \cdot mm$；

最大应力 $\sigma=M/2W\approx124.1MPa\leqslant[\sigma_w]=145MPa$；

最大挠度 $\nu=12mm$，满足箱梁钢筋的变形要求。

主桁计算：3 根 63a 工字钢主桁在横向连接的作用下整体变形，以主钩吊点作为支点，次桁传递的压力为荷载。

每根次桁 4 个吊点受力，每个吊点设计荷载为 2.5t，每根次桁传递给主桁的压力为 10t，共 23 道次桁。计算图式见图 3－43 所示。

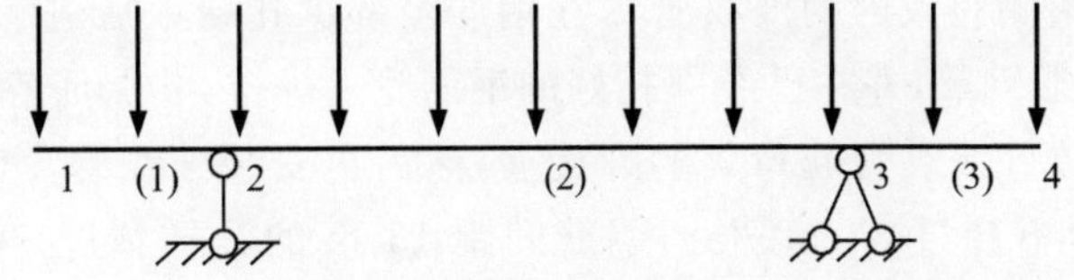

图 3－43　主桁的计算图式

63 号工字钢截面模量 $W=2984254\text{mm}^3$；

最大弯矩 $M=800250000\text{N}\cdot\text{mm}$；

最大应力 $\sigma=M/3W\approx89.4\text{MPa}\leqslant[\sigma_w]=145\text{MPa}$；

最大挠度 $\nu=34\text{mm}$，满足箱梁钢筋的变形要求。根据实际情况，钢筋不会产生残余变形。

整体吊装扁担的强度及刚度均满足要求。

钢丝绳及吊点的计算：每台龙门吊机主钩设 4 个吊点，吊钩吊点到钢筋整体吊装扁担的垂直距离为 10m，钢丝绳长度为 14.51m，按照钢丝绳空间的三角形关系，每个吊点钢丝绳的拉力为：$(14.51/10)\times(89/4)\approx32.3\text{t}$；每个吊点采用 2 根直径 36mm 的钢丝绳，吊点节点板采用带圆孔的平板模型，使用 ANSYS7.0 的 PLANE2 单元检算，局部应力满足规范要求。

所有小吊点钢丝绳均选用 ø15mm。

(3) 70m 箱梁钢筋绑扎胎具及钢筋整体吊装扁担的优点及施工难点

70m 箱梁钢筋绑扎胎具及钢筋整体吊装扁担的优点有以下几方面：

①在固定的钢筋绑扎台座上绑扎钢筋，可以设置钢筋绑扎胎具，保证钢筋绑扎定位准确；

②方便安装预应力管道，使预应力管道位置偏差小；

③有固定的梁体钢筋成型施工地点，减少钢筋、波纹管搬运距离，减轻工人劳动强度；提高钢筋成品的成型工效，保证制梁工期对钢筋成型的时间要求；

④不占用制梁台座，避免污染制梁台座，缩短制梁周期，提高制梁台座的利用率；

⑤钢筋的施工地点相对固定，避免与其他工序相互干扰，方便进行钢筋成型过程中的焊接工作，且能够保证钢筋的干净整洁；

⑥变高空作业为地面作业，提高了钢筋绑扎、波纹管穿放的速度，施工安全性大大提高；

⑦钢筋整体吊装扁担整体性强，龙门吊机的天车及走行动作略微不一致时可由扁担克服，不会影响钢筋变形。

70m 箱梁钢筋预扎及整体吊运施工的难点有以下几方面：

①梁体钢筋的刚度相对较小，如果吊具设计不合理，吊装过程中钢筋就容易变形，因此必须在适当的位置增加架立钢筋，增强箱梁钢筋的刚度；

②整体钢筋的总重量大，需要大吨位的起重设备，因此必须配置 2 台起重能力为 120t 的龙门吊机，2 台龙门吊机同时起吊箱梁钢筋；

③2 台龙门吊机起吊箱梁钢筋时，要求起吊保持同步，以防止整体钢筋受扭；

④钢筋的整体尺寸较长，要 2 台起重设备同时吊装，因此设计与箱梁钢筋等长的特制扁担，在箱梁钢筋上设置多个吊点，均匀地同时起吊箱梁钢筋，以减少箱梁钢筋的变形；

⑤在制作箱梁钢筋时，必须将部分钢筋骨架采用焊接的方式连接，以形成稳定的钢筋骨架，增加箱梁钢筋的整体性；

⑥每套钢筋胎具及钢筋整体吊装扁担使用钢材为 120t，使工程成本有所加大。

(4) 钢筋预扎及吊装施工技术要点

①钢筋整体绑扎施工技术要点

绑扎底、腹板钢筋时，在绑扎好下层钢筋后，应安放预应力管道塑料波纹管（如果在上下两层钢筋绑扎以后再穿塑料波纹管，将会造成波纹管破损），并在上层钢筋绑扎后定位波纹管。可根据地坪上的定位标志进行波纹管定位。两侧腹板内的波纹管可在钢筋全部绑扎结束后进行定位，也可同步进行。波纹管定位筋必须采用 U 字形钢筋，并在已经绑扎好的钢筋笼上焊牢，并保证各管道坐标的位置准确。必须在绑扎第二层钢筋前安放好波纹管起弯处的螺旋筋，然后再安装波纹管。为保证预应力管道位置准确，波纹管纵向定位网间距不超过 80cm，根据钢筋间距 15cm 的具体情况，实际采用的定位网间距为 75cm；起弯部位定位网间距不超过 50cm，实际按 45cm 布置。为保证预应力管道的平顺，当波纹管与钢筋相碰时，可适当移动梁体构造钢筋或将相碰的钢筋进行适当弯折，以满足“当预应力体系与钢筋发生冲突时，预应力体系优先”的原则。定位网钢筋制作时用专用胎模具固定焊接，将成型后的定位网钢筋与腹板箍筋焊接在一起。定位网的网眼净尺寸应比波纹管外径大 5～8mm。

绑扎好的底、腹板钢筋及顶板钢筋，都必须在起吊之前安装好钢筋保护层垫块。底、腹板钢筋及顶板钢筋在吊装前都必须在中心线处做出标记，以方便底、腹板钢筋与底模对中、顶板钢筋与底、腹板钢筋对中。钢筋绑扎时，扎丝头均应进入钢筋区域内，不得伸入保护层内。保护层垫块采用塑料垫块，垫块应绑扎在钢筋“十”字接头处。垫块应按照“十”字形制作成凹形状，这样才能保证绑扎后不会转动。保护层垫块的设置要求如下：底板及翼缘板底面成梅花形布置，间隔不大于 0.8m；腹板梅花形布置间隔不大于 1.2m。

对底、腹板胎具侧面的限位钢筋进行改进。顶板锯齿块在胎具处增设角钢，使钢筋能精确定位。腹板胎具在 N11、N12 类钢筋下增设角钢，保证该钢筋的保护层厚度。N10 类钢筋的高度尺寸必须精确。为了方便顶板钢筋落吊，两端的弯钩部分必须相对顺直。锚端处（锯齿块）钢筋比较密集，同时也与箱梁端部的钢筋发生冲突，在绑扎过程中有一定难度，必须认真处理好该部位钢筋之间的交错关系。为了让内模小车支腿顺利到位，在底、腹板钢筋上测出内模小车支腿各点位置，在绑扎钢筋时有意让开。

②箱梁钢筋整体吊装施工技术要点及安全重点

起吊钢筋笼时，吊点间距纵向不大于 3.50m，横向不大于 2m。起吊时，应在钢筋笼内穿入长 1.5m 的粗钢筋作分配梁，不得将吊钩直接挂在钢筋上，以免钢筋变形造成脱钩。底板钢筋吊装前，在台座两端放出刻度线。钢筋笼对位时，龙门吊机先稳住大车，钢筋笼缓慢下落至离台座约 300mm 高时，稳住大钩，观察两端钢筋对位是否偏移，当偏移误差小于 10mm 时，两端大钩同时下落使钢筋笼就位；当偏移较大时，2 台龙门吊机大车应分别缓慢移动，保证钢筋笼移动稳定，对位精确。吊装顶板钢筋时，由于对应部位的腹板箍筋均伸入顶板钢筋内，因而顶板钢筋下落就位时应精确对位。为便于顶板钢筋安装，箱内顶板与腹板交界的斜向钢筋应在顶板钢筋安装完后再绑扎。由于顶板钢筋纵、横向平面尺寸较大，为提高钢筋笼的刚性，顶板上、下层间，横向均应加设焊接骨架。焊接骨架上、下层受力钢筋间应焊接衬铁，衬铁间距不大于 1.0m，衬铁为直径不小于 ø12mm 的钢筋。焊接骨架横桥向布置间隔不大于 3.0m。

由于顶板端部钢筋较重，应将钢筋吊装扁担两端适当延长，以减少吊装时钢筋骨架的变形。顶板钢筋吊点不能设在顶板、腹板交接处，以方便顶板钢筋与底、腹板钢筋对位时纵向 N3 钢筋位置的适当调整，并防止顶板吊点钢筋坠落伤及腹板波纹管。钢筋笼在分阶段安装完后，应及时调整保护层垫块的位置，并检查保护层厚度，保证保护层厚度不得小于设计要求。

整体钢筋吊装时，应注意起吊、吊运、下落就位时的安全，特别是底、腹板钢筋下落入模及顶板钢筋落下与底、腹板钢筋相接时的施工安全。

(5) 小结

根据钢筋预扎及整体吊运施工工艺的实际应用情况来看，此施工工艺是比较完善的。80t 左右的钢筋，只需 15 个工人 24h 就可以绑扎完毕，2h 就可以将箱梁钢筋吊装入模，提高了劳动效率及工程质量。

3. 70m 预制箱梁模板体系设计及安装施工

70m 箱梁标准段主梁采用单箱单室截面，腹板为斜腹板，斜腹板坡度为 1∶4.09，预制梁共计 540 片，预制台位 8 个，施工组设计安排 4 套外侧翼模板、4 套内模、8 套底模，即 2 个预制台位共用一套侧翼模和一套内模。为了便于端模安装和拆除，将端模设计成 6 块散拼式。所有模板均采用钢模，要求模板接缝平顺，板面平整，转角光滑，连接孔位置准确。

目前国内混凝土箱梁的制梁模板多为拼装式。采用拼装式模板的优点是设计、制造较方便，成本较低。但也存在着许多缺点，如拼装和拆卸时费工费时。拆模板时，由于箱梁内部空间的限制，人工拆除模板比较困难，而且由于箱梁设计时的受力状况决定了箱梁两端腹板必须加厚，因此端隔墙内腔显得更小。散拼的内模搬运较困难，且拼装式模板刚度小，易变形，较难保证大体积预制梁的外形尺寸。在生产实践中，为提高制梁速度、减小劳动强度及提高机械化程度和工程质量，整体钢模板在预制梁施工中正在逐渐得到普及。散拼式内模由于存在模板块数多、刚度小、易变形、装拆工作量大、工作周期长的缺点，明显不适合杭州湾跨海大桥 70m 预制箱梁模板的使用要求。针对杭州湾跨海大桥 70m 箱梁预制的特点，采用整体模板对加快箱梁预制速度、保证箱梁质量有着十分重要的意义。70m 箱梁整体钢模板由底模、外侧模、内模系统、端模等组成，具有以下优点：一是提高了梁体的表面光洁度，保证了梁体尺寸以及增加了倒用次数；二是具有足够的强度、刚度和稳定性，能确保在施工过程中各部位尺寸正确；三是具有多达 135 次重复使用不产生影响梁体外形变形的足够刚度。

(1) 模板设计制造

①设计依据

设计依据有《公路桥涵设计通用规范》(JTJ021－89)、《公路钢结构及木结构设计规范》(JTJ025－86)、《公路桥涵施工技术规范》(JTJ041－2000)、《钢结构设计规范》(GBJ17－88)、《杭州湾跨海大桥专用施工技术规范》、《杭州湾跨海大桥专项工程质量检验评定标准》、杭州湾跨海大桥 70m 箱梁设计图纸及其他文件资料。

②设计创新

70m 箱梁整体式拼装模板设计与以往模板设计具有以下几点创新：

每套模板(外侧模及内模)能够倒用 130 多次，这就要求模板的刚度控制在能满足常规设计中对面板的局部刚度、骨架的整体刚度、桁架的变形的同时，还需考虑整体模板在多次拆模中的集中荷载对其变形的影响，以及频繁倒用和转运时的不平稳而引起的扭曲变形，所以模板刚度的控制成为关键的一环。在了解现场施工使用条件后，考虑采用整体脱模方式，在现场将侧模的接缝焊接在一起。这样做一方面减少了模板接缝，另一方面在模板的倒用及组拼上也节省了大量的时间，靠模板的自重荷载和螺旋千斤顶辅助脱模，整体脱模后的侧翼模板落在运模小车上直接运至下一台位。

整体模板在应用中提高效率的另一个关键问题是要满足侧翼模和底模的连接方便、装拆快捷的要求。我们采取的措施是在侧翼模桁架下设 M45 大螺杆(间距为 3.5m)与底模连接，底模大螺帽在模板调整到合适位置后直接焊在底模连接槽钢上，大螺杆从背带导向管中通过，直接与螺帽上紧，不需调整与背紧相邻的两横向桁架；同时，设 M22 螺栓(间距 300mm)把底模和侧翼模连接为整体，连接缝间设燕尾橡胶条，以保证连接密贴。为方便小螺栓的连接，侧模上的开孔为长圆形，小螺帽预先放在底模连接槽钢中，并设有小挡板对螺帽定位。在螺杆拧紧过程中，小挡板起到背紧的作用，以方便安装和拆卸。

液压内模采用分节整体脱模、各节段收缩后分节整体出模。由于箱梁端部腹板加厚，因而内模在此变厚段的收缩空间变小。由于箱梁端部出口小，因而打破了传统方案所采用的收缩双梁式运模小车的思路，而改为在内模满足侧面不稳定性的各种要求的情况下，采用单立柱式主梁支撑在运模小车上的设计方案，这样的设计大大增加了内模的活动空间。旋转的轨迹决定了内模下翼板的旋转半径增大，为解决此段模板空间小的问题，将此处的下翼板分为两节以解除相互制约，从而满足内模的收缩需要。内模的收缩及脱模均利用液压油缸的自由伸缩，在满足伸缩行程的条件下保证快捷、灵活、方便。为满足油缸在收缩过程中角度的变化，油缸支撑点处均采用销轴活结，而油缸与模板相连处为铰接，此铰接点受油缸集中力作用。为减少内模变形，全套内模各铰接点处均经特别加强处理，以保证满足倒用刚度要求。

③模板构造

70m 箱梁整体式拼装模板分为底模、外侧模、内模和端模几部分。

底模主要由面板、骨架两部分组成。为保证整个底模平整度控制在 1.5mm/2m 内，面板采用 δ14mm 钢板。骨架是为了保证底模在制梁时的整体刚度，根据计算，选用 20 号槽钢，按每 350mm 间距均匀布置。为避免底模的焊接变形，骨架与面板间采用 50/150mm 间断焊，$h_f=4\sim5$mm。在底模板的 20 号槽钢边框上钻 ø24mm 孔和 ø60mm 孔，分别用 M22 螺栓及 M45 大螺杆与侧模相连。底模安装在制梁台座上，承受大部分混凝土梁的重量。底模板在靠近两端处设有便于移运梁体小车进出的活动底模块（活动底模长 1.2m、宽 6.25m）。由于底模长达 70m，为了解决钢底模与其下部的混凝土支承（3 条混凝土梁）的热膨胀系数不同而产生的底模上拱问题，安装时，将底模的中部 20m 段与其下部的支承梁固结，余下部分仅在条形混凝土梁上设横向约束挡块，纵向则自由放置。两端部底模（5 个条形基础部分——由于张拉后箱梁中部将上拱，箱梁的全部重量将由箱梁的两端承受，因此对此处基础进行了加强）下部铺设四氟板（四氟板尺寸为 30cm×80cm），以减小梁体张拉时钢底模与其下部的混凝土支承梁的摩擦力。

外侧模由侧模、翼模、外模桁架、侧模走行台车等组成。侧模及翼模长为 70m（考虑运输需要分为 10 节，每节模板长 7m），高约 4m，面板采用 10mm 厚钢板，纵肋为 18a 工字钢，间距为 300mm。面板与骨架及面板拼接缝均采用 50mm/150mm 间断焊，$h_f=5$mm；连接板与加劲肋满焊，$h_f=6$mm。考虑运输需要，翼模分为 2 段，分段处用螺栓相连。翼模的外端与桁架之间采用调节螺杆支撑，用于调整模板翼缘与腹板之间的角度。外模桁架由横联、侧桁架及上、下平联组成。主桁架高为 4m、宽为 4.5m，共计 20 片。弦杆采用 20 号工字钢，连接系采用∠1002×10。在外模桁架下部的每个节点处均设有螺旋千斤顶（每侧设 20t 千斤顶 40 个），用于调整外模的安装高度和脱模。在两侧外模桁架的底部各设有 3 台移模台车（移模台车长为 3.5m、宽为 4.5m），能在外模轨道上纵移，以便于一套外模能适用于多个制梁台位以及将制成的梁体移出制梁台位。在每台移模车上设置横向千斤顶，可使外模能做横向移动。

内模系统由内模标准节段、内模腹板加厚节段、内模底板加厚节段、端隔墙、内模伸缩油缸、内模走行小车、轨道、螺旋撑杆等组成。模板在横截面上对称分成 5 块，1 块顶模、2 块上侧模、2 块下侧模。顶模与上侧模间、上侧模与下侧模间均采用铰销连接，依靠油缸的伸缩带动模板绕销轴转动，实现模板的张开与收缩。内模采用 8mm 厚钢板作为面板、6mm 加劲肋，面板与加劲肋间采用 50mm/150mm 间断焊，$h_f=5$mm。每台内模小车由车架、2 个可伸缩支腿、4 个走行轮、手动换向阀、油缸、胶管等组成。由设在车体上的液压泵站通过胶管提供液压源，操纵手动换向阀，控制内模板的张开与收缩及内模车伸缩支腿的顶起和收回。各个油缸在脱模的初始阶段，可先用撑杆拉动模板，待模板与梁体产生间隙后再同步动作，控制模板油缸伸缩，驱动 5 块内模板按照下侧模、上侧模、顶模的动作顺序依次撑开到达工作位置。拆模时按其反顺序依次缩回到运送状态，以便于通过箱梁的端隔墙（箱梁两端的端隔墙处腹板加厚，造成内模出运空间变小）。

端模：面板为厚 12mm 的钢板，骨架为 20 号槽钢。为便于安装和拆模，设计成多块（分为 6 块）拼装结构，端模上布置了锚具的安装孔及端部钢筋伸出的槽口。

（2）模板安装

①底模的安装

底模安放在预制好的 3 条条形台座上，先将其吊到条形台座上进行调平，经测量底模平整度合格后，才能进行外模的安装。

②外模的安装

先将运模小车安放在预定位置处，把千斤顶摆好，用龙门吊机将调整好的侧模吊到设计位置，穿上底模与侧模之间的连接螺栓，调节千斤顶，使侧模基本到位。按此过程，将所有的侧模拼装完毕，再进行翼模的拼装。用龙门吊机将翼模吊到预定位置，并且用伸缩螺杆支撑住，同时连接侧模与翼模之间的连接螺栓。同理，安装所有的翼模，最后进行栏杆与扶梯的安装。通过测量，使外模线形与梁体线形一致，上紧所有的螺杆及螺栓。

③内模的安装

将内模小车按顺序摆放在内模预拼台位上（在此前，将伸缩油缸安装到支腿内腔内，插上销轴），再将顶板吊到内模小车的龙骨梁上，按照设计一一对应好。对好中后，点焊，以免滑落。接着，将一侧的上侧板与下侧板整体吊装，与顶板插入销轴连接上（上侧板与下侧板在地上预先拼装，并且将撑杆也连上），用枕木段抄死固定，以免倾覆。拼好一侧，再拼另一侧。同理，将所有的侧板挂上并且固定好，然后将所有撑杆与油缸跟内模连上，调整好角度，将所有 8 个内模小车上的模板连成整体。按梁体设计图纸调节线形，进行微调，并且将顶板与内模小车龙骨梁之间焊死、焊牢，同时将液压系统安装完毕。最后，安装吊点，用 2 台 120t 龙门吊机整体吊装到制梁台座的钢筋笼内(图 3－44)。

图 3－44　内模整体吊装

④端模的安装

先将分块式端模在地上拼好，再分块吊装到已拼装好的外模与底模上，并且用螺栓将端模与侧模连接起来。

(3) 模板拆除

①内模拆除

当混凝土强度达到 15～20MPa 时(根据试验确定)允许拆除内模。拆除内模内所有活动支撑杆，安装内模走行钢轨。收缩两侧下梗肋模板支撑千斤顶，使下梗肋模板收转折叠；收缩上梗肋模板支撑千斤顶，使上梗肋模板收转。上、下梗肋模板收转折叠后，内模小车立柱顶升千斤顶收缩下降，使整个内模整体下降约 350mm。拧转内模小车支承在底模上的 4 个支承螺杆，使内模小车的 4 个走行轮落在钢轨上。当内模全部落在走行钢轨上后，将支承螺杆拧转至支承螺杆底部，使完全高出混凝土顶面。在箱梁两端外侧安装内模滑道钢梁及卷扬机，钢梁顶面高度与箱梁底板加厚段齐平，便于内模滑移钢轨对接。将卷扬机钢丝绳与内模连接，利用卷扬机牵引内模出箱梁(图 3－45、图 3－46)。

图 3－45　液压内模分节整体退出

图 3-46　内模分段脱出

②外模拆除

当混凝土强度达到设计要求时方允许拆除外模。拆外模前，先松开外模骨架与底模连接的大螺栓，并拆掉外模与底模连接的小螺栓。将外模骨架底部的支撑千斤顶逐个放松，使外模整体落到移模台车上。将移模台车上的水平千斤顶收缩，模板向外拖离开混凝土面约 100mm，利用在另一个台位端部设置的卷扬机牵引侧模移向另一个台位。

③端模拆除

混凝土强度达到 5MPa 时即可拆除端模。考虑到本模板方案是侧模夹持端模，因此端模最先拆除。

4. 70m 箱梁预制混凝土浇筑控制施工技术

杭州湾跨海大桥 70m 箱梁采用 C50 海工耐久混凝土，其混凝土的流动度及扩展度均与普通混凝土有较大的区别，同时杭州湾跨海大桥 70m 箱梁其腹板构造为斜腹板，梁体截面高，底板下梗肋薄，而且坡度平缓，这些构造对混凝土的灌注不利。为此，须对箱梁的混凝土灌注工艺进行研究试验，并在箱梁的施工过程中不断完善，以确保梁体混凝土密实，外观颜色一致。箱梁跨中截面见图 3-47。

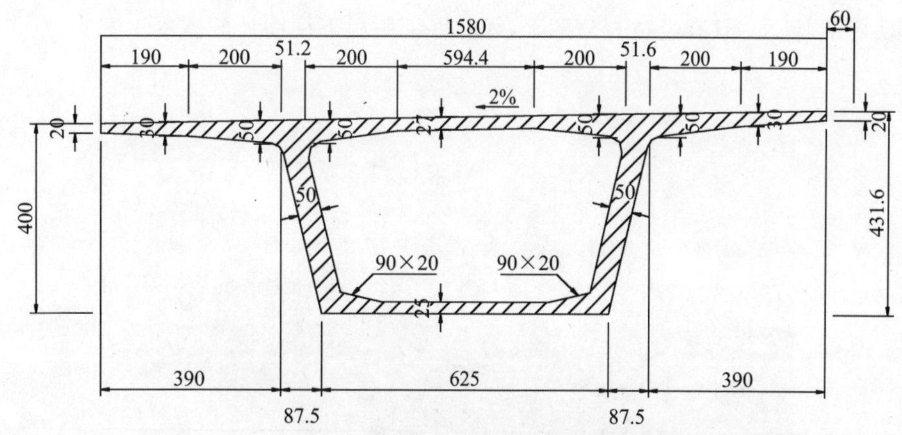

图 3-47　70m 箱梁跨中截面图(尺寸单位:cm)

(1) 混凝土配合比

经过试验研究，70m 箱梁的混凝土采用性能优异的混凝土配合比，掺入粉煤灰和矿粉，水胶比为 0.32。混凝土泵送性能好，不离析，抗氯离子渗透性能好。

(2) 混凝土搅拌、运输、灌注及配套设备

混凝土拌制工厂选用先进的现代化大型设备，生产能力为 $200m^3/h$。根据配合比，设有 900t 水泥罐

4 个,700t 矿粉罐 2 个,500t 粉煤灰罐 2 个,还有第三代外加剂储存罐 2 个。

杭州湾跨海大桥 70m 箱梁预制混凝土采用 8 台 $8m^3$ 的搅拌车拌制,4 台 $80m^3/h$ 的输送泵(另配一台备用)输送,4 台全液压全回转折臂式布料机灌注,其中任何两台布料机均可覆盖 70m 箱梁混凝土灌注施工作业面。2 台吊重为 120t、跨度为 46m、净高为 24m 的龙门吊机,自重仅为 200t,用于钢筋笼和模板吊装。

(3) 混凝土拌和及运输

①70m 箱梁主要结构尺寸

70m 箱梁标准段主梁采用单箱单室截面,单幅桥主梁顶宽 15.8m,腹板为斜腹板,斜坡为 1∶4.09,以减少下部工程数量。为方便箱梁整孔预制内模脱模需要,箱梁在墩顶未设横隔墙,仅在墩顶处对箱梁进行局部加厚处理,腹板墩顶处加厚至 110cm、顶板墩顶处加厚至 55cm、底板墩顶处加厚至 95cm。考虑到箱梁临时简支的需要,墩顶加厚段长为 3.1m,两侧各通过 0.75m 过渡段均匀过渡到墩顶加厚段。

②混凝土搅拌及运输

70m 箱梁混凝土约 $830m^3$。考虑到混凝土的灌注分层接缝时间不得过长,尤其是在高温季节,接缝的时间不得超过 30min,为此配置 4 座每小时产量为 $80m^3$ 的混凝土搅拌站,配置 8 台混凝土运输车。制梁台位两侧共布置 4 台输送泵及 4 台布料机,混凝土的产量及运输能满足 8h 完成的目标。

③考虑到箱梁混凝土体积大、灌注时间长,为避免先灌注的混凝土已初凝,而后面的混凝土还在继续灌注振捣,混凝土的初凝时间应大体与灌注时间相等。为此,本工程混凝土经试验优化选择的配合比在试验室状态下初凝时间约 8h,混凝土的灌注时间宜控制在 8h 左右。混凝土配合比的设计强度为 C50,水胶比为 0.32,稠度为 180±20mm,采用掺入矿粉和粉煤灰的双掺技术。

(4) 70m 箱梁灌注及振捣

①混凝土的灌注及振捣顺序

70m 箱梁梁体混凝土采用一次性连续灌注成型(图 3－48),单片梁混凝土灌注时间控制在 8h 左右。梁体混凝土的灌注振捣顺序如下:

70m 箱梁混凝土采用 4 台布料机分别从梁端开始沿着腹板向跨中方向灌注,为防止底板混凝土超厚,灌注时使底板两侧混凝土超过内模下梗肋后稍作停顿,再从内模顶部预设灌注孔处补充底板混凝土。底板混凝土主要以振捣棒振捣为主。灌注底板混凝土时,要让混凝土充分翻浆,使从腹板翻出的混凝土基本是密实的混凝土。只有经过充分翻浆,才能保证腹板下梗肋处的混凝土密实。

图 3－48 混凝土灌注

底板灌注完成后,分别向跨中对称灌注腹板混凝土,应注意两侧腹板灌注速度保持同步,以防止两边混凝土因高低悬殊而造成内模偏移。

腹板混凝土灌注采用纵向分段斜向分层的方式，每层混凝土厚度不超过 30cm。2 台布料机分别从两端向中间灌注，但在跨中部位交叉搭接，以防跨中部位形成水泥浆集中，造成截面薄弱。同时，每层的接头要相互错开。混凝土在灌注入模时下料要均匀，注意与振捣相配合。混凝土的振捣与下料交错进行，每次振捣按混凝土所灌注的部位（主要指腹板下梗肋部位）使用相应区段上的附着式振动器（外侧模设置附着式振动器，振动器交错布置且靠近底部，安设牢固，每侧侧翼模安装 60 台附着式振动器）和振捣棒振捣，确保下梗肋处混凝土密实。

当两腹板槽灌平后，开始灌注桥面板混凝土。灌注时分别从两端向跨中方向开始，分段灌注，每段 2m，连续灌注。

桥面混凝土灌注从两端向跨中和从两边翼缘外侧向中部灌注。为确保密实、平整、坡度顺畅，除按规定进行振捣外，还必须执行两次收浆抹平，以防裂纹和不平整。桥面振捣采用振动桥振捣及人工收浆。

操作插入式振动器时应快插慢拔，振动棒移动距离不超过振动棒作用半径的 1.5 倍（约 40cm），每点振动时间约 20～30s。振动时，振动棒上下略微抽动，振动棒插入深度以进入前次灌注的混凝土面层下 50～100mm。

②施工要点

下梗肋部分两端加厚段及锚块的混凝土必须充分翻浆，只有充分翻浆，才能保证下梗肋部分密实。但翻浆的程度应控制好，以不超过底板混凝土厚度为度。因此，当下梗肋处不翻浆或翻浆过少时，应在下梗肋处及底板合龙束锚块预设的振捣孔处插入振捣棒振捣引流，以确保混凝土翻浆。灌注第一层混凝土的坍落度应根据天气及气温状态来确定，一般情况下，坍落度应在 18～20cm。下雨过后，钢筋及模板表面处于湿润状态，混凝土的坍落度应控制在 15～17cm 以内。温度在 10℃以下时，坍落度应不大于 18cm。

第一层的混凝土厚度一定要下料足够，应保证内模下梗肋全部填充满。

灌注的坡度不宜过大，应控制在 1∶10 以下为宜。坡度过大时，易造成水泥浆流失。由于水泥浆集中到低处，容易造成该位置翻浆，所以当水泥浆集中过多时，会造成严重的翻浆。

灌注第一层混凝土时，箱内振捣人员应将振捣棒横向插入下梗肋模板下部振捣引流，同时将振捣棒插入下梗肋模板预设的振捣孔内振捣，以保证下梗肋底板处混凝土密实。桥面上的振捣棒，应下插到底部帮助振捣。振捣的顺序应为箱内的振捣完成先于桥面上的振捣，桥面下插的振捣棒振捣完成后，箱内的振捣棒不得再对下梗肋处振捣，以免造成下梗肋不饱满及腹板处坍塌成孔洞。

桥面上的振捣棒插入位置对箱梁外观颜色及密实度尤为重要。对腹板内侧，应沿内模与内侧钢筋的空档处下振捣棒；对腹板外侧，应沿外侧钢筋的内侧下棒。这样，振捣棒不会因碰撞波纹管而造成管道变形。同时，振捣棒不应与外侧模板接触，以免造成外表面竖向条纹及形成过振。

灌注下梗肋附近部位过程中，应用手锤或钢筋等轻敲模板，通过声音判断混凝土是否密实。当出现空洞声音时，应及时补充振捣，以确保混凝土密实。

70m 箱梁为斜腹板构造，下梗肋较宽，如不注意混凝土灌注及振捣上浮力过大，容易造成内模上浮。上浮一般发生在灌注第二及第三层混凝土时，此时第一层混凝土坍落度损失很大或已基本初凝，模板上浮后下梗肋形成空隙，上部继续振捣，使水泥浆顺着模板流下，黏附在下梗肋表面而形成麻面。严重时，下梗肋处的腹板因水泥浆流失形成麻面、石子堆垒或孔洞。在混凝土灌注速度快、振捣部位多时，此种情况尤为严重。因此，应将内模与底模拉接上，拉接部位应在底模及内模的加劲肋处。

控制好混凝土的水胶比是保证大体积箱梁灌注及振捣质量的重要条件。通过对箱梁灌注时现场混凝土性能的测试表明，海工混凝土的黏稠度与水胶比的变化较为密切，而坍落度与水胶比的变化不甚明显。当扩展度小于 40cm 时，混凝土很黏稠，流动度过小，下料及振捣较为困难，下梗肋不易饱满。当扩展度大于 45cm 时，混凝土流动度大，容易造成翻浆。扩展度变化大时，坍落度变化不大（见表 3－18），这与普通混凝土有较大的区别。通常混凝土黏稠，不易离析，应该说容易振捣，但黏稠度太大时不易流动，容易造成混凝土不密实，尤其是在钢筋密集区，稍有不当，则形成空洞，因此对混凝土的搅拌应严加控制。

表 3－18　C32C33－X－L－ZZ 梁混凝土性能测试

序号		检测时间	坍落度(cm)	扩展度	混凝土温度(℃)
南端	1	9:44	20	40＋41	15
	2	10:03	17	40＋36	16
	3	10:23	15	36＋37	17
	4	10:40	21	43＋46	18
	5	11:10	19.5	45＋39	18
	6	13:20	18	40＋41	19
	7	13:36	18	41＋39	19
	8	14:10	17.5	39＋38	19
	9	15:00	19	43＋44	19
	10	16:20	20	41＋44	19
	11	16:38	22	50＋51	20
	12	18:20	20	48＋50	19
北端	1	9:55	17	45＋45	17
	2	10:10	19	48＋41	18
	3	10:35	13	35＋31	17
	4	10:45	18	40＋41	17
	5	11:35	20	47＋43	18
	6	12:30	21	47＋49	20
	7	13:25	20	42＋43	20
	8	14:04	20	51＋53	20
	9	14:25	17	51＋39	20
	10	16:20	17	43＋39	18
	11	16:50	18	41＋43	18

底板的厚度控制应考虑到操作方便。底板两侧可利用下梗肋模板作参照物，中部可利用底板上的预埋件作参照物找平。利用下梗肋模板作参照物时，其下梗肋处的混凝土应略低于模板，以便模板向上收转。

梁体两端底板钢筋密集，振捣棒不易插入，应在灌注混凝土前，将钢筋适当拨开，便于振捣棒插入。同时，该处坍落度应适度加大，宜控制在 18～20cm。第一层及第二层混凝土的坍落度均应控制在 18～20cm。对于两端截面，因钢筋密集，因而混凝土坍落度还应适当加大。灌注腹板部位时，混凝土坍落度宜控制在 16～18cm 之间。灌注顶板时，为了收浆及抹面需要，混凝土坍落度宜控制在 18～20cm。

底板混凝土灌注完，向腹板灌注混凝土时，应对称均匀，其厚度不宜大于 40cm，以防两侧混凝土高低差大造成内模偏移、灌注过厚而造成气泡不易排出，形成内箱侧面气孔较多。同时，为了保证混凝土密实，需延长振捣时间，这样容易造成过振，形成色差。灌注过厚，延长了上、下层的接缝时间，造成明显接缝，形成冷缝，这种情况在气温较高的情况下尤其严重，因此必须严格控制灌注厚度，提高灌注速度。为了提高灌注及振捣速度，灌注腹板混凝土时，宜将坍落度加大至 20cm。腹板外侧的振捣应以密插、短振、勤振为宜；腹板内侧的振捣应较外侧延长振捣时间。腹板灌注应注意以下 4 点：

一是分层厚度不得过大，夏季厚度不得超过 50cm，其他季节不超过 60cm。

二是振捣棒的插入深度应进入前一层内 5～10cm，不得插入过深，以免重复振捣、过振而造成色差，尤其是腹板外侧不得过振。

三是腹板内侧的振捣应将振捣棒沿内模与钢筋间的空隙插入。当坍落度较小时，须保证足够的振捣时间，振捣棒插入下层的深度可适当延深，以确保混凝土密实。

四是灌注底板及腹板混凝土时，应在腹板两侧的桥面钢筋上铺上铁皮或木板，以防止混凝土滴落在翼板或顶板模板上。同时，布料管下料时，应对准腹板槽。在移动布料管时，应用口袋将布料口兜住，避免混凝土滴落形成干灰或夹渣。

腹板灌平后灌桥面板。桥面板灌注前，应将两侧翼缘模板及内模顶板上的混凝土清除干净，避免造成板底干灰或夹渣现象。桥面板的振捣以振捣棒振捣为主，振捣过后利用整平机整平提浆。

混凝土振捣在灌注第一层及第二层混凝土时，以振捣棒振捣为主、附着式振捣器为辅，附着式振捣器不宜多用。

振动棒插入应快插慢拔，每一插入点的间隔不大于 30cm。振捣棒的插入深度应为插入前次灌注的混凝土约 5～10cm。每一插入点的振捣时间，腹板内、外应有所区别，腹板内侧应控制在 45s 以内，腹板外侧应控制在 30s 以内。振捣时应上下略微抽动，以利于排气。腹板振捣时，振动棒插入混凝土后不得撒手不管或将振捣棒贴外侧模板振捣。

桥面混凝土收浆及抹面见图 3－49 所示。

图 3－49　桥面收浆抹平

我们将闪电式整平机设计运用于 17m 跨桥面施工（在此之前，国内该技术最大跨度只能做到 12m），它能适应各种坡度与平整度的要求，使桥面施工质量再上一个更高的台阶。自行设计制造的收浆作业平台，使面积达 $1100m^2$ 的梁面能在短时间内完成收浆抹面作业，有效地避免了桥面裂纹的产生，彻底消除了桥面施工的一些质量通病。

为防止桥面混凝土出现收缩裂纹，除加强洒水、覆盖保湿外，尚应加强表面的收浆抹面。70m 箱梁桥面宽，为了保证平整度符合要求，专门设计制造了振动桥。其方法是：桥面混凝土灌注后，用振动棒将混凝土振捣密实并初步找平。当整个桥面灌注完成一段后（能够满足振动桥的宽度），即可安装振动桥振动、找平、提浆。振动桥振动时，应以表面泛浆为度。其后，人工用木抹子二次收浆，前一次收浆以提浆抹平为主，振动桥振动过后即可开始收浆，收浆时应尽量将混凝土中浆液提出，不宜洒水提浆，因洒水提浆易形成起皮现象。后一次主要以搓毛为主，时间应根据混凝土表面情况决定，在混凝土初凝前须完成收浆抹面工作。收浆抹面后应注意及时覆盖保温、保湿，防止因水分蒸发而发生收缩裂纹。覆盖时，应以混凝土表面站人无明显脚印为宜。高性能的海工混凝土水胶比低，更应注意保湿。温度在5℃以下、混凝土水化热较低时可不洒水，水化热较高时需洒水。温度在5℃以上时，覆盖后必须及时洒水。覆盖材料采用较厚的土工布为宜。

混凝土施工已进入新时代，在保证内在质量的前提下，外观质量要求越来越高。外观质量要求除了必要的机械工装投入外，人员的操作水平及实践经验也非常重要。对70m箱梁这样的大体积薄壁结构，其混凝土灌注及振捣工人应具有较高的水平及丰富的施工经验，尤其是施工经验，应花足够的时间培训及锻炼。

通过第一、第二片梁的灌注试验，表明以上灌注方法基本符合工艺要求。混凝土灌注密实需要注意的几个重点部位是：下梗肋部位的灌注振捣，腹板内侧的气泡不易排出，底板容易翻浆。这几个部位控制得好，其他部位灌注振捣则较为容易保证。

(5) 混凝土养护

①箱梁顶板养护及保温

梁体养护见图3－50所示。

图3－50 梁体养护状况图

当箱梁混凝土灌注完毕、在混凝土初凝过程中，应特别注意加强表面的保湿工作。当温度较高、气候干燥时，应用喷雾器喷雾保湿，决不允许用水管直接冲混凝土表面。混凝土接近初凝时(即根据混凝土表面不粘手、不粘土工布时为宜)，桥面采用土工布覆盖，土工布块与块之间应设10cm左右的搭接宽度，并注意不得污染桥面。为保证混凝土充分湿润，设专人不间断洒水养护，以确保在任何时候土工布均处于充分湿润状态。洒水次数应以保持混凝土表面湿润状态为度，一般气候条件下，白天以1～2h洒水一次，晚上4h左右洒水一次为宜，夏天适当加密，冬天适当减少洒水次数。洒水养护期：从灌注完开始计时，夏天一般不少于7d，其他季节不宜少于14d。当箱梁经过张拉移出制梁台座后，须继续洒水养护至规定时间。当日平均气温低于＋5℃时，不得进行浇水养护。

根据历年杭州湾气象资料，本地区最冷为一月，平均气温3.7℃，达到冬季施工的标准(连续5d日平均气温低于5℃)。因此，必须按照冬季施工规范要求做好冬季施工安排部署，确保工程内在质量，保证工程的顺利进行。冬季，箱梁混凝土浇筑工作应安排在气温较高的白天进行，确保提高混凝土入模温度不低于80℃；搅拌混凝土时，搅拌时间应较规定延长50%。冬季混凝土养护主要是保温，在桥面混凝土灌注收浆完毕之后，立即采用塑料薄膜(下层)和土工布(上层)或中间带有塑料夹层的单层土工布进行横向覆盖保温养护。同时，注意当日平均气温低于5℃时，不得进行浇水，但应经常检查桥面是否失水，必要时可在土工布上喷洒水雾(不得直接在混凝土面上浇水)；当用塑料薄膜(下层)和土工布(上层)进行保温养护覆盖时，横向两边要留足够的长度(100cm)，以便用角铁或其他物体压住，防止刮风裹起。

②箱梁箱室内养护

箱梁底板混凝土灌注完毕后，应立即用帆布或彩条布将箱梁箱室两端封闭，以避免在箱室内形成风道，使箱内温度降低过快。混凝土初凝后，采用喷雾器洒水养护，养护次数与顶板基本相同。根据实际施工经验，两端封闭时，箱内温度是比较高的，因此待混凝土终凝后，底板混凝土可以采用浇水养护。

混凝土初凝后，转动通风孔处的成孔器，并在终凝后拔出。成孔器拔出后，立即用湿润棉纱堵塞通风孔进行保温，防止在腹板通风孔处产生过大温差而形成温度裂纹。

内模每节牵引出箱室后，立即采用喷雾器在箱梁腹板内侧及箱内顶板上均匀喷洒混凝土养护剂（箱室内底板部位仍采用浇水养护）。

冬季，箱梁箱室两端封闭之后，箱内温度可以满足规范规定，不用采取其他办法保温。

③箱梁翼板底面、腹板外侧、两端部、底板底面养护和保温方案

正常情况下，箱梁外侧整体模拆除移走后，立即将专门制作的养护平台吊装到侧模纵移轨道上（养护平台可以在侧模纵移轨道移动），人工在养护平台上采用喷雾器向箱梁翼板底面、腹板外侧均匀喷洒养护剂。底板底面在箱梁移出制梁台座后，立即用喷雾器喷洒养护剂。

冬季施工，当日平均气温低于 5℃时，就沿侧模桁架外侧及端模四周挂铺帆布篷（两块帆布篷搭接重叠 15cm），将两侧侧模及端模完全覆盖，帆布篷底部用角铁或其他重物紧紧压住，以形成一个大的保温棚。同时，在棚内均匀布设 20 只三芯煤炉加温。为防止混凝土失水，煤炉不得干烧，其上必须放置无盖水壶，以产生热蒸汽，保持湿度进行养护。应保证混凝土在浇筑后的 7d 内不低于 100℃。

冬季混凝土保温养护时，必须派专人 24h 轮流进行值班，尤其是夜晚环境温度较低时，更要加强温度控制，确保煤炉加温的连续性。

④一些关于高性能混凝土养护的基本概念

一次完成抹面是防止海工混凝土塑性收缩裂缝采用的较好的工艺和技术，在人可行走时就可湿养，从浇筑完到开始养护不超过 15min。

7d 的湿养护是对海工混凝土的最低要求。如果海工混凝土被连续养护了 7d，那么掺和料的含量与裂缝方向就没有关系了。

箱内的表面养护也应同桥面一样，要及时覆盖保温并浇水养护。特别要注意的是，箱梁的两端应封闭（冬季），避免穿堂风。

⑤Masterkure 128 养护剂的使用

70m 预制箱梁腹板内外侧、翼板下侧及底板下侧采用 Masterkure 128 养护剂进行养护。

Masterkure 128 是一种即用型养护剂，是一种经特殊选择的以聚合物乳液为基础的透明养护膜材。它施工于新鲜混凝土表面，可形成养护膜，具有很好的不泛黄特性。

该材料对混凝土和砂浆具有较好的水分保持及清洁作用，可确保水泥充分水化，强度更好，耐磨性好。使用于暴露的混凝土表面，便于区别已养护和未养护的区域，有效避免漏涂（根据混凝土表面的湿润情况可以确定是否涂过养护液，从而避免漏涂）。

特性：液态；颜色：白色乳液；密度（20°C）：1.01kg/L。

施工时，要防止混凝土表面被破坏，重要的是防止漏涂。施工后，要及时用水清洗工具和设备。

从已施工梁的及时实施保温和养护方案情况看，Masterkure 128 养护剂效果良好，尤其对混凝土早期裂缝控制起到了很大的作用。

5. 70m 箱梁真空辅助压浆技术的应用

20 世纪以来，国际上有些使用后张拉预应力工艺的桥梁，由于预应力筋受到锈蚀而导致桥梁垮塌，或重修，或加固。关于预应力筋的防腐问题、结构的耐久性问题，受到土木工程界的普遍关注。例如：在英国，建于 1953 年的 YNGS－GNAS 大桥于 1985 年垮塌，其主要原因是预应力筋锈蚀，因此英国运输部决定从 1992 年起暂停使用压浆的后张拉预应力混凝土结构，直至 1996 年采用真空辅助压浆技术解决了预应力筋防锈蚀问题，英国运输部才开始恢复使用压浆的后张拉预应力混凝土结构；在美国，1957 年修建的康涅狄格州的 Bisseu 大桥，因为预应力筋锈蚀导致安全度下降，被迫在使用了 35 年后于 1992

年不得不炸毁重建；在日本，经过大量调研发现，采用传统的压浆工艺发生桥梁倒塌、预应力筋锈蚀、松弛等，现在慎用体内预应力筋，而采用体外筋或导性灌浆来达到防腐的目的，目前也在研究解决压浆质量的方法。在国内，也有许多预应力混凝土桥梁，由于管道压浆不饱满，使预应力筋受到锈蚀，在设计使用年限内不得不进行加固，造成人力、物力的大量浪费。

《杭州湾跨海大桥专用技术规范》要求采用真空辅助压浆工艺。为了保证真空辅助压浆的效果，进行了如下研究及试验，制定了真空辅助压浆工艺流程。

(1) 真空辅助压浆工艺原理

真空辅助压浆体系是用塑料波纹管将管道系统密封，在抽真空端用抽真空机将管道内 80%以上的空气抽出，并保证管道真空度在 80%左右，同时在压浆端压入水灰比为 0.3～0.35 的水泥浆，当水泥浆从抽真空端流出且稠度与压浆端基本相同时，再经过特定位置的排浆、保压手段，以保证管道内水泥浆体饱满。

①工艺特点

真空辅助压浆工艺可以消除普通压浆法引起的气泡，同时管道中残留的水珠在接近真空的情况下被汽化，随同空气一起被抽出，增强了浆体的密实度；可以消除混在浆体中的气泡，这样就避免了有害水积聚在预应力筋附近的可能性，防止了预应力筋的腐蚀；可以改进浆体的设计，使其不会发生析水、干硬收缩等问题；管道在真空状态下，减少了由于管道高低弯曲而使浆体自身形成的压力差，便于浆体充盈整个管道，尤其是一些关键部位。

②采用塑料波纹管的优点

与金属波纹管相比，采用塑料波纹管具有以下优点：

摩擦阻力小，耐疲劳性能好，密封性好，可使用真空辅助压浆；耐腐蚀、不生锈，利于钢绞线的保护；不导电，能保护预应力筋抗杂散电流；强度高、刚性大，不易被振动棒振破；可焊接连接，无需另配接头；成本低，材料损耗小，剩余短管仍可利用。通常情况下，塑料波纹管与金属波纹管管道摩阻系数 μ、管道局部偏差影响系数 k 值比较如表 3－19 所示。

表 3－19 塑料波纹管与金属波纹管 μ、k 值

波纹管种类	μ	k
金属波纹管	0.25	0.0015
塑料波纹管	0.12～0.14	0.001

③水泥浆的设计

水泥浆的设计是真空辅助压浆的关键之处。配制真空辅助压浆浆体的基本原理是：改善水泥浆的性能，降低水灰比，减少孔隙、泌水，消除离析现象；减少和补偿水泥浆在凝结过程中的收缩变形，具有较高的抗压强度。采用 VSL 公司生产的专用浆体外加剂(含阻锈剂)的水泥浆符合以下要求：水泥应采用普通硅酸盐或硅酸盐水泥，标号不低于 42.5；真空辅助压浆浆体水灰比规定为 0.3～ 0.35，一般控制在 0.33；泌水率小于 2%，泌水应在 24h 内被浆体吸收；流动性为 14～18s；28d 龄期浆体抗压强度大于 60MPa；膨胀率小于 5%；初凝时间大于 3h，终凝时间小于 24h。

(2) 真空压浆试验

首先采用上述的设计水泥浆配合比和压浆设备(包括抽真空机)，然后采用 1∶1 比例制作试验梁，真实模拟桥梁纵、横向预应力管道试验和斜管试验。

采用 1∶1 比例真实模拟桥梁纵、横向预应力管道试验如下：

先预制 70m 箱梁的预制构件，按 1∶1 比例模拟 70m 箱梁纵向弯曲管道和横向预应力管道各 2 个管道；按设计的 70m 箱梁纵向预应力体系，在 ø100mm 直径塑料波纹管内穿入 15－22 钢束(R_y^b＝1860MPa)并张紧；按设计的 70m 箱梁横向预应力体系，在 ø76mm×23mm 的扁塑料波纹管内穿入 15－4 钢束(R_y^b＝1860MPa)并张紧；预应力筋张拉完后，用砂轮机切割掉两端多余钢束，锚外预留长度约为

35mm；切割时须保证外露钢束齐平，如长短不齐，将影响压浆密封盖帽的安装；接着压浆，压浆前按照设计浆体配合比，将辅助添加剂、水泥分袋装好备用，水用桶称量。

抽真空机及压浆机安装如下：在待压浆的管道两端安装密封盖帽及连接管，梁体一端预留接口上安装压浆管及压浆机，另一端预留接口上安装抽真空机。压浆机、抽真空机及附件连接好后，对管道试抽真空，检查及确保管道无漏气现象。

按配合比搅拌水泥浆，水泥浆配合比为：1：0.335：0.11；每盘浆体原材料用量为：150kg $PO_{42.5}$ 水泥，45kg 水，16.5kg 添加剂；水泥浆抗压强度为：$R_{3d}=43$MPa，$R_{7d}=50$MPa，$R_{28d}=68.8$MPa。

开启压浆机前，将压浆胶管里的水排掉以等待正式压浆；开启真空机，一直抽到管道内真空度达到－0.07MPa 左右且真空度不再上升；开始压浆，初始压浆时须使用慢速挡，发现压力无异常时可立即换快速挡进行压浆；当水泥浆从抽真空端的透明真空管流出时，关闭通向该真空机的阀门，关闭真空机，同时打开排废管的阀门，让水泥浆从排废管流出，直至流出的浆稠度合适时，关闭抽真空端的阀门；当压浆端的压力逐渐上升到 0.5MPa 时，开始保压，保压时间为 2min；保压结束后点动压浆泵，以便压力保持 0.5MPa 以上；关闭压浆端的阀门，并打开安全阀卸压；关掉压浆泵，关闭压浆口铁管阀门，结束压浆作业；压浆管道进入自然养护期。

斜管试验是为了展示真空辅助压浆工艺的水泥浆在孔道中的实际效果，确认水泥浆达到相关要求。通过试验，可检查浆体的泌水率及泌水能否在 24h 内被浆体吸收。

按图 3－51 方法制作斜管支架，支架采用型钢制作，倾斜度约为 30°；然后安装试验模型，试验模型为透明管，两端管盖的安装应确保密封并能承受压浆所需的压力而不漏浆；在排气阀一端接上真空泵，进浆口一端接上压浆泵；试抽管道真空，检查并确保管道无漏气的地方；按设计浆体配合比配浆、拌浆；开启真空机一直抽到管道内真空度为－0.07MPa 以上且真空度不再上升；开始压浆，压浆过程中真空机保持抽真空状态；当浆体从试管顶端流出时，关闭出浆口阀门，关闭真空机；压浆机继续工作，当压浆端压力达到 0.6MPa 左右开始保压，保压时间为 2min；2min 后压力降为 0.4MPa，补压至 0.5MPa，关闭压浆端阀门，对压浆机卸压后关闭压浆泵，结束压浆；拆除压浆管道，用湿麻袋覆盖玻璃管，保持麻袋湿润，防止太阳直晒。

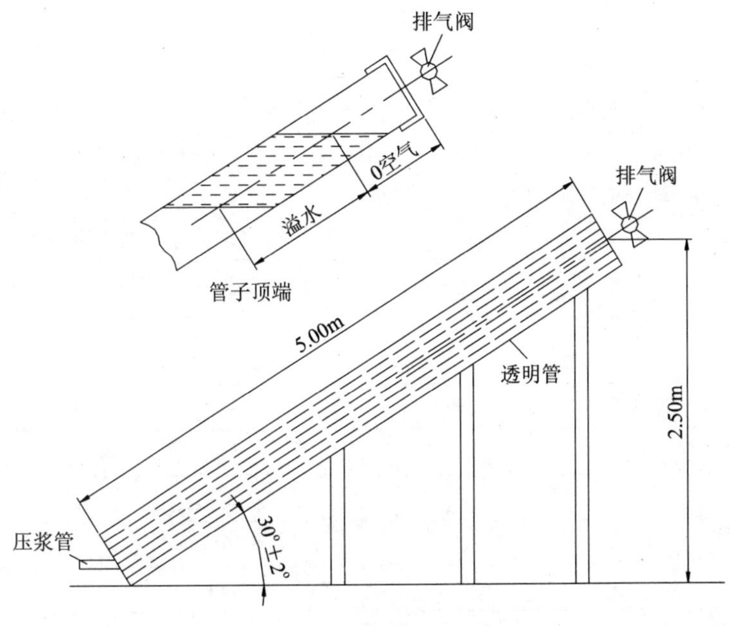

图 3－51　斜管试验示意图

表 3－20 为真空辅助压浆记录表，表 3－21 为斜管试验测试报告。

表 3-20 真空辅助压浆记录表

盘号	开始搅拌时间	水泥用量(kg)	水用量(kg)	外加剂用量(kg)	流动度(s)	备 注
1	8:46	150	50.25	16.5	14.0	真空泵压力为－0.07MPa
2	9:00	150	50.25	16.5	14.0	管道压浆
3	9:10	150	50.25	16.5	14.0	管道压浆
4	9:13	150	50.25	16.5		管道压浆
5	9:15	150	50.25	16.5		管道压浆
6	9:22	150	50.25	16.5		管道压浆
7	9:45	150	50.25	16.5		堵管一次，处理堵管约 20min
8	10:11	150	50.25	16.5		管道压浆
9	10:25	150	50.25	16.5	开始拌和斜管试验浆体	
10	10:45	结束搅拌				
11	10:52	开始斜管试验的抽真空				
12	10:54	开始往斜管中压浆				
13	10:58	关真空泵				
14	11:18	开始保压				
15		保压压力为 0.5 MPa，时间为 2min，试验结束				

表 3-21 斜管试验测试报告 （试验日期：2004.11.20）

<table>
<tr><td>压浆工艺</td><td colspan="2">真空辅助压浆</td><td colspan="2">试验场地</td><td colspan="2">工地施工现场</td></tr>
<tr><td>管道材料</td><td colspan="2">有机透明玻璃管</td><td colspan="2">管道长度</td><td colspan="2">5m 斜管</td></tr>
<tr><td>气 温</td><td colspan="2">13℃</td><td>水 温</td><td>15℃</td><td>浆 温</td><td>25℃</td></tr>
<tr><td rowspan="8">浆体材料</td><td rowspan="4">水泥</td><td>供应商/品牌</td><td colspan="2">海螺牌</td><td rowspan="4">水源</td><td rowspan="4">自来水</td></tr>
<tr><td>品种规格</td><td colspan="2">$PO_{42.5}$ 硅酸盐水泥</td></tr>
<tr><td>出厂编号</td><td colspan="2">Gs4053</td></tr>
<tr><td>制造日期</td><td colspan="2">2004.10.28</td></tr>
<tr><td rowspan="4">添加剂</td><td>供应商/品牌</td><td colspan="4">HF 真空辅助专用助剂</td></tr>
<tr><td>掺量</td><td colspan="4">11%</td></tr>
<tr><td>出厂编号</td><td colspan="4">04-11-18</td></tr>
<tr><td>制造日期</td><td colspan="4">04-11-10</td></tr>
<tr><td>配合比</td><td colspan="2">水泥：水：添加剂</td><td colspan="4">1：0.335：0.11</td></tr>
<tr><td rowspan="3">材料用量</td><td>水泥</td><td colspan="5">150kg</td></tr>
<tr><td>水</td><td colspan="5">50.25kg</td></tr>
<tr><td>添加剂</td><td colspan="5">16.5kg</td></tr>
<tr><td rowspan="2">搅拌设备</td><td>型号</td><td colspan="5">VSLYJJ2</td></tr>
<tr><td>容积</td><td colspan="5">400L</td></tr>
<tr><td colspan="2">搅拌过程描述</td><td colspan="5">先加入 40kg 水，再加入 16.5kg 添加剂，充分搅拌均匀后缓慢均匀地加入水泥及剩余水，搅拌到浆体合适为止</td></tr>
</table>

续表

	测试时间(h)	0	0.5	72	抗压强度(MPa)		
浆体性能	流速(s)	14	14	/	3d	7d	28d
	注浆高度(mm)	283	283	/	43.0	50.0	68.8
	水面高度(mm)	5	5	/			
	浆面高度(mm)	278	278	279			
	泌水率(%)	1.0	1.0	/			
	膨胀率(%)	/	/	0.1			
	离析度(%)	/	/	4			
	密度(kg/m^3)	/	2050	/			

斜管观察、切片及数据分析：

斜管观察：6h 后观测斜管有少量泌水，但由于管子是倾斜的，而且由于压浆密封时用不干胶将管头包住，泌水率无法测量；24h 后观测发现泌水被吸收；48h 后观测发现沿斜管圆周方向上部一侧有许多针孔状气孔，且该气孔顺管道方向均匀存在；72h 后管道中浆体出现横向裂纹，裂纹的间距在 500～700mm 之间；1 个星期后裂纹贯通圆截面，从横向裂纹来看浆体有收缩现象。

切片情况：对斜管浆体切片取样后观察切口部位，结果表明浆体密实、表面无气孔（图 3－52～图3－55）。

图 3－52　斜管压浆端及出浆端切片

图 3－53　梁体模拟压浆切片

图 3－54 实体梁试验剥出图片

图 3－55 梁体压浆后管道端头锚头

为了确保工艺效果，我们在现场作了斜管和 70m 长足尺的实体梁试验，完全模拟 70m 箱梁预应力束长度、曲线、孔径大小、穿束根数、两端及中间的锚板体系、进出气观察孔等，按照真空辅助压浆的浆体配制工艺进行灌浆，然后剥出预应力管道，进行切片。通过切片和后期梁体试验可以看出，其效果非常理想。

(3) 模拟压浆结论

通过以上试验证明，采用 VSL 专用辅助添加剂及海螺牌 $PO_{42.5}$ 水泥，其水灰比为 0.335 且真空度在－0.07MPa 左右时，用 0.5～0.6MPa 的压力保压 2min 能够保证管道的密实度。在施工过程中，要确保管道不漏浆，密封罩盖与锚垫板密贴，确保压力在 0.5～0.6MPa 状态下，这样才能保证管道压浆密实。与普通的压浆工艺相比，真空压浆提高了浆体密实度，使浆体的水灰比更小，浆体的泌水率及收缩率较普通压浆要小，浆体的强度更高。由于管道浆体密实度提高，预应力筋的防腐蚀功能大为提高。

(4) 长索大吨位的管道摩阻试验

塑料波纹管的密封性能优于金属波纹管，摩阻系数小于铁皮管及橡胶抽拔管。塑料波纹管摩阻系数一般为 0.14～0.17，设计取值为 0.12～0.22。管道的摩阻系数除与自身材料的摩阻系数有关外，还与施工过程中诸多不确定因素及施工水平的差异有关。因此，需在张拉前进行管道摩阻测试，为设计提供依据。

试验时所用的张拉设备为 YCW500A 型千斤顶，油压表精度为 1.5 级，压力传感器为上海生产的量程为 6000kN、灵敏度为 1kN 的负荷传感器(2 台)，测试仪器为 GGD－38 型显示器(2 台)，据此进行管道摩阻测试。

试验采用单端张拉的方法(图 3－56)，通过被动端与主动端传感器读数的比值来分析实际管道摩阻的情况。15－22 预应力钢束分 8 级加载，试验时张拉控制力从 500kN 拉到 4300kN(接近设计张拉力)。

15－19 预应力钢束分 8 级加载，试验时张拉控制力从 450kN 拉到 3700kN。试验时，根据千斤顶油压表读数控制张拉荷载级。由于每台千斤顶最大行程为 200mm，而按设计吨位张拉时，预应力钢束伸长量达 460～480mm，故必须在主动端安装 3 台千斤顶，被动端安装 1 台千斤顶。分级测试预应力束张拉过程中主动端与被动端的荷载，并通过线性回归确定管道被动端和主动端荷载的比值，然后利用二元线性回归的方法确定预应力管道的 k、μ 值。

图 3－56　管道摩阻试验张拉端

以一端作主动端，另一端作被动端逐级加载，两端均读取传感器读数，并测量钢束伸长量，每个管道张拉 2 次。然后调换主动端与被动端位置，用同样的方法再做一遍。试验值见表 3－22 所示。

表 3－22　管道摩阻系数计算结果

名　称	实测计算值	设计值	规范值
k	0.00102	0.0015	0.0015
μ	0.089	0.12	0.14～0.17

从表中可以看出：实测的管道局部偏差影响系数 k 值和管道摩阻系数 μ 值比设计与规范规定值均小。因此，实测、设计与规范值相比较，实测管道摩阻力均小于按设计与规范计算时的摩阻力，按实测值计算平均比按设计值计算小 4.36％，按实测值计算比按规范所推荐值计算平均小 5.30％。相差原因是由于在箱梁预制中严格要求定位钢筋的施工质量，充分发挥其定位及防止波纹管变形的作用。同时，塑料波纹管中穿入芯棒避免管道变形等措施的采用，对于减少预应力损失起到了很好的效果。

(5) 真空辅助压浆试验在 70m 箱梁中的应用

按照模拟压浆试验的经验，70m 箱梁实体压浆采用以下工艺流程：

在压浆管道出口及入口处安上密封盖及阀门，将真空泵连接在非压浆端上，压浆泵连接在压浆端上，以串联的方式将负压容器、三向阀门和锚垫板压浆管连接起来，其中锚垫板压浆管和阀门之间用透明塑料管连接。压浆前关闭所有的排气阀门(连接真空泵的除外)，启动真空泵抽真空，使压力达到－0.07MPa。在真空泵运转的同时，启动压浆泵开始压浆，直至非压浆端的透明管中出现水泥浆为止。打开抽真空端的三向阀门，当阀门口流出浓浆时关闭阀门，继续压浆，并在 0.5～0.6MPa 压力下保压 2min。

压浆配合比为：1∶0.335∶0.11，每盘浆体原材料用量为：150kg $PO_{42.5}$ 海螺牌水泥，45kg 水，16.5kg HF 辅助压浆专用助剂。

6. 70m 箱梁预制质量控制

70m 箱梁所采用的 C50 海工耐久混凝土，具有良好的工作性能、较高的强度、海洋环境下对腐蚀的耐久性、不易开裂性。在施工过程中,试验实测砼 28d 抗压强度为 51～70MPa,12 周氯离子扩散系数为 $0.4\times10^{-12}\sim1.2\times10^{-12}m^2/s$。

箱梁预制中,钢筋制作安装技术的应用及保护层厚度控制、模板的制作安装、混凝土浇筑养护、预应力张拉等环节,均对 C50 海工耐久混凝土的质量产生一定的影响。在 70m 箱梁预制施工中,针对各个环节的特点,应用新工艺,进行了质量控制,取得了很好的效果,特别是较好地防止了梁体混凝土的早期开裂。

(1) 钢筋整体制作安装技术及质量控制

为了保证钢筋安装的工程质量和缩短施工周期,箱梁底、腹板钢筋在特制的底、腹板钢筋胎具上进行整体绑扎,顶板钢筋在特制的顶板钢筋胎具上进行整体绑扎,然后分别整体吊装入模。在胎具上绑扎钢筋应满足以下要求:胎具的各部尺寸严格按照钢筋绑扎规范要求制作;测量定出胎具上钢筋骨架的纵、横向中心线、墩中心线控制点;胎具底侧面平整,保证保护层厚度的准确均匀;胎具上的钢筋间距控制槽应均匀布置。

为了保证钢筋的保护层厚度,在钢筋与模板之间设置特种塑料垫块,垫块应与钢筋连接牢固,并按照梅花形错开布置,底板及翼缘板底面间隔不大于 0.8m,腹板处不大于 1.2m。要求在钢筋易变形和受力较大的地方,对保护层垫块适当加密。

钢筋加工及安装的质量要求:钢筋加工及安装应符合《公路工程桥涵施工技术规范》的要求。钢筋绑扎时,其扎丝头不能过长且均须进入钢筋骨架区域内,不得外伸至保护层内。

箱梁钢筋整体吊装:钢筋安装分底、腹板和桥面板钢筋两部分,采用 2 台 120t 龙门吊机及特制钢筋吊架分别将钢筋骨架抬吊至制梁台位上安装。底、腹板及桥面钢筋骨架应有足够的刚度。共设吊点 276 个,吊点设置在外层骨架钢筋上。起吊时,应在钢筋骨架内穿入钢管作分配梁,将吊钩直接挂在钢管上,以免造成钢筋变形或脱钩。

由于桥面钢筋纵、横向平面尺寸较大,为提高钢筋骨架的刚度,桥面横向应加设焊接骨架。焊接骨架可在上、下层受力钢筋间焊接衬铁形成,衬铁采用直径不小于 ø12mm 钢筋,间距不大于 1.0m。焊接骨架钢筋间距顺梁长向不大于 3.0m。

(2) 模板制作安装技术及质量控制

钢模板制造应符合以下要求:钢模板面板厚度分别为 14mm(底模)、10mm(侧模)、8mm(内模)。钢模板具有足够的强度、刚度和稳定性,能可靠地承受施工中的各种荷载,以保证结构物各部尺寸、形状准确。模板的全长及跨度考虑反拱度及预留压缩量。采用标准化、系列化、通用化的模板。模板板面平整、接缝严密、不漏浆。模板与混凝土接触面的面板焊缝应打磨平整,不应有焊疤、凹坑、烧伤等现象。

箱梁钢模板安装分底模安装、侧模安装、端模安装和内模安装。

底模安装:预制场共设底模 8 套,每个制梁台座 1 套。底模底部加劲肋与台座条形基础预埋钢板焊接连接。钢底模在正常使用时,应随时用水平仪检查底板的反拱及下沉量,不符合规定处均应及时整修。及时清除底板表面与橡胶密封条处的残余灰浆,均匀涂刷隔离剂。

侧模板安装:预制场共设侧模 4 套,每两个制梁台座共用 1 套。侧模在台座间利用侧模移动台车在侧模轨道上进行移动。安装前检查:板面是否平整、光洁,有无凹凸变形及残余粘浆,模板接口处应清除干净。侧模安装完后,用螺栓连接稳固,并上好全部拉杆。调整其他紧固件后检查整体模板的长、宽、高尺寸及不平整度等。钢模安装应做到位置准确,连接紧密,侧模与底模接缝密贴且不漏浆。

端模安装:预制场共设端模 4 套,每套端模由 6 段拼装而成,各段之间利用螺栓连接,利于模板拆除和控制变形。安装前先安装预应力锚垫板,确保锚垫板与硅面密贴平整。端模安装采用龙门吊机及人工配合施工。

内模安装:预制场共设内模 4 套,与侧模成对配置。内模为液压分段式结构,在内模拼装,采用龙门吊机整体吊装入模。安装前应先检查模板是否清理干净,是否涂刷了隔离剂。在内模拼成整体后,用宽胶带粘贴各个接缝处，以防止漏浆。内模安装完后，检查钢筋保护层厚度及各部位尺寸。内模拆除采用分段收缩拆除，箱内铺设轨道，使用卷扬机牵引脱出。

(3) 箱梁海工耐久混凝土浇筑技术及质量控制

①混凝土的拌制

混凝土的拌制使用 3 台搅拌站，每台搅拌站的额定生产能力为 $80m^3/h$。混凝土采用强制式拌和机拌和，搅拌时间不少于 120s。减水剂采用溶剂型。加入减水剂后，混凝土拌和料在搅拌机中继续搅拌的时间不得少于 30s。

开盘前应准确掌握天气情况，对各种不利气候有相应的准备措施，如冬、夏季的施工措施、砂石料保温或降温措施、搅拌用水的升温和降温措施、雨天的防雨措施等。在不同季节施工条件下，混凝土的温度控制应满足下列要求：冬季混凝土出拌和机温度不低于 15℃，入模温度不低于 10℃；夏季施工时应保证混凝土的入模温度不超过 30℃。

②混凝土的运输及布料

箱梁预制采用拌和站拌和、运输车运输、输送泵输送、布料机布料的施工技术，其中运输车 8 台、输送泵 5 台、布料机 4 台。混凝土的供应能力以保证混凝土的连续浇筑为标准。泵送、布料施工应符合下列规定：在浇筑混凝土开始之前，先泵送一部分水泥砂浆，以润滑管道。最先泵出的混凝土应废弃，直到排出质量一致的、和易性好的混凝土为止。布料机分两侧对称布置，不得出现布料死角。

③混凝土的浇筑

混凝土采用斜向分段、水平分层的方法连续浇筑。水平分层厚度控制在 30cm 以内，先后两层混凝土的间隔时间不超过初凝时间。下梗肋部分两端加厚段及锚块的混凝土必须充分翻浆，只有充分翻浆，才能保证下梗肋部分密实。一般情况下，坍落度应在 18～20cm。下雨过后，钢筋及模板表面处于湿润状态，混凝土的坍落度应控制在 15～17cm 以内。气温在 10℃以下时，坍落度应不大于 18cm。

灌注底、腹板混凝土时，出料口不得正对波纹管，也不宜对着外模具板。在混凝土灌注至其板前，应及时清除掉黏附在翼板上的水泥浆，以避免翼板底部形成干灰、夹渣及麻面。

混凝土灌注入模时下料要均匀，布料与振捣相配合，振捣与下料交错进行。底板灌注完成后，分别向跨中对称灌注腹板混凝土，防止两边混凝土面高低悬殊，造成内模偏移。

梁体混凝土采用插入式振动器振捣。标准断面振捣两棒，加厚断面振捣三棒。

梁体混凝土采用一次性连续灌注成型，单片梁混凝土灌注时间一般为 8h 左右。

(4) 箱梁混凝土的收浆养护技术及质量控制

底板内混凝土应在翻浆振捣完成后尽快收浆，在混凝土初凝前要完成收浆，底板厚度以底板的预埋钢板为标准进行控制。顶板混凝土采用大跨度振动桥收平，并利用收浆平台人工抹平。

箱梁混凝土浇筑完成，待初凝后，立即用土工布覆盖桥面。在桥面高边一侧及箱内布设水管，保证土工布和箱底湿润。箱梁腹板内外侧、翼板下侧及底板下侧在脱模后，立即用 Masterkure 128 养护剂进行养护。该材料对混凝土具有较好的水分保持和清洁作用，使用后效果很好，桥面及底、腹板外侧和翼缘板下侧不会出现裂纹。通风孔在成孔器拔出后，用湿棉纱将孔填塞。

梁体拆模后，箱梁表面应予以覆盖，洒水次数以混凝土表面潮湿为度。当环境相对湿度小于 60% 时，应洒水养护 14d。箱梁的内室降温较慢，应自然养护 7d 以上。当昼夜平均温度低于 5℃或最低温度低于－3℃时，应按冬季施工办理，采取保温措施。

(5) 箱梁预应力体系施工技术及质量控制

①箱梁预应力管道安装

塑料波纹管在布管安装前，应按设计规定的管道坐标在胎具上进行放样，设置定位钢筋。波纹管应固定在定位钢筋上，并用铁丝扎紧。定位网应焊接和定位牢固，使其在混凝土浇筑期间管道不产生位移。固定波纹管用的定位钢筋的间距不大于 0.8m；对于曲线管道宜适当加密，定位钢筋的间距不大于 0.5m。

波纹管安装完毕后，检查其位置是否正确，误差应在《杭州湾跨海大桥专用施工技术规范》规定范围内。波纹管曲线应圆顺，端部的预埋钢垫板应垂直于管道中心线，否则须进行调整，直至符合要求为止。波纹管与锚垫板的连接应用同一材料、同一规格的连接头连接，连接后用密封胶封口。

横向预应力波纹管安装完后，检查压浆孔、抽气孔、排气孔是否畅通，检查合格后将压浆孔、抽气孔、排气孔用封盖封住，防止灌注混凝土时水泥浆渗入，造成管道堵塞。

所有管道的压浆孔、抽气孔应设在锚座上，排气孔应设在锚具的附件上。压浆管、排气管的最小内径为 20mm。

②预应力筋张拉

预应力筋张拉采用张拉架施工技术，张拉架分层布设。千斤顶采用电葫芦安装拆卸。当梁体达到张拉强度后，按照以下要求进行张拉：

70m 箱梁预应力筋张拉分初张拉及终张拉两阶段，当混凝土强度达到 25MPa 时进行初张拉，混凝土强度及弹性模量达到设计强度的 85%以上时方可进行终张拉，终张拉时须对初张拉的预应力束进行补拉。

张拉顺序：ZV2－ZZ2－2V1－2Z1－ZV4－ZZ3－2V5－2Z6。

在箱梁批量预制前，应按《公路桥涵施工技术规范》(JTJ041－2000)附录 G－9 的规定，测定锚圈口及管道摩阻损失，根据实际测试结果对张拉控制应力予以调整。

(6) 预应力管道真空压浆技术及质量控制

预应力终张拉完成后 3d 内压浆，管道灌浆采用真空辅助灌浆工艺进行。为使水泥浆达到所需的浆水特性，可在浆体中加入化学添加剂，添加剂应具有减水、缓凝、阻锈、微膨胀和增加浆体和易性等作用，配合比为水泥：添加剂：水＝1：0.11：0.335。浆体的性能达到：水泥浆的泌水率＜2%；浆体流动度在 14～18s 之间；浆体膨胀率＜5%；初凝时间应＞3h，终凝时间应＜24h；压浆时浆体温度不超过 350℃。

水泥浆拌和机能制备具有胶稠状的水泥浆。对于纵向预应力管道，以 0.7MPa 的恒压作业。

水泥浆泵采用排液式，泵及其吸入循环完全密封，以避免气泡进入水泥浆内。水泥浆泵应能在压浆完成的管道上保持压力，且装有一个喷嘴，该喷嘴关闭时，导管中无压力损失。

张拉施工完成后，清水冲洗，高压风吹干，然后封锚、抽真空、压浆。搅拌机及储浆罐的体积应大于所要压注的一条预应力管道体积。

水泥浆的强度符合设计规定，不低于 35MPa。

水泥浆应由精确称量的强度等级不低于 42.5 级的硅酸盐水泥或普通硅酸盐水泥和水组成。所用水泥龄期不超过一个月。

当气温或箱体温度低于 5℃时，不进行压浆。

按真空辅助压浆工艺，当浆体从管道抽真空端流出时，应在管道两端进行排废作业，然后在 0.7MPa 下保压 2min。管道内水泥浆在注入后 48h 内，结构混凝土温度不得低于 5℃，否则应采取保温措施。当白天气温高于 35℃时，压浆一般在夜间进行。在压浆后 2 天，检查注入端及出气孔的水泥浆密实情况，必要时进行处理。

(7) 箱梁竣工测量及编号

箱梁张拉、压浆完成后进行竣工测量，竣工尺寸满足《杭州湾跨海大桥专用施工技术规范》及《杭州湾跨海大桥专项工程质量检验评定标准》的要求时，箱梁预制施工质量合格。在箱梁上测放出临时支座纵、横向中心线位置，用墨线弹出中心线，便于架梁时控制箱梁位置。在箱梁的侧面喷出箱梁的编号及箱梁制造完成时间，方便箱梁架设管理。

四、70m 箱梁架设施工技术

1．2160t 70m 箱梁辊轮移运台车设计与制造

杭州湾跨海大桥 70m 混凝土箱梁采用整孔工厂化预制、用专用起重船架设的新工艺。梁体的预制重量为 2160t。在梁场制好梁后，须采用横移台车将其从制梁台位上移至存梁场或出海栈桥。在存梁场与出海栈桥间还有一段纵移通道，横移台车需要能平稳驶达纵移台车的上部及平稳地驶离。采用辊轮移运台车作横移台车移梁好处较多，具有设备简单、承载能力大、工作平稳、运行阻力小、运行成本低、较易满足工地使用环境等优点，是一种值得尝试和推广的新型设备。

目前，国内只有少数厂家生产少量小吨位的单个辊轮车，供电力系统在工地作重大设备的临时短途移运用，对寿命没有严格要求，如扬州线路器材厂生产的 5～60t 辊轮车就叫做重物移运器。据国外辊轮车专业厂家介绍，其寿命均未作为主要性能参数，通常是作为临时移运设备的工具来使用的，通常是使用数次即弃而不用了。

由于无成品设备可供选用，故需根据杭州湾跨海大桥 70m 梁场的实际使用工况进行专门设计制造。设计时需考虑能承载梁体重量、能允许移梁轨道与纵移台车的连接缝隙存在少许错台、冲击和荷载不均衡的问题，须在确保移梁台车安全可靠工作的前提下，使设备结构简单、方便维护、经济实用。

（1）总体设计

由于杭州湾跨海大桥箱梁重达 2160t、长 70m，须由 4 个支点支撑，故每个支点上均设有一个装有 800t 液压顶的车架。在梁一端的两个液压顶之间设有连通管起均载作用，以保证梁体三点受力。在车架下部还有 2 台辊轮车，承载梁体重量。每个支点 2 台辊轮车的均载采用橡胶支座。每个辊轮车计算承载 275t，实际运行工况较平稳，动载系数可取得很低。因此，按每个辊轮车额定承载 300t 进行计算，就可满足使用要求。

辊轮台车由辊轮车、车架、垂直顶升油缸、牵引耳环、连杆、垫块液压站等组成（如图 3－57 所示）。采用厚钢板铺在混凝土基础上，厚钢板与基础间须填充水泥砂浆，以保证轨道的平整度。

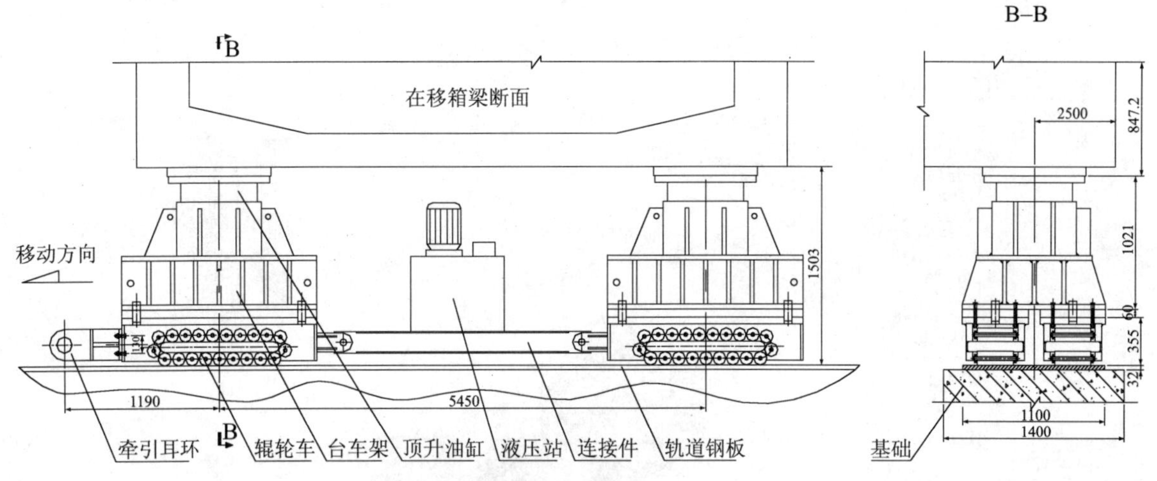

图 3－57　辊轮台车示意图（尺寸单位：cm）

（2）辊轮车设计

每个辊轮车承载辊子的数量是根据辊轮车和轨道的制造精度来确定的，辊轮数量超出 10 个以后所能增加的承载力就不明显了，因此取 9 个辊轮同时承载，均载系数取 1.05。

$$(300\times9.8/8)\times1.05=385875\text{N}$$

辊轮直径、宽度的取值与承载能力和外形尺寸有关，宽度过宽会增加调整方向的困难，经过反复比较，试选取辊轮直径为 100mm、辊轮长度为 300mm、承载板厚度为 85mm、承载板宽度为 380mm，计算辊轮台车和辊轮的应力。

结构图如图 3－58 所示：

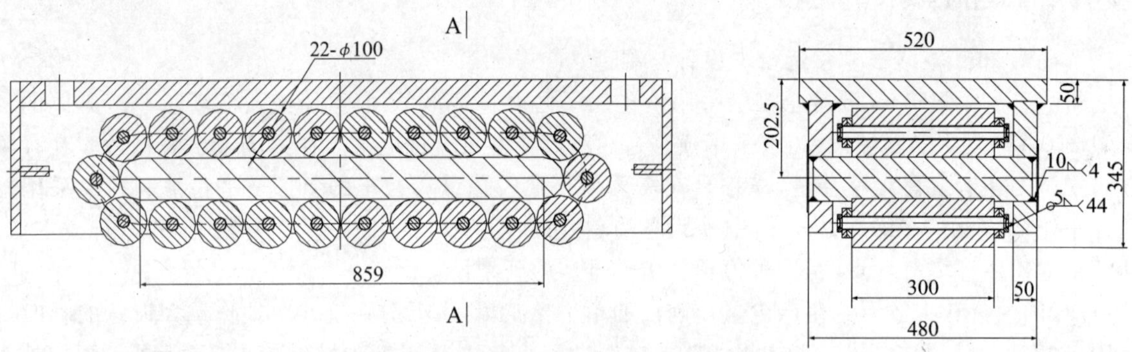

图 3－58 辊轮台车结构图(尺寸单位：mm)

采用有限元的方式进行计算，设计获得通过。计算如下：

计算程序为 Algor 3.14，采用三维板单元建模，坐标原点设在辊轮台车上平面的中心，辊轮车纵向为 X 轴，横向为 Y 轴，垂向为 Z 轴。按照各部分钢板的厚度、方位和受力情况，结构模型分 4 组板单元和 1 组边界元，单元总数 3476。辊轮台车结构离散图如图 3－59 所示。

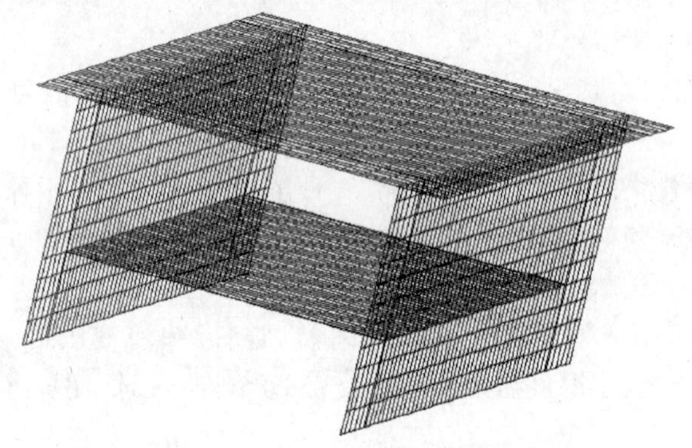

图 3－59 辊轮台车结构离散图

计算结果如图 3－60、图 3－61。

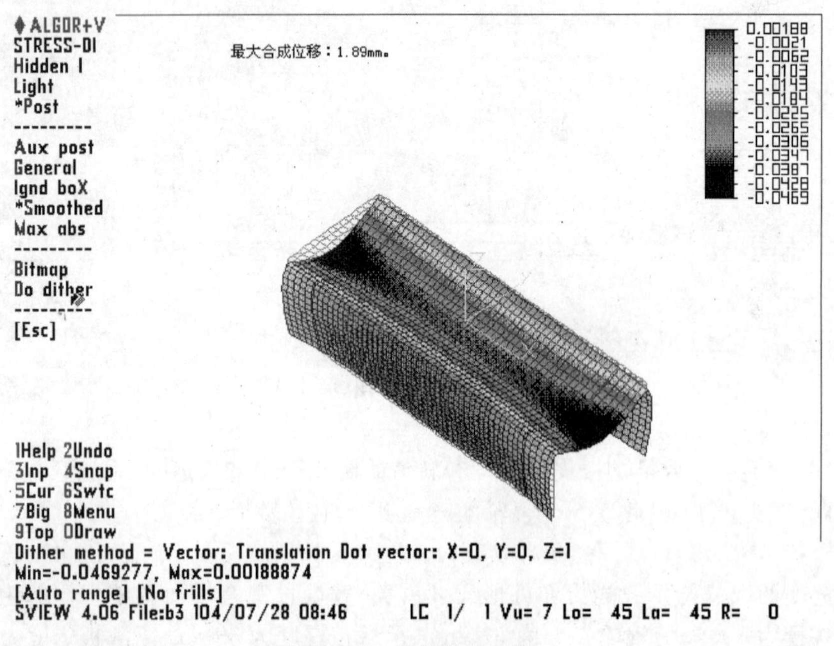

图 3－60 结构位移云图

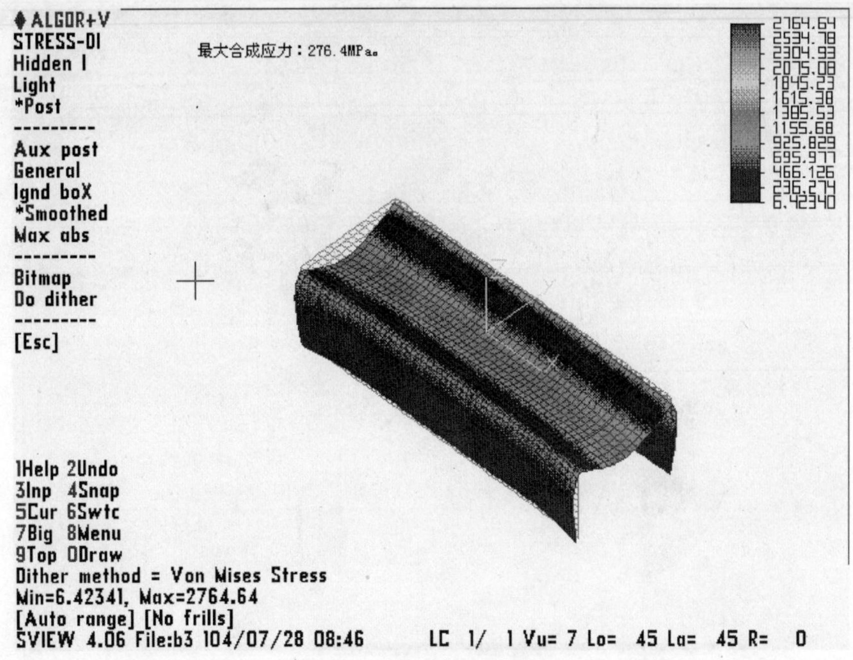

图 3－61　结构单元应力云图

辊轮台车结构的最大合成位移为 1.89mm，最大合成应力（按第四强度理论）为 276.4MPa，应力最大的区域为侧板下部靠近承载板的区域，辊轮台车结构受力较为经济合理。

辊轮计算程序：ANSYS57；单元类型：SOLID95。

加载及边界元设置如图 3－62 所示。

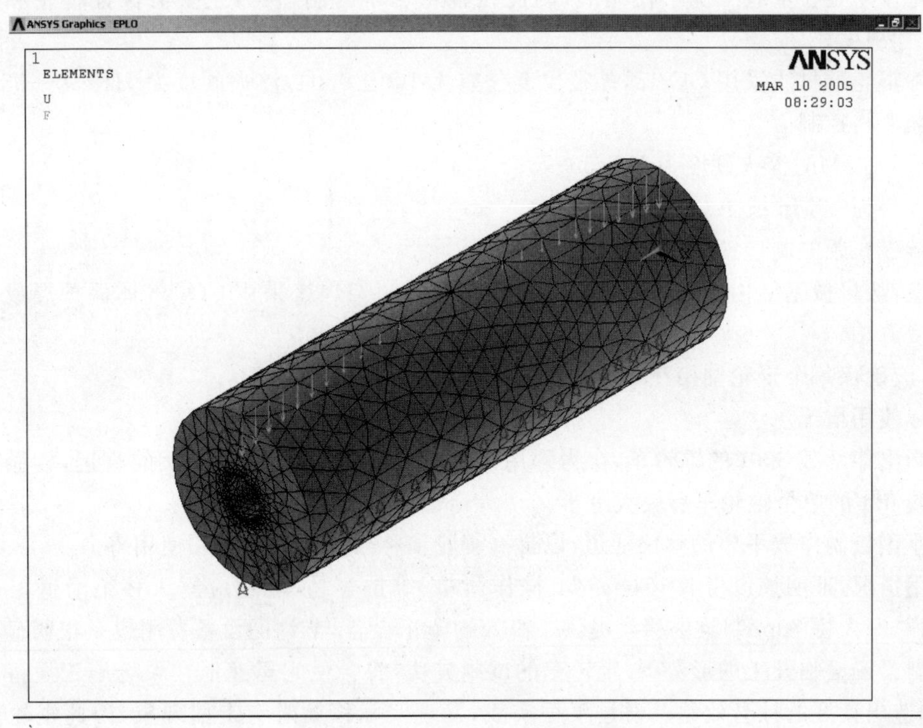

图 3－62　模型及边界元的设置图

计算结果如图 3－63 所示。

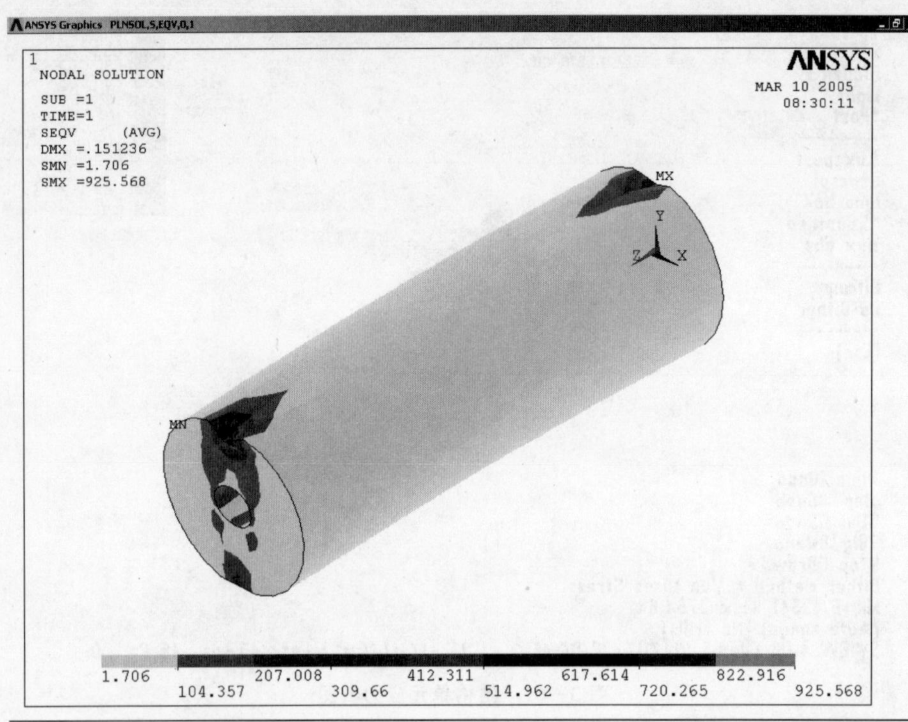

图 3－63 应力云图

辊轮最大接触应力为 925.5MPa，辊轮承受的应力安全且经济。

(3) 制造及装配工艺

因为辊轮台车是在重载工况下使用的，因此在辊轮台车的制造中，主要需保证辊轮和承载板的强度、硬度及尺寸精度。

关键零件辊轮的材质采用 GCr15，外径尺度公差为 100±0.04，淬火硬度为 HRc50－55。辊轮直径精度误差必须严格控制。

承载板采用 65Mn，淬火硬度为 HRc50－55。

车架的材料为 16Mn 或 A3 钢。

为保证链板孔距的制造精度，需设计钻孔胎具。

车架制造：按机械钢结构产品的通用要求进行制造。车架焊接采用 CO_2 气体保护焊或手工电弧焊等常用的焊接方法。

装配时，应确保每个辊轮轴相互平行且与侧向承重板有一定的间隙。

(4) 实际使用情况

首次研制出能承载 300t 的辊轮车，作为耐用机械，成功地应用于 2160t 梁的移运，较原作为工具使用的只能承载 60t 的单个辊轮车有较大进步。

首次用厚钢板制作成平整的移梁通道，以提高辊轮横移台车承载能力和使用寿命。

根据使用情况，证明该设备具有投资少、操作简单、维护容易，能适应露天移梁滑道工作环境的优点，为杭州湾跨海大桥 70m 制梁场移梁提供了高效的施工设备，节约的设备费用也是很明显的。在目前国内有大量制梁场面临开工的形势下，辊轮车的试制成功，将会使它迅速地在梁场施工设备中得到广泛使用，从而创造出良好的社会效益。通过工程实践，发现实际移梁时有走偏现象，因此辊轮横移台车应加装导向装置。

2. 70m 箱梁海上架梁设备研究

为了适应杭州湾特殊的水域、地理环境，恶劣的风、浪、流等海洋环境，特别是最大流速达 5.16m/s 的急流，研制了 3000t 运、架一体船“天一号”，它不仅满足杭州湾跨海大桥 2160t 箱梁安装的需要，而且保证该船在工程施工中高效、安全、可靠地使用。

(1) 架梁方式研究

通常可供考虑的架梁施工方式有以下几种：

一是桥梁分节段在预制场预制，在桥位处用架桥机实施节段拼装。用这种方式架设内河或陆地上的桥梁，可节省施工用地，节省施工机具设备和大型临时设施投资。但用这种方式架设海上桥梁，存在两个方面的问题：一是预制节段较短，桥位现场拼装接缝多，结构长期在海洋下的耐久性问题比较突出；二是预制节段多，相应的拼装工序也多，作业循环周期长，对多变的海洋气象及水文环境适应能力差。

二是利用架桥机整孔架设。由于 70m 预应力箱梁重达 2160t，架桥机结构将非常庞大，而且整孔箱梁采用运梁车长距离运输问题也难以解决。

三是整孔预制浮吊架设。需要大型起重船舶，但作业效率高，数量需求相对较少，施工组织容易，安装顺序可根据下部结构施工进展自由安排，架梁作业周期短，应变能力强，可靠性高。

由于杭州湾跨海大桥具有工程浩大，桥长，孔跨数多，运营期结构长期暴露于海洋环境、耐久性要求高，桥址海域海况复杂，工程施工条件恶劣，有效作业时间短，施工周期短等特点，为了克服海洋条件下给施工带来的不利影响，非通航孔桥段在设计上采用了混凝土箱梁岸上预制、桥位整体架设的方案，以尽量减少在海上的施工工序和作业时间，保证海上施工作业安全。因此，必须采用大型起重船整孔架设 70m 预制混凝土箱梁。

70m 混凝土箱梁实现整体架设，包括岸上预制、码头出海、海上运输和桥位架设几个环节，必须使用大型海上起重船舶。采用何种海上架梁方式，按起重船功能分类，可分成两种架梁方式，即运、架分离和运、架一体方式。运、架分离方式是起重船采用舷外起吊的臂杆式起重船[图 3－64(a)]，预制梁由运输驳船运输；运、架一体方式即起重船是同时具备预制梁运输和起吊架设两种功能的运、架专用起重船。

采用运、架分离方式架梁，必须使用臂杆式起重船。臂杆式起重船起吊梁时，其起重力矩大，要求船体的主尺度大，船体庞大，满载吃水深，因此浅水区作业受到限制，而且建造经济性差。

臂杆式起重船在起落梁过程中，船体浮态是倾斜变化的，艏艉吃水深度变化差异较大，导致起落梁过程中吊点的水平位移，特别是在落梁过程中吊点的较大范围水平移动，对落梁精度和作业安全性都是不利的。

臂杆式起重船架梁，需要大型运输驳船、拖轮配合架梁作业，各船舶抛锚定位作业复杂，作业周期长，施工效率低。

采用运、架一体方式架梁，起重船的特点在于起重机吊点布置在船体浮心附近(简称中心起吊)，起重机起吊作业时，船体能始终保持正浮状态，这种形式有利于架梁安装对位和施工安全。同时，船体结构排水量能完全有效地利用，船体尺度可相对较小，船舶建造经济性好。由于满载吃水浅，所以适应范围更广，可以满足在浅水区架梁作业。

中心起吊方式的起重船[图 3－64(b)]能实现载梁航行，实现箱梁的海上运输，一艘船代替了一个船队的工作量，简化了运、架梁作业程序，具有安全、高效、经济的优点。

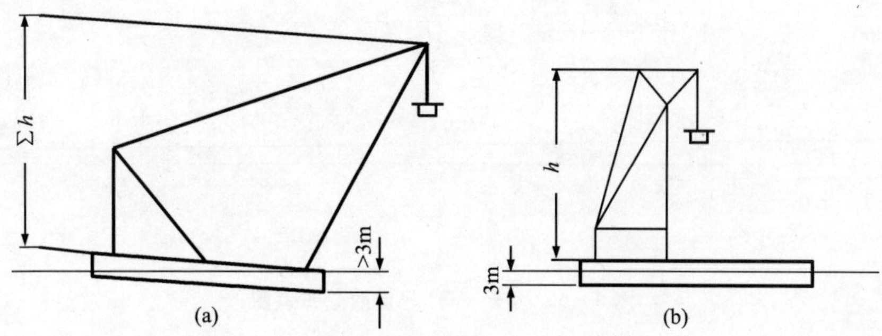

图 3－64 臂杆式起重船和中心起吊起重船示意图

从简化施工作业，加快施工速度，保证架梁精度和施工安全，节省设备投资，减少施工船舶和设备使用费用等方面综合考虑，本桥宜采用运、架一体专用起重船。

(2) 海上运、架梁专用起重船技术参数

"天一号"3000t 运、架一体起重船总布置见图 3－65。

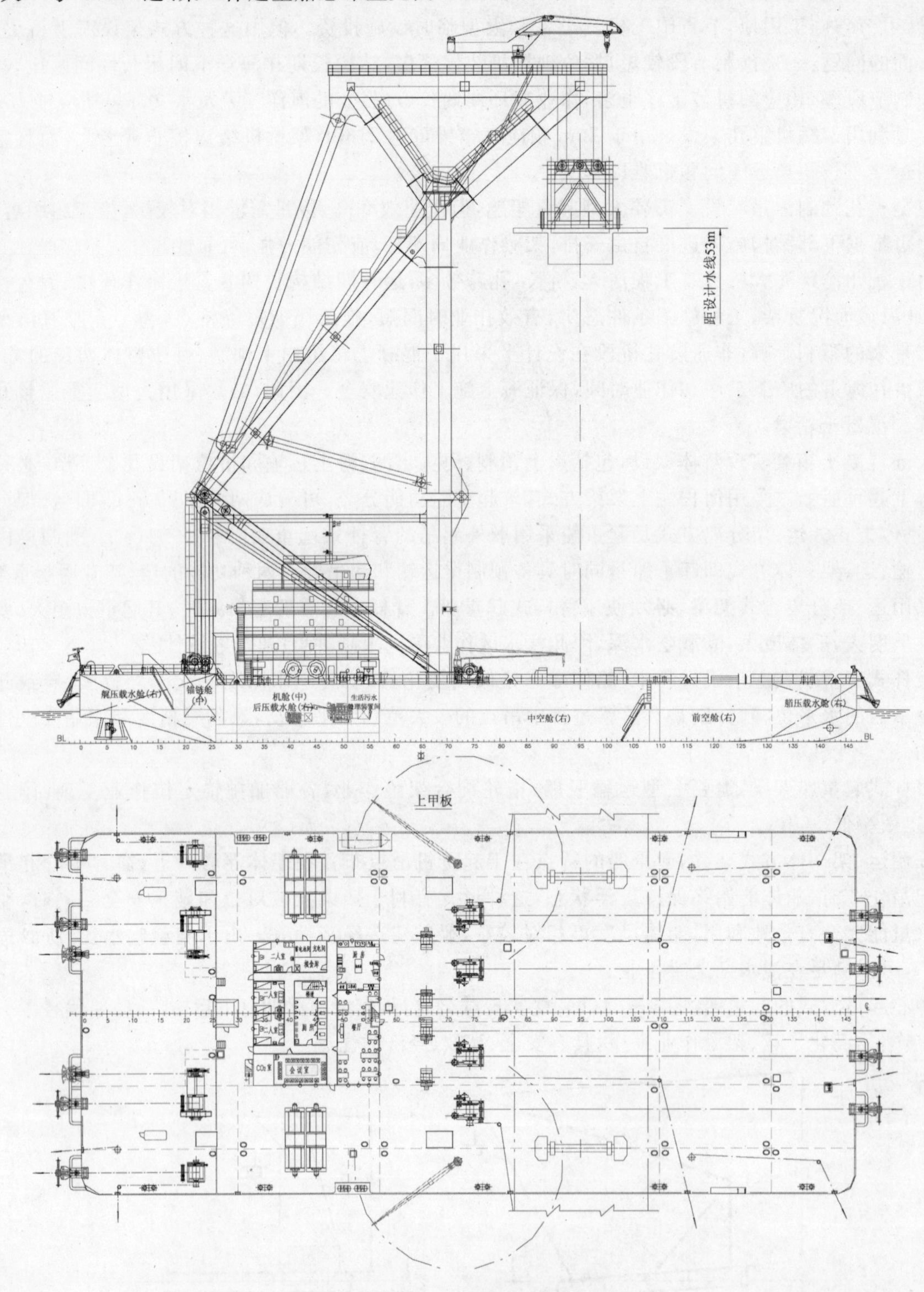

图 3－65 "天一号"起重船总布置图

①船舶设计

该船是专为杭州湾跨海大桥工程而设计建造的，因此必须满足杭州湾跨海大桥的施工环境条件。

为保证该船在施工中的正常使用和安全作业，按下列条件进行设计：

航区：工作海域为沿海海域，同时考虑满足长江内河 A 级、B 级航区。调遣时，沿海及内河自航，近海及无限航区可由拖船拖航。

作业海况：充分考虑杭州湾地区的水文和气象条件，根据海域风、浪、流的特点，结合船舶设计和施工作业的安全规定，设计作业条件如下：

作业风力：起重船在抛锚定位后进行起重、架梁时，风力为蒲氏 6 级风及其以下；起重船在载梁航行状态下，能适应蒲氏 8 级风及相应波浪；在台风多发季节，当风力小于 10 级，可以座底避风。

波高：≤2m。

流速：3.5 m/s(4 节)。

环境温度：－10～45℃。

船体主尺度：由工作荷载、允许船宽和吃水深度、船舶稳性及耐波性、设计必须满足的船舶规范等要求综合确定。施工对船体尺度的要求如下：

船宽：要求能架设杭州湾 70m 跨度的箱梁，同时要求具有兼顾架设 60m 跨的能力。受 60m 跨桥墩承台间尺寸控制，船宽应在保证船舷与承台有安全间距的前提下尽量放宽，从而提高船体排水量、横向稳定性和耐波性等。根据以上原则，确定船宽为 40m。

吃水深度：由于杭州湾跨海大桥非通航孔段普遍水深不是很深，需要在浅水区作业，该船吃水深度不宜太深。另外，虽然该船是一艘专用工程船舶，但今后还将改装成常备式、通用式起重船，适应在长江航区作业调遣，因此吃水深度同样不宜太深。根据综合考虑，设计满载吃水深度控制在 3.5m。

排水量：满载设计吃水深度为 3.50m，在 100％燃油、淡水及储备品条件下，吊重 3000t 时，海水密度为 1.025t/m^3，该船排水量为 10860t。

乘员定额：该船乘员除考虑船舶操作人员外，还考虑了架梁施工作业人员配备的要求，共计 50 人。

舱容及续航力、自持力：根据《海上船舶设计规范》和该船架梁施工作业特点要求，该船一次装满油水及供应品，足能保证船舶连续施工 30d(以每天工作 16h 计)，或续航力 4320 海里、自持力 45d。该船淡水舱容积 1148m^3，燃油舱容积 964m^3，压载水舱 6327m^3。

航速：该船为自航船舶，其航行速度是工程施工组织设计提出的重要技术指标。杭州湾跨海大桥制梁场到架设桥位的平均海上运梁距离为 15km 左右，由于运输距离长，架设梁片多，考虑施工海域每年的有效作业天数，按总工期要求，必须保证每天运输、架设一片梁。另外，考虑施工海域海流速度大和潮汐变化因素的影响，因此要求该船具有较高的航行速度，保证施工生产效率和航行运输安全。通过运、架梁作业工序周期排定，该船满载载梁航行速度必须满足 8 节航速，约为 14.8km/h。

浮态、稳性及座底稳定性：该船在各种正常工作状况下，稳性符合关于沿海航区船舶的要求：各种工况条件下，可利用压载水控制船舶纵倾不超过 1°。

根据该船的工程性质，该船稳性还满足法规对起重船的特殊稳性要求。

该船还能满足近海及无限航区调遣稳性要求。

基于船舶施工状态，海况多变，在台风季节具有水压载座底避风能力，为此，对座底避风状态下船舶的稳定性及其船底接触压力进行了校核计算，可以保证在蒲氏 10 级风及其以下状态的船舶座底稳定性及船底的接触压力不使船体损坏。

作业时，该船采用锚泊定位方式，锚泊布置形式充分考虑架梁作业时船舶抛锚定位的要求，锚泊拉力充分考虑施工海域风、流、浪作用力的影响，确保施工作业时不致因外力使船舶产生位移。

船舶耐波性：为保证该船在杭州湾特定风浪条件下能适应起重机吊梁航行和架梁作业的安装精度和作业的安全性，在设计过程中进行船舶的耐波性计算，以预报该船在杭州湾的耐波性能。根据计算结果，该船在小波浪上的运动是相当小的，但随着波高和周期的增加，其运动趋势加大明显。杭州湾的海况主要矛盾是水流速比较大，波高由于水深较小的关系，其数值相对较小。该船在杭州湾海域使用的耐波性能是良好的。

船舶动力及推进系统:该船为自航式起重船,船舶航行、起重机作业以及甲板机械等的动力供应和分配复杂,采用全船集中电站系统。该船共有4台1120kW主发电柴油机组组成电站,保证航行时推进器满负荷工作,起重机起吊作业时可以满足起重机和移船绞车同时工作。主发电机组选用英国康明斯产品,因国外进口设备的优越性能,保证了全船动力的可靠供应。该船另设一台160kW停泊柴油发电机组,用于船舶停泊状态下的用电。

运、架梁施工作业,既要求较快的运梁速度,又要求狭小的桥墩区内作业能进行动力定位、操纵灵活,并且要求在连续的架梁施工期间运行安全可靠。针对以上特点,该船采用4套德国肖特尔(SCHOTTEL)全回转舵桨装置全电力推进方案,4台舵桨位于船尾部,由交流电动机直接驱动。之所以选用4套主推进器而非2套,一是因为推进器数量多,可增加该船的生命力,保证施工安全;二是螺旋桨直径可相应较小,减少设备对船体尺寸的限制,更能适应吃水浅的要求。

该船船艏安装一台艏侧推装置,船尾全回转舵桨与艏侧推装置的配合使用,可使船舶操纵更加灵活,可实现船舶在原地360°回转,也可以实现船体平移,操纵方便,特别适应在码头、桥墩等狭小空间作业。

锚机、锚泊设备:该船以锚泊定位方式作为船舶移船及定位的主要手段。锚泊设备的布置形式及规格满足架梁作业移船和定位的功能要求,适应杭州湾施工海域风、浪、流水文和气象条件及海底地质条件,确保架梁施工作业时船舶的安全。

该船采用8锚工作定位,用于船舶的定位、移位和锚泊。设定位工作锚机、锚绞车8台,分设于上甲板之艏艉。所有锚机和锚绞车可手动就地控制。

锚机和锚绞车与全船其他工作机构一样采用液压驱动,与该船的起重机部分共用液压泵站。锚机和锚绞车工作时,起重机可同时工作。锚机、锚绞车额定拉力达500kN,支持负载为1000kN,容绳量长达1000m。特殊设计的大能力锚机、锚绞车满足了杭州湾海域的作业条件,确保架梁作业的安全。

该船配备8只AC—14大抓力锚,每只质量8300kg。斯贝克锚2只,每只质量6000kg。锚索直径ø52mm,破断拉力为1400kN,8根,每根长1000m。锚链直径ø68mm,2根,共577.5m。

综上所述,海上运、架专用起重船的技术参数见表3—23所示。

表3—23 杭州湾跨海大桥70m预应力混凝土箱梁海上运、架专用起重船技术参数

船式		箱形船,钢质,单底,单甲板,具有六层甲板室的固定式自航起重船
适应航区		沿海海域起重作业、载梁航行、座底避风、自航调遣; 船舶稳性和船体结构强度满足近海和无限海域拖带调遣要求
作业环境	风力	在抛锚定位后进行起重架梁作业时,蒲氏6级; 满载梁航行时,抗风蒲氏8级及相应波浪
	波高	2m
	流速	3.5m/s
	环境温度	—10~45℃
船体主尺度	总长	93.40m
	型长	88.20m
	型宽	40.00m
	型深	7.00m
	设计吃水	3.50m
	满载排水量	10901t
航行速度		满载航行速度不低于8.2节

续表

船员数		50 人
船舶自持力		45d
起重机	起吊能力	3000t
	起吊高度	53m(梁顶面距水面)
	起升速度	0.1～0.8m/min
	卷扬机	液压卷扬机 8 台,德国 ZOLLERN
	起重机功率	1200kW
船舶动力	主发电机组	1120kW×4,英国 CUMMINS
	停泊发电机	160kW
推进系统		4 套全回转舵桨主推进装置,单台功率 900kW,总推进功率 3600kW; 1 套船艏侧向推进装置,电机驱动,功率 200kW
锚机及锚绞车		2 台液压锚机,艏艉各 1 台; 8 台液压锚绞车,艏艉各 4 台,额定拉力 500kN,容绳量 1000m
锚		AC－14 大抓力锚,每只质量 8300kg,共 8 只;锚索 6×37－170,ø52mm,破断拉力为 1400kN,8 根,每根长 1000m;斯贝克锚 2 只,每只质量 6000kg;锚链 AM2,ø68mm,2 根,共 577.5m

②起重机设计

起重机主要技术参数根据杭州湾跨海大桥架梁作业要求而确定,在满足本工程使用要求的前提下,兼顾考虑本工程完工后的技术改造,特别需要考虑的是起重架结构便于改造,以适应长江内河通航净空的问题。起重机主要技术参数见表 3－24 所示。

表 3－24　起重机主要技术参数

额定起重量	3000t(动滑轮以下重量,含吊梁扁担)
最大起升高度	53m(梁顶面距水面)
起升速度	0.08～0.8m/min
钢丝绳直径	ø42mm
起重机装机容量	1015kW

起重机起升系统共有 8 台液压卷扬机,每 2 台并联组成 4 套双联液压卷扬机组。4 套双联液压卷扬机组分别穿绕 4 套钢丝绳(图 3－66),吊梁扁担的一端通过吊梁扁担上的平衡梁和并联卷扬机钢丝绳中间的平衡卷筒使 2 套双联液压卷扬机起升系统形成一个单吊点,吊梁扁担另一端的 2 套双联液压卷扬机起升系统为两个独立的吊点,这样,起重机的 8 台液压卷扬机构成了一个三吊点系统,使混凝土箱梁始终能保持合理的起吊状态,保证了混凝土箱梁的吊运安全。

液压卷扬机是起重机最关键的部件,为了保证起重机的性能,液压卷扬机采用德国进口组件。卷扬机由液压马达、内置式行星减速箱、钢丝绳卷筒和棘轮棘爪装置以及联轴器组成,整个起升机构装置结构紧凑,机械效率高,重量轻,体积小。

卷扬机卷筒采用平行折线式多层缠绕卷筒,即 LeBus 卷筒。这种卷筒能使钢丝绳在进出卷筒时,不会出现跳槽和乱绳等不良现象,特别是在容绳量大、缠绕层数多的情况下使用,具有特别明显的优点。由于本起重机起升高度大,滑车组倍率高,钢丝绳在卷筒上的缠绕层数达 5 层以上,因此在大起重量、架梁施工作业条件下,选择 LeBus 卷筒是十分有利的。

每套卷扬机与电气控制系统和液压系统一起设有超载保护和位置限位等功能进行联锁,保证架梁作业的安全。

起重架的主结构采用封闭箱形杆件的桁架形式。起重架主结构分为两大部分:下部为固定刚架,与

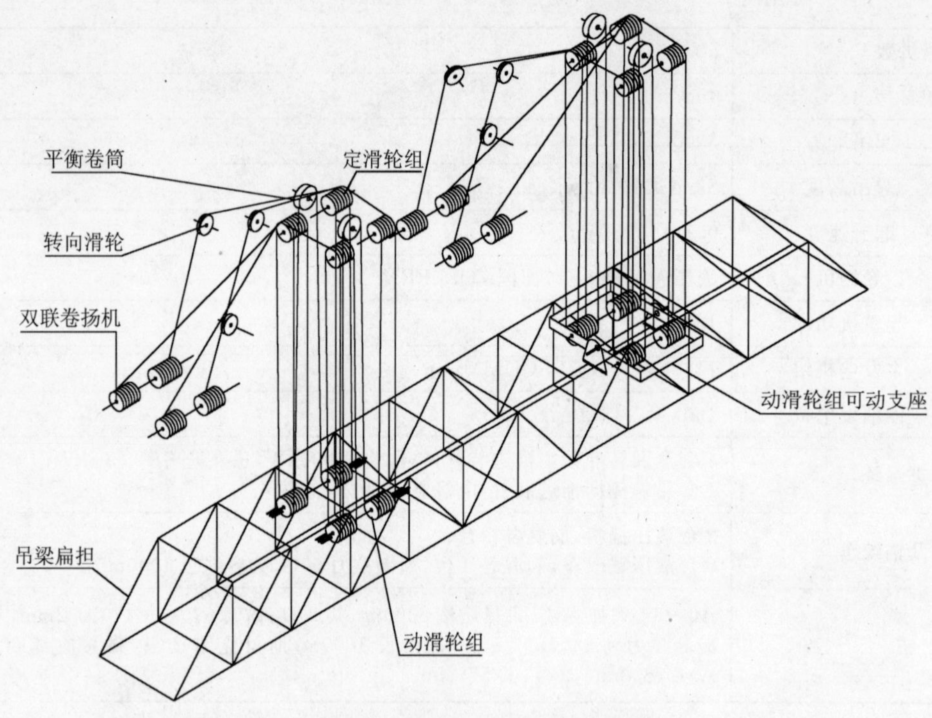

图 3－66 起升钢丝绳缠绕示意图

船体结构焊为一体；上部为可拆刚架。上部可拆式刚架考虑起重架建造安装和完工后拆卸的方便，下部固定刚架满足长江内河通航净空的要求，下部距水面 24m 以下高度部分为整体式、永久性结构。

为起吊预制混凝土箱梁，特设专用吊具——吊梁扁担。吊梁扁担适应起重机既能架设 70m 预应力混凝土梁，又能架设 60m 预应力混凝土梁的要求。设置荷载平衡机构，保证 4 套液压卷扬机组的荷载均匀。

为防止起重船在吊梁航行时混凝土梁摇摆晃动和产生冲击，保证起重船运梁时的平稳和安全，在起重机下方甲板上设置绑扎托架，将悬吊的混凝土梁体稳定地支承、固定在船甲板上。

绑扎托架采用 4 个恒压的油缸支承混凝土梁体的下部，可有效地减小因波浪引起的升降运动而产生的荷载冲击。绑扎托架的侧向油缸夹紧混凝土梁的侧面，约束混凝土梁在水平面上的运动。这样，绑扎托架只允许混凝土梁在运输过程中有垂直方向的浮动，而不能在平面内摆动。

(3) 起重船运、架梁施工方案

①运梁台车将混凝土梁运至栈桥码头指定位置，见图 3－67。

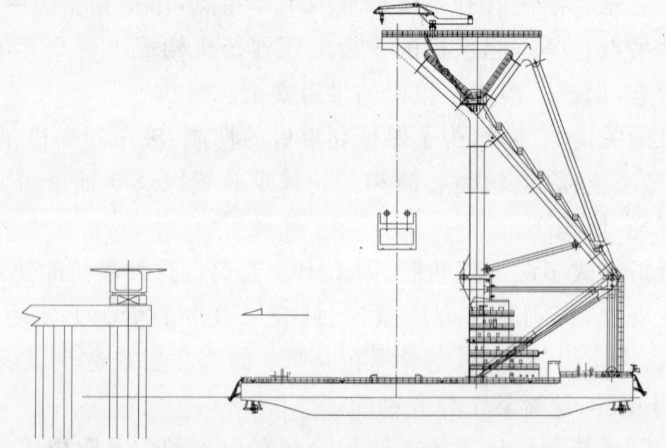

图 3－67 运梁台车将混凝土梁运至栈桥码头指定位置

②起重船进入栈桥码头，放下吊梁扁担挂梁，见图 3－68。

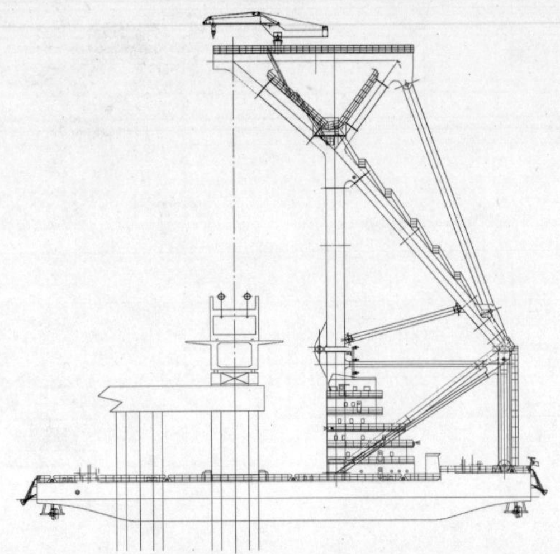

图 3－68　起重船进入栈桥码头，放下吊梁扁担挂梁

③起重船起吊箱梁，退出栈桥码头，降低混凝土梁，与绑扎托架连接，见图 3－69。

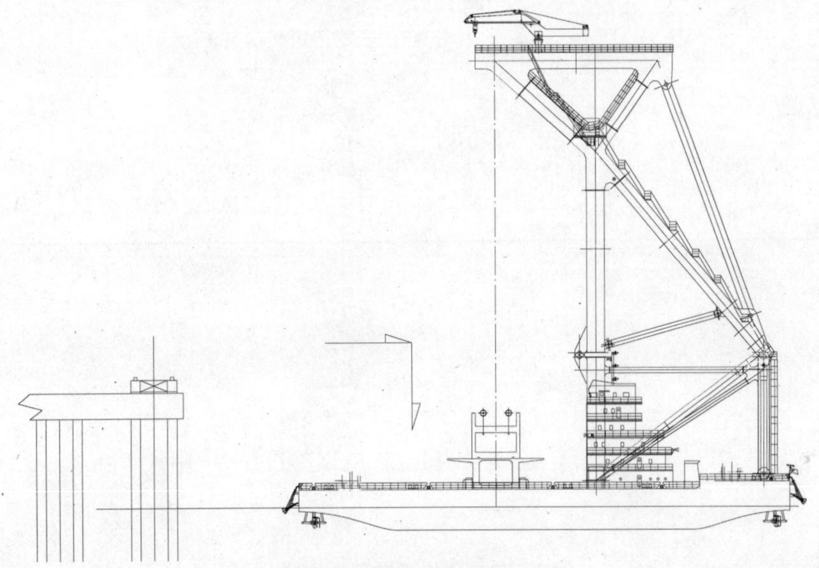

图 3－69　与绑扎托架连接

④起重船载梁运输至架设墩位后抛锚定位，见图 3－70。

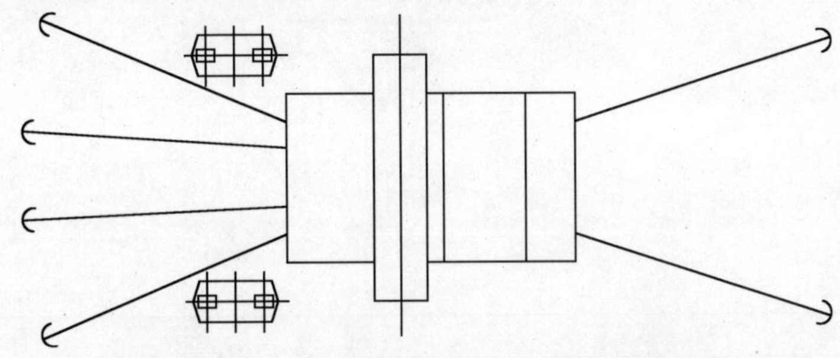

图 3－70　起重船载梁运输至架设墩位后抛锚定位

⑤起重机提升箱梁，见图 3－71。

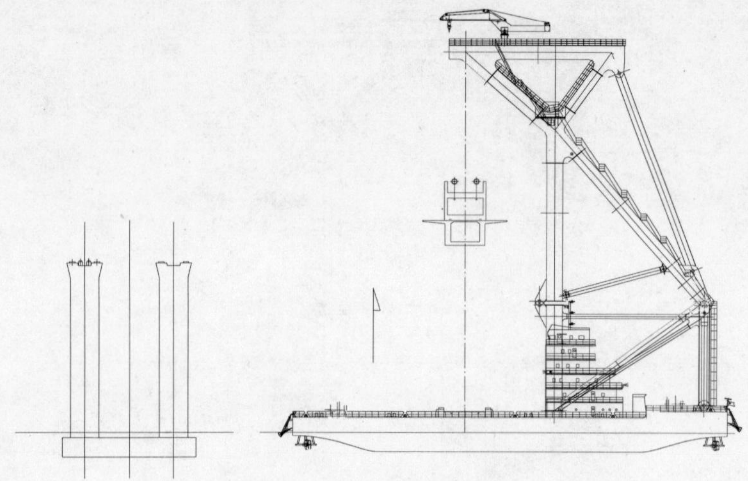

图 3－71 起重机提升箱梁

⑥起重船通过绞锚牵引进入桥跨，梁位于墩顶上方定位，见图 3－72。

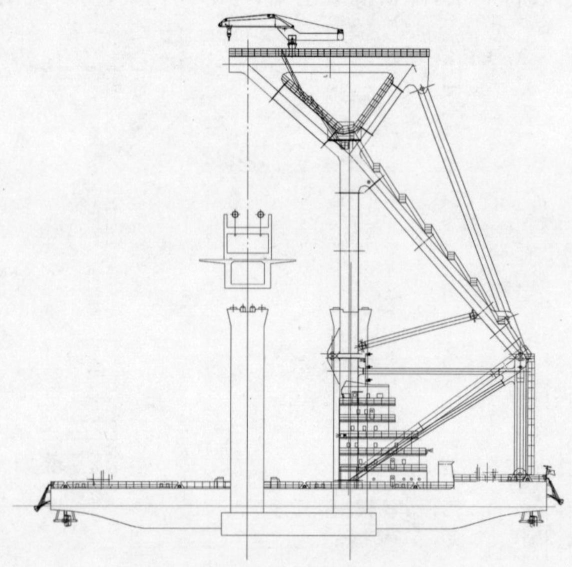

图 3－72 梁位于墩顶上方定位

⑦起重机落梁，脱开混凝土梁与吊梁扁担的连接，见图 3－73。

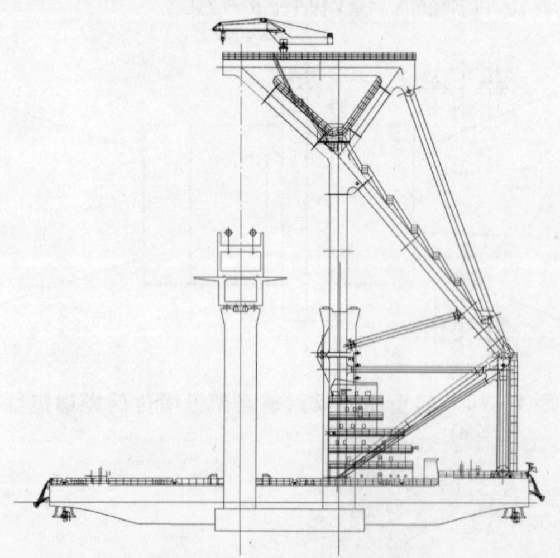

图 3－73 混凝土梁与吊梁扁担的连接脱开

⑧起重船松锚、收锚，退出桥跨，返回制梁场码头运送下一片梁，见图 3－74。

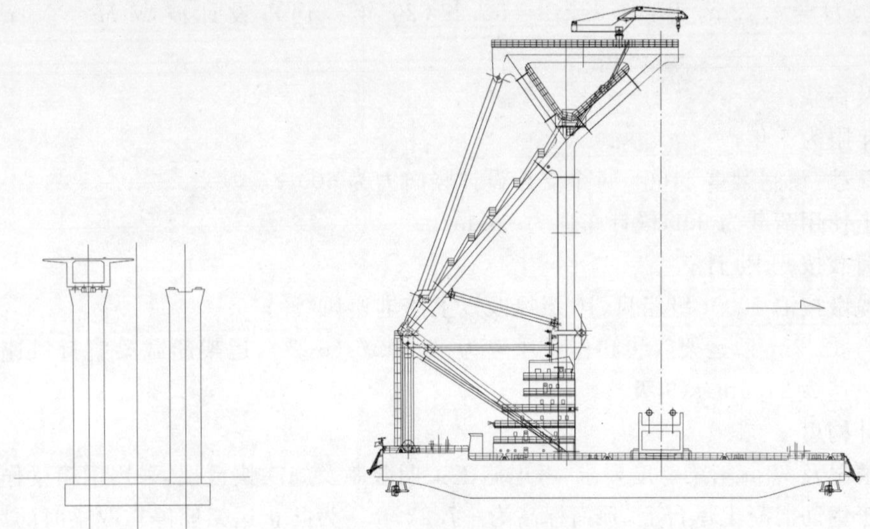

图 3－74　起重船返回制梁场码头

3. 70m 箱梁出海码头栈桥设计与施工

杭州湾跨海大桥 70m 箱梁预制场位于杭州湾跨海大桥上游 15km 处，根据 70m 预制箱梁出海架设的需要，需设计箱梁出海码头与岸上纵、横移滑道连接，达到箱梁出海架设的目的。

(1) 箱梁出海码头设计介绍

①自然条件介绍

杭州湾跨海大桥 70m 箱梁预制场位于海盐县南台头闸南侧，预制场区域为围垦地，地层为全新近代海河相沉积地层。预制场正东海侧方向为钱塘江老子堤，标高在＋3.5～＋4m 之间；子堤外侧水域地形起伏平缓，一般为 1∶40，标高在－2～－1m 之间；丁字坝外侧坡度较陡，约为 1∶10。预制场岸侧方向为钱塘江防波堤，防波堤外为老沪杭公路。

所建栈桥水域主要是受潮流影响较大，径流对施工有一定影响。潮流性质属于不正规半日浅海潮流，潮流运动的基本形式为往复流。根据所测资料，该水域最大涨潮表面流速为 1.72m/s，最大落潮表面流速为 1.25m/s。该水域多年平均高潮位为 4.0m，多年平均低潮位为－0.51m，历史最高潮位为＋7.38m，历史最低潮位为－2.35m。

该水域波况以风浪为主，几乎无涌浪出现。受季节气候影响，春、夏季以东向浪为主，秋、冬季以西北向浪为主。常浪向为 NW 向，频率为 20.5%；次常浪向为 E 向，频率为 20.1%。强浪向为 ESE 向，实测最大波高 3.5m；次强浪向为 E 向。年平均波高 0.2m，全年 1.5m 以上的波高仅占 0.6%。

码头工程地处属典型的亚热带季风湿润气候区，总的气候特征是温和、湿润、多雨。本区常风向为 SE 向，频率为 10.94%；强风向为 E 向，10min 平均最大风速为 20.3m/s；WSW 向瞬时极大风速为 32.2m/s；8 级以上的大风出现的天数年平均为 16.3d。

台风是主要灾害天气之一。据统计结果，本区在 1949～2000 年的 52 年间，10 级以上台风有 16 个，12 级以上的有 1 个(4906 号台风)，台风过境时常伴有强降雨过程。

栈桥处地质情况：表层为厚约 2～4m 的淤泥，以下为软塑可塑状粉质粘土、间夹粉土及粉砂的互层土；在标高为－50m 以下为强度较高、呈密实状的粉砂、粉土或呈可塑状且力学指标较好的粉质粘土等。

②设计参数

根据相关资料及箱梁出海码头栈桥 5 年使用寿命的要求，确定相关设计参数如下：

设计水位及高程：

设计高潮位：4.91m；设计底潮位：－2.39m；极端高潮位：6.02m；极端低潮位：－3.79m。

波要素：

波高（台风）$H=4.22\text{m}$，$T=6.3\text{s}$，$L=55.22$（20 年一遇）；设计波高 $H=2.1\text{m}$，$T=7.0\text{s}$，$L=39.61\text{m}$。

设计标准及荷载：

码头使用年限为 5 年；

横移箱梁荷载：预制梁重 2160t，每个支点设计竖向力为 600t；

汽车运输道使用荷载为 30t，设计车速为 10km/h；

码头堆积荷载按 5kPa 计；

码头靠系缆墩按泊 1000t 级船只（10 级风及以上离港避风）计；

校核风速为 32.2m/s，运架船装卸作业风速为 13.9m/s（6 级），运架船载梁航行风速为 20.8m/s（8 级），码头停靠风速为 24.5m/s（9 级）。

③结构设计构思

综合以上情况及 70m 箱梁跨度要求，考虑施工工期限制及施工快捷性，采用钢箱梁作为横移滑道基础。钢箱梁置于钢筋混凝土承台上，顶面标高为 +7.232m。为防止运架船停靠取梁时的撞击力，在栈桥相应位置设靠系船墩及防撞墩。另外，考虑移梁及海上施工物资运输要求，在栈桥前端设计材料码头。

④结构简介

码头栈桥总长 176.5m。箱梁出海栈桥布置在预制场的中间、与 5 号制梁台座相对处。栈桥采用双侧布设，每侧布设一道箱梁横移滑道、单线汽车运输道及人行道，双侧栈桥的滑道中心间距为 65m。箱梁出海码头栈桥总体布置见图 3－75。

码头平面图

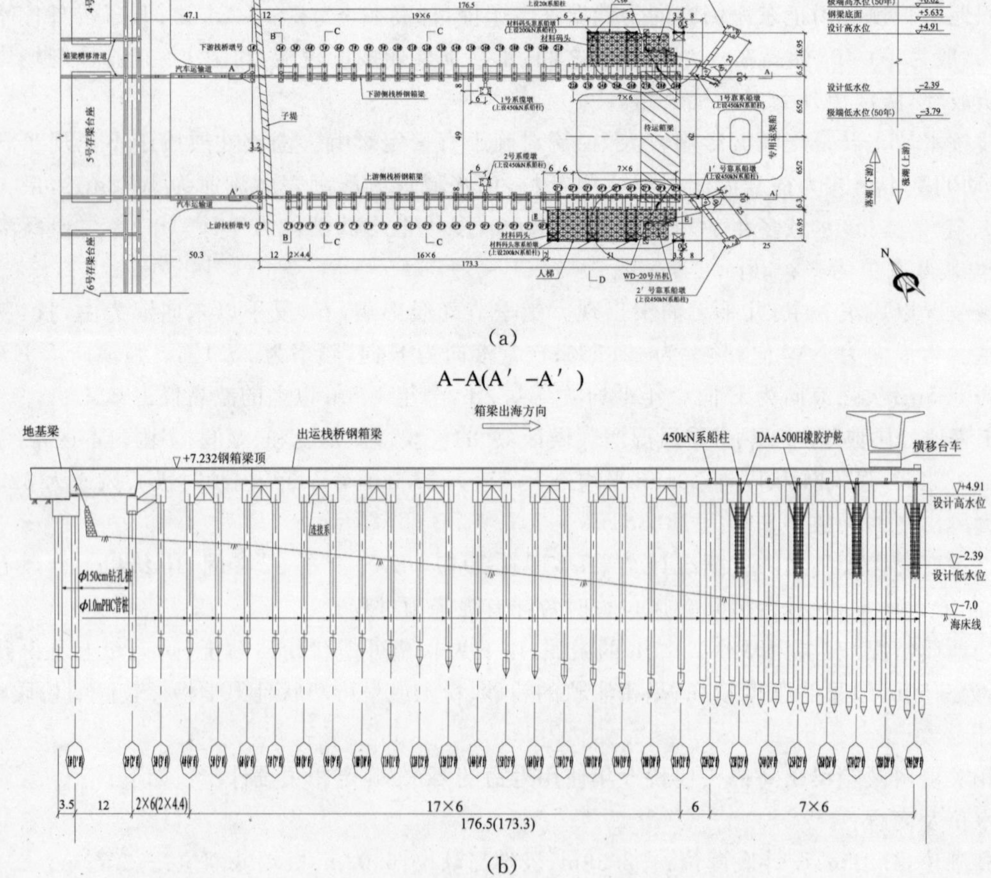

(a)

(b)

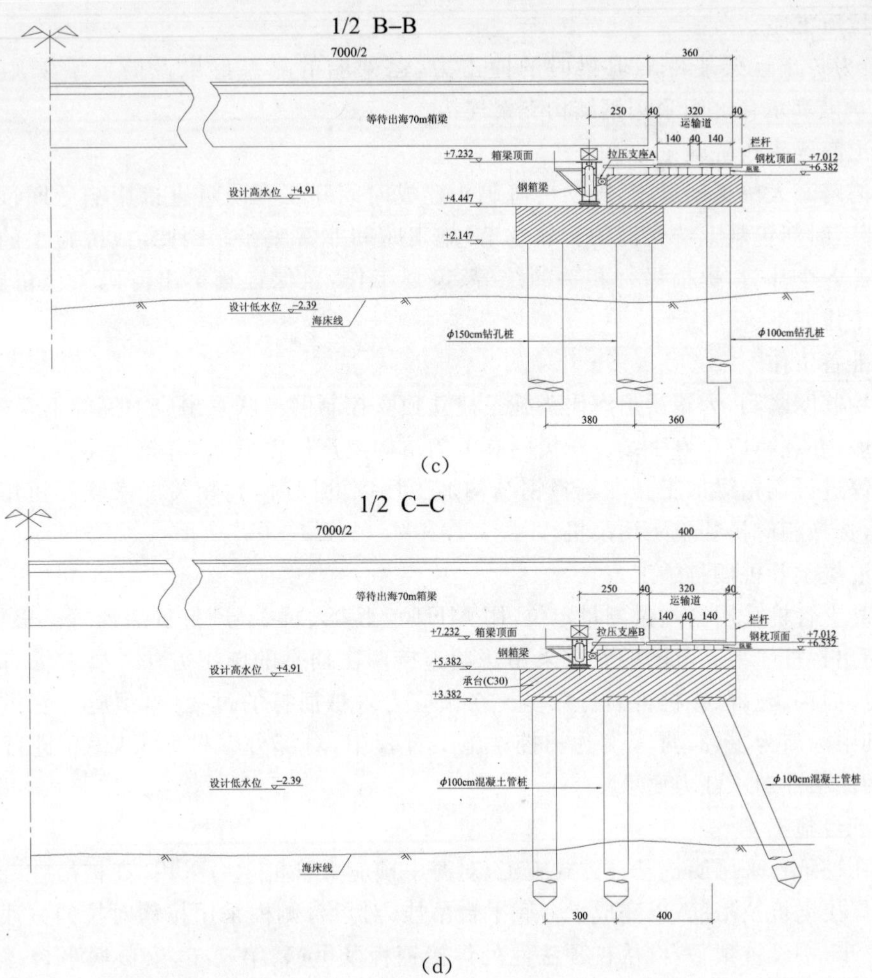

图 3－75　码头平面、立面示意图(尺寸单位:cm,高程单位:m)

桩基础:箱梁出海码头栈桥桩基础共有两种形式:第一种为钻孔桩基础,第二种为预应力混凝土管桩基础。钢箱梁第一跨(跨子堤)跨度为 12m,其余跨度均为 6m。岸上基础及水中第一排基础采用 2－ø1.5m 钻孔桩和 1－ø1.0m 钻孔桩及钢筋混凝土承台结构,采用钻孔桩基础主要是考虑减小施工对子堤结构安全的影响。其余跨基础由 ø1.0m 预应力混凝土管桩(直桩和斜桩)组成,桩长 30～60m。

混凝土承台:箱梁出海码头栈桥桩顶设高、低钢筋混凝土承台。考虑钢箱梁及汽车运输道布置,混凝土承台设计为高、低台形式。在低承台上摆放钢箱梁,在高承台上摆放纵梁及钢枕,作为汽车运输道,运输道宽 3m。钢箱梁内侧利用简易牛腿设检修道。混凝土承台根据桩基不同共分两类,即钻孔桩承台和水上预应力混凝土管桩承台。另外,预应力混凝土承台根据护舷支架及靠系船需要又分为 4 种形式,即:3 号～21 号(3′号～21′号)墩承台,尺寸为 9m×2m×2m;22 号～29 号(22′号～29′号)墩承台,尺寸为 8m×5m×2m;1 号(1′号)靠系船墩承台,尺寸为 6.5m×5m×2m;2 号(2′号)靠系船墩承台,尺寸为 6m×5m×2m,上设系船柱台。

钢箱梁:箱梁出海码头栈桥钢箱梁上下游各分 15 个节段,各节段之间采用栓焊组合的连接形式(全连续),顶底板焊接,腹板采用摩擦型高强螺栓拴接,摩擦面采用喷铝技术。钢箱梁在栈桥 1 号(1′号)墩处设固定支座并与地基梁固结,其余各支点处均设单向活动支座,以保证钢箱梁纵向自由伸缩。钢箱梁根据承载力要求,按栈桥跨度不同,共分为两种断面形式,即第一跨(12m 段)钢箱梁截面为 2.5m×1.1m($h \times w$),其余各跨钢箱梁截面为 1.6m×1.1m($h \times w$)。

支座:根据钢箱梁单向伸缩要求,在混凝土承台和钢箱梁之间采取 GPZ(Ⅱ)12.5DX 型和 GPZ(Ⅱ)8DX 型盆式橡胶支座。另外,为抵抗横桥向风力、波浪力、横移梁时横桥向分力,在钢箱梁和混凝土管桩承台之间设置拉压支座。

防撞护舷：为防止运架船停靠取梁时的撞击力，运架船的靠系船墩及防撞墩采用标准橡胶护舷DA－A500H，护舷和承台之间采用钢结构支架连接。

(2) 箱梁出海码头栈桥施工

由于杭州湾跨海大桥工期紧张，箱梁出海码头建成时间和工程质量直接影响后期预制箱梁出海架设，同时栈桥开工时间正赶上杭州湾的台风季节，施工时间非常紧张。因此，栈桥施工的前期就得充分考虑栈桥施工的各个环节，提前做好相关的统筹、策划工作，以保证箱梁出海码头栈桥施工一步达优。具体施工准备工作如下：

①施工前准备工作

提前进行控制网联测，为箱梁出海码头施工建立独立控制网。联系预应力混凝土管桩生产厂家。联系大型运输船舶，办理相应海事手续。积极同有关钢结构生产厂家联系，并进行多方比较，选择质量好、信誉度高的厂家进行钢箱梁加工。在选择钢结构加工厂家的同时，到相关厂家联系扭矩扳手。根据钢箱梁吊重要求，选择相应拼装施工用吊机。

②预应力混凝土管桩插打施工

预应力混凝土管桩采用全站仪测量定位，用MH100型“大桥1号”打桩船插打。根据打桩船吊高、吊重要求，对超出打桩船吊高范围的管桩采用法兰连接两次插打的施工方法。管桩插打共分为：吊桩、喂桩、管桩定位、插桩、施打、接桩再插打六步。在预应力管桩插打的过程中，预应力管桩施工按标高和贯入度双控，其中标高为主控，贯入度为辅控。施工过程中，对部分管桩做大应变，进行管桩承载力检测，确保管桩的完整性和承载力要求。

③混凝土承台施工

对岸上钻孔桩承台采用明挖基础方式施工；对海中预应力管桩承台采用“高桩吊挂”法施工，即从管桩顶端的法兰焊接钢板及吊筋，以完成承台底平台吊挂；对承台侧模采用拉筋对拉的方法施工。其施工过程如下：第一步，搭设桩顶平台，从桩顶法兰处焊接钢板及吊筋；第二步，安装底平台；第三步，测量放线，底模定位安装承台底模；第四步，绑扎钢筋、安装侧模；第五步，浇筑混凝土；最后，养护、竣工检测。

④钢箱梁施工

根据钢箱梁最大吊重26t的吊重要求，钢箱梁采用65t履带吊机进行逐跨安装，安装就位后的钢箱梁接头处的高强螺栓用检校过的电动扳手进行紧固，再用检校过的扭矩扳手抽检校核，最后对钢箱梁的上下盖板接头采用二氧化碳气体保护焊进行焊接，并进行探伤检测。

⑤材料码头施工

码头构架及码头吊机构架采取先岸上拼装，汽车运输到位后再用65t履带吊机逐吊拼装的方法施工。

⑥防撞护舷安装

防撞护舷采用在岸上先进行支架焊接组装，汽车运输到位后安装橡胶护舷，在低潮位时用65t履带吊机逐个起吊、安装的施工方法。

⑦70m箱梁出海码头栈桥施工工期

2004年9月10日开始插打第一根管桩。管桩插打是利用高潮位施工，施工期间先后克服大风、大浪等不利天气及“云娜”等多次台风的影响。至2005年1月14日，圆满完成栈桥全部270根管桩插打施工任务。2005年1月26日承台施工完毕，2月底栈桥全部竣工。

⑧主要工程数量

70m箱梁出海码头栈桥从2004年9月10日开工至2005年2月底完工，共计完成：预应力混凝土管桩12513m，钻孔桩740m，钢箱梁582t，其余钢结构1735t，WD－20吊机2台，混凝土4030m^3，木材350m^3，护舷44套。

4. 70m箱梁海上架设施工技术

杭州湾跨海大桥海上引桥上部结构全部采用跨度70m先简支后连续的预应力混凝土箱梁。全桥70m箱梁共计540片，海上分布长度长达18.27km(双幅)，分布在南引桥、北引桥、中引桥及南、北航道桥高墩区，C50混凝土共计约46万m^3。全部箱梁均在海盐预制场预制，由两艘运、架一体船吊运至桥位进行架设，再通过浇筑湿接头，预应力张拉，由简支梁转换为连续梁。

根据历史资料，桥位处最高潮位为4.94m，最大潮差为7.4m，平均潮差为5.32m。年平均流速为2.39m/s，施工期间实测到的南引桥最大流速(HZ0302站)：落潮时为4.18m/s，涨潮时为5.16m/s，流向紊乱，潮流场错综复杂。2004年8月实测最大波高：北岸站为3.23m，南岸站为4.72m。年可作业时间短。

70m箱梁预制架设具有形体大、重量重(2160t)、起吊高度高(52m)、作业海域水文和气象条件复杂的特点。施工中的关键技术包括：预制场建设和设备配置；整体式钢模设计和钢筋整体吊装；海工耐久混凝土配合比试验研究；箱梁早期裂纹及缺陷控制；大型箱梁浇筑工艺；重型箱梁场内搬移；海上运架设备研制及箱梁在墩顶精确调整位置等。

(1) 重型箱梁场内搬移

①箱梁横移系统

从70m箱梁预制施工开始，就安排了多种摩擦副及其横移设备的实体试验，其具体试验结果见表3－25。

表3－25 横移摩擦副实体试验结果表

方案	摩擦副(上/下)	介质	承载应力	μ	备注	结论
1	MGB/不锈钢	黄油掺机油	7.8MPa	0.050	有导向	消耗小
2	不锈钢/MGB	黄油掺机油	14.6MPa	0.085	无导向	易走偏
3	四氟板/不锈钢	机油	14.6MPa	0.09	有导向	蠕变大，不成功
4	COB材料	机油	14.6MPa	0.08	有导向	易碾碎，蠕变大
5	钢轨/钢轨	黄油掺石墨粉	30MPa	0.14	有导向	成本高，水平力大
6	MGB/不锈钢	机油	14.6MPa	0.068	有导向	消耗大
7	辊轮小车/钢板	干	50MPa	0.03	无导向	易走偏

以上移动均用水平千斤顶作为动力，优点是平稳，缺点是受速度的限制。从表中可以看出，第7种摩擦副摩擦系数最小，但易走偏，如果加上导向装置，应是一种很好的移运方式。用此方法移运了近20片70m箱梁，但最后受制造周期和工程时间的控制，没有继续试验和使用。

第1种摩擦副摩擦系数次之，其使用风险小，最后选用该方案。这种方案是在第6种方案的基础上进行了优化：其一是增加了接触面积，将压应力减少约一半；其二是将不锈钢由单片焊接变成了连续铺设；第三是加大了滑道平整度的控制。此方案使用效果较好。重物移运有一个从量变到质变的过程，是一个不容忽视的难题，如果移运重量增加到一定的程度，常规的一些材料和方法均无法满足使用要求；如果移运次数从几次到几十次，甚至几百次，必须有一些新的方法取代原来的方法，否则也无法满足要求。同时，箱梁在移运过程中有支点控制要求，需要采取一些特殊的工艺措施才能够确保箱梁在移运过程中不受扭曲或其他原因损坏。

70m箱梁横移见图3－76所示。

②箱梁纵移

上面所谈的移运设备，只能适合短距离的、时间不受限制时的重物移运，其最高运行速度只能达到36m/h。如果用卷扬机等作为牵引方式，一是每个横移点需设一台大吨位卷扬机，且要求有场地或带来其他问题。因此，有必要研制一台可自动走行的大吨位的运梁台车。由于受箱梁支点及荷载分布的限

图 3－76　70m 箱梁横移

制，台车必须能将每端达 1100t 的力分布下去。如果采用传统的分配梁，那么台车将会做得很高，甚至会不稳定。此外，该台车还必须适应 16 条横移滑道相互之间的施工误差的变化情况，必须能自由升起和降落，还需要确保每个轮子均匀受压。正是由于这样特殊的要求，针对以上问题，研制出了一台全液压、全电控的液压悬架轮轨式台车。该台车采用液压悬挂原理，用 64 个 ø500mm 的轮子、32 台 100t 的液压千斤顶和 32 个电动马达，并通过电控技术控制前后台车同步，台车高度仅为 1.2m，可自由顶升 10cm。具体参数见表 3－26。

表 3－26　台车参数一览表

名　称	型　号	规　格	额定载重	自　重	车轮轮压	整机功率
液压台车	CH2400A	24000kN	24000kN	950kN	375/510kN	102kW

名　称	高度调节	走行速度	外形尺寸	供电方式
液压台车	±50mm	0～12m/min	6600mm×7400mm×1200mm	～380V，50Hz

从使用效果来看，它具有操作自如、运行平稳、适应能力强等诸多优点，且经济耐用，完全可以推广应用于其他工程。详见图 3－77。

图 3－77　70m 箱梁纵移

(2) 出海码头

重达2160t的70m箱梁最终需要大吨位的吊船运到海上安装，从梁场到吊船需要一个适应作业环境的专用重型出梁码头。海盐预制场水域基本适应码头的修建，但其有一个特点，即此处流速较大，一般为2m/s，且流向平行于岸线。由于梁场是长条形的，其台座的布置只能根据地形顺岸布置，由此决定了出梁方向，也最终决定了码头只能横流取梁。为了解决这个难题，设计了前喇叭口的双线栈桥式码头，充分适应了两条运架起重船的取梁、进出码头的需要。

(3) 专用起重船的研制

"天一号"运、架一体船前面已有介绍，下面介绍"小天鹅号"运、架一体船的情况。

东海大桥使用过的2500t的双体吊船"小天鹅号"，通过加大锚泊系统和动力系统、减轻吊架的自重等措施，也能很好地适应杭州湾跨海大桥施工的需要，其技术指标见表3—27所示。

表3—27　"小天鹅号"海上专用运、架一体船主要技术指标

项目		指标
船式		双体船型，由舯向艉由连接桥相连。钢质、单底、单甲板，具有三层甲板室的固定式起重船。通过改变连接桥连接长度，两船间开挡可在5～18m间变化，可满足不同桥跨和架设方法的要求
适应航区		该船适应沿海海域起重作业、载梁航行，可座底避风、自航调遣。船舶稳性和船体结构强度满足近海和无限海域拖带调遣要求
作业环境	风力	起重船在抛锚定位后进行起重架梁作业时，蒲氏6级； 起重船在满载梁航行状态下，抗风蒲氏8级及相应波浪
作业环境	波高	2m
作业环境	流速	4节
作业环境	环境温度	－10～45℃
船体主尺度	总长	84.00m
船体主尺度	型宽	46.00m
船体主尺度	型深	5.90m
船体主尺度	设计吃水	3.50m
船体主尺度	航行速度	不低于7.3节(13.52km/h)
船体主尺度	动力设备	主机:537kW×4台;主发电机组:320kW×2台;停泊发电机组:90 kW
船体主尺度	船员数	25人
船体主尺度	船舶自持力	45d
起重机	起吊能力	2700t
起重机	起吊高度	40m(梁顶面距水面)
起重机	卷扬机	液压驱动
起重机	起升速度	0.1～0.75m/min

"天一号"采用进口全回转舵桨，它运转自如，比"小天鹅号"动力加大一倍，采用11t的大抓力锚8只，船的适航性更好。从表3—28前9片梁的落梁精度可以看出，落梁的4个支点高差在4mm以内，纵横移偏差均在10cm以内，完全能满足工艺的要求，充分证明了中心起吊船的优越性。

表3—28　梁体架设落梁精度统计

梁　号	水流(m/s)	潮位(m)	纵向(cm)	横向(cm)		临时支座最大高差(mm)
				左	右	
C81C82—X	3.21	4.86	9	10	9	4
C33C34—X	3.16	2.67	10	7	8	3
C31C32—X	3.41	3.69	10	6	8	3

续表

梁　号	水流(m/s)	潮位(m)	纵向(cm)	横向(cm)		临时支座最大高差(mm)
				左	右	
C40C41－X	3.39	4.91	5	7	5	2
C31C32－S	3.14	2.76	3	5	3	2
C38C39－X	3.11	2.41	5	8	6	3
C39C40－X	3.36	4.21	10	10	5	2
C32C33－X	3.09	2.14	7	2	5	3
C34C35－X	3.10	2.10	6	10	5	3

注:X表示下游梁,S表示上游梁。

(4) 墩顶纵、横移设备

无论什么吊船,受风、浪、流的限制和为了提高效率,梁体落到墩位时的精度控制都不足以满足规范要求,这需要在每个墩顶设置一套可将2160t梁体轻松纵、横移的精调装置,只有这样才能满足规范规定的精确要求。采用自平衡原理,设计制造了墩顶精调装置(图3－78),较好地在工程中得到了验证,它们完全可以满足规范要求。

图3－78　箱梁架设墩顶布置

(5) 70m箱梁架设施工

杭州湾跨海大桥70m箱梁,采用专用运、架一体船3000t"天一号"和经改造的2500t"小天鹅号"进行海上运输及架设(图3－79)。箱梁海上运输及架设包括:专用运架船自出海码头取梁、载梁海上航行、抛锚定位、墩顶布置及落梁、专用运架船退出返回、箱梁精确就位。

①运架船码头取梁

预制箱梁在达到强度要求、张拉完成后,通过横移、纵移再横移过程到达栈桥存梁柱存放。在海盐预制场栈桥水深满足运架梁船吃水要求后,运架船就可进入栈桥取梁。在运架船进入栈桥取梁时,为克服由于栈桥方向和涨、落潮时的水流方向基本垂直对运架船产生的水平推力,将船头方向调整为逆流方向。借助卷扬机将运架船两艏锚同栈桥的锚连接起来,并将运架船侧锚套入栈桥两侧的系缆柱,将运架船缓慢平稳绞进栈桥。同时,调整两侧侧锚,使船体起梁扁担中线和待取箱梁中线重合,完成船体取梁对位。船体对位完成后,吊梁扁担缓慢落至梁体正上方80cm处,将吊索从吊带预留孔内缓慢下放,同时将下扁担送至梁体预留孔正下方,然后将吊索喂进下扁担锚固位置并固定,提升下扁担,让下扁担上的橡胶板与梁体密贴,继续提升待架箱梁,直到梁体高出栈桥1m左右,船体绞锚退出栈桥。

②海上载梁航行

专用运架船取梁退出出海码头后,将箱梁缓慢下落至船体甲板相应支点上,并将箱梁水平固定,以防梁体摇摆扭曲,然后专用运架船载梁正常航行至待架桥墩孔位。

图3－79 海上70m箱梁架设

③专用运架船抛锚定位

因箱梁桥面设有2%横坡，预制时，在预制场将梁体方向调整好，专用运架船仅从一个方向架设，即先架设钱塘江水流的下游侧，再架设上游侧。最后两片梁架设时，为方便运架船退出杭州湾，应从另一方向架设。因此，在安排箱梁预制施工计划时，应考虑横坡方向。根据施工区域水流情况的不同，运架船抛锚定位如下：

一般流速区域施工：专用运架船航行至桥中线上游，距待架桥墩孔约250m左右时，利用3艘抛锚艇抛3个艉锚(当无法保证在一个潮水架完梁时，要求抛上4个锚)及3个艏锚(当潮位过大时，也要求抛4个艏锚)。为便于调位，靠船体的艏锚必须成交叉状态抛出，靠船体中线的艏锚和艉锚应顺待架梁孔横桥中线方向抛出。艏锚或艉锚的两锚间夹角为65°～70°，锚绳长为300～400m。前后左右6(8)个锚完全抛好后，起自救锚，将箱梁提升至架设需要的高度，利用绞锚机将专用运架船绞进桥孔位置。详见图3－80箱梁海上架设锚位示意图。

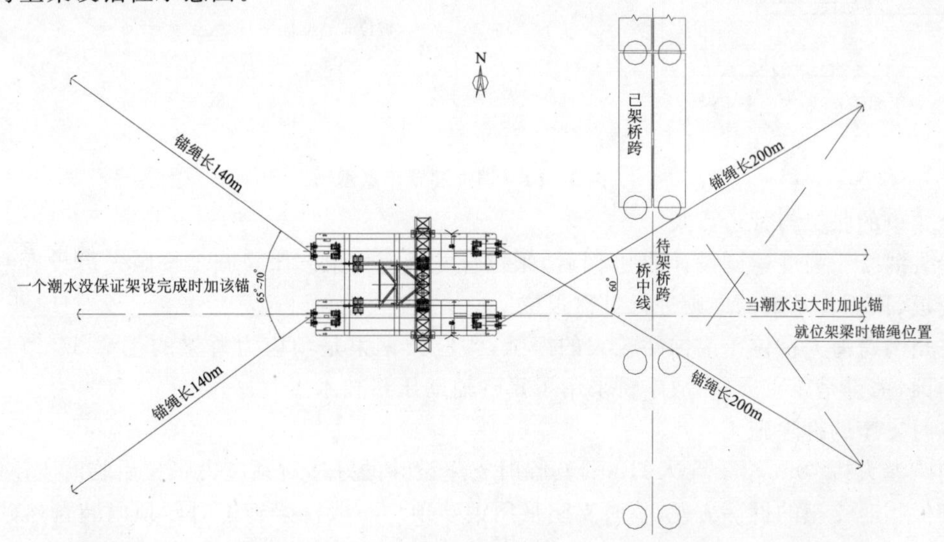

图3－80 箱梁海上架设锚位示意图

急流区施工：专用运架船在急流区航行时，根据流速情况及运架船性能，用3艘3000匹马力的拖轮帮拖。运架船在帮拖行至桥中线上游，距待架桥墩孔约250m左右时，利用4艘抛锚艇抛4个艉锚及4个艏锚。为便于调位，靠船体的艏锚必须成交叉状态抛出，靠船体中线的艏锚和艉锚应顺待架梁孔横桥中线方向抛出。艏锚或艉锚的两锚间夹角为65°～70°，锚绳长为300～400m。前后左右8个锚完全抛好后，起自救锚，将箱梁提升至架设需要的高度，利用绞锚机将专用运架船绞进桥孔位置。

5. 70m箱梁体系转换关键技术

杭州湾跨海大桥70m箱梁简支变连续施工的难点及关键点主要为：在杭州湾潮大、流急情况下的箱梁架设精确定位控制技术、合龙束的张拉与管道压浆、临时支座的拆除施工。

(1) 在杭州湾潮大、流急情况下的箱梁架设精确定位控制技术

为保证箱梁下落平稳，专用运架船到达待架桥孔位时，充分利用平潮期间潮水平稳的特点，采用3～4艘大马力的抛锚艇快速进行抛锚，专用运架船在锚绳收紧后才开始落梁。尽管采取以上措施，箱梁下落就位后的纵、横向偏差仍难满足规范要求，鉴于此，施工时设计了专门用于落梁就位后进行调位的装置，使落梁时定位控制难度大大降低，落梁偏差只要不大于15cm即可。具体为：每片箱梁设墩顶调位装置(临时支座)4套，每套调位装置由1台800t砂顶、2台水平位移千斤顶、滑动副、机座、减震板及配套油泵组成。调位装置横向水平调位采用RC506型千斤顶(P80型手动泵站)，纵向水平调位采用RC5013型千斤顶(P462型手动泵站)，水平移动千斤顶通过油顶前端丝口与机座连接；滑动副主要由四氟板及竖向砂顶底下的不锈钢衬板组成，四氟板能有效地减小水平摩擦力；为了减少箱梁架设时的冲击，在砂顶的活塞顶部设有减震板，减震板采用橡胶支座(600mm×600mm×100mm)。调位装置立面图和平面图见图3－81。

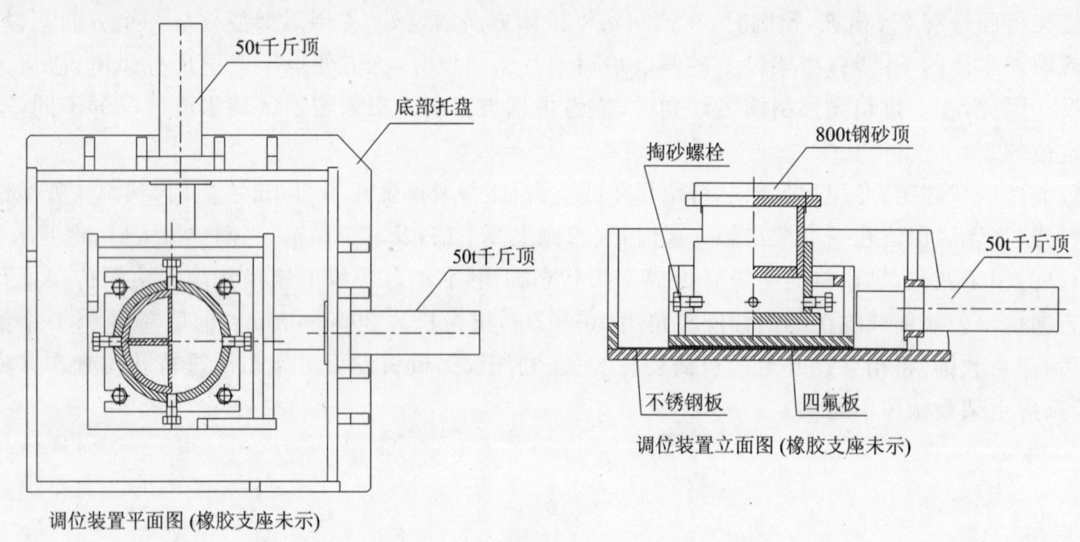

图3－81　调位装置示意图

(2) 合龙束的张拉与管道压浆

当湿接头混凝土强度达到设计的85%后，张拉合龙预应力束。张拉施工按照先边墩后中墩、先腹板合龙束后底板、顶板合龙束的原则进行对称张拉。

由于杭州湾跨海大桥位于腐蚀性较大的海上，预应力钢束是预应力桥梁的生命线。为了保证预应力钢束不锈蚀，关键是压浆质量，故本桥采用了真空辅助压浆技术。

(3) 临时支座的拆除施工

杭州湾跨海大桥70m箱梁重达2160t，其临时支座设计的好坏对预应力张拉后临时支座的拆除影响较大。为确保临时支座的拆除方便，临时支座采用钢砂顶。一般桥梁施工时砂顶内装自然砂，由于本桥梁体重达2160t，故不宜采用自然砂，而采用钢砂。钢砂箱内装直径1～2mm的钢砂(钢丝丸)，在钢砂装

入砂顶之前需过筛，以防粉末落入上、下缸体缝隙之间而导致拆卸困难。临时钢砂顶拆除施工时，是通过设在钢砂箱底部的掏砂孔掏出部分钢砂，此时钢砂顶回缩一定行程，与箱梁脱开，然后用纵、横移 50t 千斤顶直接将钢砂箱顶出。

6. 70m 箱梁横移动静摩擦系数对比测试研究

根据杭州湾跨海大桥 70m 箱梁预制场总体布置，沿海岸线通长方向设 8 个制梁台座，中部设箱梁出运码头，因此箱梁需要经过横移、纵移运至出海码头，预制场共需 16 条横移滑道、2 条纵移滑道。我们通过研究横移时的摩擦情况，对采用不同的横移方式，在用不同的介质作润滑材料情况下的动、静摩擦系数进行测定并加以分析研究，根据所测得的数据及分析研究结果，确定较好的且经济的横移方式。

(1) 测试方案

①测试方案

将 70m 箱梁置于 4 台横移车架上(箱梁的 4 个支点处)，横移车架再放置在横移台车上，每端各利用 1 个或 2 个 100t 的水平千斤顶顶推横移台车前进(为了有效地发挥千斤顶的工作效率，应尽量采用千斤顶顶推的方式，而尽量避免采用收拉的方式)。利用油泵上的油表读数换算成水平千斤顶的顶推力，分别测定不同的摩擦副组合下，箱梁移动时的瞬间动力及移动后的平稳动力，据此测算出动静摩擦系数及动静摩擦系数比，通过试验，以确定最佳的摩擦副材料。现场实际采用了多种横移方式：辊轮车在钢板上滚动的滚移方式、钢轨对钢轨的横移方式、MGB 滑板对不锈钢板的横移方式(又分为：不锈钢板在 MGB 滑板上、MGB 滑板在不锈钢板上两种方式)、MGE 在不锈钢板上、特制四氟板在不锈钢板上多种方式，取动摩擦区段的平均摩擦力与接触面上的正压力计算动摩擦系数。

70m 箱梁横移等效示意图如图 3－82 所示。

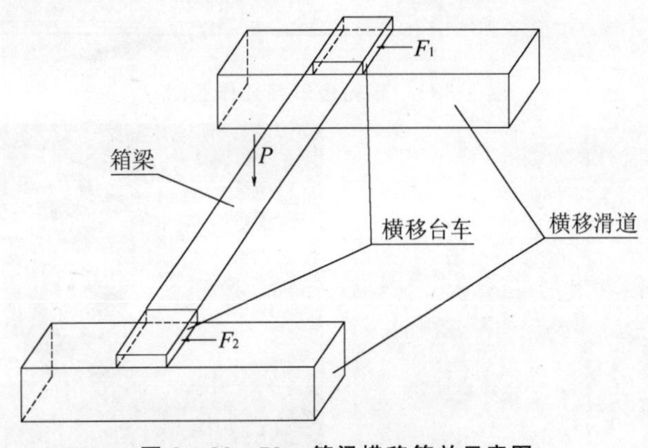

图 3－82　70m 箱梁横移等效示意图

$$\mu=F/P$$

式中，μ——摩擦系数；

F——水平推力，$F=F_1+F_2$，即油压表油压→千斤顶推力；

P——正压力，即箱梁、车架和台车总重量。

本试验中取 70m 箱梁设计重量为 2185t，其中 20t 为合龙索及合龙索浆体重量，应扣除。车架及台车总重量＝10t/套×4 套＝40t，故 $P=2185-20+40=2205$t。

②试验设备、材料

水平千斤顶：额定顶推力 100t；

电动油泵型号规格为 3000Psi、55L/min；油压表 40MPa、精度为 1.0、额定油压为 20MPa；

钢板：材质 16Mn、1100mm 宽、32mm 厚；

不锈钢板：当不锈钢板作为上滑板时，取 1500mm×1000mm×2.5mm(长×宽×厚)；

当不锈钢板作为下滑板时，取 750mm×2.5mm(宽×厚)，与横移滑道等长。

钢轨：QU80 起重钢轨；

辊轮台车:辊轮直径为 100mm、辊轮长度为 300mm,辊轮材质为滚动轴承钢 GCr15、淬火硬度为 HRc50－55。每片箱梁移动时接触面上共 32 个辊轮。

MGB 板:大块尺寸:750mm×750mm(长×宽)。

小块尺寸:750mm×375mm(长×宽)。

特制四氟板或 MGE 板(4 块):单块尺寸:900mm×400mm(长×宽)。

③不同摩擦副组合的横移试验

辊轮车在钢板上的滚动方式如图 3－83 所示,辊轮车侧面如图 3－84 所示,辊轮碾碎情况如图 3－85所示。

图 3－83 辊轮台车移梁作业图

图 3－84 辊轮车侧面

图 3－85 辊轮碾碎情况

钢轨对钢轨的横移方式如图 3－86 所示。

(a)

(b)

图 3－86 钢轨对钢轨的横移

不锈钢板在 MGB 滑板上的横移方式如图 3—87 所示。

图 3—87　不锈钢板在 MGB 滑板上的横移

MGB 滑板在不锈钢板上的横移方式(70m 箱梁横移最终采用的方案)如图 3—88 所示。

(a)

(b)

图 3—88　MGB 滑板在不锈钢板上的横移

特制四氟板在不锈钢板上的横移方式如图 3—89 所示。

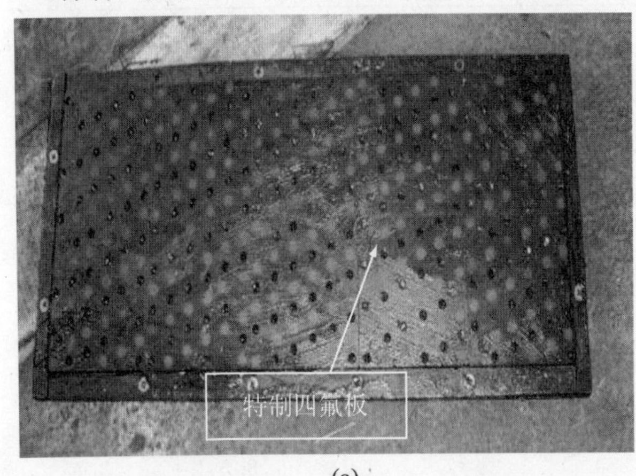

(a)

(b)

图 3—89　特制四氟板在不锈钢板上的横移

COB 板碾碎情况如图 3—90 所示,COB 高分子材料摩擦系数测定如图 3—91 所示。

图 3-90 COB 板碾碎情况

图 3-91 COB 高分子材料摩擦系数测定

(2) 试验结果

原材料试验室测试结果分别见表 3-29、表 3-30、表 3-31 所示。

表 3-29 MGE 高分子材料摩擦系数测定报告

产品规格	MGE 200mm×200mm×19mm			测试环境	11℃	
测试项目	材料在干态、水介质、硅脂介质状态下与镜面不锈钢板的静摩擦系数和动摩擦系数					
测试结果一(干态下材料的静摩擦系数和动摩擦系数)						
正压力	800kN(20MPa)					
项 目	最大静摩擦力			动摩擦力		
循环次数	第一次	第二次	第三次	第一次	第二次	第三次
摩擦力(kN)	89.0	90.6	89.5	71.5	72.4	72.2
平均值(kN)	89.7			72.1		
摩擦系数 μ	0.0561(静摩擦系数)			0.0450(动摩擦系数)		
测试结果二(水介质状态下材料的静摩擦系数和动摩擦系数)						
正压力	800kN(20MPa)					
项 目	最大静摩擦力			动摩擦力		
循环次数	第一次	第二次	第三次	第一次	第二次	第三次
摩擦力(kN)	33.8	36.4	34.5	18.6	19.5	17.0
平均值(kN)	34.9			18.4		
摩擦系数 μ	0.0218(静摩擦系数)			0.0115(动摩擦系数)		
测试结果三(硅脂介质状态下材料的静摩擦系数和动摩擦系数)						
正压力	800kN(20MPa)					
项 目	最大静摩擦力			动摩擦力		
循环次数	第一次	第二次	第三次	第一次	第二次	第三次
摩擦力(kN)	9.3	7.4	8.4	2.4	2.9	2.7
平均值(kN)	8.4			2.7		
摩擦系数 μ	0.0052(静摩擦系数)			0.0016(动摩擦系数)		

表 3－30　MGB 高分子材料摩擦系数测定报告

产品规格	MGB　200mm×200mm×19mm	测试环境	11℃
测试项目	材料在干态、水介质、硅脂介质状态下与不锈钢板的摩擦系数		
测试结果			
正压力	介质		
	无	水	牛油
5MPa	$\mu=0.086$	$\mu=0.061$	$\mu=0.015$
10MPa	$\mu=0.079$	$\mu=0.050$	$\mu=0.012$
15MPa	$\mu=0.073$	$\mu=0.039$	$\mu=0.008$

注：1. 当压应力达到 62.5MPa，材料出现了较大的压缩变形；当压力释放后，试验材料未被破坏，其残余变形约为 3mm 左右。

2. 当压应力达到 100MPa，材料出现了大量的压缩变形及水平延展；当压力释放后，试验材料未发现扭曲变形，其残余变形约为 5mm 左右。

3. 如下图所示，压应力在 10～20MPa（即 400～800kN）时，材料变形较为线性；回到初始荷载（10kN）时，材料的残余变形约为 0.67mm。

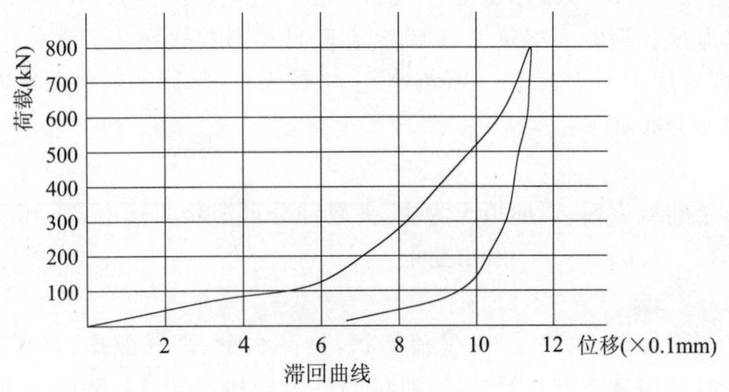

滞回曲线

表 3－31　高荷载低滑速下四氟板的摩擦磨损测试试验

润滑状态	摩擦系数	磨损深度
无	$\mu_{初}=0.0205$；$\mu_{稳}=0.0166$	0.62～1.18μm/km
润滑	$\mu_{初}=0.0036$；$\mu_{稳}=0.0031$	0.14～0.34μm/km

注：试验压应力：60MPa；滑动速度：0.24mm/s。

从试验结果看，工地实际运梁试验时测得的摩擦系数均要比试验室测得的摩擦系数大。我们分析认为，第一是由于工地实际移梁时，上、下摩擦副平整度与试验室条件不同（横移滑道长达 85m、宽 1.4m，平整度势必存在误差）；第二是上、下摩擦副接触面积与试验室条件不同；第三是由于工地横移轨道平整度导致压应力与试验室条件不同；第四是环境温度不完全相同；第五是润滑状况不完全相同。值得一提的是，不同的介质对摩阻力有很大的影响，理论上摩阻力与接触面积无关，但实际中由于非理想状态，不同的接触面积对摩阻力可能有影响。

7. 70m 箱梁滑移轨道的变形分析研究

杭州湾跨海大桥 70m 箱梁陆地移运采用纵、横移滑道方案，由于杭州湾地质为淤泥质软弱下卧层，且箱梁体积庞大，要求 4 个支点高差不得超过 5mm，这就对纵、横移滑道梁的刚度及其底部基础钻孔桩的沉降量均有严格的要求。为验证根据地质资料设计的钻孔桩桩长及桩截面尺寸是否与实际相符，连续梁下单桩基础按平面钢框架计算的理论是否与实际相符，可以通过箱梁移运过程中对滑移轨道梁的变形进行观测并分析，为以后的类似工程提供借鉴。由于纵、横移滑道基础基本类似，本文主要对 70m

箱梁横移时滑移轨道梁的变形进行分析研究。

海盐预制场内箱梁移运有16条横移滑道，每条横移滑道长约75m。纵、横移滑道是重达2160t的70m箱梁顺利运输的保证和关键。箱梁横移平面示意图见图3－92。

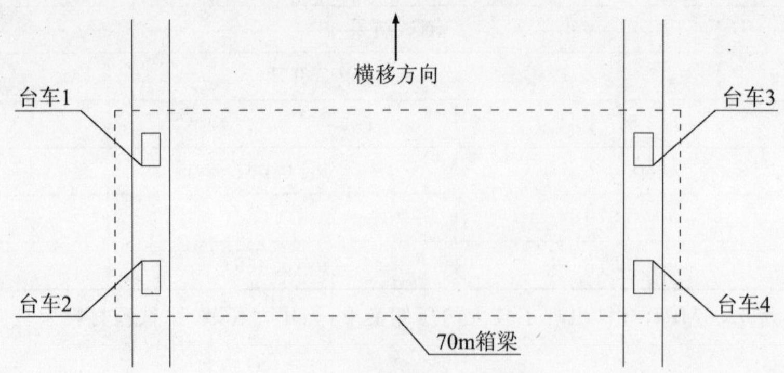

图3－92 箱梁横移平面示意图

(1) 海盐预制场地形与地质情况

杭州湾跨海大桥北岸70m箱梁预制场位于浙江海盐县南抬头闸向秦山方向的一块由子堤和大堤围成的长条形空地，最大宽度约210m，最小宽度约65m。场区地貌以第四系河口相堆积地貌形态为主，地区原始地貌属海陆近岸滩地。后经人工筑堤填塘，现在陆域地形起伏在＋3.6～＋8.9m之间，地势东高西低，沿海有海堤。上部地层表面为近10m厚填土，土质较为松散，以下依次为淤泥质粘土、粉土、粉砂、粉质粘土等。各土层单元分布如下：

①人工填土

灰色、灰褐色，分布于陆域表面，以回填土为主，夹有部分可塑状的粘土，厚10m左右，土质较松散并混有碎石、砖块等，标高在－1.89～－2.39m之间。

②淤泥质粉质粘土

灰色，含云母，间夹薄粉细砂，稍有层理，呈流塑状，具高水量、高孔隙比、高压缩等特征。该层分布于大部分区域，厚约16m，往海域方向逐渐变薄，且标高逐渐上移，在－14.59m以上。

③粉土

灰色，含云母，间夹薄层粘土及薄层粉砂，具互层状层理，分布较为广泛，平均厚度3m。

④粉砂

灰色，含云母，间夹薄粘性土，中密状，厚3.8～10.2m，往海域方向呈逐渐变薄趋势。

⑤粉质粘土

灰色，含云母，间夹薄层砂，层理明显，局部含砂较多，呈可塑状局部软塑—流塑，标高在－22m以下。

正是海盐预制场这种特殊的地质条件和环境，对70m箱梁陆上运输的纵、横移轨道的基础稳定性设计提出了更高的要求。

(2) 横移滑道基础的构造

①预制场横移滑道基础

由于海盐预制场土质较为松软，均为淤泥质软弱下卧层，其承载能力很差，考虑到箱梁在预制及运输过程中地基受力较大，因此本预制场滑道梁采用了桩基基础，以承受滑道对巨大荷载的承受能力；其上设钢筋混凝土连续梁作滑道梁。

根据箱梁的滑移要求，每条横移滑道下共有12根ø1.5m、长57m的钻孔桩(钻孔桩主要间距为8.5m)，16条横移滑道共计有192根ø1.5m钻孔桩(如图3－93)。

钻孔桩上的钢筋混凝土梁截面按宽1.4m、高3m进行设计。横移轨道梁跨度最大为8.5m，每条轨道长89.47m(如图3－94～图3－96)。横移轨道梁采用C30混凝土。

图 3－93 已完成的钻孔桩

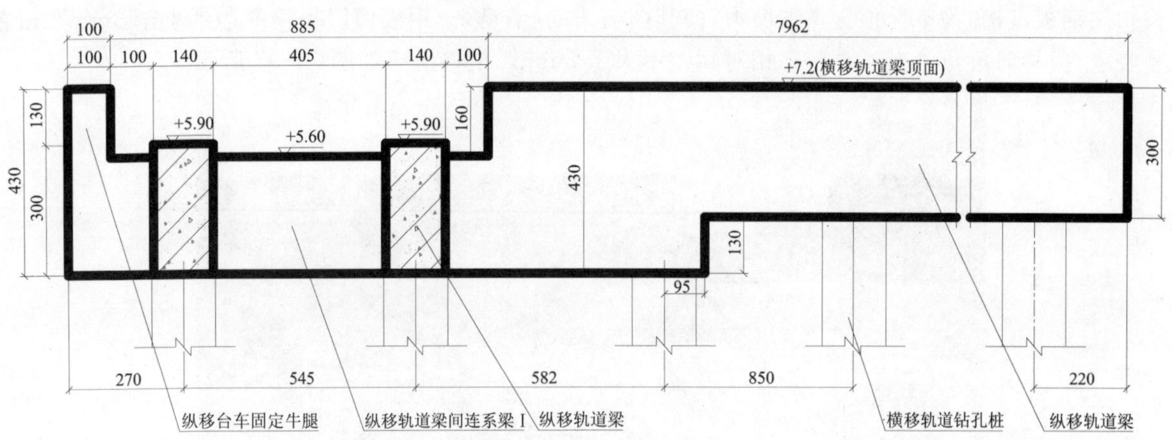

图 3－94 横移轨道梁立面示意图(单位:标高为 m,其余为 mm)

图 3－95 横移滑道轨道梁钢筋框架

图 3－96 浇筑完成的横移滑道轨道梁

②横移滑道板构造

横移滑道梁上铺设 δ＝32mm 厚钢板，其材质为 16Mn 钢。钢板两侧设置键槽，运梁台车的千斤顶抓钩扣住钢板键槽，为千斤顶提供支反力，使其向前滚动(滑动)。钢板面层平整度达到小于 3mm/2m 的误差要求，横移时滑道梁上 4 个台车相对高差不大于 5mm。横移滑道如图 3－97 所示。

图 3－97 已完成的横移滑道

(3) 横移轨道基础设计

设计思路：连续梁单桩基础按平面钢框架计算的理论，在集中荷载(载重的横移台车)的作用下，分为 11 种工况，算出每种工况对不同跨和支点的最大(小)正(负)弯矩、轴力和剪力，以此来推算钻孔桩的桩长、配筋规格，以及轨道梁的尺寸、配筋规格。

①平面钢框架计算理论

设计资料：设计荷载为箱梁重 2160t，施工超载 108t(按超载 5％计算：2160×5％＝108t)，横移台车自重 11.5t/台，横移时共用 4 个横移台车。横移台车每个支点的压力按(2160＋108＋11.5×4)/4＝578.5t 设计(偏于安全，不考虑小车对集中力的分布作用)，横移时每条滑道板均承受 165t 水平推力。

设计说明：将横移轨道梁与钻孔桩设为固结；跨度按 8.5m 计算；钻孔桩自由度设为 10m；按照滑移小车运行到每跨最不利的位置，将一条横移轨道分为 11 个工况布置(如图 3－98)；各工况弯矩、剪力、轴力均用清华大学设计的《结构力学求解软件》进行计算，计算结果见表 3－32～表 3－35。

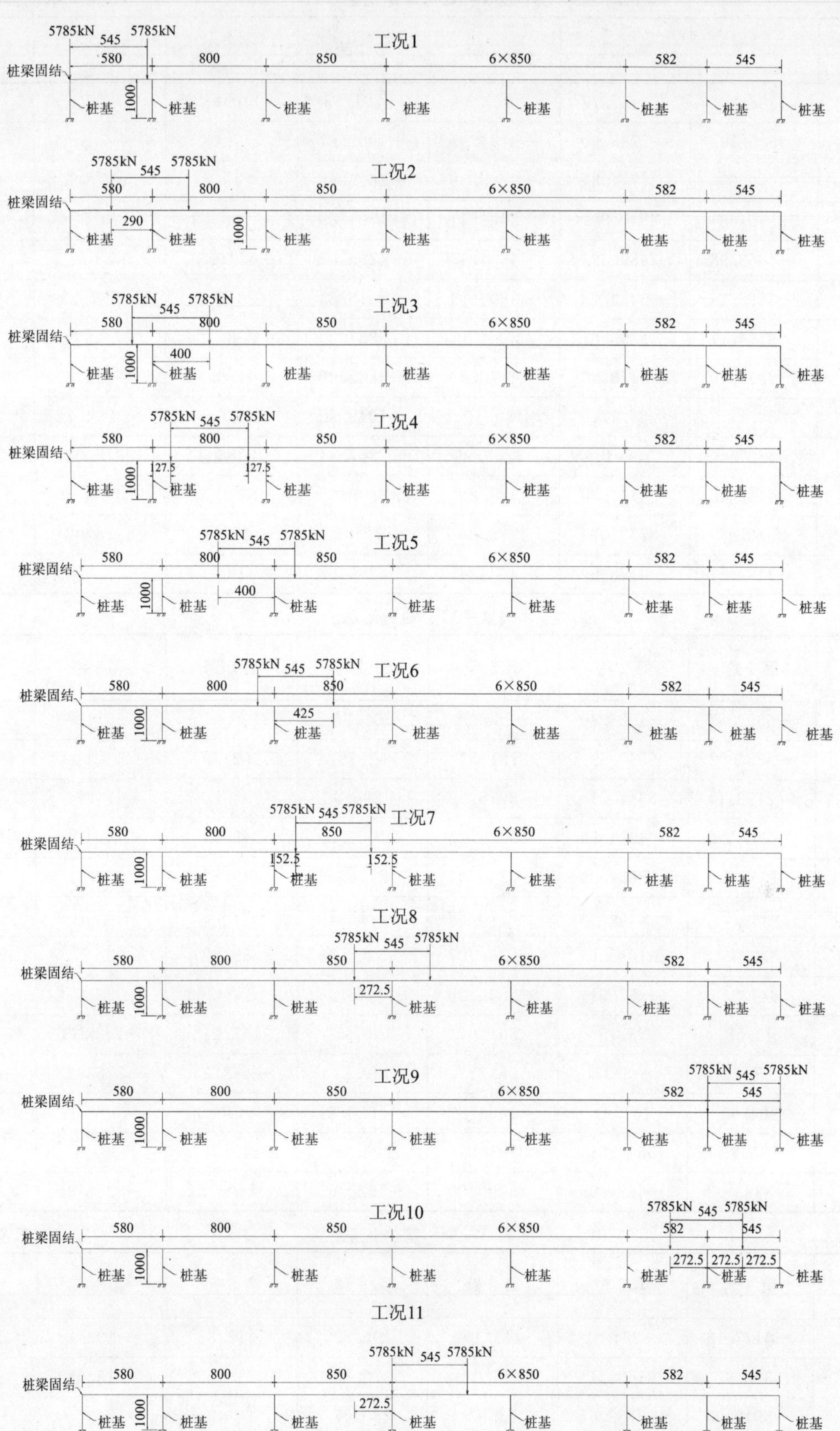

图 3—98 横移滑道钻孔桩工况布置图(尺寸单位:mm)

表 3—32 弯矩汇总 (单位:kN·m)

弯矩 工况	第1跨	第2跨	第3跨	第4跨	第5跨	第6跨	第7跨
工况 1	1588.90	−3457.77	−678.59	−721.53	110.68	57.71	50.26
工况 2	2505.10	−3733.90	−3424.95	−1062.67	147.08	142.53	56.24
工况 3	3910.93	3772.08	−2733.19	−2605.98	−213.31	168.75	79.42
工况 4	3170.68	2840.00	−3929.11	−3701.09	−706.13	174.97	121.39
工况 5	−1468.98	2489.39	−4624.45	−4296.08	−1519.86	130.79	152.20
工况 6	−3185.24	−3433.78	−3700.34	−3315.84	−2617.34	−187.23	140.71
工况 7	−3194.17	−3390.81	405.53	−3887.89	−3685.06	−665.85	45.72
工况 8	−2029.10	−4178.29	−4178.29	−4521.42	−4184.50	−2032.81	−414.42
工况 9	57.11	65.47	130.19	−1049.93	−3636.69	−3794.38	2532.35
工况 10	43.71	128.40	−269.99	−2287.44	−2384.44	2318.02	2327.65
工况 11	−1182.10	−4144.29	4948.28	−2406.22	−3252.72	−3120.40	−977.87
max	3910.93	3772.08	4948.28	−721.53	147.08	2318.02	2532.35
min	−3194.17	−4178.29	−4624.45	−4296.08	−4184.50	−3120.40	−977.87

表 3—33 轴力汇总 (单位:kN)

轴力 工况	第1跨	第2跨	第3跨	第4跨	第5跨	第6跨	第7跨
工况 1	−6392.87	−4522.30	−966.98	206.36	106.07	20.12	9.93
工况 2	−3383.92	5567.30	2781.81	62.78	202.39	38.44	−4.02
工况 3	−2193.14	5644.21	−3716.38	−296.95	236.28	61.72	−2.70
工况 4	−617.28	−4974.99	−5324.25	−1001.30	245.91	115.01	13.80
工况 5	199.34	−3632.30	−6299.00	−2155.56	130.52	179.12	40.35
工况 6	514.72	−2166.44	−6273.32	−3712.26	−218.80	232.31	81.33
工况 7	533.33	−1045.99	−5266.07	−5252.48	−891.97	230.77	130.87
工况 8	347.34	−87.91	−2836.28	−6413.46	−2824.63	−33.37	200.01
工况 9	11.57	23.45	36.20	135.55	167.21	−1428.20	−4222.20
工况 10	−6.29	−3.21	58.25	189.87	−363.21	−3253.83	−4820.77
工况 11	204.90	161.91	−1464.97	−5923.61	−4406.52	−507.64	184.05
max	533.33	5644.21	2781.81	206.36	245.91	230.77	200.01
min	−3383.92	−4974.99	−6299.00	−5923.61	−4406.52	−3253.83	−4820.77

表 3—34 剪力汇总 (单位:kN)

剪力 工况	第1跨	第2跨	第3跨	第4跨	第5跨	第6跨	第7跨
工况 1	−5177.13	−654.82	312.15	105.80	−12.37	−10.77	10.19
工况 2	3383.92	3166.21	163.02	225.80	23.41	−15.03	10.80
工况 3	−5910.93	−3732.65	53.93	280.67	44.40	17.32	−17.00
工况 4	617.28	592.26	−653.49	347.81	101.89	−13.12	−26.92

续表

工况＼剪力	第 1 跨	第 2 跨	第 3 跨	第 4 跨	第 5 跨	第 6 跨	第 7 跨
工况 5	－199.34	3432.96	3946.96	317.52	187.00	7.88	－32.47
工况 6	－514.72	－4133.28	－3644.96	67.31	286.11	53.79	－27.54
工况 7	533.33	512.66	5778.73	－538.79	353.18	122.41	－8.46
工况 8	－347.34	－259.42	－159.42	3205.32	244.94	278.32	78.30
工况 9	11.57	11.87	12.76	－141.59	308.80	1119.40	443.41
工况 10	6.29	9.49	－48.76	－238.63	124.58	3378.41	2414.17
工况 11	－204.90	－366.81	1098.16	1236.77	141.71	365.93	181.89
max	3383.92	3432.96	5778.73	3205.32	353.18	3378.41	2414.17
min	－5910.93	－4133.28	－3644.96	－538.79	－12.37	－15.03	－32.47

表 3－35　最大正与最小负弯矩、轴力、剪力值汇总

数　值＼名　称	弯　矩(kN・m)	轴　力(kN)	剪　力(kN)
最大正	4948.28	5644.21	5778.73
最小负	－4624.45	－6299.00	－5910.93

②横移轨道梁配筋计算

设计荷载为箱梁重 2160t，横移台车 4 台，每台 11.5t；轨道梁设计跨度：横移轨道梁跨度分别为 8.5m、8m。

由于海盐预制场土质较为松软，均为淤泥质软弱下卧层，其承载能力很差。计算配筋时，实际分析结构变形，轨道梁按简支梁计算，这样更安全。考虑到本结构使用期不超过 5 年，因此恒载及活载按标准组合设计弯矩，并取结构重要性系数为 0.9。

实际恒载系数相当于 1.2×0.9＝1.08；活载系数为：1.4×0.9＝1.26。由于荷载为移动荷载，为了简化计算，在计算结构受力时，横移轨道梁按简支连续梁，跨度为 8.5m 考虑；在结构受力计算时，为简化计算，箱梁移动时荷载按集中荷载考虑（偏于安全）；计算配筋时，不考虑受压钢筋，按单筋矩形梁计算（偏于安全）；轨道梁配筋时，按承载能力极限状态进行；挠度验算时，按正常使用极限状态验算；横移轨道梁截面尺寸：宽 1.4m，高 3.0m；混凝土：C30；钢筋：Ⅱ级。

梁体横移时的滑道沉降观测：通过箱梁横移过程中对滑移轨道梁的变形和沉降进行观测，以校核钻孔桩和轨道梁设计是否合理。

沉降变形观测按一般水准测量控制，箱梁每到测量点时立即进行观测；沉降观测停止时间：根据横移台车滑移时下沉情况，一直到箱梁放到存梁台座不再下沉为止；观测时，尽量选择在晴天成像清晰时进行。

测试前准备：

设备：已经校对的索佳 CⅡ32 型水准仪（仪器号：404477），标准直尺，避阳伞（防止阳光直晒仪器引起误差）。

沉降观测点位置选定：一辆横移台车在存梁台座顶起箱梁位置（2 点），以第二点为起始点向海侧方向（横移方向）5.45m 设为一个测点（同侧两辆台车中心间距为 5.45），依次设 5 个点。共计 7 个观测点，并做上标记（如图 3－99）。

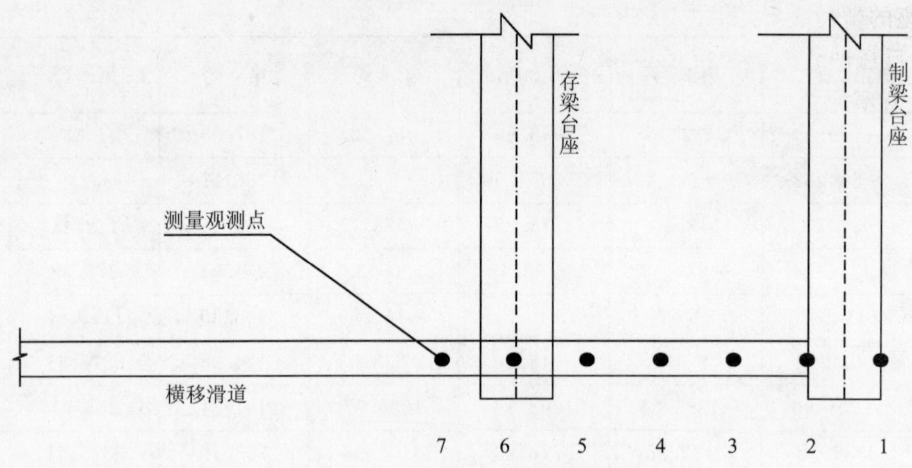

图 3－99　沉降观测点布置示意图

横移滑道的沉降观测方法：空载时，对横移滑道各沉降观测点进行一次观测，以此次观测作为各沉降观测的初始值；当横移滑道受荷载移动时，再对各沉降观测点进行跟踪测量。测量时机：台车横移到观测点上或观测点最近位置时（移梁范围：5 号台位的制梁台座横移到 5 号台位的 1 号存梁台座）。

对各观测点进行跟踪测量后，以此值与初始值比较所得的差值作为横移滑道的沉降值（此工作在横移滑道受荷载、对各沉降观测点观测完后立即进行，沉降过大时应及时分析）。当梁体移走放置到存梁台座后，再次对横移滑道上的各沉降观测点进行观测，以此观测值与初值比较作为横移滑道的弹性及塑性变形值。

横移滑道的沉降观测数据如表 3－36。

表 3－36　横移滑道的沉降观测数据表

观测点	初始读数（mm）	移动过程读数（mm）	移动完毕读数（mm）	弹性变形（mm）	塑性变形（mm）
1	968	966	968	2	0
2	972	970	972	2	0
3	975	974	975	1	0
4	974	973	975	1	0
5	969	767	969	2	0
6	967	965	967	2	0
7	969	969	969	0	0

通过对横移轨道梁在移动集中荷载作用下的弹、塑性变形量的分析，表明滑道梁和钻孔桩的配筋及刚度计算，以及软弱地基情况下连续梁下单桩基础按平面钢框架理论计算的结果与实际完全相符。即：钻孔桩和滑道梁的设计，均满足 70m 箱梁横滑移的技术标准和要求。

8．70m 箱梁架设临时支座结构设计与施工技术

70m 多跨预应力混凝土连续箱梁的主要施工过程为：70m 箱梁岸上预制、海中架设、湿接头施工、体系转换。对大桥 70m 预制箱梁架设临时支座采用钢砂顶临时支座。

（1）临时支座设计

①设计构思

杭州湾跨海大桥 70m 预制箱梁采用 2500t 的“小天鹅号”及 3000t 的“天一号”专用运架船架设，架设箱梁 540 片，加上湿接头连续施工，总工期为 3 年，施工工期十分紧张。为加快大桥上部结构施工进度，缩短工期，减少成本，确保预制箱梁架设精度，对 70m 预制箱梁临时支座采用带滑移构架的钢砂顶作临时支座；对支座的塑性变形，采用先在安装前按正式受力 1.3 倍的压力反压进行消除；对弹性变形，按架设后正式受力反压的变形值预抬；对箱梁架设的冲击力，采用橡胶板缓冲；橡胶板的弹性变形，按正式受力反压的变形值预抬处理。

②设计条件介绍

临时支座在整个过程中经过预压、支撑箱梁、体系转换三阶段，其中预压时受力最大，设计时按这个工况进行分析计算。

综合实际施工情况确定单个临时支座设计条件：梁底距墩顶距离为 70cm；架设时偏载冲击力为 660t，正式承载为 550t，预压为 720t，按 800t 设计；架设时由于波浪及风力对运架船影响不能一次到位，需设箱梁调位装置。

③结构简介

临时支座由缓冲橡胶板、钢垫板、钢砂顶、拉杆、滑移支架组成，调位时需 50t 调位顶及顶座各一个。临时支座的结构见图 3－100 所示。

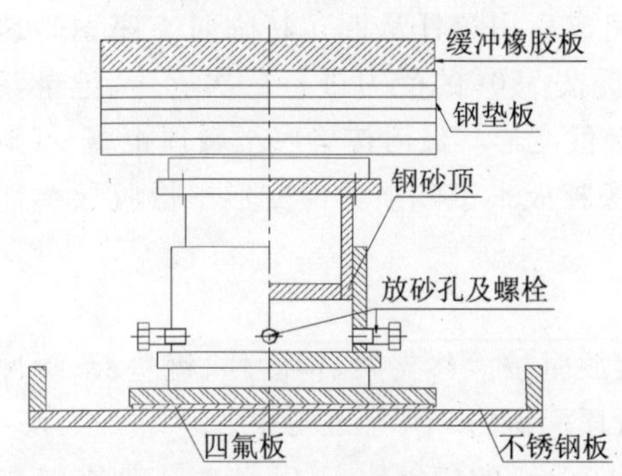

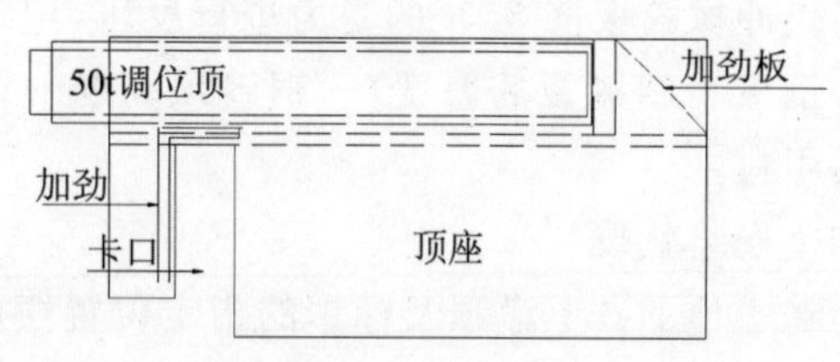

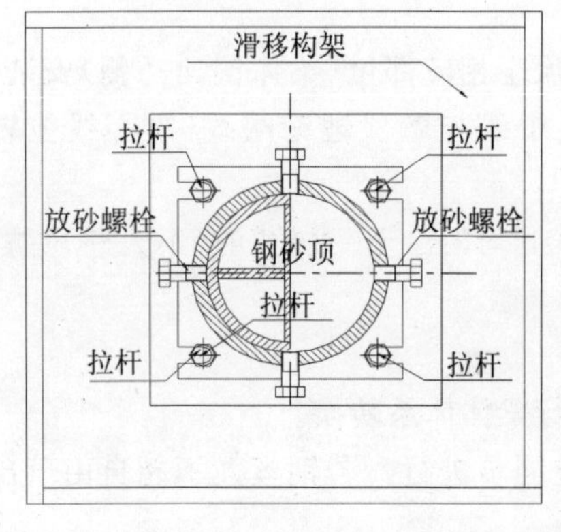

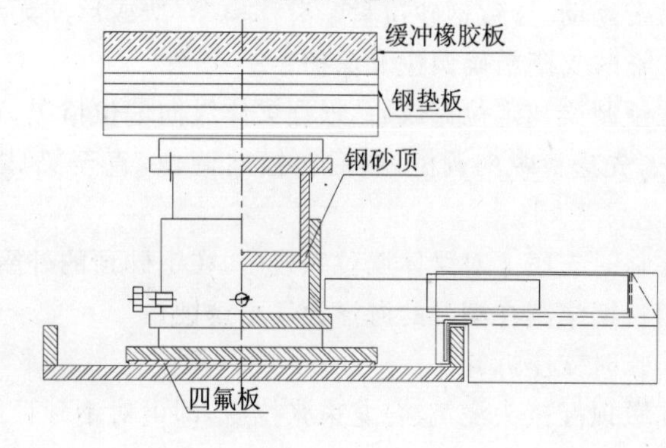

图 3－100　临时支座结构图

缓冲橡胶板为桥梁板式橡胶支座，其承载力满足预制箱梁架设时的偏载冲击力，即 2200t/4×1.2＝660t。同时，为满足梁体局部承载要求，其顶面尺寸为□600cm×600cm。

钢垫板为□600cm×600cm 钢板，其作用主要是预抬钢砂顶及橡胶板的弹性变形，并调节整个临时支座的标高。

钢砂顶为临时支座的主要受力部位，由内缸体、外壁机座及内部钢丝丸等构成。钢砂顶根据受力要求由 δ20～δ40mm 的钢板加工而成。

拉杆系统主要是将预压完成的钢砂顶内缸体和外壁机座连成一体，保证消除弹性变形后的临时支座在运输、安装过程中不松动、散开。

滑移构架由钢板基座、不锈钢板、四氟板构成，利用不锈钢板和四氟板之间摩擦小的特点，达到滑移目的。

调位顶及顶座是预制箱梁架设完成后精确调位所用的主要设施，调位时顶座卡在滑移基座上，调位顶放在顶座内使钢砂顶达到调位的目的。

④设计计算

根据钢砂顶在整个过程中的三个工况，按钢砂顶在反力架上预压的最不利荷载进行临时支座受力检算，设计吨位为800t，在受力检算时内缸截面大，刚度大，不控制结构受力。计算时主要考虑钢砂顶外壁承载力要求，用有限元通用软件ALGORV14按临时支座外壁实体尺寸进行模拟计算，计算结果表明临时支座外壁的刚度、强度都满足800t的设计要求。

(2) 临时支座施工技术介绍

由于杭州湾跨海大桥工期紧张，架梁船只是将梁初调到位(满足临时支座纵横移范围)后就退出，再由临时支座完成箱梁精确对位，以缩短工期。在设计制造时，充分考虑施工中的各环节，施工时采取相应措施，保证梁体顺利、快速调到位，同时保证梁体体系转换时能够顺利拆除。具体施工顺序如下：

①拼装前准备工作

首先对临时支座钢砂顶在反力架上反压至720t，反压完成后用拉杆从四角将临时支座钢砂顶内缸体和外壁对拉固定。然后在反力支架上将固定完成的支座再按550t的受力进行二次反压，记录其弹性变形。接着将缓冲橡胶板按550t的受力进行反压，记录其弹性变形。最后按梁底至墩顶距离－(滑架支座钢板＋不锈钢板＋四氟板的厚度)－钢砂顶高度－缓冲橡胶板＋钢砂顶弹性变形＋橡胶板弹性变形值准备钢垫板用料。

②临时支座安装就位

临时支座随墩顶平台上墩顶及标识的指定位置摆放，摆放时按滑移支架、钢砂顶、钢垫板、缓冲橡胶板的先后顺序摆放到位。摆放时，滑移支架钢板基座要和墩顶标识的“十”字线对中。

临时支座安装完成后，在滑移支架基座的四边安放宽为50cm的槽钢头，防止临时支架在箱梁架设时因吊带晃动，导致钢砂顶紧贴滑移构架，造成后期无法安装顶座及调位顶。

③临时支座精确调位及保护

在预制梁初定位完成后，根据梁体纵向偏位情况，在4个顶座相应部位(梁体偏向一侧)安装顶座及50t顶。先进行纵向调位，然后再横向调位，直至梁体端线及中线与墩顶理论端线、中心线位置对齐、重合。

在临时支座上对梁体调位完成后，在钢砂顶的外露内缸体上均匀涂上一层黄油(不太厚)，防止缸体后期因长期暴露在潮湿的海洋大气中锈蚀。

④临时支座拆卸

在墩顶湿接头浇筑、合龙束张拉后，即可对钢砂顶卸砂进行梁体体系转换。

松掉临时支座钢砂顶机座下端砂孔螺栓，梁体两端卸砂应同步进行。若钢丝丸不能自由落出，可采用人工掏砂的方法。

钢丝丸放出后，若钢砂顶自由下落与梁底脱开，即可进行临时支座拆除。

若钢砂顶不能自由脱落，可用调位顶座和顶将钢砂顶从滑移构架内顶出后再拆卸。

第四章 50m 箱梁的设计与施工成套技术

第一节 南岸滩涂区引桥结构设计

南岸滩涂极为宽阔、平缓，微向北倾，坡降为 0.5‰～0.6‰，以淤积为主，滩宽约 9.7km，滩面高程为 +2.00～-3.00m。

本区域表层为 11～12m 厚的亚砂土，其下为流塑状淤泥质亚粘土。该软土层很厚，一般厚 40m 以上。桩基持力层为中密细砂层或埋藏更深的硬塑粘土层，埋深在 60m 以下。

杭州湾海域潮流为典型的不规则半日潮，潮差大，平均高潮位为 +2.52m，平均低潮位为 -2.12m，最高潮位为 +5.54m，最低潮位为 -4.01m。滩涂区前部涨潮时水深可达 3～5m，一般大潮期流速在 2.5m/s 以上，局部冲刷高程在 -15.22～-16.90m 之间，100 年重现期设计波浪高 $H_{1\%}=3.90\text{m}$。

南岸滩涂区受海潮涨落影响，施工条件极为恶劣，该段桥梁的设计与施工是杭州湾跨海大桥工程关键。

杭州湾跨海大桥南岸滩涂和浅水区引桥里程范围为 K71+335～K81+435，总计 10.1km，约占整个桥长的 28%。其范围见缩略布置图 4-1 所示。

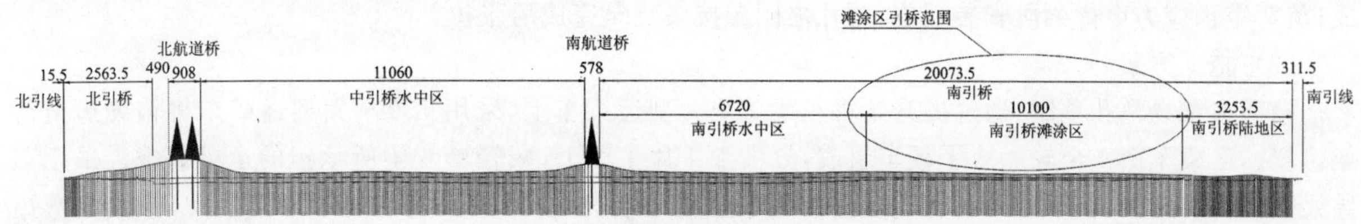

图 4-1 缩略布置图(尺寸单位:m)

一、南岸滩涂区引桥方案研究

南岸滩涂区地质条件较差，且为避免桥墩过密造成对水流的影响，桥跨布置不宜太小。同时，滩涂广阔，受海潮涨落影响，运输条件困难，施工应由南岸向滩内推进。为方便桥梁上部结构安装，桥跨也不宜过大。设计中，我们对南岸滩涂区 60m、50m、40m 三种不同跨径桥梁进行了比较，见表 4-1。

表 4－1 60m、50m、40m 梁方案比较表

跨　径	60m	50m	40m
主梁结构	箱梁，梁高 3.4m	箱梁，梁高 2.8m	箱梁，梁高 2.5m
桥　墩	5.2m×2.4m	5.2m×2.2m	5.2m×2.0m
承　台	圆形，ø10.8m	圆形，ø9.8m	圆形，ø8.2m
基　础	6 根 ø1.5m 钻孔桩，桩长 85m	5 根 ø1.5m 钻孔桩，桩长 85m	5 根 ø1.2m 钻孔桩，桩长 75m
经济比	1.05	1	0.83

比较表明，在滩涂区，40m、50m 梁经济性略好，但 40m 桥跨布置未经水工模型试验验证，对水流的影响不明确。综合考虑各方面的影响，包括经济性、结构合理性、施工的难易程度以及对水流影响等，滩涂区推荐 50m 预应力连续梁方案。南岸滩涂区 10.1km 范围均采用 50m 预应力连续梁，共计 202 孔。

二、上部结构方案研究

根据滩涂区环境特点，50m 预应力连续梁考虑了 3 种施工方法：整孔预制架设、预制节段拼装、移动模架现浇。

1. 整孔预制架设

(1) 结构方案

箱梁采用先简支架设、后期连续的方式，一期恒载及施工荷载作用为简支体系，二期恒载及活载为连续体系。

单幅桥采用单箱单室截面，梁宽为 16.0m，底宽为 7.06m，梁高为 3.2m，主梁两侧各悬臂 4.0m。腹板为斜腹板，腹板厚度为 35.6～50cm，顶板厚为 25cm，底板厚为 25cm。箱梁跨中及支点截面见图 4－2。

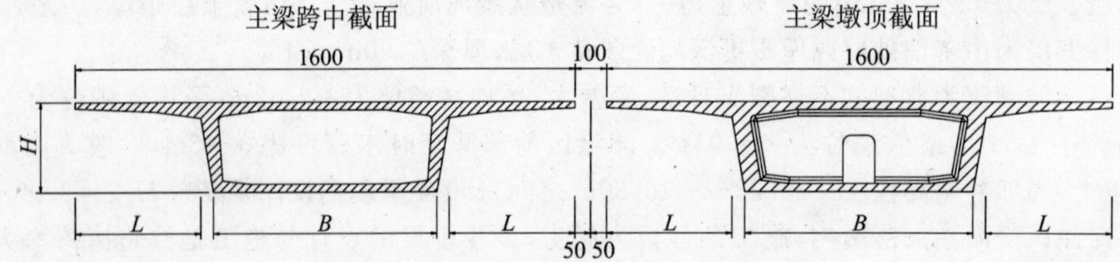

图 4－2 箱梁跨中及支点截面(尺寸单位：cm)

箱梁为整孔预制，预制节段总重 1430t。

主梁为纵、横双向预应力体系。纵向预应力束全部采用体内束，正弯矩预应力束在预制场内张拉完成；负弯矩预应力束待梁段安装就位，两孔之间湿接头浇筑完成后张拉。

(2) 施工方案

箱梁在梁场整孔预制，通过提升站将箱梁放至大型运梁车上，采用 1500t 大型运梁车将箱梁运至待架位置。运梁车由 4 个轮胎式平板车组成，分设于 4 片主梁上，减轻单片梁所承担的运梁荷载。采用双导梁式架桥机架梁，箱梁置于临时支座上。一联箱梁吊装完成后，一次性现浇墩顶湿接头，张拉负弯矩预应力束，完成体系转换，形成连续梁。

2. 节段拼装

(1) 结构方案

单幅桥采用单箱单室断面，梁宽为 16.0m，底宽为 7.2m，高为 2.8m，主梁两侧各悬臂 4.0m。腹板为斜腹板，腹板厚度为 35.6～50cm，顶板厚为 25cm，底板厚为 25cm。

每孔纵向划分为 14 个节段，标准节段长 4.0m，最大节段重量 96t。节段之间采用环氧树脂接缝。

主梁采用纵、横双向预应力布置。纵向采用体内预应力和体外预应力相结合的布置方式。

(2) 施工方案

箱梁节段在预制场预制，用轮胎式运梁车运输节段箱梁，然后起吊、移动、悬挂14个节段。节段二次定位后涂环氧树脂，接着浇筑湿接头混凝土，最后穿钢绞线、张拉预应力钢筋，形成连续整体。

3. 移动模架现浇

(1) 结构方案

箱梁截面同节段拼装方案。

主梁采用纵、横双向预应力体系。

(2) 施工方案

拼装移动模架并移至需现浇的桥跨，移动模架支撑在桥墩上。然后拼装模桥，吊装预制的钢筋骨架并绑扎成型。接着浇筑梁体混凝土，张拉预应力钢筋。脱模后，移动模架向前移至下一孔梁。

4. 方案综合比较

(1) 主要施工设备、施工进度

主要施工设备、施工进度见表4－2。

表4－2　主要施工设备与施工进度一览表

项　目	整孔预制架设	节段拼装	移动模架现浇
架梁设备	1500t双导梁式架桥机1台	1350t架桥机2台	1500t移动模架6台
运梁车	1500t专用轮胎式运梁车1台	100t轮胎式平板车4台	/
提升站	1500t提升站1座	100t提升站1座	/
栈　桥	栈桥全长为9150m，宽为10m	栈桥全长为9150m，宽为10m	栈桥全长为9150m，宽为13m
施工进度	每单幅孔约1d	每孔约4～7d	每孔约11～12d

(2) 工程量及经济比

滩涂区183孔50m箱梁各方案上部结构工程量及经济比见表4－3。

表4－3　滩涂区183孔50m箱梁各方案上部结构工程数量表

项目	单位	整孔预制架设	节段拼装	移动模架现浇
		方案一	方案二	方案三
混凝土C50	m^3	206790	184830	194346
钢绞线	t	10060	9245	7646
钢筋	t	34404	31476	34001
经济比		1.06	1	1.08

方案二、三主体工程量差别较小，基本相当，方案一工程量略有增加。

(3) 方案特点

各施工方案特点见表4－4。

表4－4　各施工方案特点

整孔预制架设	节段拼装	移动模架现浇
1. 1430t箱梁运输和架设尚无先例，技术难度较大 2. 施工荷载控制箱梁设计，主体结构材料用量有所增加 3. 箱梁均在梁场预制，混凝土质量和耐久性有保证 4. 上、下部施工互不干扰，栈桥仅服务于下部结构施工 5. 架设速度快，可达1天1孔(单幅)，能满足总工期的要求	1. 设计和施工技术已较为成熟 2. 箱梁节段在梁场预制，质量易于保证 3. 节段之间为环氧树脂胶接缝，施工精度和施工工艺要求高，否则混凝土耐久性难以保证 4. 单孔梁施工必须在4d内完成，否则需在滩涂中开设第二个架梁作业点、另专设一条运梁栈桥，施工费用增加	1. 国内施工技术成熟 2. 混凝土现浇质量控制要求严格，养护工作量大 3. 海上作业环境差，材料运输量大，栈桥规模增大 4. 上、下部施工互相干扰，施工管理难度大 5. 施工期较长，必须多点施工方能满足总工期要求

综上所述，滩涂区箱梁整孔预制架设方案主体工程数量有一定增加，但施工进度快，施工质量可靠，结构耐久性有保证，因此滩涂区上部结构 50m 预应力箱梁采用整孔预制架设方案。

三、上部结构方案设计

滩涂及浅水区引桥总长达 10.1km，总共布置有 202 孔，共计 404 片 50m 梁。50m 连续梁基本联长布置为 8×50m。桥面为双幅布置，单幅桥宽 15.8m。其平面线形有直线、半径为 10000m 的曲线和半径为 6000m 的曲线 3 种。为简化施工，预制梁类型主要有两种：边跨预制梁和中跨预制梁。箱梁在连续梁中墩设有现浇湿接头后期连续。支座采用球形防腐支座，中墩设 2 个 1000t 支座，边墩设 2 个 600t 支座。

1．整孔预制架设施工方案设计要点

滩涂区上部结构设计重点和难点在于如何保证在各种施工工况下的结构安全，同时由于滩涂区工程规模巨大，结构设计还应结合施工方案考虑如何方便梁体的工厂化规模生产、方便梁体的运输和架设，提高施工效率。

按照“施工决定设计”的原则，在设计中对 50m 箱梁的施工方案进行充分的研究。滩涂区 50m 预应力连续梁同常规箱梁的设计不同之处在于其施工方案的特殊，具有施工工序多、施工荷载大、施工工况复杂的特点。施工期各阶段施工荷载往往控制主体结构设计。

(1) 施工荷载

施工荷载有运梁车运梁荷载(图 4－3)和架桥机架梁过程中的支腿荷载。

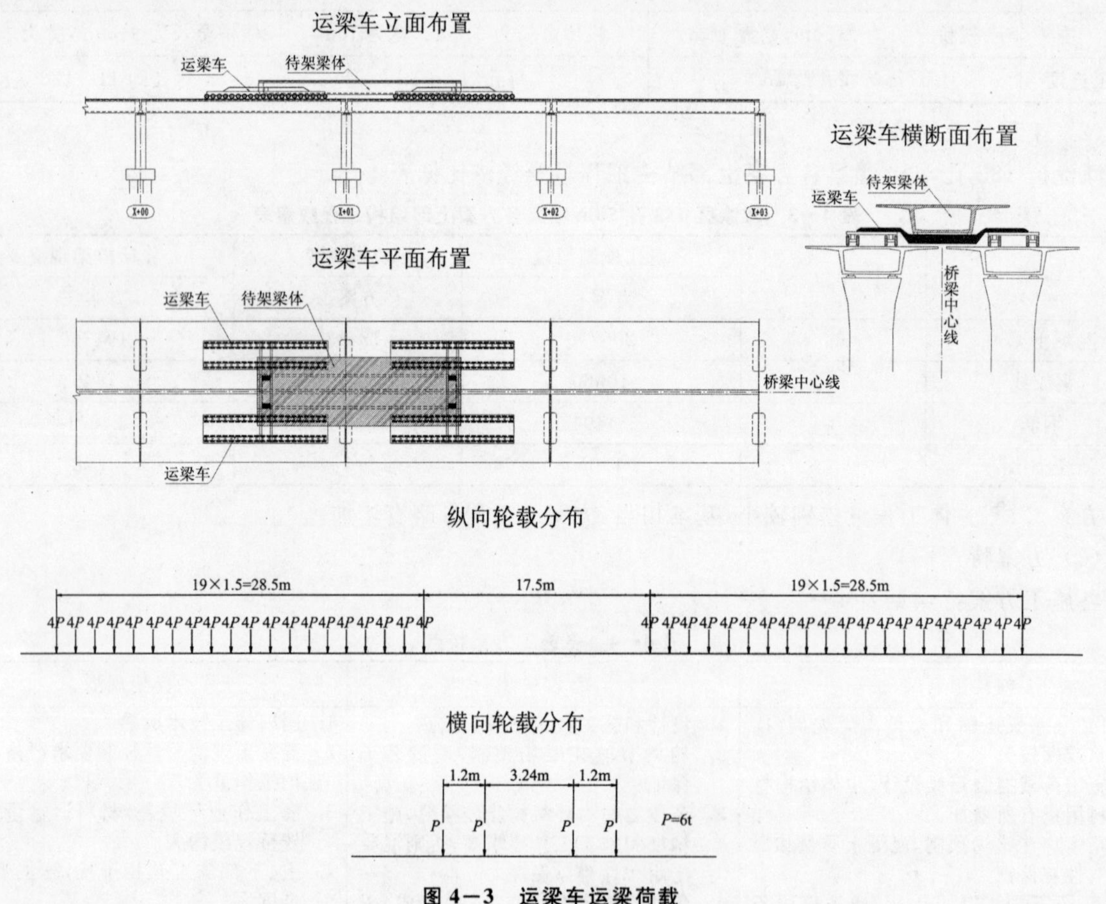

图 4－3 运梁车运梁荷载

(2) 施工工况

单片预制梁从生产到成桥连续的过程中，所经历的主要受力工况有：

①预制、存放期间的简支状态，承受自重。

②预制梁在移梁和架梁过程中的起吊状态。

③预制梁在墩上简支状态，承受运梁车运梁荷载。

④预制梁在墩上连续状态，承受运梁车运梁荷载。

⑤预制梁在架梁过程中承受架桥机支腿荷载和运梁车荷载。

2. 箱梁构造

(1) 主梁截面

主梁采用单箱单室截面，单幅桥主梁顶宽为 15.8m，梁高为 3.2m。截面主要尺寸见图 4—4。

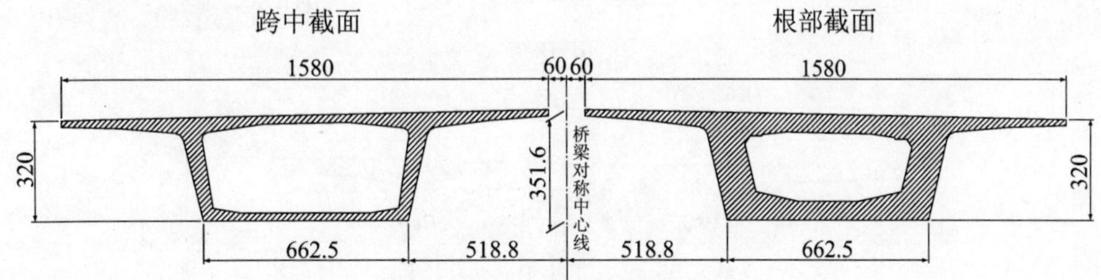

图 4—4 50m 箱梁跨中及根部截面(尺寸单位：cm)

标准 50m 中跨预制梁段自重为 1425t，边跨预制梁段自重为 1430t。

(2) 预制梁梁端设计

由于预制梁梁端既要承受巨大的架桥机支腿荷载，又要考虑到方便箱梁从整孔预制内模脱出，故对预制箱梁梁端进行局部加厚处理。腹板墩顶处加厚至 110cm，顶、底板墩顶处均加厚至 60cm，加厚段长 4m，两侧各通过 2m 均匀过渡到墩顶加厚截面。梁端结构见图 4—5、图 4—6。

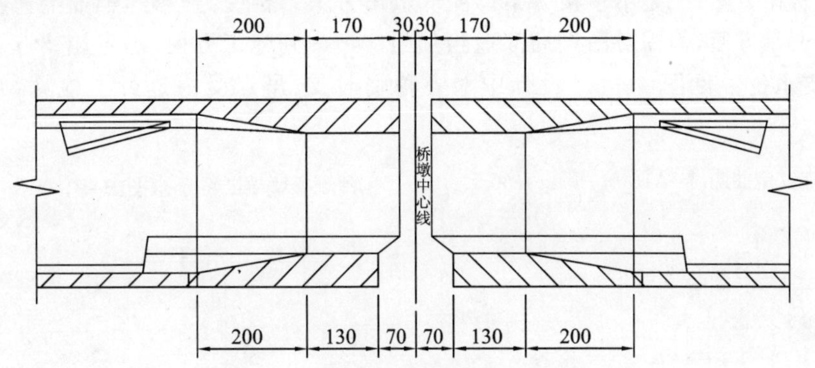

图 4—5 梁端立剖面图(尺寸单位：cm)

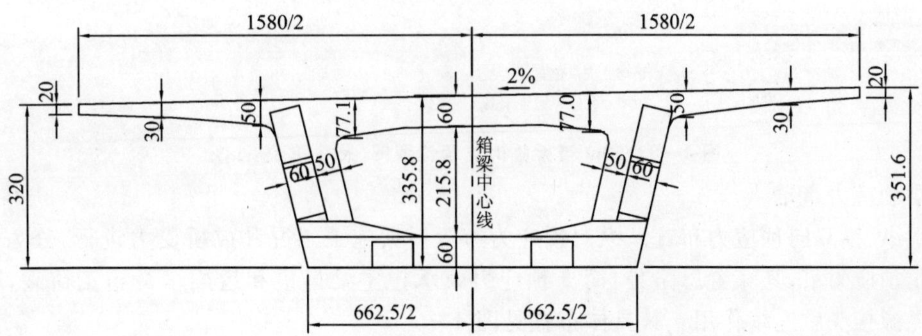

图 4—6 梁端横断面图(尺寸单位：cm)

（3）湿接头设计

预制梁通过在墩顶设湿接头进行连续。为了尽量减少和方便海上现浇施工，对墩顶湿接头进行了特殊处理。墩顶湿接头宽度为60cm，梁底由于摆放支座的需要增大到140cm。湿接头横向作为加强横肋，代替常规的连续梁横隔墙，结构尺寸见图4－7。

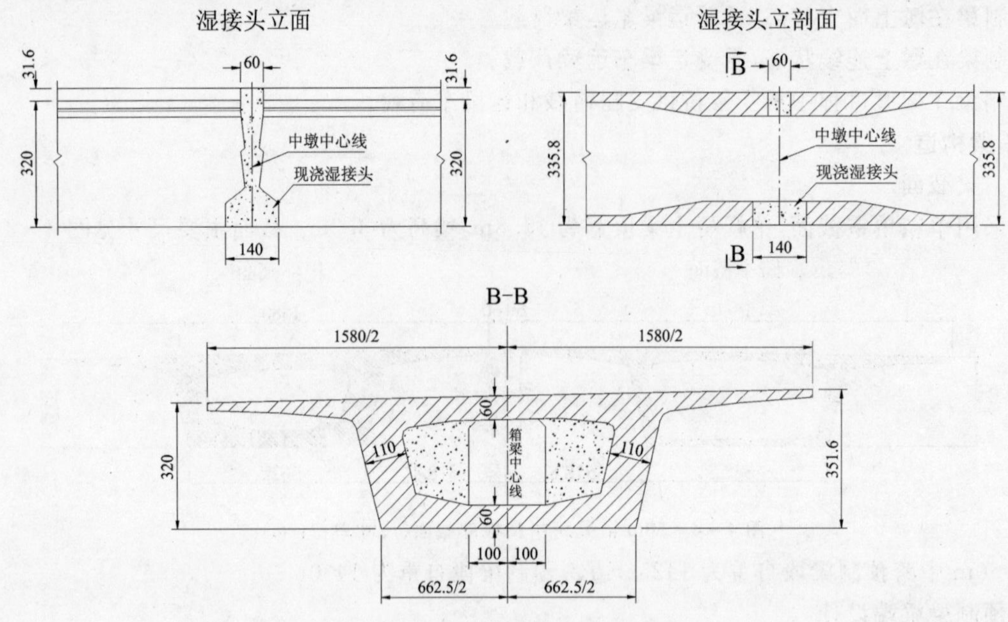

图4－7 湿接头结构图（尺寸单位：cm）

（4）临时吊、支点设计

50m箱梁在预制、临时存放、移动和架设过程中需要多次起吊和临时支承。对箱梁的起吊考虑过2种方案：一是兜底板吊方案；二是吊顶板方案。兜底板吊方案结构受力较好，但需与箱梁运架方案协调考虑；吊顶板方案起吊方便，但需对吊点局部适当加强。考虑到施工方便，确定箱梁起吊采用吊顶板方案。各工况临时支承位置见图4－8。设计中对各种临时支、吊点受力进行了检算，并对局部进行了加强。

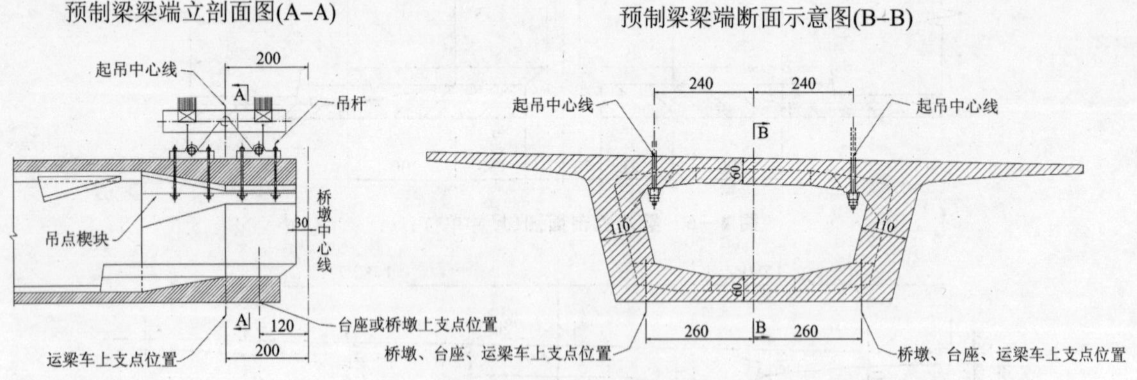

图4－8 50m箱梁临时支承位置图（尺寸单位：cm）

（5）主梁预应力布置

主梁采用纵、横双向预应力布置。纵向预应力布置根据施工工况和成桥受力进行，分为简支预应力束和墩顶合龙预应力束，其布置思路是：简支预应力束承担主梁自重和运梁车等施工荷载，墩顶合龙预应力束起现浇湿接头后连续作用。其具体布置见图4－9。

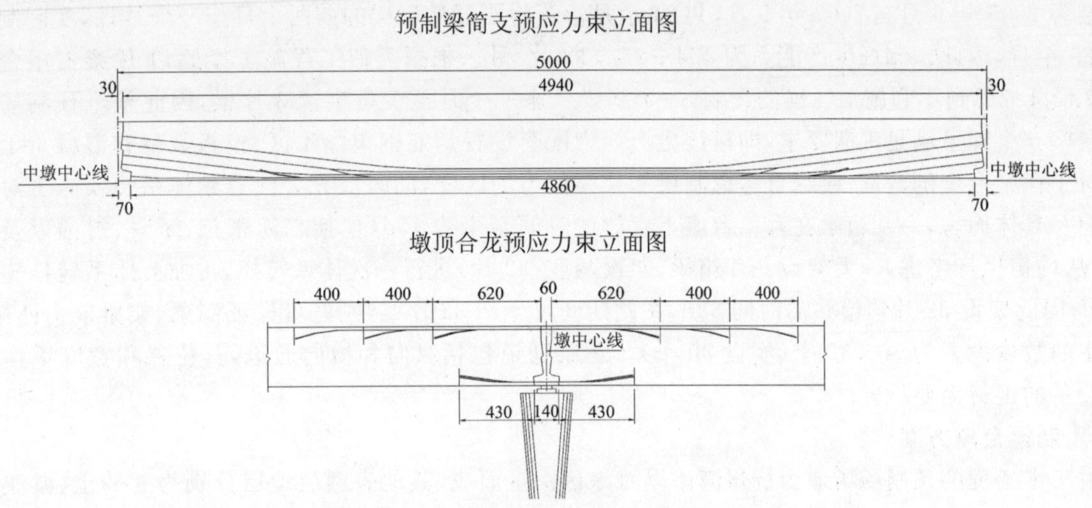

图 4—9 主梁预应力布置图(尺寸单位:cm)

第二节 50m 箱梁整孔预制、运输和架设施工技术

一、工程概况

杭州湾跨海大桥南引桥滩涂区桥梁上部结构为 50m 跨的先简支后连续的预应力混凝土连续梁结构,其基本联长布置为 20 联 8×50m 和 6 联 7×50m,总共 26 联,共计 404 片箱梁。设计范围为 K71+335～K81+435,总长 10.1km,约占全桥总长度的 28%。

箱梁采用单箱单室截面,单幅桥箱梁顶宽为 15.8m,底宽为 6.625m,梁高为 3.2m。箱梁两侧各悬臂 3.9m,悬臂端部和根部厚度分别为 20cm、50cm。顶板厚度为 26cm,在箱室内净跨为 6.8m,横桥向坡度为 2.0%。底板厚度为 25cm,在支点两侧附近局部加厚至 0.6m 和 0.5m。腹板为斜腹板,以减少下部工程数量。腹板厚度上下两端不同,由于施工荷载较大,上端直接承受桥面板传递的荷载,弯矩值较大,腹板厚度加厚至 60cm;下端受力较小,跨中厚度为 40cm,支点 8m 范围内腹板厚度增加至 60cm。标准 50m 箱梁预制梁段的边梁和中梁自重分别为 1430t 和 1425t。

杭州湾跨海大桥南引桥滩涂区 50m 箱梁采用整孔预制、梁上运输和架桥机架设的施工方案,是国内外采用类似施工方案中最大吨位的箱梁,并且箱梁运输需跨双幅桥、四片梁进行,再加上受台风、雷暴等恶劣施工环境的影响,更增加了其施工难度。该工程的施工重点是 50m 箱梁预制、运输和架设。施工难点表现在以下几个方面:一是大吨位箱梁整孔预制的综合施工技术。二是海工耐久混凝土的配合比设计及施工工艺。三是大吨位箱梁整孔运输、架设的施工技术。四是大吨位箱梁先简支后连续的体系转换施工技术。

二、整孔箱梁预制施工方案

箱梁整孔预制施工方案主要包括预制场规划、制梁台座结构方案设计、存梁台座结构方案设计、模板工程方案、钢筋工程、混凝土工程、预应力工程施工方案。

1. 预制场规划

根据提供的预制场场地情况和箱梁上桥位置,预制场总体上按纵向方式进行布置。预制场占地面积约 20 万 m^2,按功能分为办公生活区、制梁区、存梁区及运梁通道。其中,制梁区包括制梁台座、钢筋钢束加工及预扎区(含料场)、内模拼装及整修区、拌和站(含砂石料场)。由于本工程共计 404 片箱梁,预制工期为 2005 年 6 月至 2007 年 5 月，共 24 个月。若将刚开始制梁的前两个月按一个月计，实际制梁工期约 23 个月，因此预制场生产能力为 404÷23≈18 片/月。根据类似工程施工经验，1 片梁占用台座时间约 7d，再考虑到不利施工气候的影响，一个制梁台座一个月至少可生产 3 片梁，因此整个预制场设置制梁台座 6 个即可满足工期要求，即按该生产能力配套设置钢筋钢束加工区、模板数量和混凝土生产设施。对于存梁台座的数量，应综合考虑制梁和架梁能力的匹配，同时应充分注意到体系转换施工对架梁的影响。具体而言，一片箱梁在存梁台座上存放的时间至少为 15d(包括二期张拉、压浆、封锚以及养护期)。从均衡生产考虑，一天架设一片箱梁，架设两联(32 片)进行一次体系转换，再加上体系转换施工周期 20d，因此架设 32 片箱梁共需时间 52d，在此期间可生产 32 片梁，刚好可保证制梁、架梁能力匹配，存梁台座的数量设置为 30～32 个(实设 30 个)。运梁通道包括纵向和横向通道，其位置和宽度根据箱梁搬运设备的走行需要设置。

2. 制梁台座方案

由于本工程的预制场场地为杭州湾南岸滩涂区围垦而成，其地表两层地层分别为亚砂土、淤泥质亚粘土，再加上地下水位高，该区域的地基承载力较低(约 90kPa)，因此直接将制梁台座设置在原始地基上无法满足施工需要。考虑到箱梁结构自重、模板重量、制梁台座自重以及施工荷载等荷载，若按均布荷载计算，则地基承载力应大于 60kPa。由于箱梁在预应力施工后发生上拱，此时箱梁结构自重、模板重量和施工荷载逐渐向两端集中，一般可按最不利情况考虑，即荷载全部由两端基础承受，因此两端基础必须采用桩基础(桩长 50m、桩径 1.2m)。台座的中间部分由于在混凝土浇筑施工过程中只承受 60kPa 的均布荷载，考虑到地基对制梁台座的支承效应，该部分按弹性地基梁设计，再综合考虑箱梁预制施工的操作空间需要，选用了双 U 形梁结构的制梁台座方案。

3. 存梁台座方案

箱梁存放台座区域地质条件与制梁台座基本相同，直接采用原始地基无法满足施工需要。按照设计要求，箱梁在存放期间应尽量与其在成桥状态的受力情况一致，因此箱梁在存放台座上只能由两端基础承受其荷载，对基础的承载力要求高。为此，我们对钻孔桩基础和明挖扩大基础进行了比选。理论上说，两种形式的基础均可满足要求，但由于受地下水位高以及淤泥质亚粘土软弱地层的影响，明挖扩大基础的工后沉降量大，特别是容易出现不均匀沉降，箱梁在存放过程中容易出现“三支腿”现象。另外，明挖扩大基础属浅基础，还可能受到箱梁搬运设备荷载的非对称作用的影响而发生移位。基于上述原因，我们认为选用钻孔桩基础作为存梁台座的基础是适宜的(桩长 65m、桩径 1.2m)。当然，钻孔桩基础比明挖扩大基础的费用更大，因此在地质条件较好的地区，选用明挖扩大基础是必然的。

4. 模板系统方案

箱梁预制施工的模板系统包括内模系统和外模系统 2 个部分，其中外模系统包括底模、外侧模和端模 3 个部分。模板系统的方案总图见图 4－10。

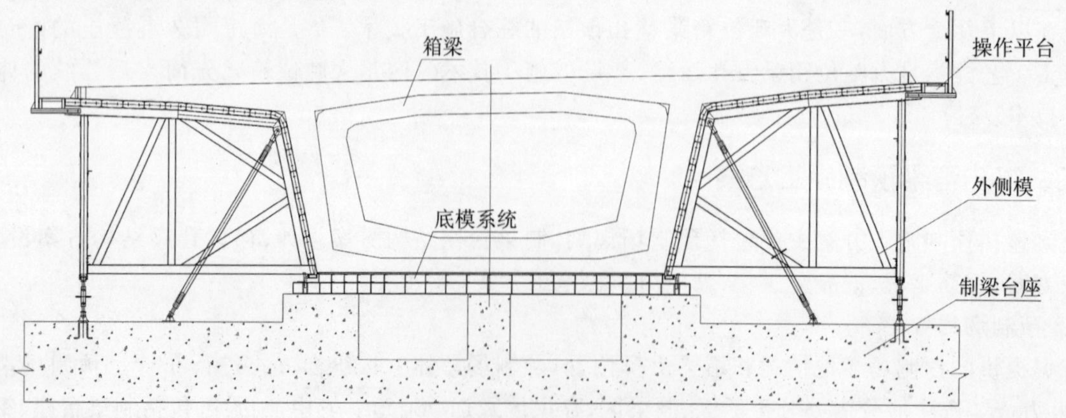

图 4－10　50m 预制箱梁模型系统总装图

(1) 内模系统

箱梁内模采用液压内模，为大块钢模组拼结构。根据箱梁结构设计情况和模板安装、拆除的施工需要，其纵向分为标准段(即梁体中间段)、变截面段(即梁体腹板变厚段)和孔口段 3 部分。各段液压内模系统的模板系统与箱梁内箱轮廓尺寸一致，其液压系统及支撑方式有所不同，但从总体上而言，均由模板系、车架系统(含支撑)和液压系统 3 部分组成，其中模板系分成侧模下部模板、中部模板、边部模板和顶部模板 4 个部分。变截段和孔口段采用大块组合钢模，模板由 14 号工字钢、14 号槽钢、$\delta=6\sim12$mm 钢板组焊而成。车架系统包括车架桁架、走行支撑支架、走行轮，由型钢[20、[14、∠14×10 和 $\delta=10$mm、16mm 钢板组焊而成。内模系统方案见图 4－11。

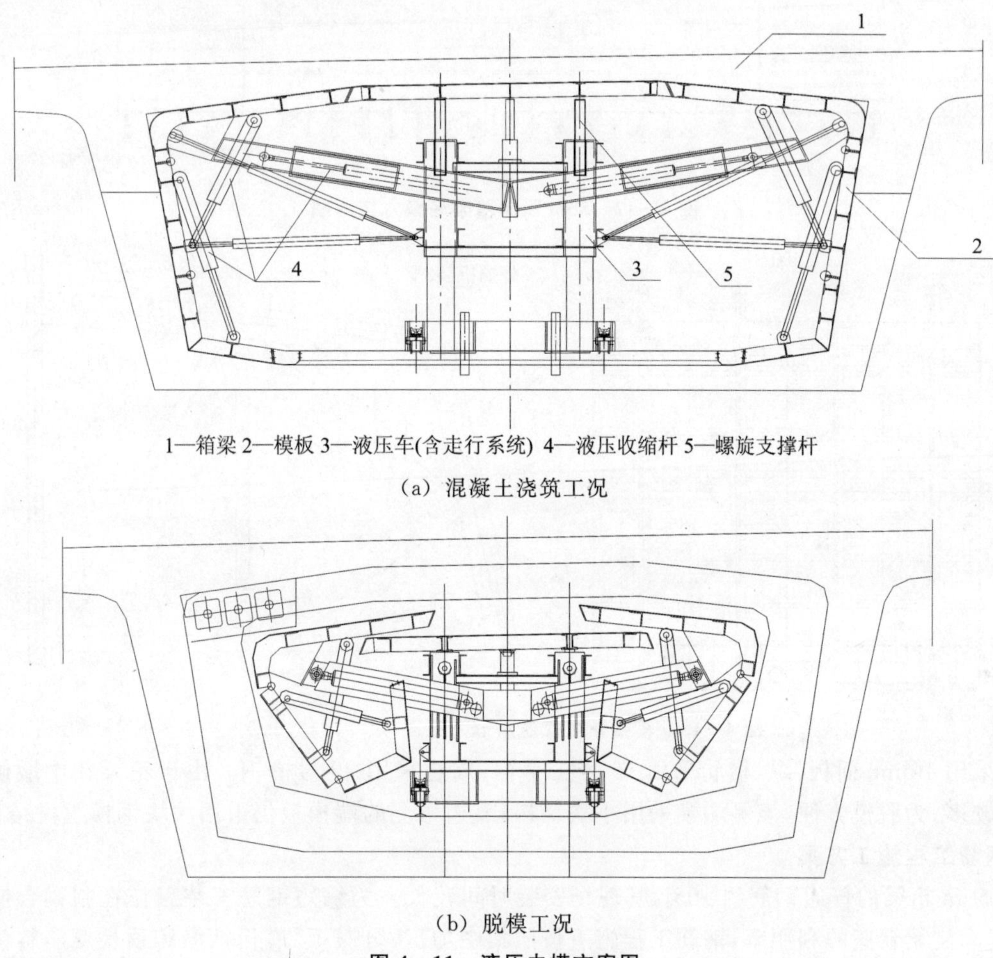

1—箱梁 2—模板 3—液压车(含走行系统) 4—液压收缩杆 5—螺旋支撑杆

(a) 混凝土浇筑工况

(b) 脱模工况

图 4－11　液压内模方案图

(2) 外模系统

箱梁外模由底模、侧模和端模组成，均为大块钢模组拼结构。其中，底模与制梁台座上的预埋件焊接固定，外侧模采用子母铁楔与底模横梁楔紧连接，端模和底、侧模用螺栓连接。

底模系统由横梁、纵向加劲肋和面板组成，面板焊接在纵肋上，纵肋焊接在横梁上，横梁焊接在制梁台座上。底模面板在靠支座两端采用 20mm 厚面板、14 号槽钢纵肋和 20 号双槽钢组合梁横梁，为加强段结构；中部采用 10mm 厚面板、14 号槽钢纵肋和 16 号双槽钢组合梁，为一般段结构。底模系统布置情况见图 4－12。

外侧模由面板、纵向加劲肋和龙骨桁架组成，面板焊接在纵肋上，纵肋焊接在龙骨桁架上，龙骨桁架通过元宝垫、斜支撑杆和调节杆固定在台座上。外侧模面板采用 8mm 厚钢板，纵肋腹板采用 12 号工字钢、翼板采用 10 号工字钢，龙骨桁架采用 16 号工字钢和槽钢组合而成。外侧模系统布置情况见图4－13。

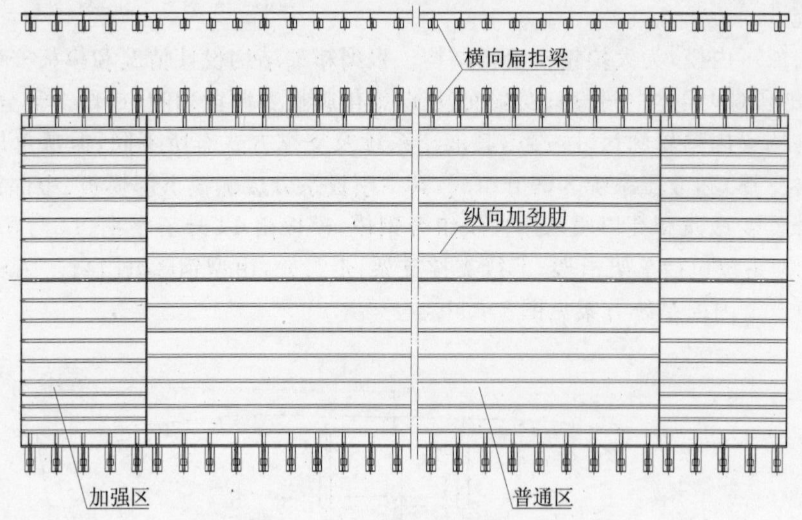

图 4—12　50m 预制箱梁底模方案总图

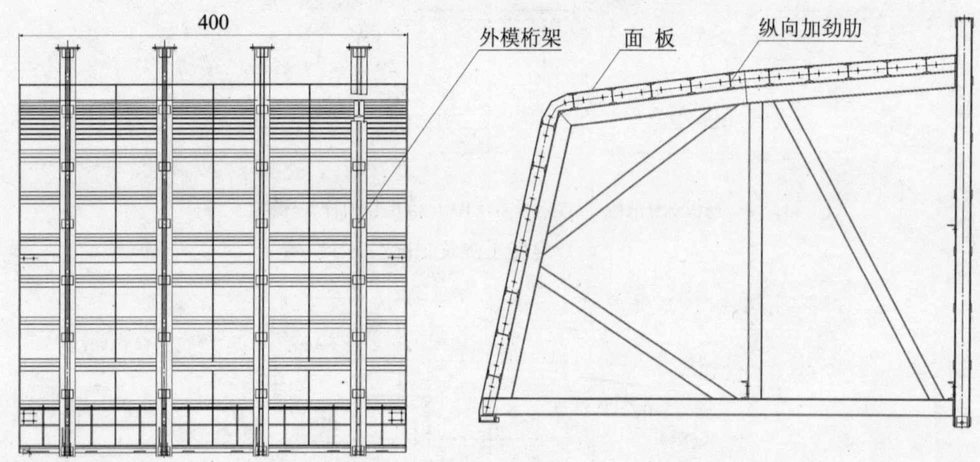

图 4—13　箱梁外侧模通用节方案图(尺寸单位:cm)

端模采用 10mm 面板,纵、横肋采用 16 号工字钢,周边采用 20 号槽钢。由于箱梁在中墩侧伸出的连接钢筋较多,为脱模方便,该侧端模采用小块结构;靠边墩侧的端模板仍采用大块钢模组拼结构。

5. 钢筋工程施工方案

单片 50m 箱梁的普通钢筋约 105t,其现场安装时间较长。为缩短钢筋安装工作在制梁台座上占用的时间,提高制梁台座的利用率,钢筋工程施工按照集中加工、分腹板、底板钢筋和顶板钢筋整体预扎、2 台 50t 搬运机组合吊装入模方案进行。根据箱梁结构设计情况和施工需要,设置了顶板钢筋和底板、腹板钢筋预扎架各 2 个,整体吊装架 1 个。钢筋加工设备均为常规设备,数量根据生产能力要求配置。钢筋预扎架和整体吊装架方案见图 4—14～图 4—16。

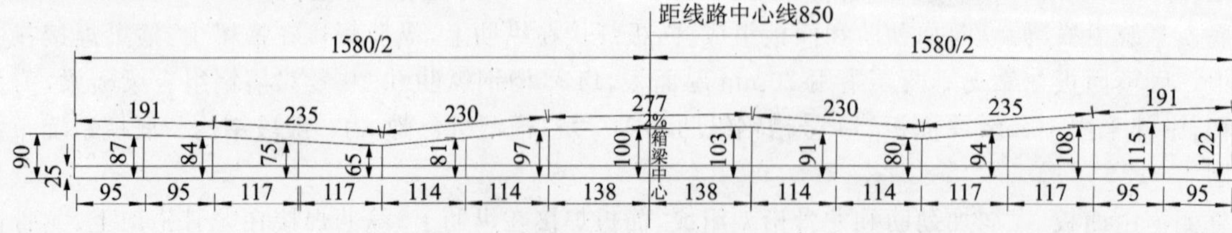

图 4—14　顶板钢筋预扎架方案图(尺寸单位:cm)

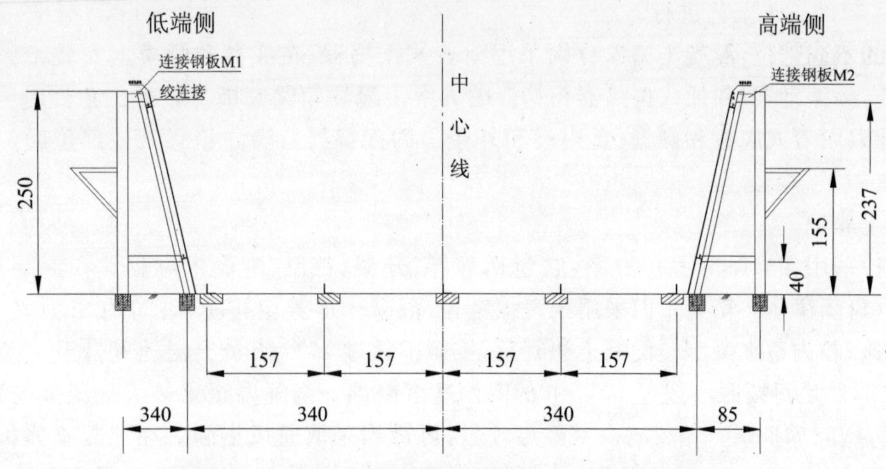

图 4－15　底、腹板钢筋预扎架方案图(尺寸单位：cm)

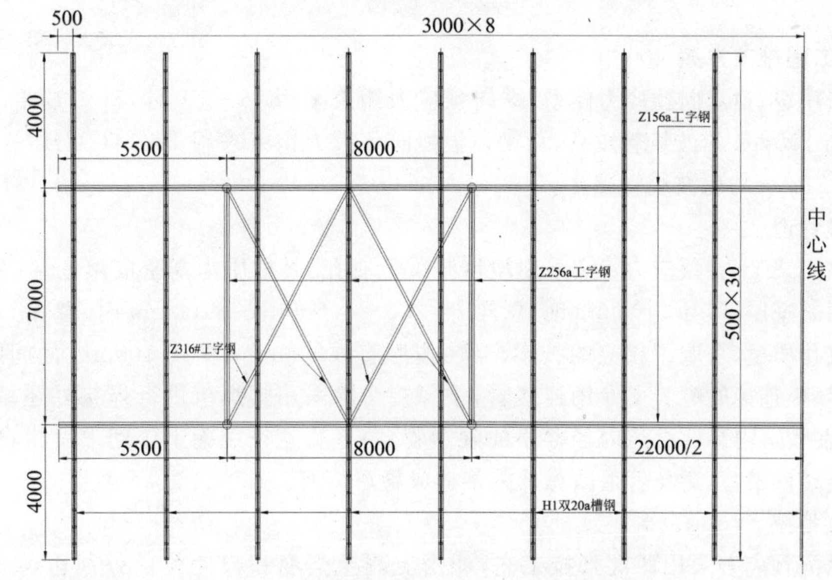

图 4－16　钢筋吊装架方案图(尺寸单位：cm)

6. 混凝土工程施工方案

由于受海上恶劣气候环境的影响，本工程箱梁采用 C50 海工耐久混凝土，单片箱梁混凝土数量约 550m³。

(1) 混凝土生产和运输

根据施工生产工厂化的要求，混凝土生产按照大型拌和站集中生产方案进行。尽管单片箱梁混凝土数量仅 550m³，但由于海工耐久混凝土拌制时间长(120～150min)，拌和站实际生产能力仅为理论生产能力的 1/3，因此配置了 4 台 60m³/h 和 1 台 90m³/h 生产能力的拌和站，理论生产能力为 330m³/h。再考虑一台设备作为备用，实际生产能力为 90m³/h。因此，单片箱梁混凝土纯灌注时间约 6h，再加上开始和结束阶段的非正常时间(各增加 1h)，单片箱梁混凝土实际灌注时间约 8h。

混凝土的运输包括从拌和站至制梁台座的水平运输和从地面至模内的垂直运输。考虑到与拌和站的匹配，配置了 5 台 HBT80 泵进行混凝土泵送(与拌和站一一对应)。同时，配置了 4 台移动式布料机进行布料。

(2) 混凝土浇筑

箱梁混凝土灌注按照“底板与腹板倒角处→腹板→底板→顶板，从两端向中间”的原则，采用 4 台布料机从箱梁的两端向中间对称布料、连续灌注，以水平分层(分层厚度不大于 300mm)、斜向分段(工艺斜度为1∶4～1∶5)的施工工艺进行。

根据箱梁的不同部位,混凝土捣固分别采用附着式振捣器(在底模和侧模上安装工频振动器,在箱梁内模上安装高频振动器)和插入振捣器相结合的方案。灌注箱梁底板与腹板倒角处时,以插入式捣固棒捣固为主,辅以附着式底振和侧振(含内模和外模上的振捣器);灌注箱梁其他部位时,采用插入式捣固棒捣固。

(3) 混凝土养护

混凝土养护采用保温保湿养护方案,它包括静养、升温、恒温、降温等过程。在混凝土浇筑完毕以后,采用养护罩封闭梁体。箱梁顶面采用干海绵覆盖,混凝土静养至初凝(时间约8h),然后将箱梁顶板上海绵浇水湿透,箱内蓄水保湿。混凝土初凝后,按照不超过10℃/h的升温速度升至40℃时停止升温,恒温保持约24h,然后再按照不超过10℃/h的降温速度降温。当降温至梁体表面温度与环境温度之差不超过25℃时,撤除养护罩。箱梁的内室降温较慢,可适当采取通风措施。在混凝土养护过程中,应加强混凝土内部温度、表面温度、养护罩内不同部位温度以及环境温度监测,并根据监测情况采取保温保湿养护措施。

7. 预应力工程施工方案

50m箱梁采用纵、横双向预应力体系,纵向预应力钢束采用15－19及15－12和15－5三种,采用内径为90mm和100mm的波纹管成孔;箱梁顶板横向预应力钢束采用15－4(BM15－4扁锚),采用内尺寸为70mm×21mm的扁波纹管成孔。

(1) 预应力管道

为配合真空压浆工艺,预应力管道采用塑料波纹管成孔,其材质为高密度聚乙烯(HDPE)。根据管径大小选用不同的壁厚,即ø＜100mm时,壁厚$t=2.5+0.5$mm;ø≥100mm时,壁厚$t=3.0+0.5$mm。为确保管道的成孔质量,采取了相应的技术方案:按照直线500mm、曲线100mm的间距设置了定位钢筋;管道与锚下垫板连接处配置了专用连接管,中部接头除采用塑焊机进行焊接外还用不干胶布缠裹;混凝土浇筑前,在管道内穿比孔道内径略小的硬塑管,防止管道在混凝土作用下发生挤压变形;在混凝土初凝后及时拖动硬塑管,避免管道因意外漏浆造成管道堵塞。

(2) 预应力张拉

50m箱梁纵向预应力采用两次张拉工艺,即当混凝土强度和弹性模量分别达到设计值的85％和80％以上时进行腹板束和部分底板束张拉,然后将箱梁搬运至存梁台座;待混凝土强度和弹性模量均达到设计值时进行剩余的预应力束张拉。预应力张拉按照"先纵向后横向、先腹板束后底板束、先长束后短束"的顺序进行。其中,横向预应力采用单根单端张拉工艺,纵向预应力束按整束双端、左右对称的工艺进行。张拉过程严格按照应力和伸长值进行双控。本工程预应力施工配置了YCW450B、YCW250B和YDC240QX型千斤顶及配套的高压油泵。

(3) 管道压浆

为提高箱梁的耐久性,预应力管道压浆采用真空压浆工艺方案,并对压浆浆液质量进行了严格的要求。

①浆液配合比设计

为提高浆液的耐久性,在配合比设计时,除按常规进行强度试验、泌水试验和膨胀率试验外,还进行了斜管试验、密度试验和模拟压浆试验,通过掺加高效减水剂、阻锈剂和微膨胀剂,确保浆液具有良好的耐久性和工作性。通过反复试验,确定了施工配合比:水泥∶水∶高效减水剂∶阻锈剂∶微膨胀剂＝0.9∶0.31∶0.015∶0.00625∶0.1。浆液的主要性能为:泌水率＜2％,且泌水在24h内被浆体吸收;浆体流动度为14～18s;浆体膨胀率＜5％;初凝时间应＞3h,终凝时间应＜24h。

②压浆设备

水泥浆拌和机和压浆泵为一体机,其中拌和机为转速1300r/min的高转速拌和机,压浆泵能连续均匀地压浆，可进行0.7MPa以上的恒压工作，且具有压浆量、进浆压力可调功能。浆体养护缸的搅拌速度不能大于500r/min。真空泵采用水环式真空泵，循环水用自来水，水温不能超过40℃，抽真空的能力应大于90%(−0.09MPa)，抽真空的效率应不小于40m³/h。

③压浆

预应力束张拉施工完成后进行钢束切割、安装密封罩等工作，然后抽真空，待真空度满足要求后方可进行压浆。压浆时，由管道压浆端压入浆体，从抽真空端排出浆体，直到流出的稠度达到注入的稠度，然后在0.7MPa下保压不少于2min。

三、整孔箱梁运输施工方案

箱梁运输包括从制梁台座至存梁台座和从存梁台座至提梁站的场内运输、箱梁上桥的垂直运输、箱梁在桥上的运输等方面，由于条件不同而采用不同的运输方案。

1. 箱梁在预制场内搬运施工方案

(1) 方案比选

箱梁在预制场内搬运施工包括从制梁台座至存梁台座和从存梁台座至提梁站的运输。一般情况下，可采用设置专用滑道的滑移方案或配置专用轮胎式搬运设备的搬移方案。具体采用哪种方案，取决于项目施工场地的地质条件、箱梁结构设计情况以及施工单位的实际情况。在国内类似工程中，上述两种方案都有成功范例，但在国外类似工程中，采用专用轮胎式搬运设备搬移方案的较多。从方案特点而言，前者具有专用设备投入费用少的优点，但工效较低，并且在场地地质条件不良时，滑道地基处理的费用较高。另外，该方案要求制梁和移梁顺序必须严格按照架梁顺序进行，特别是对采用架桥机进行箱梁架设时更应注意。该方案无法实现双层存梁。对于后一方案，虽然投入专用设备费用多，但工效高，走行道路的地基处理费用低，可实现双层存梁；对制梁和移梁顺序要求较低，场地布置灵活。基于上述原因，杭州湾跨海大桥选定了使用2台ML800轮胎式搬运机联合吊移梁的方案。

(2) 运梁通道设计

根据运梁通道的受力情况，并充分考虑存梁台座和制梁台座均满布荷载情况下预制场地基基础的位移和应力响应，采用《FLAC3D岩土工程专业软件》进行仿真分析。经对拟定的运梁通道路面结构方案(30cm厚水泥稳定碎石+50cm厚级配碎石+60cm厚混渣)分析发现，预制场分层夯实填土区即使发生剪切破坏，也仅限于表层，在轮载、温度荷载最不利状况下产生的拉、压应力均满足要求，且变形值在允许范围内。

(3) 场内运梁设备方案

ML800轮胎式搬运机由主梁、支腿、大车运行机构、起升机构、吊梁小车、吊具、司机室、动力系统、液压系统、电气系统等部分组成。它具有吊梁纵横向运行、原地90°转向、荷载自动均衡(三吊点)和轮组压强自动均衡等功能。采用欧洲F.E.M.1998.10.01《起重设备设计规范》第三版所规定的设计标准，设计荷载主要包括50m箱梁一半重量(715t)、设备自身重量(340t)和设备工作时可能承受的风力荷载(工作状态和非工作状态分别按风压：250N/m² 和950N/m²)3个部分。图4−17显示的是2台搬运机联合搬运箱梁的工况。

该设备的关键技术在于：a.通过吊具结构的优化设计，实现箱梁起吊的“三吊点”体系，保证吊梁移运过程中箱梁不受附加弯扭作用；b.通过8组液压油缸系统实现轮组原地90°转向，在梁场内可以将箱梁搬运至任何位置，并且可实现双层存梁，机动性好，作业方便；c.单机配置48个轮子及荷载自动均衡系统，能够自动调整轮组压强，对地压力仅9.5kgf/cm²，有效降低了运梁通道地基处理费用；d.通过采用先进的同步控制系统，确保2台搬运机联合吊梁运行速度一致；e.单机均配置先进的PLC程序控制系统，具有自锁、互锁、故障诊断等功能，工作安全可靠。

图 4－17 2 台搬运机联合搬运箱梁的工况

2. 整孔箱梁提升上桥方案

(1) 方案比选

为了实现将箱梁从地面提升上桥的要求，经对填筑通道、门式吊机跨 2 片梁重载吊梁走行和门式吊机跨 3 片梁原地吊梁横移等多种方案进行比选，选择了采用 2 台 HM800 轮轨式提梁机跨 3 片梁原地联合将箱梁提升上桥的方案。该方案优势在于：a. 不影响现浇段箱梁和后续标段工程施工；b. 便于组装、解体运梁机和架桥机；c. 临时工程量相对较少，受地质及气象等因素影响小；d. 不重载走行，不受填筑通道路基沉降影响，并且有利于集中进行轨道梁基础加固，安全性好；e. 设备操作简便，人工劳动强度低，提梁效率高。

(2) 轨道梁结构方案

根据 HM800 轮轨式提梁机各工况对轨道结构的受力要求和所处区域地质情况，确定了相应的轨道梁结构方案：基础采用 1.2～1.5m 的钻孔灌注桩，桩长 65～75m，其中在重载提梁位置的基础为加强型；桩顶设置 2.7m×2.2m 的承台；轨道梁采用倒 T 形钢筋混凝土连续梁结构，梁高 2.0m。各部结构配筋根据承载能力要求确定。

(3) 提梁机方案

HM800 轮轨式提梁机由主梁（桁架结构）、刚性支腿（桁架结构）、柔性支腿、吊梁小车、吊具、走行台车、司机室、电气及控制系统等部分组成。它具有原地起吊箱梁、横移箱梁、轻载（200t）自力走行（组装、解体运梁机和架桥机）、荷载自动均衡（三吊点）等功能。

HM800 轮轨式提梁机采用欧洲 F.E.M.1998.10.01《起重设备设计规范》第三版所规定的设计标准。根据提升箱梁的实际工况，其设计荷载主要包括 50m 箱梁一半重量（715t）、设备自身重量（550t）和设备工作时可能承受的风力荷载（工作状态和非工作状态分别按风压：250N/m^2 和 950N/m^2）3 个部分。图 4－18 为提梁机提升箱梁上桥时的工况。

该设备的关键技术在于：a. 通过吊具结构的优化设计，实现箱梁起吊的“三吊点”体系，保证箱梁提升、横移过程中受力正常；b. 吊梁时，4 个液压油缸辅助支撑与轮轴共同受力，有效减小轮轴截面尺寸，同时更有利于轨道梁结构受力；c. 综合考虑箱梁提升上桥、运梁机和架桥机安装拆除以及与 ML800 搬运机协调工作等功能，选定适宜的技术参数。

3. 整孔箱梁梁上运输方案

(1) 方案比选

为了实现箱梁在桥面上安全运输，并且尽可能减小对墩台和已架箱梁的影响，同时满足架桥机自行

图 4－18　提梁机提升箱梁上桥时的工况

通过现浇段到达起架点，并在完成最后一跨的架设后，将其驮回提梁站进行拆卸等要求，经对轮轨式、轮胎式等多种方案进行比选，选定了采用 TE1600 轮胎式运梁机进行箱梁运输的方案。该方案优势在于：a. 设备作业半径大，所需临时工程量少（无临时轨道），对体系转换施工影响小；b. 设备机动灵活，对坡道及弯道适应性强；c. 设备操作简便，人工劳动强度低，运梁效率高。

（2）运梁机方案

TE1600 轮胎式运梁机由主机架、走行轮组、承载横梁、液压辅助支腿、转向机构、平衡系统、电气系统、动力机组等部分组成。4 台运梁单车组成前后两个车组，再通过电子系统控制将前后车组组成一个刚性整体，并在前后车组适当位置设置液压油缸以配合架桥机架梁。同组运梁单车通过承载横梁连接，后承载横梁为固定式，前承载横梁为滚动式。设有 640 个走行轮，由液压马达驱动，可以实现后车组推动箱梁向前作二次纵移。前、后车组均设置有司机室。它具有载梁运行平稳、荷载自动均衡（对运载箱梁为三支点，对桥面轮组压强自动平衡）等功能。图 4－19 为 TE1600 运梁机组拼工况。

图 4－19　TE1600 运梁机组拼工况

根据箱梁运输的实际工况，TE1600 轮胎式运梁机采用欧洲 F. E. M. 1998. 10. 01《起重设备设计规范》第三版所规定的设计标准，其设计荷载主要包括 50m 箱梁重量（1430t）、设备自身重量（524t）和设备工作时可能承受的风力荷载（工作状态和非工作状态分别按风压：250N/m² 和 950N/m²）3 个部分。图 4－20为运梁机桥上运梁时的工况。

图 4－20 运梁机桥上运梁时的工况

TE1600 轮胎式运梁机具有以下几个关键技术：a. 通过箱梁支承结构的优化设计，实现箱梁运输过程的“三支点”体系，保证箱梁运输过程中受力正常；b. 通过前、后车组上设置的辅助液压油缸系统，抵消因运梁车二次纵移对位时后方运梁车组推动箱梁所致的附加水平力；同时，在二次喂梁过程中，随着移动式承载横梁的位移，前运梁车组的受力重心向前偏移，前车组液压支腿受力逐渐增大（装有限压装置），确保前运梁车组前面的轮胎不超载，保持前方运梁车组的稳定和平衡；后运梁车组设置液压支腿的主要作用是架梁时将架桥机后支腿上的负荷均匀分布在已架箱梁的对称两侧，确保箱梁受力不偏载；c. 采用 640 个轮子及配套的液压系统和荷载均衡系统，自动调整轮组压强（对地压力仅 9.5kgf/cm²），保证荷载均匀分布在各轮组上，而且当障碍物出现时，该系统也能保证轮组荷载再均匀分布，避免局部超载，始终保持前后车轮组的平衡，并能降低工作中产生的对结构、动力机组和驾驶室的震动；d. 通过电子系统控制，将前、后车组组成一个刚性整体的同步控制系统，确保 4 台运梁车组合进行箱梁运输过程中的同步运行，避免对箱梁造成过大的拉应力；e. 通过中央处理器、传感器、连接线路等电气元件组成监控系统，用于传感、指示、自动控制等功能，实现自动调节行驶方向，保证运梁机不偏离安全的行驶路线。

四、整孔箱梁架设施工方案

1. 架桥机方案比选

为实现从运梁机上将 1430t 的 50m 预制箱梁吊起并架设到正确的位置，在满足架梁安全性、可靠性的前提下尽可能提高其工作效率，经对步履式、导梁式、运架一体式等多种方案进行比选，采用了 LGB1600 步履式架桥机架梁方案。该方案优势在于：a. 设备整机结构相对较简单，架梁及过孔程序简便；b. 设备整机自重轻，作用于箱梁及墩台上的支撑反力小，满足桥梁设计要求；c. 架桥机能够自行通过本项目现浇段 4×50m＋50m＋80m＋50m 跨箱梁，并在架梁作业结束后能够方便、快捷地由运梁机自最后一跨驮回提梁站进行解体；d. 架设最后一孔箱梁比较容易；e. 设备架梁安全性好，劳动强度低，作业效率高。

2. 架桥机方案

LGB1600 步履式架桥机由主梁、吊梁小车、吊具、前后支撑、前后支腿系统以及动力、液压、机械传动、电控系统等部分组成，具有将箱梁起吊、横移、纵移并精确落梁、整机自力过孔等功能。箱梁架设时，架桥机的前支撑支于待架梁跨的前桥墩上，后支撑支于已架箱梁前端顶面，后支腿支于后运梁车组顶面，通过运梁车的液压支腿和轮胎共同受力，将荷载均匀传到已架设箱梁顶面。吊梁小车吊梁前行通过后支撑后，运梁车退出，后支腿支立于已架箱梁顶面。根据箱梁架设的实际工况，LGB1600 步履式架桥机采用欧洲 F. E. M. 1998. 10. 01《起重设备设计规范》第三版所规定的设计标准，其设计荷载主要包括

50m 箱梁重量(1430t)、设备自身重量(1268t)和设备工作时可能承受的风荷载(工作状态和非工作状态分别按风压:250N/m^2 和 950N/m^2)3 个部分。图 4－21 为架桥机架设箱梁时的工况。

图 4－21　架桥机架设箱梁时的工况

LGB1600 步履式架桥机具有以下几个关键技术:a. 通过架桥机吊具结构的优化设计,实现箱梁起吊过程的“三吊点”体系,保证箱梁安装过程中受力正常;b. 通过各支撑、支腿设置的液压油缸和均载横梁系统,将架桥机荷载均匀、对称地传递到已架设箱梁腹板位置和待架设孔桥墩顶面;c. 通过设置双层、翻叠式结构的后支腿,方便运梁机运梁至架桥机提梁位置及吊梁纵移就位后的退出;后支腿的反力通过运梁机轮胎组和液压油缸共同承受,并均匀分布在已架箱梁的对称两侧(腹板区域),确保箱梁受力不偏载;d. 根据架桥机架梁各工况需要,通过顶升后支腿调整主机臂反拱度,达到调整架桥机支腿、支撑反力(特别是减小后支撑反力),尽可能减小其对桥墩和已架设箱梁造成过大的作用力;e. 通过采用精扎螺纹钢筋分别将架桥机前、后支撑分别锚固于待架跨前端的桥墩上和已架设箱梁吊装孔,确保架桥机 8 级风正常工作和 12 级风安全稳定;f. 通过传感器、中央处理器、连接线路等电气元件组成监控系统,用于传感、指示、自动控制等功能,实现架桥机架梁的无线遥控操作和安全控制系统。

第三节　50m 预制箱梁梁上架梁临时支座结构设计与施工技术

一、临时支座设计要求

由于南引桥滩涂区无法采用大型船只架梁,因此南引桥滩涂区的上部箱梁采用岸上工厂化预制、大型运梁车梁上运输、大型架桥机逐孔架设的施工方案。这就要求临时支座不仅需要承受单片预制箱梁的重量,还需要满足运梁车载梁行走和架桥机架设箱梁的各种技术条件,这对临时支座的设计和施工提出了新的要求。

二、箱梁架设总体施工方案

采用 2 台 ML800 轮胎式搬运机进行箱梁在预制场内制、存梁台座间的转运,以及沿运梁通道将箱梁运送到桥下。

在现浇段设置箱梁提升站，利用 2 台 800t 大跨度轮轨式提梁机吊梁，将箱梁自地面提升至桥上，经横移后为桥面运输设备装梁。

桥上采用 TE1600 轮胎式运梁机组运梁，到达待架位置时，通过机组二次纵移实现送梁就位(架桥机起吊箱梁位置)。

LGB1600 架桥机为步履式(桁架式)架桥机，具有起吊、横移、纵移等功能，能将箱梁精确落放于支座上。架桥机自尾部取梁，桁车重载吊梁纵、横移，并落梁就位。

箱梁架设时架桥机的前支撑支于待架梁跨的前桥墩上，后支撑支于已架箱梁前端顶面，后支腿支于后运梁机组上面，通过运梁车的辅助支腿将力传到箱梁的承载截面上。

架桥机前后支撑与大臂为滚动连接，通过与吊梁小车共用一套拖拉装置，交替变换前后支撑，能够自力前移过孔。

架桥机后支腿为双作用折叠式。吊梁小车吊梁前行通过后支撑后，后内支腿支立于已架箱梁顶面并收起后外支腿，运梁机可以返回提梁站运输下一片箱梁，以提高箱梁运架效率。

三、临时支座设计

1. 设计构思

杭州湾跨海大桥南引桥滩涂区 50m 预制箱梁采用 1600t 的专用运梁车运梁及 1600t 的步履式架桥机架梁，架设箱梁 404 片，加上先简支后连续湿接头及箱梁体系转换，施工总工期为 46 个月，施工工期十分紧张。为加快大桥上部结构施工进度，缩短工期，减少成本，确保预制箱梁架设精度，经过比选，50m 预制箱梁临时支座采用钢砂顶作临时支座，利用钢砂顶内装的钢砂可通过卸砂孔流出，以此降低临时支座的高度，使临时支座脱离梁底面，桥梁落到正式支座上，完成桥梁的体系转换。

2. 设计工况

(1) 主要受力工况

①箱梁运输

已架设箱梁表面(腹板顶部)采用油漆标线，利用电子监控系统随时监测运梁车的走行位置和方向。运梁机在运梁过程中左右台车组始终沿各自所在半幅纵轴线对称行驶，确保驮运箱梁和机体荷载至少由 4 片箱梁承载。

②运梁车喂梁

运梁车行至架桥机尾部，架桥机后支腿升起，见图 4－22。

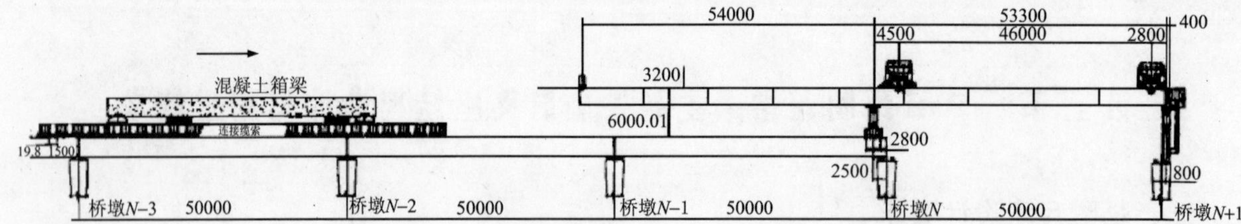

图 4－22　运梁车行至架桥机尾部(尺寸单位:mm)

运梁车继续前行至后支撑尾部，运梁车停车，支起运梁车前车组液压辅助支腿，受力并锁定，见图4－23。

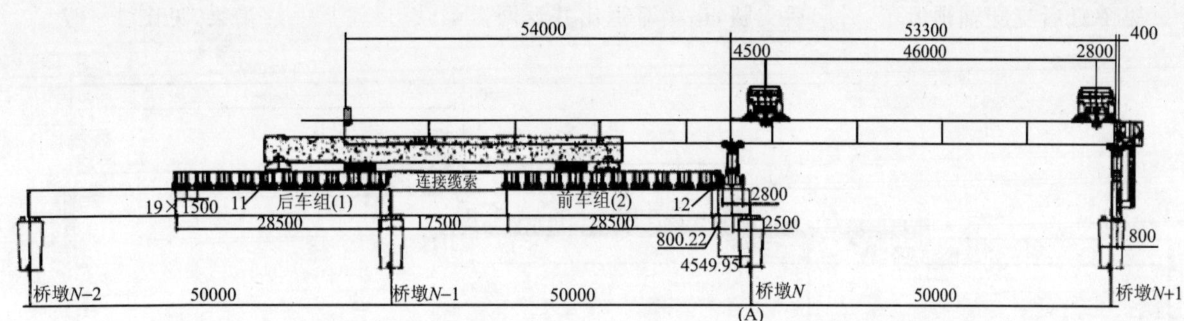

图 4−23　运梁车前行至后支撑尾部(尺寸单位:mm)

驱动后运梁机组,使后运梁机组带梁往前运行 13.1m,然后将运梁车后机组的液压支腿支起受力并锁定,见图 4−24。

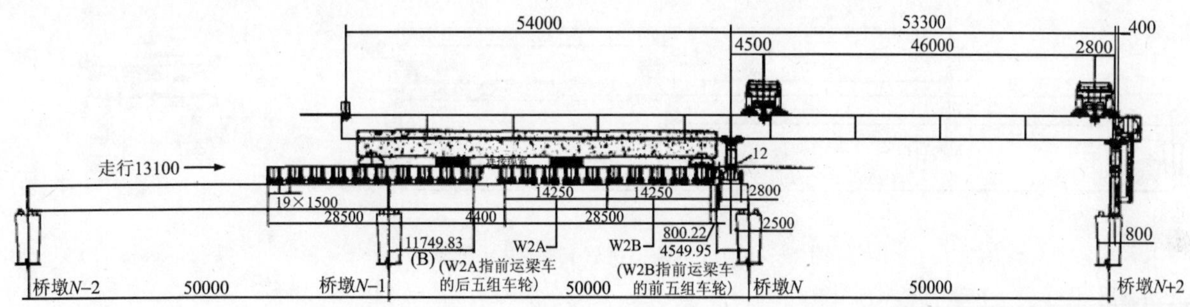

图 4−24　驱动后运梁机组(尺寸单位:mm)

架桥机后支腿支撑到运梁车后车组上,2 台吊梁小车后行至后支撑与后支腿之间到达箱梁起吊位置,连接吊具起吊箱梁,见图 4−25。

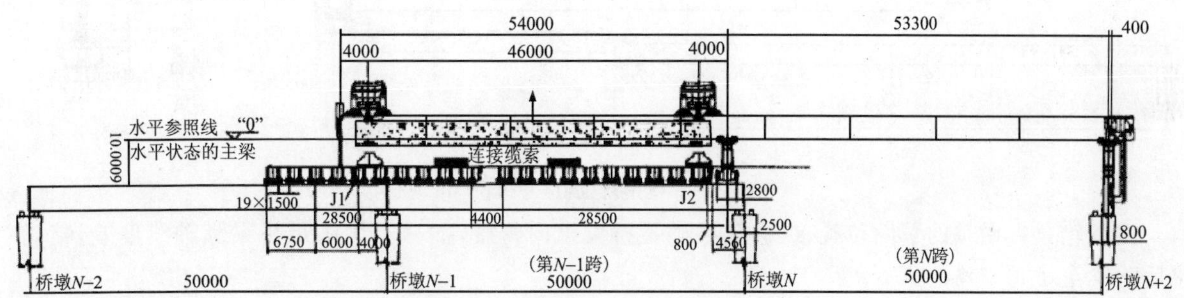

图 4−25　起吊箱梁(尺寸单位:mm)

③吊梁纵移

架桥机吊梁小车起吊箱梁,纵移通过后支撑到达待架梁孔位,吊梁小车停车,见图 4−26。

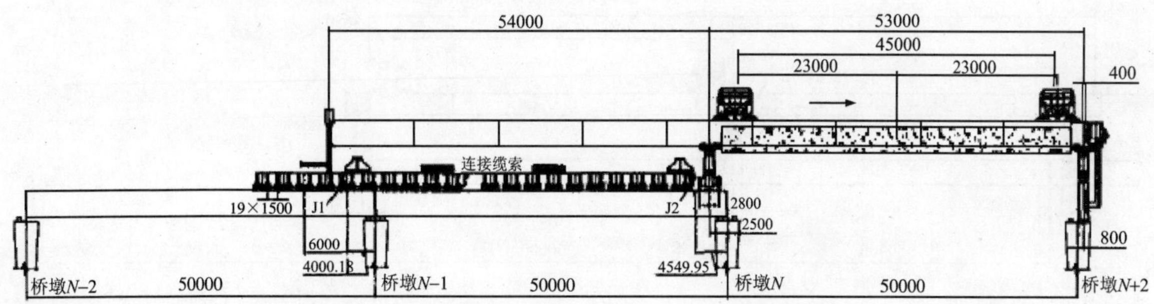

图 4−26　吊梁纵横(尺寸单位:mm)

架桥机后支腿油顶泄压，升起后支腿，运梁车退出并返回提梁站，运输下一片箱梁，见图 4－27。

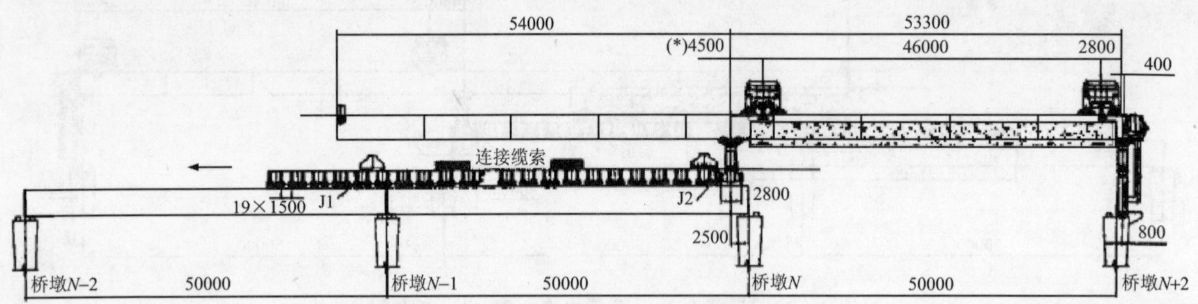

图 4－27　运梁车退出(尺寸单位：mm)

运梁车退出后，放下架桥机后支腿，支撑于箱梁梁面上，见图 4－28。

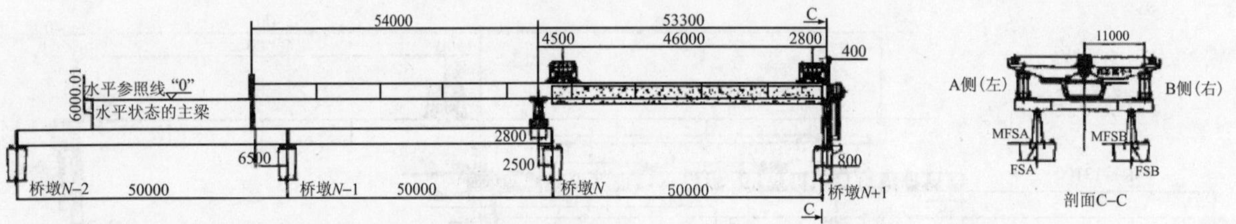

图 4－28　放下架桥机后支腿(尺寸单位：mm)

④吊梁横移，落梁就位

吊梁小车上滚轮组横移箱梁至桥梁墩顶上方，见图 4－29。

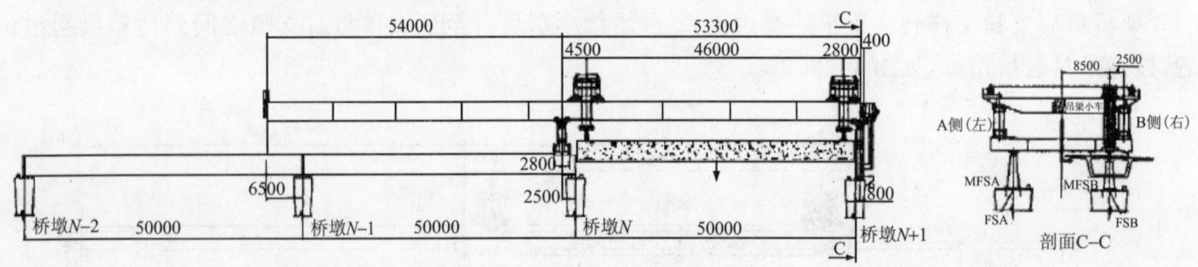

图 4－29　落梁就位(尺寸单位：mm)

测量箱梁在墩顶的平面位置，纵移箱梁满足桥梁纵向跨度，横移箱梁满足桥梁纵轴线偏差，精确对位后落梁至墩顶支座。

⑤架桥机自行过孔

架设完毕一片箱梁后，2 台吊梁小车后退到过孔位置，分别与前、后支撑相距 4150mm。将后吊梁小车与后支撑连接约束后，释放并起升后支腿，由前、后支撑托挂轮组承载架桥机主梁，见图 4－30。

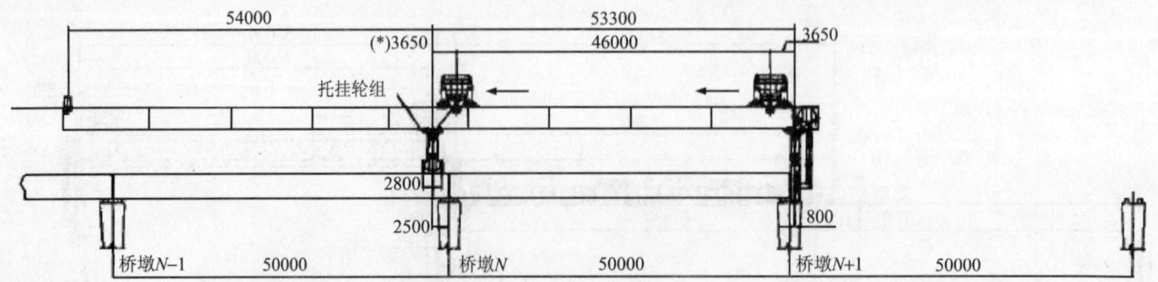

图 4－30　吊梁小车后退到过孔位置(尺寸单位：mm)

驱动卷扬机构，架桥机主梁前移 50000mm，使前支腿到达待架跨的前墩处，后支腿到达距后支撑 3500mm 处。主梁前移时，2 台吊梁小车与前、后支撑相对固定而与主梁相对运动，见图 4－31。

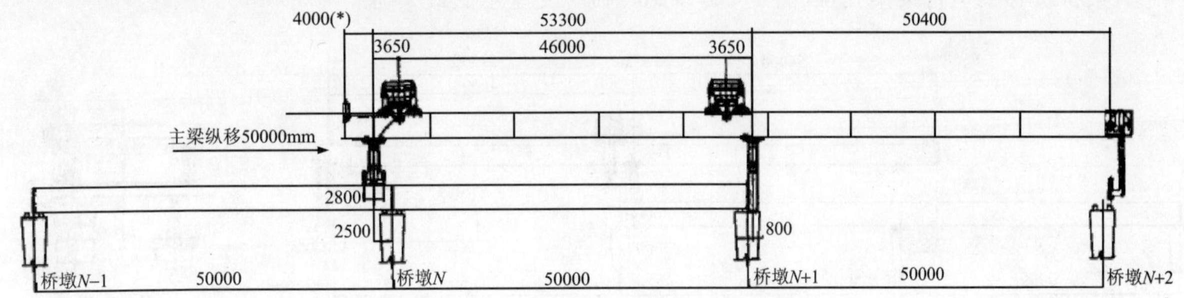

图 4－31　架桥机主梁前移（尺寸单位：mm）

落下前、后支撑托挂轮组，将前支腿支承在待架梁墩顶上，解除后吊梁小车与后支撑之间的约束，将后支腿支承在箱梁顶上，收起后支撑液压油缸，并使其前移至与前支撑相距 2500mm 处，见图 4－32。

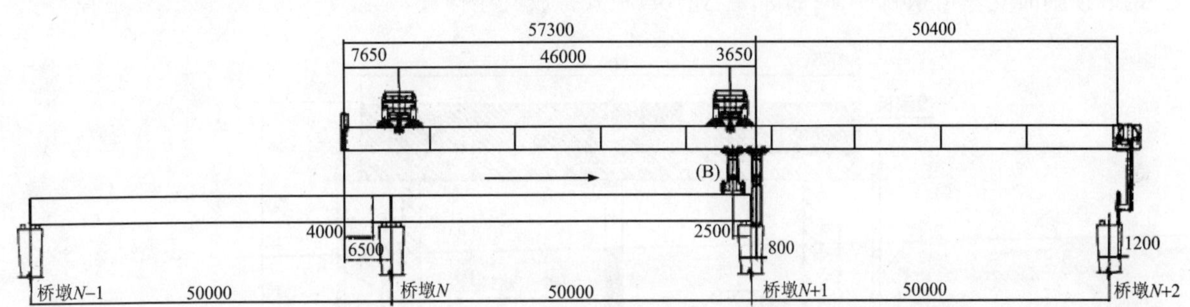

图 4－32　前支腿支承在待架梁墩顶上（尺寸单位：mm）

将后支撑支承于箱梁顶面，解除前支撑在墩顶的锚固连接，纵移前支撑到前方墩顶处，见图 4－33。

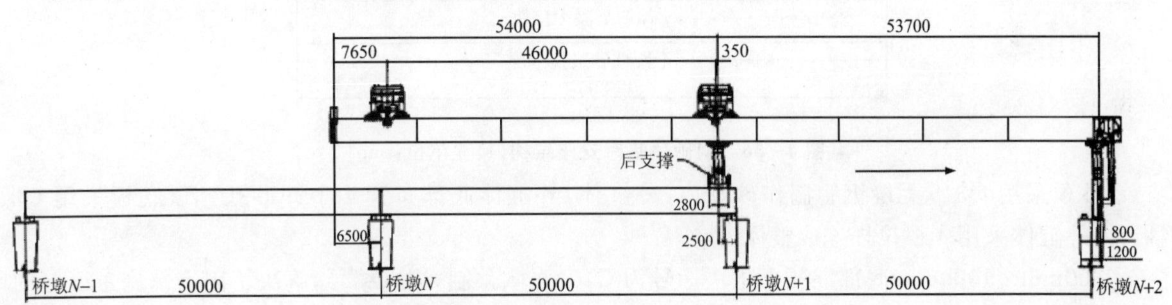

图 4－33　后支撑支承于箱梁顶面（尺寸单位：mm）

将前支撑支承于前方墩顶并锚固，收起前支腿，吊梁小车前移到前方待架跨位置，提升后支腿，打开喂梁通道准备喂梁，见图 4－34。

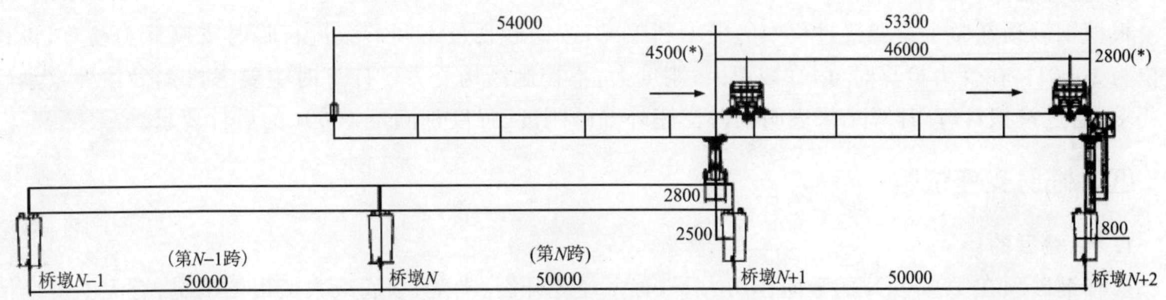

图 4－34　准备喂梁（尺寸单位：mm）

(2) 临时支座最大受力工况

由箱梁运输与架设的工况得知，临时支座在体系转换前的最不利工况为架桥机后支撑支撑在已架箱梁上，架桥机移梁至待架梁孔位(图 4－35)，此时临时支座承受最大荷载为 1000t。

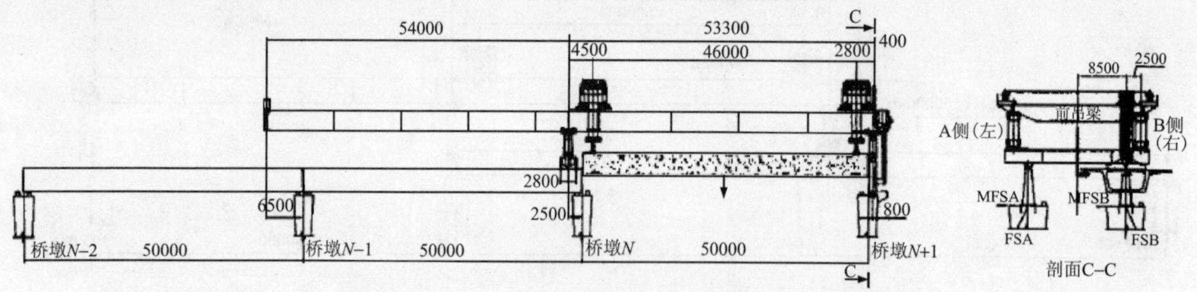

图 4－35 临时支座最大受力工况(尺寸单位:mm)

3. 临时支座结构

钢砂顶临时支座由钢砂顶、底部混凝土垫块、板式橡胶支座构成，见图 4－36。

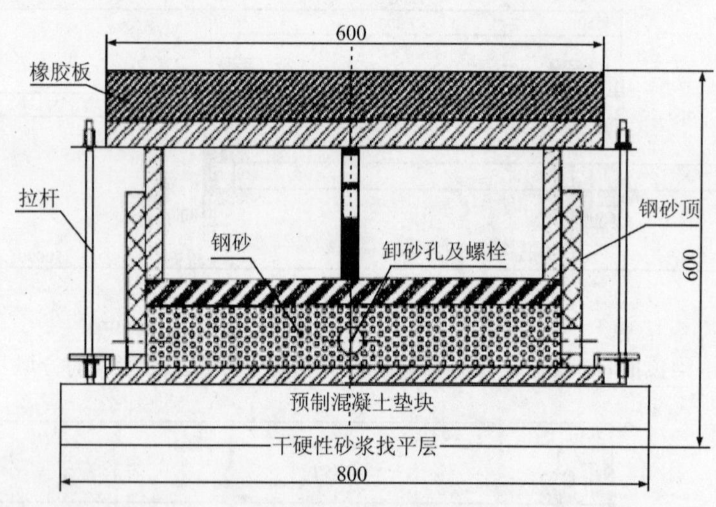

图 4－36 钢砂顶临时支座结构(尺寸单位:mm)

钢砂顶采用 Q345 无缝钢管制作砂顶内、外缸体，外缸体底部布置 4 个卸砂孔。顶底板采用 Q345 钢板，内外缸体采用 4 根拉杆连成整体。

□800mm×1000mm 底部混凝土垫块标号为 C40，逐墩预制，逐点编号，解决了因下部施工引起的墩身高程偏差。

板式橡胶支座采用□600mm×600mm 桥梁板式橡胶支座，其承载力满足最不利荷载下的承载要求，能缓冲架梁时的冲击偏载。其截面尺寸满足梁体局部承载力的要求。

4. 受力检算

根据钢砂顶在整个运架梁过程中的最不利工况，按钢砂顶最不利荷载进行临时支座受力检算，设计吨位为 1000t。在受力检算时，内缸截面大，刚度大，不控制结构受力。计算时主要考虑钢砂顶外壁承载力要求，通过模拟计算，计算结果表明临时支座外壁的刚度、强度都满足 1000t 的设计要求。

四、临时支座试验

1. 试验目的

检查钢砂顶在 10000kN 的竖向作用力下，有无焊缝开裂、剥落、顶底板大变形的情况；有无不安全情况发生；钢砂顶是否破坏。

检测装钢砂的高度、分级加载与压缩量关系，及其在多大荷载下无压缩。

检验钢砂顶在受力情况下能否安全、顺利地拆除。

2. 试验过程

(1) 竖向承载力试验

钢砂顶试件安装在20MN压剪力测试装置(20000kN支座动、静电液伺服加载系统)的剪切平台上，该设备由竖向20000kN和水平2000kN电液伺服作动器组成。在钢砂顶侧面沿竖直方向安装了测量钢砂顶变形的位移传感器，传感器的精度可达0.005mm。

选取填充100mm和80mm高钢砂(直径ø6mm)的钢砂顶各一个，在10000kN竖向荷载作用下，100mm钢砂顶的竖向变形只有3.72mm(图4—37)，80mm钢砂顶的竖向变形只有3.68mm(图4—38)；钢砂顶预压10000kN的竖向荷载后，再加载至100000kN，100mm钢砂顶的竖向变形只有2.94mm(图4—39)，80mm钢砂顶的竖向变形只有2.88mm(图4—40)。

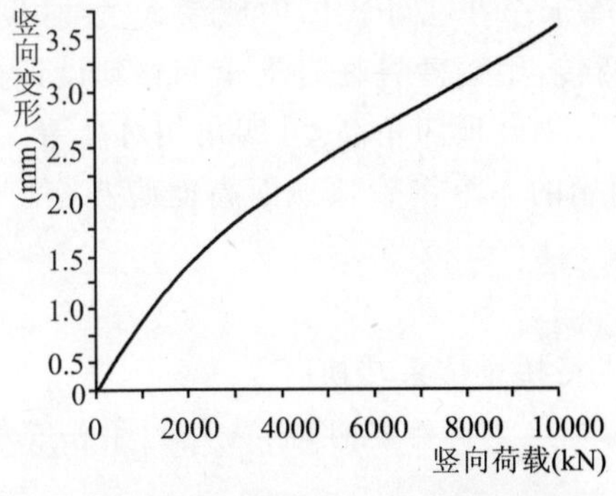

图4—37　100mm钢砂顶的竖向变形和竖向荷载关系曲线(未预压)

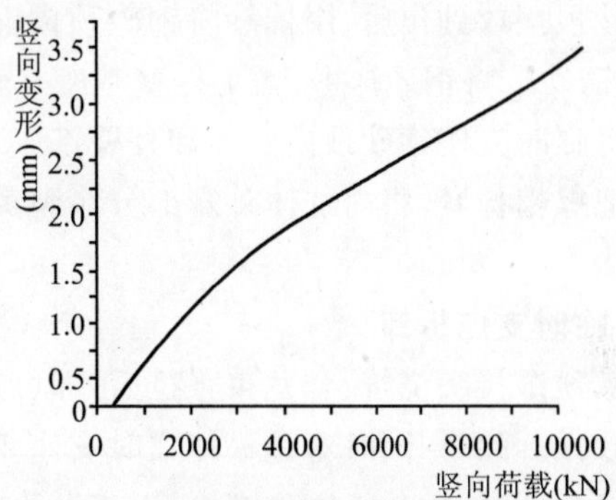

图4—38　80mm钢砂顶的竖向变形和竖向荷载关系曲线(未预压)

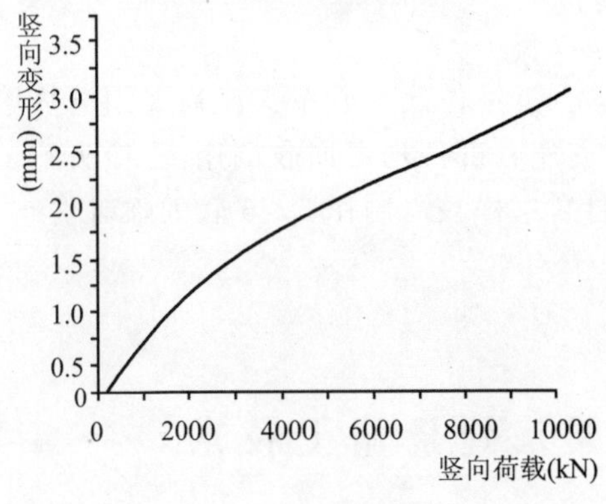

图4—39　100mm钢砂顶的竖向变形和竖向荷载关系曲线(预压后)

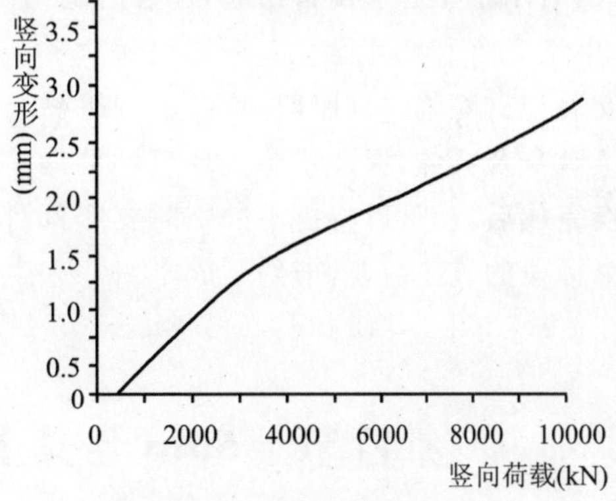

图4—40　80mm钢砂顶的竖向变形和竖向荷载关系曲线(预压后)

(2) 钢砂顶拆除试验

采用位移控制方式，维持竖向作动器的高度，这时竖向荷载基本维持在10000kN左右，拆除砂顶卸砂孔螺栓，将砂顶中的钢砂压出，除了螺栓脱落瞬间有少量钢砂弹出较远外，大部分钢砂滚出距离较近，砂顶高度下降，顶面脱离试验机。

3. 试验结果

试验中钢砂顶的各个部分都保持完好，没有发现焊缝开裂、剥落、顶底板大变形的情况，钢砂未出现变形，钢砂顶竖向变形量非常小。整个试验过程中，未出现异常声响。卸砂孔螺栓未出现任何异动。拆除钢砂顶方便、快捷、安全。此种规格钢砂顶满足施工需要。根据试验结果，最后我们选定填充80mm高钢砂(直径ø6mm)且不用预压的钢砂顶作为正式的临时支座。

五、临时支座施工技术

1．准备工作

材料到位后，先对钢砂顶加工质量进行检查。外观尺寸严格按设计图纸施工，焊缝不得有裂纹、焊瘤、烧穿、弧坑、表面气孔、夹渣、电弧擦伤、咬边、未焊满等缺陷，钢砂顶内、外缸体接缝应控制在1mm以内。然后对钢砂顶外缸体外侧刷防锈漆。完成后，将临时支座组件放于待架梁上，随梁运输到架梁机位置。在架桥机过孔时，将临时支座与正式支座通过链滑车随同前支撑运至待安装桥墩垫石上。待架桥机前支撑准确对位、机位固定后，安装人员从架桥机大臂上穿过，通过前支腿到桥墩上安装临时支座。

2．安装就位

首先用40号干硬性砂浆把墩顶临时支座安放位置找平(找平砂浆层高度不得超过10mm)，再按设计顺序摆放预制混凝土垫块、钢砂顶、橡胶板，各部件摆放位置要符合设计要求。

钢砂顶摆放到位后，用棉纱将钢砂顶内、外缸体杂物清除干净并在外缸体内侧涂上黄油，倒入直径6mm的钢砂。将钢砂抹平，盖上外壁基座并轻微正反旋动两转，用钢砂将临时支座调整到设计标高后，用拉杆将临时支座钢砂顶内缸体和外壁基座对拉固定，并调节钢砂顶四角高差(四角相对高差±2mm)。调好后把螺帽拧紧，将内缸体外露部分涂满黄油。一个墩顶用的4个钢砂顶顶面高度偏差控制在2mm之内。

3．临时支座拆卸

在墩顶湿接头浇筑、合龙束张拉后，即可对钢砂顶卸砂进行桥梁体系转换。

钢砂顶拆除时，同时对称松掉临时支座钢砂顶机座下端螺栓。拆卸螺栓时，先用扳手松螺栓，待螺栓可人工拧动时，用袋子罩住螺栓，人工拆除螺栓。

钢砂放出后，若钢砂顶自由下落，松动橡胶板，使临时支座与梁底脱开即可。重新上好螺栓，取出钢砂顶，取出后用小型起重设备吊起，检修后倒用。

4．小结

在安装与拆除临时支座时，均由小型机械与人工配合完成，不像硫黄砂浆支座需要用电热熔砂浆，不会污染墩身及梁体，保证了施工环境的洁净。由于临时支座各部件均可回收倒用，湿接头施工完毕，体系转换完成后，就可以将拆下的临时支座部件修整后倒用，这样只需制作5～6联的临时支座就可以满足整个标段的施工需要，节约了成本。

第四节　50m连续箱梁支架法现浇施工技术

一、工程结构特点

(50＋80＋50)m联跨十塘海堤，为三跨变高度预应力混凝土连续梁，单幅桥为单箱单室斜腹板箱形截面，中间支点处梁高为4.5～4.816m，跨中及边支点处梁高为3.2～3.516m。主梁采用圆曲线变高，变高范围为中支点附近左右各36m。主梁顶宽为15.8m，横坡为2%；主梁在直线段底宽为6.625m，在变高范围内底宽由6.625m变为5.999m；腹板厚度为0.55～0.70m；底板厚度为0.25～0.70m。

4×50m连续梁为等高度预应力混凝土连续梁，单幅桥为单箱单室斜腹板箱形截面，梁高为3.2～3.516m，桥面顶宽为15.8m，横坡为2%。主梁底宽为6.625m，腹板厚为0.60m，底板厚为0.30m。

箱梁翼缘悬臂长为3.90m，悬臂根部高为0.50m，悬臂端部高为0.20m，顶板厚为0.26m。主梁采用纵、横双向体内预应力体系，均采用钢束。横向预应力体系顺桥向间距60cm一束15－4，扁锚锚固，两端交错张拉，横梁处为15－9；纵向体内预应力体系采用15－19、15－15、15－12和15－9四种，均采用塑料波纹管成孔。端横梁厚 1.2m，中横梁厚 2.0m。

50m 连续梁的主要工程特点为：

本施工区段位于滩涂区与陆地区交界处，地基土顶层为亚砂土层，下层为淤泥质亚粘土，再加上地下水位高，其承载力较差(90kPa)。

该连续梁最大跨度为 80m，对采用支架法进行施工的连续箱梁而言，属超大跨度。其箱梁高度大(3.2～4.816m)、节段长(最长 80m)，因此一次性浇筑的混凝土数量大(最大约 1020m^3)，对设备的配套要求高，且施工工艺复杂。

由于该区段中的 G04～G06 段为滩涂区整孔箱梁提升上桥的提梁站位置，并且为运梁车、架桥机的组装位置，必须要求其尽快完成(6 个月内)，因此该区段箱梁施工工期较紧，使得箱梁模板、支架和施工设备投入量大。

本施工段箱梁跨越十塘海堤和进场道路，并且与栈桥和上桥道路相邻，车辆及人流较多，施工干扰较大。

二、施工方案

1. 施工顺序

根据对该工程的工期要求和箱梁结构设计的特点，4×50m 联连续箱梁单幅分 57.5m、50m、50m、42.5m 共 4 个节段(桥墩编号为 G04→G08)，(50＋80＋50)m 联连续箱梁单幅分 60m、80m、40m 共 3 个节段(桥墩编号为 G04→G01)。为加快工程施工进度，两联分别从 G04 墩向 G04→G08 和 G04→G01 两个相反方向、分左右幅共 4 个工作面同时推进。

2. 总体施工方案

针对该连续箱梁的结构设计特点和施工环境的实际情况，箱梁施工采用满堂支架现场浇筑施工方案，支架采用重型门式支架搭设，模板系统以充分利用预制箱梁的模板系统(材料)为原则。具体而言，对于 4×50m 联箱梁，侧模、底模均考虑直接利用预制箱梁的大块钢侧模、底模，内模采用木模(竹胶板面板配枋木加固)，其支撑系统采用钢管脚手架。对于 50m＋80m＋50m 联箱梁，由于该段箱梁为变高度梁，侧模考虑在利用预制箱梁的钢侧模的基础上，外模桁架进行加高；底模和内模采用木模，支撑系统采用钢管脚手架；端模采用木模。钢筋工程按常规施工，即在加工场集中制作、汽车运输至现场、汽车吊配合人工进行现场安装作业。预应力工程除管道压浆采用真空压浆工艺外，均按常规施工，现场制作并进行安装作业。混凝土在拌和站集中拌制，用混凝土罐车运至施工现场，输送泵配布料杆浇筑混凝土，插入式捣固器振捣。混凝土的养护采用淡水保湿养护，冬季采用蒸汽养护。

3. 施工工期安排

该连续箱梁从 2004 年 11 月开始支架基础混凝土施工等各项准备工作，2004 年 12 月正式开始。于 2005 年 1 月 10 日浇筑第一节段箱梁(G04～G05 右幅 57.5m 节段)，首个节段施工周期约为 50d(含支架搭设、预压等所有工作)；其他节段除 80m 节段施工周期为 25～30d 外，施工周期为 20～25d，冬季施工时周期略有增加。整个连续梁现浇施工于 2005 年 6 月 10 日完毕。

第五章 预制墩身的设计与施工成套技术

第一节 概 述

海上中引桥和南引桥除少数高墩外，均采用整体预制桥墩。预制桥墩高 7.5～17.4m，重量 240～440t。重量 300t 以下桥墩，采用驳船运输和 500t 浮吊吊装。300t 以上桥墩，采用 1000t 固定式扒杆浮吊直接吊运安装。

预制桥墩共计 474 个，混凝土总量约 6 万 m^3。预制场位于海盐县秦山大件码头北侧，距桥位约 10km，可满足 24 个墩身预制与存放。场内有 460t 龙门吊机 1 台，1250kN·m 塔吊 2 台及总长 120m 的出海码头 1 座。每月可生产桥墩 20 个。

预制桥墩为钢筋混凝土结构，通过现场浇筑接头使混凝土与承台连成一体。在海上桥墩特别多、施工条件恶劣的情况下，采用预制桥墩对减少海上作业、加快工程进度和降低工程成本具有重要意义。但湿接头处在腐蚀条件最恶劣的浪溅区，在国内外，由于处理不当，接头混凝土受海水长期侵蚀，引起结构严重损坏的实例屡见不鲜，因此湿接头防腐蚀是预制桥墩设计和施工的重大课题。从构造分析，湿接头与承台连接为盆腔结构，预制墩身为空心墩，现浇混凝土与空心墩的接触面及现浇混凝土与承台盆腔的接触面极易因新浇混凝土收缩而产生裂缝，形成海水腐蚀通道。在设计上要采取构造措施，避免发生这种情况。由于湿接头混凝土上、下都受到约束，新浇混凝土极易开裂，因此在施工中必须配制抗裂性好、水化热低的混凝土，并且要特别注意混凝土的养护，尽量推迟与海水的接触时间。为确保湿接头的耐腐蚀性，其外表尚应进行特殊的防腐处理。经过大量的试验和改进，已经浇灌的近百个预制桥墩湿接头混凝土，基本避免了表面裂纹。

杭州湾跨海大桥的海上低墩区引桥共 15.78km，包括中引桥和南引桥，其上部结构均为 70m 跨径预制预应力混凝土箱梁，下部为钢筋混凝土桥墩，基础采用钢管桩，其中墩身共 474 个。本章介绍墩身的施工情况。

杭州湾是世界三大强潮海湾之一，潮差大，水流急，建设条件复杂。根据历史资料，桥位处最高潮位 4.94m，最大潮差 7.4m，平均潮差 5.32m。年平均流速 2.39m/s，施工期间实测到的最大流速：落潮 4.18m/s，涨潮 5.16m/s，流向紊乱，潮流场错综复杂。2004 年 8 月实测最大波高：北岸站 3.23m，南岸站 4.72m。气象条件十分复杂，台风、龙卷风、雷暴及突发性小范围灾害性天气时有发生，年平均台风影响次数 2.56 次。由于风、浪、流、潮和雾的影响，全年施工作业日不足 180d。

中、南引桥区域河床高程一般为－10～－12m，水深条件较好，适合于水上大型船舶作业。但南引桥南端浅滩前沿河床变化较为剧烈，在 2km 范围内由－10m 变为－3m，对墩身安装影响较大。河床面是一层 6～8m 的亚砂土，启动流速低，极易造成船舶走锚或埋锚。

第二节　水中区引桥下部结构设计

一、下部结构方案比选

杭州湾跨海大桥水中低墩区引桥下部结构工程量大，工点分散，根据海上施工作业特点，下部结构重点比较了现浇桥墩和预制桥墩两种方案。

1. 现浇桥墩方案

墩身现浇施工是国内最为常用的一种方法，该施工方法质量可靠，施工机具少，工艺简单。

杭州湾海域环境恶劣，作业条件差，给现浇施工带来很大困难。同时，采用现浇墩身工期长，施工安全性较差。

2. 预制桥墩方案

墩身预制拼装施工是充分利用海上大吨位起重设备，加快施工进度，减少海上作业量的有效办法。

预制拼装施工工艺要求高，尤其是在墩身接缝处，必须从混凝土材料选择、养护工艺、围堰防水等多方面采取措施，确保接缝处结构的耐久性。

3. 综合比较

预制桥墩与现浇桥墩方案比较见表 5－1，墩身基础方案见图 5－1、图 5－2。

表 5－1　预制桥墩和现浇桥墩方案比较表

项　目	现浇桥墩	预制桥墩
墩身构造	矩形实体墩，墩身截面尺寸为 6.25m×2.6m。墩身高度不受限制	矩形空心墩，墩身截面尺寸为 6.25m×2.6m，墩身壁厚 0.5m，墩帽为实体截面。墩高小于 18m，整体预制；重量不大于 450t
施工机具	水上混凝土工厂 50t 吊船	最大吊重 450t，需 500t 以上的吊船
施工难度	施工难度较大，现场绑扎墩身钢筋、浇筑墩身混凝土工程量大，作业环境差，施工期需采取抗风和抗浪措施。墩身混凝土养护困难	预制墩身高度为 9～13m，水上吊装预制墩身有一定难度。大大减少现浇混凝土工作量。需设大型预制场及下海码头
施工工期	较长。每墩施工期 20～40d	较短。预制墩安装几个小时即可完成，每墩施工周期 4～7d（吊装及接头混凝土浇筑）
经济性	较差	较好
结构可靠性	现浇桥墩无拼接缝，在保证混凝土施工质量的条件下，结构耐久性较好	预制墩身混凝土质量有保证；底部与承台之间采用现浇混凝土接头是防腐关键，需加强防腐措施

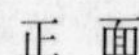

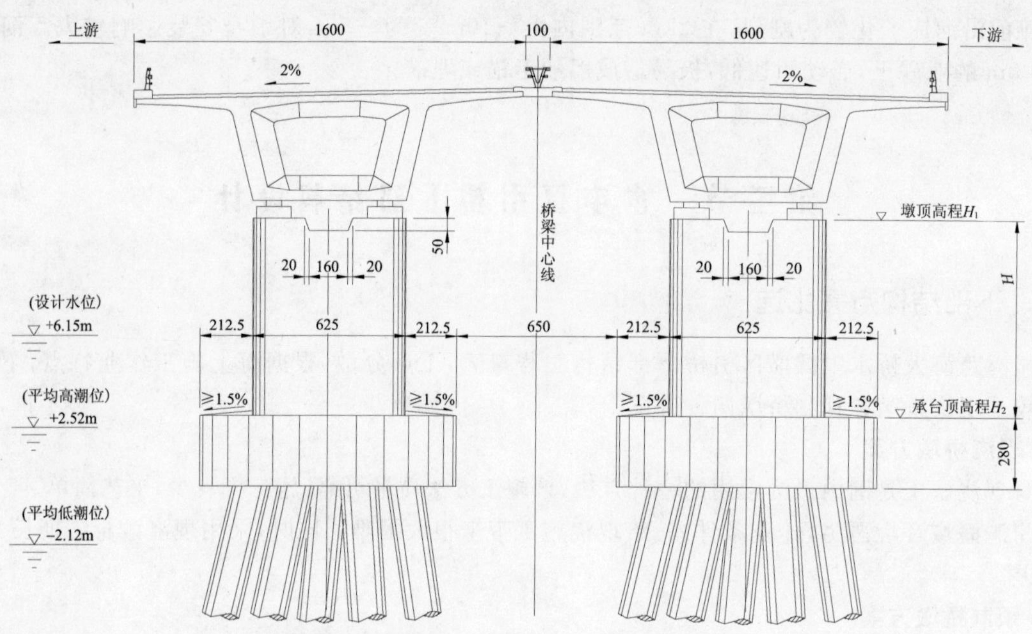

图 5—1 现浇墩身基础方案(尺寸单位:cm)

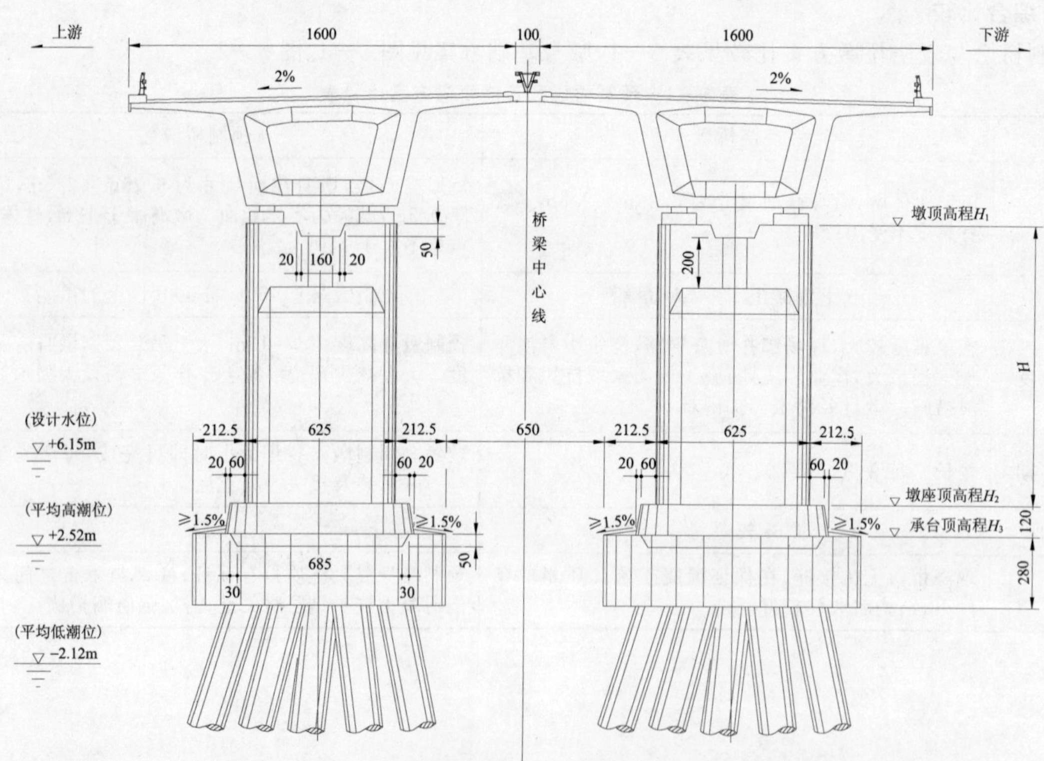

图 5—2 预制墩身基础方案(尺寸单位:cm)

通过以上比较可知,两种方案各有利弊,墩身预制方案的优势主要体现在可减少海上作业量,施工周期短,养护条件好,有利于加快工程进度、保证工程质量。因此,水中低墩区桥墩采用预制墩身方案。

二、预制桥墩设计

1. 墩身结构

根据海上施工环境恶劣和墩身数量较多的特点，中、南引桥水中区墩身设计按工厂化和预制拼装，尽量减少海上作业，减少施工风险的原则。原设计曾考虑采用预制和现浇两种方案并行，重量小于350t的墩身采用整体预制方案，大于350t的墩身采用现浇方案。后由于承包商的建议，投入大型浮吊和460t龙门吊机，解决了大型预制构件运输安全等问题，墩身设计全部改成整体预制安装。

为了减轻吊装重量，预制墩身为矩形空心墩。桥墩分为墩身及墩帽两部分，墩身为截面相同、高度变化的结构，墩帽为单向喇叭口形状的矩形结构。本工程共有474个预制墩身，中引桥266个，C01～C133每个承台上一个墩身，高度由7.372m至14.793m不等，横桥向宽6.250m，顺桥向墩底宽2.60m、墩顶宽4.0m，壁厚0.5m。南引桥208个，高度由7.548m至17.383m不等，其中70m箱梁标准段墩身同中引桥，E01～E06、E17～E22加宽段采用在标准段外侧加设小墩身方式，小墩身横桥向宽4.40m，顺桥向墩底宽2.60m、墩顶宽4.0m，壁厚0.5m；50m箱梁E86～E93墩身横桥向宽6.625m，顺桥向墩底宽2.60m、墩顶宽4.0m，壁厚0.5m。墩身最大吊重457.73t。墩身断面形式见图5－3，其主要分布情况见表5－2。

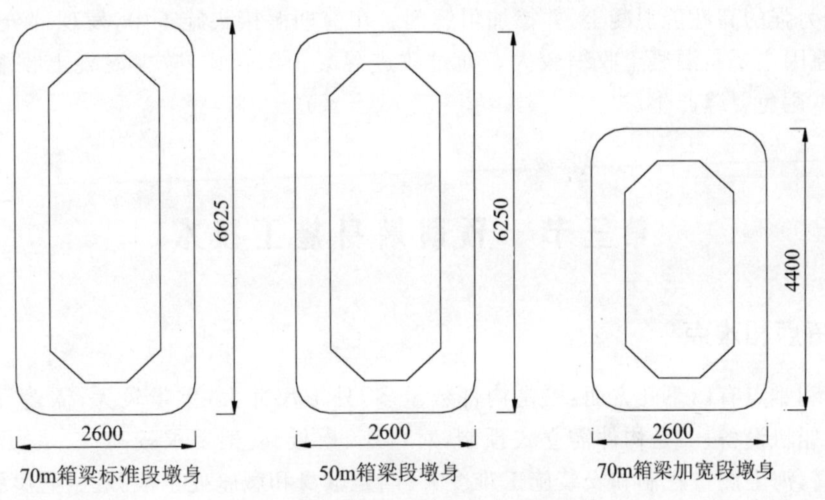

图5－3　墩身断面示意图（尺寸单位：mm）

表5－2　墩身分布情况一览表

序号	墩身规格	单位	数量	位　置	备　注
1	6.25m×4.0m(6.25m×2.6m)	个	436	中引桥C01～C133、南引桥E01～E85	括号外为墩顶截面尺寸，括号内为墩帽以下截面尺寸
2	4.4m×4.0m(4.4m×2.6m)	个	22	南引桥E01～E06、E17～E22	
3	6.625m×4.0m(6.625m×2.6m)	个	16	南引桥E86～E93	

墩身与承台连接采用现浇混凝土墩座的方式，即在承台与墩身之间设置现浇混凝土墩座，墩身钢筋锚固于墩座内，结构形式见图5－4。承台顶标高位为＋3.0m，处于浪溅区，较低潮位时，海水上不来；较高潮位时，可被淹没。

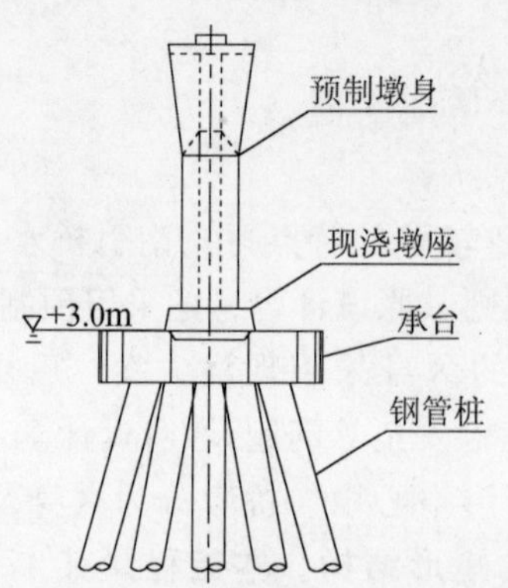

图 5－4　水中低墩区桥墩结构示意图

2. 墩身与承台连接

预制墩身与承台采用湿接头连接，墩身钢筋预留一定长度，与承台中的预留钢筋共同锚固于湿接头内。现浇混凝土湿接头高出承台顶面 1.2m、每侧宽出墩身外缘 0.8m，形成具有一定保护作用的襟座，襟座内采用普通钢筋加强。

湿接头位于海洋浪溅区，是腐蚀环境最恶劣的区域，也是整个桥梁下部结构防腐的关键，为此采用抗氯离子渗透能力强的高性能混凝土，并掺加阻锈剂。在前期湿接头施工中，发现部分湿接头有竖向收缩裂缝产生，其原因主要是混凝土收缩较大。通过改进混凝土配合比，减少混凝土收缩量，并适当增加水平钢筋，已基本避免裂缝产生。

第三节　预制墩身施工技术

一、工程特点和难点

本工程特点和难点有以下几方面：一是构件数量多，外形尺寸大，重量较大，需建设大型预制场，并需配备大型起重船机设备；二是构件需立式预制，对台座、模板、支架要求较高；三是墩身安装工况条件恶劣，精度要求高，海上测量控制和安装施工难度大；四是墩身和墩座处于浪溅区，防腐技术要求较高。

二、墩身预制及安装施工

1. 墩身施工流程

墩身施工流程见图 5－5。

2. 预制场建设

预制场生产区建设包括墩身预制区和出运码头两大部分，见图 5－6，其中码头主要功能是将预制墩身由预制区出运到运输船舶上，并兼顾砂、石料的进口作业。经过对桥址附近岸线进行比选，墩身预制场建在海盐县秦山核电站大件码头北侧，距离杭州湾跨海大桥 10km 左右，该处陆域有 80m 左右的海漫滩人工回填陆地，水深条件及其他水文条件满足墩身出运要求。

码头为双栈桥凸堤式码头，与岸线垂直。双栈桥轴线宽为 30m，栈桥前沿设预制墩身搁置墩，码头前沿下游侧设靠船墩。预制墩身出运工艺流程为：台座预制→储存养护→龙门吊机出运→搁置墩→浮吊装船或浮吊直接吊运。

墩身制作区设计有效宽度为 26.5m，长 82m，分为两条生产线及一条堆存线。设预制和存放台座 24 个，配备有 460t 龙门吊机 1 台、1250kN·m 塔吊 2 台、$75m^3/h$ 及 $50m^3/h$ 搅拌站各 1 座，生产能力大于 20 个/月，满足施工总体进度计划要求。

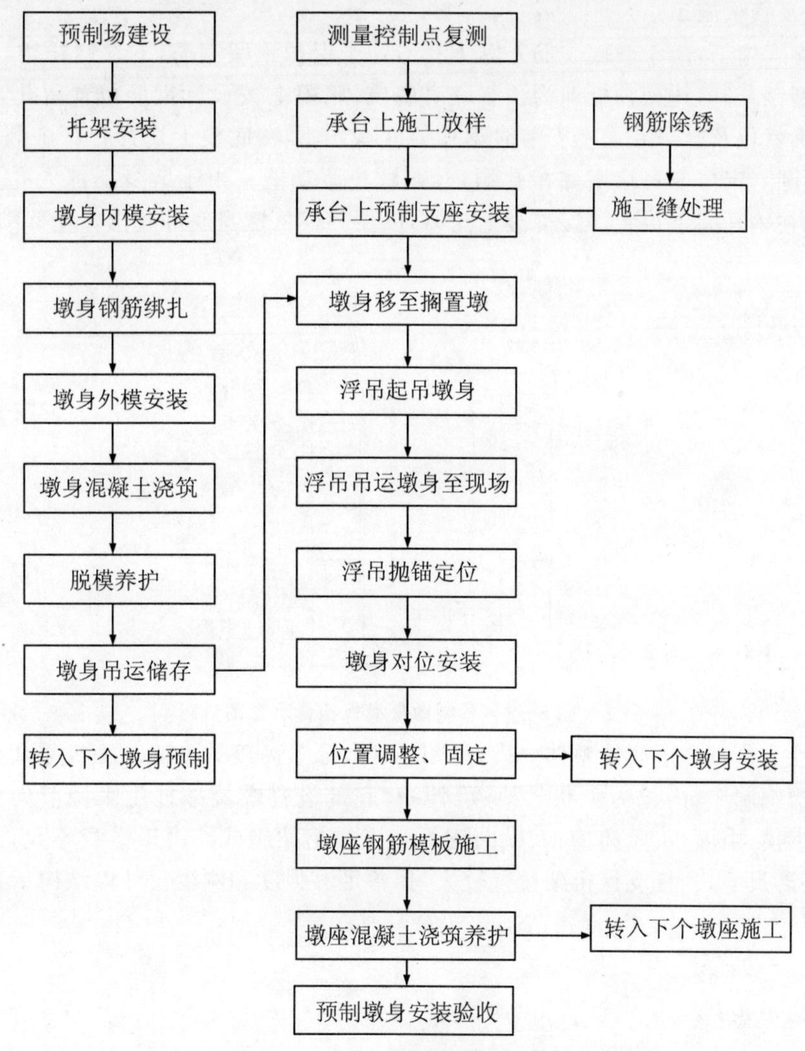

图 5—5　墩身施工流程图

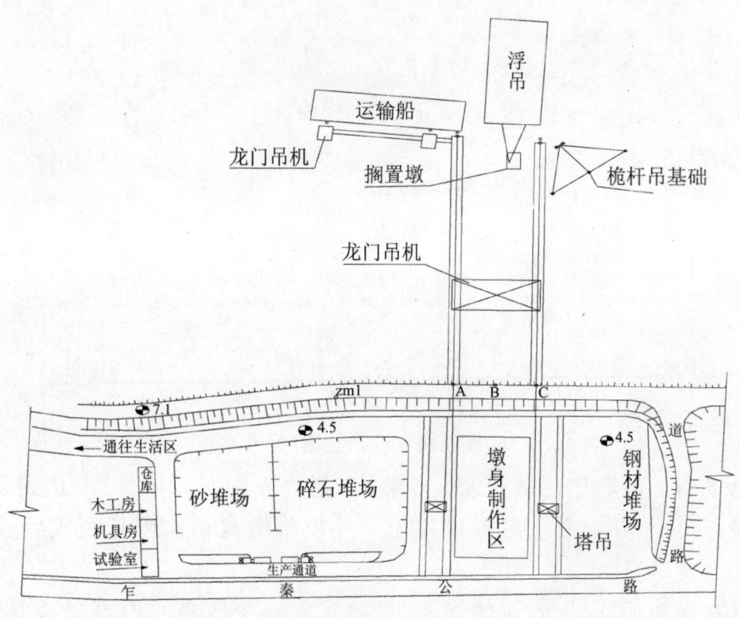

图 5—6　预制场平面布置图

3. 预制托架及模板施工

墩身预制为立式施工，由于墩底主筋外露1.2m，为了保护预留钢筋，下设钢托架，高度为1.2m。钢托架采用钢板及型钢精制，托架顶板即为预制墩身底模，底模上按设计钢筋位置留孔，孔径ø50mm。为保证墩身钢筋准确就位及墩身在海上安装时钢托架拆除方便，在底模上设置有对拼翻板定位卡（压制塑料制品，内开口半圆），定位卡可堵塞底模孔洞，有兼顾止浆功能。由于墩身上部人孔太小，内模从人孔中拆除困难，考虑在钢托架下设置一层混凝土托架，以便内模从墩身底部脱出。托架结构见图5—7。

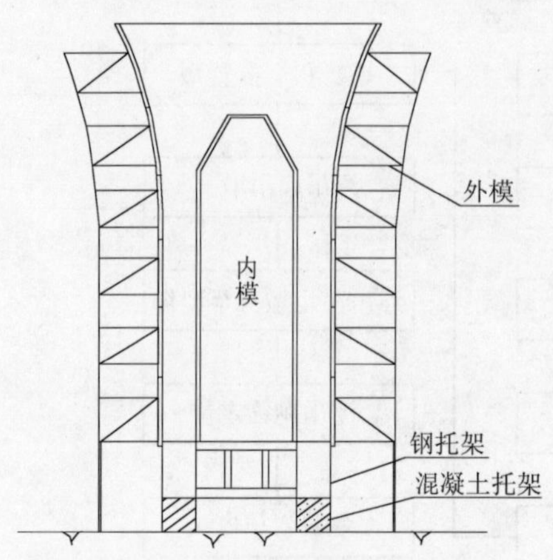

图5—7 预制墩身模板组合示意图

墩身内模设计为分节伞形收缩整体内模，见图5—8，分节高度为90cm，面模采用组合钢模板，横竖向围囹用钢管和槽钢制作，内撑为伞状骨架、可伸缩，底部设置螺旋撑杆用来调节内模高度和垂直度。外模采用大片式钢模，由面板、竖向槽钢、横向钢板和支撑桁架组成。由于墩身不允许设置内部穿锚拉杆，为确保墩身外形尺寸，外模支撑桁架设置较大，具备足够强度和刚度。外模结构示意图见图5—9。

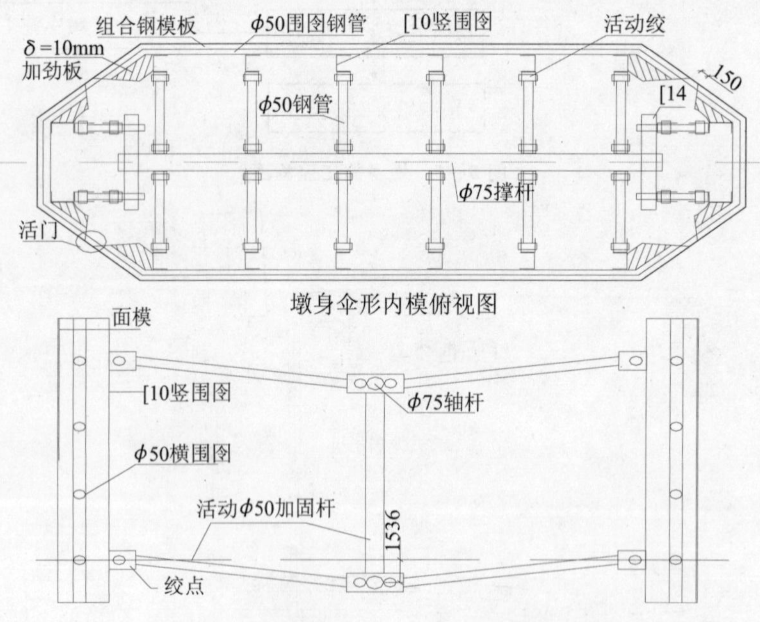

图5—8 墩身内模结构示意图（尺寸单位：mm）

内模利用塔吊由下而上的顺序逐层安装。安装前，把内模在平地上撑开，达到设计的尺寸。拆除时按自下而上的顺序进行，分节从混凝土托架中拉出。外模待墩身钢筋绑扎完成后进行拼装，采用“帮包底”形式，以适应不同高度墩身。

分节伞形内模具有操作便捷、工效快的优点，目前支立一个墩身的内模只需要半天；外模采用刚性支撑桁架，刚度较大，构件整体尺寸符合设计要求。

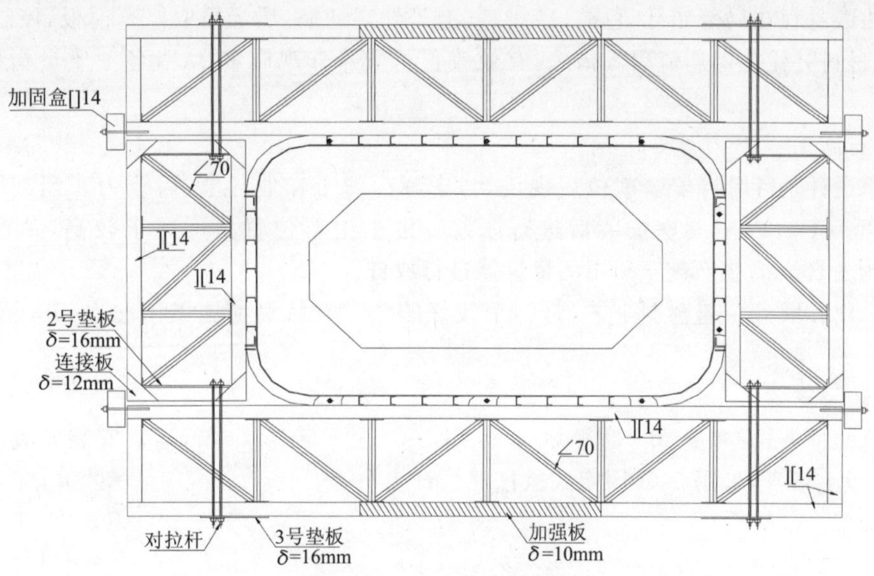

图 5－9　墩身外模结构示意图

4. 墩身钢筋混凝土施工

墩身钢筋采用现场绑扎，分两部分进行，首先支立内模并绑扎墩帽以下部分钢筋，然后支立墩帽以下部分外侧模并绑扎墩帽部分的钢筋、安装墩帽部分的外侧模。由于墩身最高有 18m，钢筋绑扎难度较大，采用工具式脚手架，可分成几大片用塔吊安装。

墩身采用 C40 高性能海工混凝土，其氯离子（12 周龄期）扩散系数要求不大于 $1.5\times10^{-12}m^2/s$，混凝土坍落度为 140～180mm。

墩身混凝土浇筑采用 $75m^3/h$ 的混凝土拌和站集中拌料，混凝土搅拌车运送，混凝土泵车布料入仓。混凝土采用喷涂养护液养护。墩身预制过程见图 5－10。

图 5－10　墩身预制过程图

前期施工的墩身存在局部错牙、色差、砂线、气泡等外观通病，后经采取修整模板、控制坍落度、优化配合比、调整原材料并优化操作流程等措施，有效改善了墩身外观质量，墩身各项质量指标均满足设计和规范要求。

5. 支座垫石施工

支座垫石原设计是待墩身安装就位后现浇，考虑减少海上作业环节，后改为在预制墩身时一并施工，其顶标高预留 3cm，以便支座安装后进行压浆。由于垫石位置精度要求较高，轴线平面位置为 20mm，顶标高为±10mm，垫石施工须用测量仪器进行放样。

支座垫石采用和墩身一起预制工艺，是一个较好的尝试。从目前施工情况看，其质量能满足规范要求。

6. 墩身运输及安装

墩身安装分两种方式：重量 300t 以下墩身，采用 350t 全回转浮吊自行运输安装或驳船运输和 500t 浮吊吊装；300t 以上墩身，采用 500t 固定式扒杆浮吊直接吊运安装。

(1) 浮吊选型

吊高 $$H \geqslant h_1 + h_2 + h_3 + h_4 + h_5 - h_6$$

式中，h_1——墩身高，取最大值 18.383m（包括底部 1.0m 锚筋）；

h_2——吊具高，取 5m；

h_3——吊钩高，取 2m；

h_4——低潮位时水面至承台顶距离 6.58m；

h_5——富裕高，取 2m；

h_6——干舷高，取 2m。

则 H 应不小于 32.0m。

吊幅 $$L \geqslant l_1 + l_2 + l_3$$

式中，l_1——墩身中线距承台边缘距离，取最大值 23m；

l_2——船艏距承台最小距离，按低潮位时扒杆倾角 50°不碰承台考虑，取 5.5m；

l_3——安全距离，取 1m。

则 L 应不小于 29.5m。

墩身吊运、安装示意图见图 5-11 所示。

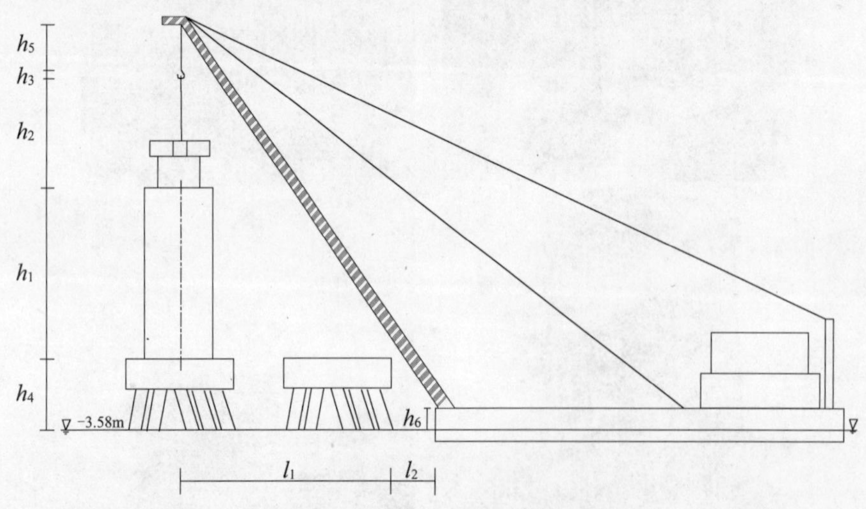

图 5-11 墩身吊运、安装示意图

根据吊高、吊幅和墩身自重要求，并考虑杭州湾海况条件，选用 350t/500t 浮吊，其性能参数满足要求，见表 5-3。

表 5—3　浮吊性能表

项　目	350t 浮吊	500t 浮吊
起重量(主钩)	350t×1=350t	250t×2=500t
船舶尺寸(m×m×m)	58.86×27×4.8	67×24×4.2
有效伸距(m)	15～45	20～40
起升高度	40m	53m
备注	全回转扒杆	固定扒杆

(2) 吊具

预制墩身的起吊采用专门设计的吊具(图 5—12)进行,墩身预制时按要求预留吊具安装孔。吊具组成见表 5—4。

图 5—12　吊具

表 5—4　专用吊具组成

序号	设备组成	规格型号	数量	备　注
1	专用吊架	2.8m×1.6m×0.8m	1个	
2	专用吊索	85ø7mm 平行钢索	2组	配冷铸锚具,可水平滑动

(3) 墩身出运

由龙门吊机吊起墩身,运至码头前沿,放于转运平台上,用浮吊装船或直接吊运。装船时须使墩身落在预定的位置,并加固牢靠,防止风浪对船的影响。因墩身底部有伸出的钢筋,墩身预制时设置了专用钢台座,装船时须与墩身一并吊运,安装时起吊墩身,拆除底座,运回预制场重复使用。

墩身出运图见图 5—13 所示。500t 浮吊装船及直接吊运示意图见图 5—14 所示。

(4) 墩身运输

墩身的运输应在风力小于 6 级,流速小于 2m/s,波高小于 1.5m 时进行。当采用 350t 全回转浮吊时,墩身可直接放在浮吊上运输,每次可装 2 个;采用专门运输船时,根据墩身重量,每次运 2～4 个;采用 500t 固定扒杆浮吊时,直接吊运,每次 1 个。在流速大的水域采用全回转浮吊安装墩身,工效较固定扒杆浮吊显著。

(5) 墩身安装及临时固定

墩身安装一般选择潮位低于 2m,流速小于 2m/s,波高小于 1.5m,风力小于 6 级时施工。因预制墩身底部有锚筋,不能直接安装,经反复研究,通过设置预制钢筋混凝土定位支座予以解决。定位支座由 6

(a)

(b) (c)

(d) (e)

图 5-13 墩身出运图

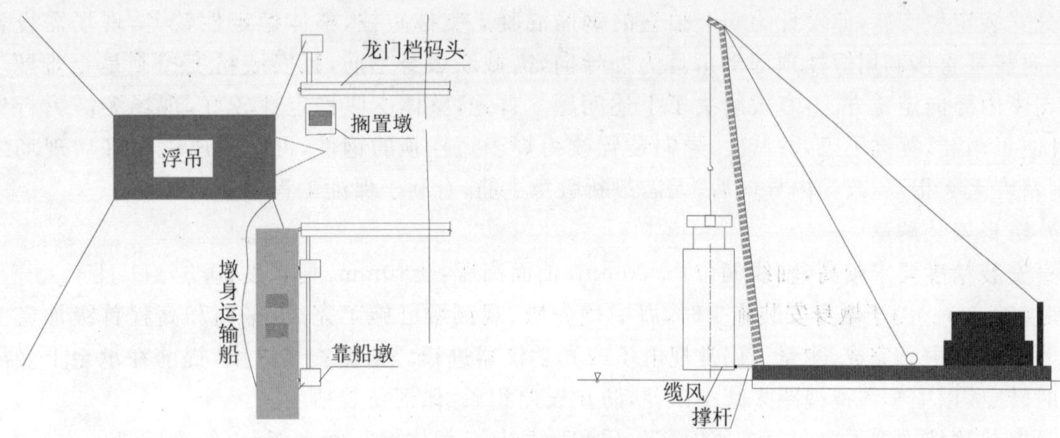

图 5－14　500t 浮吊装船及直接吊运示意图

个起支承墩身及限位导向作用的钢筋混凝土短柱构成，其间设联系撑形成整体结构。定位支座安装于墩座中，通过锚筋固定在承台上，其导向面下口尺寸比墩身外每边大 1.0cm，确保墩身安装平面偏位小于规范规定的 20mm。其顶面平整（所有支座短柱的顶面高差在 5mm 以内）、支座短柱顶面标高与设计标高相差在＋0～－10mm 以内。当墩身就位后，将墩身与承台的预留钢筋用特制的卡环连接，然后将吊具解除。必要时，还可将墩身钢筋与承台预留筋焊接起来。经验算，墩身安装后，在未采取任何加固措施前，在风速达 30.7m/s（30 年一遇）、水流速度为 3.5m/s、波高 $H=4.75$m 条件下，最大倾覆力矩为 1917kN·m，远远小于抗倾覆力矩 4401kN·m，故墩身安装后是稳定的。

卡环示意及安装效果图见图 5－15，预制墩身定位支座示意图见图 5－16。

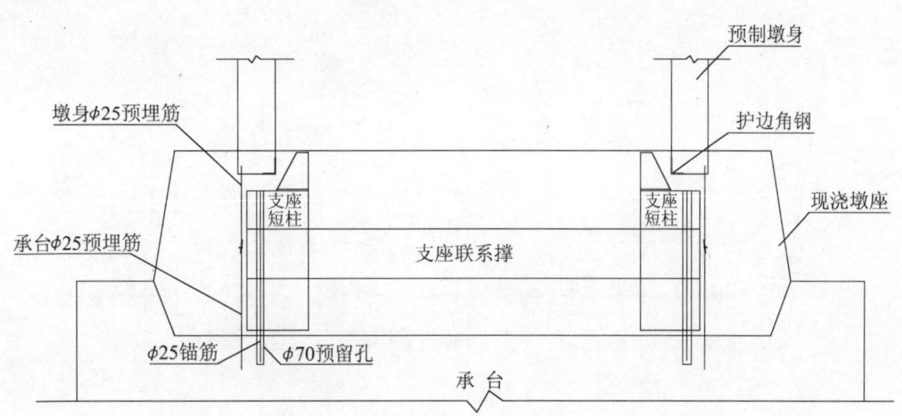

图 5－15　卡环示意及安装效果图（尺寸单位：mm）

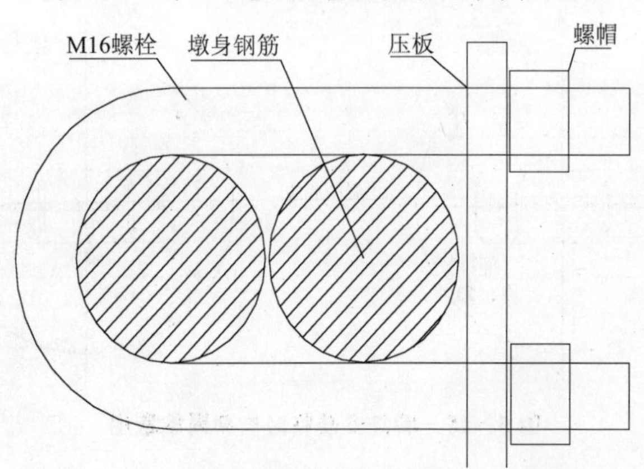

图 5－16　预制墩身定位支座示意图

墩身安装定位支座，原设计为 6 个独立的钢筋混凝土支撑短柱，整体稳定性较差，现场需设置联系杆件，导向装置直接利用短柱顶部倒角且为外导向，需截断墩身主筋，且安装精度控制是个难题。后采用整体支座内导向定位方法，有效解决了上述问题。首先，整体支座稳定性较好，现场无需另行设置联系撑，且便于吊装，提高了工效；其次，导向装置改为焊于短柱顶的钢件，可在支座就位好后现场二次安装，控制精度大大提高，改为内导向后，无需截断墩身主筋，有利于保证工程质量。

(6) 墩身安装测量

墩身安装精度要求较高，轴线偏位：±20mm，顶面高程：±10mm，垂直度：0.3%H 且不大于 20mm（H 为墩身高度）。由于墩身安装施工时，海中优先墩、观测墩已施工完成，平面和高程首级加密工作已由大桥测量控制中心完成，测量采用常规电子或光学仪器进行。根据安装进度，提前在承台上做出加密点或临时转点，以缩短前视视距来减小误差，防止误差积累，保证安装精度。

墩身安装测控内容主要包括支座安装放样和墩身安装就位控制两大部分，每个墩身的安装按照：坐标系统的转换→支座安装放样测量→支座短柱顶标高→限位板边线放样测量→墩身吊装定位测量→安装竣工测量的步骤进行。

安装支座的定位测量采用和水准仪结合的方法，墩身吊装定位测量主要是全站仪三维坐标法，墩身顶面位置控制是在相邻墩的加密控制点或临时转点上架设 TCA1800 全站仪（如图 5－17 所示）。平面位置放样：在加密点上架设全站仪，并尽可能后视较远的优先墩控制点，用极坐标法分别在上、下游承台顶面对称承台轴线放样出 $ABCD$ 和 $A'B'C'D'$ 两个 5m×8m 的矩形临时控制网，见图 5－18。高程放样：优先墩和有加密高程点的承台可以用水准仪直接放样，无加密高程点的承台是将加密点的高程用全站仪以三角高程单向测量四测回取平均值的方法传递到要放样的承台上，然后用水准仪放样。要求是绝对标高允许偏差为－10～0mm，6 个支撑点的相对高差不超过 2mm。

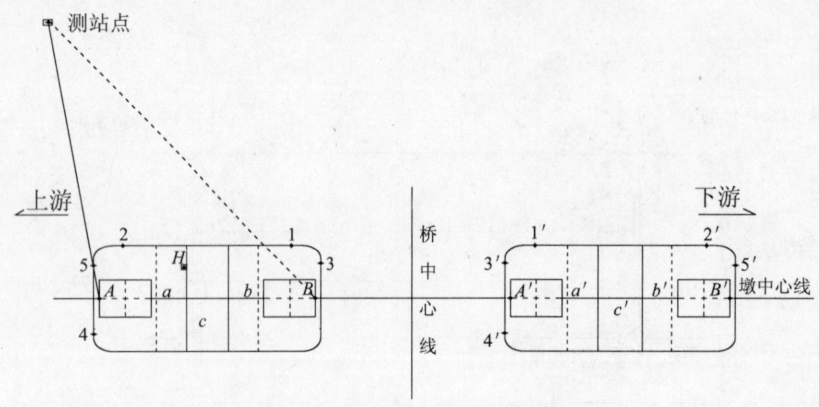

图 5－17　墩身顶面位置控制示意图

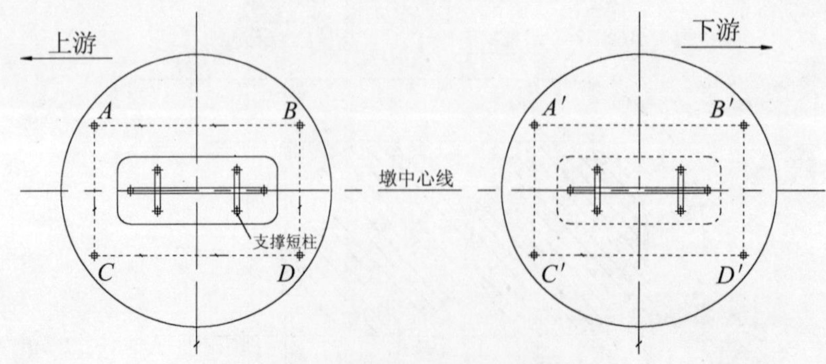

图 5－18　墩身安装临时控制网示意图

7. 墩座混凝土施工

现浇墩座采用C40高性能海工混凝土，其氯离子(12周龄期)扩散系数要求不大于$1.5\times10^{-12}m^2/s$。由于墩座位于腐蚀环境最恶劣的浪溅区，加之施工缝较多，其施工质量将直接影响到结构的使用安全，是确保混凝土耐久性的关键部位。因此，在施工中选配了制抗裂性好、水化热低的混凝土，混凝土坍落度为120～160mm。

墩座钢筋在作业船上进行加工，吊机吊入现场绑扎。模板用吊机人工配合安装，采用隔水模板，用膨胀螺栓固定在承台上，见图5－19。混凝土浇筑采用搅拌船供料，吊罐布料工艺。前期施工曾尝试泵送工艺，由于混凝土坍落度控制难以达到120～160mm的目标，为确保混凝土外观质量，及时进行了工艺调整。

图5－19　墩座隔水模板

由于承台施工与墩座施工有一定的时间间隔，有的甚至超过半年，墩座预埋在承台顶部的钢筋在海水中反复浸泡，极易腐蚀，很难保证其设计性能，必须采取防腐措施。初期采用涂刷水泥浆包裹的方法防腐，由于水泥浆易开裂、脱落，效果不理想，并且因掺加了建筑胶水，给后期墩座施工时清理钢筋造成困难。后经多次研究试验，选取了锌加防腐工艺。锌加是一种由高纯度锌粉和有机树脂配置的单组分涂料，兼有阴极保护与屏障式保护的双重作用，可直接涂刷在预埋钢筋表面。经半年多的应用，效果较好，操作也较简便。

8. 墩座混凝土防腐

墩座处在腐蚀条件最恶劣的浪溅区，由于受海水长期侵蚀，结构被严重损坏的风险极大。从某种意义上说，墩座防腐蚀是本工程一个至关重要的环节。从构造分析，墩座与承台连接为盆腔结构，预制墩为空心墩，现浇混凝土与空心墩的接触面及现浇混凝土与承台盆腔的接触面极易因新浇混凝土收缩产生裂缝，形成海水腐蚀通道。同时，由于墩座混凝土上、下都受到约束，新浇混凝土本身也极易开裂，前期施工的部分墩座侧面就出现了不同程度的表面裂缝。后从优化混凝土配合比、调整配筋和增加聚丙纤维等方面着手解决，经过大量的试验和改进，基本得到了有效控制。为确保墩座的耐腐蚀性，其外表尚应进行特殊防腐处理。目前比较有效的处理措施是在混凝土表面浸渍硅烷，这也是杭州湾跨海大桥专用技术规范推荐的一种方案。通过前期的硅烷喷涂试验结果看，能满足防腐需要。试验结果见表5－5。

表5－5　硅烷喷涂试验结果

序号	检测项目	检测结果
1	芯样的吸水率($mm/min^{1/2}$)	小于0.005
2	浸渍深度(mm)	3.46,3.17,3.5,2.9,3.08,3.24
3	氯化物吸收量降低效果(%)	90.5

根据本工程的特点，硅烷喷涂施工应尽可能选择在天气晴朗、低潮位时间比较长、水流风浪比较小

的情况下进行施工，以保证施工效果。适当的施工条件是温度在5～38℃(40～100 ℉)，不能在下雨前4小时内、风大、强烈阳光直射时及其他不适宜的情况下喷涂施工。

三、施工效果

1. 进度方面

墩身预制从2004年8月18日开始第一个墩身混凝土施工，至2005年6月25日已完成180个，平均18个/月，最高为2005年3月份，达26个/月；墩身安装从2004年10月10日开始第一个墩身就位，至2005年6月25日已完成170个，平均20个/月，最高为2005年4月份，达25个/月，满足总体工期要求。

2. 质量方面

(1) 预制墩身

对已完成评定的170个墩身的质量情况进行统计，结果如下：

混凝土强度：平均值为58.5MPa，最大值为63.6MPa，最小值为53.7MPa；

断面尺寸偏差：平均值为4.3mm，最大偏差为14mm；

高度偏差：平均值为4.5mm，最大偏差为9mm；

平整度：平整度最大值为5mm；

预埋件偏差值：最大值为7mm。

质量符合设计要求和《杭州湾跨海大桥专用技术规范》规定。

(2) 墩身安装

经对已安装的100多个墩身经过复测，其轴线偏位、高程、垂直度等基本满足规范要求。

(3) 墩座

墩座外形尺寸及混凝土强度均符合设计及规范要求，无孔洞、蜂窝、夹渣、麻面等混凝土质量通病，但前期施工的部分墩座侧面出现了不同程度的表面裂缝，宽度范围在0.05～0.10mm之间。后经过大量的试验和改进，得到了有效控制。对于已经出现的裂纹，按照《杭州湾跨海大桥混凝土裂缝及缺陷修补技术规程》进行修补。

第四节　墩身安装施工测量

第Ⅴ合同段墩身安装施工包括中引桥水中低墩区(桩号为K54＋027～K63＋267，墩位设计编号为C01～C133)墩身安装和南引桥水中低墩区(桩号为K65＋385～K71＋685，墩位设计编号为E01～E93)墩身安装，共474个墩身，跨度总长约18km(施工区域如图5－20所示)。

全部墩身均为矩形空心墩，壁厚为0.5m，墩身高度为7.2～18.1m，墩身重量为240～440t。所有墩身都采用整体预制安装施工。

一、墩身安装测量工艺流程

为使所有墩身安装施工测量工作忙而有序，有条不紊地进行，保证测量成果精确、可靠，我们按图5－21所示施工测量作业流程对墩身的安装定位进行有效控制。

二、控制网的加密

在墩身安装开始施工前，海中优先墩、观测墩(其布设如图5－22所示)已施工完成，平面和高程首级加密工作已由大桥测量控制中心完成。海上优先墩的测量实践证明，海中的承台在潮汐、波浪、水流、大风等的作用下有轻微的晃动现象，对架设在承台上的测量仪器测量得到的成果，特别是对长距离高程

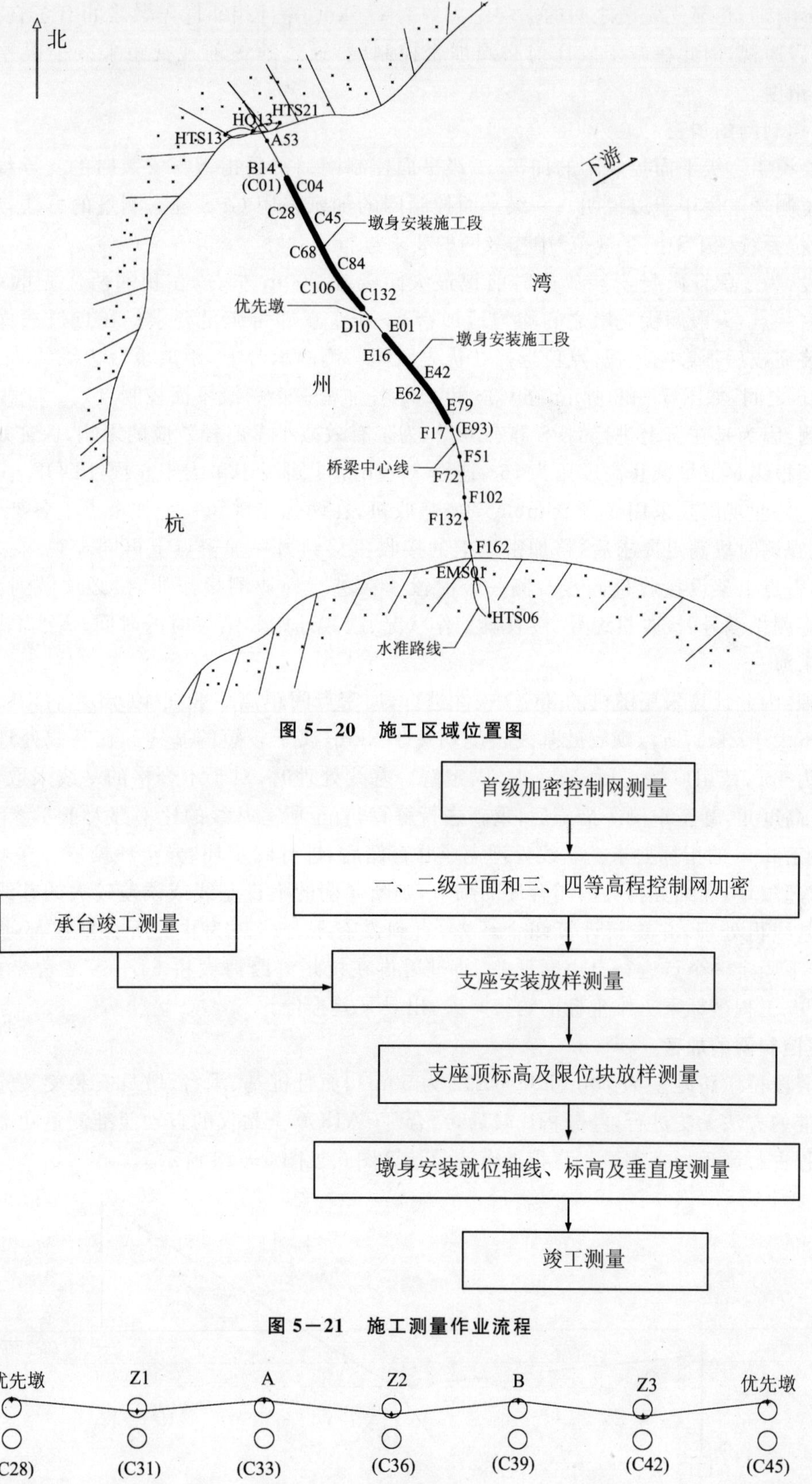

图 5—20　施工区域位置图

图 5—21　施工测量作业流程

说明：A、B为一级平面加密点，Z1、Z2、Z3为三角高程加密测点

图 5—22　测点布置图

成果有较大影响，而相邻优先墩之间的平均距离约为1.6km，并且相邻优先墩之间有正在进行施工的套箱、船舶等阻碍通视，因此在施工放样前必须加密控制网，通过缩短前视视距来减小误差，防止误差积累，保证安装精度。

1. 平面控制网的加密

这里主要说明一级平面控制网的加密，二级平面控制网加密是指墩身安装时的支导线转点测量，在墩身吊装定位测量工序中予以说明。一级平面控制网的加密采用GPS静态测量的方法，精度要求按照《公路全球定位系统(GPS)测量规范》中二级网的要求进行。

点位布设：为了保证墩身安装放样时前视最大距离在200m左右，在相邻两优先墩中间按每间隔4～6个墩加密一点，一般两优先墩之间均匀地加密2～4个点即可满足要求。在点位选择时，为了保证后续墩身安装完成后不影响通视，点位选择在优先墩同一侧的承台上，距离承台边缘约1m(例如在优先墩C28至C45之间，如图5－22所示，在C33和C39各加密一个一级平面控制点)。

外业观测：因为是在海上进行GPS静态测量，为了有效减小多路径效应的影响，保证观测数据质量，选择在星历预报满足卫星截止高度角为15°，连续2～4h以上可见卫星大于6颗，PDOP小于5的时段进行外业观测。外业观测是采用3台trimble5700接收机，在两优先墩和一个加密点上各架设一台接收机同步进行，在观测时段满足要求后，将加密点上的接收机移到另一加密点上再同步观测一个时段，最后在2(或3)加密点上架设接收机同步观测一个时段。在进行外业测量作业时，必须做到测站上严格对中、整平，并将测站编号、接收机编号、接收机工作状况、观测开始和结束时的时间、天线高等信息详细记入外业观测手簿。

内业处理：内业计算采用随机的TGO软件进行，加密点间距离一般在400m左右，并且两优先墩之间的距离都不大于2km，所以观测的基线长度均短于2km，属于较短的基线。在基线处理时，设置卫星截止高度角为15°，使用广播星历，选择L_1固定解。基线处理时，对于不合格的基线采取修复、开窗、删星、调整截止高度角，甚至重测等措施后，重新进行解算，直至所有基线的比率都大于3，参考方差都小于5，*RMS*都小于2cm的指标要求。基线处理完成并存储后，进行同步环、异步环校核。在GPS闭合环报告中，如果有超限环，仔细分析失败闭合环的细节，判断共同的不良基线或误差较大的基线，对闭合环中判断的不良基线再处理，并重新计算闭合环差，直到没有不合格环为止。所有基线都通过检核后，在WGS84基准下固定一个点进行自由网平差，通过后再在杭州湾跨海大桥54—65工程坐标系中固定两优先墩54—65工程坐标系三维坐标的约束平差，出具平差报告。

2. 高程控制网的加密

墩身安装段桥墩跨距多为70m(E86～E93为50m)，而且桩基、承台、墩身安装交叉施工，高程加密采用几何水准的方法无法进行，经分析比较后，结合TCA1800全站仪的自动照准测量功能，采用中点单觇法三角高程进行高程加密测量。高程加密测量计算图式见图5－23所示。

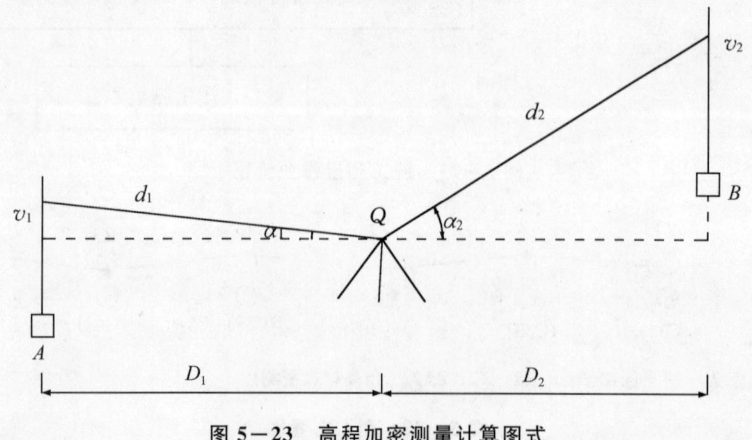

图5－23 高程加密测量计算图式

具体做法是：在两加密点中间的承台上架设全站仪，使前后视距基本相等（如图5－23所示），两点间高差按以下公式计算：

$$H_{AB}=(d_2\times\sin\alpha_2-d_1\times\sin\alpha_1)+(1-K)/(2R)\times(D_2^2-D_1^2)+(v_1-v_2) \quad (5-1)$$

式中，d_1、d_2 为斜距；α_1、α_2 为垂直角；v_1、v_2 为棱镜高；$(1-K)/(2R)$为由地球曲率及大气折光引起的球气差改正系数，其中 K 为大气垂直折光系数（一般取0.13）、R 为地球曲率半径。

从式中可以看出，中间法在距离较短（实际加密时在200m左右）且 $D_2\approx D_1$ 时，可以不考虑大气折光对高差测量成果的影响。

A、B 两点间的高差可简化为：

$$H_{AB}=(d_2\times\sin\alpha_2-d_1\times\sin\alpha_1)+(v_1-v_2)$$

对上式进行全微分可得：

$$m_{H_{AB}}^2=[(m_{\alpha_2}/\rho'')d_2\times\cos\alpha_2]^2+(m_{d_2}\times\sin\alpha_2)^2+[(m_{\alpha_1}/\rho'')d_1\times\cos\alpha_1]^2+(m_{d_1}\times\sin\alpha_1)^2+m_{v_1}^2+m_{v_2}^2 \quad (5-2)$$

测量时运用TCA1800全站仪（标称精度：测角为1″，测距为1＋1ppm），使用同样的两根固定杆高的对中杠进行中间法三角高程测量，因不必量取仪器高、棱镜高，减少了测量工作量并提高了测量精度。由于海上承台在潮汐、波浪、水流、大风等作用下的轻微晃动，对测量的结果影响很大。实践证明，由于上述因素的影响对竖直角的测量将产生较大误差，在条件恶劣时，竖直角的跳动在1′左右。但如果选择在低平潮或小潮汐和风力较小的天气观测，竖直角的跳动可以保证在±5″范围内变化。通过大量的海上测量数据分析表明，这种由于外界观测条件变化引起的测量误差具有明显的偶然误差特点，是可以通过大量的观测取平均值的方法提高测量精度的。如果在竖直角的跳动保证在±5″范围内变化的情况下，采取测量16个测回，可取仪器的垂直角测角精度为±5″，而不采用仪器标称精度，则 $m_\alpha=\pm5''/\sqrt{16}=\pm1.25''$。墩身安装段的所有承台顶标高都为＋3m，仪器与棱镜间观测高差都在±2m以内，所以观测时垂直角都不大于1°，故取 $\alpha_1=\alpha_2=1°$。取 $m_{v_1}=m_{v_2}=\pm1\text{mm}$，视距按 $d_1=d_2=210\text{m}$（三跨间距），则根据(5－2)式有：$m_{H_{AB}}^2=(1.25/206265\times210000\times\cos1°)^2\times2+(1.3\times\sin1°)^2\times2+1+1=5.24$，即 $m_{H_{AB}}=\pm2.29\text{mm}$。在实际测量时进行往返测，各测量16个测回，并取往返测高差平均值作为观测成果，则有高差平均值中误差为 $m'_{H_{AB}}=m_{H_{AB}}/\sqrt{2}=1.62\text{mm}$。如果按三等水准精度要求，则 $m'_{H_{AB}}$ 的精度须满足 $m'_{H_{AB}}=\pm M_\Delta\sqrt{D}=\pm3\times\sqrt{0.42}\text{mm}=\pm1.94\text{mm}$。$1.62\text{mm}<1.94\text{mm}$，即在不考虑起算数据误差影响，选择有利观测条件下进行往返测并测量16个测回的情况下，中间法三角高程测量在海中优先墩间加密高程能达到三等水准测量精度要求，满足墩身安装对高程加密的精度要求。

外业观测：外业观测选择在低潮、风力较小、能见度较好的天气进行。测量时，先将温度、气压、球气差改正系数等输入全站仪，利用仪器的自动照准测量功能进行两点间高差测量。每两点间的高差均进行往返观测，往测高差观测顺序为：后视→前视→前视→后视；变更仪器高后再进行返测，观测顺序为：前视→后视→后视→前视。为了消除粗差的影响，保证观测数据的可靠性，盘左、盘右各观测不少于20个高差观测值，然后在测得的数据中除去误差较大的观测值，取中间的16个高差观测值作为原始观测数据，将这16个高差数据平均值作为每个盘面观测成果，盘左和盘右观测成果的平均值作为最后观测成果。

内业计算：每测段往测高差＝前视高差中数－后视高差中数－前视目标高＋后视目标高；每测段返测高差＝后视高差中数－前视高差中数－后视目标高＋前视目标高。每测段往返测高差绝对值的平均值作为测段最后的高差观测成果。平差计算按符合水准路线进行，两端的优先墩高程为起算数据，运用专门的平差软件进行严密平差，出具最后的平差成果报告。

三、安装定位测量

在相邻两优先墩间的平面及高程控制网加密完成后，根据施工进展，为了有效控制安装精度，对每个墩身的安装按照:坐标系统的转换、支撑支座安装放样测量、支撑支座短柱顶标高和限位板边线放样测量、墩身吊装定位测量、安装竣工测量的步骤进行。

1. 坐标系统的转换

在施工放样时,使用全桥统一的54工程65m高程坐标系,在放样承台、墩身、垫石等纵横轴线时,特别是在曲线段的施工放样时,测量的数据不能直接反映点位在顺桥向和横桥向的偏位情况,为了减少施工放样现场的计算量,方便现场作业控制,提高工作效率,对于直线段和曲线段的每个墩位,都建立一个以墩中心点为原点,墩轴线为 B 轴,向上游方向为正,垂直于 B 轴方向为 A 轴,以里程增加方向为正方向的各个墩施工坐标系(如图5—24所示)。

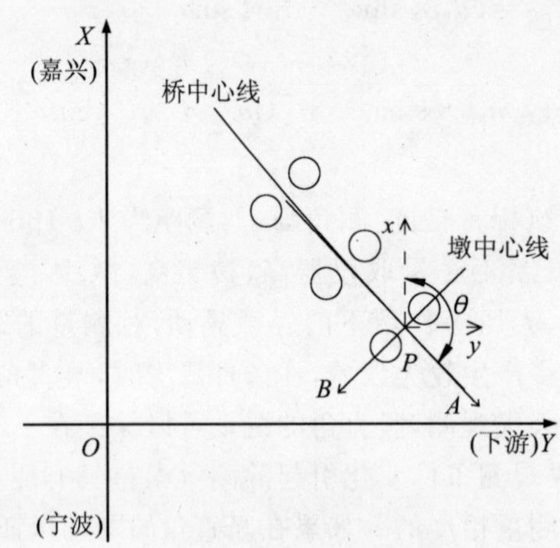

图5—24 墩施工坐标图示

在施工放样前,将施工区域中可能用到的控制点的54工程65m高程坐标系坐标换算至需放样墩墩轴线坐标系坐标。

具体坐标变换按二维坐标变换进行,公式如下:

$$\begin{pmatrix}A\\B\end{pmatrix}=\begin{pmatrix}\cos\theta & \sin\theta\\-\sin\theta & \cos\theta\end{pmatrix}\times\begin{pmatrix}X-X_0\\Y-Y_0\end{pmatrix}+\begin{pmatrix}P\\0\end{pmatrix}$$

即:

$$A=(X-X_0)\cos\theta+(Y-Y_0)\sin\theta+P$$
$$B=-(X-X_0)\sin\theta+(Y-Y_0)\cos\theta$$

其中,A、B 为转换后墩轴线坐标系中点的坐标;(X,Y)、(X_0,Y_0) 分别为需转换控制点和需转换到的墩轴线坐标系的墩中心点在54工程65m高程坐标系中的坐标;P 为该坐标原点(墩中心点)的里程;θ 为坐标系旋转的角度。

2. 支撑支座安装放样测量

预制墩身安装时,因底部有锚筋,不能直接安装,平面位置由预制的临时钢筋混凝土支撑支座进行控制。支撑支座有6根高为1.18m的短柱起支撑墩身的作用,支撑短柱上焊有导向块,对墩身底口起限位导向作用,短柱由联系撑连成整体(支撑短柱位置如图5—25所示)。

平面位置放样:在加密点(包括优先墩首级加密点)上架设全站仪,并尽可能后视较远的优先墩控制点,用极坐标法分别在上、下游承台顶面对称承台轴线放样出 $ABCD$ 和 $A'B'C'D'$ 两个5m×8m的矩形临时控制网。点位放样后及时用墨线将矩形控制网在承台顶面标出,方便后续的距离丈量。

高程放样:优先墩和有加密高程点的承台可以用水准仪直接放样;无加密高程点的承台是将加密点的高程用全站仪以三角高程单向测量四测回取平均值的方法传递到要放样的承台上,然后用水准仪放样。放样是在承台的预留槽边沿竖向的钢筋上放样出对应6个支撑短柱位置处的3.7m的标高,并用油漆标识清楚,在预留槽凿毛和支撑短柱安装时带线控制支撑短柱顶的标高。

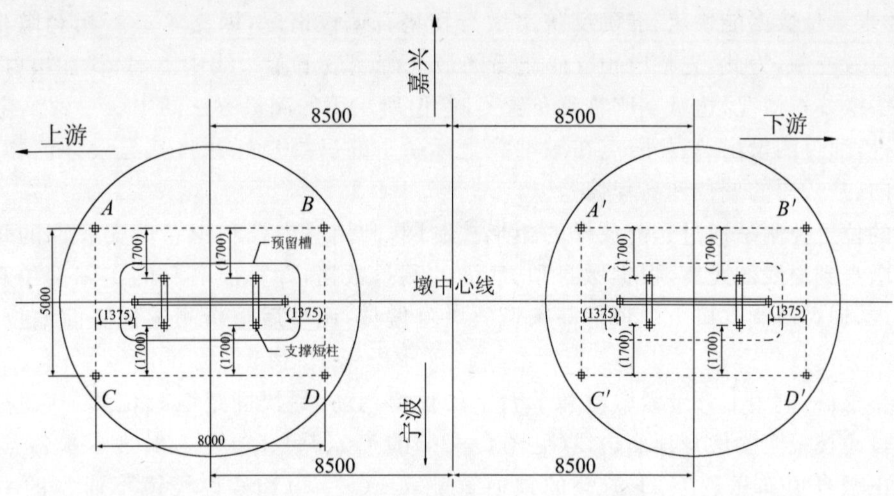

图 5－25　支座图示(尺寸单位:mm)

3. 支撑支座短柱顶标高和限位板边线放样测量

根据上述放样的矩形控制网和标高来控制支撑支座的安装,方法是根据先前传递到各个承台上的高程点用水准仪严格控制支撑支座顶面高程,要求是绝对标高允许偏差在－10～0mm 之间,6 个支撑点的相对高差不超过 2mm,如果不符合要求,要重新调整直至符合要求。支撑短柱安装好后,再利用对中杆和钢卷尺根据图示尺寸在支撑短柱顶面放样出限位板边线,焊接限位板。

4. 墩身吊装定位测量

由于已安装的墩身或正在施工的承台套箱及施工船舶等影响通视,同时也为了提高测量的精度,前视距离一般应控制在 150m(两跨)以内。无法在加密点上架设仪器测量定位的墩身,需在相邻墩的承台上进行加密临时转点测量。转点测量按《工程测量规范》中四等导线测量的要求施测,即角度用 TCA1800 全站仪以方向观测法测量四测回取平均值,距离正倒镜各测 2 组数据取平均值。外业测量数据记录采用专用的记录表格。

墩身吊装定位测量方法主要是全站仪三维坐标法。墩身顶面位置控制是在相邻墩的加密控制点或临时转点上架设 TCA1800 全站仪(如图 5－26 所示)。

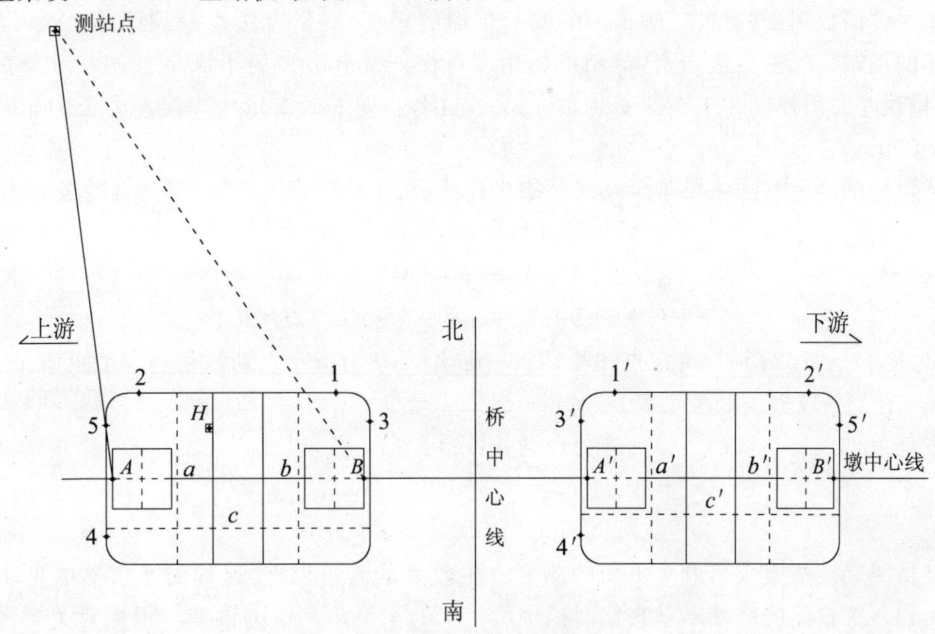

图 5－26　定位测量图示

安装时，要求测量数据能快速、准确反映出墩身和垫石偏位情况，因支座垫石相对墩身顶面位置已在预制时进行有效控制，为此，先将墩顶支座垫石的最上游和最下游边线中点 A、B 标出（图 5－26 中仅表示出连续梁中墩垫石情况，边墩支座垫石布置不同，但所采用的测量方法同中墩一致），定位时在 A、B 两点架设小棱镜，通过测量出 A、B 两点在墩轴线坐标系中的三维坐标并将其与设计值相比较，即可得到垫石在顺桥向、横桥向的偏位和高程偏差。

墩身底面的位置控制是通过先前放样的矩形控制网，利用对中杆和钢卷尺在底口的每条边靠近两端的位置量取墩身到墨线的距离，根据墩身顶、底面的测量数据，计算出墩身的实际偏位和垂直度。如果超出规范要求，通过微调支撑短柱顶标高来调整墩身偏位，调整后重新测量顶底面偏位，直至满足规范要求。

偏位符合要求后，应用卡环卡紧墩身和承台上的预留钢筋，尽快固定墩身位置。墩身固定到位后，在墩身顶面架设小棱镜实测墩身顶面边线（见图 5－26）的 1、2、3、4、5（$1'$、$2'$、$3'$、$4'$、$5'$）各点的三维坐标，并用钢卷尺量出墩身顶部靠近上、下游侧的顶面宽度 a、b（a'、b'）和架设棱镜不通视的一侧边的长度 c（c'），最后根据这些点的坐标和量出的尺寸（包括前述底口尺寸数据），整理出墩身安装竣工测量资料，上报并存档。

对于支座垫石，同样采用全站仪三维坐标法放样出支座垫石各边线的设计中点，并用油漆和墨线标识清楚。

为了方便后续架梁施工对支座垫石高程的控制，采取全站仪单向三角高程测量四测回取平均值的方法，将相邻墩的加密高程传递到上游墩身顶部高程点 H。

5. 墩身安装测量精度分析

在墩身安装过程中，主要误差来源包括施工误差、测量误差。

施工误差主要为墩身预制时型体的尺寸误差。通过测量支座垫石中线点三维坐标的方法控制墩身安装定位，存在支座垫石中线相对于墩身顶面中线偏移和扭转偏差，墩身顶、底面中心线不平行产生的扭转偏差，墩身的高度误差等。墩身预制采取陆上工厂化施工，由预制产生的这些误差可以有效地控制在±10mm 以内。

根据《杭州湾跨海大桥专项质量检验评定标准》，预制墩身安装定位精度要求为：墩身倾斜度不大于 0.3%，且不大于 20mm；墩顶高程允许偏差±10mm；墩身轴线平面位置允许偏差±20mm。

测量误差主要同控制点的精度、所采用的测量仪器的精度、测量方法以及观测的环境等因素有关。严格按照前述的控制网加密方法加密，控制点的精度可保证±5mm。为了满足上述对墩身安装定位的精度要求，测量误差必须控制在 1/2 的安装允许误差范围内，即平面测量允许误差为±10mm，高程测量允许误差为±5mm。

墩身安装定位的测量方法主要是全站仪三维坐标法，对于待定点的三维坐标，计算公式为：

$$X=X_0+d\times\cos\alpha \tag{5-3}$$

$$Y=Y_0+d\times\sin\alpha \tag{5-4}$$

$$H=H_0+i-v+d\times\tan\beta+(1-K)/(2R)d^2 \tag{5-5}$$

式中，X、Y、H、X_0、Y_0、H_0 分别为待定点和测站点三维坐标；d 为待定点到测站点水平距离；α 为方位角；β 为竖直角；i、v 分别为仪器高和棱镜高。

平面位置精度：对(5－3)、(5－4)式进行全微分可得：

$$m_x^2=(m_d\times\cos\alpha)^2+(d\times\sin\alpha\times m_\alpha/\rho'')^2 \tag{5-6}$$

$$m_y^2=(m_d\times\sin\alpha)^2+(d\times\cos\alpha\times m_\alpha/\rho'')^2 \tag{5-7}$$

承台的轻微晃动会造成仪器对水平角的测量产生较大的测角误差，这种由于仪器的晃动对水平角的测量影响可以视为仪器的竖轴不垂直仪器横轴所产生的水平角测量的误差。根据有关测量学知识可以知道，竖轴倾斜而引起横轴倾斜对水平方向读数的影响为：

$$m_a = V_i \cos\gamma \tan\beta \tag{5-8}$$

式中，V_i 为竖轴从竖直位置倾斜的角度；γ 为仪器横轴与竖轴倾斜方向投影的夹角；β 为观测的竖直角[墩身跨距为 70m，墩身最大高度为 18m，则 $\beta = \arctan^{-1}(18/70) = 14.4°$]。

根据现场施工需要，实际安装测量时不会都在低潮和风力很小的环境下进行，但一般保证垂直角跳动在 $\pm 10''$ 范围内，因此取 $V_i = \pm 10''$，$\cos\gamma = 1$（取最大值），$\beta = 15°$。

由(5－8)式可得 $m_a = \pm 10'' \times \tan 15° = \pm 2.68'' \approx \pm 3''$。

利用 TCA1800 全站仪进行测量，取 $d = 150\text{m}$，$\alpha = 30°$，$m_a = \pm 3''$，$m_d = \pm 2\text{mm}$。代入(5－6)、(5－7)式得：

$$m_x^2 = (2 \times \cos 30°)^2 + (150000 \times \sin 30° \times 3''/206265)^2 = 4.19$$

$$m_y^2 = (2 \times \sin 30°)^2 + (150000 \times \cos 30° \times 3''/206265)^2 = 4.57$$

即：$m_x = \pm 2.05\text{mm}$，$m_y = \pm 2.14\text{mm}$。

取控制点误差±5mm，仪器对中误差±4mm（考虑到承台轻微晃动），棱镜对中误差±2mm，则放样点的平面轴线测量误差为：

$$m_x' = \pm\sqrt{(5^2 + 4^2 + 2^2 + m_x^2)} = \pm\sqrt{(5^2 + 4^2 + 2^2 + 2.05^2)} = \pm 7.01\text{mm} < \pm 10\text{mm}$$

$$m_y' = \pm\sqrt{(5^2 + 4^2 + 2^2 + m_y^2)} = \pm\sqrt{(5^2 + 4^2 + 2^2 + 2.14^2)} = \pm 7.04\text{mm} < \pm 10\text{mm}$$

因此，在墩身安装施工测量中，该方法测量的精度能保证墩身轴线平面位置偏差小于±20mm 的要求。

高程精度：在(5－5)式中，$(1-K)/(2R)$ 为由地球曲率及大气折光引起的球气差改正系数，在仪器中已按 K 为 0.13（在我国，K 值在 0.11～0.19 之间变化）进行改正，墩身安装时前视距离一般在 150m 以内，由 ΔK 引起的球气差改正数在 10^{-5} 数量级，对待定点高程的影响可以忽略不记。

对(5－5)式进行全微分可得：

$$m_H^2 = (m_d \times \tan\beta)^2 + (d \times \sec\beta^2 \times m_\beta/\rho'')^2 + m_i^2 + m_v^2 \tag{5-9}$$

在高程传递时，竖直角（高差）测量四测回取平均值，则竖直角测量最大误差 $m_\beta = \pm V_i/\sqrt{4} = \pm 5''$，取 $d = 150\text{m}$，$m_d = \pm 2\text{mm}$，$\beta = 15°$，$m_i = m_v = \pm 1\text{mm}$，代入(5－9)式得：

$$m_H = \pm\sqrt{[(2 \times \tan 15°)^2 + (150000 \times \sec^2 15° \times 5'' \div 206265)^2 + 1 + 1]} = \pm 4.2\text{mm} < \pm 5\text{mm}$$

即在两跨以内高程测量精度能满足高程测量允许误差为±5mm 的要求，但综合考虑墩身预制高度误差±10mm 和支撑短柱顶标高误差±5mm 及控制点高程误差±5mm。按照误差传播定律，最后墩身安装顶标高误差为：$m_H' = \pm\sqrt{10^2 + 5^2 + 5^2 + 4.2^2} = \pm 13\text{mm} > \pm 10\text{mm}$ 的墩顶高程允许偏差，因此存在部分墩身顶标高超出规范要求的现象。

根据上述测量作业方法和要求进行墩身安装测量控制，对已安装的 110 个墩身经过实测数据统计，其轴线偏位、高程、垂直度等基本满足规范要求（见表 5－6）。

表 5－6　已安装墩身轴线偏位、高程、垂直度

项　目	轴　线　偏　位						高程偏差(mm)		垂直度	
	顶面轴线偏位(mm)			底面轴线偏位(mm)						
区　间	0～10	10～20	20～30	0～10	10～20	20～30	0～10	10 以上	合格	超限
个　数	62	46	2	57	48	5	73	37	108	2
百分比	56.4%	41.8%	1.8%	51.8%	43.6%	4.6%	66.4%	33.6%	98.2%	1.8%

注：轴线偏位按墩身顶、底口纵、横向偏位中较大的偏位统计。

第五节　湿接头裂缝控制技术

杭州湾跨海大桥中引桥及南引桥低墩区墩身均采用整体预制安装施工，墩身最大高度为17.383m，最大吊重为440t。预制桥墩采用矩形空心墩，壁厚0.5m。预制墩身与承台连接采用现浇混凝土湿接头的方式进行(图5－27)，墩身预留钢筋锚固在湿接头内。

图5－27　施工完成的预制墩身

一、墩身安装施工

墩身安装在已施工的承台上进行，承台基础为打入式钢管桩，安装之前须对承台预留钢筋进行除锈以及预留槽口进行凿毛处理。承台顶部预留横槽内设置具有导向功能的墩身临时支座。支座结构分钢结构和混凝土结构2种，现场采用混凝土结构支座为主。采用2种不同结构、不同材料的支座，目的是研究支座对湿接头混凝土的影响程度。图5－28为标准混凝土支座结构简图。

墩身预制在陆地专设的预制场内进行预制，待混凝土强度达到设计强度的70％后，用460t龙门吊机吊运墩身至码头前沿搁置墩上，再用起重船从搁置墩上将墩身吊放在其自身甲板上。甲板上设置牢靠的临时固定装置，防止墩身在运输过程中滑动和发生失稳。

预制墩身吊装就位前，再次复核临时支座的顶面标高，必须确保支座顶面相对高差不大于±2mm。利用浮吊将预制墩身安装就位后，用全站仪复测墩身平面位置及倾斜度并进行调整，当墩身平面位置及倾斜度等技术指标均符合规范规定时，用特制卡环卡紧墩身和承台上的预留钢筋，以尽快固定墩身。最后现浇承台和墩身间的接头混凝土(又称墩座混凝土)。

二、湿接头混凝土施工

预制墩身与承台的连接采用现浇湿接头混凝土的方法来实现。由于湿接头的位置位于腐蚀环境最恶劣的浪溅区，加之施工缝较多，其施工质量将直接影响结构的使用安全，是确保混凝土耐久性的关键部位。湿接头钢筋在作业船上进行加工，吊机吊入现场绑扎，模板用吊机人工配合安装，用膨胀螺栓固定在承台上。为确保混凝土浇筑质量，施工中重点做好以下3方面的工作：一是防止海水进入模板内，模板拼缝及模板与承台之间垫上与模板同宽的35mm厚的PEF板进行堵漏，模板上口预留一定高度(80cm)以做挡浪之用，1m加高模板视潮位高低采用；二是对新老混凝土接合面承台槽口进行凿毛处理并露出粗骨料，清除杂物并用淡水清洗干净；三是现场加强管理，确保混凝土振捣质量，杜绝漏振、振捣不足及过振现象，并及时进行养护，在模板内进行蓄淡水养护不少于10d。

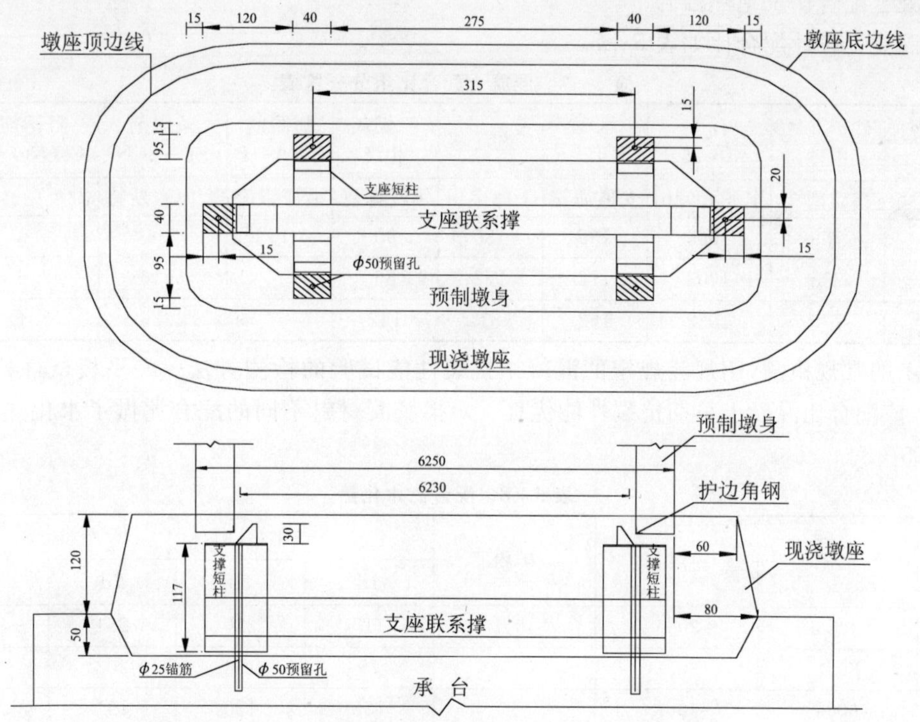

图 5—28 标准混凝土支座结构图(尺寸单位:mm)

三、裂缝产生的原因分析

1. 裂缝发生的位置及性状

首批墩身安装,湿接头浇筑养护 14d 后拆除模板,混凝土侧表面都出现了规则的竖向裂缝,长度 120cm 左右,为上下贯通裂缝,宽度范围亦在 0.05～0.20mm 之间。裂缝出现在 6 个支墩对应的外侧,在长边中间位置也可见裂缝的发生,如图 5—29 所示。

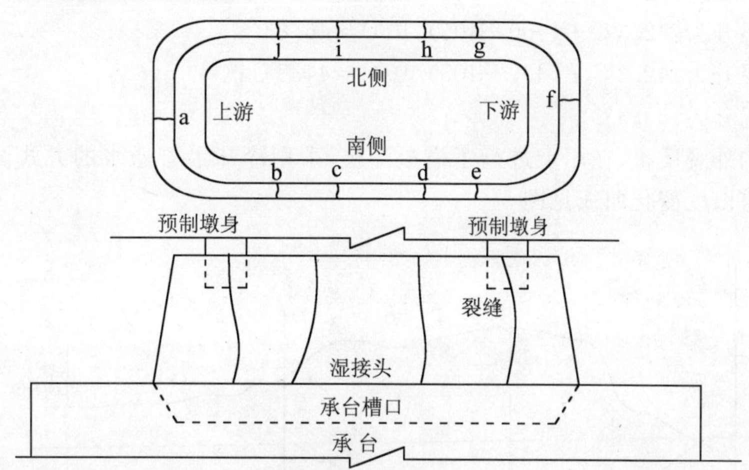

图 5—29 湿接头裂缝分布简图

2. 裂缝产生的原因

从这种结构物来看,裂缝的产生是难以避免的。本工程上部结构在未施工之前,即墩身上荷载没有变化增加的情况下,湿接头已经出现裂缝,因此在讨论裂缝产生的原因时,排除了因荷载增加导致裂缝产生的可能。下面就裂缝产生的原因进行分析。

(1) 混凝土配合比及绝热温升

湿接头混凝土设计配合比如表5—7。

表5—7 混凝土配合比组分一览表 (单位:kg/m³)

材料、产地 / 配合比	砂子Ⅱ区中砂	石子5～25	水泥PⅡ42.5	矿粉Ⅰ级	粉煤灰Ⅱ级	膨胀剂UEA—B	减水剂SP—8CN	阻锈剂$Ca(NO_2)_2$	水
	福建闽江	宁波青峙山	安徽海螺	上海宝田	镇江谏壁	上海银鸽	上海麦斯特	山西克翕克	乍浦自来水
1	759	1006	135	180	90	45	5.4	9.0	135
2	788	1003	172	172	86	/	5.16	8.6	129
3	779	1032	162	81	162	/	4.86	8.1	142

配合比1的常规检测,用规范规定的混凝土抗裂性能试验的检测方法——平板试件检测该配合比的抗裂性能,该配合比混凝土早期抗裂性能优良。对掺胶凝材料不同的配合比做了水化热反应试验,试验数据见表5—8。

表5—8 配合比水化热

编号	水泥	粉煤灰	矿粉	水化热(kJ/kg)			绝热温升(℃)
				1d	3d	7d	
1	40%	20%	40%	117	210	251	42.3
2	30%	30%	40%	76	164	203	34.3
3	60%	40%	/	123	170	191	32.2
4	40%	40%	20%	102	193	209	35.3
5	30%	/	70%	86	185	205	34.6

从表5—7中可以看出,配合比1的胶凝材料(水泥＋矿粉＋粉煤灰＋膨胀剂)含量为450kg/m³,为规范规定、推荐的上限500kg/m³与必须满足的下限400kg/m³两者的中值,为早期投入使用的配合比。表5—8中编号1与编号4两种掺量的胶凝材料组分等同于现场施工时的配合比,其中最终优化投入使用的配合比3的水化热相比较配合比1有明显的降低,降幅达到17%。按表5—8试验测定的混凝土水化热推算表5—7三种配合比的绝热温升:

配合比1绝热温升为:42.3℃＋(450－405)/10℃＝46.8℃;

配合比2绝热温升为:42.3℃＋(430－405)/10℃＝44.8℃;

配合比3绝热温升为:35.3℃。

为确保混凝土的外观质量,在岸上进行了模拟浇筑,采用冷却水管通水的方式测定混凝土的温度。湿接头模拟试件浇筑温度变化曲线见图5—30。

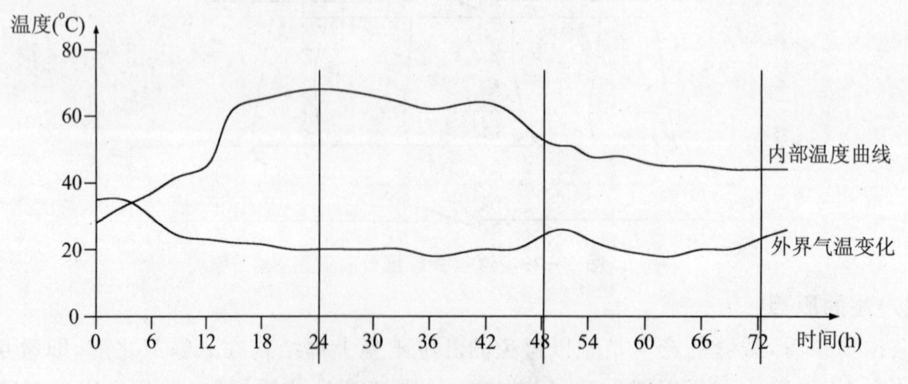

图5—30 湿接头模拟试件浇筑温度变化曲线图

规范规定的混凝土浇筑温度范围为5～28℃,从图5—30可以看出,混凝土入模后的初始温度满足规范规定,在0～12h温度缓慢上升,在12～24h急剧陡升并达到绝对温度的最大值。从图中还可以看出，最高点的温度值小于75℃，满足规范规定的温度上限。同时，可知混凝土配合比1的绝热温升和试验测定的数据基本吻合。图5－31为现场采用配合比3施工，通过冷却水管测定的3d的混凝土内部温度的变化曲线，图中可以反映出在混凝土浇筑24h后的绝对温度被明显降低。

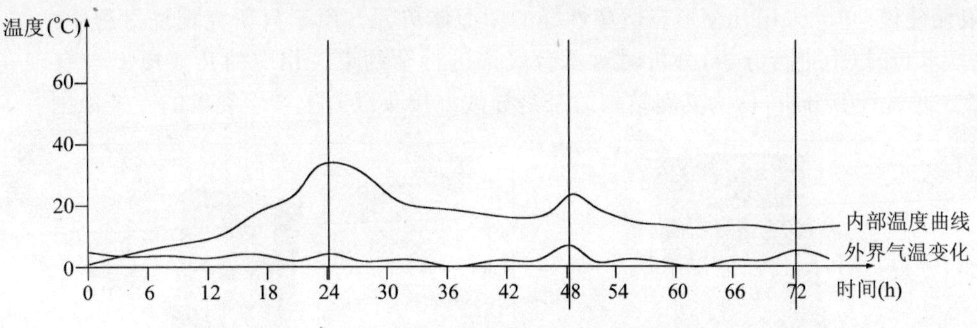

图5－31　湿接头现场浇筑温度变化曲线图

从上述分析中可以看出，混凝土入模温度过高对混凝土是不利的。因此，混凝土配合比对混凝土产生裂缝有直接的关系。

（2）膨胀剂作用

膨胀剂在箱梁接头、地下基础等有约束条件下的使用，在许多工程上有成功的应用。其对混凝土体积的补偿等效于或大于混凝土收缩，但在此前的某个时刻，两者的应力差值过大或峰值不同步，即当膨胀产生的拉应力过大时，混凝土表面有被拉裂的可能。还有一种情况，两者的应力峰值是同步的，但拉应力远大于收缩徐变，混凝土也有被拉裂的可能。在配合比1的常规检测中，对膨胀率进行试验，试验检测的数据如表5－9所示。

表5－9　配合比1混凝土限制膨胀率和限制干缩率试验

试件编号	测量次数	试件基准长度(mm)		试件各龄期时纵向限制膨胀或限制干缩长度读数(mm)			60d稳定值	60d混凝土限制膨胀率或限制干缩率单值	60d混凝土限制膨胀率或限制干缩率
		单　值	稳定值	初始读数	14d	60d			
1	1	299.92	299.92	0.300	0.334	0.358	0.058	0.00019	0.00020
	2	299.94		0.300	0.334	0.358			
	3	299.92		0.300	0.333	0.359			
2	1	299.94	299.94	0.300	0.339	0.363	0.063	0.00021	
	2	299.94		0.300	0.338	0.362			
	3	299.94		0.300	0.349	0.363			
3	1	299.94	299.94	0.300	0.341	0.364	0.064	0.00021	
	2	299.92		0.300	0.341	0.364			
	3	299.94		0.300	0.342	0.366			

从上表的14d与60d数据可以看出，掺加膨胀剂的混凝土在14d以后的很长一段时间内，混凝土的体积膨胀即膨胀剂的化学反应还处在一个高峰期。通常，高标号混凝土在强度达到28d基本稳定后，徐变收缩引起的体积变化趋于0，此时膨胀剂产生的体积补偿是有害或不利的，因而导致因湿接头混凝土没有足够的约束而产生裂缝。

（3）支座结构影响

支托墩身的结构可以为钢结构和混凝土结构2种。施工初期产生裂缝的湿接头全部为混凝土结构支座，为保证新老混凝土接合紧密，混凝土支座的外侧表面全部经过凿毛处理。由于支座的存在，使得湿接头混凝土强度发展过程中，混凝土的膨胀与收缩受到混凝土支座的内约束，不能为均质自由体。

湿接头混凝土在收缩过程中不断产生拉应力，由于支座的约束抵抗作用，湿接头混凝土都不能自由收缩或膨胀，裂缝因此而有可能产生。C40高性能海工混凝土的抗压强度为抗折强度的7～10倍，因此取消膨胀剂的使用，混凝土在徐变变形过程中受到支座的约束抵抗而只产生压应力，使得混凝土产生裂缝的几率将有明显降低的可能。

由于支座约束的受力情况比较复杂，在判定支座约束情况时，利用商业ANSYS软件，对桥墩与承台进行了有限元建模，单元采用几何形态适应性好的四面体单元。由于只研究现浇过程中的温度应力，截取承台(包括承台)以上进行分析，分析时对承台底部进行全约束。相应的几何模型与有限元网格模型见图5－32。通过计算分析，认为支座结构约束是导致湿接头混凝土产生裂纹的一个原因。

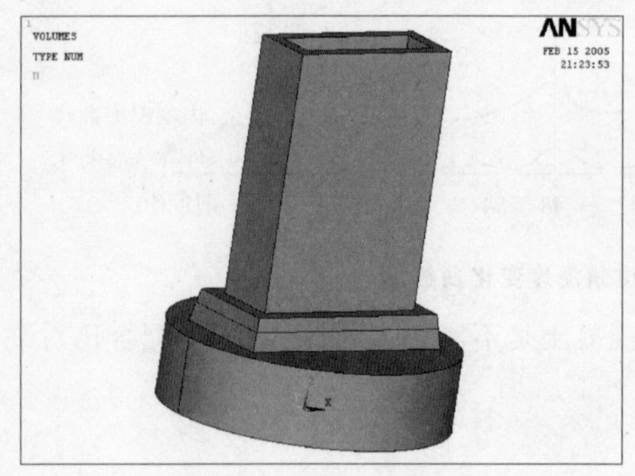

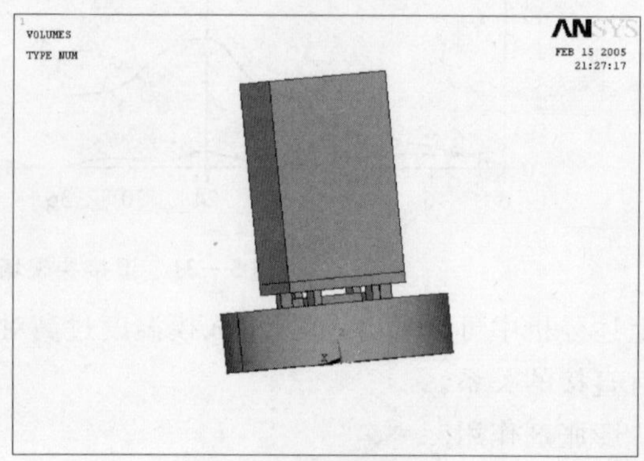

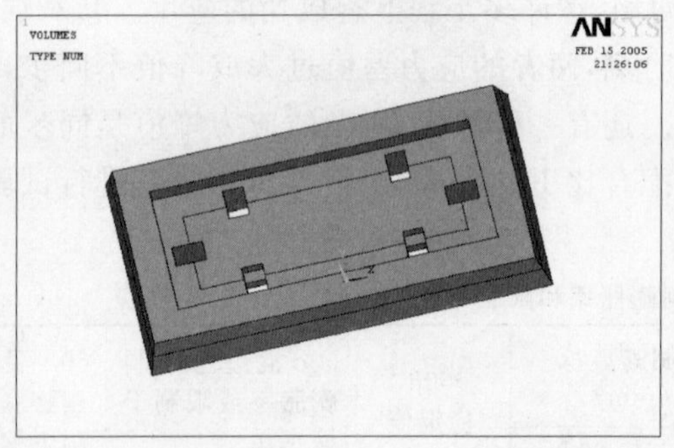

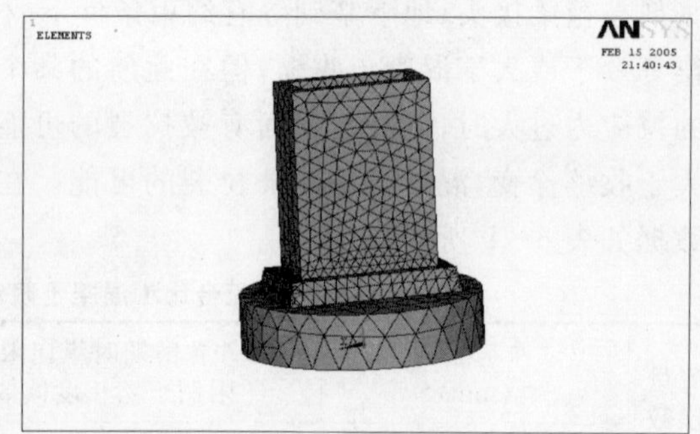

图5－32　有限元网格模型

在工艺试验期间，改混凝土支座为钢支座，从混凝土表观上看，湿接头早期的裂缝有明显减少，但随着混凝土强度的发展，裂缝的长度逐渐增长至湿接头的全高，因此改变支座的材料和结构均不能有效控制裂缝的产生。

(4) 箍筋位置与间距的设置

湿接头的横向箍筋设计设置在主筋的内侧，且间距为15cm，间距偏大，对混凝土表面裂缝的产生是不利的，因此可以加密箍筋并适当调整钢筋保护层，以减小单条裂缝的宽度，并有可能使裂缝变为不可见裂缝或无害裂缝。

四、工艺试验研究及其效果

采用配合比1进行混凝土浇筑了5个湿接头混凝土，裂缝情况如表5－10所示。

表5－10　湿接头混凝土裂缝观测一览表(2004年12月18日)

序　号	墩　位	工艺措施	浇筑时间	裂缝数量	裂缝最大长度(cm)	裂缝最大宽度(mm)
1	C83上游	无	2004.10.12	8	120	0.20
2	C83下游	无	2004.10.26	10	120	0.18
3	C82上游	无	2004.10.27	10	120	0.16
4	C81上游	无	2004.11.16	8	120	0.25
5	C81下游	无	2004.11.16	8	120	0.24

1. 工艺试验 1

采用不同的配合比，在混凝土中按每立方米 0.9kg 掺加不同品种的纤维以及其他措施，裂缝情况如表 5－11 所示。

表 5－11 湿接头混凝土裂缝观测一览表（2005 年 1 月 8 日）

序号	墩 位	工艺措施	浇筑时间	裂缝数量(条)	裂缝最大长度(cm)	裂缝最大宽度(mm)
1	C82 下游	上海新纺织 19mm 纤维	2004.11.27	6	120	0.08
2	C79 上游	ASOTA 纤维	2004.11.17	7	120	0.12
3	C78 上游	加密箍筋	2004.11.24	8	120	0.12
4	C68 下游	塞柏斯掺和料 N 型	2004.12.02	2	40	0.06
5	C44 上游	加密箍筋配合比 3	2004.12.16	0	0	0
6	C42 上游	加密箍筋佳路得纤维	2004.12.06	3	120	0.06
7	C41 上游	ASOTA 纤维	2004.12.08	6	120	0.05
8	C39 上游	钢支座	2004.12.11	6	120	0.07

从表 5－10 与表 5－11 的对比中可以看出，单纯采取一种或两种工艺，裂缝的条数减少不明显，但宽度明显地变小。

2. 工艺试验 2

采用配合比 2，在工艺试验 1 的基础上对纤维进行筛选，最终选用佳路得聚丙烯纤维，并采用其他措施，裂缝情况如表 5－12 所示。

表 5－12 湿接头混凝土裂缝观测一览表（2005 年 3 月 14 日）

序号	墩 位	工艺措施	浇筑时间	裂缝数量(条)	裂缝最大长度(cm)	裂缝最大宽度(mm)
1	C24 上游	佳路得纤维加密箍筋	2005.1.12	5	120	0.06
2	C24 下游	佳路得纤维加密箍筋	2005.1.12	4	120	0.06
3	C36 上游	佳路得纤维加密箍筋	2005.1.21	0	0	0
4	C36 下游	佳路得纤维加密箍筋	2005.1.21	2	40	0.04
5	C35 上游	佳路得纤维加密箍筋	2005.1.19	0	0	0
6	C35 下游	佳路得纤维加密箍筋	2005.1.19	5	50	0.03

不难看出，工艺试验 2 比工艺试验 1 的裂缝得到了一定的控制，其条数和宽度都相应地、大幅度地减少。

3. 工艺试验 3

采用配合比 3，并采取相应的措施，裂缝情况如表 5－13 所示。

表 5－13 湿接头混凝土裂缝观测一览表（2005 年 4 月 10 日）

序号	墩 位	工艺措施	浇筑时间	裂缝数量(条)	裂缝最大长度(cm)	裂缝最大宽度(mm)
1	C84 上游	佳路得纤维加密箍筋	2005.2.15	1	40	0.03
2	C84 下游	佳路得纤维加密箍筋	2005.2.11	0	0	0
3	C86 上游	佳路得纤维加密箍筋	2005.2.22	0	0	0
4	C86 下游	佳路得纤维加密箍筋	2005.2.22	0	0	0
5	C85 上游	佳路得纤维加密箍筋	2005.2.16	0	0	0
6	C85 下游	佳路得纤维加密箍筋	2005.2.16	0	0	0
7	C87 上游	佳路得纤维加密箍筋	2005.2.21	0	0	0
8	C87 下游	佳路得纤维加密箍筋	2005.2.21	0	0	0

从工艺试验 3 的结果来看，优化了混凝土配合比，取消了膨胀剂的使用，裂缝基本得到了控制。可见，工艺试验是可行的，成效是显著的，达到了目的。图 5－33 为工艺试验前、后浇筑成型的湿接头混凝土对比效果。

图 5－33 裂缝控制对比效果图

第六章 大直径钢管桩的设计与施工成套技术

杭州湾跨海大桥大直径超长钢管桩，在设计、制造、涂装、阴极保护和海上沉桩等方面采用了一系列新材料、新工艺和新设备，在实践中编制和完善了海上桩基施工技术规范和验收评定标准，所形成的成套技术，对发展我国跨海桥梁基础设计和施工技术具有重要意义。

第一节　水中区引桥基础及下部结构设计

杭州湾跨海大桥全长 36km，海域部分近 32km，其中水中低墩区引桥被南、北航道桥分为两部分。中引桥水中区位于两个航道桥之间，桥长 11060m；南引桥水中区位于南航道桥以南，桥长 6720m，占整个工程长度的一半。水中区引桥缩略布置图如图 6－1 所示。

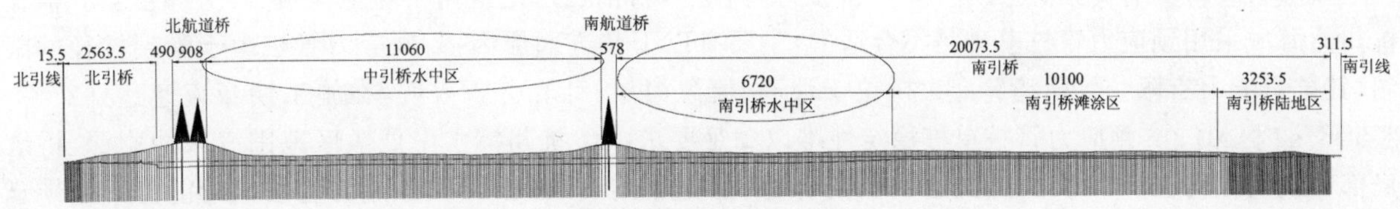

图 6－1　水中区引桥缩略布置图(尺寸单位:m)

杭州湾海域海床面平坦，高程为－10.00～－12.00m。本区域水深条件较好，一般水深均在 10m 左右，适合水上大型船舶作业。

杭州湾属浅海半日潮海区，桥址附近乍浦站最高潮位为 5.54m，最低潮位为－4.01m，平均高潮位为 2.52m，平均低潮位为－2.12m，最大潮差为 7.57m。桥址区波浪以风成浪为主，中引桥波高 $H_{1\%}$＝6.23m，南引桥波高 $H_{1\%}$＝6.31m。桥位处潮流呈明显的往复流，流速呈南强北弱之态，其中南段水文情况较北段复杂，主要表现在南段水流速大(施工期实测最大流速为 5.16m/s)，且流向多变，河床冲刷较为剧烈。

本区域属于第四系松散沉积物，表层软土层较厚，中引桥软土层厚 20～25m，南引桥达 40m 左右。其下有累计达 20m，标贯击数为 30～50 击的亚砂层和粉砂层。CZK428 孔、CZK72 孔和 CZK435 孔基本代表了本区域的地质状况，见图 6－2。

一、　基础方案比选

桥址处覆盖层很厚，地基持力层埋置深，比较合适的基础形式为桩基础。设计中主要对钢管桩和钻

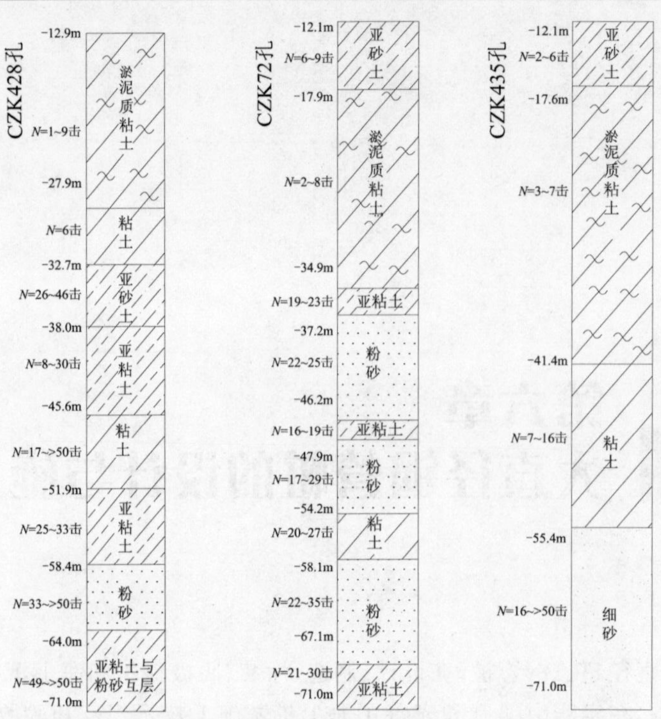

图 6－2　CZK428 孔、CZK72 孔和 CZK435 孔地质状况图

孔灌注桩、预应力管桩 3 种不同的桩基础方案进行了比较。

1. 钻孔灌注桩基础

钻孔灌注桩基础对水文、地质环境的适应性较好，适用范围广，其水上施工技术成熟，结构耐久性也较好。

水中区位于宽阔的海域，受环境条件的限制，钻孔灌注桩基础施工速度较慢，工期长，需大量水上施工平台、钻孔机械和水上施工作业船舶，施工供水、供电难度大，施工条件恶劣，施工安全性较差。

2. 预应力管桩基础

预应力管桩具有高强、施工迅速、经济性好等优点，目前已广泛应用于房屋建筑、码头和桥梁。但在杭州湾海域采用预应力管桩基础是不合适的，主要有以下几方面原因：a. 预应力管桩由于受到桩径的限制，其抗弯能力有限。杭州湾跨海大桥位于浪高、流急海域，计算分析表明，在施工期当流速达到2.0～2.5 m/s 时，ø1.2m 预应力管桩单桩稳定性难以满足要求。b. 杭州湾水中低墩区范围海床冲刷深，桥墩局部冲刷高程均在－25.0m 以下，当海床局部冲刷高程低于－18.0m 时，预应力管桩抗弯能力不能满足运营期结构受力要求。c. 桥址处软土层厚，持力层埋藏深，大部分桩长在 70m 以上，个别区段桩长超过 80m，受施工设备限制，预应力管桩沉桩困难。d. 预应力管桩为薄壁结构，钢筋的保护层厚度不足 3cm，结构防腐难度大。同时，在沉桩过程中，难以避免会出现桩头破损、桩身开裂等问题，事后检测和处理十分困难，耐久性难以保证。

3. 钢管桩基础

钢管桩具有自重轻、抗弯能力强、施工方便、施工期稳定性好等优点。钢管桩亦可根据需要做成不同斜率的斜桩，这将大大地增强基础抵抗水平荷载的能力。钢管桩吊装和运输方便，抗锤击能力强，沉桩容易，施工速度快，完全可适应桥址区域气象、水文、地质条件。

钢管桩防腐技术成熟，可根据不同部位的腐蚀特点采取相应的防腐措施，如预留腐蚀量、涂装防腐、阴极保护防腐等，但防腐成本较高。

4. 综合比较

根据上述分析，对钻孔灌注桩基础和钢管桩基础两种方案进行综合比较。以水中区中引桥 70m 混凝土梁为例，详见表 6－1 和图 6－3、图 6－4。

表 6－1　基础方案综合比较表

基础形式 项　目	钢管桩	钻孔桩
每墩桩基数量	18 根，ø1.5m	8 根，ø2.5m
桩　长	84m	100m
力学性能	力学性能优，抗弯能力强	普通钢筋混凝土结构，抗弯性能略差，抗压性能好
单桩允许承载力	较高	高
结构合理性	好	一般，直桩抗水平力较差
结构耐久性	能满足要求	能满足要求
施工期稳定性	不受流速限制	不受流速限制
施工设备要求	大型打桩船，桩架高度 80～90m，起吊能力＞80 t，桩锤能量 300～400kN·m；需一定量的水上混凝土工厂	一般能力的钻孔机械即能满足要求，但数量要求较多；混凝土浇筑量高达 52 万 m^3，需众多的水上混凝土工厂及相应的运输船舶
施工难度	容易	较大。需搭设施工平台，下沉大直径钢护筒，钻孔深度超百米；施工工作量较大
施工速度	较快，一艘打桩船平均每天可沉桩 3～8 根	较慢，单墩基础施工期长
经济性	1.0(较好)	1.54(较差)

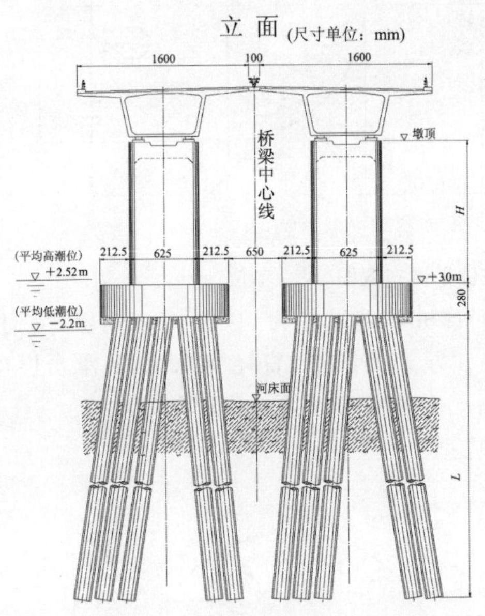

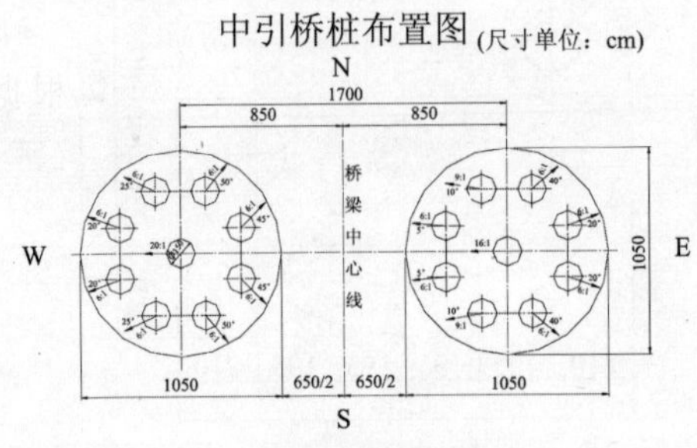

图 6－3　钢管桩基础方案

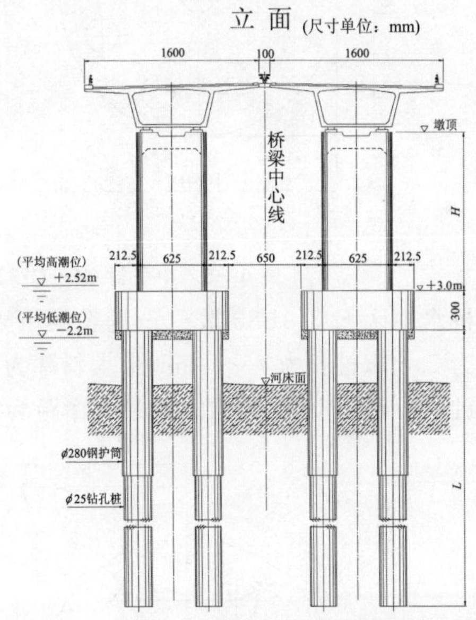

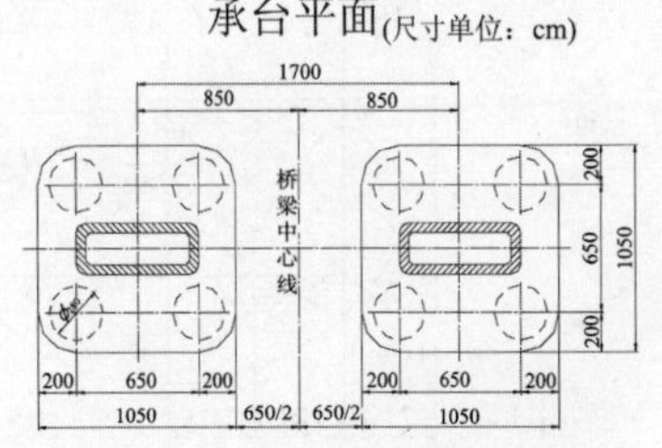

图 6－4　钻孔桩基础方案

经过以上综合比选，钢管桩基础受力更为合理，具有自重轻、抗弯能力强、施工速度快、大大减少海上作业量等优点，因此在杭州湾跨海大桥水中低墩区非通航孔桥选用钢管桩基础。

二、钢管桩基础设计

1. 材质

钢管桩采用开口桩，材质为Q345C低合金钢。

2. 钢管桩结构尺寸

钢管桩采用ø1.5m和ø1.6m两种不同的桩径，钢管桩长度为71～89m，钢管上端厚度为22mm，下端厚度为20mm。

3. 钢管桩布置

钢管桩的布置主要根据基础的受力、桩头与承台的连接要求、桩间净距要求及打桩船的施工要求确定。

中引桥C1～C133墩70m跨箱梁单幅桥钢管桩基础设计为9根ø1.5m桩，呈梅花形布置，桩顶间距为2.6m，桩长为71～89m，最大斜率为6∶1。承台为圆形，直径为10.5m，承台厚度为2.8m，两幅桥基础中心距为17m，承台之间最小净距为6.5m。其布置见图6－5所示。

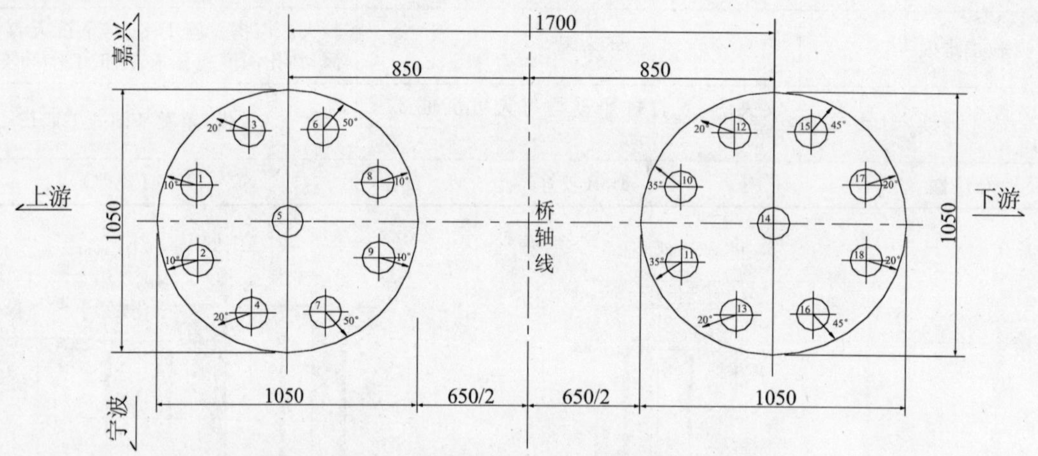

图6－5 中引桥C1～C133墩桩位平面布置图(尺寸单位：cm)

南引桥水中区E23～E85墩70m跨箱梁单幅桥钢管桩基础设计为10根ø1.6m桩，呈梅花形布置，桩顶间距为2.8m，桩长为78～88m，最大斜率为6∶1。承台为圆形，直径为12.0m，承台厚度为3.0m，两幅桥基础中心距为17m，承台之间最小净距为5.0m。其布置如图6－6所示。

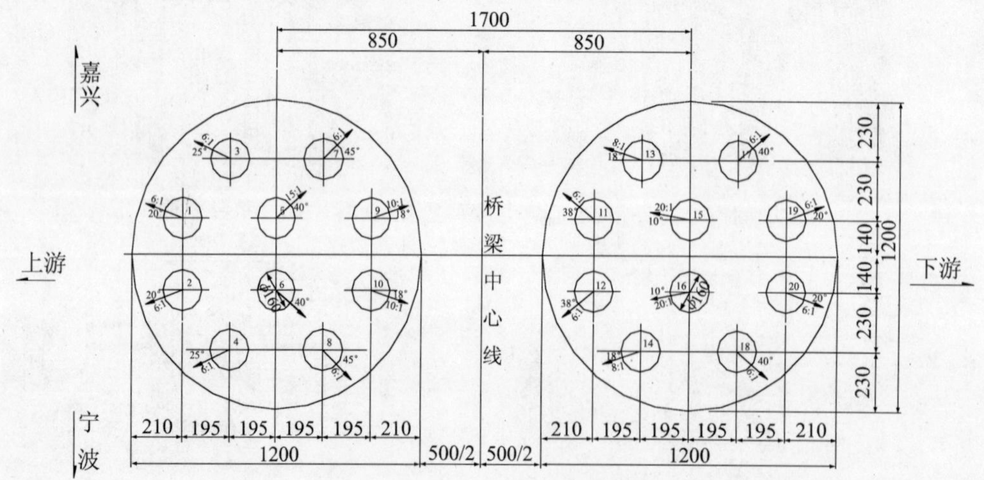

图6－6 南引桥E23～E85墩桩位平面布置图(尺寸单位：cm)

4. 钢管桩与承台接头结构设计

钢管桩与承台接头是基础中的重要传力部位，钢管桩与承台的连接采用直埋式，钢管桩伸入承台一倍桩径长度。在钢管桩上部12m范围填充混凝土，并设置钢筋笼，进一步增强钢管桩与承台的连接。为保证钢管桩填充混凝土与钢管桩的粘结可靠，钢管桩顶部设若干道剪力环。桩身上端灌注混凝土，还可增加桩身刚度和增强桩身抗船撞能力。

5. 钢管桩承台

钢管桩承台采用圆形，可有效减少基础所受的水流冲击力和波浪力，同时也便于水中承台施工。承台顶面高程为＋3.00m，承台底面高程为＋0.2～0.0m。承台底面高于平均低潮位，有利于围堰安装和封底作业，为海上承台快速施工创造了条件。

6. 钢管桩允许承载力

钢管桩允许承载力见表6－2。

表6－2　钢管桩允许承载力一览表

钻孔编号	桩长(m)	单桩允许承载力(kN)	备　注
XZK58	78.0	6172	中引桥
XZK71	73.0	6088	
XZK85	71.0	6265	
XZK114	83.0	6318	
XZK131	88.0	6117	
XZK165	85.0	6556	南引桥
XZK182	87.0	6632	
XZK192	84.0	6635	
XZK199	88.0	6987	
XZK203	84.0	6651	
XZK218	87.0	6741	

7. 钢管桩的防腐设计

钢管桩防腐采用以外表涂装为主，涂层与阴极保护联合防护的方式。钢管桩外表采用多层熔融结合环氧复合涂层工艺进行整体防腐。新开发的双层复合熔融结合改性环氧涂层，具有抗冲击强度高(＞24J)、结合力强(＞90MPa)、抗水渗透性强的优异防腐蚀性能。涂层厚度：桩头8m厚800～1000μm；中部34m厚600μm；其余部分厚δ＞300μm。在自动化程度高的生产流水线上，采用多层涂装工艺，按时序对整根钢管桩一次涂装完成。日涂装纪录为15根，最长桩为89m。

沉桩后安装阴极防护，设计寿命为30年，采用高效铝阳极，初期保护电流密度为148mA/m^2，保护电位为－0.9～－1.05V。牺牲阳极采用悬挂方式，在水面以上电焊连接。

第二节　钢管复合桩抗剪及抗压试验研究

一、概述

钢管桩凭借其施工方便、承载力大的优点，从20世纪70年代开始就在我国得到越来越广泛的应用。随着高大建筑物或大跨度桥梁的出现，以及在深厚软弱土上特长钢管桩的采用，钢管桩向大直径方向发展。由于特长钢管桩属薄壁结构，桩身承载力偏低，因而出现了钢管复合桩，即在钢管桩内灌注混凝土，提高钢管桩的承载力。

钢管复合桩受力基本原理主要有两个：借助内填混凝土增强钢管的稳定性；借助钢管对核心混凝土的套箍(约束)作用，使核心混凝土处于三向受压状态，从而使核心混凝土具有更高的抗压强度和抗变形能力。

我国至今还未在实桥基础中使用钢管复合桩，为了研究在地基中钢管复合桩的受力行为及特点，受杭州湾大桥工程指挥部委托，制作了桩径 ø530mm 的钢管复合桩模型，进行模型试验研究。研究内容主要包括钢管内壁焊接及不焊接剪力环两种状态时，钢管与混凝土的粘结强度的变化；钢管内壁焊接及不焊接剪力环两种状态时，钢管内灌注混凝土，钢管复合桩的承载力。

二、模型试验

1. 钢管复合桩模型设计

设计了 6 个抗剪试件，其中 3 根钢管内壁焊接钢筋剪力环，剪力环采用 ø10mm 圆钢，间距为 20cm。钢管采用直径 530mm 的螺旋焊接钢管。依据《铁路桥涵设计规范》中光钢筋与混凝土之间的粘结力的规定，预先估计混凝土与钢管壁的粘结强度为 0.8～1.0MPa 左右（钢管内混凝土标号为 C30），同时考虑压力试验机的最大压力吨位为 600t，钢管内混凝土面一端与钢管齐平，钢管另一端的混凝土面比钢管高 20mm。

还设计了 6 个同样直径的钢管混凝土抗压试件，分 3 组，2 个轴心抗压试件，2 个小偏心受压试件，2 个大偏心受压试件。抗压试件长 4m，长径比 L/D 为 7.55，大于 4，属于长柱。每组试件一个钢管内壁焊接剪力环；一个钢管内壁保持原状，不焊剪力环。剪力环采用 ø10mm 圆钢，间距为 20cm。钢管每端焊接 7 道剪力环。

抗剪试件及加载图见图 6－7，抗压试件及加载图见图 6－8。

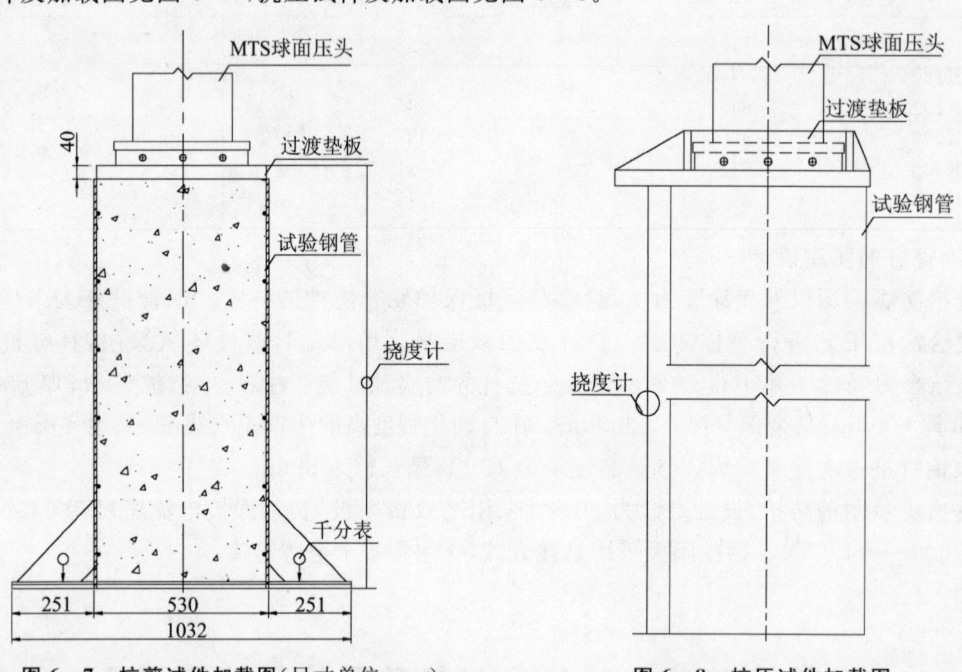

图 6－7　抗剪试件加载图（尺寸单位：mm）　　图 6－8　抗压试件加载图

2. 钢管复合桩模型材料

钢管采用 Q235 直径 530mm、壁厚 8mm 的螺旋焊接管，剪力环采用 Q235ø10mm 钢筋，钢管内混凝土采用 C30 混凝土，配方采用和易性较好的专用钢管内用混凝土配方。

3. 支座设计

试验时，MTS600t 试验机上安装球面压力头，可以万向转动。因为试验机压力面为 400mm×400mm 的正方形，较试验用钢管直径（530mm）小，为使试件顶面全截面受力，设计过渡压力头，板厚 20mm。

4. 试验荷载及试验步骤

根据试验前计算，确定了抗剪试件混凝土与钢管壁脱离的荷载为 2000kN 左右，荷载以 200kN 为一级，大致为 9～10 级。根据试验前对长桩受压承载力的估算，在 4000kN 以下每级定为 400kN，4000kN 以上以 200～300kN 为一级，直至破坏，如未破坏，加至 5500kN 的试验机最大荷载值。

5. 测点布置

在试件顶部安装挠度计，测试试件顶部位移。还在抗剪试件混凝土底面安装两个千分表，测试试验位移。对于抗剪试件，纵向选取正中截面，沿钢管外围均匀布置 4 个测点。

抗压试件在纵向选取 5 个截面作为测试截面，各截面间距为 0.9m，第一个截面与钢管顶相距 0.2m。在每一截面混凝土内对称布置 4 个钢弦式应变计，钢管外壁对称布置 4 个应变测点。抗压试件测点编号见图 6－9。

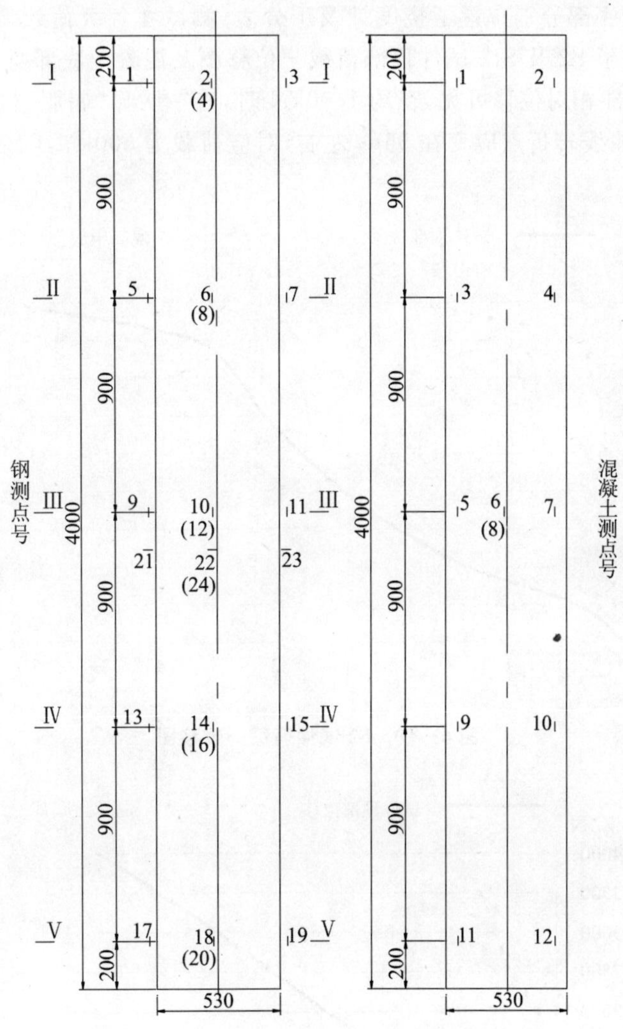

图 6－9　抗压试件测点编号图(尺寸单位:mm)

三、试验结果

1. 抗剪试验

无剪力环抗剪试件 S1、S2、S3 混凝土底面在表 6－3 所述荷载下位移突然增大，混凝土与钢管壁脱离，各试件破坏荷载如表 6－3。有剪力环抗剪试件 SJ1 加载到 4010kN，SJ2、SJ3 加载到 4000kN，内部混凝土顶部和底部位移、钢管应变均未发生突变，试件未破坏，但钢管壁局部应变进入塑性区。另外，混凝土抗压强度按设计强度 17.5MPa 计算，钢管壁内混凝土柱的极限承载力为 3629.5kN，但因混凝土受到箍紧力而三向受压，承载力有所提高，因此荷载加至 4000 kN，相当于相应混凝土设计强度提高。

表 6－3 抗剪试件极限粘结强度

试件号	破坏荷载(kN)	极限粘结强度(MPa)
S1	2210	1.16
S2	1787	0.938
S3	1800	0.945

无剪力环试件(S1、S2、S3)的混凝土与钢管平均极限粘结强度为 1.01MPa，加剪力环试件(SJ1、SJ2、SJ3)的混凝土与钢管壁粘结强度大大提高，在 2.0 MPa 以上。当钢管应变已经开始进入塑性区时，混凝土仍未与钢管壁脱离。

在试件顶部及混凝土底部分别布置了挠度计及千分表，测试在各级荷载值下的相应位置竖向位移值。根据位移测试值绘出了 S2 及 SJ2 试件顶部荷载－位移图及混凝土底部荷载－位移图(见图 6－10、图 6－11)。由 S2 试件底部相对位移可见，在约 1600kN 时，有一明显“屈服”过程；SJ2 试件看不到明显“屈服”。有剪力环初期，曲线转折点应变在 56$\mu\varepsilon$ 左右，对应荷载为 500kN，随后荷载－应变表现出较好的线性关系。

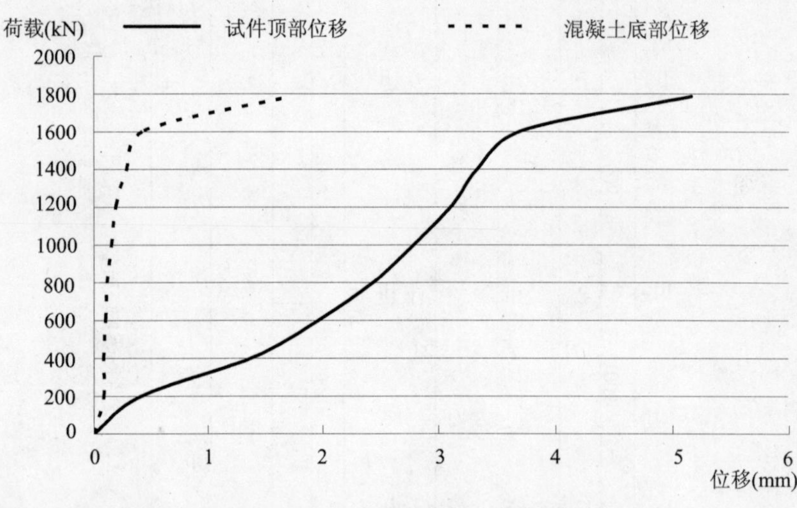

图 6－10 S2 试件荷载－位移图

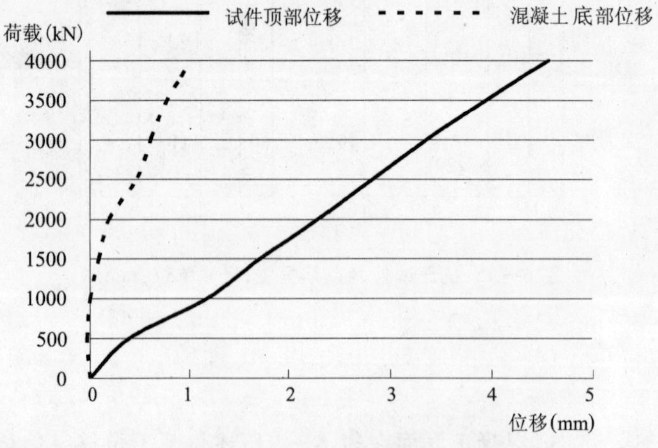

图 6－11 SJ2 试件荷载－位移图

无剪力环试件混凝土受到纵向压力而对钢管产生径向压力，钢管环向拉应力增加，由于钢管壁较薄，且自由长度较长，试件在加载过程中，钢管壁局部出现鼓曲。

有剪力环试件 SJ1、SJ2、SJ3 的荷载－应变图呈现出基本一致的规律性，环形剪力环约束了钢管由于混凝土径向压力的作用而发生的局部鼓曲，使钢管混凝土桩整体性增强。从钢管复合桩受力过程来看，在初始荷载阶段，混凝土的泊松比小于钢管的泊松比，因此混凝土与钢管之间受挤压较小，钢管主要承受纵向压力，钢管外壁的荷载－应变表现出钢材特有的线性关系，即为前段直线。随着纵向应变的增加，混凝土的侧向膨胀超过钢管的侧向膨胀，从此开始钢管受纵向压力及环向拉力的双向作用。而环向拉力又由环形剪力钢筋部分分担，钢管与混凝土之间受到剪力环的干扰，而沿高度方向更趋于均匀。

2. 抗压试验

(1) 轴压试件

①轴压试件承载力

图6－12、图6－13绘出了轴心受压试件(L1、LJ1)Ⅲ截面测点平均值的荷载－应变图。从图中可以看出，无论混凝土测点还是钢测点，应变均成直线分布，说明各测点处于弹性范围内。L1钢测点除19号点外，最大弹性应变值对应的压力荷载值在4900kN以上，80％混凝土测点的最大弹性应变值对应的压力荷载值也在4900kN以上；LJ1试件弹性应变值对应的荷载值均在5000kN以上。

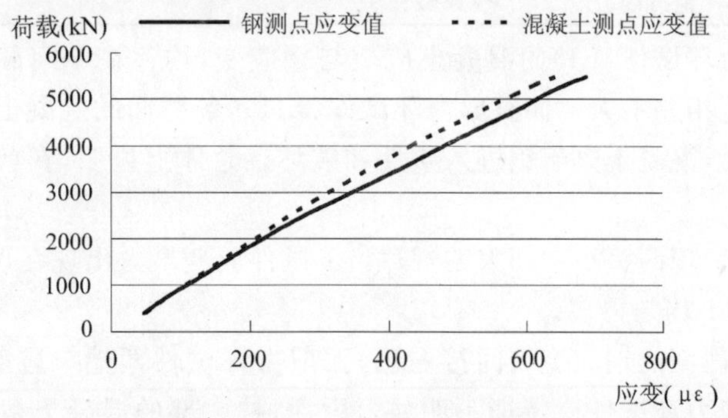

图6－12　无剪力环轴心受力试件(L1)Ⅲ截面荷载－应变图

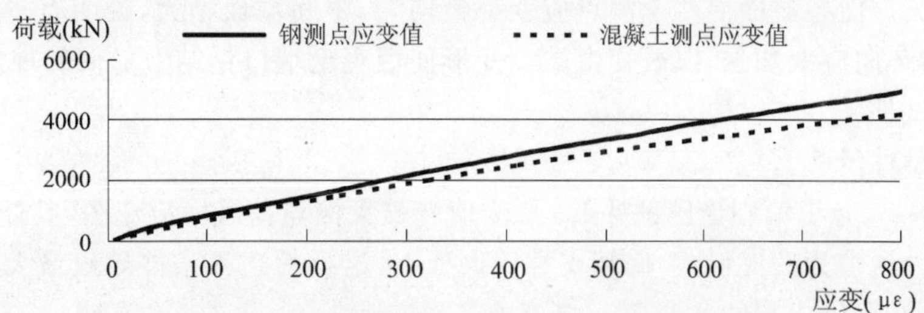

图6－13　有剪力环轴心受压试件(LJ1)Ⅲ截面荷载－应变图

由此即可认定，无剪力环试件最小可承载4900kN轴压，有剪力环试件最小可承载5000kN轴压。对于长的有剪力环试件，承载力提高了2％以上，但由于轴心受力时，钢管混凝土桩两端整体同时受力，混凝土和钢管之间在一定荷载范围内不会发生明显相对滑移。因此，对于轴心受压试件，因剪力环作用，混凝土和钢管之间相互作用剪力增加不大，致使承载力在一定荷载范围(本次试验的5500kN以内)提高有限。

②轴压试件应变分布

根据试验应变数据，将同一截面测点数据进行平均，表6－4列出每一个截面的平均应变值。由于各测点在截面上均匀分布，其平均值消除了局部弯曲应力，平均值为各截面的轴向压应力值。

表 6-4　轴压试件各截面轴向压应变值　(单位:με)

试件	截面	荷载(kN)	1000	2000	3000	4000	5000
L1	Ⅰ	钢/混凝土	−24/−21	−84/−176	−180/−272	−212/−368	−319/−359
	Ⅱ	钢/混凝土	−104/−107	−212/−208	−331/−318	−455/−433	−600/−566
	Ⅲ	钢/混凝土	−109/−107	−218/−207	−347/−314	−479/−432	−614/−567
	Ⅳ	钢/混凝土	−186/−152	−332/−290	−499/−461	−646/−749	−816/−1180
	Ⅴ	钢/混凝土	−93/−	−179/−	−249/−	−360/−	−413/−
LJ1	Ⅰ	钢/混凝土	−195/−142	−229/−242	−330/−	−434/−	−542/−
	Ⅱ	钢/混凝土	−191/−129	−253/−255	−372/−390	−504/−542	−653/−716
	Ⅲ	钢/混凝土	−204/−163	−277/−321	−437/−512	−615/−744	−808/−1031
	Ⅳ	钢/混凝土	−196/140	−263/−279	−373/−448	−502/−656	−625/−924
	Ⅴ	钢/混凝土	−186/−	−245/−	−364/−	−521/−	−989/−

从上表可看出，无剪力环试件(L1)的混凝土应变与钢应变，均存在中间截面应变大于端截面现象，钢与混凝土应变相比，数值相差不大。而有剪力环试件(LJ1)，各截面的混凝土应变大于钢应变，相对均匀，两者数值同样相差不大，混凝土先于钢进入塑性和破坏。总体上说明，在剪力环的作用下，钢结构部分承受更多轴压力。

钢应变在纵向分布上呈现两头小中间大的规律，L1 试件应变最大出现在Ⅳ截面，LJ1 试件应变最大出现在Ⅲ截面，但相对于 L1 均匀得多。

由Ⅰ、Ⅱ、Ⅲ、Ⅳ、Ⅴ各截面的钢应变可间接看出，无剪力环试件两端口应变小，中间应变大，说明两端口粘结力较中间小；有剪力环试件此特征不明显。因而，桩中部的混凝土粘结强度较平均值大，实桥钢管桩多数为长桩，其两头局部效应较小，总体粘结强度相当于试验桩中部的粘结强度，应该比前面试验测得的试验值略大。而各截面混凝土测点应变都较均匀，中间截面稍大，说明有一定箍紧力。如桩采用剪力环，则两端口环向应变加强，以改变由端口变形使混凝土端口粘结力降低的现象。

(2) 偏心受压试件

①小偏心受压试件承载力

图 6-14、图 6-15 为小偏心受压试件 L2、LJ2 应变最大测点荷载—应变图，其最大应变均位于Ⅱ截面受压侧。由于试件顶端为铰支形式，底端支撑于钢板上，这样的边界条件导致最大应变值不是出现在中间截面，而是出现在靠铰支端的Ⅱ截面。

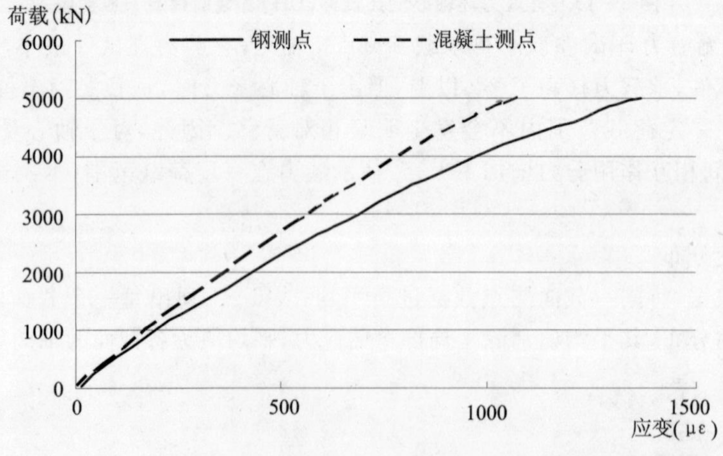

图 6-14　无剪力环小偏心受压试件(L2)应变最大测点荷载—应变图

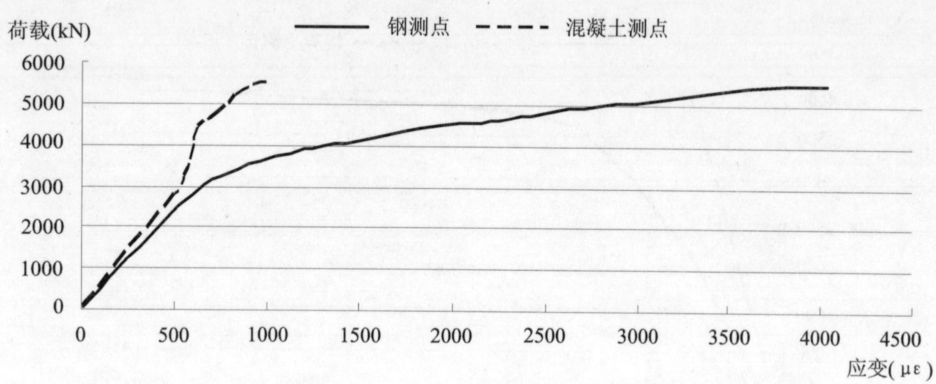

图 6－15　有剪力环小偏心受压试件(LJ2)应变最大测点荷载－应变图

无剪力环试件混凝土应变曲线较匀顺，而有剪力环试件在剪力环作用下，混凝土应变在 3000kN 荷载左右，出现明显的应力重分配的迹象。

无剪力环试件全部混凝土测点及 89％钢测点弹性应变对应荷载在 4400kN 以上，有剪力环试件弹性应变对应荷载在 5000kN 以上。

因而，无剪力环小偏心受压试件在 4400kN 及 264kN·m 弯矩作用下仍处于弹性阶段，有剪力环小偏心受压试件在 5000kN 及 300kN·m 弯矩作用下仍处于弹性阶段。剪力环使试件抗压、抗弯能力明显增强，有剪力环试件的弹性荷载提高 13.6％。

表 6－5 列出了小偏心受压试件各截面轴向压应变值。

表 6－5　小偏心受压试件轴向压应变值　（单位：με）

试件	截面 \ 荷载(kN)		1000	2000	3000	4000	5000
L2	Ⅰ	钢/混凝土	－58/－336	－136/－781	－215/－	－311/－	－415/－
	Ⅱ	钢/混凝土	－117/－112	－259/－237	－423/－379	－602/－534	－860/－735
	Ⅲ	钢/混凝土	－134/－123	－298/－218	－239/－279	－650/－327	－569/－372
	Ⅳ	钢/混凝土	－96/－97	－203/－204	－314/－315	－430/－437	－517/－576
	Ⅴ	钢/混凝土	－92/－70	－203/－159	－311/－257	－404/－358	－1034/－510
LJ2	Ⅰ	钢/混凝土	－59/－121	－133/－245	－227/－280	－362/－344	－553/－455
	Ⅱ	钢/混凝土	－136/－123	－286/－264	－450/－397	－739/－485	－1247/－639
	Ⅲ	钢/混凝土	－115/－112	－245/－233	－380/－352	－558/－484	－752/－634
	Ⅳ	钢/混凝土	－126/－107	－427/－222	－571/－341	－836/－472	－1101/－612
	Ⅴ	钢/混凝土	－87/－	－177/－	－266/－	－374/－	－493/－

小偏心受压试件钢应变Ⅰ、Ⅲ、Ⅴ应变比Ⅱ、Ⅳ应变小。从单个测点应变分析，钢管壁呈波浪状鼓曲变形，导致钢应变纵向呈现小、大、小、大、小的分布规律。

②大偏心受压试件承载力

选取 L3、LJ3 试件钢应变最大测点作荷载－应变图，见图 6－16、图 6－17 。图中显示，无剪力环大偏心试件钢测点有明显屈服台阶，屈服点在 3500kN 处。有剪力环试件在初级荷载阶段存在非弹性变形，在 4000kN 以内还处于弹性阶段。

L3 试件为无剪力环大偏心受压试件，其最大弹性应变值均在 3700～3900kN 荷载之间。钢管上测点弹性应变值相对较离散，在 2600～3800kN 荷载之间。

LJ3 试件为有剪力环大偏心受压试件，混凝土测点弹性应变值全部在 3800kN 荷载以上，钢测点弹性应变值多数在 3800～4000kN 荷载之间。

因此，L3 试件可承载 2600kN 轴压及 364kN·m 弯矩，LJ3 试件可承载 3800kN 轴压及 532kN·m 弯矩。有剪力环时，钢管复合桩在大偏心作用下承载力提高 46.1％。

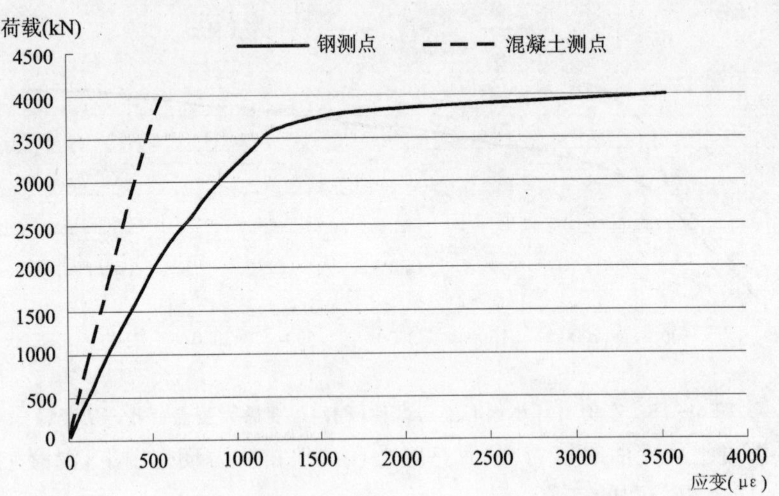

图 6－16 无剪力环大偏心受压试件(L3)应变最大测点荷载一应变图

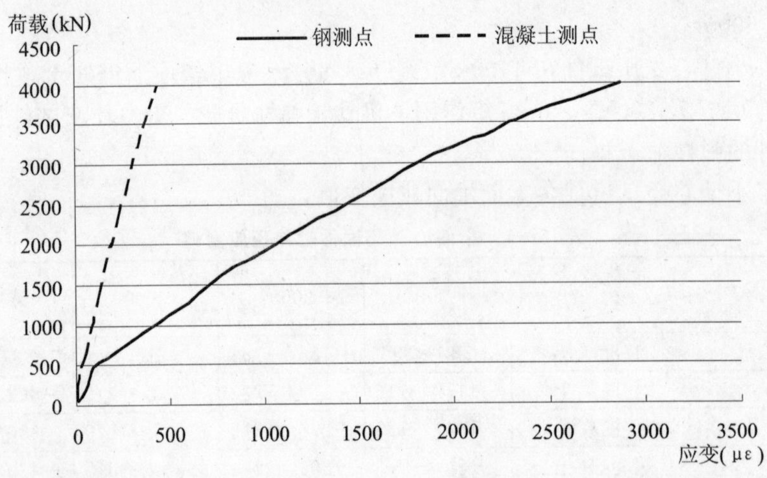

图 6－17 有剪力环大偏心受压试件(LJ3)应变最大测点荷载一应变图

在同一压力值下，有剪力环比无剪力环大偏心受压长柱混凝土测点整体应变水平低。例如，对应同一高度的截面，有剪力环试件为 75 号、76 号测点，无剪力环试件为 37 号、38 号测点，无剪力环的两测点在 4000kN 压力下平均应变值为 568με，有剪力环的两测点在 4000kN 压力下平均应变值为 546με，有剪力环试件较无剪力环试件混凝土应变小 22με。

有剪力环试件整体性较好。无剪力环试件钢管应变超过 2000με 后，随着荷载的增加，应变迅速增大，表现出钢材的典型屈服破坏特征。而有剪力环钢管应变超过 3185με 后，随着荷载的增加，仍未发生应变突变。有剪力环试件钢测点应变在 1110με 后，荷载一应变图呈曲线，钢材进入弹塑性。

有剪力环的各测点弹性范围较集中，混凝土应变几乎同时进入弹塑性，有 61％钢管应变测点在 3800kN 压力下进入弹塑性。而无剪力环试件的混凝土及钢测点没有表现出这种特点，各测点进入弹塑性对应的荷载值较离散。这也说明了有剪力环的钢管桩整体性好。

同时应该注意的是，有剪力环试件的 8 号测点，在 1800kN 压力荷载下就进入了 1110kN，进入了弹塑性阶段，较无剪力环试件对应测点应变大。分析原因，该测点位于焊接剪力环附近，由于焊接剪力环时，钢管的残余应变与荷载应变叠加，钢管局部应变过早进入弹塑性。从这一点来看，在钢管加焊剪力环时，应特别注意相关焊接工艺，确保不产生较大焊接残余应力，或采用不连续焊缝。但由于环状剪力环的套箍作用，使钢管桩整体性增强。

有剪力环试件钢管壁拉应变较有剪力环试件钢管壁拉应变大，亦说明有剪力环试件整体性较好。

在3000kN压力以下，有剪力环试件应变较无剪力环试件大；在4000kN压力以上，无剪力环试件应变迅速增大。

3. 抗压试件竖向压缩量

由试验结果可知，无论是无剪力环还是有剪力环柱，终止加载时，并未达到极限承载力。有的曲线经过较大的平缓压缩段后才进入上升段，使支承部位的非弹性压缩和不均匀传力达到全断面，这是应力分布均匀的调整过程，以及钢管、混凝土共同工作的发展过程。

可以见到，虽承载力较高，但初始变形比较明显，加载500～1000kN后，达到承载刚度，此前有20～30mm压缩变形。

4. 结论

无剪力环试件混凝土与钢管壁粘结强度为1MPa，有剪力环试件混凝土与钢管壁粘结强度在2MPa以上。剪力环使筒壁剪应力上、下趋于均匀，大大提高了混凝土与钢管壁的粘结强度。

无剪力环试件钢管壁在纵向压力及环向拉力下中部发生鼓曲，导致在加载过程中应变、位移均成波浪状；有剪力环试件钢管与混凝土作为整体受力，应变、位移曲线成折线。剪力环增强了组合试件的整体性。

无剪力环试件轴压弹性承载力为4900kN，在6cm的小偏心压力下，弹性承载力为4400kN；在14cm的大偏心压力下，弹性承载力为2600kN。有剪力环试件轴压弹性承载力为5000kN，在6cm的小偏心压力下，弹性承载力为5000kN；在14cm的大偏心压力下，弹性承载力为3800kN。

剪力环的设置大大提高了试件抗压、抗弯能力，承载力提高了2%～46%。剪力环对试件的抗弯能力提高得更多，在轴心受压时，无剪力环试件与有剪力环试件承载力相差不多，但随着偏心率的增加，无剪力环试件承载力迅速下降，而有剪力环试件仅在大偏心受压时承载力下降。

在高荷载时，无剪力环试件应变迅速增大，进入弹塑性；有剪力环试件应变仍较均匀增大，进入弹塑性，说明了有剪力环试件整体性好。

在大偏心压力下，无剪力环试件单向弯曲，有剪力环试件钢管壁有局部弯曲。

在5500kN最大荷载下，抗压试件位移均未进入平台及下降段，即未达到承载力临界值，但部分点应力水平已经超过钢材屈服极限。

第三节　超长不等厚钢管桩制造技术

在大型海上交通工程建设中，越来越多地使用钢管桩。随着我国建设工程向更大型化发展，要求大口径钢管桩的长度也越来越长。通常，钢管桩的长度不超过60 m，东海大桥的钢管桩最大长度达到了77 m，而杭州湾跨海大桥钢管桩长度大大超过前者长度。杭州湾跨海大桥桩基工程实施超长钢管桩，这不仅是我国海上打桩施工技术和装备上的新的突破，也对钢管桩生产者提出了新的挑战——如何用高效率的工艺技术方法生产优质的、大直径的、不等壁厚的超长钢管桩。

海上施工的钢管桩常常设计成上部桩钢管壁厚大下部桩钢管壁厚小的合理结构，如杭州湾跨海大桥钢管桩上桩厚度为22mm，下桩厚度为20mm。按照以往的方法是：首先分别预制好上下节不同厚度的钢管（直缝筒节对接钢管或是螺旋焊缝钢管），然后用环形焊缝对接成整桩。对于如此大口径超长钢管桩进行环形焊接对接，为保证钢管桩接得直，减少日照温差弯曲和自重弯曲引起的误差，需要占用很大的室内场地和设置庞大的组装对口机架胎具，组装对口后还需手工全方位封底焊，这不但效率低、施工进度慢，而且不等厚的环焊缝接头还会成为钢管桩的薄弱环节。在杭州湾跨海大桥钢管桩制作项目上，研究和采用了一系列优质高效的制作超长不等厚钢管桩的工艺技术。

一、钢管桩项目基础情况及生产基础设计

1. 原材料

杭州湾跨海大桥钢管桩制作的原材料为热轧厚钢带卷，钢号为Q345C，规格为20mm×1490mm×C和22mm×1490mm×C，每件钢卷单重约为28.5t左右，钢卷展开长度约为110～120m左右，总用钢量约为37万t。钢材的主要化学成分见表6－6，机械性能见表6－7。这种钢材综合机械性能和焊接性能好，是制造大型钢管桩的优质材料。

表6－6 Q345C钢材的主要化学成分(wt%)

化学元素	C	Si	Mn	P	S	Nb	Alt
含　量	≤0.20	≤0.55	1.00～1.70	≤0.035	0.035	0.015～0.060	≥0.015

表6－7 Q345C钢材的机械性能

取样方向	板厚(mm)	拉伸试验			纵向冲击试验		180°弯曲试验
		σ_s(MPa)	σ_b(MPa)	δ_5(%)	温度(℃)	A_{KV}(J)	$b=2a$
横向	$20^{+0.3}_{-0.8}$	≥345	470～630	≥22	0	≥34	$d=3a$
	$22^{+0.8}_{-0.0}$	≥325					

2. 钢管桩的特殊数据和特殊要求

杭州湾跨海大桥钢管桩总数量为5474根，钢管桩的规格为ø1600mm×(22/20)mm和ø1500mm×(22/20)mm，每根桩的上下部分钢管壁厚分别为22mm和20mm，整根桩长度为71～89m，其中22mm厚度的上桩长为45～49m。全长焊缝要求无损检验比例为100%超声波探伤和2%射线照相探伤。钢管桩纵轴弯曲矢高要求≤30mm，即允许最大不直度＝30/88000≈0.34‰。最大单桩重量70t。要求整桩移运到船舶上交付，移运堆放时还须保护钢管桩防腐涂层，运输难度大、要求高。

钢管桩的制作是杭州湾跨海大桥工程几十个项目的最前沿项目，它的进度直接影响海上打桩进度和整个大桥工程的建设进度。2004年是钢管桩施工的高峰年度，杭州湾大桥工程指挥部要求制桩基地在2004年4月份达到每日供桩10根以上的生产能力。

3. 钢管桩制造主要工艺流程

钢管桩制造主要工艺流程见图6－18，全过程包括了从钢卷进厂开始到成品装船结束。其中，钢管的卷制和涂装都分别在自动生产线上进行各工序的加工。

4. 制桩基地生产布局设计和物流设计

笨重和超长钢管桩在公路上长距离汽车运输是困难的，这一问题是基地选址的第一要素，因此杭州湾跨海大桥钢管桩制桩基地临海而建，总面积5.85万m^2，宽177 m，分A、B、C、D 4跨，如图6－19所示。A、B、D跨各有一条制管生产线及其配套生产、检测设备，C跨内主要布置防腐涂装生产线和成品钢管桩堆场。C跨的龙门式起重机轨道直通到龙门档码头，成品钢管桩直接吊运到运桩船舶上。

钢管桩在各跨内的纵向运输用2台50 t龙门式起重机抬吊，跨与跨之间各设置了2台地轨载重车，用于钢管桩的跨间转运。涂装前的钢管可用钢丝绳络吊管体，但涂装后的钢管外表面不允许直接接触硬质索具，以防涂层破损。经多种试验和实用研究分析，在吊运和堆放时，选择用绳子和沙袋作为软分隔材料，这种方法简单易行，是最经济有效的方法。

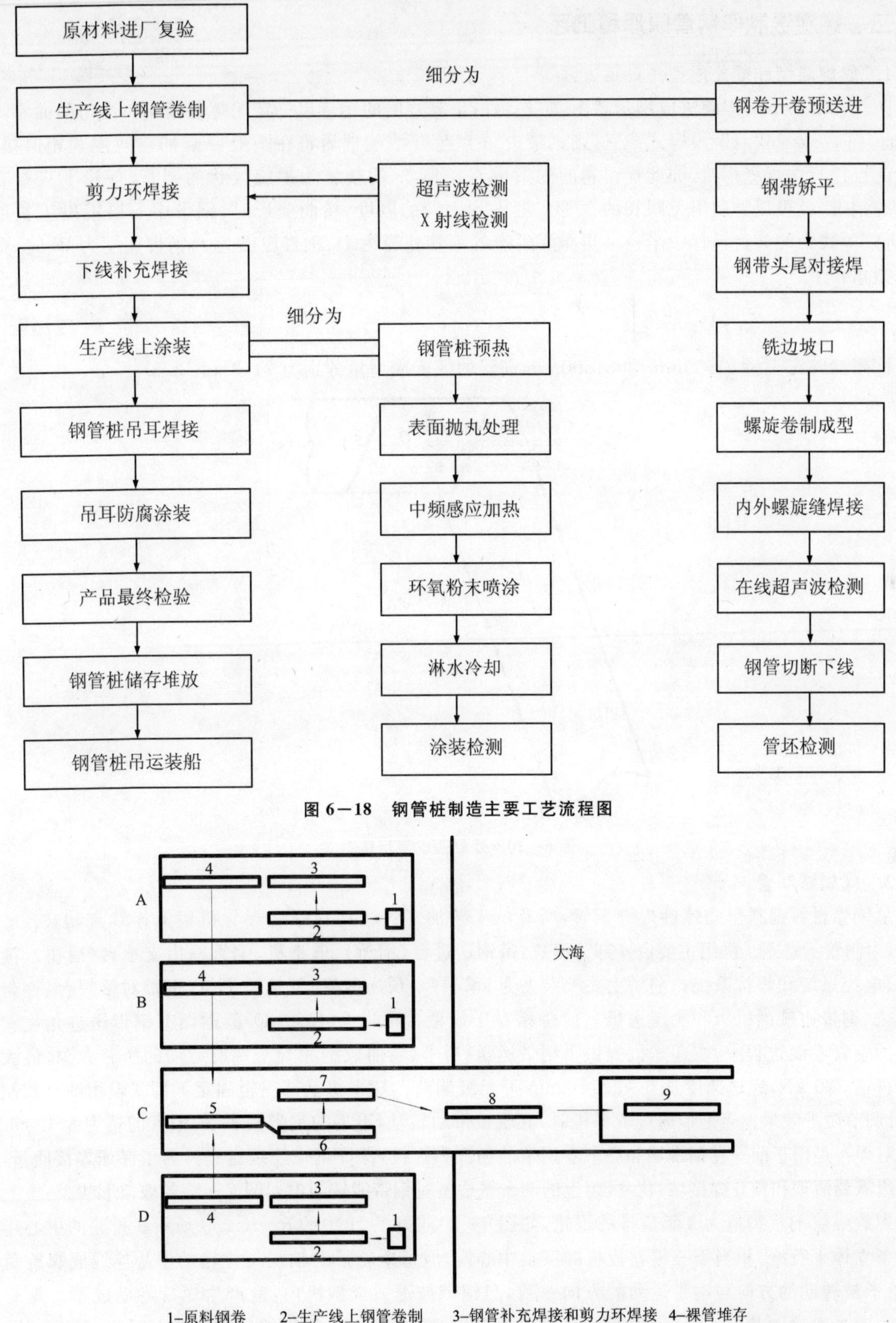

图 6—18　钢管桩制造主要工艺流程图

1–原料钢卷　2–生产线上钢管卷制　3–钢管补充焊接和剪力环焊接　4–裸管堆存
5–裸管进防腐场地　6–生产线上涂装　7–吊耳焊接和涂装　8–成品存放　9–装船

图 6—19　钢管桩加工基地布局设计示意图

二、螺旋法制作钢管原理和工艺

1. 螺旋成型和螺旋成型角计算方法

图6－20所示是螺旋法成型示意图，它是将一条等宽度的钢带以一定的螺旋角α和均匀的曲率半径r卷曲，当$\cos\alpha = W/(2\pi r)$等式成立，则钢带边A点与B点卷曲后将在图上O点的空间位置相遇接合，并在此点进行内焊缝焊接，如此连续卷曲则形成直径为$2r$的接缝为螺旋线状的圆管，理论上只要有无限长的钢带，就可以卷制出无限长的钢管。考虑到钢管的厚度，卷曲变形时，钢带中心层不发生长度改变，所以等式中的r为钢管中半径。当需要生产的钢管外径为D、钢带厚度为t、钢带宽度为W时，则螺旋成型角：

$$\alpha = \arccos \frac{W}{(D-t) \times \pi} \tag{6-1}$$

杭州湾跨海大桥ø1500mm和ø1600mm钢管的螺旋成型角分别为71.3°和72.5°。

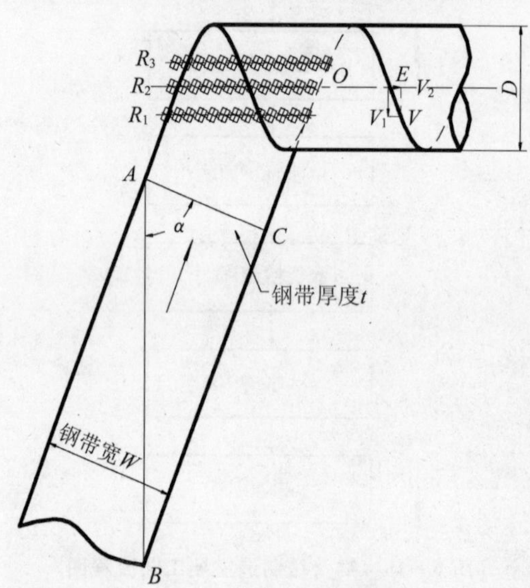

图6－20 螺旋法成型示意图

2. 螺旋法制管

从钢卷材料到制作成螺旋焊缝钢管，所有的工艺加工过程均在螺旋焊管机组上连续自动实现。图6－21为制管示意图。机组主要由6部分组成：带钢送进台（前桥）、成型机、钢管输出支承台（后桥）、液压系统、电控系统和焊接系统。前桥上主要装备是：承卷台、预递送机、五轴矫平机、钢带对接焊台、钢带边导向轮、钢带边铣削机床和主递送机。前桥相对于成型台可以在45°～80°范围调节钢带送进角度。在正常的钢管卷制过程中，主递送机提供了钢带运送、矫平、卷曲成型和管子螺旋运动的所有力源，最大递送力可达320 kN，递送速度从0～2.5m/min可无级调节。矫平机上部三辊固定下部二辊用油缸控制升降，可调节矫平效果。当钢带通过矫平机时，五辊被带动转动，不平的钢带被矫平，最大的矫力为1200kN。钢带对焊台是用于前一卷钢带尾和后一卷钢带的切齐和焊接，保证钢带连续送进。为了保证焊接质量，对钢带边需要清理和预开焊接坡口。机组上的两台铣边机对钢带能铣削出如图6－22的坡口形状。

螺旋焊管的成型机为3组成排的辊轮，如图6－20、图6－21中的R_1、R_2、R_3所示。排轮的中心连线为3条立体平行线，相当于三辊卷板机的三辊中心线，但每个轮子的轴线与排轮的中心连线成螺旋角补角，轮子被转动的方向与钢带运动的方向一致，当钢带被送入成型机内，就产生螺旋卷动成型。螺旋变形的曲率是通过调节R_1、R_2、R_3之间的距离参数来实现的，这些参数当然还与钢带材质和厚度有关，实际生产时，可根据钢管直径变化随时作跟踪修正，特别是在22mm/20mm钢带变换时，将影响制管直径的较大波动，各操作人员要密切配合进行测量和控制。

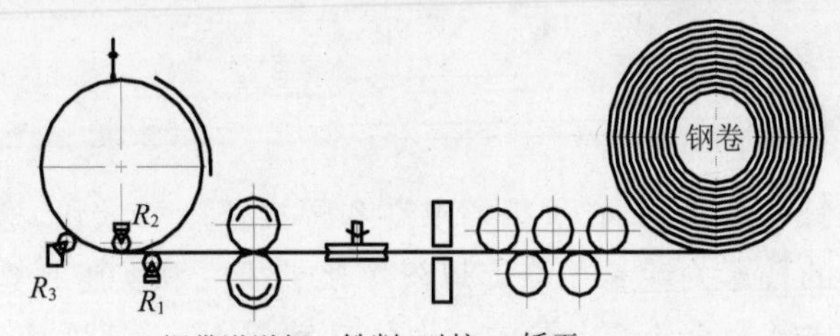

图 6－21　制管过程示意图

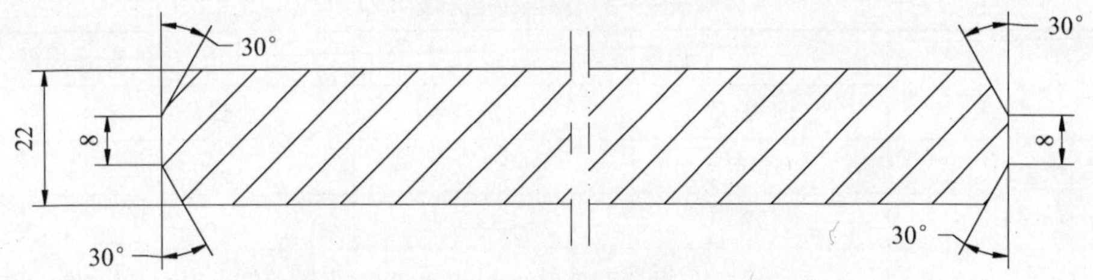

图 6－22　铣削后钢板剖面图(尺寸单位:mm)

事实上,钢带的几何尺寸是非理想化的,所以螺旋结合处的间隙大小将随时发生变化。当间隙太大时(超过了 $0.1t$),内缝埋弧焊将产生漏弧甚至焊穿;间隙为负值时,则交合处会产生由挤压而引起错边或叠边。机组后桥能通过液压控制随时进行±0.8°的摆动,迫使已成型的钢管与钢带交合处的夹角发生变化,从而使得交合点的间隙可及时调整,保证内焊缝埋弧自动焊顺利焊接。即当 W 变化 ΔW,α 也作 $\Delta\alpha$ 的变化,使公式(6－1)始终成立。

为了能满足制作超长钢管的特殊需要,机组后桥长度被设计成 95.5m,桥架上每隔 3m 设置一组支承钢管的滚轮,滚轮被转动方向的角度也可调整到相应的螺旋角度。钢管在制造过程中,一边在后桥上做螺旋转动和增长,一边随后桥摆动。当钢管达到要求的长度后,飞车上的空气等离子弧切割机切断钢管。飞车的原理见图 6－20,钢管表面 E 以速度 V 做螺旋运动,钢管轴向速度 $V_2=V\cos\alpha$,周向速度 $V_1=V\sin\alpha$,飞车上的跟踪轮能使其与钢管轴向同步而只有周向相对速度,从而当钢管在一个螺旋运动后,E 点与飞车产生一个圆周的相对转动。

三、不等厚螺旋焊缝钢管研制

螺旋焊在制造过程中要进行钢带头尾对接,因此钢管上存在钢带对头焊缝,如图 6－23 中的 A_1、B_1。钢带对头焊缝是与螺旋焊缝垂直的一条短螺旋线,它在钢管成型之前把钢带头尾接缝的正面用埋弧自动焊焊接。其背面焊缝在钢管下线后再补充焊接。通常,螺旋管前后续接钢带是等厚度的,我们把钢带对接台设备进行改造,使其适宜于不等厚钢板的对接焊。图 6－23 中,当 A_1 钢带为 22mm,B_1 钢带为 20mm,则前半根 a_1 厚度为 22mm,后半根 b_1 厚度为 20mm。第二根前半根 B_2 为 20mm,后半根 A_2 为 22mm,第三根又与第一根相同,依次连续生产。

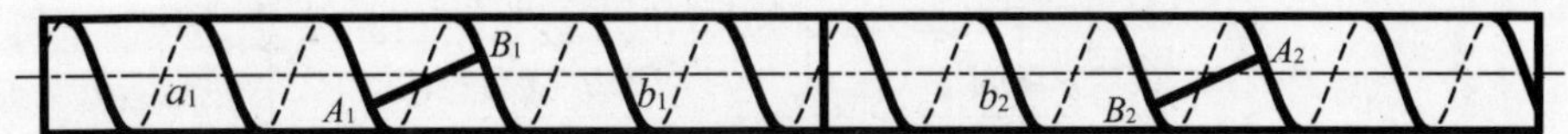

图 6－23　钢管上钢带对头焊缝

在生产过程中,需要根据厚薄钢管的长度计算出钢带的用量。例如:ø1500mm 的 88m 钢管桩上节桩长度为 46m,下节桩长度为 42m,2 根上节桩长度共 92m,2 根下节桩长度共 84m,则需要钢带的长度为:

$$L_{22}=92/\cos\alpha=92/\cos71.3°=287\text{m}$$

$$L_{20}=84/\cos\alpha=84/\cos71.3°=262\text{m}$$

钢带在使用到预算的长度时,剩余钢卷就被切断后下线待用,换上另一厚度的钢卷制管,如此重复。钢管的切断处为 2 根上节桩长度中点和 2 根下节桩长度中点,…＋46)＋(46＋42)＋(42＋46)＋(42＋

…，当然也可不等长度组合。

四、高速埋弧焊工艺

在螺旋焊缝焊接时，钢管壁厚大、焊缝质量要求高和焊接速度要求快，这三要素对自动埋弧焊而言是互相制约的。因此，解决的技术关键是在螺旋焊缝焊接上研究和实施高速优质的焊接工艺。我们所用的工艺方法是：采用强大电流交直流双电源多丝埋弧自动焊工艺，其焊接工艺参数见表6—8、焊接接头机械性能见表6—9。

表6—8　焊接工艺参数

名　称	内螺旋焊丝		外螺旋焊丝	
	前焊丝	后焊丝	前焊丝	后焊丝
焊接电流(A)	1300	800	1200	800
电弧电压(V)	32	42	32	42
焊接速度	板厚22mm时：1000mm/min；板厚20mm时：1100mm/min			
焊丝极性	DC^+	AC	DC^+	AC
焊丝倾角	后倾5°	前倾10°	后倾10°	前倾5°
焊丝间距(mm)	15		20	
焊接坡口	双间隙双面V形坡口			
焊接材料	焊丝 ø4mm H08MnA，焊剂 SJ101			

表6—9　焊接接头机械性能

名　称	结　果
拉伸强度	550MPa，540MPa
弯曲试验	4件侧弯180°合格
冲击试验(0℃) A_{KV}(J)	焊　缝　54，50，60 热影响区　80，86，102

五、超长钢管桩起吊变形分析

从钢管桩卷制下线开始到以后各工位间的转移和钢管的堆存等过程，都采用两点式抬吊方式。当两个起吊点在管子端口时，将使管子承受到最大的自重弯曲应力和产生最大的挠曲变形。另外，钢管直径减小和长度增加，都使自重弯曲应力和变形增大。所以，本文以 ø1500mm×(22/20)mm、长88m钢管为研究对象，图6—24是它的力学模型图和弯矩图。

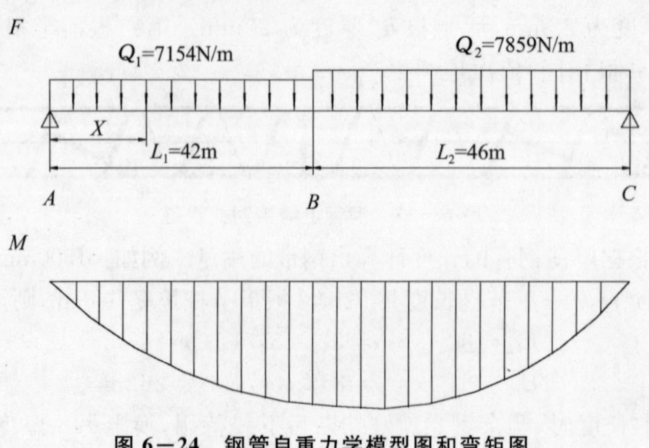

图6—24　钢管自重力学模型图和弯矩图

ø1500mm×20mm 钢管截面模量 $W_1=0.03396\text{m}^3$；

ø1500mm×22mm 钢管截面模量 $W_2=0.03721\text{m}^3$。

图中 AB 段(ø1500mm×20mm)弯矩：

$$M_1=\frac{Q_1L_1^2+Q_2L_2^2+2Q_1L_1L_2}{2(L_1+L_2)}X-\frac{Q_1X^2}{2}$$

BC 段(ø1500mm×22mm)弯矩：

$$M_2=\frac{Q_1L_1^2+Q_2L_2^2+2Q_1L_1L_2}{2(L_1+L_2)}(L_1+L_2-X)-\frac{Q_2}{2}(L_1+L_2-X)^2$$

经求导计算得，在 AB 段 $X=42\text{m}$ 时存在最大的弯曲应力。

把 $X=42$ 代入 M_1 公式，求得 $M_{1\max}=7.267\times10^6(\text{N}\cdot\text{m})$。

钢管桩最大的弯曲应力为：

$$\sigma_{\max}=\frac{M_{1\max}}{W_1}=\frac{7.267\times10^6}{0.03396}=214\times10^6\text{Pa}=214\text{MPa}$$

并可计算得最大挠度 $f_{\max}=1.1\text{m}$。

由此可见，虽然钢管桩在极端起吊时，产生很大的自重弯曲变形，但由于 $\sigma_{\max}<\sigma_s=345\text{MPa}$，这些变形为弹性变形，不发生塑性变形，所以起吊变形是无损和安全的。在实际工作中，吊点离管端有一段安全距离，因此产生的应力和变形较上所述的更小些。

六、制造技术实施效果

在杭州湾跨海大桥钢管桩项目上实施这一制造技术，效果数据见表 6－10。

表 6－10　钢管桩产量质量效率统计数

名　称	结　果	备　注
2004 年度总产量	3196 根	年度计划不少于 3000 根
最高月产量	391 根，2.54 万 t	2004 年 11 月
单桩成品制造周期	平均 5d，最快 2d	含防腐涂装等所有制作时间
最大存桩量	310 根	成品 128 根＋半成品 182 根
焊缝一次合格率	99.0％	2004 年 11 月
管节对接环缝数	0	无一采用环缝对接
出厂不合格数	0	打桩中从未发现不合格品
经受打桩最多锤击数	15761 击	中港一航局 E57 第 6 根，桩无损

第四节　钢管桩制作及出运

制桩厂设在宁波北仑青峙山工业区，距杭州湾跨海大桥中引桥平均距离约 110km。厂区占地约 44000m^2，根据制桩工艺流程，设有制管车间、防腐车间和出运码头等。

1. 钢管桩卷制

螺旋焊管生产工艺流程为：开屏→整板→切头→对接→刨边→内焊→外焊→切管→成桩。

每个工序都进行严格的质量检查，对焊缝 100％进行超声波检查，2％进行射线照相。对 T 形、十字形焊缝及近桩顶焊缝重点检查，焊缝不允许有咬边、裂缝未融合、未焊透、表面气孔、弧坑、夹渣等外观缺陷。制管厂三条生产线月平均制桩 283 根(2004 年 5～10 月统计)，日制桩最高纪录 14 根，日涂装最高纪录 15 根，制桩能力与现场沉桩需求基本平衡。制桩厂设备及生产钢管桩的情况见图 6－25、图 6－26。

图 6－25 钢管桩卷制设备全貌

图 6－26 内外螺旋缝焊接

2. 钢管桩防腐

钢管桩涂装在防腐车间内进行(图 6－27),工艺流程为:喷丸除锈→预热→第一组静电喷枪喷涂底层粉末→第二组静电喷枪喷涂中间层粉末→第三组静电喷枪喷涂第三层粉末→涂层充分固化后,用水冷却。

图 6－27 钢管桩防腐涂装线全貌

各道工序严格按有关规范和标准执行,其中多层环氧粉末喷涂当中的层与层之间结合力,以及涂层的均匀性和精确的温度控制是技术的关键。涂层施工完成后,在第 1 根、第 50 根截取长度 500mm 的管段试件试验,以后每 100 根截取一次试验,其标准见表 6－11。

表 6－11 外涂层钢管的形式检验项目和验收指标

试验项目	质量指标
耐阴极玻璃性涂层厚度	≤3mm
抗冲击强度	＞24J
结合力	＞90MPa
耐水渗透性	＜2%
0℃或 30℃抗 1.5°弯曲	无裂纹
抗 15J 冲击(复合三层)	无针孔
50kg 耐划伤性(复合三层)	划伤深度＜500μm,无漏点

3. 钢管桩出运

制管厂建有 90m 长、30m 宽的凸堤式出运码头，每天高低潮位时，运桩驳船均可停靠码头。

码头配有 3 组 6 台 50t 龙门吊机，龙门吊机与制管车间和防腐车间相通，完成防腐后的钢管桩可由 2 台龙门吊机送到码头并直接装船，装船速度约 30min/根。

第五节　外海沉桩施工技术

一、沉桩施工的特点

在杭州湾进行沉桩施工具有以下特点：

①下沉超长、超大直径的钢管桩，而且数量大，必须在两年内跨越台风、季风期连续施工；

②地质复杂，软、硬层交错排列，入土深度深，单桩承载力大，质量要求高；

③杭州湾水域风、浪、流条件极端恶劣，对打桩船的稳定性和安全性要求高；

④海上沉桩施工，常规测量定位方法不相适应，必须采用 GPS 卫星定位技术。

二、打桩设备

1. 打桩船

在杭州湾恶劣的风、浪、流条件下，下沉大直径、超长钢管桩，投入大型先进的打桩设备是关键。大桥工程前后共投入 6 艘打桩船，分别为“海桩 8 号”，“海力 801 号”，“航工桩 7 号”，“三航桩 15 号”，“天威号”和“打桩 18 号”。所有打桩船都配备有 GPS 全球卫星定位系统和大能量的液压锤和柴油锤。

部分打桩船的性能见表 6－12。

打桩船见图 6－28～图 6－31。

表 6－12　大型打桩船性能表

序号	船名	船型 长×宽×高 (m×m×m)	吃水(m)	桩架高度 (m)	锚锭系统	所配锤型	可打桩直径(m)、 长度(m)
1	海力 801 号	80×30×6	2.8	86＋18	7×10t 锚， 4 根定位桩	S280 液压锤	ø2.5， 80＋水深
2	天威号	80×32×6	3.0	90	7×10t 锚， 4 根定位桩	S280 液压锤	ø2.5， 80＋水深
3	三航桩 15 号	72.6×27.0×6	2.6	93.5	6×7t 锚， 2×10 t 锚	D160 柴油锤， SC250 柴油锤	ø2.0， 80＋水深
4	海桩 8 号	60×27×5.5	3.0	92	8×10t 锚	D150 柴油锤， D180 柴油锤	ø3.4， 80＋水深

图 6－28 “海力 801 号”打桩船

图 6－29 “天威号”打桩船

图 6－30 “三航桩 15 号”打桩船

图 6－31 “海桩 8 号”打桩船

其中，“海力 801 号”和“天威号”两条船的船型、配备、功能相近，是目前国内最先进的多功能全旋转式起重打桩船。两船具有以下 7 方面的优势：

(1) 船大，锚碇系统安全可靠

锚碇系统配备有 7 个 10t 锚和 4 根液压锚碇桩，打桩船在恶劣的工况条件下，驻位和沉桩稳性好。经过一年多沉桩实践，在风速小于 12 级，波高小于 2.0m，流速小于 3.2m/s 时，打桩船驻位稳定。在风速小于 7 级,波高小于 1.5m,流速小于 2.5m/s 的条件下可进行沉桩作业。

(2) 360°全旋转式桩架,有利吊桩

桩架可 360°全旋转,对平面扭角变化较大的承台桩可以减少抛锚次数。如图 6-32 所示,大桥中引桥两墩 18 根桩,"海力 801 号"仅抛锚一次,就可基本沉完。

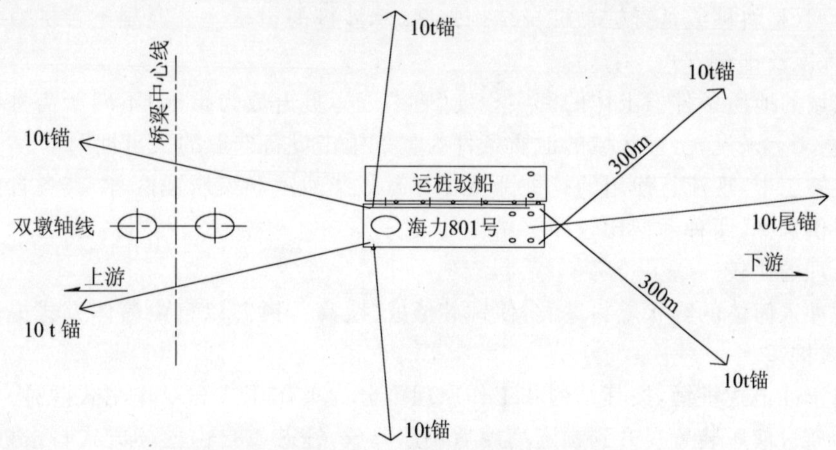

图 6-32 "海力 801 号"打桩船抛锚定位示意图

(3) 运桩驳船在现场不需另外独立抛锚,可直接停靠打桩船

打桩船旋转桩架,可以方便吊桩进龙口、定位和打桩。大大提高了沉桩效率,同时减少了打桩船横向受水流力的风险。

(4) 沉桩不受先后顺序的影响

由于桩架可以外伸 13~17m,同时可上下升降 18m,沉桩可不受先后顺序的影响,对桩群中补打桩和试桩中复打桩就显得很容易;对高潮位需要打入水面以下的桩,也不需要作送桩,可升降桩架和液压锤直接打入水中。

(5) 桩顶沉入水下,不必另"送桩"

桩架可提升或下降 18m,在高潮位沉桩,桩顶在水面以下,如果是固定桩架,则需要另外安装送桩。而"海力 801 号"则可利用可升降的桩架和水下 2.5m 可正常工作的液压锤直接把桩送到水下。

(6) 双钩吊桩进龙口,方便、迅速

"海力 801 号"吊桩的吊点和方式与"航工桩 7 号"不一样,其主副钩位于架顶两侧,相应的吊点布置如图 6-33 所示。吊桩时,桩架旋转到运桩驳船一侧,采用 4 点吊起吊,进龙口采用桩头 2 点吊。此法有利于桩吊立后迅速进龙口,而且不管是仰俯桩,大钩不会压在桩背上,影响油管安全,也方便解扣,大大减轻了操作人员的劳动强度。

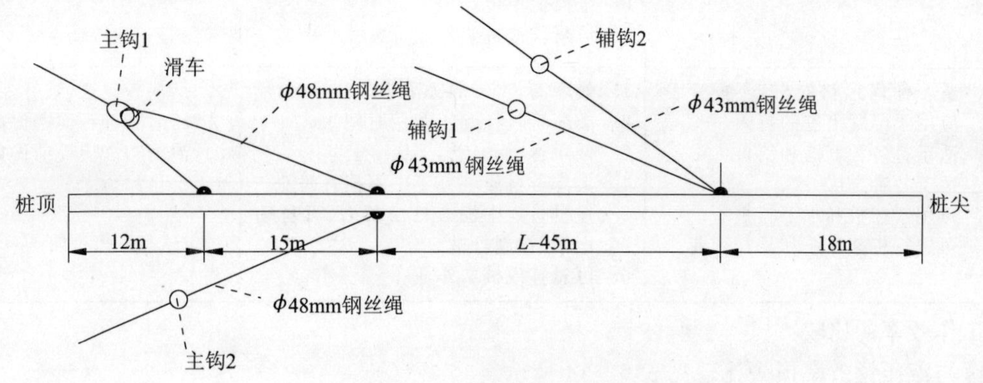

图 6-33 钢管桩吊桩示意图

(7) 沉桩操作机械化程度高

除拴、解扣需人工外，其他都是机械化作业，工人劳动强度低，安全保障性能好。

2. 打桩锤

合理选择打桩锤是沉桩施工成败的关键。主要考虑以下两点：

一是桩的类型(是斜桩或是直桩)、桩身结构强度(牵涉桩的材质——混凝土管桩或钢管桩等)、桩的长度、桩群密集程度及排布方式。

二是沉桩区域的地质条件。土体的密实程度(通常以标贯击数为指标)不同所需桩锤的冲击能量相差很大，从某种意义上来说，沉桩区域的地质条件为沉桩锤击设备选取的决定性因素。

在锤击沉桩施工中，现流行使用的打桩锤主要有筒式柴油锤和液压锤两种，其各自能量提供的大小也有多种型号可供选择，两种锤型比较如下：

(1) 工作原理的比较

柴油锤通过冲入筒体的雾状燃料爆发，使锤芯形成“跳高”，锤芯以自由落体方式提供冲击能量打击桩体，属于冲击式桩锤。

液压锤也属于冲击式桩锤，按其结构和工作原理可分为单作用式和双作用式两种。所谓单作用式，是锤芯(冲击块)通过液压装置提升到预定高度后快速释放，锤芯以自由落体方式打击桩体；双作用式是锤芯(冲击块)通过液压装置提升到预定高度后，从液压系统中获得加速度能量来提供高冲击时的速度而打击桩体。因此，同等锤芯重量的桩锤，双作用式冲击能量要比单作用式的大。

(2) 适用范围的比较

由于液压打桩锤和柴油打桩锤作用原理的不同，造成了它们不同的适用范围(如表 6－13 所示)。

表 6－13 柴油锤、液压锤的适用范围

锤型	适用范围	优点	缺点
柴油锤	1. 最适于打设细桩、木桩和±30°范围内的斜桩，适于钢管桩 2. 适用于一般土层砂土、含砾石粘土层，不适宜于层厚较大的软弱粘土和坚硬土层	1. 不需要外部能源，桩架轻，移动灵活方便 2. 燃料消耗少，锤击速度大，锤击力大，工效高	1. 需要用替打，以防损桩 2. 不能精确控制能量 3. 存在软启动问题 4. 噪声、振动大，存在油烟污染
单作用式液压锤	1. 适于打任何形状、任何材质的桩，包括混凝土管桩 2. 适于打各种直桩和斜桩 3. 适用于任何土层 4. 可用于拔桩和水下打桩 5. 可进行桩架作业和悬挂作业	1. 效率高，比柴油锤高出70%～100% 2. 锤芯重，速度低，作用时间长，贯入度大 3. 低噪音、低振动，无废弃公害 4. 在任何材料桩施工中不损坏桩头 5. 在桩打入中检查桩承载力，可自动记录、控制打桩 6. 维修简单可靠 7. 可悬挂或桩架作业	1. 相对柴油锤运费偏高 2. 油管布置应提前做好 3. 价格昂贵
双作用式液压锤	1. 适于任何形状的桩，不能广泛应用于混凝土桩的打入 2. 适于打各种直桩和斜桩 3. 适于各种土层 4. 可用于拔桩和水下打桩 5. 可进行桩架作业和悬挂作业	1. 效率高，比柴油锤高出 50%～80% 2. 锤芯轻，速度高，作用时间短 3. 低噪音、低振动，无废弃公害 4. 大部分材质桩施工中不损坏桩头 5. 在桩打入中检查桩承载力，可自动记录、控制打桩 6. 可悬挂或桩架作业	1. 结构较复杂，维修保养复杂 2. 相对柴油锤运费偏高 3. 油管布置应提前做好 4. 价格昂贵

(3) 工作效率的比较

柴油锤与液压锤效率损失比较见表 6－14 所示。

表 6-14 柴油锤与液压锤效率损失比较表

造成损失的原因	柴油打桩锤(D. H.)	液压打桩锤(H. H.)
内燃过程(渐慢)	30%~50%	0
摩擦因素:锤头摩擦 老旧活塞环 低质量的柴油	10%	3% (只有锤芯摩擦)
空气原因:湿度、温度、灰尘	5%~8%	2%~5%
替打、桩罩缓冲垫及校准	15%	15%
共计损失	60%~68%	20%~23%
用于作业的效能	32%~40%	77%~80%

(4) 流行锤型的最大能量及有效能量比较

流行锤型的最大能量及有效能量比较见表 6-15 所示。

表 6-15 最大能量及有效能量比较

锤型	IHCS280 液压锤	D128 柴油锤	D150-42 柴油锤	D160 柴油锤	D180 柴油锤
锤芯重(t)	13.6	12.8	33.0	35.0	37.5
最大能量(kJ)	280	435.2	511.5	533	590
有效能量系数	80%	40%	40%	40%	40%
有效能量(kJ)	224	174.08	204.6	213.2	236
在杭州湾海域沉桩效率对比	适应不同地层,满足沉桩需要,效率高。出现高桩几率小	最初投入使用,效率低,出现高桩几率大,后被淘汰	最初投入使用,效率低,出现高桩几率大,后被 D180 柴油锤替换	满足沉桩需要,效率高。出现高桩几率小	适应不同地层,满足沉桩需要,效率高,穿越粉砂层能力强,出现高桩几率极小

由以上比较可知,柴油锤的锤击能量大,但损失也大。D180 柴油锤(见图 6-34)是利用德国技术,国内首次生产,并应用于杭州湾跨海大桥的最大能量的柴油锤。D180 柴油锤与液压锤有效能量相当。在杭州湾跨海大桥Ⅳ合同段钢管桩沉桩施工中,前期采用 D150-42 柴油锤,因其效率低,中后期被效率高的 D180 柴油锤替换。对桩长 77m 以下的钢管桩在贯穿粘土、亚粘土中间层和下层厚 10m 左右的粉砂层时,投入使用的 D150-42 柴油锤能满足要求,但锤击数较多,最大锤击数为 4599 锤;对于桩长 78~85m 的钢管桩在贯穿粘土、亚粘土中间层和下层厚 20m 左右的粉砂层时,投入使用的 D180 柴油锤能完全满足要求,锤击数少,最小锤击数为 955 锤。

由荷兰 IHC 液压锤公司生产的 S280 双作用式液压锤(见图 6-35),是目前世界上最先进的打桩锤,它效率高(比同能量的柴油锤高出 50%~80%)、锤芯轻、速度高、作用时间短、低噪音、低振动、无废气公害。S280 锤可根据地层软硬,方便地调节打击能量,能自动记录、打印每击的打击能量、总能量、贯入度和锤击数。

图 6-34 D180 柴油锤

图 6-35 S280 液压锤

3. 运桩驳船

投入运桩的驳船要求甲板形体长大于70m，装载量为2000～4000t以上。运桩驳船见图6－36所示。

图6－36 钢管桩装船

4. 拖轮和锚艇

投入桩基施工均配备有3000～4000马力拖轮一艘，2000～3000马力拖轮一艘，1000马力锚艇一艘。3600马力和4000马力拖轮见图6－37、图6－38。

图6－37 3600马力的拖轮

图6－38 4000马力的拖轮

5. 替打

替打为锤击沉桩的能量传递设备，同时也是能量损失最多的设备，合理地选择替打的结构形式将大大地提高能量的利用率。液压锤的替打与桩锤为一整体，选择桩锤时应对其参数进行研究。柴油锤使用的替打形式有多种，按其传力形式主要有壳式替打和芯式替打两种。

(1) 壳式替打

如图6－39所示。此类型替打内部为空心结构，锤击能量通过替打的四周钢结构传递至钢管桩的顶部，以实现沉桩。该类型的替打优点是结构简单，重量大；缺点是能量传递过程中损耗大(包括自身、缓冲垫吸收能量及其他能量传递损失)，大能量冲击下构件易破裂，不适应地层较硬、需要传递大能量的沉桩施工。

(2) 芯式替打

如图6－40所示。此种类型替打包括壳体和芯体(芯体一般经过热处理)，壳体为芯体提供固定和移动功能，芯体为能量传递设备。锤击沉桩时，能量通过芯体传递至钢管桩，以实现沉桩。该替打的缺点是结构复杂，加工周期长，芯体需要经过热处理；优点是重量轻，经过热处理的芯体可以大大减少能量的吸收，不需要缓冲垫及其他损失，并且能承受较大的冲击力而不致损坏，适用于需要极大能量的沉桩施工，与大能量的柴油打桩锤的匹配性较好。杭州湾跨海大桥Ⅳ合同段沉桩前期采用的替打为壳式替打，沉桩25根，耗费了此种替打4个，并且每沉桩1根就出现开裂，必须补焊1天，最终全部报废。之后

图 6－39　壳式替打实物图

采用芯式替打，使 D180 柴油锤的有效能量超过了 40%，沉桩锤击次数明显减少，沉桩 612 根仅投入 2 个，在施工过程中只是对替打的壳体进行了两次修理，替打芯未更换，整个替打结构仍保持良好的使用性能，证明了芯式替打的优越性。

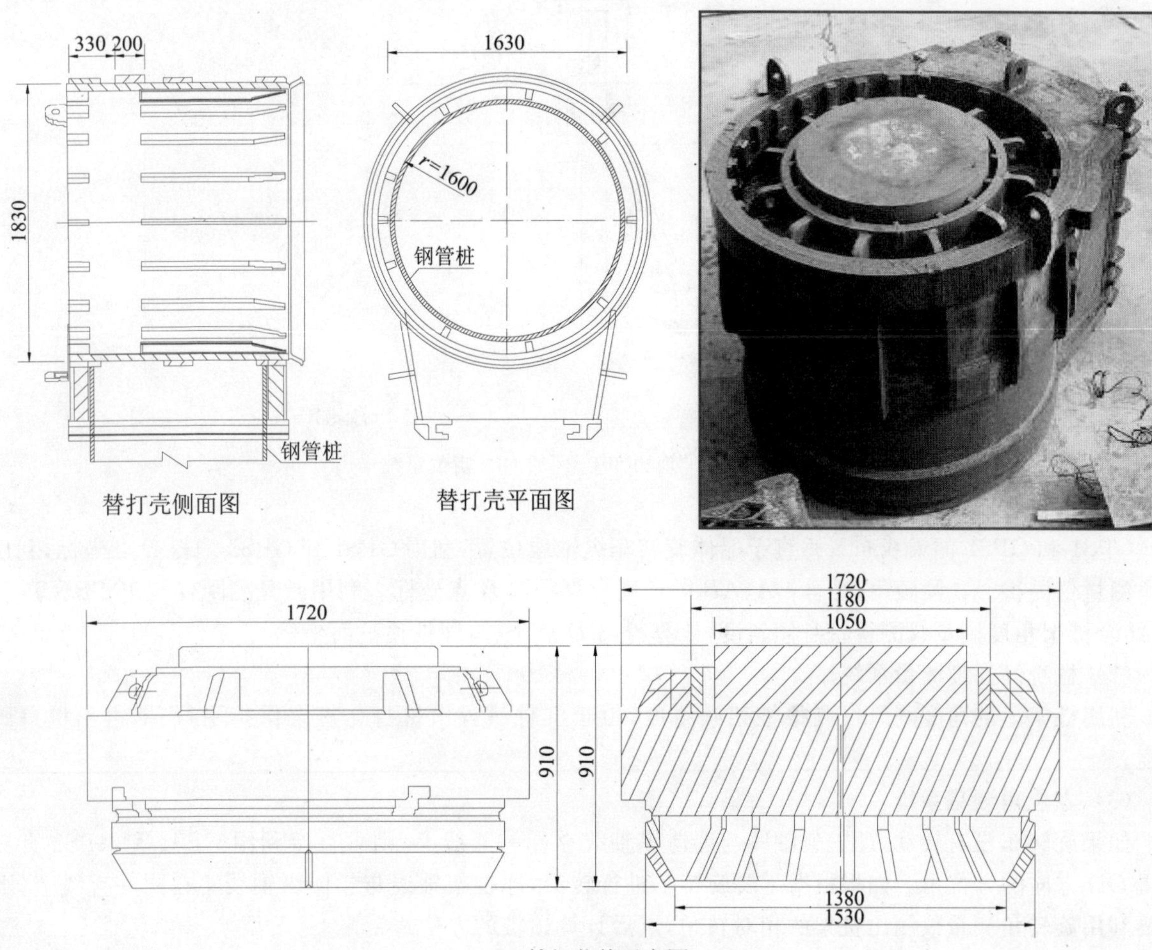

图 6－40　芯式替打(尺寸单位:mm)

三、GPS测量定位

外海沉桩施工，一望无际，常规的经纬仪、全站仪测量定位很难实施，只有应用GPS卫星测量定位。

1. 测量定位流程

测量定位流程见图6—41。

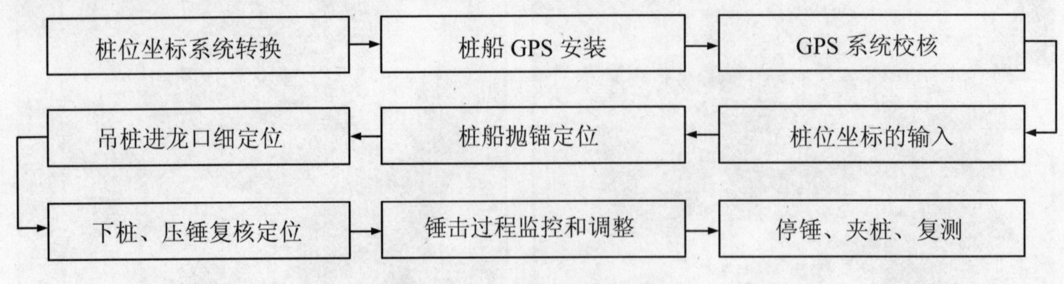

图6—41 测量定位流程图

2. GPS定位系统

不同的打桩船GPS定位系统不一样，但其原理相近。现以"海力801号"船GPS定位系统（如图6—42所示）为例，说明本系统的原理及应用。

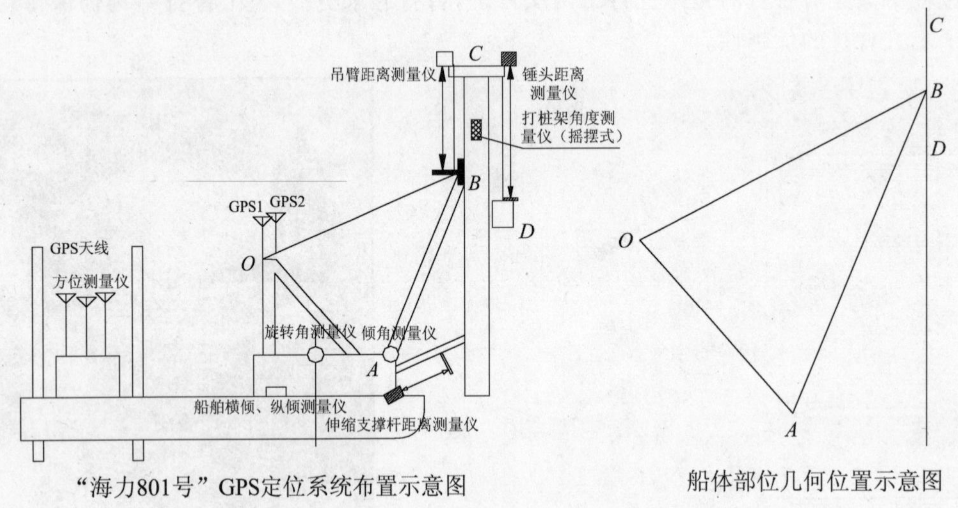

图6—42 "海力801号"船GPS定位系统

（1）桩顶平面位置测量系统

GPS1和GPS2的天线布置垂直于船体旋转车纵轴线位置，利用GPS1和GPS2测得O点坐标，利用倾角测量仪测得AB段倾角，结合OA、AB段长度计算得出B点坐标。利用激光测距仪测出CB、CD长度，结合桩架角度测量仪测得桩身倾斜度，计算得出D点坐标，即桩顶平面坐标。

（2）桩身倾斜度测量系统

利用桩架上的角度测量仪测得桩架倾斜度，由于沉桩过程中桩身与桩架保持平行，即得出桩身倾斜度。

（3）方位角测量系统

如果旋转车没有转动，即桩架轴线与船体纵轴线在同一直线上，则可直接利用GPS1和GPS2直接测得OD方向的方位角。如果根据需要旋转车进行转动，即桩架轴线与船体纵轴线不在同一直线上，则需要利用旋转角测量仪测出桩架的相对转角，然后计算出桩的方位角。

（4）桩顶标高测量系统

利用GPS1和GPS2测得O点高程，结合第(1)点的关系计算出D点的标高，即桩顶标高。

（5）锤击能量及贯入度测量系统

在操作室内有自动控制能量系统，实时监控锤击能量，同时记录锤击数，并结合桩顶下沉量可算出贯入度。

（6）数据现实及记录系统

操作室内设有电脑实时监控系统，对桩的坐标、标高、倾斜度等进行实时监控，记录并打印结果，见图 6—43。

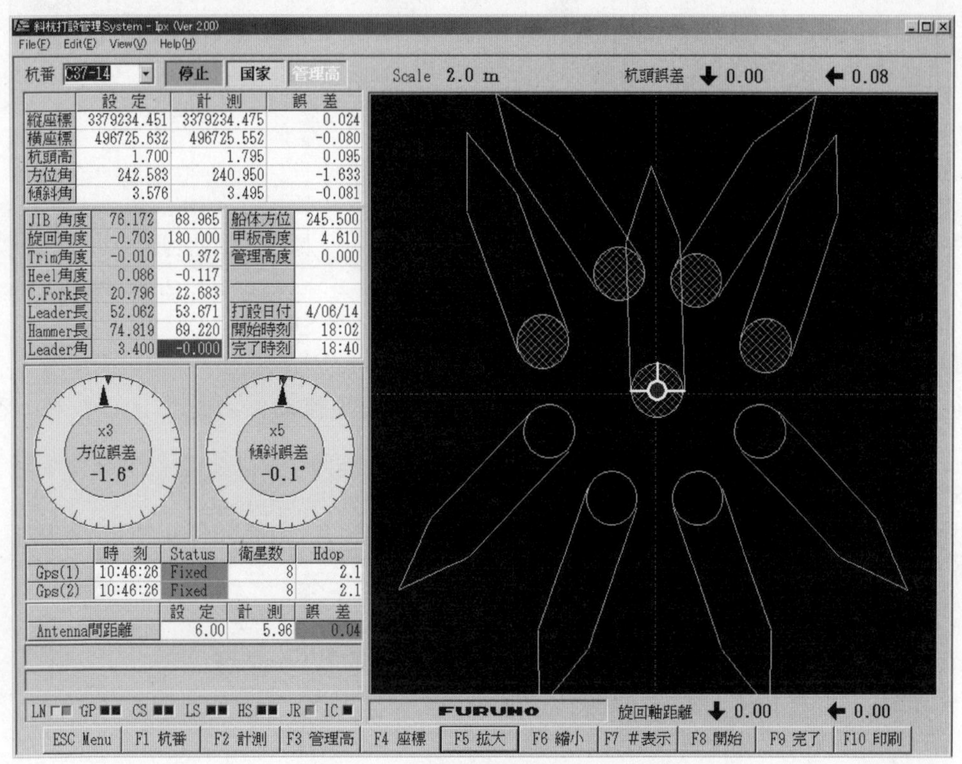

图 6—43　GPS 沉桩定位控制显示图

3. 外部要求配备的系统

采用 GPS 测量技术建立杭州湾跨海大桥工程测量平面控制网。

为大桥工程测量服务，在南岸、北岸各设置一个固定基准站，分别用不同的电磁波频率，24h 不间断地播发支撑 RTK 测量的信息。桩基施工可以用 RTK 测量定位模式进行。

流动站和基准站间的距离宜不大于 15km。

4. 坐标转换

为保证设计桥位在实地的方位和几何形状不变，使桥墩之间的实际距离和设计值完全一致，设计图上所有墩位、桩位的 54 北京坐标值，要用以下公式换算成 54 工程 65m 高程坐标值才可以在施工放样中使用：

$$X_{65}=5575.371+X_{54}\cos\theta-Y_{54}\sin\theta$$

$$Y_{65}=-138425.116+X_{54}\sin\theta-Y_{54}\cos\theta$$

同时，可以用以下公式进行校核：

$$X_{54}=-4228.249+X_{65}\cos(-\theta)-Y_{65}\sin(-\theta)$$

$$Y_{54}=138472.811+Y_{65}\sin(-\theta)-Y_{65}\cos(-\theta)$$

其中，$\theta=0°33'26.96''$。

5. 确保定位准确的措施

(1) 准确输入设计参数

将转换后的设计坐标按要求输入到 GPS 定位系统的电脑中，如图 6－44 所示。对输入系统的设计参数需要仔细核对，做到准确无误。

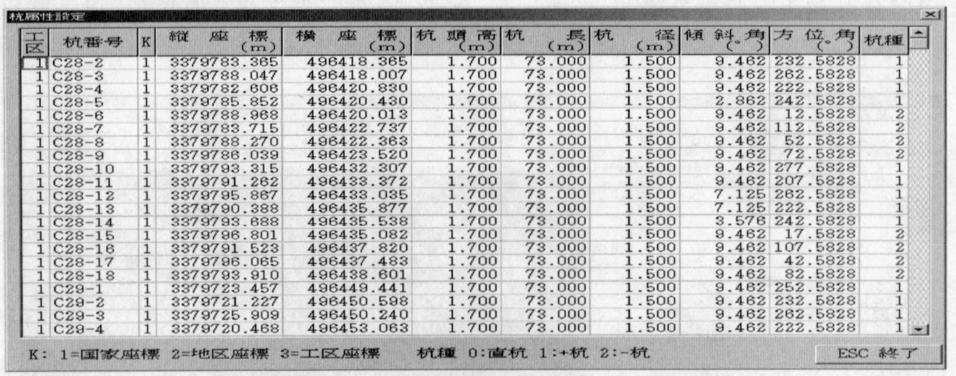

杭属性設定

工区	杭番号	K	縦 座 標 (m)	横 座 標 (m)	杭 頭 高 (m)	杭 長 (m)	杭 径 (m)	傾 斜 角 (°)	方 位 角 (°)	杭種
1	C28-2	1	3379783.365	496418.365	1.700	73.000	1.500	9.462	232.5828	1
1	C28-3	1	3379788.047	496418.007	1.700	73.000	1.500	9.462	262.5828	1
1	C28-4	1	3379782.606	496420.830	1.700	73.000	1.500	9.462	222.5828	1
1	C28-5	1	3379785.852	496420.430	1.700	73.000	1.500	2.862	242.5828	1
1	C28-6	1	3379788.968	496420.013	1.700	73.000	1.500	9.462	12.5828	2
1	C28-7	1	3379783.715	496422.737	1.700	73.000	1.500	9.462	112.5828	2
1	C28-8	1	3379788.270	496422.363	1.700	73.000	1.500	9.462	52.5828	2
1	C28-9	1	3379786.039	496423.520	1.700	73.000	1.500	9.462	72.5828	2
1	C28-10	1	3379793.315	496432.307	1.700	73.000	1.500	9.462	277.5828	1
1	C28-11	1	3379791.262	496433.372	1.700	73.000	1.500	9.462	207.5828	1
1	C28-12	1	3379795.867	496433.035	1.700	73.000	1.500	7.125	262.5828	1
1	C28-13	1	3379790.388	496435.877	1.700	73.000	1.500	7.125	222.5828	1
1	C28-14	1	3379793.688	496435.538	1.700	73.000	1.500	3.576	242.5828	1
1	C28-15	1	3379796.801	496435.082	1.700	73.000	1.500	9.462	17.5828	2
1	C28-16	1	3379791.523	496437.820	1.700	73.000	1.500	9.462	107.5828	2
1	C28-17	1	3379796.065	496437.483	1.700	73.000	1.500	9.462	42.5828	2
1	C28-18	1	3379793.910	496438.601	1.700	73.000	1.500	9.462	82.5828	2
1	C29-1	1	3379723.457	496449.441	1.700	73.000	1.500	9.462	252.5828	1
1	C29-2	1	3379721.227	496450.598	1.700	73.000	1.500	9.462	232.5828	1
1	C29-3	1	3379725.909	496450.240	1.700	73.000	1.500	9.462	262.5828	1
1	C29-4	1	3379720.468	496453.063	1.700	73.000	1.500	9.462	222.5828	1

K: 1=国家座標 2=地区座標 3=工区座標　杭種 0:直杭 1:+杭 2:-杭　ESC 終了

图 6－44　GPS 系统坐标数据输入显示图

(2) 沉桩前校核

沉桩前，特别是每个墩的第一根桩下沉前要利用两台 GPS 流动站对桩位进行校核，保证定位精确度。

(3) 过程监控

沉桩过程中，实时关注 GPS 显示屏上的数据变化，如果有异常，则立即停止锤击，利用 GPS 流动站对其进行校核。

(4) 竣工复核

沉桩结束后，立即打印最终结果，并及时利用 GPS 流动站做 RTK 复核。

6. 误差分析

(1) GPS 接收机仪器标称精度误差

RTK 动态测量中，GPS 接收机仪器标称精度存在一定误差，一般平面误差为 10mm，高程误差为 20mm。

(2) 测量系统中的船体几何参数误差

GPS 测量系统中所涉及的船体几何参数存在一定误差，通过校核对比，得出该误差为 50mm，然后根据产生误差的规律，在沉桩过程中进行抢位以消除误差。

(3) 自然条件影响

水流和风浪对沉桩有很大的影响，特别是在定位后桩身下沉时，水流影响很大，要根据流速流向预先抢位，以保证桩的正位率。另外，因杭州湾水域有较大的阵风、季风，要密切关注天气变化，注意带紧锚缆，防止船体走锚。

四、沉桩施工工艺

1. 沉桩施工工艺流程

沉桩施工工艺流程见图 6－45 和图 6－46。

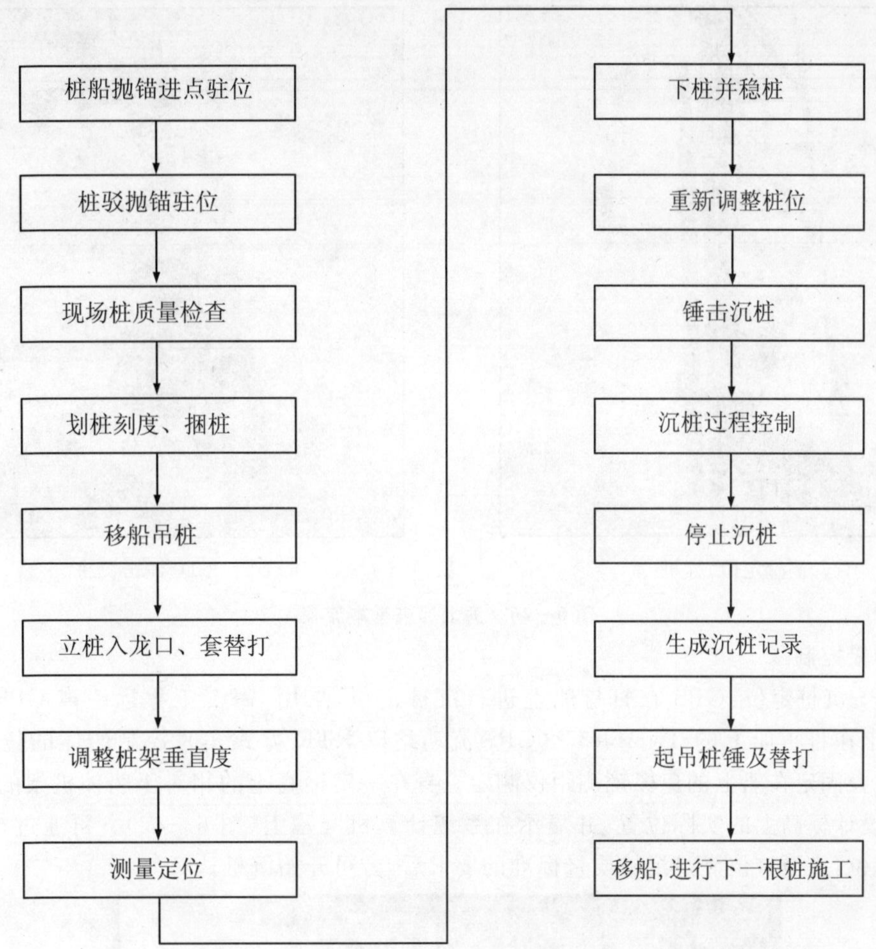

图 6－45　沉桩施工流程

(a) 打桩船移船至打桩船起桩

(b) 移船立桩

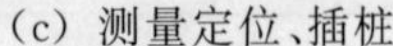

(c) 测量定位、插桩

(d) 锤击沉桩

图 6－46　海上沉桩基本流程

2. 沉桩测量控制

打桩船 GPS 沉桩定位：GPS 在打桩船上进行沉桩定位，采用“海工工程远距离 GPS 沉桩定位系统”，由 3 台固定在打桩船上的 Trimble5700GPS 流动站以 RTK 方式实时控制船体的位置、方向和姿态，同时配合 2 台固定在船上的免棱镜测距仪测定桩身在一定标高上的相对于船体桩架的位置，由此可推算出桩身在设计标高上的实际位置，并显示在系统计算机屏幕上(图 6－47)。再通过与设计坐标比较，进行移船就位，直至桩位满足沉桩质量标准的要求后，方可开始沉桩。

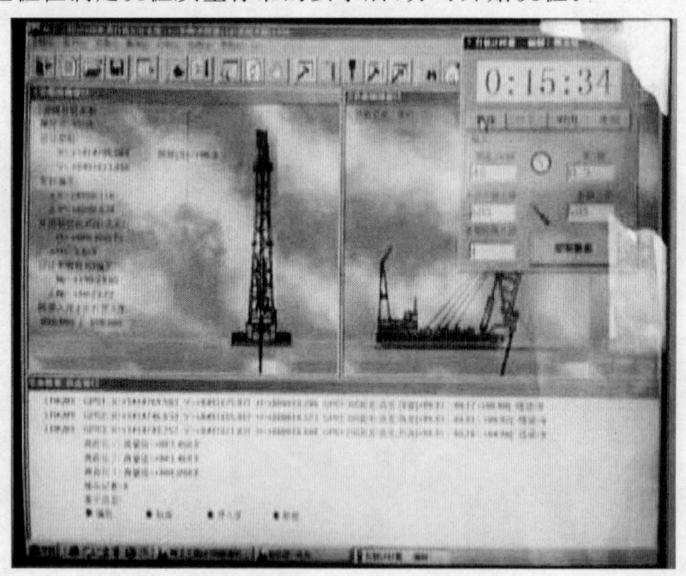

图 6－47　GPS 沉桩定位施工照片

桩身的倾斜度由桩架控制。桩顶标高由安装在龙口后方的摄像机实时测定，同时由锤击计数器记录沉桩时的锤击数，自动进行沉桩贯入度的计算，并显示在系统计算机屏幕上。沉桩结束后，系统能自动打印出“沉桩记录表”。在定位过程中，要注意实时检查“海工工程远距离 GPS 沉桩定位系统”中的 3 台 GPS 接收天线之间的夹角误差、距离误差、高差误差及 3 台 GPS 接收机的 RTK 状态的质量因子等是否符合相应的规范要求。另外，要用另一个固定参考站的 RTK 测量校核，互差应小于 10cm，并取两个参考站的观测平均值，以确保桩基定位的准确性。

3. 沉桩操作要求

沉桩施工技术人员应提前分析所沉桩位处的地质情况（主要是土层的类型、厚度、标贯系数等），对沉桩工作作出有效技术防范措施。

桩驳到现场后，由沉桩施工员、质量员、安全员及监理一起对钢管桩进行检查。

沉桩施工员需准备好桩参数资料、桩位图、计算器、U盘、A4打印纸及画桩工具等。

沉桩前要了解、分析交叉桩的相互关系，沉桩实施时要让桩朝良好的发展方向控制下桩提前（落后）量和桩平面扭角。

为防止GPS出现假锁现象，沉桩施工时要严密注意沉桩系统的各种校核数据，没有异常情况，方可进行下一步施工操作。

严格按停锤标准施工，杜绝小范围内大量出现超高桩。

每个墩子的第一根桩要做比测工作，两个参考站的定位误差小于10cm才能下桩；其他桩定位完成后，测量人员必须到船头目测该桩与相邻桩的相互关系，确认无误后方可下桩。

下桩前，要检查桩的平面扭角、倾斜度等是否有误，桩是否朝有利方向发展，要避免碰桩事故的发生。

定位完成后，下桩前要用电脑屏幕拷贝功能保存好下桩屏幕，记好沉桩日记，对沉桩过程中异常情况要记录清楚。

沉桩资料整理要及时，并由施工员和监理在现场签字，保证桩资料的真实性。

4. 沉桩停锤质量标准

在18km的沉桩施工区域分4个施工标段，分别由中港一航局、二航局、三航局、路桥建设国际建设股份有限公司（简称路桥建设）承担。各标段打桩船、打桩锤都有所不同，中港一航局打桩船有2艘，其中“天威号”打桩船采用S280液压锤，“打桩18号”采用D160柴油锤；中港二航局“海力801号”打桩船采用S280液压锤；中港三航局“三航桩15号”采用D160柴油锤；路桥建设“海桩8号”采用D180柴油锤。各标段桩长、桩径和入土深度均有不同，所以要规定一个通用的沉桩停锤标准是不容易的。

为了保证沉桩工程质量，设计单位确定了以标高控制为主、贯入度校核为辅的原则，并制订了沉桩暂定停锤标准，详见表6－16～表6－18。

表6－16　柴油锤沉桩停锤标准

桩顶超高$\triangle h$(m)	最后20cm平均贯入度e(mm)	处理方法
达到标高	≤10	可停锤
	≥10	进行高应变动力测试，及时通报结果并暂停后续沉桩
$0<\triangle h\leq 1.5$	≤3	可停锤
$\triangle h>1.5$	≤3	及时与设计联系，并暂停后续沉桩

注：表中最后20cm平均贯入度e系指柴油锤开4挡锤击沉桩时的贯入度。

表6－17　液压锤沉桩停锤标准

桩顶超高$\triangle h$(m)	锤击能量E(kJ)	最后20cm 平均贯入度e(mm)	处理方法
达到标高	$E\geq 120$	≤10	可停锤
		>10	进行高应变动力测试，及时通报结果并暂停后续沉桩
$0<\triangle h\leq 1.5$	$E\geq 160\sim 180$	≤4	可停锤
$\triangle h>1.5$		≤4	及时与设计联系，并暂停后续沉桩

表 6－18　平面偏位与倾斜度控制标准

序　号	项　目	规定值或允许偏差		检验方法或频率
1	设计标高处桩顶平面位置(mm)	边桩 $D/4$、中桩 $D/4$		用 GPS 测量
2	倾斜度	直桩	1%	吊线用钢尺量或用测斜仪检查，抽查 10%且不少于 10 根
		斜桩	$\pm 15\% \tan\theta$	

注：D 为桩径。

五、沉桩成果分析

1. 进度和质量

从 2003 年 11 月 14 日施打第一根钢管桩至 2005 年 6 月 18 日，平均月沉桩近 260 根，打桩进度主要受航道变更制约。4 艘主要打桩船日沉桩效率比较接近，最高达 13～15 根，月平均 100～140 根。沉桩成果汇总见表 6－19。

表 6－19　沉桩成果汇总表

锤型	桩长(m)	桩径(mm)	桩数(根)	总锤击数(击)			最后贯入度(mm)			沉桩偏位(mm)		
				最大值	最小值	平均值	最大值	最小值	平均值	最大值	最小值	平均值
D150	72	1600	2	8217	6020	7118	0.41	0.34	0.38	353	215	284
	73		72	5914	1437	2919	8.8	0	3.9	383	22	193
	74		18	4407	2021	2373	6.4	1.8	4.7	277	28	163
	75		10	4599	2500	3110	6.6	0.5	3.3	372	68	155
D180	73		24	1566	939	1239	9.8	4	8.1	370	51	186
	74		30	2362	955	1345	9.8	2.7	7.8	380	32	187
	75		34	2127	1116	1407	10	5.1	6.4	334	63	175
	76		40	4215	1067	1630	9.9	1.8	9.2	323	39	185
	77		20	2137	1046	1461	9.9	6.0	9.4	359	6	187
	78		48	3417	1170	1490	9.8	4.7	9.4	340	36	180
	79		24	1953	1127	1496	9.9	9.3	9.6	370	23	203
	82		96	6841	1122	1491	9.9	0.7	9.4	388	19	170
	83		88	6831	1216	1949	9.9	0.9	8.6	380	26	211
	84		112	7655	1259	2155	9.9	0.5	8.3	388	24	162
	85		68	5483	1338	2136	9.8	0	8.1	129	22	89
D128	73	1500	27	3167	1592	2025	8.5	2.9	5.9	358	3	175
S280	72	1600	22	4124	1614	2151	8.7	2.9	7.6	387	8	132
	74		24	3633	1496	2131	8.7	2.5	6.4	387	21	127
	71	1500	578	3604	839	1709	9.3	2.3	7.0	357	1	127
	73		207	3167	1007	1512	9.5	2.9	7.4	371	1	132
	75		378	5107	866	1966	9.0	1.7	6.4	336	6	125
	78		162	2384	1202	1866	8.6	3.5	6.8	310	19	116
	78	1600	332	6588	1439	1720	9.5	0.2	6.7			
	81		198	2652	1599	1925	9.1	6.5	8			
	83		20	3308	2465	2828	8.7	6.7	7.7			
	84		228	4133	1437	2136	9.1	4.7	7.7			
	88		77	4354	2133	3189	8.7	2.1	5.2			
	85		100	6901	2526	3209	7.1	1.6	3.9			
	76		126	1089	1061	1461	7.7	5.3	6.7			
	87		530	5725	1255	2300	9.5	1.4	6.5			

续表

锤型	桩长(m)	桩径(mm)	桩数(根)	总锤击数(击)			最后贯入度(mm)			沉桩偏位(mm)		
				最大值	最小值	平均值	最大值	最小值	平均值	最大值	最小值	平均值
D160	79	1500	162	3996	938	1798	17.9	0.5	8.3	301	0	122
	81		90	3131	1022	1600	11.4	2.8	8.9	313	0	131
	83		342	8004	595	2248	9.9	0.5	5.8	309	14	139
	86		108	5211	1046	1772	9.8	1.9	8.8	296	10	121
	87		4	2030	1262	1545	14	9.4	11.2	150	13	137
	87.35		6	2091	1056	1380	25	9.1	16.3	209	45	133
	88		54	3795	1419	2469	9.8	1.1	7.3	262	0	138
	85	1600	340	7503	1148	1957	9.8	0.8	8.4	300	14	143
	86		22	5823	2004	3116	8.3	1.7	5.9	277	14	156
	87		72	3857	1382	2078	9.7	5.4	8.8	292	22	134
	89		4	1731	1167	1389	11.4	9.2	10.4	196	156	179
	89.35		6	1985	1110	1406	21.4	12.1	15.9	231	89	133

偏位都在允许偏差 $D/4$ 以内，平均偏位为 15.7cm；倾斜度满足规范要求；99.6%的桩达到设计标高；贯入度满足要求，已沉桩质量全部合格。仅有 21 根桩主要因地质原因未达到设计标高，但都做了高应变动力测试，检测结果满足设计要求。

2. 未打到设计标高的桩的原因分析及处理

21 根未打到设计标高的桩分布在中、南引桥 12 个墩，每墩 1～4 根不等，超高长度 1.65～12.87m，停锤贯入度 0～1.4mm/击，锤击数最多达 9516 击。分析原因，除 B14－7 号桩地层有障碍物外，其余桩地层标高在－58～－74m 之间有一层厚度为 10～15m 的粉砂层，密实度大，标贯击数大，而且分布很不均匀。其中，未打到设计标高的 ø1.6m 钢管桩统计汇总见表 6－20 所示。

表 6－20 ø1.6m 未打至设计标高的钢管桩统计汇总

序号	墩号及桩号	桩径(mm)	桩长(m)	超高值(m)	总锤击数(击)	停锤贯入度(mm/击)	动力测试极限承载力(kN)	备注
1	B14－7	ø1600	78	7.67	4207	0.48	15351	动力测试结果满足设计承载力要求
2	B19－10	ø1600	73	5.17	4051	0	16685	
3	B23－23	ø1600	72	2.24	8217	0.3	14391	
4	B23－24	ø1600	72	1.65	6020	0.4	14213	
5	D10－4	ø1600	86	12.87	3467	0.9	16200	
6	D10－9	ø1600	86	9.80	3623	0.6	15900	
7	E34－3	ø1600	87	3.30	3291	0.2	18046	
8	E34－5	ø1600	87	5.50	3534	0	18011	
9	E47－8	ø1600	81	4.05	3176	0.3	17062	
10	E47－9	ø1600	81	3.59	2885	0.1	18250	
11	E54－18	ø1600	88	7.66	6071	0.3	18213	
12	E55－3	ø1600	88	11.20	9516	0.2	17158	
13	E56－14	ø1600	88	8.20	7813	0	19293	
14	E82－7	ø1600	85	6.90	4398	0.1	17886	

为了打到设计标高，21 根桩每根都拼足了设备的使用极限，有的桩用 D150、D160、D180、S280 锤轮换锤击，总锤击数超过 4000 击以上，其中 6 根超过 6000 击，停锤贯入度都在 1.4mm 以下，其中 10 根小于 0.3mm，3 根为 0。最后通过高应变动力测试，承载力满足设计要求，才截桩使用。

少数桩不能下沉到位，是由于桩锤能力不够或替打能量传递损失过大。新购 D180 型柴油锤替换原 D150－42 型柴油锤后，同时研制出节能替打，使超高桩的问题得到彻底解决。

3. 不同类型锤的性能比较

将几种锤型效果作比较，用 D180 锤打 74m 长桩，锤击数为 955～2362 击，最后贯入度为 2.7～9.8mm；而用 D150－42 锤的锤击数为 2021～4407 击，最后贯入度为 1.8～6.4mm；用 S280 锤的锤击数为 1800～2700 击，贯入度为 2.5～8.7mm。

例如，B23 墩 23 号桩，先用 D150－42 型柴油锤试打，当桩尖达到－66.275m 时，锤击数为 5814 击，贯入度 1.1mm/击，再继续打了 2403 击，只下沉了 1.505m，最后平均贯入度为 0.34mm/击，此时与设计标高尚差 2.24m。再继续下沉相邻的桩，结果一样。换用 S280 液压锤下沉余下的 10 根桩，仅打了 1924～2554 击，最后阵次打击能量为 190～232kJ，达到设计标高，贯入度为 6.9～8.5mm/击。主要原因是 D150－42 柴油锤虽然能量比 S280 锤能量大，但经吊钟式替打传递到桩头的有效锤击能量偏低，打桩效果相对较差。

替打结构是影响打桩效率的重要因素。液压锤没有使用替打，因据厂商介绍增加替打后能量将损失 15％左右。在柴油打桩锤沉桩作业中，替打起到了非常重要的作用。能否有效传递柴油锤的打击能量，很大程度上取决于替打结构的合理性。如“海桩 8 号”，将原 2m 长双层垫板的吊钟式替打改成单层垫板套筒式替打，沉桩效果明显提高。以 B19、B20、B21 这 3 个墩 73m 桩长为例，B19 墩的其中 23 根桩使用 D150－42 锤配挂钟式替打进行沉桩，净沉桩时间耗用 16 天，平均 1.4 根/日，使用 4 个替打，全部开裂、报废；而 B20、B21 墩包括 B19 墩 1 根桩，共 49 根桩，使用优化后的套筒式替打，净沉桩时间耗用 13 天，平均 3.8 根/日，使用 1 个替打，替打仍保持良好状态，工效提高了近 3 倍。将 D150－42 柴油锤更换为 D180 大能量打桩锤，配合套筒式替打施工后，平均每天沉桩 7～8 根，日沉桩最高纪录达 13 根，顺利完成了剩余桩基础的沉桩任务。

六、试桩及分析

1. 总体分析

C43、C101、E07、E68 墩分别作了 4 组 8 根静载试桩和高应变动力测试，其试验成果见表 6－21。

表 6－21 杭州湾跨海大桥 T1～T4 组试桩垂直承载力成果表

组别(墩位)	桩号	桩径(mm)	锤型	桩尖标高(m)	总锤击数(击)	平均贯入度(mm)	能量(kN)	极限承载力(kN) 初打	初打 平均值	复打	复打 平均值	静载	静载 平均值	恢复系数	相关系数	设计允许承载力(kN)	安全系数
T1 组 C43	S1	ø1500	S280	－68.9	1642	8.9	233	8393	8848	13654	14280	15000	14625	1.61	1.02	6318	2.3
	S2	ø1500	S280	－68.9	2355	4.2	189	9304		14904		14250					
T2 组 C101	S1	ø1500	D160	－80.99	2030	10.8	155	10900	10600	15126	15033	14000	14000	1.42	0.93	6256	2.2
	S2	ø1500	D160	－80.99	1437	14.0	192	10300		14940		14000					
T3 组 E07	S1	ø1600	D160	－82.89	1709	19.7	180	13100	13050	21400	21150	>20000	>20000	1.62	0.95	6556	3.1
	S2	ø1600	D160	－82.89	1292	11.6	202	13000		20900		>20000					
T4 组 E68	S1	ø1600	D160	－76.00	1353	8.1		11190	11305	19880	19712	>20000	>20000	1.74	1.01	6651	3.0
	S2	ø1600	D160	－76.00	1537	7.3		11419		19544		>20000					

4 组试桩中，T1、T2 组（ø1500mm）静载试验已达到破坏标准，极限承载力分别为 14625kN、14000kN，T3、T4(ø1600mm)组试桩未达到破坏标准，极限承载力均大于 20000kN。静载试验表明，钢管桩轴向承压极限承载能力满足设计要求。

4 组桩高应变动力测试测得的极限承载力分别为 14280kN、15033kN、21150kN 和 19712kN，静载极限承载力与高应变动力测试结果相关性较好，相关系数分别为1.02、0.93、0.95、1.01。高应变动力测试结果最大误差在7%以内。

4组试桩分别进行了高应变初打和复打，其恢复系数分别为1.61、1.42、1.62、1.74。

与设计提供的承载力比较，T3、T4组试桩极限承载力安全系数比T1、T2组大，与打桩的难易程度基本吻合。

4组试桩还分别作了水平荷载试验，在300kN水平荷载作用下桩顶位移满足设计要求。

2. 由试桩成果分析影响极限承载力大小的因素

(1) 极限承载力与贯入度、锤击能量、反弹量的关系

Hiley简化公式：

$$R_u = \frac{f \times E_h}{S + 1/2K}(\text{kN}) \tag{6-2}$$

式中，R_u——桩基极限承载力(kN)；

f——打桩锤效率，相当于机械效率，$f_{液压锤}=2.5$，$f_{柴油锤}=0.5$；

E_h——锤击能量(kN·m)，$E_{h柴油锤}=2mgh$；

h——锤落高(m)；

S——贯入量(m)；

K——反弹量(m)。

公式中E_h、S、K 3个参数，由打桩测定。

通过贯入量和反弹量计算承载力是日本国内打桩管理的主流方法。

根据Hiley公式，桩基极限承载力是由锤击能量、贯入量、反弹量三个可变因素决定的，所以仅用锤击能量和贯入度判定极限承载力存在片面性和不确切性。有的情况下，同一锤、同一种桩，下沉的最后贯入度小，不一定极限承载力高，见表6—22所示。

表6—22 T3组试桩动测土阻力表

桩号	桩尖标高(m)	总锤击数(击)	最终平均贯入度(mm/击)	最大锤击力(kN)	最大压应力(MPa)	传递能量(kJ)	锤跳高(m)	总能量(kJ)	效率(n)	油门挡数	静土阻力(kN)	复打承载力(kN)
S1	−82.89	1709	9.7	14400	130.8	180	2.645	423	0.43	4	13100	21400
S2	−82.99	1292	11.6	15800	143.5	202	3.179	509	0.40	4	13000	20900
M1	−82.99	1381	17.0	16900	153.5	168	2.863	458	0.37	4	12800	19000
M2	−83.00	1455	14.9	15600	141.7	186	2.990	478	0.39	4	12100	
M3	−83.00	1110	17.5	16600	150.8	227	3.270	523	0.43	4	12500	
M4	−83.00	1165	21.4	14400	130.8	232	3.289	526	0.44	4	12300	
M5	−83.00	1959	12.5	14100	128.1	188	2.513	402	0.47	4	12700	20400
M6	−83.41	1307	5.4	14600	132.6	194	3.023	484	0.40	4	12600	20161
G1	−82.61	1680	9.3	14400	130.8	197	2.788	446	0.44	4	12700	
G2	−82.69	1506	9.1	15600	141.7	208	3.074	492	0.42	4	12600	21097
G4	−82.64	1796	9.2	13500	122.6	191	2.744	439	0.44	4	13000	

表中，M6桩的贯入度(5.4mm/击)是最小的，锤击能量(484kJ)也较大，但静土阻力(12600kN)不是最大的。S1桩锤击能量(423kJ)较小，贯入度9.7mm/击，但静土阻力(13100kN)最大。说明锤击能量、贯入度、反弹量K值同时影响桩基极限承载力。反弹量K值与锤型、锤击能量、桩长、桩型、桩侧土的性质、桩尖土和桩尖以下土的软硬程度等变化因素都有密切关系。本工程对未达到设计标高的桩都作了高应变动力测试，以判定桩的极限承载能力。

(2) 极限承载力与总锤击数的关系

从表6—22可看出，M5桩总锤击数(1959击)最高，但静土阻力(12700kN)不是最大的。而M3桩的总锤击数(1110击)最小，但静土阻力(仅比M5桩小200kN)不是最小的。未打到设计标高的ø1.6m的桩平均锤击数为4948击，而T3组试桩平均锤击数为1478击，但后者比前者的平均极限承载力高。说明总锤击数只反映打桩的难易程度、土质的均匀性，并不反映极限承载力的大小。

(3) 关于锤的效率问题

表6—22中传递能量一项，即高应变动力测试中，在桩头安装传感器，直接测出桩头的打击能量，此能量($E_{效}$)即为桩头有效能量。柴油锤总能量($E_{总}$)为跳高×锤芯重量，桩头的打击效率为$n=E_{效}/E_{总}=E/mgh$。从各桩的n值可以看出，D160柴油锤的n值在0.37～0.47之间，平均为0.42，效率较低；S280锤的n值在0.7～0.8之间，平均为0.75，效率较高。通过两锤比较，再次说明了液压锤比柴油锤效率高。

(4) 桩身锤击最大压应力

T1组试桩测得最大压应力为197.5MPa，T2组为166.3MPa，T3组为153.5MPa，T4组为204.5MPa，均小于Q345C钢的设计强度。

七、施工小结

杭州湾跨海大桥中引桥和南引桥水中区，针对自然条件恶劣和基础工程数量大的特点，采用钢管桩基础，通过施工实践，进度快，质量好，证明这一选择是正确的。

杭州湾跨海大桥99.6%的基桩打到设计标高，贯入度满足要求。从静载试验和高应变动力测试结果来看，钢管桩设计合理，停锤标准基本合理。

在浪高、流急、地质条件复杂的杭州湾下沉大直径超长钢管桩，沉桩设备是关键，为沉桩配备的打桩船和打桩锤对顺利沉桩起了关键性作用。

采用GPS卫星定位系统和RTK方法对钢管桩定位，具有精度高、速度快、劳动强度低、可24小时作业的特点，成功地解决了海上沉桩定位问题。

螺旋焊管工厂化程度高，制作速度快，质量有保证，经过连续锤击，没有出现焊缝开裂、变形和桩尖卷口等问题。

钢管桩防腐涂层施工过程基本保持完好，说明涂层结合力好、抗冲击强度高、钢管桩在运输和打桩过程中所采取的保护措施有效。

第六节 钢管桩施打过程中超高桩的处理

一、超高桩定义

在沉桩施工中，当桩锤能量满足柴油锤4挡、液压锤$E\geqslant 160\sim180$(kJ)时，桩的实时贯入度小于3mm，桩顶实际标高－桩顶设计标高>1.5m，沉桩施工无法继续而停止时，该桩称为超高桩。

二、超高桩的处理措施

1. 超高桩的分布情况

从2003年11月14日打下第一根桩开始至2004年6月11日止，共计沉桩313根，出现超高桩13根。其中，C92墩沉桩8根出现3根超高桩，C93墩沉桩7根出现4根超高桩，超高桩的最后贯入度均小于1.3mm/击，未超高的桩最后贯入度均小于3mm/击；D10墩沉桩16根出现2根超高桩，最后贯入度均小于1.3mm/击，未超高桩的最后贯入度均小于5mm/击。由于这几个墩超高桩数量多，有的桩超高长度达10m左右，经与业主、设计、监理单位联系，这几个墩的沉桩工作被迫停止。

2. 超高桩原因分析

通过对C92墩、C93墩、D10墩的地质分析，发现导致沉桩超高的主要原因是：在地质层标高为：−58～74m之间有10～15m的粉砂层，该粉砂层对桩的侧摩阻力过大。

3. 处理过程

针对上述超高桩现象，采取了以下处理过程：

在2004年6月至8月间，对C92墩、C93墩、D10墩每一根超高桩都进行了复打工作并做了高应变复打检测，结果每一根桩复打的最后贯入度均小于0.3mm/击，且单桩承载力均超过设计要求。

2004年8月27日，请一航局的“天威号”打桩船(其桩锤为S280型液压锤)对D10右4号桩进行了复打，结果贯入度只有0.11mm/击，依然难以下沉。

上述处理结果，证明了粉砂层过厚是造成超高桩的原因分析是正确的。

4. 有效的措施

为了克服超高桩技术难关，项目部组织局内沉桩专家，并聘请了局外有关专家进行了论证，从以下2个方面采取有力措施：

一方面，充分发挥桩锤的锤击能量，提高有效锤能。根据每分钟的锤击数及锤芯跳高判断桩锤能量是否充分发挥；检查油路，保证供油充分；更换桩锤活塞环，提高压缩比；减少桩垫层，提高作用在桩上的有效锤能。

另一方面，减小地质层对桩身的摩擦阻力。为了减小土层对桩身的摩擦阻力，沉桩前，根据地质资料，判断是否有超高桩可能，若地质层内粉砂层厚或者有数层粉砂层，则在该区域桩的桩尖处采取特殊处理措施，减小较厚砂层对桩的侧摩阻力。

5. 达到的效果

通过采取上述有效措施后，C92墩、C93墩、D10墩的后续沉桩工作进展顺利，与前期超高桩相比，最后贯入度由0.01～3mm/击提高到5～8mm/击，并且以后均未再次出现超高桩，表明所采取的措施效果显著，顺利克服了超高桩难关。

三、对于超高大于1.5m桩的处理

本工程由于地质情况复杂，水文条件恶劣，桩入土深度较长，施打过程中共有26根钢管桩顶标高超过设计标高1.5m以上(见表6−23)，最高的D10墩右4号桩超高达到12.804m。

表6−23　桩顶标高超高1.5m以上的沉桩统计表

序　号	桩　号	桩顶超高(m)	总锤击数(击)	最后贯入度(mm/击)	备　　注
1	B19−10	5.167	4051	0	D150柴油锤
2	B23−23	2.239	8217	0.340	
3	B23−24	1.654	6020	0.410	
4	D19−10	8.754	5483	0.00	D180柴油锤
5	C84−11	2.310	3691	1.00	D160柴油锤
6	C84−14	1.500	3269	1.90	
7	C85−3	1.820	3759	1.30	
8	C105−12	3.600	5491	0.50	
9	C92−4	3.400	3338	0.80	
10	C92−6	1.730	2920	1.20	

续表

序　号	桩　号	桩顶超高(m)	总锤击数(击)	最后贯入度(mm/击)	备　注
11	C92－7	2.850	3155	0.80	
12	C93－1	2.440	3330	1.40	
13	C93－4	2.390	2812	1.20	
14	C93－6	2.300	2885	1.20	D160 柴油锤
15	C93－8	7.732	3390	0.10	
16	D10－右 9	9.800	3623	0.60	
17	D10－右 4	12.804	3467	0.073	
18	E47－9	3.57	2855	0.10	
19	E47－8	4.05	3176	0.30	S280 液压锤
20	E31－19	3.00	3875	0.40	
21	E54－18	8.50	6071	0.30	
22	E34－5	5.50	3534	0.00	
23	E55－3	11.20	9516	0.20	D160 柴油锤
24	E56－14	8.20	7813	0.00	
25	E34－3	3.30	3291	0.20	
26	E82－7	6.90	4398	0.10	

4 家施工单位都选用了能量较大的柴油锤或液压锤，而暂定停锤标准是采用 D125 或 D128 柴油锤开 4 挡的锤击能量制订的，锤击能量约为 417kJ，而实际施工过程中锤击能量 D150 柴油锤为 511kJ，D180 柴油锤为 590kJ，S280 则更大，远远超过 417kJ；超高桩的锤击数多数在 3000 击以上，最大达到 9516 击；最后贯入度多数在 1.0mm 以下，最小的就没有贯入度。在这种情况下如继续锤击，会造成沉桩设备的损坏，或钢管桩本身受损，对工程质量不利。

杭州湾大桥工程指挥部根据实际情况，召开专题会议，分析原因是地下有障碍物或标贯较高的铁板砂，决定对超高 1.5m 以上的桩进行高应变动力测试。测试单位采用的高应变试验方法为 CASE 法和 CAPWAPC 法，仪器型号为 PAK 型打桩分析仪，动力测试结果见表 6－24。经设计单位验算，承载力都满足要求，决定截桩处理，既保证了工程质量，又不影响工程进度。

表 6－24　高应变动力测试结果

桩　　号	极限承载力(kN)
B19－10	16685
B23－23	14390
B23－24	14213
B19－10	15900
C93－8	15800
C93－8	15000
D10－右 4	16200
D10－右 9	15900
E47－9	18250
E47－8	17062

续表

桩　号	极限承载力(kN)
E31－19	18228
E54－18	18213
E34－5	18011
E55－3	17158
E56－4	19293
E34－3	18046
E82－7	17886

四、高应变动力测试与静载试验的对比

2005年第一季度，中港一航局、二航局、三航局作了4组试桩，分别为T1组(C43墩)、T2组(C101墩)、T3组(E07墩)、T4组(E68墩)，对钢管桩极限承载力进行了高应变动力测试和静载试验。高应变动力测试方法为CASE法和CAPWAPC法，仪器型号为PAK型打桩分析仪；静载试验方法为快速维持荷载法，试验反力通过反力梁从试桩周围的4根锚桩获得，试验结果见表6－25。

表6－25　高应变动力测试和静载试验结果

试　桩	桩　号	极限承载力(kN)	
		动力测试	静载试验
T2	S1	15100	14000
	S2	14900	14000
T3	S1	21400	＞20000
	S2	20333	＞20000
T4	S1	19880	＞20000
	S2	19544	＞20000

从上表可以看出：对同一根桩，动力测试所得到的极限承载力与静载试验所测得的数据是非常接近的。

杭州湾跨海大桥沉桩区域跨度大，地质条件复杂，再加上本工程钢管桩较长(71～89m)、较重(56～74t)，沉桩施工过程中出现部分高桩是很难避免的。出现高桩后，如不及时做好处理，该承台后续沉桩将无法进行，所以对超高桩进行高应变动力测试，取得极限承载力后再决定处理意见是正确的。

根据试桩结果，同一根试桩动力测试和静载试验所得出的极限承载力非常接近，所以在沉桩过程中用动力测试法确定极限承载力是安全可靠的，制定的停锤标准是可行的。

第七节　钢管桩荷载试验研究

杭州湾跨海大桥水中区引桥采用钢管桩总数达5000多根，规格为ø1600mm和ø1500mm。该区域水文地质资料表明，桥区波浪、水流、气象、地质、地形等自然条件比较复杂，桥梁桩基础不仅需要承受较大的垂直荷载作用，而且须同时承受较大的水流、波浪、风力的水平荷载作用。

杭州湾大桥工程指挥部于2005年1～4月进行了T2、T3组的两组钢管桩的试桩。通过对T2组S1、S2两根钢管桩(ø1500mm)的垂直、水平静载试验，并结合本区域的地质状况，分析并总结钢管桩的承载形状和影响因素。

一、工程地质条件和试验概况

1. 工程地质条件

试桩场地土层主要物理力学性质参数如表 6－26 所示。

表 6－26　试验场地土层物理力学性质参数

土层层号	土层名称	土层的物理力学指标						
		w (%)	γ (kN/m³)	c (kPa)	Φ (°)	$a_{0.1-0.2}$ (MPa^{-1})	$E_{S0.1-0.2}$ (MPa)	标贯击数(击)
③	淤泥质亚粘土	39.6	17.7	11	20.0	0.64	4.44	
④	淤泥质粘土	49.5	16.9	13	10.0	0.91	2.61	
⑤1	粘土	42.3	17.2	23	15.0	0.88	2.52	
⑤2	细砂夹亚粘土	29.5	18.7	4	33.5	0.19	10.77	29
⑤3	粘土	37.4	17.7	22	16.0	0.58	3.54	
⑦1a	粉砂	30.4	18.6	0	36.0	0.12	15.23	26.3
⑦夹	亚粘土	34.6	18.4	23	18.0	0.37	5.30	
⑦1b	粉砂	29.5	18.8	0	36.0	0.13	14.36	31.5
⑧1	亚粘土	36.6	18.0	22	18.0	0.45	4.82	
⑧2	亚粘土	31.4	18.6	37	18.5	0.34	5.67	

2. 试验概况

垂直静载抗压试验采用快速维持荷载法，试验反力通过反力梁从试桩周围的 4 根锚桩获得，压力系统分别配备了 8 只 5000kN 级的油压千斤顶并对称分布于桩顶，试验过程中对各锚桩的上拔量进行了监测，无异常情况出现。水平静载试验中，试验桩 S1、S2 桩顶呈自由无约束状态，水平荷载为一个集中力(H)，作用于靠近桩顶的断面上，每根桩的水平力值和力作用点桩身水平位移值的控制均遵照设计要求和规范相关规定执行。

为测试桩周土侧摩阻力、桩端阻力和在水平荷载作用下的桩身弯矩分布情况，在试桩 S1、S2 中埋设了应变计，并对有水平力荷载试验要求的桩在泥面附近进行了加密处理。其断面布置见图 6－48。

二、试验资料分析

1. 桩身内力测定

由实测截面处的应变可求得桩身轴力：

$$P_i = \sigma A = \varepsilon EA \tag{6-3}$$

式中，P_i 为计算截面处桩身轴力；σ 为桩身计算截面处平均应力；A 为桩身计算截面处面积；ε 为桩身应变；E 为桩身弹性模量。

2. 桩周侧摩阻力确定

由桩身各测点截面的轴向力可求得桩周各段土层的桩侧土总摩阻力：

$$\Delta P_i = P_{i-1} - P_i \tag{6-4}$$

则该段桩侧土单位面积的摩阻力 f_i 为：

$$f_i = \Delta P_i / U \Delta l_i \tag{6-5}$$

式中，U 为桩身周长；Δl_i 为桩身分段长度。

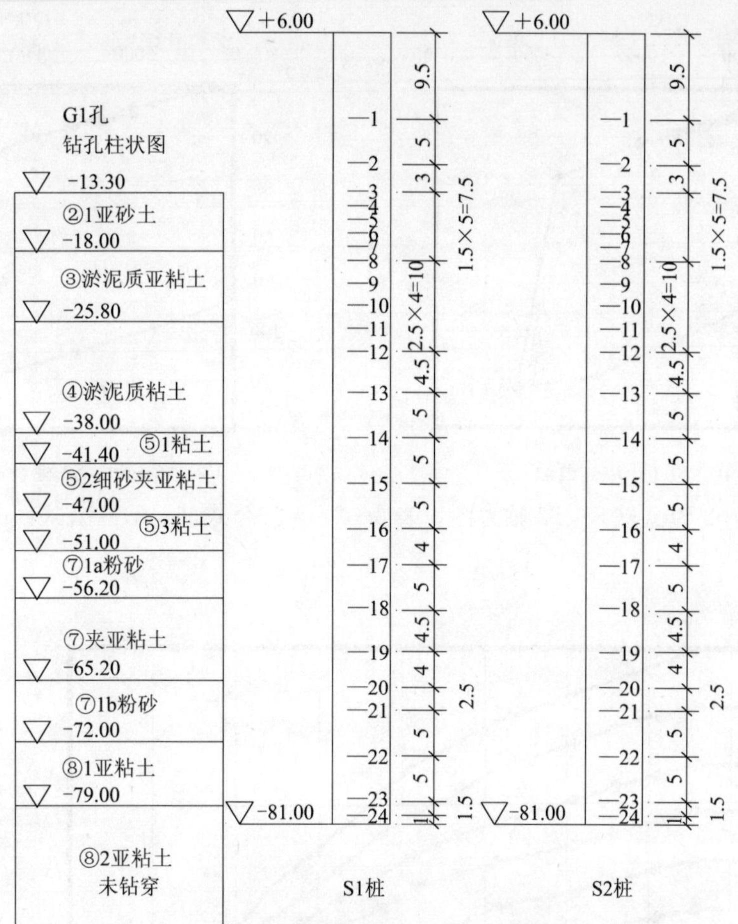

图 6-48　桩周土层状况与试桩应变计布置图(单位:m)

3. 桩身弯矩确定

桩身各截面的弯矩则可根据材料力学公式计算:

$$M_i = EI(\varepsilon_c + \varepsilon_t)/D \qquad (6-6)$$

式中,M_i 为桩身截面处的弯矩;EI 为桩身的抗弯刚度;ε_c、ε_t 分别为桩身各测点处的压、拉应变;D 为桩径。

三、试验结果分析

1. 垂直静载试验

试验过程中,S1 桩当荷载加载至 14000kN 时,桩顶总沉降量为 33.60mm,继续加载至 16000kN 时,桩顶沉降量明显增大,最大沉降量达 121.85mm,达到港口工程桩基规范规定的破坏标准;卸载至零后,残余沉降量为 86.97mm。同样,S2 桩在加载至 14000kN 时,桩顶总沉降量为 36.70mm,加载至 16000kN 时,桩顶总沉降量达 123.50mm,也达到港口工程桩基规范规定的破坏标准;卸载至零后,残余沉降量为 75.59mm。因此,根据规范判断,两根桩的垂直极限承载力均为 14000kN。各静载桩试压 $Q-s$ 曲线如图 6-49、图 6-50 所示。

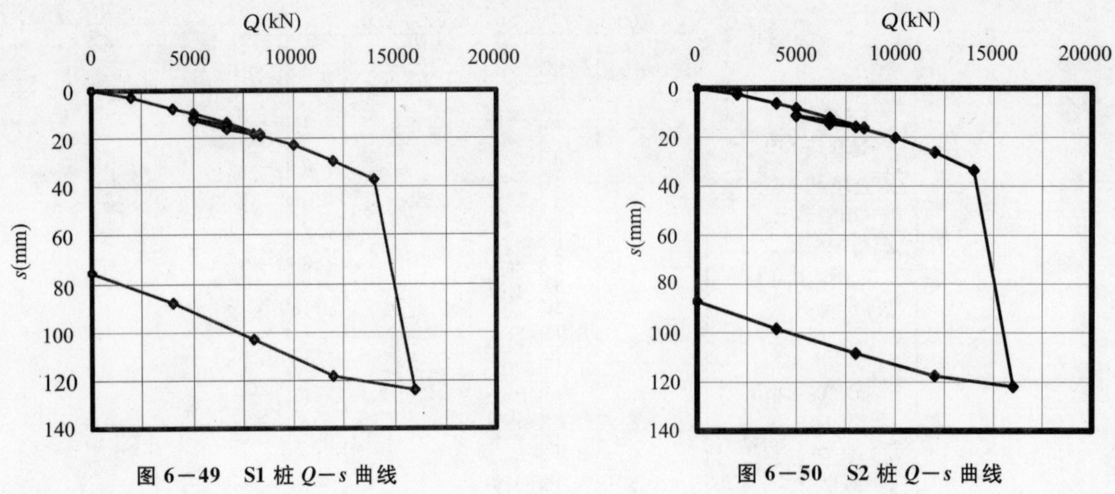

图 6－49 S1 桩 $Q-s$ 曲线　　图 6－50 S2 桩 $Q-s$ 曲线

图 6－51、图 6－52 为试桩 S1、S2 轴力图。表 6－27 为按公式(6－3)～公式(6－5)计算的桩侧摩阻力和端阻力值。

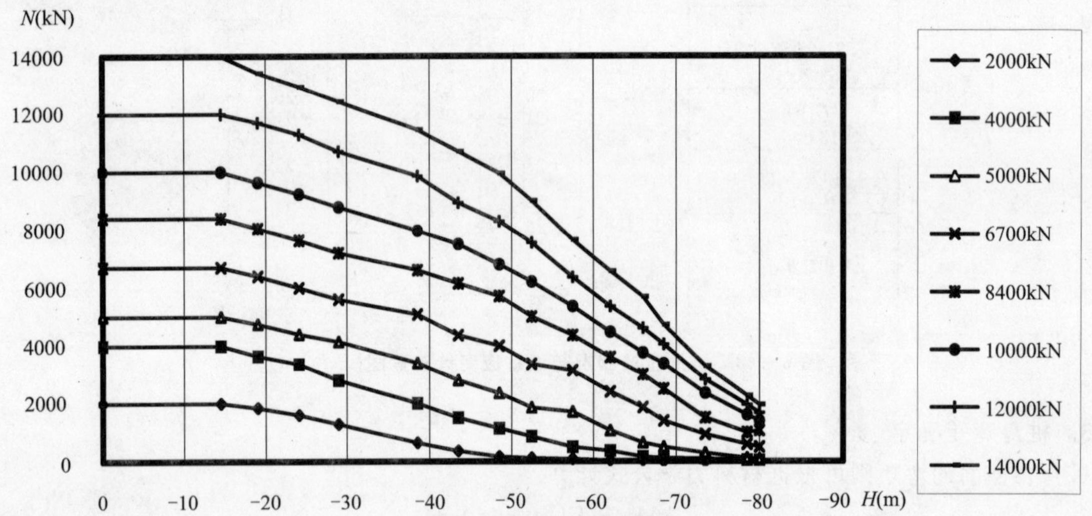

图 6－51 S1 桩轴力图

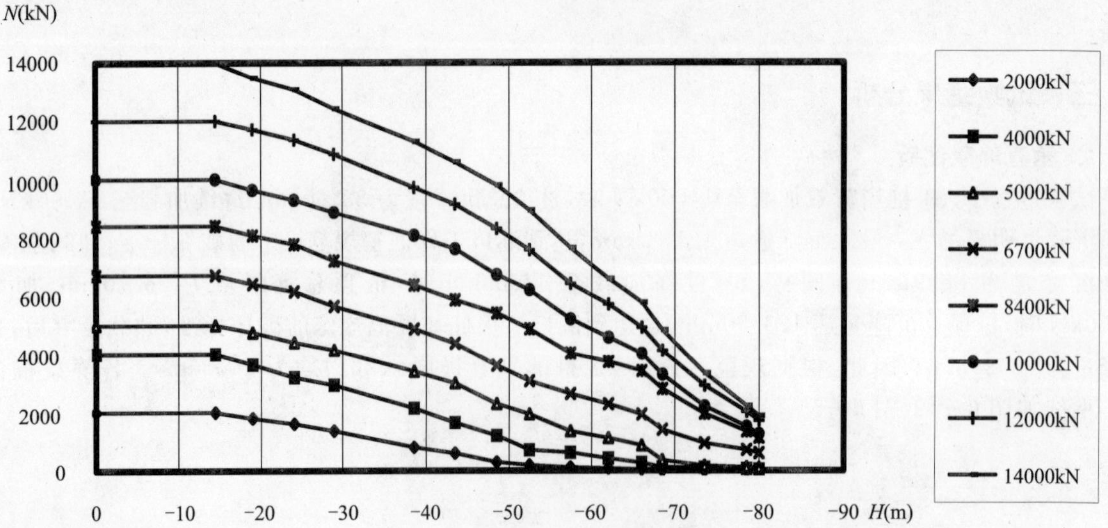

图 6－52 S2 桩轴力图

表 6－27　试验桩桩侧摩阻力和桩端阻力

土层层号	土层名称	顶层标高(m)	底层标高(m)	S1 桩侧摩阻力(kPa)	S1 桩端阻力(kN)	S2 桩侧摩阻力(kPa)	S2 桩端阻力(kN)
③	淤泥质亚粘土	－13.30	－18.00	18	1957（含桩端以上 1m 侧摩阻力）	17	1869(含桩端以上 1m 侧摩阻力)
④	淤泥质粘土	－18.00	－25.80	19		17	
⑤1	粘土	－25.80	－38.00	22		24	
⑤2	细砂夹亚粘土	－38.00	－41.40	31		30	
⑤3	粘土	－41.40	－47.00	40		37	
⑦1a	粉砂	－47.00	－51.00	36		35	
⑦夹	亚粘土	－51.00	－56.20	58		55	
⑦1b	粉砂	－56.20	－65.20	46		44	
⑧1	亚粘土	－65.20	－72.00	81		81	
⑧2	亚粘土	－72.00	－80.00	43		47	

2. 水平力试验

试验桩水平力试验基本参数如表 6－28 所示。

表 6－28　水平力(*H*)试验桩基本参数

桩号	桩外径 ø (mm)	截面刚度 *EI* (kN·$m^2 \times 10^5$)	*H* 力点标高 (m)	泥面标高 (m)	最大试验荷载 H_{max}(kN)	力点最大水平位移 Y_{max}(mm)
S1	1500	71.94	＋5.6	－16.9	300	457.00
S2	1500	71.94	＋5.6	－16.7	300	452.69

图 6－53、图 6－54 为水平力 *H* 与 *H* 力作用点的水平位移 *Y* 关系曲线，曲线变化平稳，没有明显的拐点。表 6－29 为试验桩水平力 *H* 与 *H* 力作用点的水平位移 *Y*、泥面位移 Y_0、桩顶转角 φ、地基土 *m* 值的试验结果。从表中可看出，*m* 值随 *H* 值的增加在开始阶段呈快速下降，随后的下降逐渐减小，慢慢趋于平稳。图 6－55、图 6－56 为按公式(6－6)计算的 S1、S2 桩桩身弯矩分布曲线。其中，S1 桩桩身最大弯矩为 3876kN·m，最大弯矩截面标高为－19.0m；S2 桩桩身最大弯矩为 4100kN·m，最大弯矩截面标高为－18.3m；两根桩第一弯矩零点标高均在－32.5m 附近。

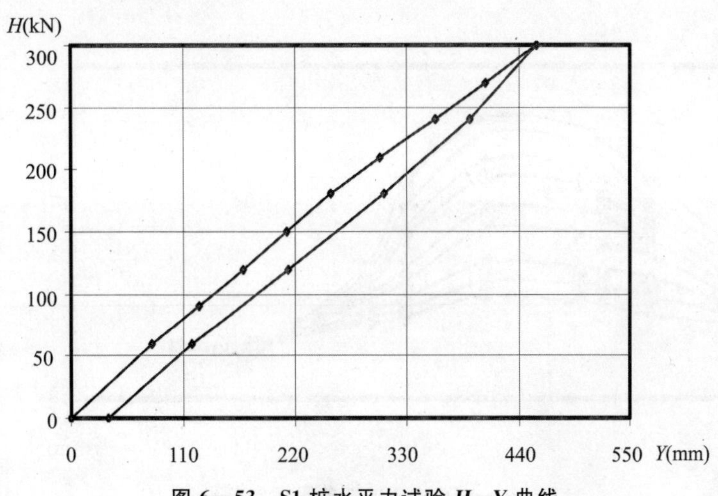

图 6－53　S1 桩水平力试验 *H*－*Y* 曲线

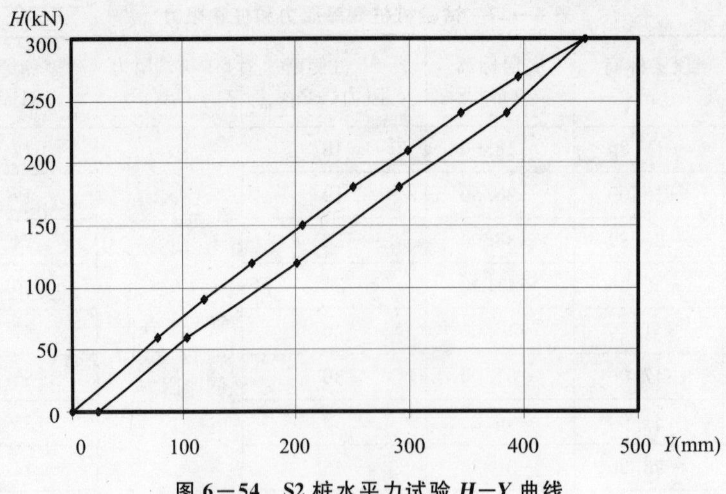

图 6－54　S2 桩水平力试验 $H-Y$ 曲线

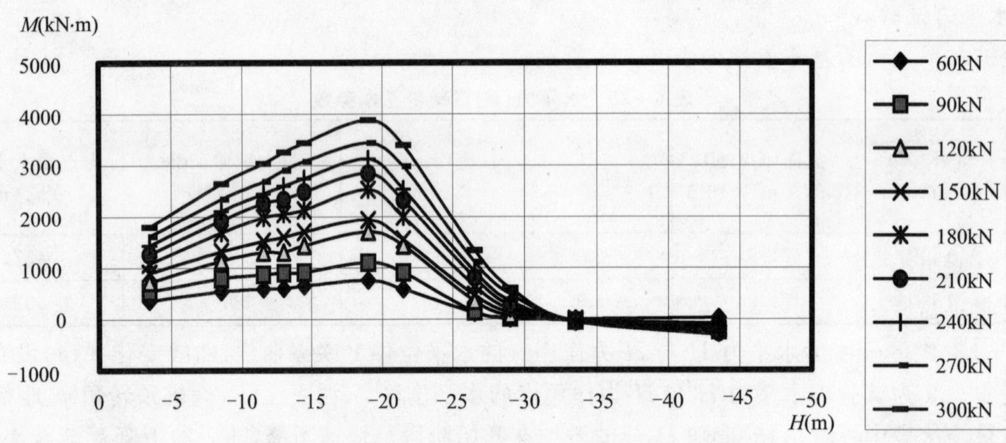

图 6－55　S1 桩桩身弯矩分布图

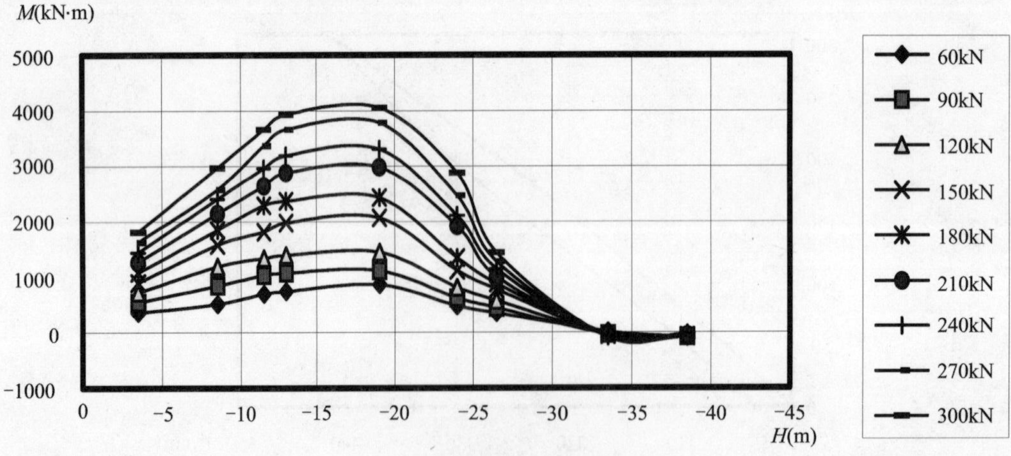

图 6－56　S2 桩桩身弯矩分布图

表 6－29　试验桩水平力试验的 $H-Y-Y_0-\varphi-m$ 数值表

水平力(kN)	S1				S2			
	H 力点水平位移 Y (mm)	泥面水平位移 Y_0 (mm)	桩顶转角 φ(弧度)(10^{-3})	地基土层 m (kN/m^4)	H 力点水平位移 Y (mm)	泥面水平位移 Y_0 (mm)	桩顶转角 φ (弧度)(10^{-3})	地基土层 m (kN/m^4)
60	80	5.56	3.96	3806	77	5.24	3.03	4293
90	125	9.53	6.56	2811	119	8.62	4.51	3474
120	168	13.03	9.07	2654	161	12.06	6.59	3112
150	211	16.53	12.50	2566	206	16.32	9.02	2601
180	255	20.29	17.40	2440	251	20.43	12.42	2361
210	304	25.30	20.40	2097	299	25.41	17.73	2044
240	358	31.65	24.47	1710	344	29.63	22.66	1953
270	406	36.46	26.74	1621	395	35.42	27.14	1702
300	457	42.08	28.70	1488	453	43.07	29.70	1390

注：S1 桩泥面水平位移 10mm 时，m 值为 2791kN/m^4；泥面水平位移 4mm 时，m 值为 4196kN/m^4。S2 桩泥面水平位移 10mm 时，m 值为 3335kN/m^4；泥面水平位移 4mm 时，m 值为 4593kN/m^4。

3. 结论

试验桩垂直静载实测曲线表明，该试验区的地质状况比较一致，无较大突变，试桩 S1 和 S2 的极限承载力均为 14000kN。

竖向荷载增大时，桩侧摩阻力自上而下逐渐发挥。桩身轴力呈非线性分布，轴力沿桩身向下加速衰减。单位侧摩阻力下层土高于上层土，砂土高于粘土。

最大水平荷载作用下，两根试桩桩身最大弯矩为 4000kN·m 左右，其位置在泥面以下 1.1～1.4 倍桩径范围，第一弯矩零点标高在－32.5m 附近。

地基水平抗力系数的比例系数 m 值随荷载和位移的增大而减小，是一条变化的曲线，设计可根据所要求的水平力值、桩身水平位移值或泥面位移值来取用。

第七章
海上平台匝道桥的设计与施工成套技术

第一节　弯坡斜钢箱梁的设计与施工成套技术

一、海中平台匝道桥上部结构概况

海中平台匝道桥分 A、B、C、D、E 五部分，见图 7－1。匝道桥最小平曲线半径为 72m，最小回旋线参数为 60m，最大纵坡为 3.8308%，最小凸型竖曲线半径为 2776.015m，最小凹型曲线半径为 2171.789m，最小竖曲线长为 76.00m。

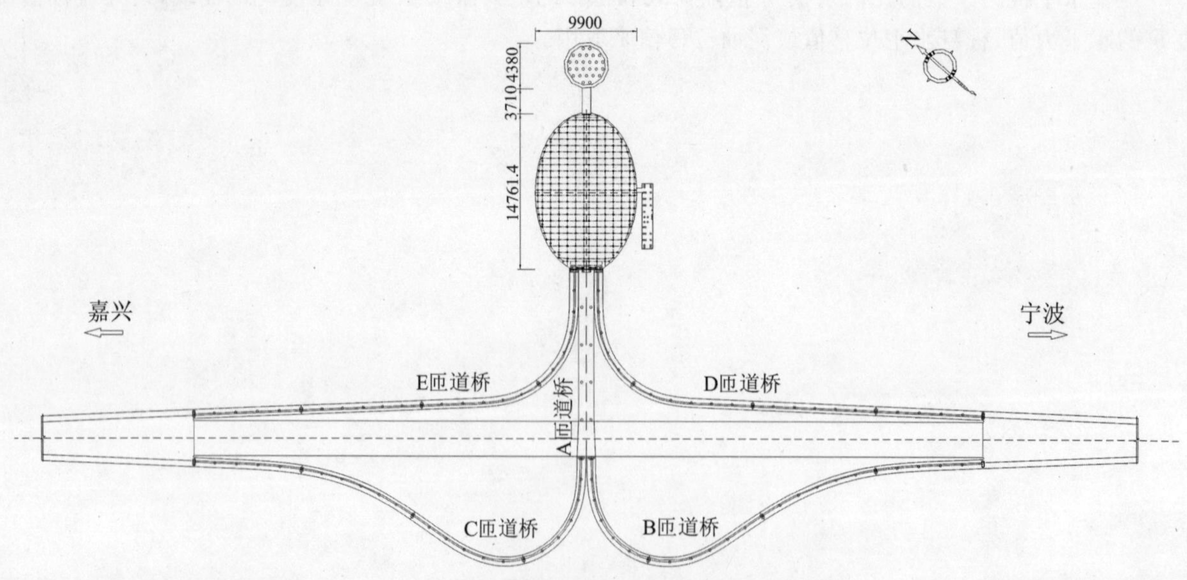

图 7－1　海中平台匝道桥平面图(尺寸单位：cm)

A 匝道桥布跨为：(4×35.50＋36.00)m，共 1 联，桥长 178.00m，桥宽 15.00～18.00m。

B、C 匝道桥布跨为：3×(6×20)＋(4×21.00＋20.367)m，共 4 联，桥宽 8.50m，桥长 464.367m。

D、E 匝道桥布跨为：3×(6×20)＋(4×21.00＋19.853)m，共 4 联，桥宽 8.50m，桥长 463.853m。

A 匝道桥梁高 1.8025m(内轮廓中心线),B、C、D、E 匝道桥梁高均为 1.65m(内轮廓中心线),顶板厚为 16mm,底板厚为 12mm,斜腹板厚为 16mm。钢箱梁横隔板标准间距为 2.00m(开口横隔板),在支座处、吊点处及梁段的两端设封闭横隔板。在与南引桥水中区、海中平台相连处设伸缩缝为 DS320,其余过渡墩处设伸缩缝为 DS240。在各墩顶附近钢箱梁内设有混凝土压重块,以增加钢箱梁的刚度。

二、上部结构主要尺寸

梁高(中心线处,内轮廓)		1.8025m(A 匝道桥)
		1.65m(B、C、D、E 匝道桥)
双向横坡		2%(A 匝道桥)
顶板宽		15.0～18.0m(A 匝道桥)
		8.50m(B、C、D、E 匝道桥)
底板宽		11.4354～14.450m(A 匝道桥)
		4.95m(B、C、D、E 匝道桥)
斜腹板宽		0.40m
顶板厚		16mm
底板厚		12mm
斜腹板厚		16mm
顶板 U 形加劲肋	厚	8mm
	上口宽	300mm
	下口宽	170mm
	高	280mm
	间距	600mm
底板 U 形加劲肋	厚	8mm
	上口宽	170mm
	下口宽	263mm
	高	200mm
加劲扁钢	厚	10mm
	高	200mm
横隔板间距		2.00m
横隔板厚		10mm
		16mm(支座处及端横隔板)

三、设计要点

钢箱梁是由桥面顶板、底板、斜腹板、纵腹板、横隔板等组成的单箱薄壁结构,受力复杂,安装难度大。根据受力情况、运输设备、起重能力、桥位自然条件及架设工期等因素,并考虑到安装起吊能力,各联钢箱梁划分梁段的原则为:五跨一联的每联均分成 5 个梁段,六跨一联的每联均分成 6 个梁段进行架设。A 匝道桥钢箱梁划分为 5 个梁段进行架设安装,各梁段长分别为(43.74+3×35.50+27.30)m,最大吊装重量约 287.5t。B、C 匝道桥钢箱梁划分为 23 个梁段进行架设安装,各梁段长分别为 3×(24.24+4×20+15.24)m、(25.24+3×21.00+15.547)m,最大吊装重量约 85.4t。D、E 匝道桥钢箱梁划分为 23 个梁段进行架设安装,各梁段长分别为(24.30+4×20+15.24)m、2×(24.24+4×20+15.24)m、(25.24+3×21.00+15.033)m,最大吊装重量约 84.8t。

由于钢箱梁的梁段比较长,设计图纸中未考虑钢箱梁的竖曲线影响,因此钢箱梁的竖曲线除通过钢箱梁顶、底板张口大小不同来实现外，在钢箱梁加工制作时各构件下料应考虑竖曲线的影响。

钢箱梁分节段在工厂制造，驳船运输至桥位，现场吊装、焊接成桥。钢箱梁采用大型浮吊四点平衡起吊，至安装位置后利用临时匹配件与已有梁段临时连接，精确定位后完成顶板 U 形肋（钢箱梁内）高强螺栓施拧，并完成除顶板 U 形肋（钢箱梁内）外的全截面焊接。

钢箱梁吊装的吊点可用来调整梁段斜率。

四、结构计算分析

1. 计算荷载

竖向荷载：恒载、汽车—超 20 级、挂车—120。

风荷载：与汽车荷载组合的风荷载按桥面风速 30m/s 控制计算，不与汽车荷载组合的风荷载按设计风速 $V_{10}(1/50)=36.6$m/s 计算。

温度荷载：钢箱梁设计标准温度为 20℃，允许合龙温度为 15～25℃；钢箱梁体系升温 24.1℃，体系降温 35.6℃；墩身体系升温 13.3℃，体系降温 21.3℃；日照温差效应参考 BS5400 取值。

地震荷载：按地震基本烈度Ⅵ度及桥位实测地震参数进行抗震验算。

2. 计算分析体系

钢箱梁计算分析主要按总体体系、桥面板体系和盖板体系 3 个受力体系进行：

总体体系：根据实际施工步骤，针对各阶段受力工况，分别计算竖向荷载、横向荷载、温度荷载、风荷载和地震作用下产生的轴力、弯矩、剪力和扭矩。

桥面板体系：按正交异性板计算分析，应用 Pelikan—Esslinger 的方法，设定桥面板为支承在弹性肋上的正交异性连续板。

盖板体系：是桥面板支承于横梁与纵肋之上，直接承受轮轴荷载作用，应用 Pelikan－Esslinger 的方法进行计算。

按实体空间模型进行以上 3 个体系的综合分析。

3. 主要验算方法

（1） 主体结构验算

钢箱梁主体结构的强度验算，是根据前述的分析结果，按照《公路桥涵钢结构及木结构设计规范》（JTJ025—86）的要求，计算在竖向荷载、横向荷载和温度荷载不利组合作用下，钢箱梁体系的弯曲正应力、剪切应力、扭转剪应力、畸变剪应力，验算钢箱梁在不利组合荷载作用下的竖向、横向挠度，验算钢箱梁在不利组合荷载作用下的稳定性。

（2） 局部构造的验算

钢箱梁局部构造的强度验算，按照《公路桥涵钢结构及木结构设计规范》（JTJ 025—86）的要求，参考国外规范，计算在竖向荷载、横向荷载和温度荷载不利组合作用下，钢箱梁各局部构造的弯曲正应力、剪切应力、扭转剪应力，并进行强度、板件稳定性的验算，验算钢桥面板在竖向荷载和温度荷载不利组合作用下的变位。

（3） 钢箱梁总体作用体系与正交异性板体系的组合验算

总体作用体系与正交异性板体系的组合验算，是将前述总体作用体系计算所得应力与桥面体系计算所得应力叠加，按照《公路桥涵钢结构及木结构设计规范》（JTJ 025—86）的要求，进行正应力及换算应力的验算。参考 AASHTO 规范，组合应力的允许应力提高 25%。

（4） 疲劳强度验算

疲劳应力考虑总体作用体系和正交异性板体系的应力叠加，检算方法根据《公路桥涵钢结构及木结构设计规范》（JTJ 025—86）。正交异性板构造细节的疲劳等级的确定参照了国外文献。

五、施工要点

1. 制造难点、重点及对策

匝道桥钢箱梁具有以下两个特点：一是桥体轮廓线形为空间曲线，线形极为复杂；二是梁体为全封闭单箱薄壁结构，梁段长度长，大多数节段长不小于20m。

根据匝道桥的设计特点，钢箱梁制作分为以下三个阶段：第一阶段，单元件制造；第二阶段，梁段组装匹配及预拼；第三阶段，钢箱梁工地装焊。

为了达到相关技术要求，在制造过程中采用综合控制精度措施：控制下料切割精度、工装胎具制作精度、单元件的制作精度、结构划线和安装精度、梁段匹配制造成型精度，并严格控制焊接变形，以确保桥型正确性和一致性。制造过程中，以控制梁段外形及高程为重点。

具体工艺措施如下：在梁段总装时，采用以联为单位的梁段总成与预拼装一体化的建造方案；梁段总成时，以底板为基面正造，以胎架为外模，以横隔板为内模，确保梁段成型精度；工地连接严格控制焊接程序，适时监控桥体线形，确保成桥线形达到设计规范要求和工地安装检查实测项目的要求。

2. 单元件划分

匝道桥钢箱梁效果图如图7－2所示。

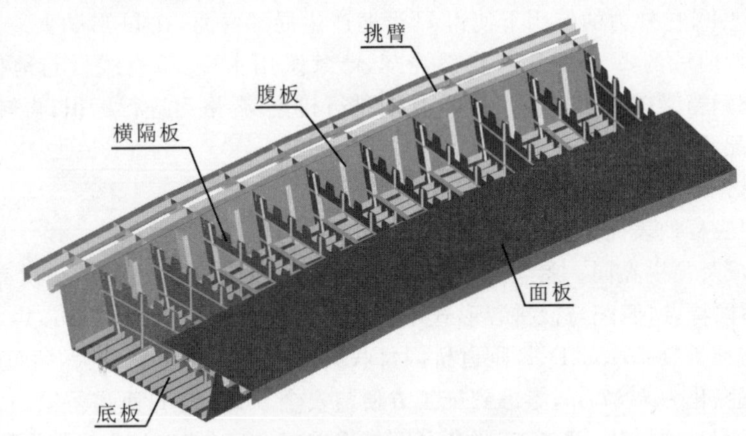

图7－2　匝道桥钢箱梁效果图

匝道桥最短梁段长度为15.033m（桥梁设计线长），绝大多数梁段长度大于20m。对长度大于20m的梁段，在纵向将面板、底板、腹板单元分为两块，其中一块面板、底板、腹板单元（非基准单元）长度留约30mm余量，U形肋（纵肋）设置400mm长（每端200mm）嵌补，面板、底板、腹板单元横向减少一定数值留作纵缝间隙。

B匝道桥C类梁段结构形式如图7－3所示，单元件划分为面板单元、底板单元、两侧腹板单元、横隔板单元和两边挑臂单元。

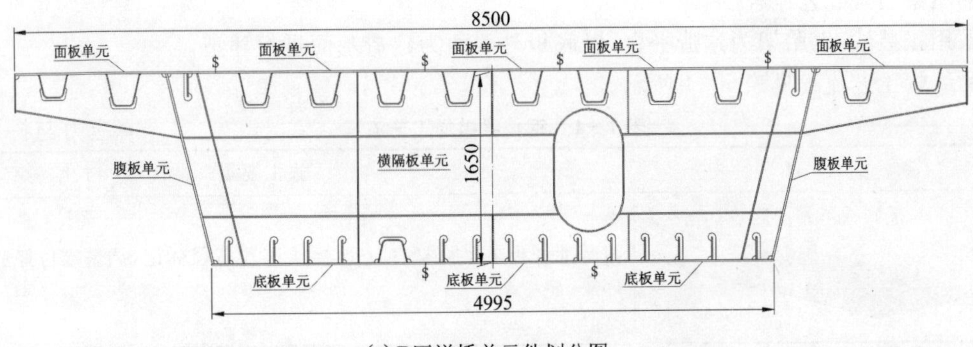

(a) B匝道桥单元件划分图

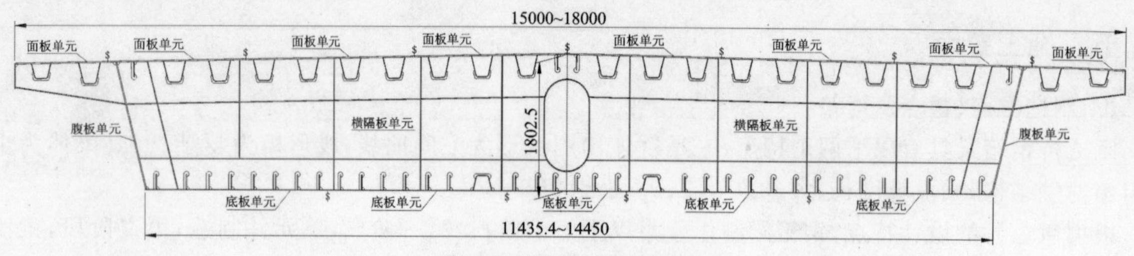

(b) A匝道桥单元件划分图

图 7—3 匝道桥钢箱梁一般构造及单元划分图(尺寸单位:mm)

3. 单元件制造总体思路

各单元件制造在专用胎架上进行,单元件结构焊接采用 CO_2 气体保护自动焊,以减少焊接变形,保证各构件焊接质量及外表成型美观。

用于匝道桥的 U 形肋,其外形成一定的曲线,最大矢高处约为 170mm,因此对曲线的 U 形肋采取火工进行弯曲,制作前 U 形肋要做弯曲试验,弯制程序及弯制工艺如下:

首先,在专用弯制平台上,画出 U 形肋弯制的曲线地样;然后在 U 形肋内按 400～500mm 间距装入内卡模与外模扣紧;接着在有工装板处用火工加热,加热时注意温度应控制在 900～1000℃,加热处用 200mm 宽的楔形板垫平,在外力的作用下使得 U 形肋产生局部弯曲,在 U 形肋上逐点进行,并严格控制 U 形肋边缘直线度;弯曲后的 U 形肋让其自然冷却,严禁采用水冷,检查线形与地标点的吻合情况;U 形肋内表面的涂装同钢箱梁内表面;最后,对 U 形肋进行检查,合格后进行标识,再转入存放。

4. 梁段组装匹配及预拼

(1) 总成制造总体思路

梁段总成采取以底板外表面为建造基面进行正造。

原则上,梁段总成及预拼在同一胎架上采取"以联为单位"的匹配与预拼装一次完成。根据 A、B、C、D、E 5 座匝道桥的不同特点,匹配与预拼装形式不尽相同。A 匝道桥全长 178m,共 5 个梁段,在同一胎架上一次完成匹配与预拼装。B、C、D、E 匝道桥因每联梁段高程变化差别极大,每联梁段最小高程变化为 2.216m,最大高程变化为 5.577m,考虑到施工方便与安全,B、C、D、E 匝道桥第一、四联采取在各自胎架上一次完成梁段匹配与预拼装,第二、三联各分两轮采取"2+1"与"1+3"完成梁段匹配与预拼装。梁段组装时尽量减少马板定位。

最短梁段长度为 15.033m(桥梁设计线长),绝大多数梁段长度大于 20m,对长度大于 20m 的梁段,在纵向将面板、底板、腹板分为两小节,且端口相互错开约 200mm,其中一块面板、底板、腹板单元(非基准单元)长度留约 30mm 余量,两小节间 U 形肋(纵肋)设置 400mm 长嵌补(梁段间嵌补长度相同),环缝在总成制造时焊接。

梁段匹配间隙原则上为 0～2mm。

(2) 钢箱梁组焊工艺流程

梁段采用正装法,以胎架为建造平台,以底板外表面为建造基面进行建造。

钢箱梁组焊工艺流程见表 7—1 所示。

表 7—1 钢箱梁组焊工艺流程

序号	步 骤	施工要点
1	基准底板单元件定位	将基准底板吊上胎架,对齐地标线形和高程标记,调整定位好后,与胎架固定

续表

序号	步　骤	施工要点
2	非基准底板单元件定位焊接	将非基准底板吊上胎架定位，定位时尽量减少马板的数量，并加装焊接引板，然后拼焊 2 块底板单元。底板单元拼焊接完毕后，按规定进行无损检测和产品试板试验
3	隔板单元件定位	横隔板单元件的定位，横隔板中心线对合梁段底板中心线，焊接横隔板与底板的焊缝，用高度标杆确定高度中心线。同时安装梁段端口 U 形肋控制装置，用来控制梁段端口 U 形肋位置尺寸。横隔板定位要求：横隔板单元件与底板单元件装配密实，间隙小于 1mm。横隔板定位时用线锤来调整横隔板的垂直度，并用撑杆固定。焊接与底板部位相连接的焊缝（齿形板），焊后进行修磨
4	基准腹板单元件定位焊接	基准腹板单元件定位，腹板单元件工字梁位置定位线对合底板位置定位线，以确保能精确定位
5	非基准腹板单元件定位焊接	非基准腹板单元件定位，腹板单元件工字梁位置定位线对合底板位置定位线，以确保能精确定位
6	基准面板单元件定位焊接	面板单元对线安装，焊接面板与横隔板间的角焊缝。定位要求：复核顶板单元中心线、检查线等与地顶预埋件上的相应标记线的符合性，检查顶板高度与高度标杆相应标记点的符合性
7	非基准面板单元件定位焊接	非基准面板单元对线安装，先焊接纵缝后焊面板与横隔板间的角焊缝。焊接非基准面板与隔板、腹板焊缝，同时对接焊面板单元，按要求进行无损检测
8	基准挑臂单元件定位焊接	进行挑臂面板和挑臂隔板与面板、腹板的装焊
9	非基准挑臂单元件定位焊接	焊接挑臂面板和挑臂隔板

（3）钢箱梁预拼

梁段总装采用梁段总成与预拼装一体化建造方案，其总成与预拼装在同一胎架上完成。梁段预拼工作主要是检查匹配相邻梁段之间的端口及整体线形，避免工地装焊时梁段间出现较大间隙和较大错边量，使工地装焊工作顺利进行。制作梁段与预置梁段的预拼不仅要检查间隙、调整错边量，匹配端口尺寸，还必须对线形进行必要的修正和调整。

①检查调整钢箱梁长度，修正对接端口，端口弯折点要确保吻合；

②采用全站仪按放样线形对整联钢箱梁桥面线形进行检查；

③修正钢箱梁总长度；

④安装匹配件；

⑤制作梁段标记、标识。

5. 钢箱梁安装

(1) A匝道桥钢箱梁安装

A匝道桥为直线变宽桥，其钢箱梁梁段划分如图7－4所示。

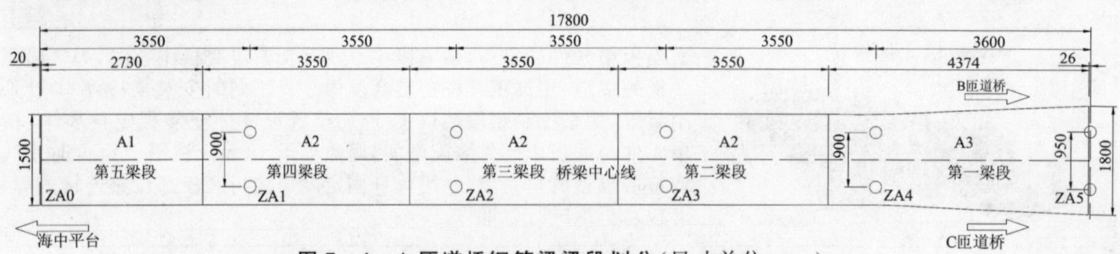

图7－4 A匝道桥钢箱梁梁段划分(尺寸单位:mm)

A匝道桥钢箱梁的安装顺序为:第一梁段→第二梁段……→第五梁段。

由于ZA4～ZA5梁段(第一梁段)下穿主桥箱梁，无法用浮吊直接起吊安装，通过多个方案比选，选择在已经架设好的主E11～主E12墩主桥箱梁上搭设吊装滑移支架，利用其作为钢箱梁的提升及滑移临时结构，钢箱梁由运输船运输到现场后，通过绞锚使运输船将钢箱梁运输到A匝道桥的宁波侧、主E11～主E12墩主桥箱梁的下方，利用吊装滑移支架的起吊设备，将钢箱梁起吊至钢箱梁底板标高高于墩顶支座顶标高位置，然后吊装滑移支架沿着顺主桥方向的轨道向嘉兴方向移动，使钢箱梁移动至ZA4、ZA5墩的正上方，之后进行落梁及位置精调等工作。

第二梁段～第五梁段由运输船运输到位后直接由浮吊起吊安装，然后进行位置调整、焊接成联。

A匝道桥钢箱梁安装投入的主要船机设备为:吊装滑移支架1套、350t浮吊1艘、运输船1艘、抛锚艇1艘、交通船1艘、25t汽车吊1辆、40t轮胎吊1辆、5t卷扬机2台。

(2) B、C匝道桥钢箱梁安装

利用大型浮吊将B、C匝道桥第一联的第一梁段起吊，使其就位到设计位置，用高程调节装置调整本梁段的高程，安装本梁段竖向支座等。利用大型浮吊将本联的第二梁段起吊至设计高程，与前一梁段临时连接，在合适的温度区间，调整梁段高程、斜率及与前一梁段间缝宽至设计值，精确定位，进行全截面栓焊连接。同上步骤利用大型浮吊吊装第三、四、五、六梁段，并连接就位，完成本联的施工。继续施工B、C匝道桥的其他联的钢箱梁架设(由A匝道桥向南引桥水中区方向)。

(3) D、E匝道桥钢箱梁安装

同B、C匝道桥的施工方案，由海中平台向南引桥水中区方向进行逐跨钢箱梁架设。

(4) 钢箱梁梁段间连接

钢箱梁梁段工地连接采用栓焊连接，梁段吊至设计位置后，与前一梁段临时连接，在合适的温度时段，精确调整焊缝间隙，调平板件错边，间段焊接定位马板。根据工艺规程，先顶板U形肋拴接，再焊接其余周边板横向环缝，进行无损探伤，合格后焊接纵向加劲肋嵌补段。检验合格后，对焊缝进行必要的打磨处理，即完成梁段工地连接。钢箱梁的竖曲线通过调整钢箱梁顶、底板张口大小来实现。

6. 钢箱梁现场安装栓焊安装方法

梁段吊装调整到位后，进行钢箱梁现场安装栓焊工作，其主要工作内容为钢箱梁横断面栓焊，桥面系安装焊接等。

钢箱梁工地焊接是现场施工的一个重要环节，主要包括环形焊缝及梁段间U形肋和扁钢纵肋嵌补段的装配焊接，其成桥线形、焊接质量与焊接变形控制是成桥控制重点。为保证梁段装配精度，选择合理的焊接方法和焊接顺序，减少焊接变形，确保成桥线形和工地安装焊接质量。

匝道桥施工现场安装施工吊篮，便于挑梁U形肋拴接、底板焊接贴陶瓷衬垫和最后面漆的涂装。梁段用浮吊吊装到位后，进行梁段面板U形肋拴接和面板、底板、腹板焊接及嵌补。焊接施工吊篮结构形式见图7—5。

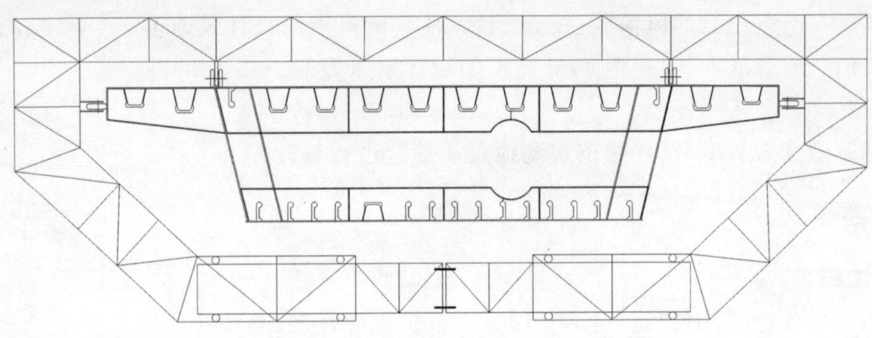

图7—5　焊接施工吊篮结构形式图

①梁段吊装到位调整线形后，在桥梁高程、里程达到设计精度要求后，结合温差影响、焊接收缩量等各项因素，确定梁段安装间隙；

②梁段装焊工作完成后，顶板U形肋安装拼接板用高强螺栓依次更换冲钉及工装螺栓；

③精密设置测量监控点，全面控制成桥线形；

④梁段工地装焊；

⑤高强度螺栓连接。

第二节　海上单桩独柱墩身设计与施工成套技术

一、设计要点

匝道桥共分A、B、C、D、E五部分，为了与海中平台的景观和谐，下部构造均采用景观效果和水流适应性较好的桩、柱一体结构，桩基础采用直径2.0m钻孔桩，上接直径1.8m的圆柱墩身。A匝道桥横向为两个分离式单桩、单柱结构；B、C、D和E匝道桥均为单桩、单柱结构，部分墩柱与上部钢箱梁固结。

伸缩缝处过渡墩墩柱上部6m采用变截面，以下为等截面。过渡墩墩顶均为矩形圆倒角断面，尺寸为5.0m(横桥向)×3.0m(顺桥向)，圆倒角半径为1.0m，顺桥向直线变化，横桥向曲线变化。

墩高为6.625～19.483m。

为确保墩身的结构耐久性，在墩身浪溅区(标高+10.2m以下)使用环氧涂层钢筋，并根据试验使用钢筋阻锈剂。

二、基础计算

1. 桩基础

桩基础均按摩擦桩设计，采用“m”法计算。

2. 设计荷载

设计荷载包括恒载、活载、温度变化、风荷载、支座摩阻力、制动力、流水动压力、波浪力、地震力等荷载，并根据规范要求进行了不同荷载组合计算。

3. 风荷载

根据宁波市气候中心、上海市气候中心提供的《气象观测及风参数专题研究报告》，桥址区离地面20m高处100年一遇10min最大风速即设计风速为42.7m/s。风荷载分别按如下3种工况的设计风速进行计算：

①运营阶段与活载组合的风荷载，取桥面处可行车的设计风速为30m/s，则相应的设计风速为

24.2m/s。

②运营阶段不与活载组合的风荷载，按 50 年一遇 10m 高度的设计风速 $V_{10}=36.6$m/s 计算。

③施工阶段的风荷载取 30 年一遇 10m 高度的设计风速为 $V_{10}=34.8$m/s。

4. 地震荷载

本桥地震基本烈度为Ⅵ度，设计时按实测地震动参数进行验算。

三、施工要点

1. 基础施工概述

首先搭设施工平台，安装钢护筒定位架，用振动打桩机插打钢护筒。

钻孔采用反循环钻机成孔，为加快施工进度，采用性能可靠的大直径钻机。由于地质条件较差，为避免发生塌孔、缩孔现象，应采用高性能优质泥浆进行钻孔护壁。

成孔后进行清孔，孔底沉淀物厚度不大于 20cm。成孔后应及时吊放钢筋笼，进行桩身混凝土浇筑，防止长时间浸泡塌孔、泥浆沉淀而降低地基承载力。

钻孔桩中心位置偏差不大于 5.0cm，孔径不小于设计桩径，倾斜度不大于桩长的 1/150，钢护筒倾斜率不大于 1/200。

采用超声波检验法进行桩基质量检验。

施工工艺及质量检验按《公路桥涵施工技术规范》(JTJ 041—2000)和《公路工程质量检验评定标准》(JTJ 071—94)实施。

2. 钻孔桩施工技术方案

匝道桥桩基础为钻孔灌注桩，通过各种方案的比选后，采用搭设栈桥进行钻孔灌注桩的施工，利用栈桥作为海上施工平台和施工区域内的施工通道。栈桥下部结构由临时钢管桩组成，临时钢管桩和钻孔桩钢护筒用打桩船插打，临时钢管桩、钢护筒之间的平联采用浮吊或主桥桥面吊车施工；栈桥的上部结构由贝雷架、型钢及桥面板组成，浮吊搭设。栈桥待墩位处墩身施工完毕后拆除。临时钢管桩的拔除采用浮吊作为主要施工设备。钻孔采用气举反循环排渣法成孔，钢筋笼由海上基地(主线桥 E06～E17 桥面上)采用长线法制作，分节运输，接长下放。钻孔桩水下混凝土由海上基地拌和站供应，沿栈桥设置泵送管道，泵车泵送。在栈桥上，50t 履带吊作为施工中的起重设备。

3. 施工栈桥的设计

A 匝道栈桥跨径最大 21m，B、C、D、E 匝道栈桥跨径在沿前进方向的左侧跨径为 20m，在沿前进方向的左侧跨径为 9m+11m+9m，在匝道桥平曲线半径较大处多跨连续，在半径较小处分联断开。栈桥桥面标高为+9.5m，桥面宽为 9.75m。行车道按单向设计，宽 4.8m。栈桥钻孔设备区和行车道独立，上部支承结构和平联体系分离。

(1) 平纵设计

B、C、D、E 匝道桥海中栈桥沿匝道桥平面轴线内侧设计，A 匝道桥海中栈桥轴线与其轴线重合。整个栈桥按照平坡设计。

(2) 基础

栈桥水中基础采用临时钢管桩，均为直桩，材质均为 Q235A 钢。临时钢管桩桩底标高为－45m，桩顶标高为+5.335m，桩径为 1.2m，壁厚为 14mm。栈桥单墩基础由 3 根临时钢管桩组成，按“△”排列，直接承受栈桥自重及施工荷载，利用直径 40cm 的钢管平联进行横向连接以增加整体稳定性。钢护筒(底标高－40m，顶标高+6m，直径 2.5m，壁厚 20mm)位于临时钢管桩组成的“△”之内，不利用其作为栈桥的受力结构，只设置与临时钢管桩之间的横向联系，以增加其稳定性。另外，由于 B、D 栈桥的起点在 E17 主桥承台处，C、E 栈桥的终点在 E17 主桥承台处，该两承台上栈桥基础采用直径 80cm、壁厚 6mm 的钢管，与已成墩身连接，以确保稳定。

（3）平联

为增加栈桥桩基础的整体稳定性，临时钢管桩间设置两层水平联系，临时钢管桩与钢护筒之间设一层水平联系，并在水平联系内设置剪刀撑。平联采用直径 40cm、壁厚 6mm 钢管，剪刀撑采用双拼[20a，槽钢对口焊接成型。

（4）扁担梁

B、C、D、E 匝道桥栈桥扁担梁由 3 排贝雷架组成，支承在临时钢管桩顶部，呈“八”字形布置。A 匝道桥栈桥扁担梁由 4 排贝雷架组成，支承在临时钢管桩顶部，呈直线布置。

（5）主梁

栈桥主梁采用贝雷架。B、C、D、E 匝道桥栈桥主梁采用 6 组(8 排)贝雷架，不等间距布置，行车道处贝雷架上下设加劲弦杆。A 匝道桥栈桥主梁采用 10 排贝雷架，不等距布置。主梁设置横向联系和支点横向限位构造，以增强横向稳定性。

（6）分配梁

栈桥分配梁采用 I14a，按间距 37.5cm 布置，并采用连接钢板与贝雷架主梁连接。

（7）桥面系

栈桥行车道侧采用 7mm 厚钢板铺设，钻孔施工区采用 3mm 厚花纹钢板铺设。栈桥两侧护栏高 1.2m，采用小直径焊管焊制，竖杆采用直径 48mm 焊管，间距 3.75m，底部焊接在 I14a 分配梁的端头；水平横联采用∠50×50×5 角钢，设置 2 道，竖杆顶部及中间各 1 道。

4. 施工栈桥的搭设

栈桥搭设施工流程图如图 7－6 所示。

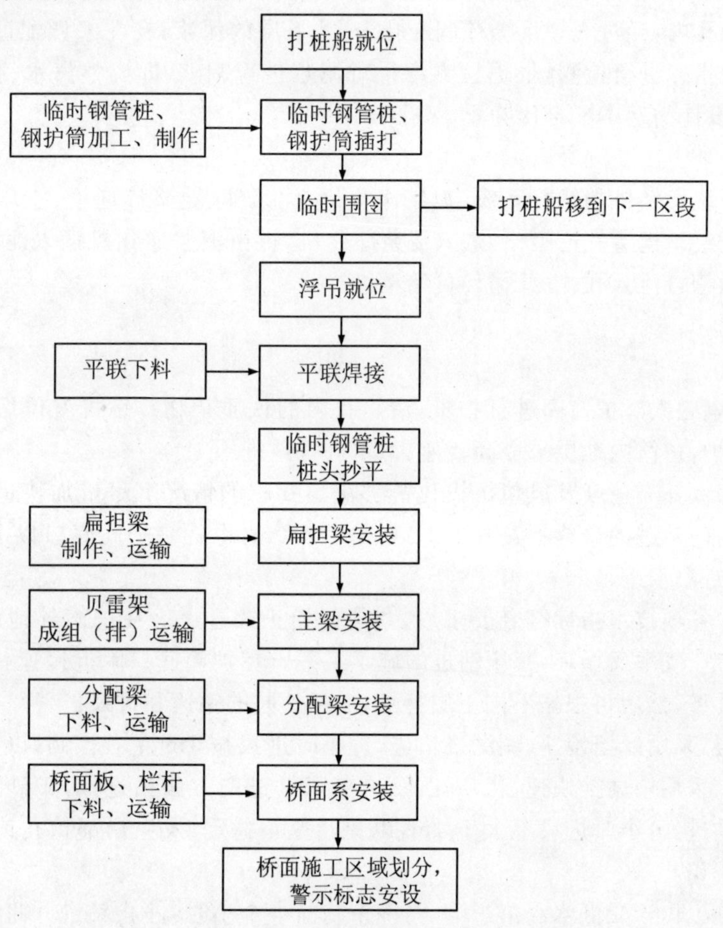

图 7－6　栈桥搭设施工流程图

5. 钻孔灌注桩施工

(1) 泥浆制备与循环

钻孔采用海水拌制泥浆会受到海水的污染，影响泥浆的性能。由于本工程钻孔灌注桩均处于海中，而且距岸线较远，淡水供应非常困难，通过借鉴南航道桥钻孔灌注桩施工已应用海水泥浆的成功经验，本工程钻孔灌注桩施工中也采用海水泥浆钻孔工艺。

①海水泥浆的配合比

由于海水中 Cl^-、Mg^{2+}、Ca^{2+} 含量高，泥浆悬浮功能差，出渣困难，钻进效率受到制约，甚至不能很好地起到护壁作用。如果仅采用普通膨润土等造浆材料，仍难以使泥浆达到使用要求。针对这个问题，结合本工程的实际情况，通过试验得出海水泥浆的基本配合比(表 7—2)，其施工配合比在钻孔过程中根据实际情况和需要再行调整。

表 7—2 海水泥浆配合比

材料名称	膨润土(钠质)	纯碱(碳酸钠)	PAC(增粘剂)	海水
掺量(kg/m^3)	120	6.5	1.60	1000

②海水泥浆的制备

钻孔泥浆的配制，采取在钢护筒内钻机自行造浆。钻机就位后，将钻头提升至孔底以上 10cm 左右，连接好气管以及泥浆循环回路，开动钻机；根据孔内的水量和泥浆基本配合比计算出膨润土及外加剂的用量，人工逐袋加入膨润土，外加剂逐步投入，通过钻机的转动搅拌孔内混合物制造泥浆；开动空气压缩机，孔内泥浆通过气举经过钻杆和泥浆管进入泥浆分离器，通过泥浆分离器把直径大于 0.074mm 以上的颗粒从泥浆中分离出来，钻渣装入储渣筒内，净化后的泥浆进入泥浆池，通过钢护筒与泥浆池之间的连通槽流入正钻孔的孔内，经过气举反循环调配孔内上、下层的泥浆；在泥浆调配过程中，对孔内和泥浆池出口处的泥浆技术指标进行检测，根据检测结果对泥浆进行调整，即调整海水、膨润土及两种外加剂的用量，直到满足所设计的基本配合比为止。

③海水泥浆的循环

钻孔泥浆循环系统由钻机的钻杆系统、泥浆净化机、泥浆池、泥浆连通槽、空压机(气举)等组成，泥浆循环通过钻机钻杆气举携渣孔道吸出，进入泥浆净化机，再由泥浆净化机输入泥浆池，经过沉淀，由泥浆池内经过泥浆连通槽自流入孔，以此循环自始至终。

(2) 钻孔施工

①钻孔

在开钻之前，用电磁铁对护筒内进行扫吸，清除孔内的铁质杂物。钻机就位后，先进行护筒内的钻进，由于有护筒的防护，护筒内地层采取高转速、海水进行钻进施工。

护筒内钻进在海水补充速度及风包沉没比能够满足要求的情况下尽量加快进尺速度，为缩短成孔周期争取时间。护筒内钻进的最终标高按－37.0～－38.0m，也就是护筒底口以上 2.0～3.0m 进行控制，然后在护筒内进行海水造浆。

当护筒内泥浆的各项技术指标符合要求后，才能开始正式进尺。在护筒外地层内钻进采用刮刀钻头、优质海水泥浆护壁、气举反循环、减压钻进的施工工艺。在护筒底口附近慢速钻进，每小时进尺不大于 0.5m，形成稳定孔壁，然后再根据不同土层特点，选择不同的钻速和进尺。

对于淤泥质土层，采用低挡慢速、稠泥浆钻进，每小时进尺按 1m 左右控制，以免发生先扩孔后缩孔现象；对于亚粘土层，采用中高挡快速、优质泥浆、大气量钻进的方法钻进；对于砂层，采用轻压、低挡慢速、大气量、稠泥浆钻进，每小时进尺不大于 1m，以免孔壁不稳定，发生局部扩孔或局部坍孔，并充分浮渣、排渣，以防埋钻现象。

水中基桩钻孔施工由于受潮水涨落影响，高潮来临前半个小时，停止钻进并将钻头提起 2～3m。此时增加护筒内的泥浆，使泥浆面标高高于最高潮位 1.5～2m，保证护筒内外水头差满足要求。

②清孔

清孔是逐步将孔内泥浆中钻渣、包括粒径大于 0.074mm 的颗粒等悬浮物分离出来，并将泥浆稀释成为一种稳定性好、相对密度达到清孔阶段泥浆基础配合比的状态，同时保证混凝土灌注前孔底沉淀层厚度满足设计要求(≤20cm)，是循序渐进的过程，是泥浆技术指标不断检测和调整优化的过程。清孔分 2 个阶段进行，第一阶段是成孔后清孔，第二阶段是钢筋笼下放后清孔。

(3) 钢筋笼制作与安装

本工程钢筋定尺长度为 12m，钻孔灌注桩钢筋笼长度为 88.9～98.9m，共 98 根，平均长度为 92.4m。钢筋笼在海上基地加工场内(主桥上)制作，因底节为喇叭口，故长度调整节定为底节，其他标准小节段长为 12m，整个钢筋笼接长以镦粗直螺纹接头连接。钢筋笼采用“长线法”在钢筋棚内将各小节绑扎、连接成型，然后按 2 小节作为一个吊装节段进行分解，存放待用。

钢筋笼节段采用位于主桥上的汽车吊机吊下栈桥，装载到栈桥上的平板车，由平板车运输到墩位附近，然后利用龙门吊机将每一吊装节段钢筋笼起吊在空口处，对接后放入孔内。在钢筋笼的对接过程中，同时进行声测管的对接，并对其做好有效的保护。

(4) 水下混凝土施工

①导管连接

混凝土灌注导管由外径为 32.5cm、壁厚 8mm 的热轧无缝钢管制作，采用螺纹套环接头，接头与接头之间设一道橡胶密封圈。导管分节制作，底节长度按 6m 制作，标准节长度为 3m。每套还需加工 1 节 1.5m 和 2 节 1m 长的管子作为长度调节用。调整长度的导管放在最上面。

②导管下放

在导管下放前根据孔深进行管节配置组合，在下放过程中做好记录。导管采用龙门吊下放，考虑到本工程桩孔的深度大，导管不能整根一次下放到位，必须采用分节下放，则每分节的长度根据龙门吊的最大起吊高度来确定。导管下放前，在孔口布设一个专用夹板，前一节导管下放后顶部夹在夹板中间，后一节起吊后再与之连接，此时的连接与安装前的连接工序一致，必须确保导管连接质量。导管下放完成后，安装首批混凝土储料斗时，使导管底口至桩孔底面的间距(悬空量)控制在 0.4m 左右。

③水下混凝土灌注

钻孔灌注桩混凝土由设在主桥上的混凝土拌和站供应，用混凝土输送泵泵送，输送泵管通过栈桥布设到灌注桩现场。为防止混凝土输送管道堵塞使灌注中断，施工时同时使用 2 套输送设备，确保混凝土的供应。同时，安排管道工现场值班，若遇故障，及时排除。根据投入使用的混凝土拌和站生产能力情况，每小时能供应混凝土 120m^3，一根桩灌注时间约需 6h。为满足水下混凝土灌注需要，水下混凝土坍落度按 18～20cm 控制，初凝时间不小于 20h。

混凝土灌注之前，进行孔底沉渣厚度测量，若沉渣厚度超出规范规定值 20cm 时，要进行二次清孔。二次清孔采用水下混凝土灌注用的刚性导管配合 20m^3/min 空压机，将压缩空气通过 ø5.0cm 无缝钢管(高压管)输送至孔底，同样采用气举法冲翻并排出孔底高浓度泥浆，冲散沉淀层，使之呈悬浮状态后立即开始水下混凝土灌注施工。

首批混凝土用漏斗顶塞法灌注，即在混凝土储料斗中的漏斗口处安装一个钢塞子，钢塞子引出的钢绳挂在栈桥上的履带吊吊钩上。当混凝土装满储料斗(15m^3)时，履带吊立即提起钢塞子，则首批混凝土即灌入孔底，此时立即探测孔内混凝土面高度，计算导管埋置深度，确认符合要求后即可继续泵送混凝土，进行正常灌注。第一次拆管后，混凝土储料斗将不再使用，混凝土直接向导管里泵送。

(5) 桩头预留与凿除

本匝道工程采用单桩、单柱的桩、柱一体形式，并且上部结构为钢箱梁，对墩柱(身)的平面精度要求高。而实际施工条件是钢护筒顶面标高为＋7m，墩身预埋钢筋的底部标高为＋0.95m，孔内充满泥浆，无法准确定位。因此，为确保墩身(钢筋)位置的准确，必须将桩头凿除后，通过测量放样出墩身位置后再预埋，然后浇筑桩顶段混凝土(标高为+0.95～+3m，与墩身混凝土一起浇筑)。

(6) 桩基质量检测

桩基混凝土灌注完成后及时进行超声波检测。

6. 钻孔桩施工主要风险及对策

(1) 钻孔灌注桩施工主要风险

钻孔灌注桩受工程地质条件及水文地质条件的影响较大，加之结构特点，因此必须对钻孔桩施工的常见质量事故隐患或风险有足够的认识和应对措施。

①钢护筒埋设质量及钻进过程中常见的事故有：钢护筒在加工时不圆度超出要求范围(>1cm)，导致在插打沉入过程中产生径向变形；钢护筒在分节沉入工艺中，节与节之间的连接不在同一轴线上，即钢护筒出现折线形，导致在插打沉入过程中产生径向变形；钢护筒垂直度超标；钻孔桩垂直度超标；钻孔桩偏位超过规范要求；钻孔桩缩径；孔壁坍塌埋钢筋笼。

这些事故直接导致钻孔桩无法成孔，无法下放钢筋笼及进行水下混凝土灌注，甚至直接导致桩孔报废，钢护筒处理、回填重钻，耽误工期。

②水下混凝土浇筑过程中常见的事故有：掉落导管；导管堵塞；导管漏水；导管埋深不够或拔出混凝土面；混凝土上返不流畅；导管被混凝土埋住、卡死；钢筋笼上浮；桩身有夹渣、夹泥、蜂窝；桩顶产生空心。

这些问题带来的后果是：断桩，桩顶空心，桩身有夹渣、蜂窝，桩身底部配筋减少。

以上事故可以通过施工记录分析、无破损检测等方法来确定。由于灌注桩施工的不可逆性，其事故处理就非常困难。

(2) 拟采取的主要对策

①钢护筒埋设质量及钻进过程中的事故预防

a. 防止钢护筒产生径向变形。对钢护筒的加工过程中的质量进行严格把关，严格控制钢护筒的制作精度，对加工好的钢护筒验收要准确。验收合格后，在钢护筒内部设置防变形支撑。钢护筒的存放要采取相应措施，如采用砂垫、单层存放等，保证钢护筒不会产生径向变形或弯曲。

b. 防止钢护筒插打过程中发生扭曲变形。钢护筒插打严格按照施工规范要求施工；钢护筒要垂直，顶口要保证水平；钢护筒下沉过程中应该密切注意土层的变化，针对不同土层确定钢护筒下沉的速度。同时，钢护筒下沉过程中经常检查其垂直度，保证钢护筒受力垂直，对接时不出现弯折变形。

c. 防止孔内坍塌。采用钻机原位造浆法时，应及时并经常检测泥浆质量，若泥浆质量不能满足要求时，可以加入膨润土、纯碱等进行改善。清孔时要始终保证水头高度不损失，下放钢筋笼时要垂直下放，不碰撞孔壁。

d. 防止钻孔偏斜。钻机安装应平稳坚定，避免钻机在钻进时摇晃。开孔前调整钻头对中、机架垂直；开始时采取低速钻进，待钻至护筒底1.0m以下后正常钻进。钻孔过程中随时对钻机的位移、机架的垂直度、钻头和孔心的吻合情况进行检测。

e. 防止钻孔缩颈。钻孔桩产生缩颈后先进行综合分析，找出缩颈的真正原因，针对具体情况采用调整泥浆指标、回填碎石、加大钻头直径等办法处理。

f. 防止孔壁坍塌埋笼。钻孔达到图纸规定深度，且成孔质量符合要求后，应立即进行清孔。清孔时，防止桩孔的任何塌陷，桩的钢筋笼应及时放入孔内。如果混凝土不能紧接在钢筋笼放入之后灌注，则钢筋骨架应从孔内移出。对于坍塌面积较大、无法成孔的钻孔桩，采用粘土回填，待粘土自然沉降稳定后再次开钻钻进。

②水下浇筑混凝土灌注质量事故的预防

水下浇筑混凝土灌注质量事故的预防应从两方面来解决，首先是加强管理，严把混凝土拌和质量关；其次是提高施工人员的素质和操作水平，减少人为的差错。常见事故的原因及预防的技术措施一般有如下几个方面：

a. 掉管的预防措施。导管吊点处应拴接牢固，导管接头处螺纹套环要拧紧，避免导管在灌注过程中掉落，造成断桩。

b. 导管堵塞的预防措施。混凝土灌注时间过长，上部混凝土已接近初凝，形成硬壳，而且随时间增长，泥浆中残渣将不断沉淀，从而加厚了积聚在混凝土表面的沉淀物，导致混凝土灌注极为困难，造成堵管。因此，要尽可能提高混凝土灌注速度，开始灌注混凝土时尽量积累大量混凝土，产生极大的冲击力可以克服泥浆阻力。快速连续灌注，使混凝土和泥浆一直保持流动状态，可防导管堵塞。灌注混凝土过程中，应匀速向导管料斗内灌注，如突然灌注大量的混凝土，导管内空气不能马上排出，可能导致堵管。

混凝土的质量是堵塞导管的主要原因，必须把好质量关。还有混凝土和易性不好或离析，使石子聚集在一起，流动性差，导致堵管。导管使用后应及时冲洗，保证导管内壁干净光滑。如发生堵管在导管上部，可用钢筋疏通；如在下部，可提取导管上下振击。

c. 导管漏水的预防措施。导管使用前须做密封试验，灌注前检查导管是否有漏水、弯曲等缺陷，发现问题要及时更换。在灌注过程中发现漏水，应加快灌注速度，并加大混凝土埋深，使导管内混凝土高于漏水处，并且在导管接头地方加垫防水密封垫圈，接头一定要紧固。

d. 导管拔出混凝土面的预防措施。导管拔出混凝土面有 2 种原因，一是当导管堵塞时，一般采用上下提振法，使混凝土强行流出，但如果此时导管埋深很少，极易提漏。二是因泥浆过稠，在测量导管埋深时，对混凝土浇筑高度判断错误，而在卸管时多提，使导管提离混凝土面，也就产生提漏。灌注混凝土过程中，测定已灌混凝土表面标高出现错误，导致导管埋深过小，出现拔脱提漏。特别是灌注后期，易将泥浆中混合的坍土层误为混凝土表面。因此，必须严格按照规程，用规定的测深锤测量孔内混凝土表面高度，并与灌入量认真核对，保证提升导管不出现失误。

如果误将导管拔出混凝土面，必须及时处理。孔内混凝土面高度较小时，终止灌注，重新成孔；孔内混凝土面高度较高时，可以用二次导管插入法，其一是导管底端加底盖阀，插入混凝土面 1.0m 左右，导管与料斗内注满混凝土时，将导管提起约 0.5m，底盖阀脱掉，即可继续进行水下灌注混凝土施工。由于要克服泥浆对导管的浮力，混凝土面较深时，不宜采用。此方法使用时，必须由有经验的工程师现场指导。导管长度、吊预制混凝土球阀铁丝长度、铁丝抗拉强度、混凝土面实际位置等数据，必须在事先准确确定。提升导管要准确可靠。灌注混凝土过程中要随时测量导管埋深，并严格遵守操作规程。

e. 混凝土上返不流畅的预防措施。混凝土配合比中，水灰比、砂率、粗骨料最大粒径都应严格控制，混凝土坍落度控制在 18～22cm，要有良好的流动性、和易性，用料上优先采用中粗砂、级配较好的碎石，集料的最大粒径不应大于导管内径的 1/6～1/8 和钢筋最小净距的 1/4，同时不应大于 40mm（本工程采用粒径为 5～25mm）。为提高混凝土的和易性及增加初凝时间，在正常的混凝土配合比中添加缓凝型高效减水剂，并在尽可能短的时间内灌注完毕。

f. 导管被混凝土埋住或卡死的预防措施。导管插入混凝土中的深度应根据搅拌混凝土的质量、供应速度、灌注速度、孔内护壁泥浆状态来决定，一般情况下以 2～6m 为宜。如果导管插入混凝土中的深度较大，供应混凝土间隔时间较长，且混凝土和易性稍差，极易发生"埋管"事故。如果预料到不能及时供应混凝土（如超过 1h）、混凝土输送距离远等因素时，除混凝土中加缓凝剂外，导管插入混凝土中的深度不宜太小，据已往经验，以 5～6m 为宜，每隔 15min 左右，将导管上下活动几次，幅度以 2.0m 左右为宜，以免使混凝土产生初凝假象。

g. 桩身有夹渣、夹泥、蜂窝等事故的预防措施。在混凝土灌注过程中，须不断测定混凝土面上升高度，并根据混凝土供应情况来确定拆卸导管的时间、长度，以免发生桩身夹渣、夹泥、蜂窝事故。泥浆过稠，如泥浆比重大且泥浆中含较大的泥块，增加了灌注混凝土的阻力，因此在施工中经常发生导管堵塞、流动不畅等现象，有时甚至灌满导管还是不行，最后只好提取导管上下振击。由于导管内储存大量混凝土，一旦流出，其势甚猛，在混凝土流出导管后，即冲破泥浆最薄弱处急速返上，并将泥浆夹裹于桩内，造成夹泥层。灌注混凝土过程中，因导管漏水或导管提漏而二次下沉也是造成夹泥层的原因。

h. 桩顶空心的预防措施。产生桩顶空心的因素有：导管插入混凝土中的深度较大，混凝土坍落度小，桩顶空心呈不规则漏斗形，其深度、位置与导管拔出时的位置、桩顶混凝土状态有关。导管埋得太深，拔出时底部已接近初凝，导管拔出后混凝土不能及时冲填，造成泥浆填入。防止桩顶空心的措施：灌注结束前导管插入混凝土中深度不超过 6.0m；灌注结束后，导管拔出混凝土之前，导管上下活动几次，幅度不超过 50cm。另外，要尽可能缩短灌注时间，避免使桩顶混凝土产生假凝现象，降低桩顶混凝土的流动性。

7. 墩身施工技术方案概述

墩身顶部以下的直线段根据高度的不同分别采用一次浇筑或者分节浇筑，过渡墩顶部曲线段采用一次浇筑，墩梁固结的墩身顶部钢套筒混凝土也一次浇筑。

墩身利用栈桥来施工，首节墩身与标高在＋0.95～＋3.0m 之间的桩基一起浇筑。低于 13m 的直线段墩身一次性浇筑；而高于 13m 进行分节浇筑时，每浇筑下一节混凝土，均以已浇筑的第一节墩身模板作为下一节基础模板，当墩身直线段剩余高度不足 13m 时，用非标准高度模板来调节。伸缩缝处顶部具有曲线段的过渡墩墩身，浇筑高度为 6.65m，利用一节弧形段模板。

为加快墩身施工进度，缩短施工工期，并且保证墩身施工分节协调和外表美观，以及满足顶节钢筋接头长度的需要，对墩身数量、分节浇筑次数以及模板组合进行科学合理的规划。

对于直线段墩身，将桩基标高在＋0.95～＋3.0m 范围内的混凝土与首节墩身一起浇筑。具体施工过程见图 7－7。

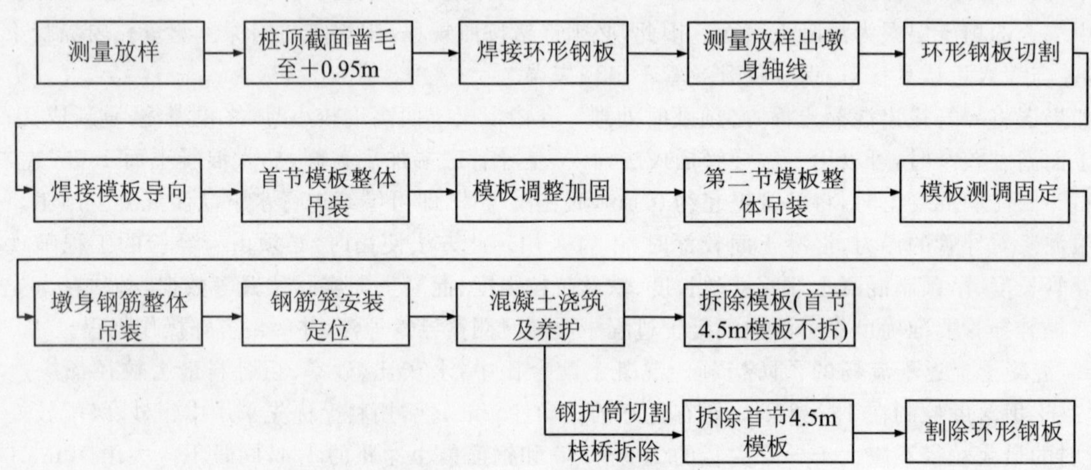

图 7－7 直线段墩身施工过程

对于钢箱梁伸缩缝处过渡墩墩身变截面段的施工，由于钢护筒顶标高为＋7.0m，桩顶标高为＋3.0m，墩身高度有 4.5m 的范围是在钢护筒内，所以如果底节直线段墩身的高度小于 4.5m 的话，在护筒未割至设计标高前，上部 6m 的变截面模板将无法进行安装。对于这一部分的墩身，在钢护筒切割和拆除部分栈桥之后，利用栈桥上的履带吊进行施工。

顶节变截面段底标高小于＋7m(ZA5、ZB6、ZC17、ZD17、ZE6)的主要施工工序流程见图 7－8 所示。

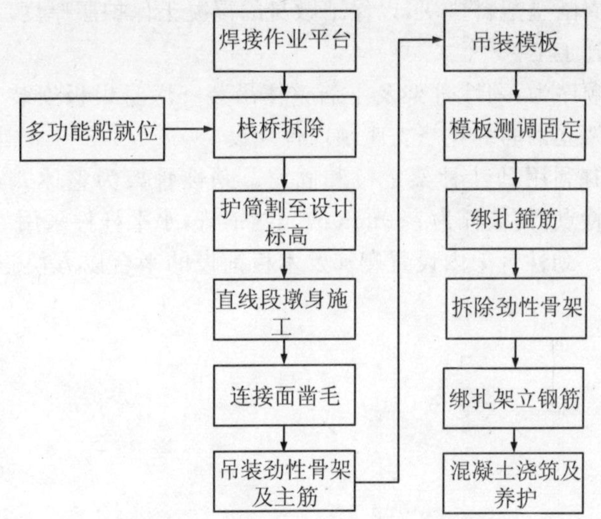

图 7－8　顶节变截面段底标高小于 7m 的主要施工工序流程

顶节变截面段底标高大于、等于＋7m 的主要施工工序流程见图 7－9 所示。

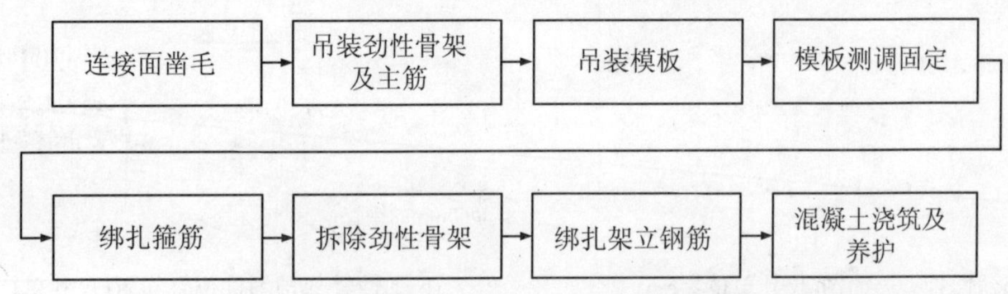

图 7－9　顶节变截面段底标高大于、等于 7m 的主要施工工序流程

墩梁固结处的主要施工工序流程见图 7－10 所示。

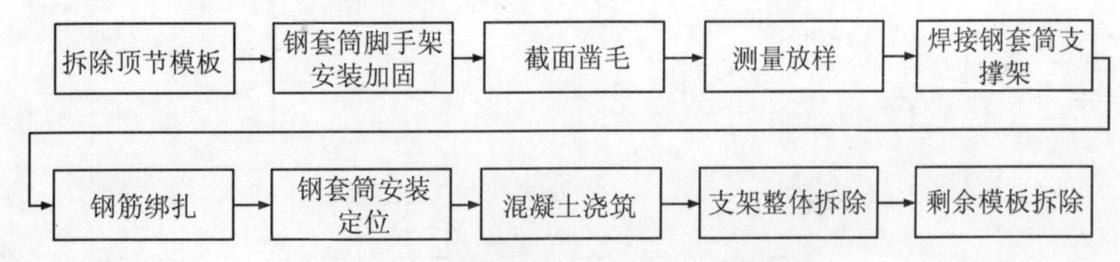

图 7－10　墩梁固结处的主要施工工序流程

(1) 钢筋施工工艺

墩身钢筋在主桥面上的钢筋加工厂内下料，按照施工技术规范的要求布置接头位置，镦粗钢筋接头，接头滚轧，加工好直螺纹丝头，施工时注意检查接头质量。套好塑料保护套后绑扎成捆，并做好相关的标识，并按照要求进行储存。

①直线段钢筋施工工艺

利用吊车从设在主桥上的加工厂内将钢筋笼吊出，通过栈桥运至墩身施工现场。

模板调整加固好之后，利用吊车将首节待安装钢筋笼吊至模板上方，施工人员站在模板顶面的工作平台控制钢筋笼的横向位置，缓慢进行钢筋笼的下放，避免钢筋笼发生碰撞而变形。首节钢筋笼整体下放至桩基顶面(＋0.95m)，钢筋下放到位后，作业人员从钢筋笼内下到桩基顶面，将钢筋笼进行定位，并将钢筋笼底部部分主筋与桩基钢筋通过横向钢筋连接在一起，并在墩身模板范围内的钢筋笼四周垫塑料垫块，以保证墩身钢筋位置准确和混凝土保护层厚度。

对于第二节墩身，作业人员从钢筋笼下到第一节墩身底面之后，将第二节墩身钢筋笼和第一节墩身顶面预留钢筋进行直螺纹连接。先对准基准钢筋，然后将每根竖向主筋的直螺纹接头连接在一起，使之形成整体。同时在钢筋笼周围垫塑料垫块，以保证墩身的混凝土保护层厚度。

②变截面曲线段钢筋施工工艺

曲线段钢筋主要施工顺序为：劲性骨架及主筋整体吊装→墩身模板安装→主筋连接→外围水平箍筋绑扎→拆除劲性骨架→架立钢筋绑扎→支座预埋件埋设。

曲线段竖向主筋绑扎时利用劲性骨架定位和固定。劲性骨架为整体式，高度为 6.65m，为钢管桁架，具有重量轻、刚度大的特点，其竖杆为 ø80mm 的无缝钢管，水平杆件采用 ø60mm 无缝钢管组成框架结构，并设 ø40mm 的斜杆。劲性骨架内设置爬梯及木板铺设的平台以方便施工。其结构形式如图 7—11 所示。

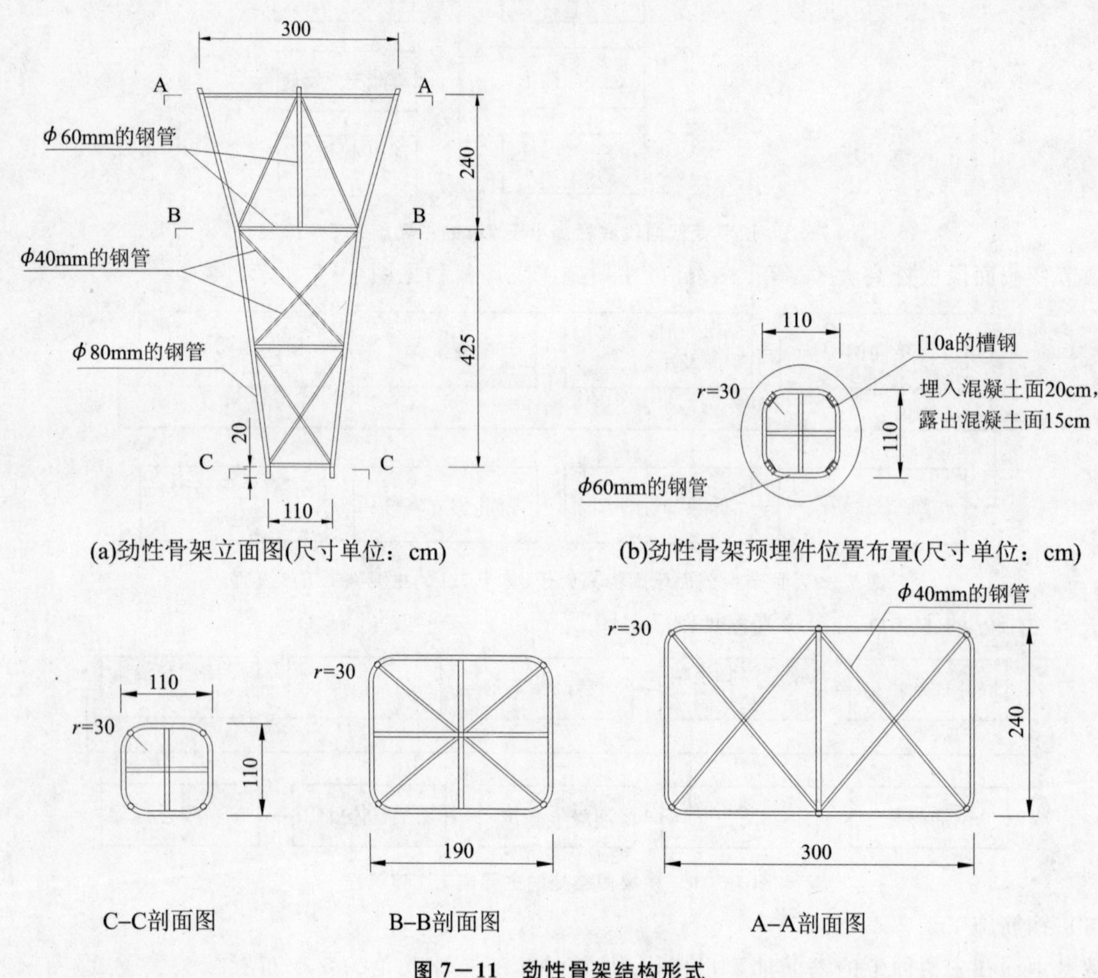

图 7—11 劲性骨架结构形式

(2) 模板施工工艺

①直线段墩身模板施工

墩身直线段模板每浇筑节段采用整体吊装，采用吊车作为起重设备。将栈桥平台作为墩身施工的作业平台，在栈桥上将模板拼接好，由吊车直接进行吊装。

墩身第一节模板安装时，利用吊车吊装，作业人员站在栈桥上进行水平位置调整，使模板顺着模板导向就位，模板底口与圆环形钢板紧贴，同时保证透水模板布要伸出模板之外，并且使模板顶口上焊接的牛腿能够支在钢护筒之上。对于首节模板，由于钢护筒并非绝对是＋7.0m 的顶面标高和完全的平整度，因此在模板上口牛腿对应的钢护筒顶口位置焊接调高、调平钢板。

模板安装就位之后，需要用全站仪以三维坐标法校核墩身截面的平面位置和高程。模板调节采用手摇液压千斤顶，将其放置在栈桥或钢护筒上新设的牛腿之上来施加力量进行调节。在模板调节过程中，测量实时跟踪校核。精确就位之后，在护筒顶面与模板之间焊接 4 根[10 槽钢作为支撑，以对墩身模板进行固定，并在栈桥顶面按照设计图纸焊接 3 块 $\delta=7$mm 钢板，上面焊接 3 根[14a 的槽钢作为斜撑，以抵抗风力和混凝土浇筑时的各种水平冲击力，如图 7—12。

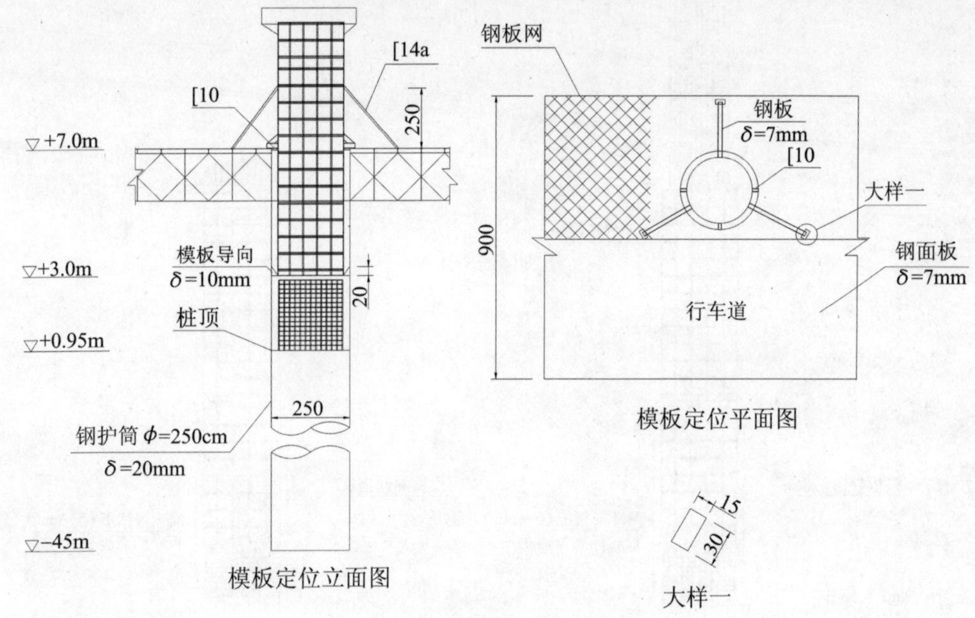

图 7—12　模板定位图(尺寸单位:cm)

直线段墩身施工过程如图 7—13 所示。

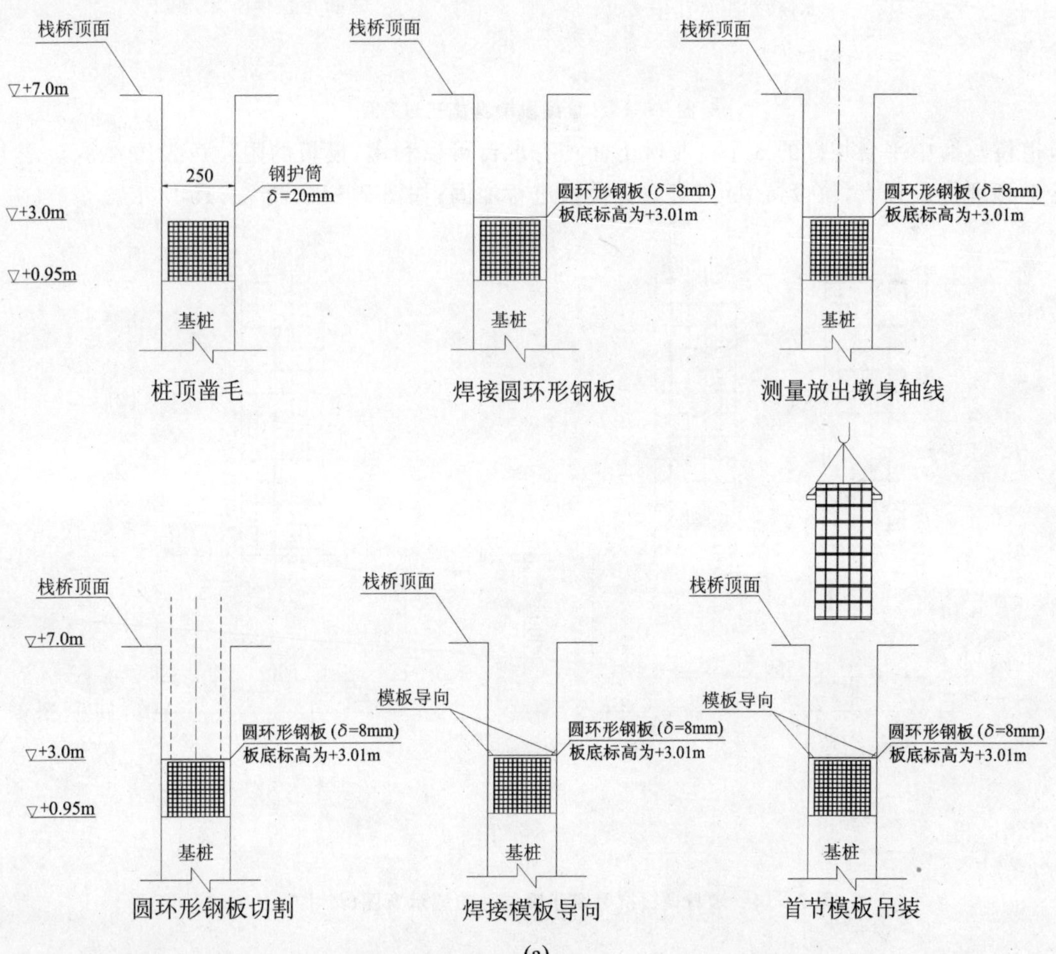

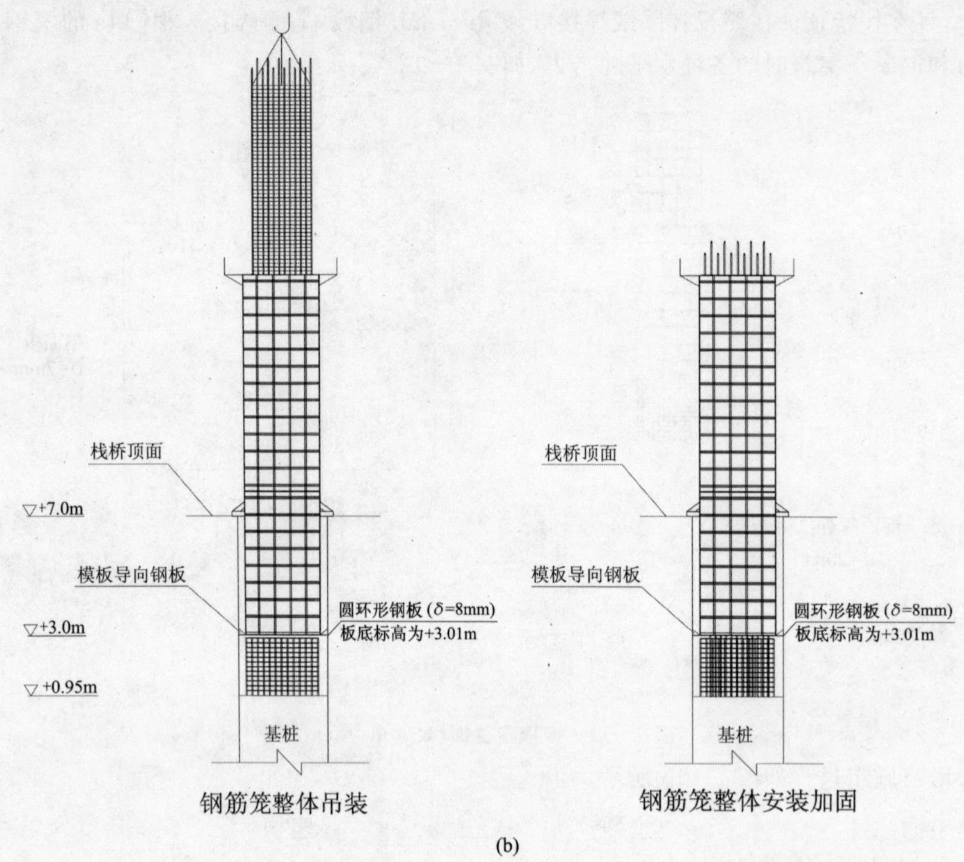

图 7－13 直线段墩身施工过程图

匝道桥与海中平台相接的 6 个过渡墩下面均有承台可以利用，模板的限位可设置在承台之上，并可在承台上预埋抗风锚点，拉设抗风缆，对墩身模板进行加固，如图 7－14、图 7－15 所示。

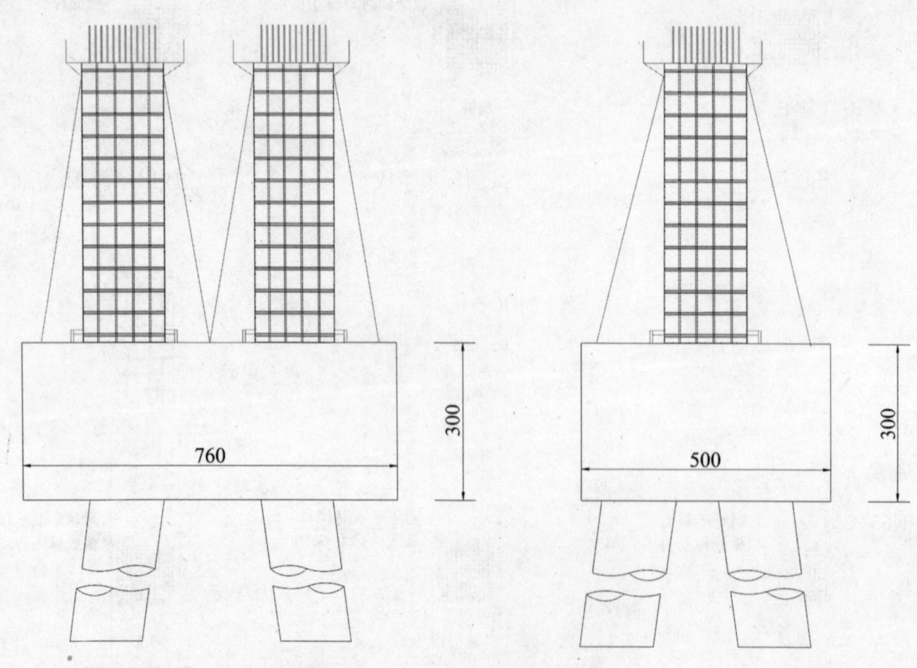

图 7－14 墩身模板抗风缆和限位件布置示意图(尺寸单位:cm)

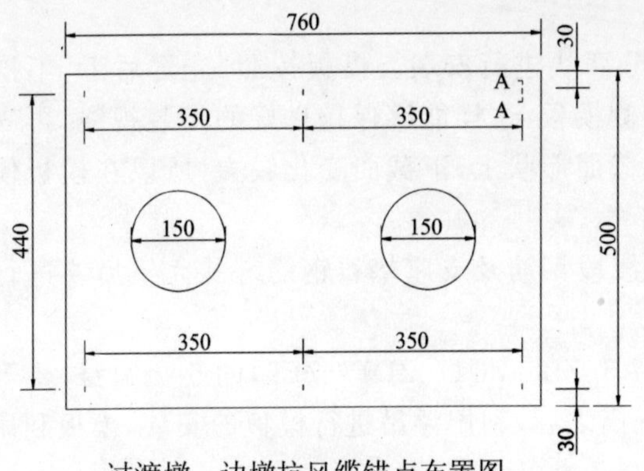

过渡墩、边墩抗风缆锚点布置图

锚点预埋件剖面图

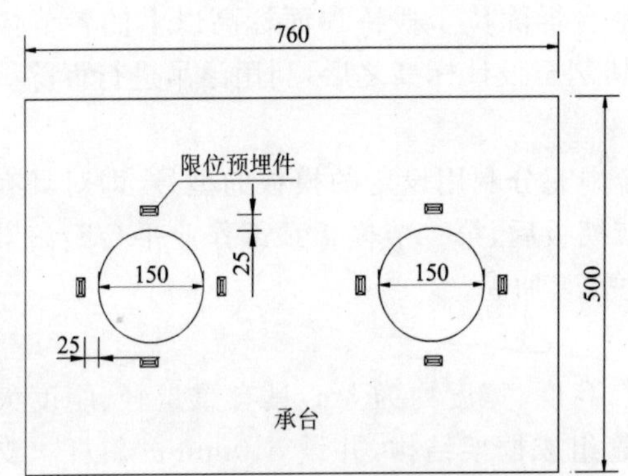

过渡墩、边墩模板限位预埋件平面布置图

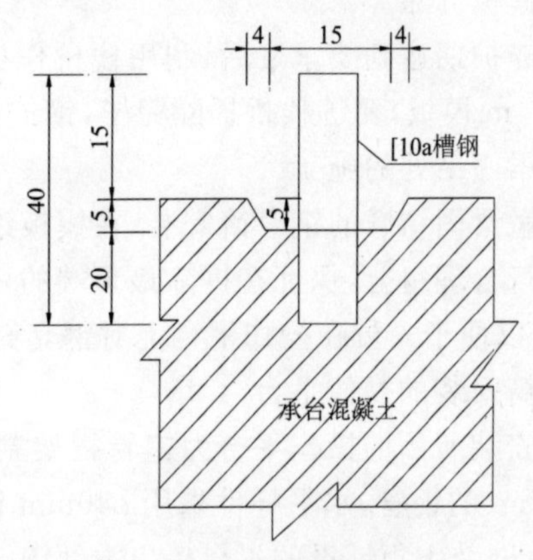

A-A剖面图

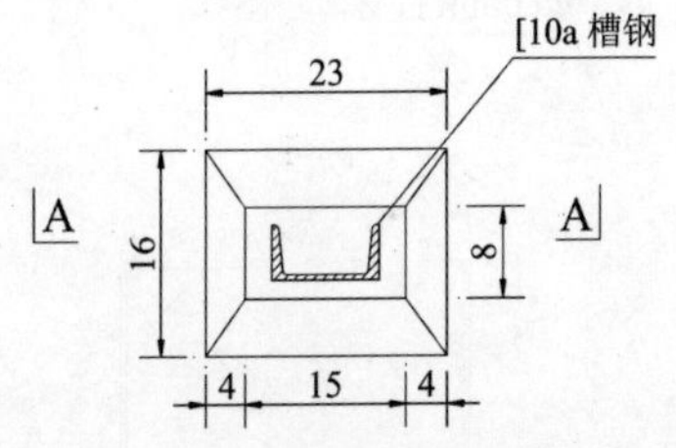

过渡墩、边墩模板限位预埋件大样平面图

注:1. 本图除了型钢尺寸之外,其余单位均为 cm。

2. 墩身施工结束之后,要将[10a 的槽钢割除,对凹槽表面混凝土做凿毛处理,用淡水清洗干净后,用与承台等标号的混凝土填平。

图 7-15　过渡墩、边墩抗风缆和限位件布置示意图

为便于施工的具体操作,在模板的顶部设置操作平台,如图 7-16 所示。

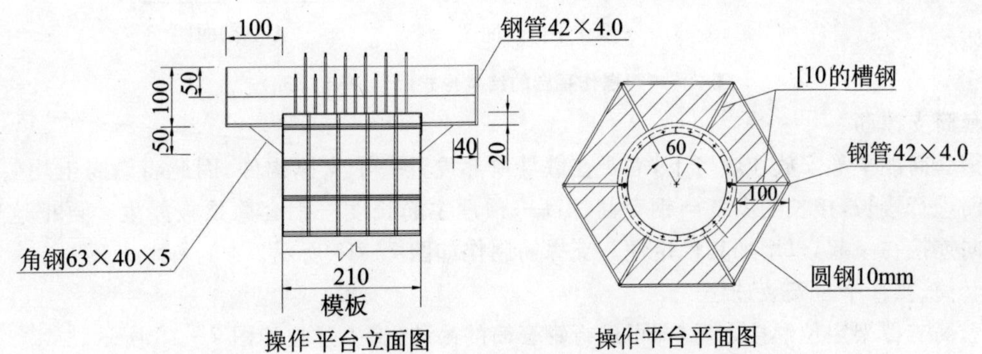

操作平台立面图　　操作平台平面图

注:1. 本图除了型钢尺寸之外,其余单位均为 cm。

2. 施工平台焊接好之后,在槽钢上面铺设 4cm 厚的木板,并在周围圆钢和钢管上安装安全网。

图 7-16　操作平台

②曲线段墩身模板施工

钢箱梁伸缩缝处墩身上部变截面曲线段模板分两块进行安装。模板按照“先远后近、不挡吊装视线”的原则安装，即根据吊车的位置，先安装远的一侧模板，这样能够保持良好的吊装视线，再安装最近侧模板，确保模板安装的安全和准确。由于此处变截面形状上、下截面变化较大，所以在模板使用过程中要采取抗倾覆措施。

因支座垫石与曲线段墩身一起浇筑，因此在曲线段钢筋及支座垫石钢筋绑扎完毕后要进行支座垫石模板的安装。

对于墩身顶节变截面段底标高小于＋7.0m(ZA5、ZB6、ZC17、ZD17、ZE6)的5个墩身，要等栈桥拆除之后，在护筒上焊接工作平台，护筒切割至设计标高之后，利用浮吊进行模板的安装，模板利用此平台进行安装和加固。

③墩身模板拆除

在墩身养护期达到要求之后，利用栈桥作为平台拆除位于栈桥顶面标高以上的各节模板。对于钢护筒内首节4m模板，要等栈桥拆除完毕，钢护筒切割至设计标高之后，利用浮吊进行拆除。

(3) 墩梁固结处的施工

为便于墩梁固结墩的钢套筒安装，在模板组合中充分利用设定的模板的型号，即对具有墩梁固结的墩身模板进行合理组合，保证在拆除最顶端的一节模板后，第二节模板顶部作业平台距离墩身顶端高度在2m以下，以便于人员在操作平台上对钢套筒的安装加固。

①钢套筒安装的操作平台

钢套筒安装所用的操作平台为钢管桁架制成，高度、宽度均为3m，具有重量轻、刚度大的特点。其竖杆为ø60mm的钢管，水平杆件采用ø40mm钢管组成框架结构，并设ø40mm的斜杆。支架内设置爬梯，外挂安全网及木板铺设的平台等以方便施工。其结构形式如图7－17所示。

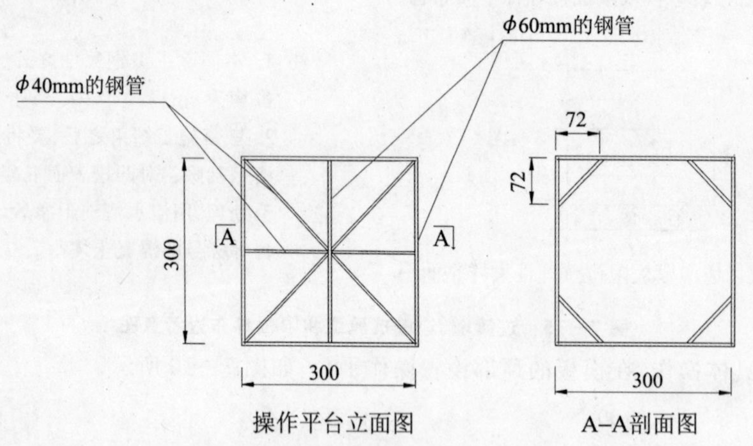

图7－17 操作平台的结构形式(尺寸单位:cm)

②钢套筒支撑筋

为使钢套筒能平稳安放在墩身上，需要在墩身顶部设置一个支撑构件，因此将墩身上均匀分布的6根预埋主筋进行接长，接长的高度＝钢套筒标高－预埋主筋长度－钢套筒顶板厚度。再把这些主筋利用箍筋横向连接在一起，以增加其稳定性。支撑筋制作如图7－18所示。

③钢套筒、操作平台安装过程

在钢套筒支撑架定位焊接之后，即可进行钢套筒的吊装，施工过程如图7－19所示。

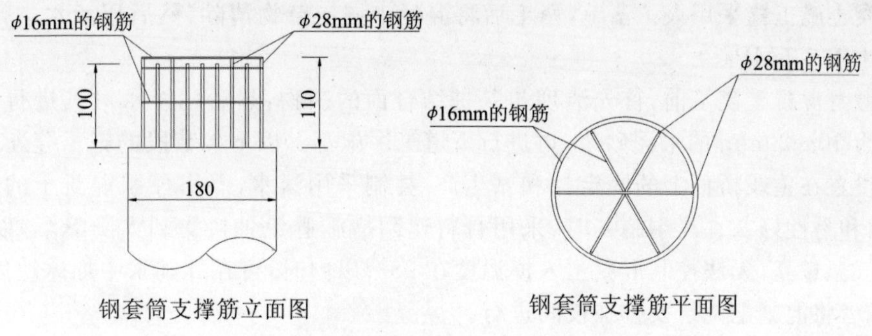

图 7—18　钢套筒支撑筋(尺寸单位:cm)

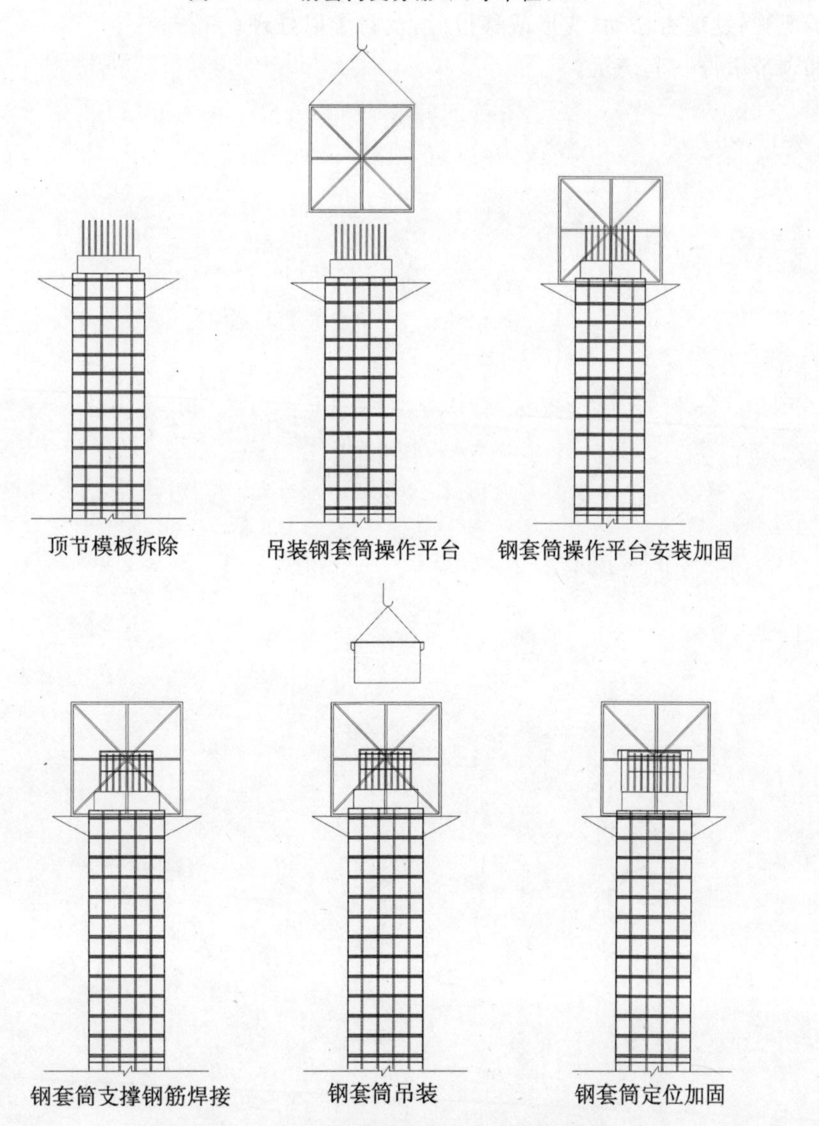

图 7—19　钢套筒、操作平台安装过程示意图

④套筒接缝处处理

在钢套筒调整加固好之后,为保证混凝土的浇筑质量,防止漏浆,需在钢套筒和与墩身的接缝处粘贴止水条。

(4) 混凝土施工工艺

按照设计要求,墩身高程在＋10.2m 以下部分采用掺加钢筋阻锈剂的海工耐腐蚀混凝土,在＋10.2m以上部分采用不掺加钢筋阻锈剂的海工耐腐蚀混凝土。

本工程混凝土施工缝采用人工凿毛，凿毛后将混凝土屑与杂物清除，然后用淡水进行清洗。凿毛时混凝土强度不小于2.5MPa。

在第一节墩身混凝土浇筑前，首先清理与基桩结合面的杂物，然后用淡水对其进行再次冲洗，然后摊铺一层厚度为10～20mm的水泥砂浆，再进行下道工序施工。以上各节段的施工缝处理也应如此。

混凝土由设置在主线桥面上的固定拌和站生产，拌制采用淡水，严格控制混凝土的坍落度，确保混凝土可泵性强，和易性好。在夏季施工时，采用骨料遮阴措施避免骨料受到太阳曝晒，以降低混凝土入模的温度。若气温过高，无法控制混凝土入模温度在28℃以内时，可在拌和水中加冰块以及对骨料洒冷水予以冷却，或者将混凝土浇筑安排在夜间进行。

混凝土浇筑过程中，设专人检查模板(每个模板工负责1个面)、支座垫石预埋钢筋和各种预埋件等的稳固和安全情况，当发现有松动、变形或移位时，及时予以处理。

支座垫石和顶节墩身一起浇筑。

第八章 结构耐久性的设计

第一节 概 述

杭州湾地处亚热带季风气候区，冬季平均气温较高。海水盐度受长江和钱塘江江水冲淡影响，一般在5.54～15.91g/L，为pH值≥8的弱碱性Cl－Na型咸水。受潮汐和地形影响，流速较大，平均最大流速在3m/s以上。海水含砂量较大，实测含砂量为0.041～9.605kg/m³。海水中富含海蛎子等海洋生物。

根据结构所处的具体腐蚀环境，大桥侵蚀作用的分区及其相应的侵蚀作用等级如表8－1所示。

表8－1 结构构件使用环境分区及其侵蚀作用级别

环境类别	级别	环 境 分 区	工 程 部 位
海水腐蚀环境（以黄海高程划分）	C	浸没于海水的水下区、泥下区	桩基、陆地区承台
	D	接触空气中盐分，不与海水直接接触的大气区（10.21m以上）	箱梁、陆地区桥墩、航道桥中上塔柱
	E	水位变化区（－4.56～1.88m）	海中承台
	F	浪溅区（1.88～10.21m）	海中桥墩、下塔柱

根据杭州湾跨海大桥所处环境条件和使用功能要求，对不同部位，根据环境不同，采用了以下结构耐久性措施。

一、钢管桩

水位变动区和水下区：钢管桩顶部浪溅区采用800～1000μm加强型双层环氧粉末涂层，水中区及泥下区采用300～600μm单层环氧粉末涂层的保护措施，并采用了牺牲阳极的阴极保护。

二、混凝土结构

1. 保护层厚度

各部分结构采用的保护层厚度见表8－2。

表 8－2 各混凝土构件钢筋保护层厚度一览表

项 目	保护层厚度(mm)	备 注
预应力箱梁	40	大气区
水中区桥墩	60	浪溅区
陆地区桥墩	60	大气区
水中区承台	90	水位变化区、浪溅区
陆地区承台	75	泥下区
钻孔桩	75	水下区、泥下区

2. 设计使用寿命与维护周期

各混凝土构件设计使用寿命与维护周期见表 8－3。

表 8－3 混凝土构件设计使用寿命与维护周期表

构件名称	设计寿命	日常维护周期	是否可更换	备 注
桩基	100 年	每 10 年检测 1 次	不可更换	发现问题及时处理
承台	100 年	每 2 年检查 1 次	不可更换,局部可修复	
桥墩、索塔	100 年	每 2 年检测 1 次	不可更换,局部可修复	建立健康检测系统,定期维护
箱梁	100 年	每 2 年检测 1 次	不可更换	建立健康检测系统,定期维护
混凝土铺装	100 年	每 2 年检测 1 次	可修补更换	发现问题及时处理
防撞护栏底座	30 年	每年检查 1 次	可更换	发现问题及时处理
支座垫石	100 年	每 2 年检测 1 次	不可更换	
承台系梁	100 年	每 2 年检测 1 次	不可更换,局部可修复	发现问题及时修复

3. 各混凝土构件防护方案

(1) 钻孔桩

钻孔桩在水位变化区和水下区保留施工用的钢套筒,增加钢筋保护层厚度到 75mm,采用海工高性能混凝土。

(2) 承台

承台采用高性能混凝土、环氧涂层钢筋＋钢筋阻锈剂,并将钢筋保护层厚度增加到 90mm。

(3) 桥墩

桥墩均采用高性能混凝土,并将钢筋保护层厚度增加到 75mm,桥墩外表面增加涂层防腐,浪溅区钢筋采用环氧涂层钢筋＋钢筋阻锈剂。

(4) 索塔

索塔均采用高性能混凝土,并将钢筋保护层厚度增加到 75mm,索塔外表面增加涂层防腐,索塔的承台及下塔柱采用可动态监控的通电流钛阳极的阴极保护,以实现对结构的持续防腐。

(5) 混凝土箱梁

混凝土箱梁采用高性能混凝土,提高混凝土强度等级,保证钢筋及预应力筋的保护层厚度,采用塑料波纹管及真空辅助压浆工艺,混凝土表面涂层保护,并采用钢筋阻锈剂。

三、钢结构

对于钢箱梁、斜拉索钢锚箱、钢管桩等不易维护且难以替换的重要构件的设计使用寿命按 100 年考虑。

钢箱梁内部采用醇溶性无机硅酸盐富锌车间底漆、改性环氧耐磨漆,并布置除湿系统,保持箱内相对湿度小于 50%;风嘴内部采用醇溶性无机硅酸盐富锌车间底漆、醇溶性无机富锌底漆、环氧厚浆漆、环氧面漆；桥面采用醇溶性无机硅酸盐富锌车间底漆、环氧富锌漆。钢箱梁表面采用大功率二次雾化电弧喷铝、环氧专用封闭底漆、氟碳树脂漆＋丙烯酸聚氨酯面漆，防腐年限不少于30年。通过对中间漆、面漆等的维护，确保其防护年限达到50年，50年后再对钢箱梁涂装系统进行大修，使其实现钢箱梁防护年限100年的要求。

对于斜拉索、支座、伸缩缝、钢护栏、标牌立柱等可以维护、容易加固、替换的构件，根据其维护的难易程度合理选择防护方案，其设计使用寿命和维护周期见表8－4。

表8－4　钢构件设计寿命期和维护周期表

构件名称	设计寿命	日常维护周期	是否可更换	备　注
钢箱梁	100年	每年全面检测1次	不可更换	发现问题及时维护，50年对防护系统进行大修
钢管桩	100年	每2年全面检查1次	不可更换，局部可修复	发现问题及时维护
钢锚箱	100年	每2年全面检测1次	不可更换，局部可修复	发现问题及时修复
斜拉索	25～30年	每年全面检测1次	25～30年更换1次	建立健康检测系统，定期维护
预应力束	100年	每2年全面检测1次	不可更换	发现问题及时处理
钢护栏	100年	每年检测1次	可更换	发现问题及时维护
支座	30～50年	每2年检测1次	可更换	发现问题及时处理
伸缩缝	30年	每2年全面检测1次	可更换，局部可修复	发现问题及时处理

第二节　混凝土结构耐久性措施

杭州湾跨海大桥全长36km，其中跨越海域长度近32km。大桥主体结构除南、北航道桥钢箱梁外，其余均为混凝土结构，全桥混凝土用量近250万m^3。大桥设计使用寿命为100年，由于各个部位腐蚀环境不同，混凝土数量巨大，因此制定科学、合理、经济、适用的结构耐久性方案对确保设计使用寿命具有十分重要的意义。

一、混凝土结构使用寿命

工程建设前期调查表明，沿海湾混凝土结构腐蚀情况十分严重，90％的损坏是由于环境恶劣、保护层不足、氯离子渗透导致钢筋锈蚀引起的。其他腐蚀因素如混凝土中性化、碱骨料反应、硫酸盐侵蚀、海洋生物、泥沙冲蚀、冻融等，不是混凝土结构劣化的主要原因。

一般地，混凝土中钢筋发生锈蚀的过程如图8－1所示。钢筋锈蚀过程分为3个阶段：

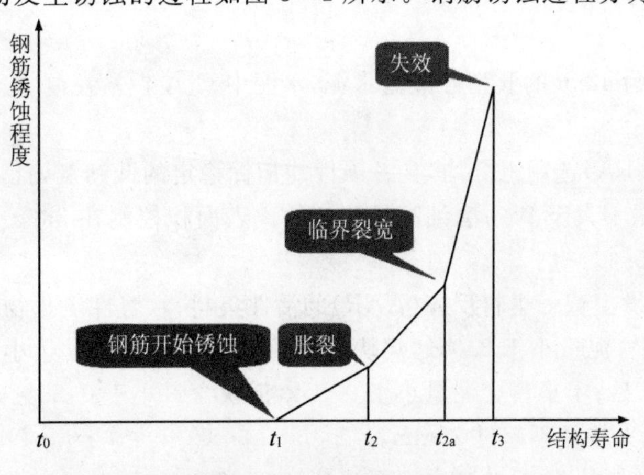

图8－1　钢筋锈蚀过程图

0～t_1 阶段：碳化前沿达到钢筋表面或侵蚀介质在混凝土－钢筋表面达到临界值，但钢筋钝化膜未发生破裂。

t_1～t_2 阶段：介质浓度超过临界值，发生局部腐蚀，腐蚀产物积累导致混凝土局部发生开裂，也即由钢筋表面的钝化膜发生局部破裂至混凝土发生局部开裂的时间。

t_2～t_3 阶段：钢筋大面积腐蚀，混凝土保护层大面积开裂，钢筋腐蚀加速，导致钢筋截面迅速减小，以致结构性能降至安全允许范围以外。

严格意义上讲，真正的使用寿命应是处于 t_2～t_3 时间段的某一点 T。但对于大多数的海工混凝土使用寿命预测模型，由于钢筋锈蚀时间的不确定性和不均匀性，为安全起见，将 T 近似地认为等于 t_1 或 t_2。丹麦大贝尔特海峡工程、丹麦－瑞典厄勒海峡工程、香港青马大桥，定义工作寿命分别为100年或120年内钢筋不锈蚀，即工作寿命为 t_1；加拿大联邦桥，定义工作寿命也是100年，允许钢筋开始锈蚀，但不允许混凝土保护层剥落，即工作寿命为 t_2。杭州湾跨海大桥混凝土结构的设计使用寿命定义为：在设计基准期内钢筋不发生锈蚀，即设计使用寿命为 t_1。

二、混凝土结构耐久性基本措施

混凝土结构的使用寿命与混凝土本身的氯离子扩散速率和结构的钢筋保护层厚度密切相关。混凝土氯离子扩散系数越低，结构的钢筋保护层厚度越大，混凝土结构的使用寿命也越长。

国外大型海上工程，如连接丹麦和瑞典的厄勒海峡工程、丹麦大贝尔特海峡工程、美国佛罗里达的“阳光”大桥、加拿大联邦大桥、英吉利海峡隧道等，保证百年使用寿命的基本措施，无一例外都采用低水胶比的双掺高性能混凝土并设置适当的钢筋保护层厚度。

根据混凝土结构使用寿命预测理论和国外类似工程的实际运用情况，大桥确定的钢筋混凝土结构耐久性的基本措施是：全桥采用高性能的海工混凝土，以氯离子扩散系数为混凝土耐久性的主要控制指标，采用大比例掺入矿物掺和料和低水胶比降低氯离子扩散系数；根据结构部位和受力特点，设置合理的钢筋保护层厚度，尽量延长氯离子渗透到钢筋表面的时间。通过限制氯离子扩散系数和合理的钢筋保护层组合，保证大桥钢筋混凝土结构100年的设计使用寿命。对于预应力混凝土结构，管道的不密实极易造成高应力状态下预应力筋的锈蚀，在上述措施的基础上，采用塑料波纹管和真空辅助压浆作为提高预应力混凝土结构耐久性的基本措施。

1. 海工耐久混凝土

海工耐久混凝土指用常规原材料、常规工艺，掺加矿物掺和料及化学外加剂，经配合比优化而制作的，在海洋环境中具有高耐久性、高尺寸稳定性和良好工作性的高性能结构混凝土。在海工耐久混凝土专题研究的基础上，对海工耐久混凝土的原材料、配合比设计及工作性能、施工控制等，提出了以下主要指标：

(1) 原材料

水泥：采用强度等级为42.5的Ⅱ型硅酸盐水泥，水泥中 C_3A 含量控制在6%～12%之间，氯离子含量低于0.03%。

矿物掺和料：粉煤灰(FA)选用组分均匀、各项性能指标稳定的低钙灰，且烧失量不大于8%，需水量比不大于100%，SO_3 含量不大于2%；磨细高炉矿渣的比表面积控制在360～440m^2/kg，需水量比不大于100%，烧失量不大于5%。

集料：不得采用可能发生碱－集料反应(AAR)的活性集料；水溶性氯化物折合氯离子含量不得超过集料重的0.02%；细集料含泥量小于2.0%，泥块含量小于0.5%，云母含量小于2%，细度模数为2.6～2.9，不得采用海砂和人工砂；粗集料含泥量小于0.5%，泥块含量小于0.25%，压碎指标大于12%，针片状颗粒含量小于10%，最大粒径不超过25mm。

化学外加剂：减水剂(或泵送剂)的减水率至少达到25%；外加剂中氯离子含量不得大于混凝土中胶

凝材料总重的0.01%。

拌和用水及养护用水：不得采用海水、污水和pH值小于5的酸性水，水中的氯离子含量不应大于200mg/L，硫酸盐含量按SO_4^{2-}计不大于500mg/L。

(2) 混凝土配合比设计原则及性能要求

工程前期进行了大量的海工耐久混凝土配合比设计的研究工作，针对工程不同结构部件、不同设计要求、不同腐蚀环境，制定了配合比设计原则和质量要求。

海工耐久混凝土配制原则包括：选用低水化热和低含碱量的水泥；选用高效减水剂(泵送剂)，取用偏低的拌和水量；限制混凝土中胶凝材料的最低和最高用量，并尽可能降低胶凝材料中的硅酸盐水泥用量；掺用粉煤灰、磨细矿渣等矿物掺和料；侵蚀环境为E、F等级的构件部位的混凝土应加入适量掺入型钢筋阻锈剂；通过适当引气提高混凝土的耐久性，新拌混凝土中引气量一般控制在4%～6%，气泡间隔系数小于250μm；混凝土拌和物中各种原材料引入的氯离子总质量不应超过胶凝材料总量的0.1%(钢筋混凝土结构)和0.06%(预应力混凝土结构)。

混凝土最大水胶比和胶凝材料最小用量见表8－5，最高胶凝材料用量不宜高于500kg/m³，一般不应超过550kg/m³。

表8－5　最大水胶比和胶凝材料最小用量

工程部位	最大水胶比(*W*/*B*)	胶凝材料最小用量(kg/m³)
基桩、承台、现浇桥墩、台及索塔	0.40	400
预制箱梁、预制桥墩	0.33	450
现浇梁及其他部位混凝土	0.35	450

混凝土浇筑入模时的坍落度要求见表8－6。

表8－6　混凝土浇筑入模时的坍落度

混凝土类型	坍落度(mm)
泵送混凝土	160～200
水下灌注混凝土	180～220

各部位混凝土抗氯离子渗透性要求见表8－7，氯离子扩散系数采用快速非稳态电迁移法(RCM法)进行测定。

表8－7　混凝土抗氯离子渗透性要求(12周龄期)

结构部位		混凝土氯离子扩散系数(10^{-12} m²/s)
钻孔灌注桩	陆上部分	≤3.5
	海上部分	≤3.0
承台	陆上部分	≤3.5
	海上部分	≤2.5
墩身	现浇	≤2.5
	预制	≤1.5
箱梁		≤1.5
桥塔		≤1.5

(3) 海工耐久混凝土的运用

混凝土结构典型配合比设计见表8－8，混凝土各项性能见表8－9。

表 8－8 混凝土结构典型配合比设计

部 位	强度等级	水胶比	每方混凝土各种材料用量(kg)							
			水泥	矿粉	粉煤灰	砂	石子	水	减水剂	阻锈剂
陆上桩基	C25	0.36	165	124	124	754	960	149	4.13	/
海上桩基	C30	0.3125	264	/	216	753	997	150	5.76	/
陆上承台、墩身	C30	0.36	170	85	170	742	1024	153	4.25	/
海上承台	C40	0.33	162	81	162	779	1032	134	4.86	8.1
海上现浇墩身	C40	0.345	126	168	126	735	1068	145	5.04	8.4
海上预制墩身	C40	0.309	180	90	180	779	1032	139	5.4	9.0
箱梁	C50	0.32	212	212	47	724	1041	150	1.0	/

表 8－9 混凝土各项性能汇总

部 位	强度等级	28d 抗压强度(MPa)	84d 氯离子扩散系数($10^{-12}m^2/s$)	坍落度(cm)	扩展度(cm)	抗裂性能	凝结时间(h)	
							初凝	终凝
陆上桩基	C25	39.3	1.368	21	43	良好	10	13
海上桩基	C30	53.8	1.57	22	55	良好	18	20
陆上承台、墩身	C30	39.3	1.206	21	42	良好	8	11
海上承台	C40	57.4	0.729	18	/	良好	6～8	9～10
海上现浇墩身	C40	56	0.68	18	55	良好	10	15
海上预制墩身	C40	57.6	0.368	18±2	/	良好	6～8	9～10
箱梁	C50	68.8	0.34	18±2	35～45	良好	>8	12～14

从表 8－8 的数据可以看出，掺和料的用量均达到胶凝材料用量的 50％以上；从表 8－9 的性能测试结果可以看出，混凝土的基本性能均达到了预期的目的，其中决定混凝土耐久性的关键指标，即氯离子扩散系数远远优于设定值。另外，从试验的测试结果和实际应用来看，海工耐久混凝土的早期抗裂性能优于普通混凝土，但比较粘稠，泵送性能稍差。

将上述成果转化为实际的结构，施工和养护工艺是关键，必须采用高精度的自动计量设备，确保实拌混凝土配合比的可靠性和精度，并严格限制最短连续搅拌时间（表 8－10）；严格限制混凝土拌和物的运输时间（表 8－11）；严格控制混凝土入模温度和最高温度等，并限定混凝土分层浇筑厚度（表 8－12）；现浇混凝土采用养护剂喷涂或潮湿养护，对浪溅区以下的新浇混凝土必须保证在 10d 内不受海水侵袭。

表 8－10 最短连续搅拌时间

要求的搅拌机型	搅拌机容量(L)	最短连续搅拌时间(min)
强制式	≤400	2.0
	≤1500	2.5

表 8－11 混凝土拌和物运输时间限制

气温(℃)	无搅拌运输(min)	有搅拌运输(min)
≤30，>20	30	60
≤20，>10	45	75
≤10，≥5	60	90

表 8－12　混凝土分层浇筑厚度

项次	振捣方法		浇筑层厚度(mm)
1	用插入式振动器		300
	用附着式振动器		300
2	用表面振动器	无筋或配筋稀疏时	250
3		配筋较密时	150

实践表明，在严格的施工管理和质量控制下，海工耐久混凝土的耐久性能在实际工程中得到了充分保证。

2. 合理的钢筋保护层

理论上，结构的保护层厚度越大，氯离子渗透到钢筋表面的时间越长，结构的寿命也越长。但是，保护层过大很容易引起结构开裂，同样造成结构的耐久性降低。因此，只有合理确定保护层厚度，才能有效地对钢筋施以保护，增强结构的耐久性。

各国标准规定的海工混凝土最小保护层厚度见表 8－13。

表 8－13　各国标准规定的最小保护层厚度　（单位：mm）

混凝土所处部位	FIP 建议（1986 年）	ACI357（1989 年）	BS6235（1982 年）	BS8110（1985 年）	DIN1045－1（2001 年）	JTJ268（1996 年）
大气区	65	65	75	60	40	50
浪溅区	65	65	75	60	50	65
水下区	50	50	60	60	50	50

根据杭州湾的腐蚀环境和桥梁各部位的受力特点，参考国外跨海工程实例和国外有关规范，规定了不同部位混凝土结构的钢筋保护层厚度(表 8－14)。

表 8－14　混凝土结构各部位钢筋保护层厚度

结构部位		腐蚀环境	保护层厚度(mm)
钻孔桩		水下区及泥下区	75
承台	海上	水位变动区	90
	陆上	大气区	75
桥墩		浪溅区及大气区	60
箱梁		大气区	40

钢筋保护层厚度对保证混凝土结构的耐久性至关重要，需要对其进行严格的施工控制和质量检查。施工过程中，通过合理分布保护层垫块等进行施工质量的控制。钢筋保护层厚度分两阶段进行检测：第一阶段在钢筋模板安装完毕，混凝土浇筑前进行预留钢筋保护层厚度的检测；第二阶段在混凝土浇筑后，利用无损检测法检查钢筋保护层的实际厚度。检测结果表明，钢筋保护层厚度合格率在 90％以上。

3. 塑料波纹管与真空辅助压浆

20 世纪末，国际上许多使用后张预应力工艺的桥梁，由于预应力管道压浆不饱满、密实，导致预应力筋受到锈蚀，造成了桥梁的倒塌、重建或加固。为增强预应力管道压浆的密实性，提高预应力体系的耐久性，大桥预应力混凝土箱梁采用耐腐蚀、密封性能好的塑料波纹管配合真空辅助压浆技术作为预应力混凝土结构的耐久性基本措施之一。

浆体设计是真空辅助压浆的关键之处，浆体主要技术性能指标为：水灰比控制在 0.30～0.35 之间；泌水率控制在 2.0％以内，泌水在 24h 内被浆体吸收；浆体流动度控制在 14～18s；浆体膨胀率＜5％；初凝时间＞3h，终凝时间＜24h；压浆时浆体温度不超过 32℃；浆体强度不小于主体结构混凝土强度的 80％。

为完善压浆工艺，检验塑料波纹管和真空辅助压浆的实际效果，在现场进行了斜管试验和试验梁模拟试验。试验表明，采用优化配合比和高性能真空辅助压浆助剂配置的浆体和配套的压浆进行真空压浆，管道浆体饱满、密实，可有效提高预应力系统的耐久性。

三、混凝土结构耐久性补充措施

在上述基本措施的基础上，对腐蚀严重的部位和特殊的构件采取额外的补充保护措施，以进一步提高结构的耐久性。

1. 环氧涂层钢筋

在腐蚀最为严重的浪溅区现浇墩身中采用环氧钢筋。

施工中，涂层容易损伤是环氧钢筋最大的缺点。由于环氧钢筋的保护机理建立在完全隔离钢筋与腐蚀介质的基础上，环氧涂层的缺陷、膜层损伤极易导致钢筋的点腐蚀，加速结构的破坏。因此施工中保证膜层的完整性成为环氧涂层钢筋有效性的关键。

大桥专用规范规定：每米涂层钢筋上不允许出现大于 25mm^2 涂层损伤缺陷，小于 25mm^2 涂层缺陷的面积总和不得超过钢筋表面积的 0.1%。环氧涂层钢筋的储存、运输、加工与安装等制定详细的规定和采取必要的措施，尽量减少对环氧涂层的损坏。破损的环氧涂层应尽快予以修补，修补应采用环氧涂层钢筋生产厂家提供的材料，并在相对湿度小于 85%的环境中进行，修补涂层厚度不得小于 180μm。据美国公路局的报告，混凝土的浇筑、振捣过程可能破坏环氧涂层钢筋的膜层（甚至 80%的损伤率发生在此过程），因此，施工过程中在金属振捣器上包覆塑料或橡胶，并尽量避免振捣器与钢筋直接接触，以减少对涂层的损坏。

2. 钢筋阻锈剂

在腐蚀严重的水位变动区承台和浪溅区的墩身中使用掺入型阻锈剂。

一般情况下，钢筋阻锈剂的有效性与其存在于混凝土中的数量有直接关系，混凝土中只要能够保持必要浓度的阻锈剂，就能战胜有害离子（通常是 Cl^-）的破坏作用，钢筋就可以长期不锈。阻锈剂的合理掺量通过试验确定，并测试与其他外加剂的相容性。本工程使用的某钢筋阻锈剂试验结果见表 8－15。

表 8－15 杭州湾跨海大桥工程使用的某阻锈剂性能试验结果

性能	试验项目	规定指标	实测结果
		粉剂型	粉剂型
防锈性	盐水浸渍试验	失重率减少 40%以上	减少 45.6%
	电化学综合试验	电位跌落值不超过 50mV	35mV
对混凝土性能影响试验	抗压强度比	≥90%	98%
	抗渗性	不降低	不降低
	初终凝时间(min)	－60～＋60(对比基准组)	初凝＋50；终凝＋55

3. 外加电流阴极防护

南、北航道桥主墩承台、塔座及下塔柱等腐蚀严重的水位变动区和浪溅区部位采用外加电流阴极防护系统。

根据钢筋腐蚀的电化学原理，阳极反应（钢筋腐蚀）必须同时放出自由电子，阴极防护即是采取措施使电位等于或低于平衡电位，不让钢筋表面任何地方再放出自由电子，就可使钢筋不能再进行阳极反应（腐蚀）。外加电流阴极防护，以直流电源的正极接通难溶性阳极，发射保护电流；以其负极接通被保护的钢筋，而阳极与被保护的钢筋均处于连续的电解质中，使被保护的钢筋接触电解质的全部表面都充分而且均匀地接受自由电子，从而受到阴极保护。

外加电流阴极防护系统采用欧洲《混凝土中钢筋的阴极保护》（EN12696－2000）标准进行设计。该系统包括：活性钛金属网条（阳极）、参比电极、连接装置、供电装置、计算机控制、遥控监控管理系统等。

外加电流阴极防护系统设计的要点包括：阳极材料在正常运行的电流密度（钢筋表面 1～2mA/m²）条件下，保证最少 100 年的使用寿命，从而保证结构钢筋始终处于阴极状态而不发生锈蚀；充分考虑腐蚀环境的不同，针对不同区域进行相应的设计，采用全自动监控系统自动调节电量，以确保 100%的电流分布与传递，并避免过度保护形象；采用合适的参比电极，使防护系统能够自动调节和长期监测。

4. 纤维混凝土与硅烷浸渍

海中低墩区引桥桥墩采用预制安装施工，先期安装的预制墩，在现浇墩座部位均出现了不同程度的裂缝。典型的裂缝出现在支座 6 个支墩的对应位置，墩座长边方向 2 个支墩的中间位置出现裂缝的频率也比较高。

分析表明，导致现浇墩座混凝土开裂的主要原因是结构约束（图 8－2、图 8－3）和混凝土内部温差。为解决现浇墩座的裂缝问题，后续现浇墩座施工进行了大量的工艺试验，试验结果见表 8－16。

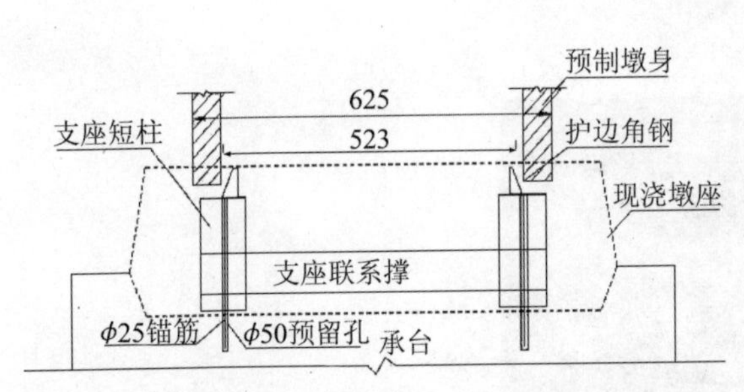

图 8－2　预制墩身安装立面图（尺寸单位：mm）

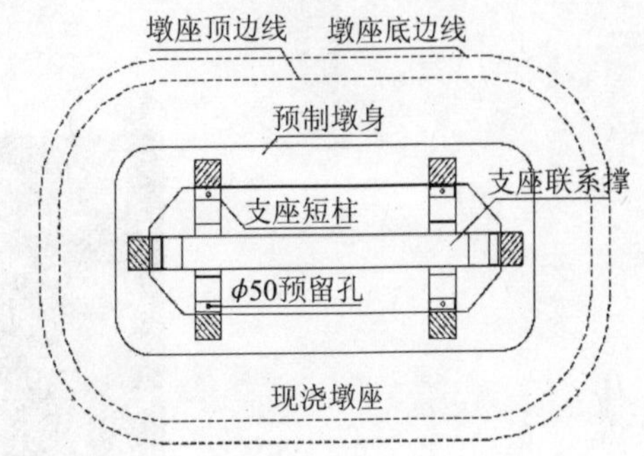

图 8－3　预制墩身安装平面图（尺寸单位：mm）

表 8－16　现浇墩座工艺试验汇总表

序号	工艺措施	结果
1	加密墩座外周水平箍筋	减小裂缝
2	掺加聚丙烯纤维	早期抗裂
3	掺加塞柏斯混凝土 N 型掺和料	早期抗裂
4	采用不含膨胀剂的混凝土配合比	减小裂缝
5	加密墩座外周水平箍筋＋聚丙烯纤维	减小裂缝
6	加密墩座外周水平箍筋＋聚丙烯纤维＋不含膨胀剂的混凝土	裂缝显著减小

工艺试验结果表明：采用聚丙烯纤维、水平箍筋加密、不掺加膨胀剂的混凝土浇筑的墩座，裂缝得到明显的控制。

预制墩身的现浇墩座处于海洋腐蚀最为严重的浪溅区，由于结构构造上的缺点，确保其耐久性的难度最大。为了能够最大限度地提高现浇墩座的耐久性，采用纤维混凝土的同时，在混凝土表面喷涂硅烷，进一步提高混凝土的抗渗性和耐久性。

目前市场上的硅烷产品良莠不齐，并且海工混凝土本身非常致密，渗透性很低，使用前需对产品性能进行测试。大桥中采用的硅烷产品性能测试结果见表 8－17。

表 8－17　硅烷性能测试结果

试验项目	吸水率（$mm/min^{1/2}$）	氯离子吸收量降低效果（%）	渗透深度	
			染色法	热分解气相色谱法
基准混凝土	0.006	/	/	/
硅烷	0.003	91	4.8mm	达到 5～6mm 深度层

试验结果表明：基准混凝土试件自身的吸水率极低，外涂硅烷的混凝土试件的吸水率比基准混凝土

试件的吸水率下降了50%，并且外涂硅烷的氯离子吸收量降低效果和渗透深度均满足规范要求，可进一步提高混凝土的抗渗性和耐久性。

5. 渗透可控模板垫料

渗透可控模板垫料是近年来在国外发展起来的一种新型的提高混凝土表面质量的产品，是一种纤维组织，使用时贴在混凝土模板上。它能把刚刚浇好的混凝土表面多余的空气和水排出(图8－4)，则混凝土表面水灰比大大降低，可提高混凝土表面的强度和耐磨性。同时，可确保混凝土在养护期间保持高湿度，将裂缝风险减到最小。

大桥南滩涂引桥部分桥墩应用了该产品，工程实践表明，使用渗透可控模板垫料，可大大改善混凝土的外观质量，提高混凝土表面的抗裂性、抗渗性和耐久性。但由于价格较高，目前尚难大面积推广。

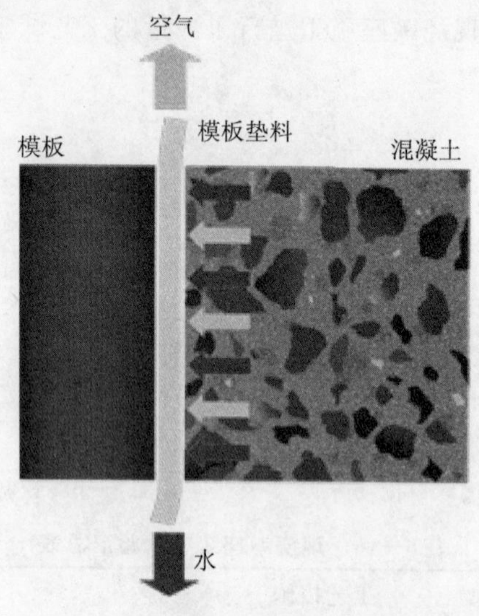

图8－4　渗透可控模板垫料应用示意

6. 混凝土表面涂层防腐蚀

国内外针对海洋环境混凝土结构的表面防护技术主要有两大类：一类为涂覆型涂层防护措施；另一类为渗入型憎水硅烷涂层。

大桥混凝土结构需要保护的表面积近210万m^2，数量十分巨大。通过技术、经济比较和景观考虑，确定以涂层防护技术作为混凝土表面的防腐保护措施。

(1) 涂层配套体系设计

混凝土表面防腐涂层设计年限为20年，初步拟定涂层配套体系方案见表8－18。

表8－18　混凝土表面涂层体系配套初步方案

配套涂料名称		涂装方式	涂层干膜平均厚度(μm)
底层		环氧树脂封闭漆	喷涂
中间层	环氧腻子	刮涂	/
	环氧树脂漆	喷涂	300
面层	聚氨酯磁漆或氟碳漆	喷涂	100
涂层总干膜平均厚度			400

(2) 表面涂层防腐可行性研究

①表湿区涂层试验

大桥表湿区处于干湿交替和含泥砂海流的冲刷状态，同时潮流落差大、流速急、混凝土露出水面的时间短，涂装作业困难。为验证表湿区混凝土涂层防腐的可行性，在海中承台上进行了现场涂装试验。

试验结果表明：通过优选材料和合理的施工工艺，涂料的附着力、柔韧性、冲击强度、耐磨性、硬度等，涂层的耐碱性、耐老化性、涂层与湿表面混凝土的粘结强度等，可以达到相应规范的要求，对大桥下部结构如承台、墩身等表湿区混凝土表面采取涂层防腐蚀保护是可行的，在技术上可以达到对混凝土的长效保护作用。

②表干区预制箱梁涂层试验

预制箱梁涂层面积约占大桥总涂装面积的 68%，是大桥涂层保护项目中最重要和工程量最大的部位。为验证箱梁在预制场涂装的可行性(预制箱梁在混凝土浇筑完成 20d 后即出海架设，而规范规定涂层防腐施工应在混凝土龄期达到 28d 后才能进行)，进行了预制箱梁涂层试验。

预制箱梁涂层试验内容主要包括：不同龄期混凝土表面 pH 值和含水量的变化以及不同龄期涂装时涂层耐碱性、抗氯离子渗透性、粘结力和涂层外观质量等。

试验结果表明：使用与大桥预制箱梁混凝土相同配合比、相同原材料制作的混凝土试件，在养护 14d 后可进行涂装施工。

四、混凝土结构耐久性监测与评估

根据现有认识，利用目前国际上通用的耐久性预测模型进行分析计算，上述耐久性措施，可以保证大桥混凝土结构至少百年的使用寿命。然而海洋环境混凝土结构的耐久性预测问题在国际、国内尚无定论，大桥的使用寿命能否达到期望年限，仍是相当严峻的现实问题。为了能够检验大桥混凝土结构耐久性防护措施的有效性、掌握大桥混凝土结构脱钝前锋面的发展进程，对大桥的使用性能和寿命进行预测和评估，大桥将设置预埋式耐久性监测系统和耐久性暴露试验站。

1. 结构耐久性监测系统

目前，国内主要依靠试验室快速试验获取的参数以及现场同条件养护构件破损试验结果间接推定钢筋脱钝时间 t_1，由于数据有限、间断、参数预选，且无动态反馈，因此基于各种数学模型的 t_1 预报精度难以期望。

20 世纪 80 年代末，德国亚琛工业大学土木工程研究所首先发明了梯形阳极混凝土结构预埋式耐久性无损监测传感系统(图 8—5)。它可以建立脱钝前锋面发展进程的数学模型，而且这个模型能够不断得到新反馈信号的校正，然后通过外推计算得到 t_1。如果 t_1 小于设计使用年限，就可以对结构进行耐久性再设计，及时启动腐蚀保护预案，并继续对前锋面的进展进行监测，以确认腐蚀保护措施的效果；如果采取措施后的 t_1 仍小于设计使用年限，那么在工程进入腐蚀阶段前仍有机会采取经济的补救措施。

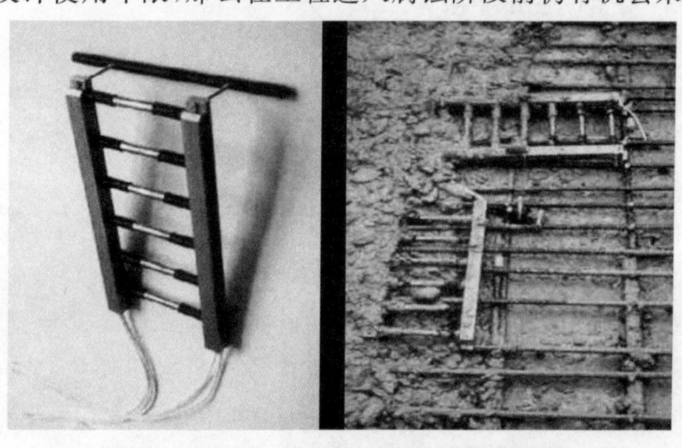

图 8—5　预埋式耐久性无损监测传感系统

根据杭州湾跨海大桥建设的实际需求，大桥将设置预埋式耐久性监测系统。系统平台的建立将基于下列技术路线：充分考虑混凝土原材料和环境的特殊性，结合实际混凝土材料组成、结构形式、施工水平以及所处的实测环境，建立大桥混凝土结构耐久性系统分析数据库系统；使用同种材料，模拟实际环境，利用试验室测试数据，建立可靠的钢筋腐蚀电学参数和输出信号变化判据，集成钢筋脱钝对比传感元件；编制测量数据管理、钢筋腐蚀风险评估和结构使用寿命推算程序。

经过多次方案及技术论证，决定在全桥选择若干个典型截面（图 8－6）布置测点，即南引桥滩涂区、南引桥（观光平台北侧）、南航道桥索塔、中引桥（高墩）、北航道桥索塔、北引桥。每个截面布置若干测点（图 8－7），共 48 套梯形阳极系统。

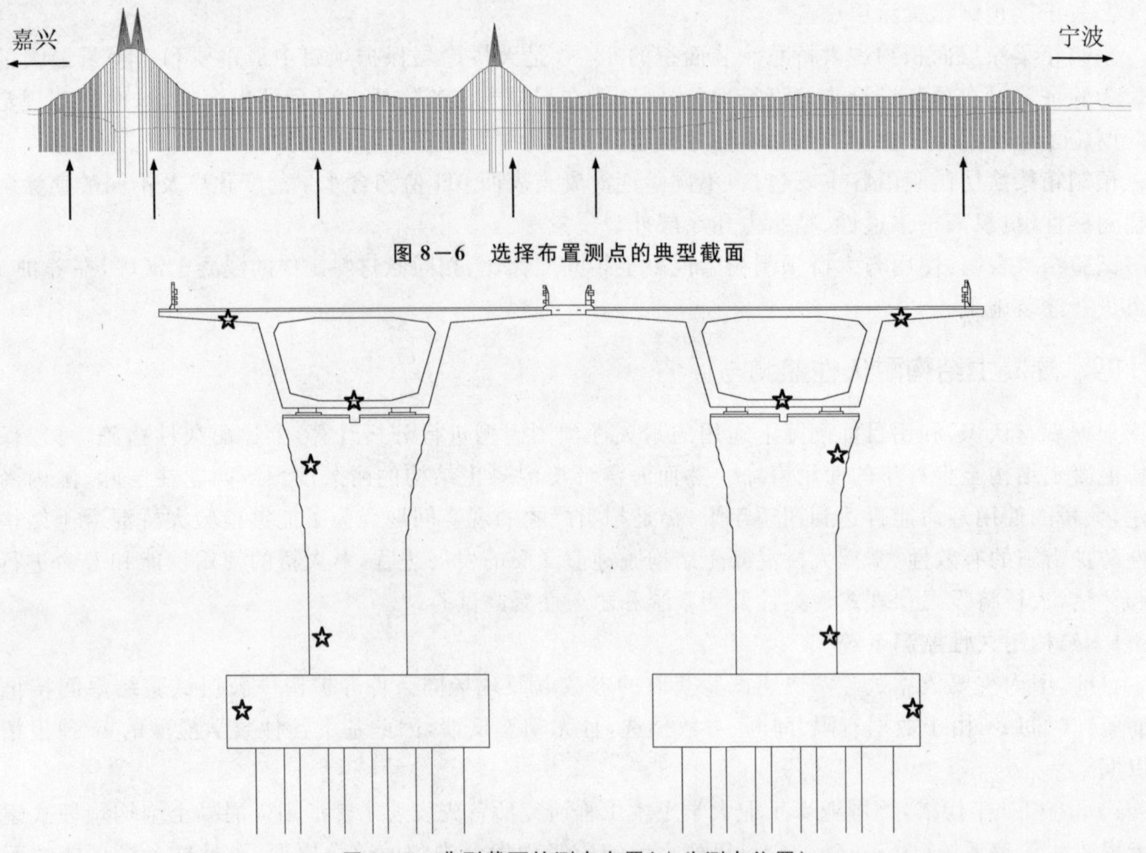

图 8－6 选择布置测点的典型截面

图 8－7 典型截面的测点布置（☆为测点位置）

随着技术规范的更新换代，高性能混凝土技术的发展，一般环境的混凝土结构的耐久性保障已经不成问题，但对于严酷环境如海洋环境中的混凝土结构，特别是对于有较长寿命要求的重大基础设施，目前尚无足够的把握达到设计要求的使用年限。

工程经验表明，对混凝土结构耐久性进行无损监测，然后及时进行“耐久性再设计”是目前不可替代的设计措施。同时，作为多重保护系统，可为将来可能需要的腐蚀防护或修复腐蚀措施的科学决策提供依据。对于无法或难以检查或抵达的结构，如海洋中的桩基、海底隧道的外衬，无损监测系统更是无法替代，监测系统提供的数据可为工程寿命提供判据。

2. 暴露试验与人工模拟快速试验

现场暴露试验是在大桥使用环境下建立一个试验基地，旨在获取大桥实际混凝土结构在海洋环境作用下的耐久性实际参数，为大桥混凝土结构的耐久性监控提供节点验证数据。同时，通过暴露站实际使用环境和人工模拟环境中混凝土试件的对比分析，建立两者之间的联系，从而实现利用人工模拟快速试验的结果推测杭州湾跨海大桥实际使用性能和寿命的目标。具体工作内容为：

①分析现有混凝土结构寿命预测模型，选择适用于杭州湾跨海大桥的模型并进行寿命预测。

②暴露试验场混凝土结构的耐久性试验研究与分析。从现场暴露试验结构中取样，进行材料和结构的耐久性参数检测。预埋大桥使用的阳极梯形系统，验证混凝土结构耐久性监测系统的可靠性。

③检测混凝土中的氯离子分布、钢筋电学参数和光纤参数的变化及分布，实测混凝土抵抗氯离子扩散的能力，实测实际环境下钢筋锈蚀的临界氯离子含量和钢筋锈蚀速度。

④修正耐久性监测参数，验证各种耐久性防护措施的有效性和局限性。

第三节　钢管桩防腐措施

一、环氧粉末涂敷技术在杭州湾跨海大桥钢管桩上的应用

由于杭州湾海域处在我国沿海强潮区域，且潮差大，水流急，海水含砂量高，环境条件非常恶劣，在杭州湾跨海大桥工程中，中引桥、南引桥及观光平台基础采用了钢管桩沉桩设计，设计所用钢管桩直径为1500mm和1600mm，厚度为20mm和22mm，长度为71～89m，钢管桩数量为5474根，设计寿命为100年。在杭州湾跨海大桥防腐工程上，根据所处地理位置及环境条件，首次提出了三层环氧粉末防腐涂层设计，即承台以下约8m浪溅区范围采用三层环氧粉末涂层（具有防紫外线功能），并具有耐紫外线性能；钢管桩承台以下约42m范围采用双层环氧粉末涂层，其中泥下区钢管桩采用单层环氧粉末涂层（涂层具有一定粗糙度）。

1. 熔结环氧防腐涂层性能

熔结环氧防腐涂料的每个粉末颗粒，都均匀地包含所有组成成分，使涂敷的操作过程以及涂料成膜后的涂层都具有连续稳定的均匀性。其涂装工程无三废污染。熔结环氧防腐涂料经熔融结合涂装，充分熔化流动，并且流平覆盖整个钢管表面，与基体间没有空隙，完全紧密结合。更重要的是，在此过程中发生化学反应，环氧粉末树脂受热固化交联而形成连续的热固性聚合物，并且与钢管也形成了某种程度的化学结合。

熔结环氧防腐涂层的这种热固性交联分子结构特点及其与钢管的某种程度的化学键结合特性，决定了它作为防腐涂层体系具有以下优良性能：

①熔结环氧防腐涂层与钢管基体粘结性好，抗冲击，耐划伤。

②熔结环氧防腐涂层抗渗透性强，耐海生物腐蚀，耐植物根系穿透。

③熔结环氧防腐涂层满足各种埋地、架空、水下等环境中对耐腐蚀、耐老化的要求。

④熔结环氧防腐涂层不会屏蔽阴保电流，抗阴极剥离性好。

⑤加工方便，效率极高，可全天候生产。

⑥涂层修补简单，可随时随地及时修复。

⑦环保，无三废排放，涂层可达到食品饮用等级。

熔结环氧防腐涂层是当今世界上应用最广泛的已被历史证明的良好防腐体系。1996年，世界管道运输业的著名杂志——《管道文摘》的每年调查结果显示，熔结环氧防腐涂层已连续十年被作为管线防腐的首选。1992～1996年的各种防腐层用量统计见表8－19。

表8－19　各防腐层的涂敷面积　（单位：千平方英尺）

涂层类型	1992年	1993年	1994年	1995年	1996年	总　计
熔结环氧	161946	94546.6	82648.7	126209.7	83516.3	548867.3
煤焦油磁漆	46331.7	43525.1	25013	52741.9	15850.7	183462.4
混凝土	17312.7	31521.1	41961.4	53118.3	23125.7	167038.6
环氧煤沥青	876.3	2569.4	653.3	373.1	747.2	5219.3
挤塑	30439.5	42344.7	24271.4	24691.5	21437.4	143184.5
沥青	17667	1200	24006.4	14099.2	2586	59558.6
胶带	1181.1	3812.1	3665	682	2329.3	11669.5
其他	25302	4973.4	39865.9	66179.8	68781.2	205102.3
总计	301056.3	224492.4	242085.1	338095.5	218373.2	1324102.5

2. 熔结环氧防腐涂层标准规范

我国现在采用的标准有:《钢质管道熔结环氧粉末外涂层技术标准》(SY/T0315－97);《埋地钢质管道双层熔结环氧粉末外涂层技术规范》(Q/CNPC38－2002);《熔融结合环氧粉末涂料的防腐蚀涂装》(GB/T18593－2001);加拿大国家标准《钢管外熔结环氧涂层》CAN/CSA—Z245.20—M92 标准。

3. 钢管桩涂装生产线的工艺及设计

(1) 三层 FBE 涂层的结构、工艺

三层 FBE 涂层体系结构由裸管、FBE 底涂层、改性的 FBE 中间层和耐紫外线外层 FBE 组成,见图 8－8 所示。

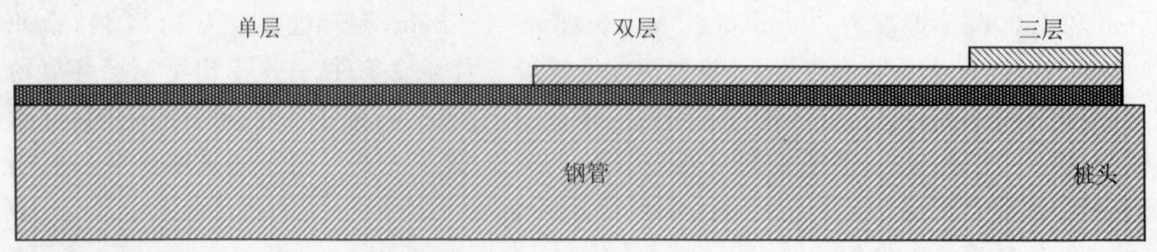

图 8－8　三层 FBE 涂层体系结构

(2) 工艺特点

本工程钢管桩具有超长、超厚、不等壁厚等特点,且三种不同型号的粉末必须在一条生产线上同时进行喷涂,一次性完成胶化、固化、冷却的全过程。生产过程必须完整、连续,不能在涂装过程中出现故障或停机。

(3) 工艺流程

工艺流程见图 8－9 所示。

(4) 生产工艺及设备布置

针对钢管桩加工的特点,在生产线的设计过程中,采用了"一"字形串联式的生产线结构,全长共 250m。生产物流为单头进、单头出。生产线可以根据钢管桩头尾不一致的状况,自由改变喷涂层类型,且所有关键设备,如预热系统、抛丸器、中频加热装置、加热系统、电机传动、空气压缩机、控制系统等都采用备份设计,以确保生产线生产的连续性及质量的稳定性。

①生产线的上、下料机构

主要负责对钢管桩的平行、平稳输送,设备分别采用 2 套 100t 液压小车传输,液压升降行程为 1000mm,克服了由于钢管桩的挠度而影响液压小车的传输。

②生产线传输机构

由单套独立式支撑滚轮系统组合而成,根据各区域功能的不同,各滚轮架间距分别设置为 1m、2m、3m、5m,以满足各区域功能及传动的要求。滚轮材料为实心耐磨橡胶,减速机采用同轴结构设计。

③钢管外表面除锈前预热

目的:除湿,使钢管表面干燥。方法:用燃烧器将气体进行加热,经风机热循环将钢管加热、除湿。系统由两套燃烧器热风循环系统组成,以保证生产线能够全天候 24h 生产。要求:管体温度大于露点 3℃,生产时要加热到 40～60℃。检测手段:用红外线测温仪,或目测钢管表面干燥、不含水分。

④钢管外表面抛丸除锈

目的:去除钢管表面氧化皮,并具有一定粗糙度,提高涂层与基体的结合力。方法:采用高速抛头将钢丸及钢砂按比例均匀抛出,打击钢管表面,将钢管表面锈层除去,并达到一定的锚纹深度。设备:表面清理采用两套下抛式抛丸清理机串联作业,其特点是变换管径时,无论钢管管径的大小,抛出的钢丸到钢管底部表面的距离不变,钢丸沿钢管中心线抛出,钢丸速度和面积最大,清理效果最好。由于每台抛丸机采用两个抛头,沿钢管前进方向前后安装,使其清理速度增加,清理效果提高。为保证连续生产,抛丸机的抛丸速度按涂装速度的 1.5 倍考虑,抛丸量为 2×850kg/min,除锈效率为 1m/min。要求:达到

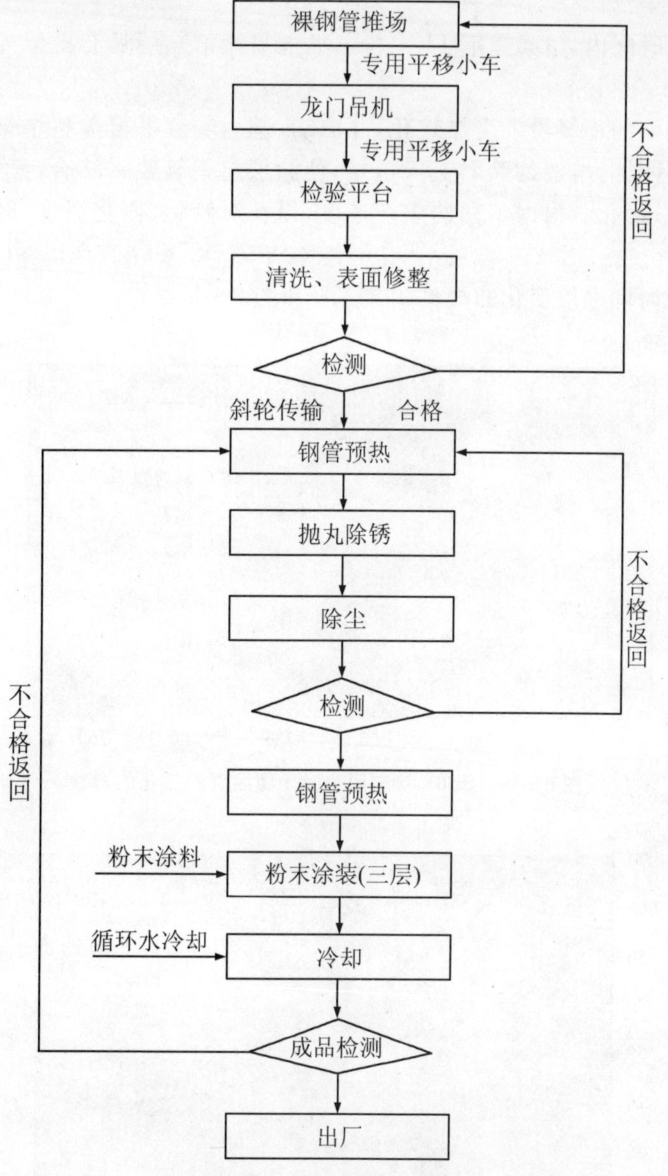

图 8—9　钢管桩涂装工艺流程

Sa2.5 级、锚纹深度 40～100μm；检测方法：目测、用锚纹深度测定仪检测锚纹深度。

⑤钢管表面除尘

目的：去除钢管表面灰尘；方法：用强力风机加电动尼龙毛刷吸尘；设备：一套除尘量为 12000m^3/h 的工业除尘器；要求：表面清洁度；检测方法：通过擦拭，目测清洁程度。

⑥中频加热

目的：加热钢管；方法：采用中频线圈涡流感应加热；设备：中频加热系统选用了双回路整流系统，以防止在某一回路发生故障时能够保证中频加热系统半功率运行，中频冷却系统也采用了双回路设计，而且有自动补偿功能，以确保中频加热系统安全运行；要求：加热效率为 1m/min；加热温度控制区间在 160～240℃之间；检测方法：用红外线测温仪检测，并用测温笔予以验证。

⑦粉末喷涂

达到要求温度的钢管，先用第一组 20 把粉末喷枪喷涂底层环氧粉末，涂层厚度为 300～600μm。涂层固化时间应小于 3min，胶化时间应大于 12s。

在第一层涂层胶化时间内，用第二组 20 把粉末喷枪喷涂第二层具有耐划伤性能的环氧粉末，涂层厚度为 600～1000μm。

在第二层涂层胶化时间内，用第三组 14 把粉末喷枪喷涂第三层具有抗紫外线性能的环氧粉末，涂层厚度为 800～1000μm。

粘附在预热钢管表面的环氧粉末受热熔化，并流动，进一步流平覆盖整个钢管表面，特别是在钢管表面的凹陷处以及焊道两侧，熔融的涂料流入填平，使涂层与钢管紧密结合，最大限度地减少空隙。流平后的涂层进一步胶化、固化。根据不同的生产速度，以及对胶化、固化温度、时间的要求，有不同类型的粉末与之相对应。

具体的固化及胶化时间温度变化曲线见图 8－10 和图 8－11。

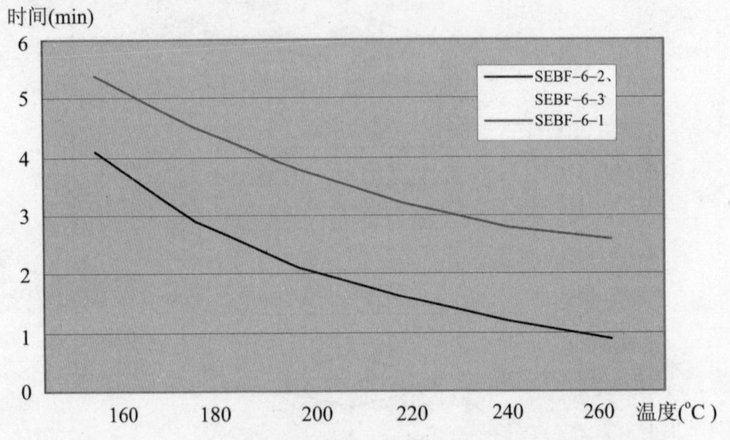

图 8－10 SEBF 粉末固化时间随温度的变化的曲线

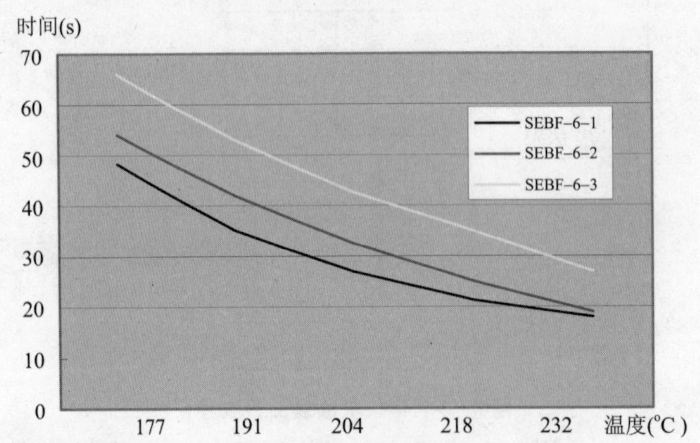

图 8－11 SEBF 粉末胶化时间随温度变化的曲线

检测方法：用红外线测温仪监测，确保涂层固化温度。

⑧水冷

为保证生产质量和生产速度，采用两台大流量的冷却系统，冷却水量为 $80m^3/h$，水冷段长 10m。保证进管温度不小于 150℃，出管温度不大于 100℃。

⑨涂层质量检测

防腐管的表面涂敷质量由成品管监控区监控，包括检测防腐管的外观、厚度、针孔检漏、留端长度等。为全面检查防腐层漏点状况，在作业线上安装有在线针孔检漏仪，在钢管运动状态下可测出漏点，并标出相对针孔位置的标记，以便钢管下线到检测平台后人工检测修补，检漏电压为 5V/μm。经检验合格的防腐管进入下管平台下线，不合格管则置于待检区域内，随时进行处理。该监控区质检人员对涂敷管进行记录，包括管长、管号、数量、外观、厚度等。

⑩外防腐层修补

按SY/T0315－97标准《钢质管道熔结环氧粉末外涂层技术标准》对涂层进行修补，修补用材料为SLF－2型双组分无溶剂液体环氧涂料。钢管表面的补涂区域在补涂之前必须进行除锈，其表面质量应达到ST3级，处理后表面不得有油污及灰尘，然后才能用液体环氧涂料按4∶1的比例均匀混合后涂敷在被修补处，涂层固化时间约为1～3h。

4. 关键技术

（1）钢管表面处理技术

在环氧粉末涂装工艺中，钢管表面处理技术非常重要，钢管表面处理效果的好坏直接影响到防腐层的附着力和防腐性能。为保证钢管表面处理的清理质量，设备选配了预热装置、抛丸除锈、大功率吸尘设备和钢管表面吹扫装置等组成的整套钢管表面清理系统，从设备上保证了钢管表面处理质量。在生产过程中，如何按比例适时添加钢丸及钢砂，也是保证钢管表面处理质量的关键因素之一。通过按一定比例的钢丸及钢砂的适时添加，可以使钢管表面形成的锚纹分布状态及锚纹深度达到理想效果，从而可以大大提高涂层与钢管基体的结合力。

（2）温度控制技术

由于本工程采用的钢管桩为不等壁厚整桩螺旋焊接而成，而钢管桩又非常长，最长达到89m，因此钢管桩在连续加热过程中的累计热效应影响及不同壁厚钢管区域加热功率的变化等难题对温控技术提出了较高要求。为有效地解决这一问题，我们采用了高效、环保的大功率中频加热设备，中频加热设备具有加热效率高、温度可控性好、响应迅速等特点。在实际操作中，根据钢管桩的工艺调试结果绘制出加热性能曲线，中频加热装置根据加热性能曲线，结合温度传感器检测结果，进行比较、分析、运算、反馈，随时进行中频加热输出功率的调节，以保证钢管桩加热温度的一致性、平稳性。

（3）粉末喷涂

环氧粉末喷涂控制的好坏将直接影响产品质量及成本控制。由于钢管桩壁厚、管长，在进入喷涂系统的时候，钢管桩表面的热量非常高，而且持续时间长，对粉末喷枪及喷涂系统影响非常大，在短时间内就可造成喷枪堵塞、喷嘴受热变形、粉末回收系统粉末受热结块掉粉等一系列危害喷涂质量的现象。现有的国内外各种喷涂及回收设备都无法满足此类超厚超长钢管桩的连续生产。经过对喷涂设备的改造，把每一把喷枪的枪头材料都换成聚四氟乙烯并都加装了喷枪空冷装置及恒温保护层，还将每一组喷枪设计成自由伸缩结构，使部分未作业的喷枪间歇性地远离热源，保证了喷枪涂装的畅通。通过对粉末回收设备的改造，在粉末回收舱外壁加装冷却水循环系统，使得回收舱内壁始终处在一个相对恒温的状态，消除了粉末回收系统粉末受热结块及掉粉的现象。另外，通过对粉末喷枪结构的合理布置及回收系统回收孔的布置，保证了涂层的质量和涂层均匀性。

5. 海洋环境中常用防腐涂层的性能比较

海洋环境中常用防腐涂层的性能比较见表8－20。

表8－20 海洋环境中常用防腐涂层的性能比较

	双层熔结环氧	单层熔结环氧	环氧煤沥青	玻璃钢	双组分环氧
耐阴极剥离 48h,65℃,－1.5V	6mm	8mm	＞8mm	＞8	8mm
冲击强度(J)	18	12	4.9	4.9	12
弯曲度(°)	1.5	3	2	1.5	2
盐雾(h)	＞1000	＞1000	—	—	＞1000
附着力	1	1～2	4	—	2
抗划伤(μm)	＜300	300～500	＞500	—	300～500

6. 各防腐涂层性能、价格比较

各防腐涂层性能、价格比较见表8－21。

表 8－21 各防腐涂层性能、价格比较

性能	单层环氧粉末	双层环氧粉末	环氧沥青	玻璃钢	氯化橡胶漆
涂敷工艺可控性	√	√	×	×	×
涂敷工艺简易性	√	√	√	—	√
与阴极保护相容性	√	√	—	—	—
抗阴极剥离性能	√	√	—	—	—
抗水渗透性	√	√	—	√	—
抗物理损伤性能	√	—	√	—	×
耐化学性能	√	√	—	√	—
抗海洋生物性能	√	√	—	√	√
抗菌性能	√	√	—	√	√
现场补口性能	√	√	√	—	√
使用寿命	50～100 年	50～100 年	8～20 年	8～20 年	7～20 年
价格	55 元/m^2	80 元/m^2	60 元/m^2	80 元/m^2	40 元/m^2

注：√：优；－：一般；×：差。

7. 在杭州湾跨海大桥钢管桩上的应用情况

从已沉桩的 5474 根长 71～89m 的钢管桩来看，无论是在钢管桩的设计、卷制、防腐、沉桩，还是在阴极保护施工等各方面都是一个成功的典范。对照防腐层的实际应用效果，从阴极保护电流的实测结果看，阴极保护电流维持在一个非常低的指标范围内，且非常稳定。海洋生物也未对钢管桩涂层造成威胁。

环氧粉末涂装技术在杭州湾跨海大桥钢管桩上的成功应用，在我国桥梁史上具有里程碑的意义，为今后钢管桩技术更大规模的发展应用将奠定坚实的基础。展望未来，随着一大批重量级大桥的即将建设，环氧粉末涂桩技术在钢管桩上应用将得到广泛的应用，对我国桥梁钢管桩的防腐将产生深远的影响。

二、钢管桩复合涂层与牺牲阳极联合防护方法的应用

在施工中，钢管桩将受到打桩机的强大冲击力和海床的挤压力；大桥基础钢管桩安装后，常年处于杭州湾复杂的海洋环境下，钢管桩近似于垂直安装，不同区域的工作环境差异较大；大桥建成后，钢管桩基础将承载大桥的全部结构荷载和运行车辆荷载，大桥基础钢管桩的寿命将决定大桥的整体寿命。在这样的环境下，钢管桩如果没有可靠完善的腐蚀控制方法，100 年的设计寿命是无法实现的(通常海洋钢结构的设计寿命最长 30 年)。这样大规模的工程，实现桥梁的全面腐蚀控制，减少维护费用，提高运行的安全性和可靠性是最基本的要求。

早期国外大桥钢管桩的设计主要采用超大口径厚壁钢管，如选用直径为 4～6m、壁厚为 40～80mm 的钢管，利用钢材自身的腐蚀余量来保证设计寿命，有时加上应急保护系统，延缓腐蚀速度。我国当前还没有条件生产大口径厚壁钢管桩，而且其成本高昂，采用口径 1.5～1.6m、壁厚为 20～25mm 的群桩结构是经济可行的办法，这样腐蚀控制就成为技术关键。对这种钢管桩的防护，若裸钢仅用阴极保护，耗电量或牺牲阳极的消耗量很高；若以阴极保护为主加上一般的防腐涂层，也达不到长期防护的目的。但是随着高性能涂层技术的发展，涂层防护方法已逐渐成为钢管桩防腐的主要手段，阴极保护只是针对钢管桩涂层局部破损所采用的辅助保护措施。

1. 综合性能优良的涂层

采用多层复合熔融结合改性环氧涂层，辅助牺牲阳极的联合防护方法。其中，开发综合性能优良的

涂层是实现这种设计思想的前提。

首先选择熔融结合环氧涂层作为防腐蚀的基本手段，因为它具有优异的防腐蚀性能，抗冲击强度高（>24J），结合力强（>90MPa），抗水渗透性强，这些是在重腐蚀环境中防护涂层的基本条件。当然，应用在水深流急的海洋中的跨海大桥钢管桩的防护，对现有的熔融环氧涂层还需进行改性研究。

为了保证大桥有100年的使用寿命，单纯依靠涂层防护还是不够的，涂装好的钢管桩在运输、打桩和安装过程中不可避免地会有少量损伤，在服役期间也不可避免地会遇到海流的冲刷和偶然的撞击或破损，因此需要辅以阴极保护的措施。熔融结合环氧涂层是各种涂层中与阴极保护匹配最佳的，它们相辅相成。

(1) 经熔结环氧涂装的钢材所需阴极保护电流密度最小，比其他涂层要小1～2个数量级。以埋地管道为例，一般金属裸管保护电流密度在10～300mA/m²，现行常见涂层在10～10³μA/m²左右，而熔结环氧涂装时仅为5μA/m²，而且已有经验证明，使用十余年后仍保持这个水平，见图8－12所示。

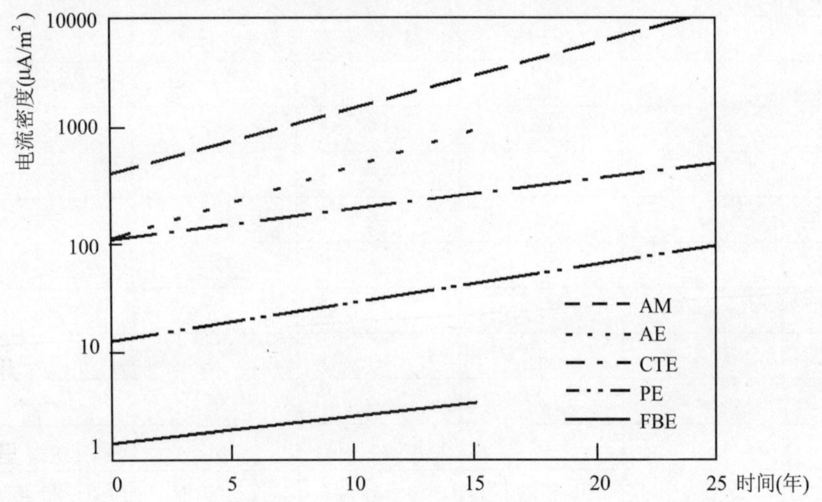

图8－12　加拿大煤气公司测量各类涂层所需的阴极保护电流密度

(2) 熔结环氧涂层的抗阴极剥离性能也是各种涂层中最突出的。图8－13展示了不同涂层阴极剥离的实验结果，熔结环氧涂层抗阴极剥离都远优于通用的其他涂层。又因其所需阴极保护电流很小，这就又进一步控制了阴极剥离。

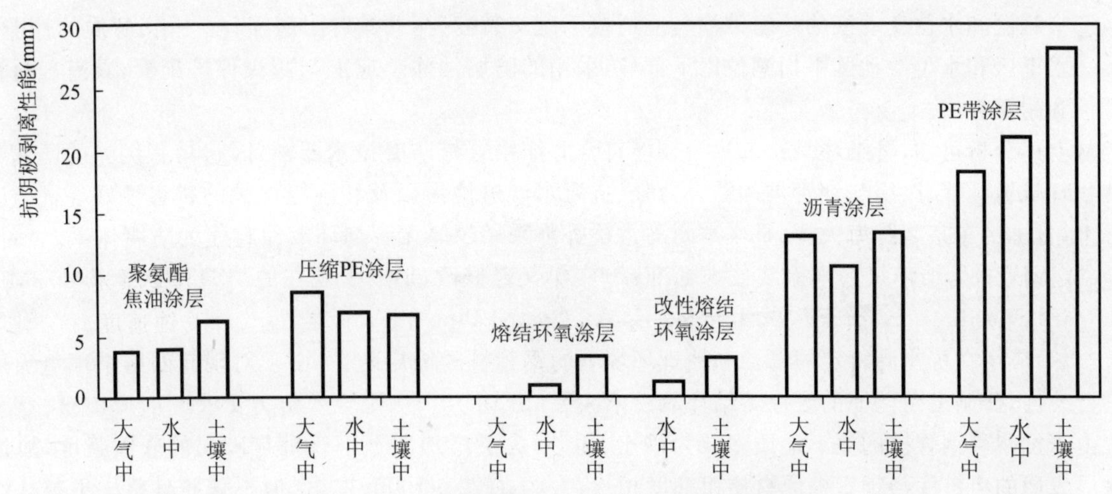

图8－13　不同类型防护涂层的抗阴极剥离性能比较

(3) 熔结环氧涂层对阴极保护电流没有屏蔽作用，不致影响阴极保护的效果，而这正是另一些抗渗水性较好的防腐层（如聚乙烯等）的缺陷。

2. 高性能复合涂层在钢管桩上的应用

(1) 钢管桩涂层的基本要求和选择

针对海洋特定的腐蚀环境，钢管桩等钢结构的防腐涂料应具有如表8－22所示(以ASTM标准为例)的特性。

表8－22 海洋环境中常用防腐涂层的性能比较

性 能	ASTM	双层熔结环氧	单层熔结环氧	氯化橡胶漆	液体环	玻璃钢
渗透性	3M$CaCl_2$	√	√	—	—	—
冲击强度(J)	≥9	23	18	4.9	4.9	
弯曲度(°)	1.5(0℃)	1.5	2.5	2.0	2.0	1.5
耐磨性(mg)	≤100	≤100	≤100	—	—	—
耐阴极剥离(mm)	≤6	4	4	>8	>8	>8
盐雾(h)	1000	>1000	>1000	—	—	—
表面处理	√	√	√	×	×	×
涂敷工艺可控性	√	√	√	×	×	×
涂敷工艺简易性	√	√	√	√	√	—
与阴极保护相容性	√	√	√	—	—	—
抗物理损伤性能	√	√	√	×	√	—
耐化学性能	√	√	√	—	—	√
抗海洋生物性能	√	√	√	√	—	√
抗菌性能	√	√	√	√	—	√
现场补口性能	√	√	√	√	√	—
使用寿命		50年以上	20～30年	7～20年	8～20年	8～20年

注：优：√；一般：－；差：×

参照表8－22，并参照JTJ230－89《海港工程钢结构防腐蚀技术规定》，钢结构的防腐涂料应具有的特性如下：

①海洋大气区采用防腐蚀涂料应具有良好的耐候性；

②浪溅区和水位变动区的防腐蚀涂料应适应干湿交替变化，并具有耐磨损、耐冲击、耐候的性能；

③水下区和水位变动区平均潮位以下部位，采用的防腐蚀涂料应能与阴极保护配套，具有较好的耐电位性和耐碱性。

从上述分析可知，熔结环氧粉末涂层较能符合海洋钢管桩防腐技术要求，因它具有优异的防腐蚀性能和物理机械性能、涂层与钢管桩的结合力强、抗海水渗透性强以及和阴极保护的相容性好等优点。而实际上，日本的东京湾跨海大桥、日本本州岛大桥等都采用超厚无溶剂环氧涂料作为防腐体系。1997年美国制定钢管桩熔结环氧粉末涂装技术标准，2000年又经修改，形成了现在的ASTM A972/A972M－00《Standard Specification for Fusion Bonded Epoxy Coated Pipe piles》标准。

当然，应用在杭州湾特定的腐蚀和地理环境下的钢管桩的涂层防护，必须对现有的熔结环氧涂层性能进行改性，研制出高性能的改性熔结环氧粉末涂层(SEBF)，以满足长效防腐要求。

由于杭州湾钢管桩的泥下地质多数为砂土、粉砂，为了增加泥下钢管桩与砂土的嵌固强度，故泥下区涂层表面的粗糙度与钢管桩原材质粗糙度相当，大约在20～100m左右，但不露底且整体平整。泥下区钢管桩腐蚀速度较慢，一般为0.05mm/年，考虑到本区域硫酸盐浓度较高，采用单层环氧粉末防腐。该层要起到涂层与钢管桩的附着力、抗渗透性以及良好的耐化学介质等作用，抗划伤性好，涂层有锚纹但不降低其防腐性能。

杭州湾流域海水泥砂含量较高，流速快，还受到海洋细菌和海洋生物的侵蚀，涂层必须具备抗冲击、耐磨损、抗污损的要求。采用普通级双层环氧涂层，形成更加抗划伤、抗冲击和耐磨损的双层复合结构，在 30kg 负荷下 ø2.5mm 划伤头的划伤性能小于 350μm。该体系结构主要服役于海洋用钢管桩承台以下约 8～40m 范围的水下区内。

浪溅区和潮差区的腐蚀和磨蚀的环境最为苛刻，主要受到海水飞溅加日照造成的干湿交替环境；钢铁表面由于海水飞溅，干燥时间短，很难形成保护性的膜层；日光照射加之海浪的冲击作用，等等。因此，该区域防护涂层体系应具有很好的抗机械划伤和抗磨损能力，50kg 负荷下 ø2.5mm 划伤头的划伤性能小于 500μm，并且外层改性涂料要具有良好的耐候性，能抵抗紫外线的辐照，减少外层涂层的粉化和失色现象。故在设计时，承台以下约 8m 范围内的钢管桩的浪溅区和潮差区采用加强级改性双层环氧涂层，即三层涂层结构。

(2) 大桥基础钢管桩高性能复合涂层性能的研究

杭州湾跨海大桥专用高性能熔结环氧 SEBF-6-系列涂料是单组分、无溶剂、热固性粉末涂料。它是以改性环氧树脂为主剂，辅以高活性固化剂，在高温下能够快速熔融流平交联成膜，无小分子析出，形成的涂膜致密度高，显示出卓越的耐化学性，尤其是与钢管基体的附着力、抗弯曲性、流平性、抗溶剂性、抗化学药品性以及抗磨损、抗机械划伤能力较原环氧粉末涂料更为优良，适应海洋环境和大桥钢桩的特殊防护要求而研制开发的。

根据杭州湾跨海大桥钢管桩三个部位（泥下区、海水区、浪溅区）的特定的防护层的要求，研制了以 SEBF-6-1 为钢管桩涂层的内层，SEBF-6-2 为防腐涂层的中间层，SEBF-6-3 为防腐涂层的外层。在钢管桩的特定部位，通过特殊的涂装工艺，将以上三种粉末分别涂敷，形成不同的复合涂层结构。

以下将进一步结合杭州湾特定海洋环境，对 SEBF-6-系列涂层性能的特点作进一步的评述。

①优良的抗海水渗透性

钢管桩的重防腐涂层必须承受海水长期浸泡。一般的涂层在此环境下会发生软化、溶胀、起泡、附着力下降等现象，这与涂层的抗渗透能力直接相关，而抗渗透性能的指标一般从涂层的吸水率和溶出率中可以得到表征，因为有机涂层是一种半透膜，水分子绝对不渗透是做不到的。优良的涂层应长期浸泡在溶液中不发生明显的吸水和溶出。

在无机物水溶液中，水分子是体积最小的液体介质，渗透力比一般的水合化的离子强。有机涂层的一般规律是在海水中抗渗水性最好，在自来水中次之，在蒸馏水中最差。所以，涂层在蒸馏水或稀盐溶液中的渗透能力加速反映了涂层在海水中的抗渗透性。

表 8—23 为改性 SEBF-6-系列环氧涂层在 60℃和 90℃蒸馏水中的吸水增重率变化数据，通过高温长时间的浸泡研究涂层加速破坏的规律数据，从中筛选出抗海水渗透性最佳的涂层。从表中可见，样品 3 所对应的涂层在 60℃和 90℃中的增重率在 3%以下，说明该环氧涂层具有良好的抗海水渗透能力。

表 8—23　不同系列环氧涂层在不同温度下蒸馏水中浸泡时的增重率变化(%)

温度(℃)	样品号	浸泡时间(h)					
		100	360	600	1000	4320	10800
60	1	1.86	2.58	2.51	3.38		
	2	1.47	1.55		1.29		
	3	1.37	1.70		1.97	2.38	2.51
	4	1.42	1.50		1.70		
90	1	13.03	15.28		15.78		
	2	2.63	3.77		6.29		
	3	2.29	3.12		2.11		

②涂层优异的抗机械划伤性

针对杭州湾钢管桩长期处在较大流速海水冲刷和泥砂、潮汐频繁冲击的服役环境中，以及钢管桩贯入过程中与土壤摩擦的施工要求，涂层表面必须具备很强的抗机械划伤的能力，特别是钢管桩在海水和浪溅部位的涂层。通过反复的配方调整和工艺参数的改变，所研制成的中间层 SEBF－6－2 涂层在 30kg 负荷下 ø2.5mm 划伤头的划伤性能小于 150μm，已远低于相关标准规定的 350μm；外层SEBF－6－3 涂层在50kg 负荷下 ø2.5mm 划伤头的划伤性能达到 200～300μm，已远低于相关标准规定的 500μm，见图 8－14。

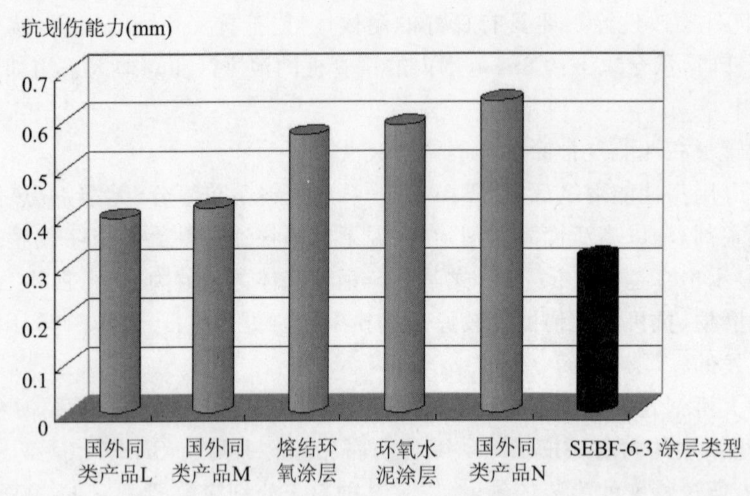

图 8－14 SEBF－6－3 涂层的抗划伤能力

③涂层耐紫外线辐射老化性能

钢管桩外层 SEBF－6－3 涂层由于处在浪溅区和潮差区，从大量的腐蚀实测数据和腐蚀环境分析，其中该区的腐蚀最为严重。该保护区的涂层除了要具有优异的抗机械划伤性外，还必须提高外层涂层的耐紫外线照射的性能。该改性环氧涂层的抗紫外线性能主要在以下 3 方面进行了配方的改进：

第一，涂层通过热熔性和热固性树脂的互穿网络结构和纳米弥散强化结构，使得这种环氧固化物交联度高，网格紧密。涂料中不含溶剂，避免了一般溶剂型涂层中存在的因溶剂挥发而形成的通道，从内层结构上阻隔了氧和其他杂质的侵入。

第二，涂层中加入了能有效屏蔽紫外线的微细填料，这种材料分散在聚合物中，在紫外线危及聚合物之前就有选择地、强烈地将紫外线反射或部分吸收，使聚合物成膜材料不受光的危害。

第三，涂料中选用了复合型光稳定剂和抗氧剂，这种含量不多的助剂，却有着不可替代的作用。一方面，它自身可吸收紫外光，使之转成无害的低辐射能，这就首先抑制了光引发；另一方面，它还可捕捉自由基，也就是将光老化过程中间产物消除，使有害的降解过程不能继续进行。

外层 SEBF－6－3 涂料还是以改性环氧为主要成膜主剂，以保持与中间层环氧系列涂料的良好的相容性和牢固的结合力。如果采用其他耐紫外线的涂层，则其他性能如附着力、抗阴极剥离、抗渗透等达不到要求，而且造价昂贵。

SEBF－6－3 样品抗紫外线性能检测结果见图 8－15，测试所用紫外线老化环境谱按照国标 GB2424.14－81 和美国军标 MIL－STD－810E 等制定。以 24h 为 1 个周期，紫外线辐照 14h(温度为 50±2℃，湿度为 50±5%)，然后湿热暴露 10h(温度为 40±2℃，湿度为 90±5%)。经过 29 个周期的试验，发现改性 SEBF－6－3 涂层没有发生龟裂、起泡等现象。又用 BYK 色差仪测定涂层的色差变化，发现 SEBF－6－3 涂层的色差变化很小，变化仅为 5，并且随着时间的变化趋于平稳，而未改性的环氧涂层的色差变化达到 14。

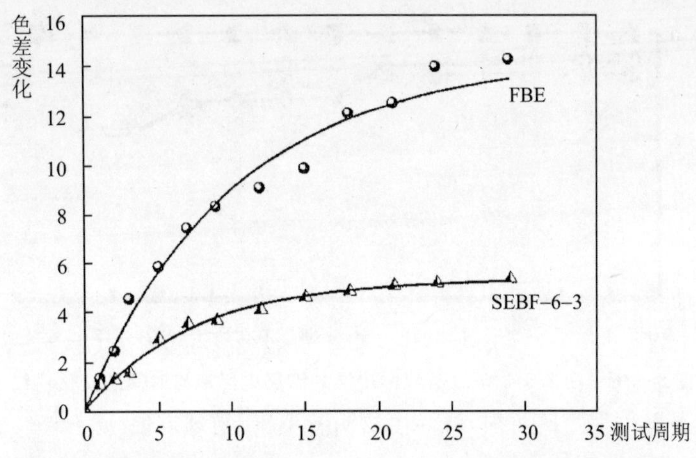

图 8—15　改性熔结环氧涂层 SEBF－6－3 的抗老化能力明显提高

(3) 底层涂层表面粗糙度的研究

杭州湾跨海大桥的基础钢管桩采用群桩的结构，由于泥砂层较深，钢管桩采用摩擦桩。为了增加钢管桩与海泥的锚固强度，按照以前裸钢管桩的设计要求，要求泥下区的 SEBF－6－1 涂层表面的粗糙度与原钢管桩材质的粗糙度相当，一般在 20～100μm。粗糙度太小降低了锚固强度，太大则影响了钢管桩的贯入难度和涂层的有效防护厚度。通过一系列的实验和研究工作，在满足涂装工艺和底层与钢管桩的附着力、抗渗透性以及良好的耐化学介质等防腐性能不降低之下，其粗糙度和锚纹形状可调。

(4) 抗阴极剥离和阴极屏蔽性能好

预制完的钢管桩由于运输、安装中不可避免存在小的破损和缺陷，形成大阴极小阳极的腐蚀条件，造成该处局部腐蚀，故在杭州湾跨海大桥钢管桩防护工程上采用阴极防护的方法来弥补。在阴极保护电流的作用下，涂层钢管桩作为阴极，在海水环境中，当水、氧、离子等渗入涂层中，在阴极处发生反应：$2H_2O+O_2+4e \rightarrow 4OH^-$，$2H_2O+2e \rightarrow H_2+2OH^-$，涂层在高碱性环境下造成聚合物降解和涂层溶胀产生内应力，导致涂层与基体金属剥离。所以，在阴极保护电流和工业杂散电流的相互作用下，要求涂层具有良好的抗阴极剥离性能。

熔结环氧涂层与阴极保护匹配是最好的，所需阴极保护电流密度最小。同时，这种涂层有一定的微渗水性，保证了涂层在阴极保护时有微电流通过，故不会产生阴极屏蔽(CP)现象。由图 8－13 的数据比较可以看出，改性的熔结环氧涂层的抗阴极剥离性能优于其他涂层，而且阴极保护所需的保护电流很小，减少了阴极保护的投资费用。

(5) 涂层具有长期良好的绝缘性

防腐涂层长期浸泡在电导率较高的海水环境中，而大多数涂层在固化成膜的过程和服役的过程中或多或少带上正电或负电，这时外界的水分子或其他离子产生的电渗析和阳极转移等现象将使涂层失效。良好的涂层具有较高的介电强度，这也是阴极保护所需要的。

图 8－16 表示了不同熔结环氧涂层在 60℃的 3.5%NaCl 溶液中浸泡一年过程中的电化学阻抗值的变化。从图中可见，改性的 SEBF 涂层经过 365d 的连续浸泡，涂层的电阻率基本保持不变，保持 1010Ω・cm^2。这说明改性涂层具有极好的致密性、抗水渗透和抗电渗析性，保持了较小阴极保护电流在较长时间内的稳定性。

(6) 涂层具有良好的抗生物污损性

海洋生物吸附在钢管桩的涂层上，由于局部的腐蚀介质浓度、成分发生变化，从而引起涂层的局部破坏和脱落。聚氨酯涂层在水溶液和碱性条件下具有良好的保护性能，而在污水中的细菌作用下发生彻底降解，而环氧涂层在同样的介质下不出现问题。通过在改性熔结环氧涂料中加入防污助剂，提高涂层的滑爽性和致密性以及实施电化学保护技术，都使得海洋生物吸附减少。这次应用于杭州湾跨海大

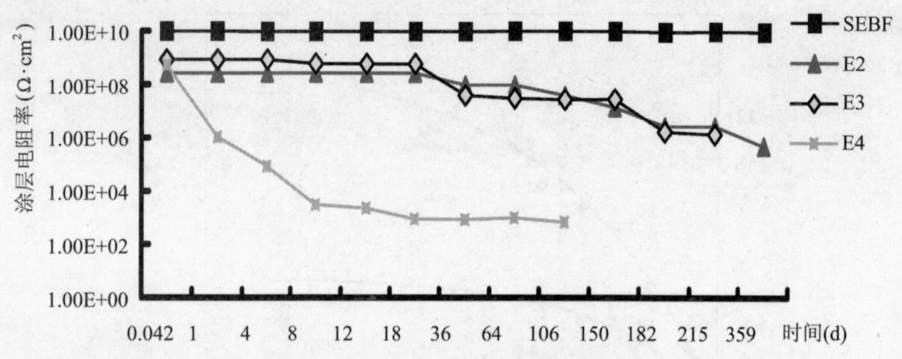

图 8－16　在 3.5%NaCl 溶液中浸泡的涂层电阻率与时间的变化曲线

桥的涂层，明显地降低了海洋生物的污损，海洋生物附着不牢，清理方便。

（7）热特性和涂装工艺性能的研究

高性能的粉末涂料是获得优异涂层性能的前提条件，而正确合理的涂装工艺是实现优异涂层结构的途径和载体，通过研究改性复合涂料体系的胶化和固化过程等涂料的热特性，掌握钢管桩不同部位的单层、双层和三层结构的涂装工艺参数，保证了涂层质量的稳定性。图 8－17、图 8－18 分别为 SEBF－6－系列复合涂料的胶化时间和固化时间随温度变化的曲线。可以看出，复合涂料体系的胶化和固化时间都有 SEBF－6－1＞SEBF－6－2＞SEBF－6－3 的规律，这样在一次钢管桩预热之后，通过特殊的喷涂顺序保证了各涂层的层间相容性和固化的完整性。

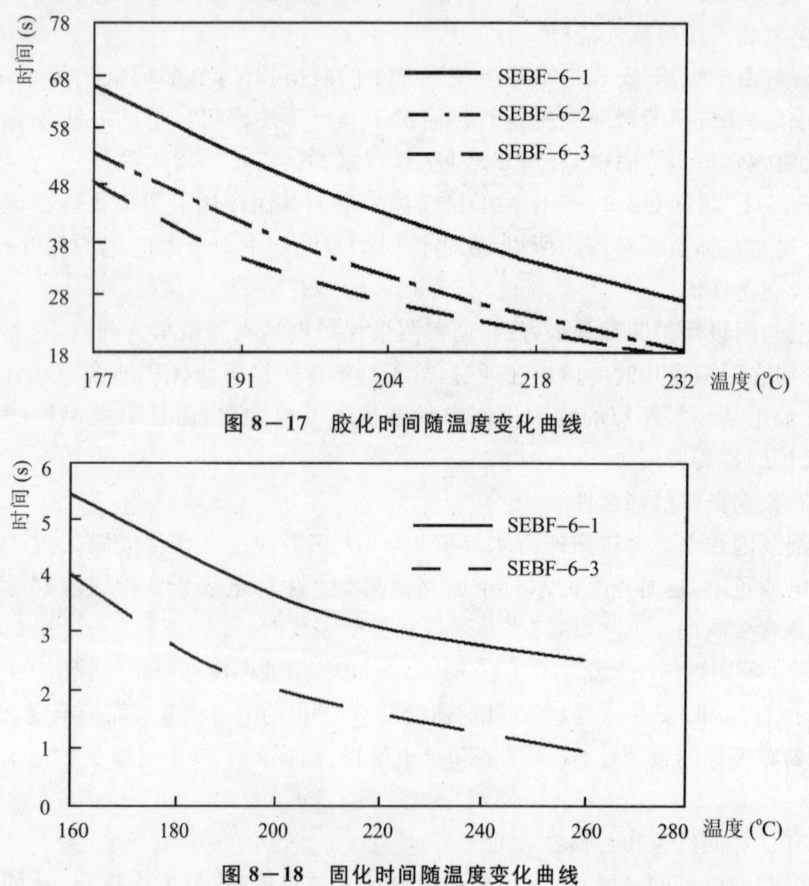

图 8－17　胶化时间随温度变化曲线

图 8－18　固化时间随温度变化曲线

（8）涂层具有良好的可施工性、配套性及可修补性

由于杭州湾跨海大桥钢管桩防腐直径大（1.5m 和 1.6m），体积笨重（单根在 70t 以上），长度长（71～89m），在严格要求充分体现复合涂层具有良好的防护性情况下，要求涂装工艺相对简单，并且具有很好

的可控性、配套性、修补性和易于管理，保证涂层的质量达到设计要求，而目前国内熔结环氧粉末的涂装生产线已经比较成熟，而且检测手段、质量控制措施和相应的标准都已完善，确保了涂装工艺的正确执行。局部的修补采用改性双组分无溶剂液体环氧 SLF 高分子复合涂料，在常温下固化，既可以手工修补，也可以采用最新开发的超高压无溶剂热喷涂技术进行喷涂，固体含量 100%，其性能已达到和超过了埋地管道用熔结环氧涂层性能指标。SLF 与 SEBF 涂层是属于同一类热固性高分子材料，主剂材料有共性，在结构上相似，因此两种涂层材料间有较强相容性，在实际重腐蚀防护应用时，两者有很强的互补性。

(9) 小结

通过对钢管桩高性能复合涂料一系列的试验研究和现场生产调试，该系列粉末涂料已经通过 CMA 认证相关单位的全面检测，并在杭州湾跨海大桥几千根大口径、超长钢管桩上成功地实现了涂装防腐。表 8－24 列出 SEBF 系列涂层的主要性能指标。

表 8－24　SEBF 系列涂层的主要性能指标

	单位	技术指标	单层 SEBF-6-1	底层 SEBF-6-2 面层 SEBF-6-2	底　层 SEBF-6-1 中间层 SEBF-6-2 面　层 SEBF-6-3
24h 阴极剥离	mm	≤8	3.0	3	2
28d 阴极剥离	mm	≤10	4.0	4	3
断面孔隙率	级	1～4	1	1	1
粘结面孔隙率	级	1～4	1	1	1
抗 3°弯曲(－30℃)		无裂纹	无裂纹		
抗 2°弯曲(－30℃)		无裂纹		无裂纹	无裂纹
－30℃抗 1.5J 冲击		无针孔	无针孔		
－23℃抗 10J 冲击		无针孔		无针孔	
－23℃抗 15J 冲击		无针孔			无针孔
电气强度	MV/m	≥30	41.0		
体积电阻率	Ω·m	$\geqslant 1\times10^{13}$	$\geqslant 5\times10^{14}$		
24h 附着力	级	1～3	1	1	1
耐磨性(落砂法)	L/μm	≥3	3.2		
30kg 耐划伤性	μm	≤350 无漏点			160 无漏点
50kg 耐划伤性	μm	≤500 无漏点		480 无漏点	349 无漏点

①钢管桩在泥下部位即承台以下约 40m 至桩尖的范围内，采用改性 SEBF-6-1 型重防腐型环氧粉末涂料，涂层厚度≥300μm。该层涂层表面的粗糙度与钢管桩原材质粗糙度相当，大约在 30～80μm 左右，不露底且整体平整。

②钢管桩在海水区域即承台以下约 8～40m 的范围内，采用普通双层结构，内层采用重防腐型 SEBF-6-1 型涂料，最小厚度为 300μm；外层采用耐划伤、抗冲击、耐磨的环氧粉末涂层 SEBF-6-2，厚度最小为 350μm；双层涂层的厚度为≥650μm，以满足钢管桩水下部位泥砂和水流长期冲击和磨损的需要。

③承台以下约 8m 范围内为钢管桩的潮差区和水位变动区，采用加强级双层环氧涂层，即三层涂层结构，内层采用重防腐型 SEBF-6-1 型涂料，涂层最小厚度为 300μm；中间层采用耐划伤、抗冲击、耐磨的环氧粉末涂层 SEBF-6-2，涂层厚度最小为 350μm；外层采用耐划伤和耐候性好的 SEBF-6-3 涂

层，厚度最小为 200μm；三层总体涂层厚度≥850μm。该涂层体系不仅具有最好的抗机械划伤和抗磨损能力，而且耐老化和抗紫外线的辐照，减少了外层涂层的粉化和失色现象。

在宁波北仑小港预制现场，采用 SEBF－6－系列高性能涂料已完成涂装防腐的钢管桩全部满足型式检验的要求，在杭州湾已打入的部分钢管桩通过牺牲阳极的阴极保护后，钢管桩各处的电位均在－1.10V(Ag/AgCl 参比电极)左右，而且保护电位分布均匀，表明高性能复合防腐涂层已达到了预期的设计要求。

3. 基础钢管桩阴极保护的设计

(1) 阴极保护设计思想

杭州湾跨海大桥钢管桩采用的高性能熔融结合环氧粉末防腐涂层(SEBF)体系由多层复合结构熔融结合环氧涂层组成，其抗冲击强度高，结合力大，耐水渗透性强，耐阴极剥离性能强，无阴极屏蔽效应，并具有较强的耐划伤性。基于这样的高性能防腐涂层体系的阴极保护系统，应充分考虑涂层对阴极保护系统的影响，不应该完全等同于传统的阴极保护系统。因此，在实验室研究和现场试验的基础之上，我们提出了杭州湾跨海大桥钢管桩阴极保护设计的基本思想。

(2) 全寿命动态设计

为了确保阴极保护系统能始终有效地发挥作用，针对阴极保护系统的 30 年有效使用寿命要求，必须动态地考虑钢管桩上高性能熔融结合环氧粉末防腐涂层的破损率，分别利用初期阴极保护电流密度、平均阴极保护电流密度和末期阴极保护电流密度计算海水中杭州湾跨海大桥钢管桩阴极保护所需要的阳极数量。从实际计算结果来看，利用末期阴极保护电流密度计算出的阳极数量确实高于利用初期和平均阴极保护电流密度计算出的结果，如果不采用针对全寿命的动态设计，很有可能在阴极保护系统使用末期，阳极材料尽管还存在，但却无法提供足够的保护。

(3) 合理选择阳极材料和安装工艺

①阳极材料的选择

牺牲阳极型阴极保护系统，是由一种比被保护金属电位更负的金属或合金与被保护的金属电连接所构成。用于海水中阴极保护的牺牲阳极材料主要有锌合金牺牲阳极和铝合金牺牲阳极。由于铝的密度低于锌，而其理论电容量又高于锌，在输出电流基本相同的情况下，一块铝合金牺牲阳极的重量不到相同尺寸锌合金牺牲阳极重量的一半，所以为了减少杭州湾跨海大桥基础钢管桩的负荷，故选用高效铝合金牺牲阳极。

②牺牲阳极安装形式的选择

杭州湾跨海大桥基础钢管桩阴极保护设计中的一个关键技术问题是阳极安装形式的选择。过去通常的做法是在每个钢管桩安装一块阳极或几块阳极，这对于裸的钢管桩或是彼此非电导通的钢管桩是非常合理的。但在上述两种情形下，由于缺乏电导通性或是裸的钢管桩需要很大的保护电流，致使邻近的钢管桩很难得到充分保护。对于杭州湾跨海大桥基础钢管桩来说，情况与过去有着根本的不同。首先，各个钢管桩通过承台内的钢筋实现了彼此间的电连接；其次，杭州湾跨海大桥基础钢管桩表面涂有高性能涂层即熔融结合环氧粉末复合涂层，将大大扩展电流的传输范围(见图 8－19)。因此，在这种情况下，应该将每个承台下面 9～16 根钢管桩作为一个整体，在其中的几根钢管桩上安装几组阳极，从而实现对每个承台下所有钢管桩的保护。此外，采用在每个钢管桩安装一块阳极或几块阳极的做法，在杭州湾这种恶劣的自然环境下，很难在 2 年的工期内完成所有钢管桩的阳极安装任务。采用成组安装阳极的方法，将阳极安装的工程量大大降低，只有这样，才能够按期实现项目的竣工。

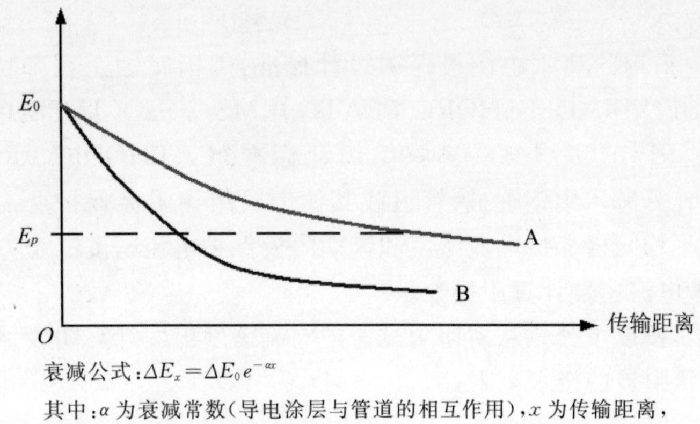

衰减公式：$\Delta E_x = \Delta E_0 e^{-\alpha x}$

其中：α 为衰减常数（导电涂层与管道的相互作用），x 为传输距离，

A 曲线为良导体，B 曲线为不良导体，E_p 为必需的保护电位

图 8－19　涂层对阴极保护电位（电流）传输距离的的影响

（4）确保最小电位准则

确保杭州湾跨海大桥基础钢管桩具有合适的电位分布是阴极保护设计中需解决的一个关键技术问题。无论是国外标准美国腐蚀工程师协会标准《CORROSION CONTROL OF STEEL FIXED OFF-SHORE PLATFORMS ASSOCIATED WITH PETROLEUM PRODUCTION》（NACE RP 0176－94）和挪威船级社标准《CATHODIC PROTECTION DESIGN》（DNV RPB401－1993），还是国内标准《海港工程钢结构防腐蚀技术规定》（JTJ 230－89）和《港工设施牺牲阳极保护设计和安装》（GJB 156－86），都规定施加阴极保护后被保护结构电位应该达到比－0.80V（相对于海水银/氯化银参比电极）或者－0.85V（相对于铜/饱和硫酸铜参比电极）更负。

为了确保杭州湾跨海大桥基础钢管桩上始终具有合适的电位分布，在确定阴极保护设计方案之前，还进行了阴极保护电位分布的推算。美国亚特兰大大学的 Hartt 教授等人经多年研究，于 2003 年提出了一套计算钢管桩或海水管道表面阴极保护电位分布的公式：

$$E''_C(z) + \left(B + \frac{H \cdot z}{(z^2 + OF^2)^{3/2}}\right) \cdot E_C(z) = -H \cdot Q \cdot \int_z^{L_{as}/2} E_C(t) \cdot \mathrm{d}t \tag{8-1}$$

对于此式，很难直接求出解析解，所以利用有限差分方法编制出了计算程序 CP－FDM 来计算这一微分积分方程的数值解。对于杭州湾跨海大桥的单根钢管桩，根据阴极保护设计的计算结果，推算出在阴极保护系统的有效使用寿命末期时管道表面的阴极保护电位分布曲线如图 8－20 所示。由图 8－20 可见，按照 30 年后管道表面涂层破损率达到 15.0％考虑，管道表面各处电位均比－0.80V（银/氯化银参比电极）更负，说明各处均得到了保护。

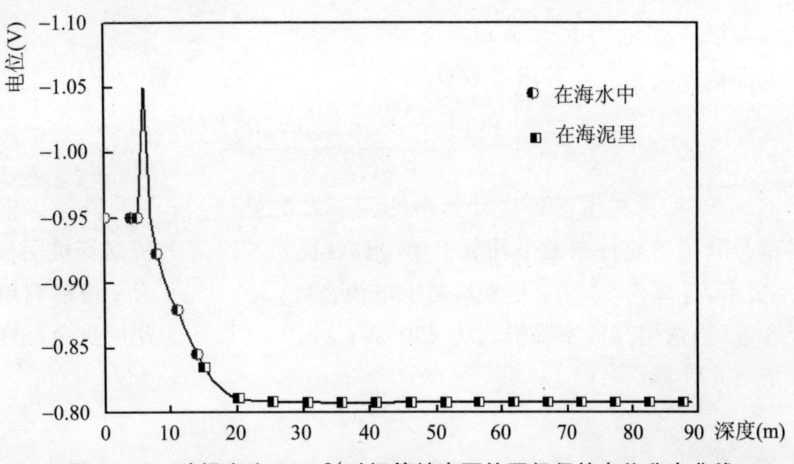

图 8－20　破损率为 15.0％时钢管桩表面的阴极保护电位分布曲线

(5) 阴极保护计算方法

根据目前国际上普遍采用的海水中阴极保护设计标准:美国腐蚀工程师协会标准《CORROSION CONTROL OF STEEL FIXED OFFSHORE PLATFORMS ASSOCIATED WITH PETROLEUM PRODUCTION》(NACE RP 0176－94)、挪威船级社标准《CATHODIC PROTECTION DESIGN》(DNV RPB401－1993),计算海水中钢管桩、管道或其他金属结构阴极保护所需要的阳极数量,应该从初期阴极保护电流密度、平均阴极保护电流密度和末期阴极保护电流密度三个方面进行。

①利用初期阴极保护电流密度计算阳极数量

根据挪威船级社标准,按以下公式从初期阴极保护电流密度出发计算阴极保护所需要的阳极数量。

a. 计算细长型或棒状阳极的接水电阻:

$$R_{A(\text{initial})}=\frac{\rho}{2\pi L}\left[\ln\left(\frac{4L}{r}\right)-1\right] \tag{8-2}$$

式中,$R_{A(\text{initial})}$——初期阳极接水电阻(Ω);

ρ——介质(海水)的电阻率(Ω·m);

L——初期阳极的长度(m);

r——初期阳极等效半径,$r=\frac{C}{2\pi}$(m);

C——初期阳极截面周长(m)。

b. 计算阳极输出电流:

$$I_{a(\text{initial})}=\frac{\Delta E}{R_{A(\text{initial})}} \tag{8-3}$$

式中,$I_{a(\text{initial})}$——初期单支阳极输出电流(A);

ΔE——驱动电压,对于铝合金阳极,取0.25V;

$R_{A(\text{initial})}$——初期阳极接水电阻(Ω)。

c. 计算所需阳极数量:

$$N_{\text{initial}}=\frac{\sum S_c\cdot f_o\cdot i_o}{I_{a(\text{initial})}} \tag{8-4}$$

式中,N_{initial}——初期需要的阳极数量(支);

S_C——为被保护钢管桩的各部分表面积(m^2);

f_o——各部分的初期破损率,根据《杭州湾跨海大桥钢管桩阴极保护(牺牲阳极)设计与施工》的技术要求,取1%;

i_0——各部分的初期保护电流密度(A/m^2);

$I_{a(\text{initial})}$——初期单支阳极输出电流(A)。

②利用平均阴极保护电流密度计算阳极数量

$$M=\frac{8760\cdot\sum S_c\cdot f_m\cdot i_m\cdot T}{u\cdot\varepsilon} \tag{8-5}$$

式中,M为利用平均(或维持)保护电流密度计算出的阳极需要量(kg);S_c为被保护钢管桩的各部分表面积(m^2);f_m是各部分管道防腐涂层的平均破损率,根据《杭州湾跨海大桥钢管桩阴极保护(牺牲阳极)设计与施工》的技术要求,计算为8%;i_m是平均需求电流密度(A/m^2);u为阳极的利用系数,取85%;ε是阳极的实际电流容量,当选用高效率阳极时为2600Ah/kg;T是设计的使用寿命,单位为年。

所需阳极数量按下式计算:

$$N_{\text{average}}=\frac{M}{m} \tag{8-6}$$

式中,m为单支阳极的净质量(kg)。

③利用末期阴极保护电流密度计算阳极数量

a. 计算细长型或棒状阳极的接水电阻：

$$R_{A(\text{final})}=\frac{\rho}{2\pi L}\left[\ln\left(\frac{4L}{r}\right)-1\right] \tag{8-7}$$

式中，$R_{A(\text{final})}$——末期阳极接水电阻(Ω)；

ρ——介质(海水)的电阻率(Ω·m)；

L——末期阳极的长度(m)；

r——末期阳极等效半径，$r=\frac{C}{2\pi}$(m)；

C——末期阳极截面周长(m)。

b. 计算阳极输出电流：

$$I_{a(\text{final})}=\frac{\Delta E}{R_{A(\text{final})}} \tag{8-8}$$

式中，$I_{a(\text{final})}$——末期单支阳极输出电流(A)；

ΔE——驱动电压，对于铝合金阳极，取 0.25V；

$R_{A(\text{final})}$——末期阳极接水电阻(Ω)。

c. 计算所需阳极数量：

$$N_{\text{final}}=\frac{\sum S_C\cdot f_f\cdot i_f}{I_{a(\text{final})}} \tag{8-9}$$

式中，N_{final}——末期需要的阳极数量(支)；

S_C——为被保护钢管桩的各部分表面积(m^2)；

f_f——各部分的末期破损率，根据《杭州湾跨海大桥钢管桩阴极保护(牺牲阳极)设计与施工》的技术要求，取15%；

i_f——各部分的末期保护电流密度(A/m^2)；

$I_{a(\text{final})}$——末期单支阳极输出电流(A)。

从计算结果可以看出，利用末期阴极保护电流密度计算出的阳极数量确实高于利用初期和平均阴极保护电流密度计算出的结果，如不采用末期阴极保护电流密度计算，很有可能在阴极保护系统使用末期，阳极材料尽管还存在，但却无法提供足够的保护。

(6) 阴极保护工程的实施

①牺牲阳极型号、数量及安装分布

考虑到镯型阳极具有较高的可靠性，同时根据《杭州湾跨海大桥钢管桩阴极保护(牺牲阳极)设计与施工》的要求，我们设计采用镯型牺牲阳极来保护杭州湾跨海大桥基础钢管桩。

根据美国腐蚀工程师协会标准 NACE RP 0492－99，镯型阳极分为两种类型：一类是由两个半圆形阳极组成的半壳形式镯型阳极；另一类是由多个单块阳极组成的组合形式镯型阳极。考虑到杭州湾跨海大桥钢管桩的管径较大，所以在钢管桩的阴极保护中采用组合形式镯型阳极。

我们将杭州湾跨海大桥钢管桩阴极保护(牺牲阳极)工程的首件选择在杭州湾跨海大桥的 C02 下游承台，根据上述计算方法，利用初期阴极保护电流密度、平均阴极保护电流密度和末期阴极保护电流密度可计算出钢管桩阴极保护所需要的阳极数量 N_{initial}、N_{average}和 N_{final}。同时，依据美国腐蚀工程师协会标准《CORROSION CONTROL OF STEEL FIXED OFFSHORE PLATFORMS ASSOCIATED WITH PETROLEUM PRODUCTION》(NACE RP 0176－94)以及《CATHODIC PROTECTION DESIGN》(DNV RPB401－1993)，当计算出的 N_{initial}、N_{average}和 N_{final}不同时，为了确保阴极保护的效果，取其中的最大者。所以，对于 C02 下游承台的 9 根钢管桩阴极保护来说，当设计使用寿命为 30 年时，共需要 4 组 IMR－B3G 型阳极组，每组由 4 支 IMR－B3 型铝－锌－铟系合金牺牲阳极组成，具体尺寸和重量见表8－25。设计在C02下游承台的外围8根钢管桩上每隔一根钢管桩安装1组阳极。

表 8－25 IMR－B3 型铝－锌－铟系合金牺牲阳极参数

<table>
<tr><td rowspan="2">型　号</td><td>规格(mm×mm×mm)</td><td colspan="4">扁钢铁脚尺寸(mm)</td><td>净重</td><td>管径</td></tr>
<tr><td>A×(B_1＋B_2)×C</td><td></td><td>长</td><td>宽</td><td>厚</td><td>kg</td><td>m</td></tr>
<tr><td rowspan="3">IMR－B3</td><td rowspan="3">1200×(350＋350)×73</td><td>纵</td><td>800</td><td>60</td><td>8</td><td rowspan="3">77</td><td rowspan="3">1.5</td></tr>
<tr><td>横</td><td>600</td><td>100</td><td>10</td></tr>
<tr><td colspan="4">纵2根，横2根</td></tr>
</table>

②阴极保护电位测量

2005年5月12日，作为杭州湾跨海大桥钢管桩阴极保护(牺牲阳极)工程的首件，将4组共16支IMR－B3型铝－锌－铟系合金牺牲阳极在C02下游承台的钢管桩上成功安装完毕。2005年6月18日，将铜/饱和硫酸铜参比电极置于承台下海水/海泥处，对C02下游承台的9根钢管桩的阴极保护电位进行了测量，结果见表8－26。

表 8－26 C02 下游承台钢管桩的阴极保护电位分布

桩　号	阴极保护电位(V)	桩　号	阴极保护电位(V)
C02－10钢管桩	－1.038V	C02－11钢管桩	－1.054V
C02－12钢管桩	－1.046V	C02－13钢管桩	－1.051V
C02－14钢管桩	－1.045V	C02－15钢管桩	－1.046V
C02－16钢管桩	－1.053V	C02－17钢管桩	－1.054V
C02－18钢管桩	－1.053V		

从测试得到的数据来看，由于各个钢管桩通过承台内的钢筋实现了彼此间的电连接，而且在杭州湾跨海大桥基础钢管桩表面涂有高性能熔融结合环氧粉末复合涂层，因此阴极保护电流传输得很远。安装阳极组的钢管桩和相邻两个钢管桩上各点的电位均在－1.03～－1.06V之间，达到了《杭州湾跨海大桥钢管桩阴极保护(牺牲阳极)设计与施工》要求的初期阴极保护电位应该在－0.90～－1.10V(相对于铜/饱和硫酸铜参比电极)之间的指标范围。

同时，依据《CORROSION CONTROL OF STEEL FIXED OFFSHORE PLATFORMS ASSOCIATED WITH PETROLEUM PRODUCTION》(NACE RP 0176－94)和《CATHODIC PROTECTION DESIGN》(DNV RPB401－1993)，由于钢管桩上的阴极保护电位较负，非常有利于石灰质沉积层的快速形成，所以钢管桩将得到稳定、有效的保护。

4. 小结

以多层复合熔融结合改性环氧涂层为主与辅助性牺牲阳极联合防护的方法，可以有效地用于杭州湾跨海大桥钢管桩的腐蚀防护。新开发的三层复合熔融结合改性环氧涂层具有优良的综合性能，基于熔融结合环氧粉末涂层的性能，提出了一套新的针对杭州湾跨海大桥基础钢管桩阴极保护的新的设计思想和相应的设计计算方法，并通过杭州湾跨海大桥钢管桩阴极保护工程的首件成功安装和初期的阴极保护电位测量结果表明，该阴极保护系统不仅达到了设计指标，而且还将加速钙质沉积层的形成，从而使钢管桩得到稳定、有效的保护。

三、杭州湾跨海大桥外加电流阴极防护系统设计

1. 设计依据及技术要求

系统采用欧洲《混凝土中钢筋的阴极保护》(EN12696－2000)标准进行设计。主要技术要求包括：阳极材料在正常运行的电流密度(钢筋表面1～2mA/m^2)条件下，保证最少100年的使用寿命，从而保证结构钢筋始终处于阴极状态而不发生锈蚀；充分考虑腐蚀环境的不同，针对不同区域进行相应的设

计，采用全自动监控系统自动调节电量，以确保100%的电流分布与传递，并避免过度保护现象；采用合适的参比电极，使防护系统能够自动调节和长期监测。

2. 系统组成

系统主要包括：活性钛金属阳极网条、钛导电条、水泥垫条、银/氯化银以及钛参比电极、正极电接头、负极电接头、电导线和配件、接线箱、RECON控制系统、计算机控制、遥控监控管理系统等。系统组装简图如图8－21所示。

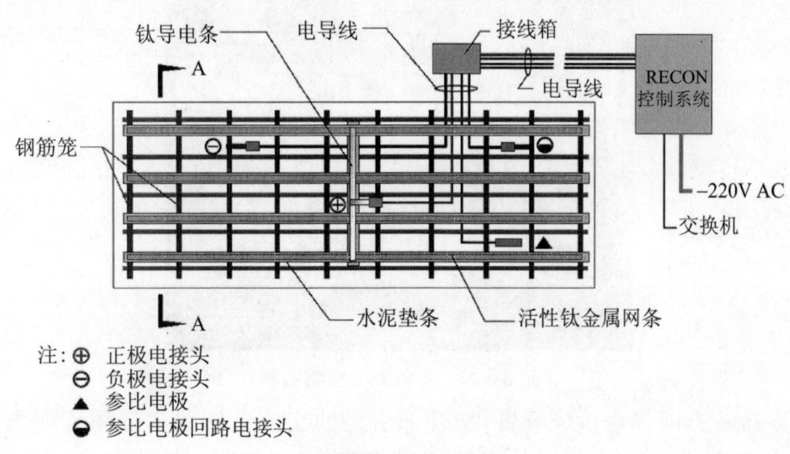

图8－21　阴极防护系统组装简图

3. 系统分区

阴极防护系统根据需要进行分区，分区的目的是用来在结构使用寿命内，监控结构不同位置电流和电压的输出，分区的依据是结构中不同位置的不同腐蚀环境（海浪、大气和是否长期浸泡）。

根据暴露环境的不同，对需要进行阴极防护的3个主塔及承台进行系统分区。北航道桥北塔阴极防护系统分区如表8－27和图8－22所示。

表8－27　北航道桥北塔阴极防护系统分区

分　区	区域范围
1	承台底面以上0.2m至承台顶面以下3m高度范围的承台表面
2	承台顶面以下3m至承台顶面高度范围的承台表面
3	承台顶面
4	塔座表面和塔座顶面
5	塔柱表面

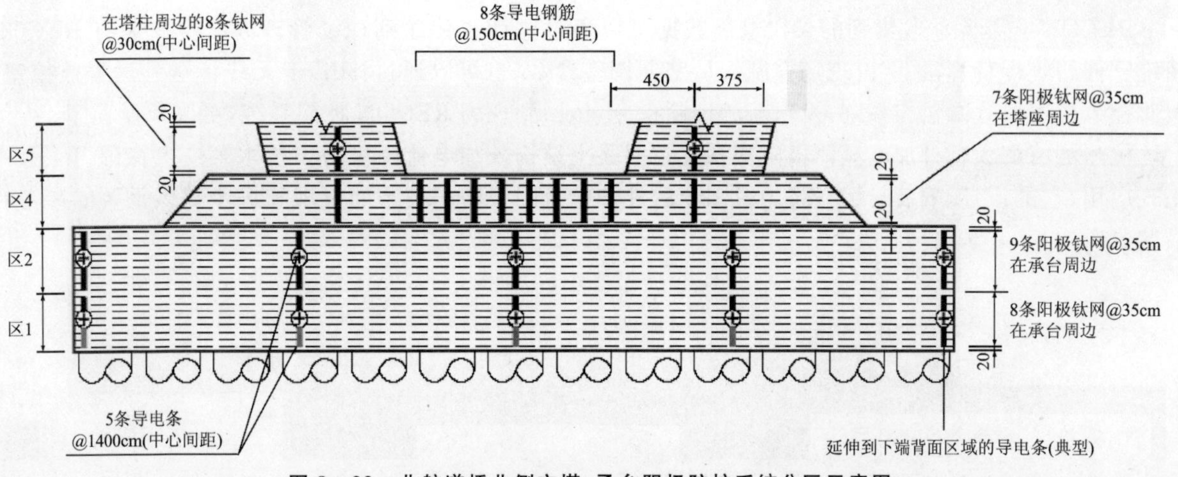

图8－22　北航道桥北侧主塔、承台阴极防护系统分区示意图

4. 关键技术——RECON 控制系统

钛金属网阳极和钢筋阴极的电导线以及测量钢筋实际电位的参比电极的正负回路的导线从防护系统中引出，进入 RECON 控制系统(见图 8－23)。

图 8－23 RECON 控制系统

RECON 控制系统一方面作为供电装置，把外部引入的交流电转化为低压直流电，为阴极保护系统的钛金属网阳极和钢筋阴极提供稳定电源；另一方面安装有控制模块，采集参比电极测量的钢筋实际电位数据，判断是否达到预设的保护电位值，自动增加或减少电流的输出，直到钢筋实际电位达到预设的保护电位。RECON 控制系统具有自我控制能力。

控制系统中：①为 RECON 控制模块。其中，绿色模块为 AD 模块(电信号转化为数字信号模块)，该模块采集参比电极反馈的钢筋实际电位数据，并把电信号转化为数字信号后传到控制块；蓝色模块为控制块，该模块接受 AD 的信号，根据预设或远端控制调整的保护电位值，判断是否达到保护电位，向 DA 模块发出数字控制信号(增加或减少保护电流的输出)；红色模块为 DA 模块(数字信号转化为电信号模块)，该模块把控制模块的数字指令转化为电信号指令，传到③，实施增加或减少保护电流输出的控制。②为 CPU(中央处理器)，配有上网装置和软盘存储器。③为 3×3A/20V 电源装置，附带有＋24V，±15V 和＋5V 辅助的电压供给。④为现场电缆终端连接器。⑤为自动保险丝断电保护装置。⑥为电源供给 AC(交流电)插座。

大桥中采用的 RECON 控制系统可以接收 140 条参比电极的线路和数据，可对整个被保护区域进行精确的监测和控制。

5. 计算机和远程控制

RECON 控制系统收集到的参比电极数据可以通过电话线传送到现场管理办公室安装有 RECON 系统软件的终端计算机上，由现场控制人员定期调整参数；也可以通过 SIM 卡无线传送到远程监控室，由监控人员通过远端监控系统，发出新的控制指令，传回到现场 RECON 控制系统，更改预设程序。

杭州湾跨海大桥外加电流阴极防护系统是混凝土结构外加电流阴极防护技术第一次在国内工程中正式应用，它的设计、安装与运行将为我国今后外加电流阴极防护技术的发展和进步提供重要的参考和借鉴。

第九章 索塔锚固区钢锚箱的设计

第一节 概 述

杭州湾跨海大桥跨越南、北两个航道，北航道桥采用 70＋160＋448＋160＋70＝908m 的钻石形双塔双索面钢箱梁斜拉桥，南航道桥采用 100＋160＋318＝578m 的 A 形独塔双索面钢箱梁斜拉桥。

索塔端斜拉索锚固是关系到结构安全的重要组成部分。国内常用的锚固方式主要为钢锚梁和环向预应力两种，但通过验算和分析，这两种锚固方式无法满足杭州湾跨海大桥南、北航道桥索塔端斜拉索锚固要求，因此本桥采用钢锚箱锚固方式。钢锚箱构造见图 9－1。

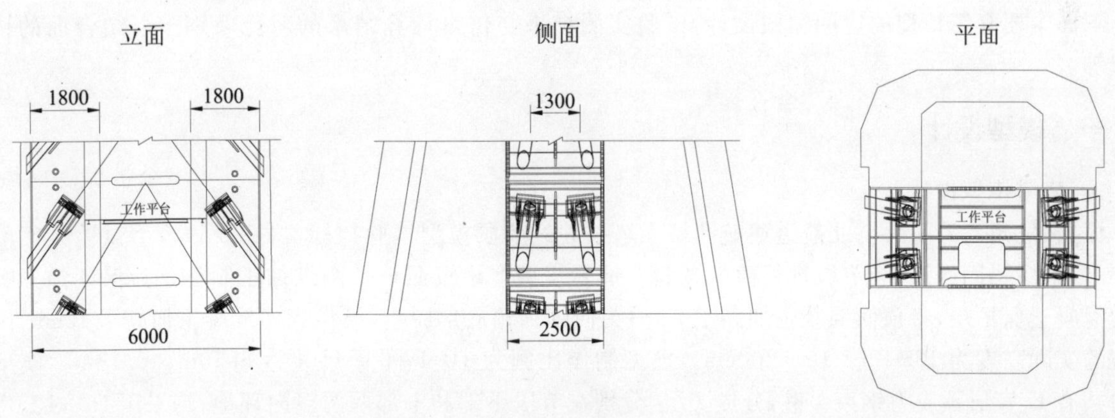

图 9－1 钢锚箱构造(尺寸单位:mm)

钢锚箱为箱形结构，设置于上塔柱中间，其构件主要有：壁板、支承板、中间加劲板、支承加劲板（竖向加劲板、端封板）、锚垫板、锚板、环向预应力钢束管、工作平台和钢锚箱支承钢框架。其中，顺桥向侧壁板、支承板、锚垫板厚为 40mm，横桥向侧壁板、顺桥向中间加劲板厚为 30mm，支承板竖向加劲板厚为 35mm，支承板端封板厚为 20mm，锚板厚为 80mm，工作平台钢板厚为 10mm。为了控制吊装重量，钢锚箱除顺桥向等分为两块外，钢锚箱顺桥向壁板上下缘不与混凝土接触的区域适当挖空。

北航道桥索塔钢锚箱断面尺寸为 6.0m（顺桥向）×2.5m（横桥向），共分为 14 节，每节高度因索距、斜拉索角度和为保证顺桥向拉索锚固点等高而不同，最小节段高为 1.85m，最大节段高为 4.2m，钢锚箱总高度为 33.975m。

为改善钢锚箱的受力和减小变形，北航道桥索塔钢锚箱 3～14 节段顺桥向钢锚箱每节段中间沿竖向设置加劲板。

南航道桥索塔钢锚箱断面尺寸为 6.5m(顺桥向)×2.5m(横桥向)，共分为 20 节，每节高度因索距、斜拉索角度和为保证顺桥向拉索锚固点等高而不同，最小节段高为 1.78m，最大节段高为 4.65m，钢锚箱总高度为 47.457m。

锚箱壁板与混凝土连接构件主要为剪力钉，剪力钉规格为 ø22mm×200mm，其标准间距为 100mm(水平方向)×120mm(垂直方向)。钢锚箱底部通过预埋支承钢框架与其下部混凝土实施可靠连接。第一节钢锚箱与支承钢框架以及每节钢锚箱的两块间采用高强螺栓等强度连接，钢锚箱各板件和钢锚箱横桥向壁板以及顺桥向壁板非挖空区域采用焊接连接。钢锚箱钢材采用 Q345D。钢锚箱采用表面涂装和上塔柱内除湿的方法进行防腐，上塔柱内部应为密封空间，通过除湿机工作，使上塔柱内部湿度小于 50%。

第二节　设计方案研究

杭州湾跨海大桥索塔锚固区首次在国内采用钢锚箱与混凝土相结合的结构形式，钢—混结合面通过剪力钉加强连接。斜拉索与主塔的锚固区是将斜拉桥的上部结构自重和所承受的所有外荷载传递到索塔的重要结构，而索塔本身又受到强大的索力的作用，构造和受力状态均较为复杂，因此需要通过节段模型试验进行研究。试验中，针对索塔设计方案，建立南、北航道桥索塔整体分析模型，分析计算索塔钢—混结构的应力分布，指导或验证剪力钉和钢—混结合结构设计。通过北航道桥索塔锚固区节段模型试验和有限元分析，研究索塔锚固区的工作性能，对钢锚箱的安全性、合理性进行评估，测定锚固区的应力状态，确定结构的抗裂性能和总体安全度。根据试验和计算分析结果，对索塔斜拉索锚固区细部构造和设计提出合理的改进措施和建议。

下面主要介绍模型的空间加载设计，试验实测结果与仿真计算结果的对比及钢—混结合面的传力机理等。

一、模型设计

1. 索塔模型设计

根据《杭州湾跨海大桥北航道通航孔桥索塔锚固区节段模型试验招标文件》及该模型试验方案的要求，截取索塔锚固区第 13 节段进行模型试验。试验模型严格按照设计图纸加工制作。为保证锚下螺旋筋的混凝土保护层，将顶面混凝土加高了 5cm；为使钢锚箱底部脱空，模型底面混凝土加高了 10cm，因此模型的实际高度为 185＋5＋10＝200cm。模型制作比例为 1∶1，平面尺寸为 6.56m×6.13m。模型节段内共有 U 字形预应力钢束 4 束，分成 2 组，分别在节段下部和上部两两对向环抱，均采用 15－12，弯曲半径为 1.5m。为了管道摩阻试验，沿纵向增加了一束直索，其规格型号与 U 形索相同。模型混凝土等级为 C50，实测混凝土 28d 标准立方体抗压强度为 55.8MPa，28d 弹性模量为 36.7GPa。

钢锚箱模型见图 9－2 所示。

图 9－2 钢锚箱模型

2. 试验台座及钢反力架设计

由于模型在顶推试验时采用空间加载，因此我们设计了一个钢反力架及一个钢筋混凝土试验台座。钢反力架下部预埋到台座混凝土中，与台座构成一套自平衡式的顶推加载反力系统。

钢反力架、台座布置立面见图 9－3 所示。

钢反力架高 3.8m，宽 1.66m，下部长 5.83m，上部长 3.2m，总重 10t。

试验台座采用普通钢筋混凝土，尺寸为 7.56m×7.13m×1.5m。

为减小水平摩擦力对试验结果的影响，特在试验台座与模型底面之间设一层钢板和一层镀锌铁皮，并在钢板与铁皮间涂刷机油。

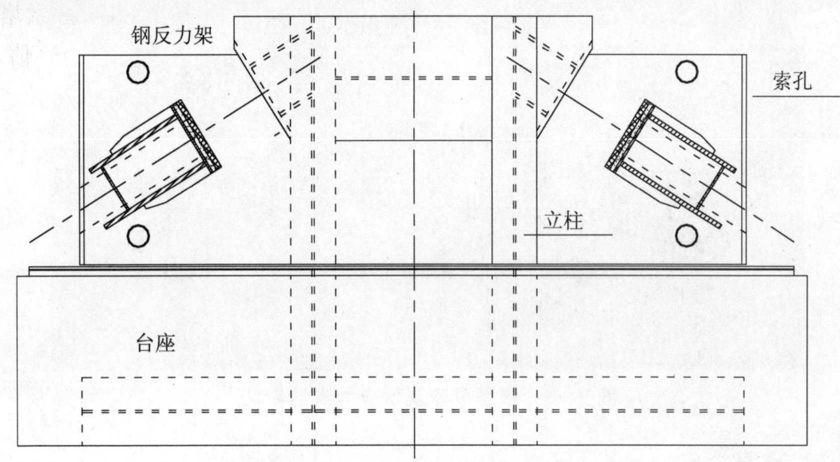

图 9－3 钢反力架、台座布置立面示意图

二、模型制作

1. 试验台座与钢反力架的制作

钢反力架采用 δ＝20mm 和 δ＝40mm 的钢板制作，焊接采用 CO_2 气体保护焊，胎架成型(图 9－4)。

试验台座采用普通钢筋混凝土，混凝土等级为 C30，用量为 $83m^3$，钢筋用量为 25.7t，于 2004 年 2 月 9 日完成混凝土的浇筑。

图 9—4 试验台座中的钢筋和钢反力架

2. 试验模型的制作

钢锚箱于 2004 年 2 月 10 日加工完成，并于 2 月 16 日安放就位。2004 年 2 月 25 日，模型混凝土浇筑完成(图 9—5)。

模型钢筋用量为 10.8t，C50 混凝土用量为 37.7m^3。

图 9—5 模型成型及预应力束的安装

三、试验加载方案

为了更好地模拟实桥上索塔锚固区的真实受力状况，本次试验研究利用模型节段中空的结构特点，设计制作了一套自平衡式的三维加载系统，进行空间加载(加载方案示意图见图 9—6)。具体为：先用钢板加工制作一个钢反力架，再浇筑一个 1.5m 高的钢筋混凝土试验台座，并将钢反力架的下部预埋在试验台座中。钢反力架的 4 根 H 形截面立柱从模型的中空孔穿出，与上部连接。钢反力架的上部设 4 块反力板，分别与模型钢锚箱中对应的 4 块斜拉索锚垫板平行，4 台大吨位千斤顶分别安装在 4 对平行的锚垫板与反力板之间进行顶推加载，这样就保证了试验时顶推荷载的作用方向在三维空间上与实桥上该节段斜拉索索力的方向一致。

试验加载时，顶推控制荷载为实桥与试验节段对应的斜拉索设计索力(P=5136.25kN)，采用分级加载，以 0.1P 大小的荷载逐级增加，直到 1.8P，然后分级卸载。每级荷载均测试模型的应力分布、变形变化。接近理论开裂荷载后，每级荷载观察模型是否开裂，确定开裂荷载，描绘裂缝的分布。

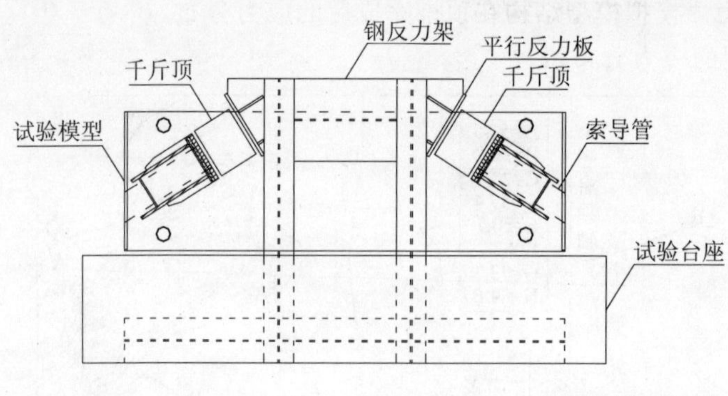

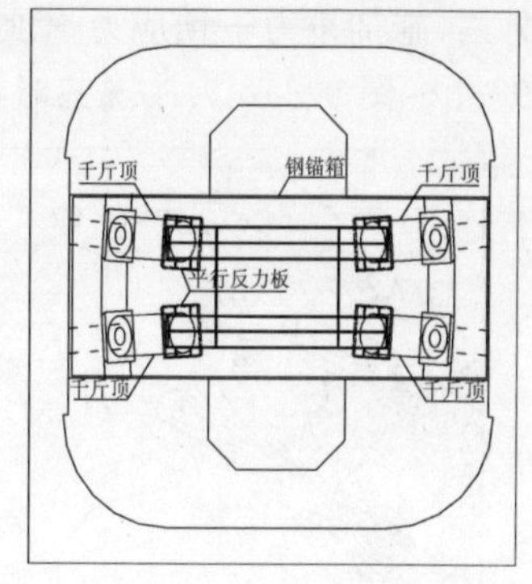

图 9—6　加载方案示意图

四、有限元计算分析

1. 仿真分析所采用的方法

杭州湾跨海大桥的索塔锚固区，由钢锚箱和钢筋混凝土两部分组成，使索塔锚固区受力十分复杂。为准确模拟它的受力状态，采取有限元法来分析。有限元分析采用通用有限元分析软件 ANSYS 进行建模分析。

2. 仿真分析的内容

①按照索塔锚固区模型的实际大小、约束、荷载建立单节段的有限元模型，进行受力分析。

②为模拟模型试验所选取的节段在实桥上的受力状态，考虑试验节段的相邻节段索力的影响，建立多节段有限元模型，进行受力分析。

③将单节段模型与多节段模型进行对比，确定单节段模型是否可代表实桥上的受力状态。

④建立整塔的有限元模型，进行索塔稳定性分析和温度分析。

3. 单节段有限元模型的计算

节段模型的仿真计算采用大型有限元计算软件 ANSYS 程序。节段模型由钢锚箱和钢筋混凝土结构两部分组成，钢和混凝土之间用剪力钉连接。在有限元的模型中用块体单元模拟混凝土结构，用壳体单元模拟钢结构部分，剪力钉用弹簧单元模拟。有限元模型的结构示意图见图 9—7。计算时所取的参数，如有效预应力、混凝土弹性模量等均采用试验实测值。有限元模型的全局坐标系的坐标原点为模型底面的中心，以顺桥向为 X 轴，竖向为 Y 轴，横桥向为 Z 轴。计算为线弹性分析。

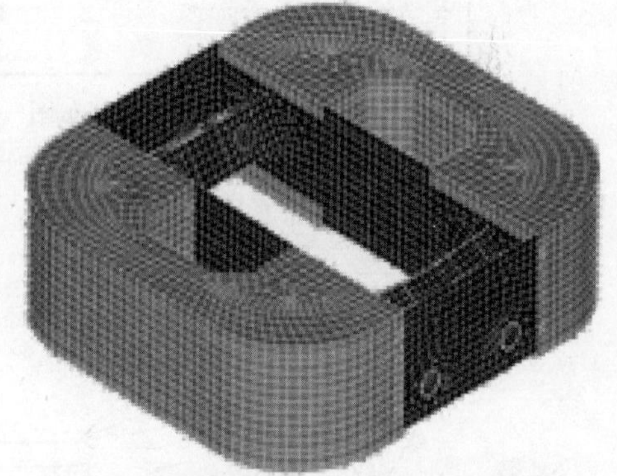

图 9—7　单节段有限元模型结构示意图

有限元模型所采用的材料参数为：

①钢筋混凝土：弹性模量 $E=3.5\times10^4$ MPa，质量密度 $\rho=2.5\times10^3$ kg/m^3；

②钢材：弹性模量 $E=2.1\times10^5$ MPa，质量密度 $\rho=7.85\times10^3$ kg/m^3；

③在有限元模型底面施加竖向约束，顶面不加约束。

有限元模型上所施加的荷载有以下几种：

①重力：结构自重，重力加速度取 $g=9.8\times$ m/s^2；

②预应力：由预应力筋产生的荷载，按实际所测量的有效预应力加载；

③顶推力：由千斤顶顶推所产生的荷载，取设计控制荷载，即每块锚垫板施加荷载 $P=5136.25$kN。

按模型实际的试验过程，分为下面 3 个荷载工况：

工况一：施加预应力。模拟在张拉预应力筋时模型的应力变化。

工况二：施加顶推力。模拟在顶推时模型的应力变化。

工况三：施加重力＋预应力＋顶推力。模拟模型结构在顶推完成后的应力分布。图 9－8～图 9－10 为工况三时模型的应力分布图。

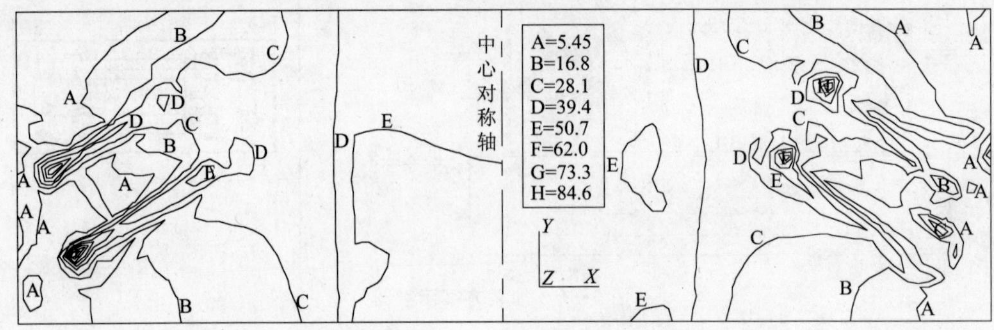

N3 板外侧表面的主拉应力 σ_1 分布图　　N3 板内侧表面的主拉应力 σ_1 分布图

图 9－8　工况三时钢锚箱 N3 板主拉应力分布图（单位：MPa）

N3 板最大主拉应力为 84.6MPa。

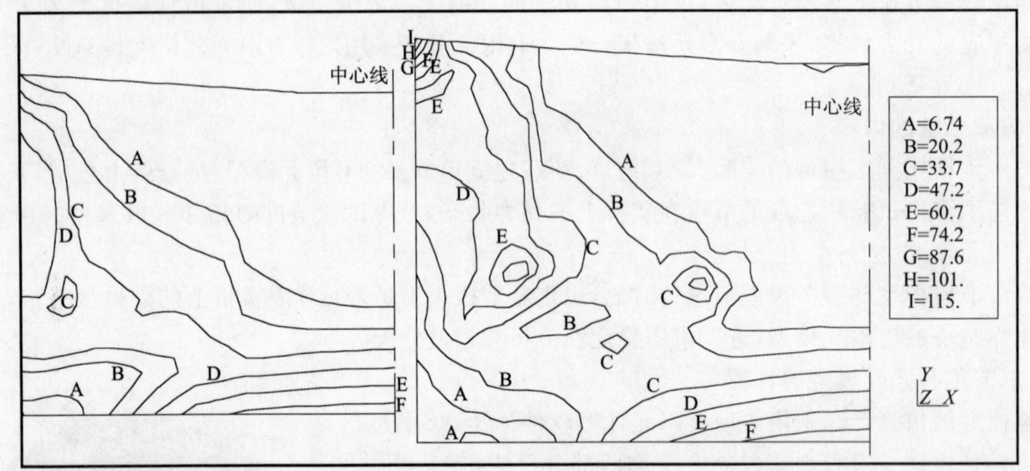

N6 板的主拉应力 σ_1 分布图　　N7 板的主拉应力 σ_1 分布图

图 9－9　工况三时钢锚箱 N6、N7 板主拉应力分布图（单位：MPa）

N6、N7 板最大主拉应力为 115MPa。

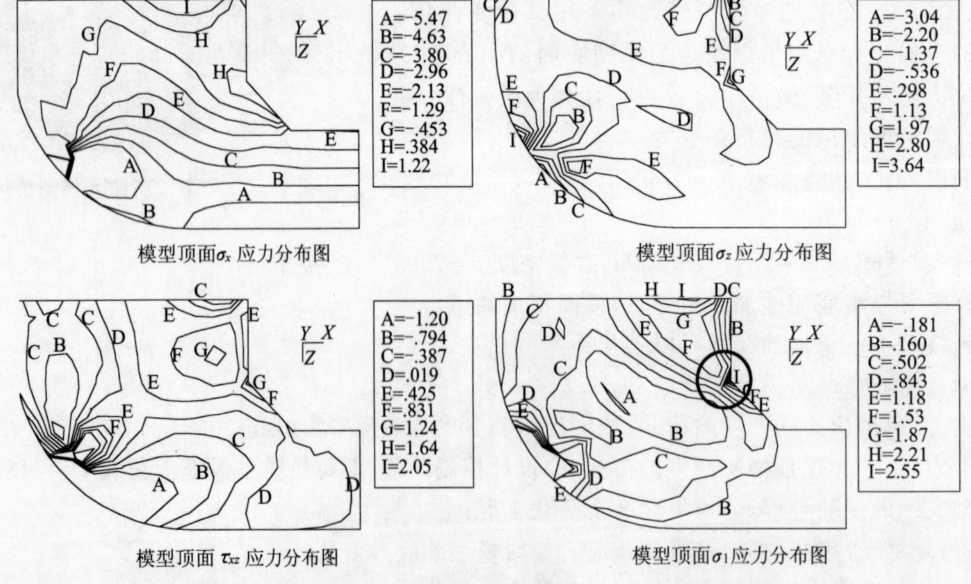

模型顶面 σ_x 应力分布图　　模型顶面 σ_z 应力分布图

模型顶面 τ_{xz} 应力分布图　　模型顶面 σ_1 应力分布图

图 9－10　工况三时模型混凝土部分顶面应力分布图（单位：MPa）

混凝土部分的应力最大值处在内壁倒角上，达到 3.1MPa。

4. 多节段有限元模型的计算

由于实桥上存在多个斜拉索锚固区节段，上、下节段都相互影响，因此需建立多节段模型来更好地模拟实桥状态，并与单节段模型的计算结果相互比较，以确定模型试验是否能够准确反映实桥的受力状况，试验结果是否能够用于实桥的分析。

多节段模型的建立与单节段模型相似，只是增加试验节段上、下的几个锚固区节段。试验节段为第 13 节段，上方只有第 14 节段；而下方由于索距较近，只有 1.85m，所以增加第 11、第 12 两个节段。多节段模型总共取 4 个节段，为第 11、12、13、14 节段。单元类型、材料参数均与单节段模型相同。坐标轴仍以第 13 节段底面中心为坐标原点，方向与单节段模型相同。多节段有限元模型结构示意见图 9－11。

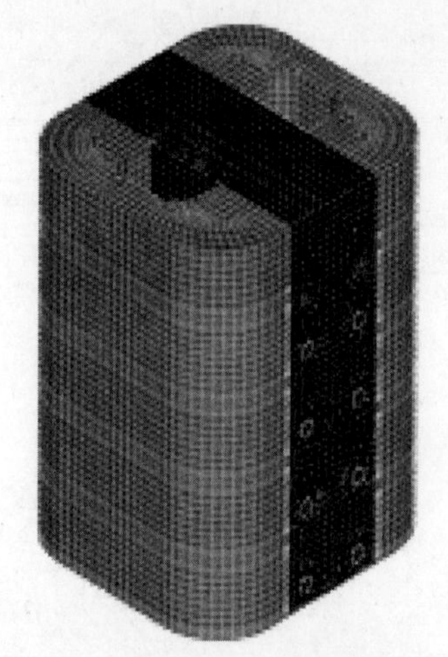

图 9－11　多节段有限元模型结构示意图

施加的荷载也包括 3 项：重力、预应力、斜拉索索力。计算工况为重力＋预应力＋斜拉索索力，并取出第 13 节段与单节段模型的相同工况进行比较。图 9－12～图 9－14 为模型的应力分布图。

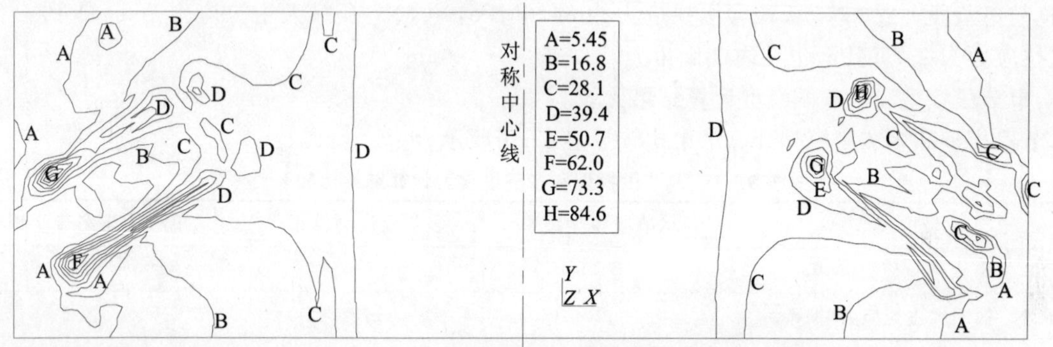

钢锚箱 N3 板外侧表面的主拉应力 σ_1 分布图　　钢锚箱 N3 板内侧表面的主拉应力 σ_1 分布图

图 9－12　钢锚箱 N3 板主拉应力分布图(单位：MPa)

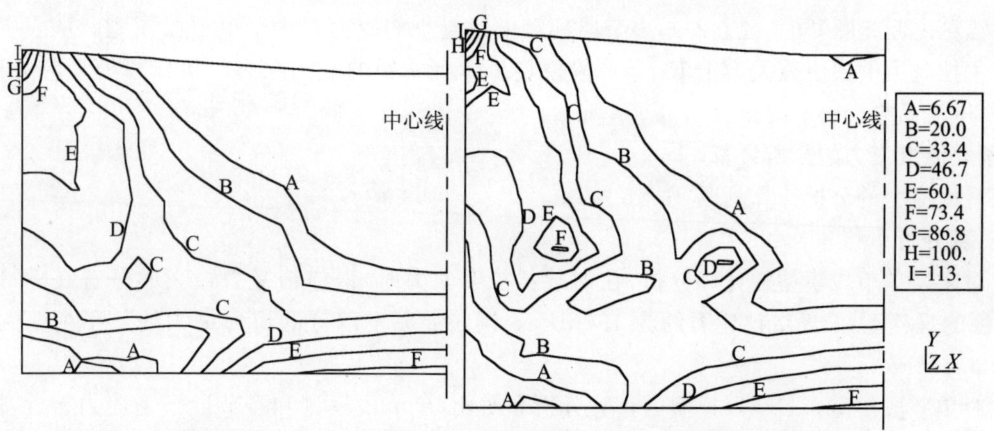

钢锚箱 N6 板的主拉应力 σ_1 分布图　　钢锚箱 N7 板的主拉应力 σ_1 分布图

图 9－13　钢锚箱 N6、N7 板主拉应力分布图(单位：MPa)

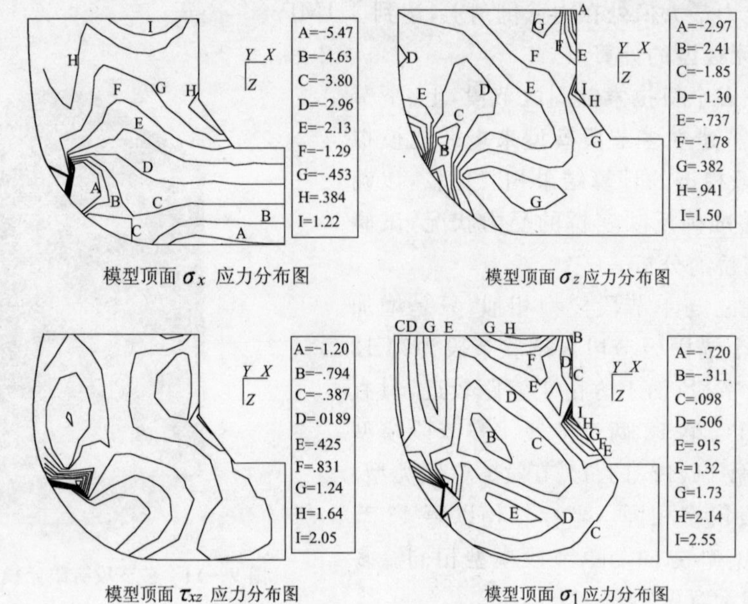

图 9－14 混凝土部分顶面应力分布图(单位:MPa)

多节段模型钢锚箱最大主拉应力为135MPa,最大主拉应力出现在N21、N22钢板和N3板的焊缝上,部位与单节段一致。N3板最大主拉应力为84.6MPa,N6、N7板最大主拉应力为113MPa。混凝土最大主拉应力为2.75MPa,也在内壁倒角上。

5. 单节段模型和多节段模型计算结果比较

单节段模型和多节段模型计算结果比较见表9－1所示。

表 9－1 单节段模型和多节段模型计算结果比较表

比较内容	单节段模型结果	多节段模型结果	单节段与多节段相比
N3 板最大主拉应力(MPa)	84.6	84.6	1
N6、N7 板最大主拉应力(MPa)	115	113	1.02
钢锚箱最大主拉应力(MPa)	154	135	1.14
混凝土最大主拉应力(MPa)	3.17	2.75	1.15

通过多节段与单节段模型相同工况下计算结果的相比得到,模型中钢锚箱的应力十分相近(因为各节段中钢锚箱之间是断开的、独立的),多节段模型中混凝土的应力略小于单节段模型。从表中可知,两个模型的主拉应力的比值最大为1.15,单节段模型可体现实桥的受力状态。单节段模型应力稍高于多节段模型,试验结果会偏于安全。

6. 索塔温度应力的分析计算

索塔温度应力的分析计算见图9－15所示。

7. 仿真分析小结

通过对索塔单节段模型的计算分析,在加载斜拉索索力时,钢锚箱受力最大的位置在N21、N22钢板和N3板的焊缝上,最大主拉应力约为154MPa。钢筋混凝土部分的应力最大处位于内壁倒角上,最大应力为3.1MPa。

通过对单节段模型和多节段模型的计算分析和对比,单节段模型和多节段模型应力相近,用单节段模型代表实桥的受力状况是可靠的。

索塔的稳定性分析表明,北航道桥索塔的稳定安全系数为9.8379,南航道桥索塔的稳定安全系数为8.7315。

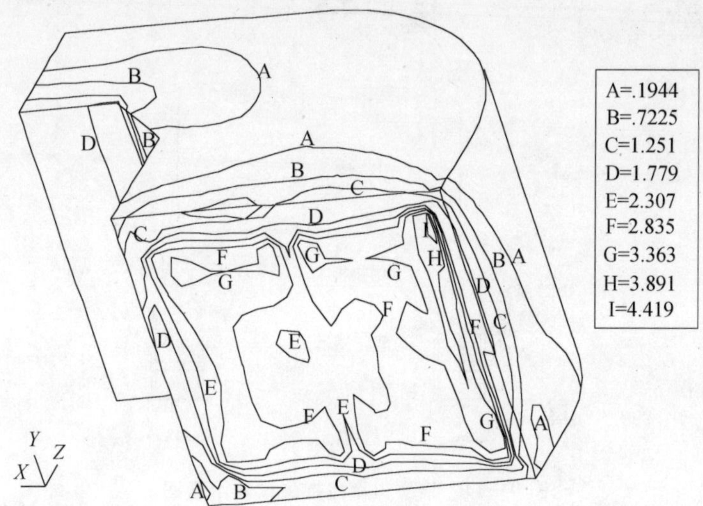

图 9－15　索塔整体温度升高 25℃时，钢—混结合部位混凝土的主拉应力分布(单位：MPa)

五、试验结果及分析

1. 有效预应力测试

(1) 管道摩阻试验

管道摩阻试验示意图见图 9－16 所示。

管道摩阻试验共做了 2 根 U 形预应力束和 1 根直线束。

两端同时张拉至 0.1*P* 后，一端固定，一端分级张拉，重复试验 3 次，然后主、被动端调换，再重复试验 3 次。每级张拉时，记录两端传感器的读数，结合直索的试验结果，即可计算出 μ、k 值。

试验结果：$\mu=0.17$，$k=0.005$。

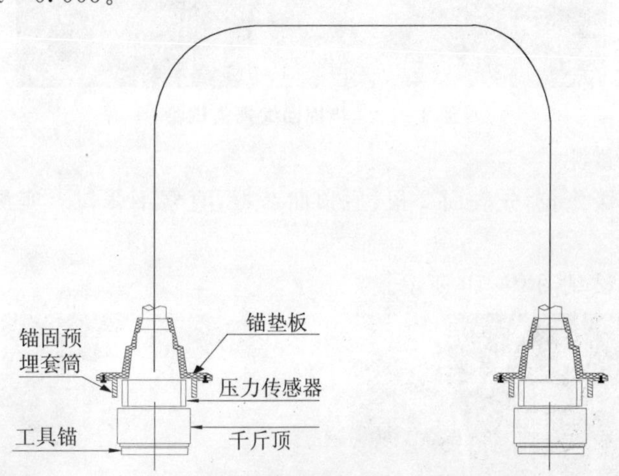

图 9－16　管道摩阻试验示意图

(2) 锚圈口摩阻损失试验

锚圈口摩阻损失试验示意图见图 9－17 所示。

钢束两端锚板内外均安装荷载传感器，张拉时锚具内外传感器荷载差值即为锚圈口损失。试验时两端同时张拉至 0.1*P* 后，一端固定，一端分级张拉，重复试验 3 次，然后主、被动端调换，再重复试验 3 次，即完成该束锚圈口摩阻试验。试验结果：锚圈口摩阻损失为 4.0％。

(3) 锚固回缩损失试验

在两根索的两端锚垫板与工作锚之间各安装一个传感器，张拉锚固前后传感器的读数差值即为回缩损失。实测回缩损失为 17.2％。

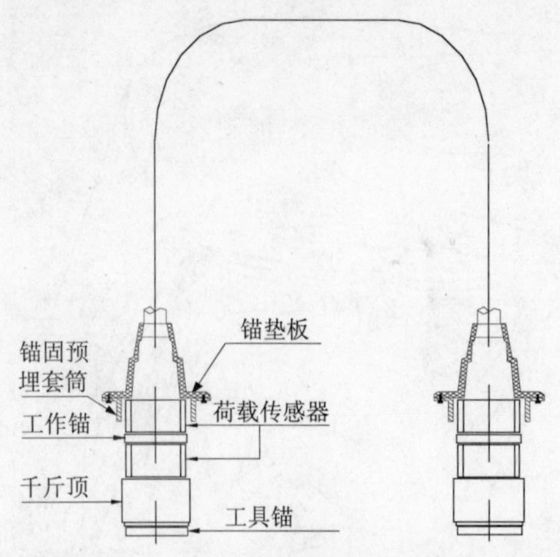

图 9—17 锚圈口摩阻损失试验示意图

锚固回缩损失实验见图 9—18 所示。

图 9—18 锚固回缩损失试验

(4) 张拉锚固及伸长量测试

张拉锚固采用对称分级张拉,先底面 2 根,后顶面 2 根,直索不张拉。实测伸长量与计算伸长量的偏差均值为 16.2%。

张拉锚固及伸长量测试见图 9—19 所示。

图 9—19 张拉锚固及伸长量测试

2. 预压应力测试

(1) 测试断面及测点布置

模型共 8 个测试断面。钢锚箱应力测点 232 个，混凝土应力测点 114 个，剪力钉应力测点 216 个，位移测点共 12 个。

测点布置如图 9－20、图 9－21 所示。

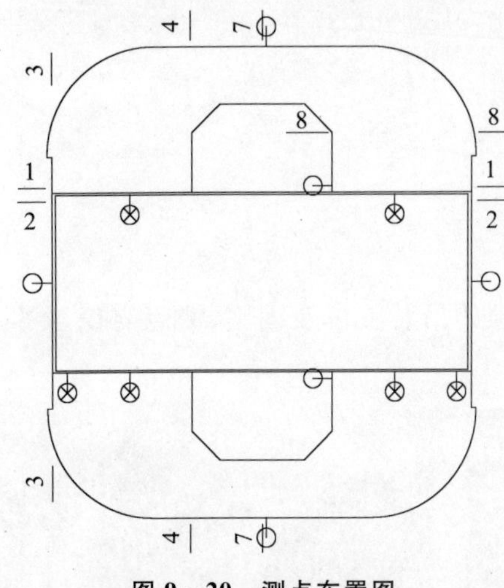

图 9－20　测点布置图

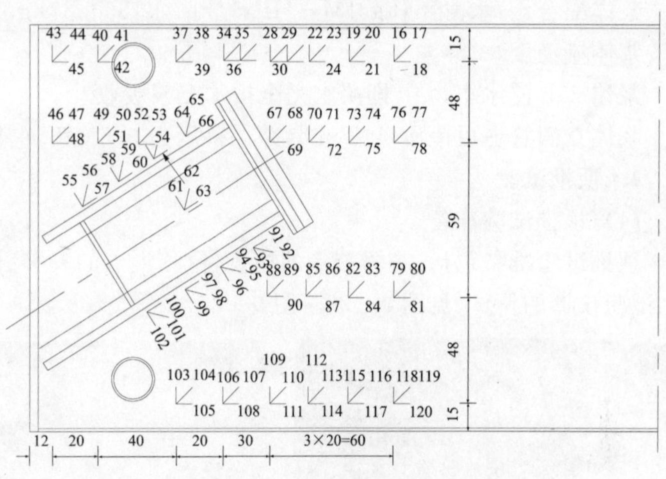

图 9－21　2—2 断面测点布置(尺寸单位：mm)

(2) 测试结果

实际测试的模型侧壁(7－7 断面)混凝土表面预压应力值在－2.11～－3.27MPa 之间，仿真计算的预压应力值在－3.3～－4.7MPa 之间。实测 8－8 断面顶面预应力，横桥向 σ_z 最大值为－1.87MPa，纵桥向 σ_x 在－0.59～－1.66MPa 之间；相应位置的计算预应力，横桥向 σ_z 最大值为－1.75MPa，纵桥向 σ_x 在－0.50～－1.75MPa 之间，实测内壁倒角(8－8 断面内侧)拉应力在 0.50～1.93MPa 之间，计算值在 0.49～2.11MPa 之间。实测值与计算值基本吻合。

预应力钢束全部张拉锚固完成后，在模型各部位产生了不同程度的预加压应力，达到了对模型关键部位施加预压应力的目的。实际测试的预应力值与仿真计算的预应力值基本上是相符的。

应力观测的重点部位为钢—混结合部、内壁倒角、侧壁中截面、钢锚箱中斜拉索锚垫板下斜板、剪力钉范围内侧壁板、剪力钉等。限于篇幅，本文主要介绍索孔出口面钢—混结合处和侧壁中截面的应力分布。

预应力钢束张拉后，测试模型的预应力分布。预应力主要为水平方向。图 9－22 为仿真计算和实测的模型顺桥向中截面混凝土侧壁的预应力分布，图中预应力的计算值与实测值基本相近。

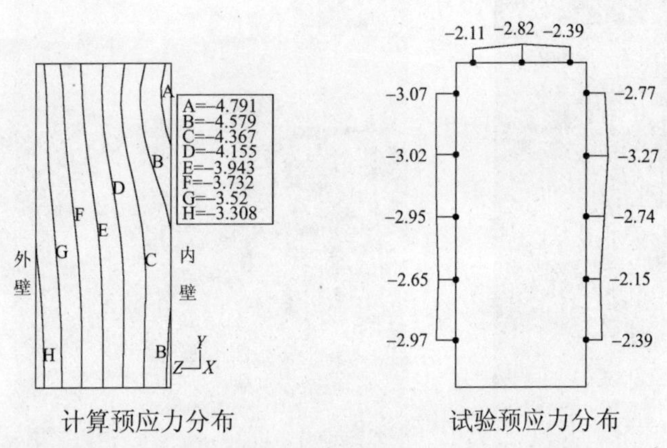

图 9－22　模型侧壁预应力分布图(单位：MPa)

预应力测试及计算结果都表明，预应力张拉对提高索塔侧壁的预压应力值效果明显，对锚固面相对次之，而对于索塔内壁倒角处则存在拉应力，有不利影响。

3. 真空辅助吸浆

真空辅助吸浆的主要参数如下：

真空时真空度控制在－0.06～－0.1MPa之间。

浆体配合比：水泥：86kg，JM－HF：14kg，水：36～37kg，水灰比：0.36～0.37。

浆体流动度＞18s。

浆体24h泌水率为0，即泌水完全被水泥浆吸收。

浆体充满管道后持压1～2min，并保持压力0.6MPa左右。

4. 顶推试验

(1) 顶推试验准备

顶推试验准备包括：应力测点的检查、位移测点的安装、千斤顶的吊装就位及固定、测点与仪器的连接、试验仪器的调试(见图9－23～图9－27)。

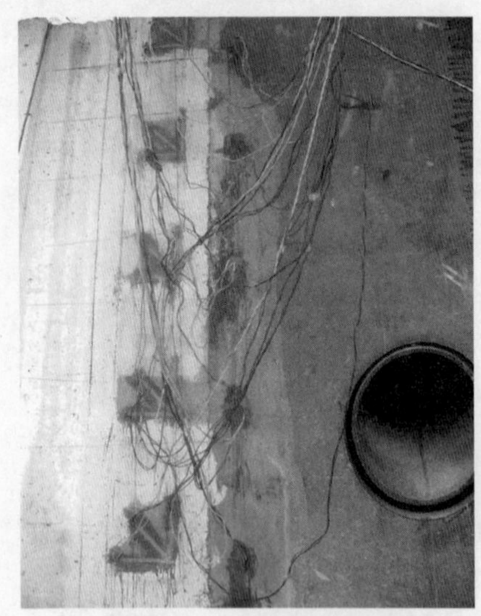

图9－23 应力测点

图9－24 位移测点

图9－25 顶推千斤顶

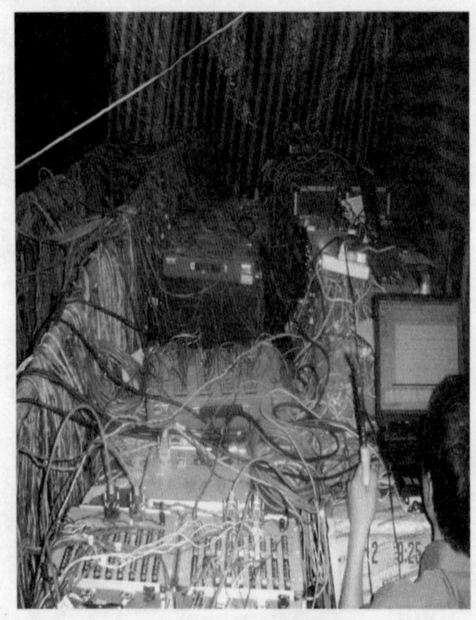

图9－26 试验仪器及连接

图9－27 准备就绪的模型

(2) 顶推试验加载

顶推试验采用 4 台 YDC10000 型液压千斤顶进行加载。为了使顶推荷载保持同步,4 台千斤顶通过 2 个五通阀共用 1 台油泵供油。试验加载共分 18 级,除在 1.0P(P=5136.25kN)附近每级 0.1P,其余每级 0.2P,最大加载 1.8P(9245kN)。试验加载于 2004 年 4 月 1 日晚至 4 月 2 日凌晨进行。

(3) 顶推试验结果

①开裂荷载及裂缝分布

加载至第 10 级(1.0P)荷载时,模型混凝土上出现了裂缝。裂缝分布如下:

模型顶面 4 个内倒角处短裂缝,长约 5cm,宽约 0.04mm;

模型顶面预应力钢束锚固区局部裂缝,宽度较大的约 0.08mm,最长约 25cm;

钢锚箱端板与混凝土结合部均出现了很短的竖向裂缝;

模型顶面的 1 个外倒角处,裂缝很细微,长度极短,约 1～2cm。

顶推荷载继续增加,顶面倒角处裂缝扩展缓慢,内壁倒角和索孔出口面钢—混结合处裂缝扩展较快。顶推至 1.3P 时,索孔出口面钢—混结合处裂缝沿结合线上下贯通;1.6P 时,内壁倒角处裂缝沿倒角线上下贯通。卸载后,裂缝都基本闭合。

模型的裂缝分布情况及部分裂缝在各级荷载下的宽度测试结果见图 9－28。

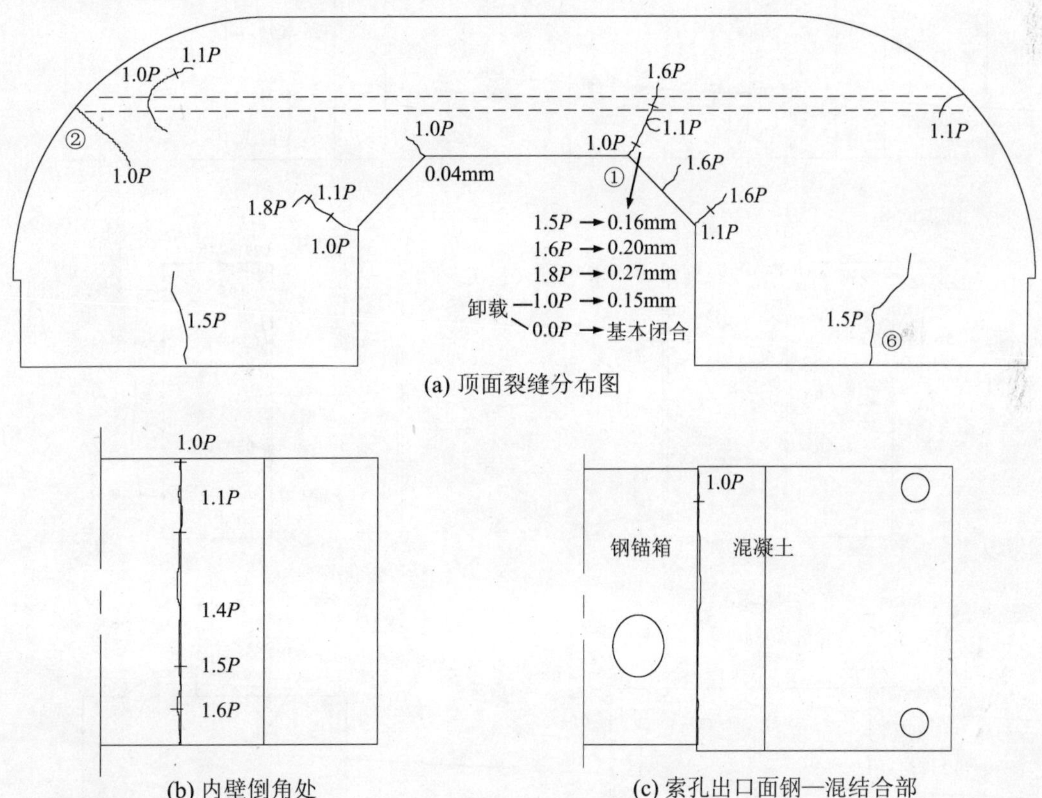

(a) 顶面裂缝分布图

(b) 内壁倒角处　(c) 索孔出口面钢—混结合部

图 9－28　裂缝分布示意图

②混凝土应力测试结果

顶推荷载为 0.9P(4623kN)时,部分截面混凝土实测应力分布见图 9－29,混凝土主要应力分布如下:

模型横桥向中截面(即 7－7 断面)呈现向内侧弯曲的特性,最大拉应力值为 1.91MPa,压应力在－0.56～－5.84MPa 之间;

倒角处截面(8－8 断面)混凝土内侧壁和顶面内侧也为拉应力,最大拉应力值为 2.07MPa;混凝土顶面外侧和外侧壁受压,压应力在－0.92～－2.72MPa 之间;

应力分布符合"Ⅱ"形框架在开口端截面上受方向向外的剪力及弯矩作用时的应力分布规律，实测结果反映了模型混凝土的应力分布规律。

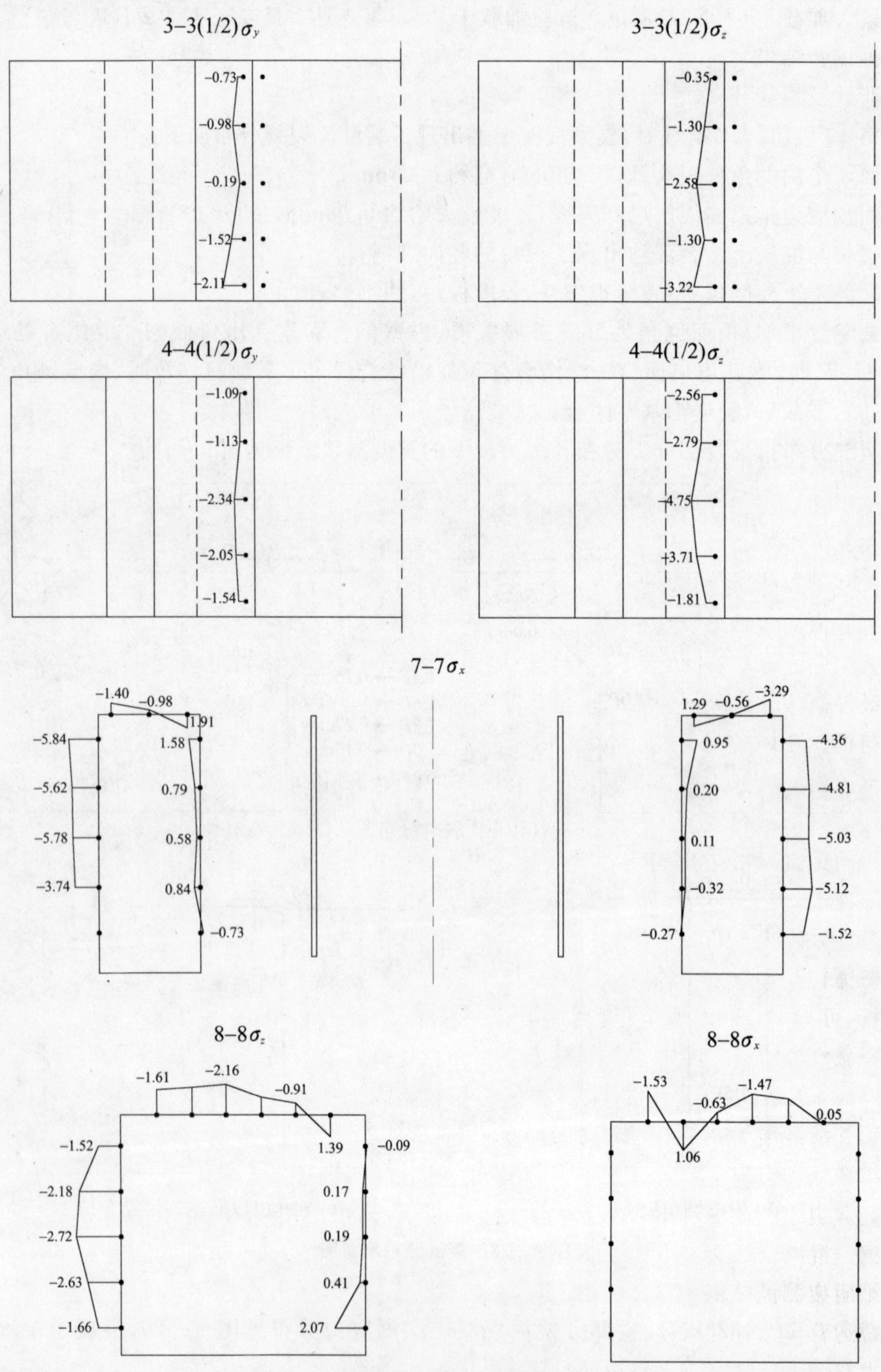

图 9-29 部分截面混凝土实测应力分布图

在 1.0*P* 顶推荷载和预应力的共同作用下，索孔出口面钢—混结合处混凝土实测和计算最大主应力分布见图 9-30。由图 9-30 可知，当顶推荷载增加至 1.0*P* 时，索孔出口面钢—混结合处混凝土出现了较大的主拉应力，实测最大值为 4.99MPa，对应区域的计算值为 4.45～6.28MPa，计算值与实测值基本相近，均超过了C50混凝土的抗拉强度极限，这与此时模型在该部位出现裂缝吻合。

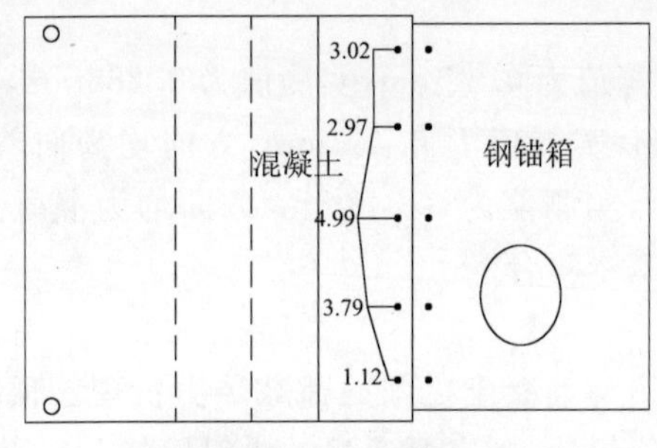

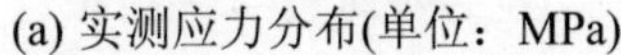
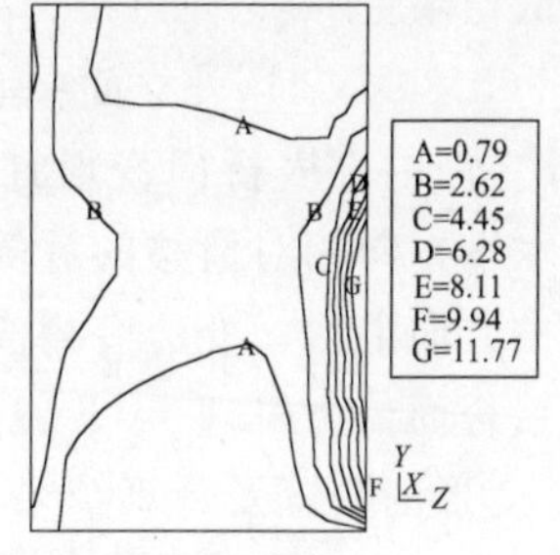

(a) 实测应力分布(单位：MPa)　(b) 计算应力分布(单位：MPa)

图9—30　索孔出口面钢—混结合处混凝土的σ_1分布图

③钢锚箱应力测试结果

顶推荷载为5136kN(1.0P)时，实测钢锚箱内侧表面最大主拉应力出现在N21、N22钢板和N3板的连接部位，外侧表面的最大主拉应力出现在N6、N7(N8、N9)与N3板的焊缝顶端。1—1断面测点最大主拉应力值在20.1～34.8MPa之间，计算最大主拉应力值在38.0MPa附近。2—2断面实测最大主拉应力值在5.5～49.1MPa之间，计算最大主拉应力值在5.0～49.0MPa之间。5—5、6—6断面的最大主拉应力实测值在20.9～78.0MPa之间，计算值在18.1～83.8MPa之间。7—7断面测点实测纵桥向拉应力外侧在37.0～59.9MPa之间，内侧在46.2～69.3MPa之间，计算应力在49.0～60.0MPa之间。由此可见，实测值与计算值吻合较好。

④剪力钉应力测试结果

剪力钉实测应力分布表明，最外侧和最内侧的几列剪力钉应力值相对较大，中间的剪力钉列应力值相对较小。最外侧的剪力钉列主要为拉应力，向内侧方向拉应力逐渐减小，并逐步变为压应力。这种应力分布规律与模型变形的实测及计算结果是相符的。施加顶推荷载时，模型侧壁中间向内变形，致使钢—混结合面处产生外侧受拉、内侧受压的弯矩，即产生弯曲应力。这种分布模式与钢—混结合面处实测应力中空孔侧为压应力、索孔出口面侧为拉应力也是相吻合的。

图9—31为剪力钉的应力分解示意图。如图所示，剪力钉的应力由两部分组成，即轴向应力σ_N和弯曲应力σ_W。随着顶推荷载的增大，剪力钉的轴向应力和弯曲应力相应增加。

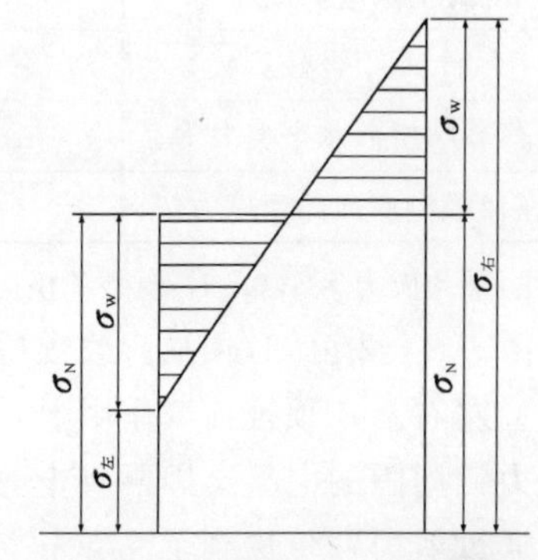

图9—31　剪力钉应力分解图

通过对剪力钉应力的总体分布分析，并结合钢—混结合面处实测应力分析，可知结合面表现为弯剪共同作用的特性。

当顶推荷载小于1.0P时，模型各测点的荷载—应力曲线基本上都近似为直线，应力与顶推荷载基本成正比关系，模型处于弹性工作状态。顶推荷载增加到1.0P时，模型混凝土倒角处、索孔出口面钢—混结合处均出现了较大的拉应力，理论上讲，这些部位存在开裂的可能。裂缝观测结果表明，此时在模型混凝土倒角处和索孔出口面钢—混结合处确实出现了因顶推而产生的裂缝，应力测量与计算结果、裂缝观测结果相符。

⑤钢锚箱耐疲劳性分析

由于实桥运营阶段经受活载，索塔锚固区中的焊接钢结构就要满足抗疲劳要求。

疲劳应力幅为设计综合索力与设计恒载索力作用下钢锚箱应力的变化幅值$\Delta\sigma$，即运营阶段的疲劳应力幅值，模型试验测点处实测最大为31.0MPa，出现在斜拉索锚垫板下斜板与钢锚箱侧板的焊缝处。我国《铁路桥梁钢结构设计规范》TB10002.2—99中规定，焊接钢结构焊缝的该种类型200万次疲劳循环的疲劳允许应力幅值相应为[σ_0]=99.9MPa。钢锚箱的最不利位置的疲劳寿命次数大于200万次。

鉴于一般公路桥梁的疲劳检算，均采用折减的活载幅值，该锚箱实际应力幅峰值达不到31.0MPa。

从抗疲劳性能方面来讲，模型中焊接钢结构接头具有足够的疲劳抗力。

⑥变形测试结果

顶推荷载为5136kN时，外立面中心纵桥向变形计算值为0.52mm，实测值为0.285mm，方向均为远离模型中心；外立面中心横桥向变形计算值为0.46mm，实测值为0.463mm，方向均为向着模型中心；钢—混结合面水平方向相对滑移的计算值为0.064mm，实测值为0.048mm，方向均为混凝土面相对钢锚箱面向着顶推方向滑移。变形实测值与仿真计算值基本吻合。

⑦钢—混结合面传力机理

根据应力、变形的测试及计算结果，不难得出钢锚箱与混凝土之间的荷载传力机理。顶推荷载由斜拉索锚垫板传递到其下与钢锚箱左右侧板焊接的4块斜板后，再主要通过4块斜板与左右侧板之间的8条焊缝传递到侧板上。顶推荷载的横桥向分力有一部分由4块斜板承担。

图9－32为模型顺桥向水平荷载平衡示意图，表9－2为顶推至1.0P时模型顺桥向荷载平衡计算表。模型中预应力束间荷载互相平衡，图9－32及表9－2中未示出。

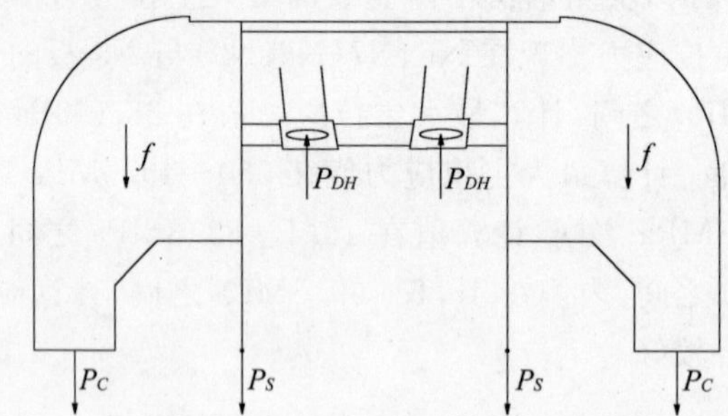

图9－32 顶推至1.0P时1/2模型顺桥向荷载平衡示意图

表9－2 顶推至1.0P时模型顺桥向水平荷载平衡表

	平均应力(MPa)	单侧面积(m²)		单侧荷载(kN)		占P_{DH}的百分比
钢锚箱壁板横截面	49	0.04×1.84	0.0736	P_S	3606	82.9%
混凝土侧壁横截面	0.37	0.80×2.00	1.6	P_C	592	13.6%
上两项合计	P_C+P_S				4198	96.5%
顶推荷载顺桥向水平分力P_{DH}	$P_{DH}=P_C+P_S+f$				4350	
台座对模型底面的摩擦力f	$f=P_{DH}-P_C-P_S$				152	3.5%

注：平均应力为1.0P时，模型顺桥向中截面混凝土侧壁和钢锚箱侧壁实测应力的平均值。

由表9－2可知，顶推荷载顺桥向水平分力传递到钢锚箱侧板后，钢锚箱侧板承担了大部分荷载，在82.9%左右。在顶推荷载作用下，钢锚箱侧板产生形变，其上的剪力钉因要与之协调而发生微小位移，而剪力钉周围的混凝土因要阻止剪力钉位移而受力，这样顶推荷载顺桥向水平分力的一部分从钢锚箱壁板通过剪力钉传递到了混凝土上。混凝土所受的水平分力只占一小部分，大约为13.6%。另有很小一部分水平分力克服试验台座对模型底面的摩擦。

顶推荷载的竖向分力，因钢锚箱底面是脱空的，不与试验台座接触，不受竖向力。显然，钢锚箱侧板所受的顶推荷载竖向分力全部通过其上的剪力钉与混凝土之间的相互作用而传递到混凝土上，然后通过混凝土作用于试验台座。试验实测钢—混结合面竖向相对位移很小，表明结合面传递竖向荷载的能力是足够的。

5. 结论

实测预应力钢束与管道壁的摩阻系数$\mu=0.17$，管道每米局部偏差对摩擦的影响系数$k=0.005$。实测预应力钢束N50两端锚圈口摩阻损失均值4.0%。实测预应力钢束N50、N52锚固回缩损失均值17.2%。U字形预应力钢束两端张拉的实测伸长量与理论计算伸长量之间存在一定的差异，实测值大于计算值16.2%左右。

通过对单节段模型和多节段模型的计算分析和对比，单节段模型和多节段模型应力相近，用单节段模型代表实桥的受力状况是可靠的，且试验结果偏于安全。

模型的应力实测结果与用有限元分析计算程序计算的结果基本一致，模型的变形实测结果与计算结果吻合较好。应力及变形试验结果表明，在大小为1.0P(4623kN)的顶推荷载作用下，模型结构仍然处于弹性工作状态下。

在设计荷载1.0P作用下，模型混凝土在内壁和顶面倒角处及索孔出口面钢—混结合处首先开裂。顶推至1.3P时，索孔出口面钢—混结合处裂缝沿结合线上下贯通，1.6P时内壁倒角处裂缝沿倒角线上下贯通。卸载后，裂缝都基本闭合。试验表明，在设计荷载下，索塔锚固区结构是安全的，但需采取措施增强索孔出口结合面处结构的抗裂能力。

模型预应力等级为部分预应力B级。试验模型的开裂荷载为5136kN，模型的破坏荷载大于1.8P(9245kN，即1.8倍的第13节段中跨设计索力)，具有足够的极限安全度。

钢—混结合面表现为弯剪共同作用的特性。模型顶推荷载纵桥向水平分力主要由钢锚箱结构承担，通过结合面传递至混凝土的水平分力仅占总的顶推荷载纵桥向水平分力的13.6%左右。钢锚箱与混凝土结合面竖向相对滑移量较小，表明结合面具有较大的向混凝土结构传递竖向力的能力。

参考我国《铁路桥梁钢结构设计规范》的规定，试验模型中锚箱钢结构焊接接头疲劳寿命大于200万次。

索塔的稳定性分析表明，北航道桥索塔的稳定安全系数为9.8379，南航道桥索塔的稳定安全系数为8.7315。